하용조 목사 평전

하용조 목사 평전

지은이 | 김성영
초판 발행 | 2021. 7. 21
등록번호 | 제1988-000080호
등록된 곳 | 서울특별시 용산구 서빙고로 65길 38
발행처 | 사단법인 두란노서원
영업부 | 2078-3352   FAX | 080-749-3705
출판부 | 2078-3331

책값은 뒤표지에 있습니다.
ISBN 978-89-531-4036-3 03230 Printed in Korea

독자의 의견을 기다립니다.
tpress@duranno.com www.duranno.com

하용조 목사 평전

복음만 남긴 성령의 사람

:

김성영

지음

두란노

"하나님은 내가 교만할 것을 아시고
바울의 가시처럼 질병을 꽂아 놓으셨다.
그렇지만 병 때문에 설교를 못한 적은 한 번도 없었다.
병과 설교는 언제나 동행한다.
나는 설교하면 살아난다.
나는 죽을 때까지 설교할 것이다."

"복음은 죽은 영혼을 살린다.
설교하면 죽어 있는 영혼이 살아나는 것이 보인다.
영이 살면 육이 살아난다."

- 하용조 목사의 《사도행전적 교회를 꿈꾼다》 중에서 -

오직 하나님의 영광을 위하여
사도행전적인 '바로 그 교회'를 꿈꾸며
온누리교회 성도들과 함께 복음을 전하신
사랑하는 하용조 목사님의 10주기를 추모하며,
목사님을 그리워합니다.

추모 10주기 2021년 7월

온누리교회 성도 일동

제2부

✎ "나는 설교를 하면 살아난다"

제4부

✎ 촛불처럼 다 태워서 드리다

제10장

■■

문화 사역과 문서 운동

하용조 목사와 기독교 문화

약함 속에서 그리스도의 능력을 체험한 예수님의 사람

수많은 온누리교회 성도들의 눈물 속에 하용조 목사님을 천국으로 환송해 드린 지 벌써 10년이 되었습니다. 세월이 흘러갈수록 하용조 목사님이 온누리교회를 예수님이 주인 되신 교회로 변화시키기 위해 얼마나 큰 헌신을 하셨는지를 더욱 절감하게 됩니다. 성도들이 영적 매너리즘과 헛된 세상의 흐름에 빠지지 않도록 채찍질하며 때로 감당하기 힘들 정도로 수많은 사역을 통해 세상으로 나아가도록 이끄신 노력들은 지금도 온누리교회 성도들의 삶을 통해 열매 맺고 있습니다. 2천 명 선교사 파송 비전이 선포되었을 때 어떤 사람들은 의구심을 가졌을지 모르지만, 2018년 누적 선교사 파송 인원이 2천 명을 넘어섰을 때 비전이 이끌어 가는 교회로 이끄신 하용조 목사님의 영적 리더십의 소중함을 다시 깨닫게 되었습니다.

소천하시기 몇 개월 전 저에게 "리더십의 절정(Summit)이 무엇인지 아는가?" 질문하며 주신 대답은 "자신(自身)이 없을 때 잘되도록 해 놓아야 진짜 리더야"라는 말씀이었습니다. 하용조 목사님은 말씀한 대로 실천하신 진짜 리더셨습니다. 온누리교회는 하용조 목사님이 양육하고 목회하신 귀한 리더십들을 중심으로 모든 성도가 하나 되어 사도행전의 비전을 실천하고 있습니다. 다툼과 분열 없이 교회 본연의 사명에 충성하려고 최선을 다하고 있습니다. 하용조 목사님이 당신이 계시지 않을 때를 준비하며 계속해서 잘되도록 해 놓으신 은혜입니다.

하용조 목사님의 평전을 준비하면서 떠오르는 말씀은 "내가 약한 그 때에 강함이라"는 사도 바울의 고백입니다(고후 12:9-10). 많은 육체적 질병 속에서 도리어 그리스도의 능력을 체험하신 분이기 때문입니다. 언젠가 말씀하신 "내가 약하기 때문에 하나님이 온누리교회를 붙잡아 주셨다"는 고백처럼, 약함이 하나님에게 드려졌을 때 능력의 통로가 된다는 것을 보여 주셨습니다. 하용조 목사님 생애의 중요한 전환점은 언제나 육체의 질병이었고, 그 질병의 고비를 넘을 때마다 창의적인 사역을 새롭게 출발하셨습니다. 아픔 속에서 비전이 잉태되고, 헌신을 통해 열매 맺었습니다.

하용조 목사님 소천 10주기를 맞이하면서 다시 새롭게 하용조 목사님의 비전과 리더십을 되돌아보고 본받기를 원하는 마음으로 평전을 펴내게 되었습니다. 하용조 목사님의 창의적인 목회와 비전을 글로 정리한다는 것은 매우 어려운 일입니다. 미처 글로 담지 못한 부분은 후에 여러 가지 다양한 채널로 기억해야 할 것입니다.

하용조 목사님의 평전은 온누리교회 모든 성도들이 목사님을 그리워하며 바치는 사랑의 평전이요, 보여 주고 남겨 주신 사도행전적 교회의 비전을 충성스럽게 이어 가기를 다짐하는 헌신 서약서이기도 합니다. 김성영 전 성결대학교 총장님의 헌신적인 집필이 아니었다면 불가능한 일이었습니다. 귀한 수고에 감사드립니다.

이 평전을 통해 세계 교회가 하용조 목사님의 귀한 영적 리더십을 더 깊이 이해하고 본받게 되기를 기대합니다.

이재훈

온누리교회 담임 목사

마지막 설교를 마친 후 홀연히 날아가 버린 목사님

시편 기자는 인생은 날아가는 것이라고 했는데(시 90:10), 하용조 목사님은 그 연약한 몸으로 하나님의 꿈을 목회 현장에 이루느라 영과 육의 싸움을 다 싸우고 마지막 설교를 끝낸 후 아무 예고도 없이 날아가 버렸습니다. 순교적 사명으로 자신을 아낌없이 주님께 드린 목사님은 큰 승리를 하셨습니다.

하나님은 특출한 종을 보내시려고 할 때, 먼저 그 부모를 성령으로 보살피셨습니다. 사무엘과 세례 요한이 그러했듯이, 하 목사님을 남다른 목회자로 부르시기 위하여 일찍이 하나님께서 그 가정을 통해서 역사하신 것을 볼 수 있습니다.

북한 평안남도 강서에서 출생하여 독실한 믿음의 부모님 손에 이끌리어 진남포에서 목포까지 탈출한 하 목사님은 당시 다섯 살 어린 나이에 먼 길을 걸어서 남하했습니다. 육 남매(3남 3녀)가 전쟁고아 40-50명과 함께 대가족을 이루어 생활했으니, 비록 전쟁으로 가난했지만 일찍부터 부모님의 산 신앙 교육을 받은 셈입니다. 저는 그 가정이 하 목사님에게는 이미 세계를 품는 복음화와 공동체 생활을 몸에 익힐 수 있는 목회의 현장이었다고 생각합니다.

그뿐 아니라 그의 어머니 김선일 권사님은 고상한 기독교 여성으로서 성령을 체험한 겸손한 인품에 정숙한 모성으로 공동체 생활을 도맡았고, 아버지 하대희 장로님은 후덕한 신앙 인품으로 대가족을 철저한 가정 예배와 성경 공부로 이끄셔서 하 목사님은 어려서부터 아버지의 특별한 양육으로 특출한 목회자의 자질을 갖추게 되었다고 생각합니다. 이처럼 하나님은 이 시대에 한 사람의 훌륭한 목회자를 세우기 위해 한 가정의 부모님을 통해 준비하고 역사하신 것입니다.

거기다가 청년기인 대학 시절에는 CCC에서 김준곤 목사님의 지도로 캠퍼스 복음화와 민족 복음화의 꿈을 키우며 예수님을 전인격적으로 만나는 분명한 영적 체험을 하게 됩니다. 문화 선교를 위해 우리나라 최초로 연예인교회를 개척하고, 목회와 선교의 시대적 비전을 위해 영국에서 훈련을 받았으며, 사도행전적인 교회를 이 땅에 실현하기 위해 온누리교회를 개척하여 모진 육신의 고난 속에서도 종생토록 쉬지 않고 복음을 전했습니다. 한편 두란노서원의 설립을 통한 문서 선교와 CGNTV 개국을 통한 전 세계 방송 선교, 한동대학교와 전주대학교 이사장과 횃불트리니티신학대학원대학교 총장 사역을 통한 교육 봉사, 탈북자종합회관, 양재동선교회관 등 남들이 감당하기 어려운 수많은 사역을 위해 헌신했습니다.

이런 일화가 생각납니다. 자유를 찾아 남하한 황장엽 선생이 돌아가시기 전, 하 목사님의 병문안을 갔다가 하 목사님을 위한 기도를 부탁했더니 사양치 않고 "하나님 아버지… 예수님 이름으로 기도합니다" 하고 하용조 목사님을 위해 기도했습니다. 그것이 황 선생의 마지막 신앙고백이었으며, 생전에 하 목사님의 전도와 도우심에 대한 뜨거운 감사의 표현이었습니다. 이처럼 하용조 목사님은 교회를 통한 정형의 전도 외에도 개인적으로 남모르게 많은 분들에게 그리스도의 사랑을 베풀고 있었습니다.

주 권사도 어언 백 세를 바라보니 머잖아 하나님이 부르시면 천국에서 사랑하는 목사님을 만나겠지요. 그때 우리 함께 주님을 찬양하며 즐겁게 지낼 것을 소망합니다. 그때까지 주님 품에서 행복한 안식을 누리시기 바랍니다.

하용조 목사님이 우리 곁을 떠나신 지 10주기가 되는 시간에, 목사님의 사역 이야기를 책으로 엮어 한국 교회와 후세대에 들려드리게 된 것을 기쁘게 생각합니다. 이 평전이 하나님에게 영광이 되고 이 땅에 남아 계시는 사랑하는 이형기 사모님에게 위로가 되기를 바랍니다. 이를 준비하기 위해 수고하신 온누리교회 이재훈 담임 목사님과 온 성도님들 그리고 저자에게 감사합니다.

주선애
장로회신학대학교 명예 교수

촛불처럼 자신을 다 태운 복음의 사람 하용조

하용조 목사를 떠나보낸 지 벌써 10년이 흘렀습니다. 나이가 들고 주변에 어려운 사건을 만날 때마다 늘 생각나는 이름이 저에게는 하용조입니다.

1965년 12월 겨울, 키가 큰 청년 하용조를 CCC에서 처음 만났습니다. 그리고 그곳에서 김준곤 목사님 메시지를 들으면서 새로운 세계를 경험하기 시작했습니다. 당시 우리나라는 정치와 경제적으로 매우 혼란스러운 시기였지만, 청년들은 복음 안에서 하나님의 인도하심에 대한 고민으로 밤낮을 헤매었고, 성경 공부와 민족 복음화 운동으로 열심을 다했습니다. 그렇게 저와 하 목사는 간사와 학생으로서 매일 만나다시피 하며 영적 비전을 나누었습니다. 1971년, 하 목사의 신학교 입학과 저의 간사직 사임으로 CCC 사역을 마감하게 되었습니다. 그러나 우리의 만남은 계속되었고 평생을 함께 사역했습니다.

하용조 목사는 꿈으로 점철된 사람입니다. 대학 시절부터 마음속에 꿈을 그리곤 했습니다. 우리 정서로는 익숙하지 않지만, 3.1절이면 엄숙하게 백운대에 올라가서 모두 태극기 한 귀퉁이를 잡고 3.1운동의 노래를 부른다든지, 또 우리 민족이 하나님의 축복을 받아야 한다며 기도회 시간에 애국가를 4절까지 제창하여 처음 온 사람들을 당황하게도 했습니다. 그러나 그는 자기 마음속에 주신 하나님의 비전을 언제나 실제로 표현하고 사랑했던 사람입니다. 그리고 주님을 향한 그의 간절한 사랑은 다양한 모습으로 나타났습니다. 연예인교회를 개척하면서 그때 이미 문화의 중요성을 알고 관련된 사람들에게 복음을 전했습니다. 그리고 교회 목회를 하면서도 '두란노서원'을 세워 꾸준히 기독교 문서를 출판했고, 〈빛과 소금〉을 만들어서 시대마다 그리스도인이 현실 속에서 살아가는 문제에 대한 방향을 이끌며 파라처치 운동에 힘을 썼습니다. 이에 어떤 이들은 목회자가 그런 일을 해서는 안 된다는 말도 했지만, 그는 아랑곳하지 않고 외국의 좋은 프로그램이 있으면 언제나 가장 먼저 들여와서 시험해 보고 완성되면 한국 교회에 보급하는 등, 한국 교회의 저변 확대와 갱신에 가장 중요한 일을 해냈습니다.

세브란스병원 투석실에서 마지막으로 하 목사를 만났습니다. 하 목사는 저와 이야기하면서도 병실 밖의 일을 열심히 하나하나 지시하는 것을 보았습니다. 그래서 제가 "하 목사, 몸도 좀 생각해야지"라고 하니, "형님, 저는 몸이 약해서 언제 주님께 갈지 모릅니다. 그래서 제게 시간이 있는 한 이렇게 일을 할 수밖에 없습니다"라고 말했습니다. 이것이 그와의 마지막 대화였습니다.

하나하나 되돌아보면 그와 만났던 처음부터 저의 인생의 대부분은 하용조로 채워져 있었습니다. 남서울은혜교회에서 은퇴 준비와 KOSTA 집회 인도로 미국에 체류 중이던 어느 날, 이동원 목사에게서 전화가 왔습니다. "형님, 하 목사 보냈소." 임종 예배 직후에 이 목사는 억장이 무너지는 소식을 눈물로 전했고, 저는 서둘러 귀국하여 하관 예배를 집례했던 기억이 오늘도 새롭습니다. 하 목사의 발인 예배 때 가장 첫 번째로 들었던 생각은, 그가 없는 삶은 생각해 보지 못했다는 것입니다. 훌쩍 떠나간 그를 생각하며 과연 이다음에 나는 어떻게 살아야 할지, 마음속 깊은 외로움을 느끼게 되었습니다. 그러나 내 앞에 닥친 현실을 보고

서 그가 남긴 유지를 어떻게 발전시키는 것이 최선인지를 생각했습니다.

하 목사가 떠난 지 10년이라는 시간이 흘러 제 나이도 팔순이 넘었습니다. 이제 곧 주님 앞에 서서 하 목사를 만나러 가는 날이 다가옵니다. 하 목사를 만난다면 어떤 대화가 이루어질지 늘 생각합니다. 이동원 목사가 "천국에 가면 매일 새롭게 꿈꾸고 말하고 행동하는 하 목사 때문에 우리 예수님이 바빠지시겠다"라고 했는데, 정말 이는 우스갯소리가 아니라 하 목사 생애 전체를 요약한 말이라고 생각합니다.

우리 하용조 목사, 정말 보고 싶습니다. 마치 촛불이 심지가 다 타들어 가는 것을 아랑곳하지 않듯 본인의 아픈 몸은 생각하지도 않고 주께서 주신 꿈을 계속해서 이루어 갔고, 주변 사람들의 마음에 그 꿈을 심어 주어서, 꿈꾸는 하나님의 백성으로 키워 한국 교회의 부족분을 채웠습니다. 그가 다 마치지 못한 사역이 이 땅에서도 계속 아름답게 성장해 나가는 모습을 볼 때마다 마음에 감사가 있습니다. 참 그리운 사람, 그러면서도 옆에 있으면 한없이 보호해 주고 싶은 사람, 사람을 향해서는 한없이 섬세한 마음으로, 주님의 사역을 향해서는 백절불굴의 용기로 살아온 하용조. 주께서 부르시는 그날에 만날 것을 소망해 봅니다. 주님의 은총이 특별히 온누리교회 곳곳에 심어진 사역과 러브소나타 위에 있어 새로운 소망으로 거듭 역사하는 축복이 있기를 기대하면서 그를 그리워합니다.

하용조 목사의 10주기 평전의 발행을 위해 수고하신 모든 분께 중심의 감사를 드립니다.

홍정길

남서울은혜교회 원로 목사, 밀알복지재단 이사장

자신을 산 제물로 한국 교회에 드린 성령의 사람

하늘은 때를 따라 하나님의 사람을 내리십니다.
그는 우리 시대를 깨우기 위해 예비 된 하늘의 도구였습니다.
포스트모던 시대를 위한 그분의 맞춤 도구였습니다.
한국 교회의 마당에 신바람과 새 바람이 필요했던 때였습니다.

그의 가슴에 살던 창조의 꿈이 수많은 꿈쟁이들을 깨웠습니다.
사도행전 1장 8절의 비전을 Acts29의 꿈으로 부활하게 했습니다.
교회는 전통을 먹고사는 곳이 아니라 꿈꾸는 곳이 되게 했습니다.
그의 설교는 비전의 선포였고 성령의 능력이었습니다.

그는 한국 교회의 찬양을 뜨거운 춤사위로 살아나게 했고,
그는 한국 교회의 기도를 온몸으로 주께 올리는 향연이 되게 했고,
그는 한국 교회 가정마다 생명의 삶으로 QT하게 했고,
적지 않은 교회들이 교파의 울타리를 넘어 하나 되게 했습니다.

그는 남들이 백 년, 이백 년에 할 일을 서둘러 감당하고 하늘로 갔습니다.
그리고 그는 모든 후배들에게 전설이 되었습니다.
물론 그는 무오류일 수 없는 우리와 성정이 같은 사람이었습니다.
그러나 내게 그는 실수까지도 아름다운 친구였습니다.

온몸이 종합 병동이었던 그는 자신을 산 제물로 한국 교회에 드려

비전의 힘을 그의 생애로 증명하고 우리의 소중한 유산이 되었습니다.

그의 생애를 조명하는 평전의 출간을 함께 기뻐하고 감사드리며

그를 친구와 동역자로 누리게 하신 주님께 경배와 찬양을 드립니다.

인간 하용조의 꿈에 빚진 자, 목동 이동원

지구촌교회 원로 목사, 지구촌 목회리더십센터 대표

지상에서 천상으로

예수님을 따라 변화산[1]에 오른 한 전도자가 있었습니다. 말씀을 좇아 깊이 묵상하던 중에 주님을 만난 그는, 그날 변화 받은 몸으로[2] 주님 품에 안겼습니다. 저잣거리에서 변화산으로, 변화산에서 천상으로 옮겨 갔습니다. 지상에서 영원으로 들어간 것입니다.

우리는 하용조 목사가 지상에서 마지막 전한 설교를 통해 그가 소천 직전에 "예수님!"을 부르는 소리를 듣습니다. 지상에서의 마지막 순간에 주님을 찾으며, 모든 육신의 질고를 벗고 그분의 품에 안긴 순전한 복음[3] 전도자의 아기처럼 평화로운 모습을 봅니다.

생의 마지막 순간에 예수님을 부르는 인생은 복됩니다. 그것이 인생 최후의 승리입니다. 우리가 이 세상을 떠날 때 불러야 할 이름이 있다면, 오직 예수님입니다. 우리의 전도자가 그렇게 주님을 부르며 우리 곁을 떠난 지 어언 10년이 되었습니다.

우리 시대의 명설교자이자 복음 전도자로 사도행전의 '바로 그 교회'를 실현하기 위해 27년간 온누리교회를 섬기다 주님의 부르심을 받은 하용조 목사. 그가 지상에서 최후로 전한 강해 설교 '변화산에서 생긴 일'은 10년이 지난 지금도 우리의 영혼을 울립니다. 특히 그는 그 메시지를 수가 성 우물가에서 예수님을 만남으로 변화 받은 미천한 사마리아 여인과 연결해서 마무리했습니다. 설교를 마치면서 주님에게

드린 지상에서의 마지막 기도는 우리에게 새로운 결단을 촉구합니다.[4]

예수 그리스도는 우리의 주님이시요, 참 메시아십니다. 그는 진실로 하나님의 아들이십니다. 그 당시에도 예수님을 알지 못하는 사람이 많았습니다. 그런데 창녀처럼 살았던 수가 성의 여인은 학식도 없고 조롱과 천대를 받았지만 메시아를 알아봤습니다. 이 여인은 우물가에서 예수를 만났습니다. 그리고 예수님과 대화하면 할수록 이 사람은 인간이 아니라 메시아라는 생각이 들었습니다.

[여인이 예수께 말했습니다. "저도 그리스도라고 하는 메시아가 오실 것을 압니다. 메시아가 오시면 우리에게 모든 것을 알려 주실 것입니다." 그러자 예수께서 여인에게 말씀하셨습니다. "지금 네게 말하고 있는 내가 바로 그 메시아다."(요 4:25-26)]

여인은 물 항아리를 내버려 둔 채 마을로 돌아가 사람들한테 "와서 내 과거를 모두 말해준 사람을 보십시오. 이분이 그리스도가 아니겠습니까"라고 말했습니다. 성경에 보면 다음과 같은 말씀이 나옵니다.

[누구든지 예수가 그리스도이심을 믿는 사람은 하나님에게서 난 사람입니다. 낳으신 이를 사랑하는 사람은 누구나 그분에게서 나신 분도 사랑합니다. (요일 5:1)]

우리는 수가 성의 여인보다 더 높은 학력에다 더 높은 지위를 가지고 있습니다. 우리의 마음이 가난해져 수가 성의 여인처럼 주 예수 그리스도가 메시아임을 발견하고 그분 앞에서 눈물을 흘리며 "나의 주, 나의 하나님"이라고 고백하면 좋겠습니다.

✤ 기도문

하나님, 변화산의 예수님을 기억합니다. 아름답고 놀랍게 변화되신 예수님을 기억하며 우리의 삶이 성령으로 인해 아름답게 변화 받게 하옵소서. 변화된 모습으로 세상을 향해 선한 영향력을 끼치며 살게 하옵소서. 예수님 이름으로 기도합니다. 아멘.

하용조 목사가 2011년 7월 31일, 온누리교회 주일예배에서 전한 마지막 설교의 끝부분과 마무리 기도입니다. 그날의 설교는 마가복음 9장 2-13절을 본문으로 강해한 '변화산에서 생긴 일'입니다. 예수님이 세 제자를 데리고 산에 올라 영광스러운 모습을 보이신 그 변화산 사건을 하용조 목사는 수가 성 우물가에서 예수님을 만남으로 변화 받은 사마리아 여인(요 4:1-42)과 연결해 설교를 마무리했습니다. 남자 여섯을 거친 죄 많은 여인 같은 우리를 변화산의 예수님에게로 인도하고 설교를 끝낸 것입니다. 주님을 만남으로 옛 사람을 벗어 버리고 새사람으로 변화 받은 여인처럼, 우리도 성령으로 변화 받아 세상에 예수님을 전하며 선한 영향력을 끼치라고 말입니다.

육신의 질고를 안고 평생 복음을 위해 헌신한 종

● ● ●

마실을 가듯 훌쩍 우리 곁을 떠난 하용조 목사의 설교는 그것으로 끝나지 않았습니다. 그의 후임으로 온누리교회 목회를 승계한 이재훈 목사가 마가복음 9장 13절 이후의 말씀을 이어서 설교했으며, 지금도 달려가고 있습니다.[5] 이는 목회 승계 문제로 진통을 겪고 있는 오늘의 한국 교회 현실 속에서 제도적인 승계를 넘어 설교와 목회철학의 승계에까지 모범을 보인 사례로서, 사도행전 29장을 써 내려가는 온누리교회의 참으로 아름다운 모습입니다.

그렇게 하용조 목사는 지상에서의 마지막 주일 설교를 마치고 순교자처럼 쓰러져 오랜 질고로 지친 육신의 장막을 벗고 신령한 몸으로 (고전 15:44) 주님 품에 안겼습니다.[6] 그의 365일 영성 묵상록《감사의 저녁》[7]에 남긴 "하루의 시작은 저녁입니다", "땀 흘려 일한 사람에게 주어지는 감사의 저녁입니다"라는 잠언처럼, 교회를 위해 땀 흘려 일하다가 순례길의 저녁에 주님을 만나러 '행복한 아침'[8]을 찾아 떠난 것입니다. 일찍이 성 어거스틴(St. Augustine)도 인생의 저녁에 주님이 계시는 영원한 아침의 천성을 바라보는 자신의 심경을 이렇게 고백했습니다.[9]

오 하나님, 휴식의 평화, 안식의 평화, 저녁이 없는 평화를 주소서. 이렇듯 심히 아름다운 것들과 그 질서도 제 경로를 다 간 후에는 사라지고 맙니다. 그들에게는 아침과 저녁이 있기 때문입니다. 그러나 일곱째 날에는 저녁이 없습니다. 그날에 해가 지지 않음은 당신께서 그날을 거룩하게 하사 영원히 지속하도록 복 주셨기 때문입니다 … 우리도 주님이 명하신 선한 일을 다 마친 후 당신 안에서 영원한 안식을 누리며 편히 쉬게 하소서.

그렇습니다. 하나님이 허락하신 지상의 시간 속에서 최후의 순간까지 복음을 전하다가 '복음만 남긴 성령의 사람' 하용조 목사는 저녁이 없는 영원한 아침의 세계를 찾아 홀연히 우리 곁을 떠났습니다. 그가 떠난 지 한 순(旬)이 되었어도 그가 전한 복음 설교는 아직 우리의 영혼을 울립니다. 그의 기도와 묵상은 우리의 뇌리와 귓전에 남았습니다. 그 모진 육신의 고난 속에서도 잃지 않은 해맑은 소년의 미소는 우리의 가슴에 그리움의 영상으로 살아 있습니다. 일생 소외된 이웃들에게 남몰래 건넨 다스한 손길도 우리의 삶에 사랑의 온기를 더하고 있습니다.

그는 남들이 보지 못한 세계를 바라본 비전의 사람입니다. "하늘을 우러러 뭇별을 셀 수 있나 보라" 하신 하나님의 눈으로 보이지 않는 세계를 보고 약속을 믿어 의롭다 함을 받은 아브라함처럼(창 15:5-6), 하나님의 비전을 노래한 프랜시스 톰슨(Francis Thompson)의 시구처럼, 그는 언제나 보이지 않는 세계를 보고, 만져지지 않는 세계를 만진 비저너리(visionary)였습니다.

> 오, 보이지 않는 세계여, 그러나 우리는 그 세계를 보나니
> 오, 만질 수 없는 세계여, 그러나 우리는 그 세계를 만지나니
> 깨달을 수 없어도 우리는 그 세계를 굳게 붙잡습니다. [10]

그는 남들이 가지 않은 길을 간 개척의 사람입니다. "내 길은 너희의 길과 다름이니라"(사 55:7-9)라는 말씀대로 "좁은 문으로 들어가라"(마 7:13) 하신 예수님 말씀처럼, 〈가지 않은 길〉을 노래한 로버트 프로스트(Robert Frost)의 시구처럼, 그는 남들이 가지 않은 길을 개척한 파이어니어(pioneer)였습니다. [11]

> 단풍 든 숲속에 두 갈래 길이 있었습니다.
>
> ...

먼 훗날 나는 어디선가 이야기할 것입니다.
숲속에 두 갈래 길이 있었는데,
나는 사람들이 적게 간 길을 택했노라고
그리고 그것이 내 모든 것을 바꾸어 놓았다고.[12]

　그는 한평생 육신의 질고를 안고 헌신한 고난의 사람입니다. 육체의 가시를 두고 기도하다가 "내 은혜가 네게 족하도다 이는 내 능력이 약한 데서 온전하여짐이라"라는 음성을 듣고 오히려 감사한 바울처럼(고후 12:7-9), 〈고난의 왕 예수〉를 노래한 마거릿 클라크슨(E. Margaret Clarkson)[13]이나 작자 미상의 시구처럼, 육신의 연단을 통해 깊은 영성의 세계에 들어간 고난의 서퍼러(sufferer)였습니다.

우리 영혼의 안식처이신 주여,
당신이 우리의 구원자이심을 잊지 않도록
가장 경건한 우리의 마음을
당신의 고난 위에 두도록 하소서.

오랜 질병과 죽음의 날개 아래서
그 많은 의혹들 속에서
오, 사랑의 주여 오소서.
당신의 고난은 의심을 없애나이다.

영적 투쟁을 통해 들려주는 복음의 승리 이야기

• • •

하용조 목사는 65년간의[14] 나그네 순례길에서 45년간의[15] 사도행전적 복음 사역(Acts29)을 마감하고 지상에서 천상으로 옮겨갔습니다. 예수님을 따라 변화산에 올라가 '여기가 좋사오니 다시 지상으로 내려가지 말자'고 응석을 부렸던 세 제자들처럼, 그는 지상에서의 마지막 설교를 마치고 예수님을 따라 올라간 변화산에서 영원한 안식에 들어가고 싶었는지 모릅니다.

존 칼빈(John Calvin)도 제네바를 중심으로 교회 개혁에 힘쓰는 한편, 성베드로교회의 정규적인 성경 공부에서 이 본문을 강론했습니다. 그는 공관복음의 관점에서 이 본문(막 9:2-13)을 마태복음 17장 1-8절과 누가복음 9장 28-36절과 병행해, '예수님의 영광스러운 변모'를 "예수께서 종의 형체를 입으시고 세상에 계셨으나 그의 신적 위엄은 육신의 약점속에 숨기셨다가 그것을 드러내신 것"이라고 사람의 모습으로 오신 예수님이 곧 하나님이심을 증언했습니다.[16] 그러면서 그는 예수님을 따라 산에 올라간 제자들이 목도한 '예수님의 영광스러운 변모' 사건을 모세가 여호와의 계명을 받기 위해 시내 산에 올라 구름 가운데서 부르시는 여호와의 음성을 들은 사건과 연관 지어 강론했습니다.[17] 그는 하나님의 음성이 구름 속에서 나오고, 그분의 몸이나 얼굴은 보이지 않은 것에 주목하면서 "하나님이 사람과 같다고 우리가 잘못 생각하지 않도록 그는 눈에 보이는 형상을 입지 않으셨다"(신 4:12, 15)고 증언했습니다. 당신을 보이지 않으시는 하나님이 인간으로 와서 우리에게 신적 형상을 보여 주셨다는 것입니다. 칼빈은 율법을 대표한 모세나 선지자를 대표한 엘리야가 보여 준 영광은 일시적인 것이며, 예수 그리스도의 영광만이 영원하다고 가르칩니다(롬 16:27; 고후 4:17-18). 그 영광을 목도한 세 명의 제자들처럼, 오늘 우리도 하용조 목사의 설교를 통해 동일한 은혜의 자리에 초대를 받습니다.

이처럼 칼빈은 '예수님의 변화산 사건'을 시내 산에 올라 하나님의 영광을 목도한 모세와 결부하고, 하용조 목사는 수가 성 우물에 물 길러 왔다가 예수님을 만난 사마리아 여인과 결부해서 말씀을 풀었습니다. 두 설교자 모두 이 강론을 통해 우리에게 주고자 하는 메시지는, 하나님을 만난 사람은 반드시 변화를 받는다는 것입니다. 이는 결코 우연한 일이 아니라, 16세기 세계 교회 개혁자와 21세기 한국 교회 개혁자가 시공을 초월해 동일한 말씀의 강론을 통해 만나는 하나님의 섭리적 사건이 아니겠습니까.

그러기에 하용조 목사가 지상에서 행한 마지막 설교의 성경 본문은 전하는 설교자나 듣는 우리에게 중요한 의미를 갖습니다. 특히 그가 소천에 앞서 생의 반려자이자 복음의 동역자인 이형기 사모에게 남긴 마지막 말을 우리는 알 수 없지만, 45년간 복음을 위해 헌신한 전도자의 마지막 설교 본문은 그의 영적 유언과도 같다는 생각이 듭니다. 그래서 이 평전의 서장에 그날의 성경 본문을 담아 우리도 조용히 그 말씀을 묵상하며 하용조 목사와 함께 주님을 따라 변화산에 올랐으면 합니다.

그곳에서 우리도 영광의 주님을 만납시다. 그곳에서, 자기를 비우고 사람으로 내려와 십자가에 죽기까지 복종하신 그분(빌 2:7-8)이 실상은 영광 중에 거하는 하나님이심(요 1:14)을 목도하며 우리도 그분의 발 앞에 엎드리는 축복을 누립시다. 주님이 수가 성 우물가의 여인 같은 우리를 변화시켜 물동이를 버려둔 채 마을로 내려가게 하실 것입니다.

변화산에서 하용조 목사는 '지상에서 영원으로' 들어갔지만, "너희는 아직 할 일이 남았으니 지상으로 내려가라" 하시는 주님의 음성이 들립니다. 이제 남아 있는 우리는 복음을 위해 어떻게 살아야 할지, 그 모진 육신의 질고를 안고도 순교적 사명감으로 말씀을 전하며 일생을 온전히 주님에게 드린 복음 용사의 이야기를 통해 진실로 배웠으면 합니다.

여기 한 전도자의 세상에 울려 퍼지는 복음의 승리 노래가 있습니다.

6일 후에 예수께서 베드로, 야고보, 요한만 따로 데리고 높은 산으로 올라가셨습니다. 그런데 예수께서 그들 앞에서 모습이 변하셨습니다. 예수의 옷은 이 세상 그 누구도 더 이상 희게 할 수 없을 만큼 새하얗게 희고 광채가 났습니다. 그리고 거기에 엘리야가 모세와 함께 그들 앞에 나타나 예수와 이야기를 나누었습니다. 베드로가 예수께 말했습니다. "주여, 우리가 여기 있는 것이 좋겠습니다. 우리가 초막 세 개를 만들어 하나에는 주를, 하나에는 모세를, 하나에는 엘리야를 모시도록 하겠습니다." 모두들 몹시 두려웠기 때문에 베드로는 무슨 말을 해야 좋을지 몰라 이렇게 말했습니다. 그때 구름이 나타나 그들 위를 덮더니 구름 속에서 소리가 들려왔습니다. "이는 내 사랑하는 아들이다. 그의 말을 들으라!" 그 순간 그들은 주위를 살펴보았습니다. 그러나 그때는 이미 아무도 보이지 않고 오직 예수만 그들과 함께 계셨습니다. 산을 내려오시면서 예수께서 제자들에게 단단히 일러 두셨습니다. "인자가 죽은 사람 가운데에서 살아날 때까지는 지금 본 것을 아무에게도 말하지 말아라." 제자들은 이 일을 마음에 새겨 두면서도 '죽은 사람 가운데에서 살아난다'는 것이 무슨 뜻인지 몰라 서로 물어보았습니다. 제자들이 예수께 물었습니다. "왜 율법학자들은 엘리야가 먼저 와야 한다고 말한 것입니까?"
예수께서 대답하셨습니다. "참으로 엘리야가 먼저 와서 모든 것을 회복
시킨다. 그런데 왜 성경에는 인자가 많은 고난을 받고 멸시를 당할 것이
라고 기록된 것이냐? 내가 너희에게 말한다. 엘리야는 이미 왔다. 그런
데 사람들은 그에 대해 성경에 기록돼 있는 대로 그를 자기들 마음대로
대했다"(막 9:2-13, 우리말성경).

1. 마가복음 9장 2-8절에 기록된 '변화산' 사건은 하용조 목사가 주님의 부르심을 받기 직전인 2011년 7월 31일 주일 저녁 예배에서 마지막으로 설교한 본문이다. 마태복음 17장 1-13절과 누가복음 9장 28-36절에도 기록된, 예수님이 세 제자를 데리고 오르신 이 산은 나사렛의 남쪽, 갈릴리 호수의 남서쪽에 있는 다볼 산으로 알려지고 있다. 우리가 이 산을 변화산(mount of transfiguration)이라고 부르는 것은 인류의 메시아로 오신 예수님이 그곳에서 영광스러운 모습으로 변모한 사건에 근거한다. 다볼 산은 많은 산 중에 하나지만, 주님이 그곳에서 영광스럽게 변화하심으로 '변화산'이라 한 것은 구약 시대의 시내 산이 하나님의 임재하심으로 '거룩한 산'이라 불리게 된 것과 같다. 이처럼 예수님이 죄인을 찾아와 우리의 죄를 속량해 주심으로 '성도'라 불림을 받게 된 것이다.

2. 하용조·이재훈, 《순전한 복음》(서울: 두란노, 2012), p. 226. 참고로, 여기서 하용조 목사는 "어느 날 [우리가] 죽으면 변화된 예수님의 모습처럼 변화된 성도들과 같이 그렇게 살 것입니다. 지금은 육의 몸을 입고 시간과 공간에 제한을 받으며 고난 속에서 이렇게 살아야 합니다"라고 강론하고 있다.

3. 하용조 목사가 일생 전한 복음은 '원색적 복음'이고 '순전한 복음'이었다. 그런 점에서 그의 유작(遺作)이자 이재훈 목사와의 공동 저서 제목을 《순전한 복음》이라 한 것은 의미가 크다. 본서 제1장에서 '순전한 복음'의 의미를 자세히 살펴볼 것이다.

4. 위의 책, pp. 227-228. 여기 인용된 성경 본문은 성도들이 성경을 쉽게 이해할 수 있도록 하용조 목사가 주도해서 편찬한 《우리말성경》(서울: 두란노, 2004)을 사용했다.

5. 위의 책, '귀신 들린 아이를 고치신 예수님', pp. 231-243.

6. 하용조 목사의 주치의이자 온누리교회 장로로서 세브란스병원 의료원장을 역임한 이철 박사는, 하용조 목사의 임종을 지킨 결과에 대해 저자와의 인터뷰에서 다음과 같이 증언했다. "하용조 목사는 2011년 7월 31일 주일 저녁 예배 설교를 마치고 귀가하여 8월 1일 밤 의식을 잃어 긴급히 병원으로 이송, 응급 수술을 받았으나 8월 2일 새벽에 소천하셨다"면서, 육신적으로 최악의 상황에서 마지막 설교를 한 그 여파로 의식을 잃은 상태에서 별세한 것은 사실상 순교나 다름없는 일이라는 뜻으로 설명했다.

7. 하용조 목사가 그의 주옥같은 대표작 《감사의 저녁》(서울: 두란노, 2011)에서 "하루의 시작은 저녁입니다"라고 표현한 이 말은 하나님의 천지 창조 기사에 나오는 "저녁이 되고 아침이 되니 이는 첫째 날"(창 1:5)이라는 말씀이 엿새 동안 반복되고 있음에 근거함을 밝히고 있다. 그러면서 그는 "[우리는] 땀을 흘리고 내게 주어진 사명을 감당하고 난 후 해가 지는 저녁에 하나님께 감사함으로 하루를 마감합니다. 그러나 이것은 새날의 시작입니다"라고 저녁이 하루의 출발이 되는 의미를 부여하고 있다.

8. 하용조 목사가 남긴 묵상의 진수로 《감사의 저녁》과 짝을 이루는 《행복한 아침》(서울: 두란노, 2005)에서 그는 한 해(일생)를 시작하는 '행복한 아침'을 주님과 동행하는 것이 진정 행복한 삶임을 노래하면서, 한 해(일생)의 마지막을 "당신은 땅에 사는 하늘의 사람입니다"라고 노래한 그대로 하늘의 아침을 찾아 떠났다.

9. St. Augustine, *Confessions: A New Translation by Henry Chadwick*(Oxford: Oxford University Press, 1992), p. 304. 한글판으로는 선한용 박사가 번역한 《성 어거스틴의 고백록》(서울: 대한기독교서회, 2019)과 크리스챤다이제스트사의 역본 등이 있다.

10. 영국의 기독교 시인 프랜시스 톰슨(Francis Thompson, 1859-1907)의 시 <하나님의 나라>의 첫 연이다. 《하늘의 사냥개》 등 여러 권의 시집을 냈으며, 특히 금세기 복음주의 지도자 중 한 분인 존 스토트(John Stott) 목사는 자신이 주님을 영접하고 그분의 종이 된 것은 끝까지 자신을 추적하신 예수님 때문임을 톰슨의 이 시에 빗대어 고백한 바 있다(김성영, 《찬양의 성시》[서울: 종로서적, 1987], p. 408).

11. 2011년 8월 4일 하용조 목사 하관 예배에서 '최상의 생애'(창 5:21-24)라는 설교를 한 홍정길 목사는 소천 10주기에 즈음하여 저자와의 인터뷰에서 "그는 항상 남이 생각하지 못한 일을 시작하고, 남이 가지 않은 길을 개척한 사람"이라고 회상했다.

12. 목가적인 시로 유명한 미국의 기독교 시인 로버트 프로스트(Robert Frost, 1874-1963)가 쓴 <가지 않은 길>의 일절이다.

13. 마거릿 클라크슨(E. Margaret Clarkson, 1915-2008)은 《하나의 인류, 하나의 복음, 하나의 과제》를 쓴 시인으로, <고난의 왕 예수>, <그가 아시네> 등 여러 편의 신앙 시를 남겼다. 여기에 소개하는 <주님의 고난>은 작자 미상의 작품이다(김성영, 《찬양의 성시》, p. 235).

14. 하용조 목사는 1946년 9월 20일 평안남도 강서군 수산면 신정리 561번지에서 아버지 하대회 장로와 어머니 김선일 권사 슬하에 3남 3녀 중 셋째로 태어났다.

15. 하용조 목사가 건국대학교 재학 중 1965년 한국대학생선교회(CCC)에 들어가 1966년 8월 4일 경기도 입석의 CCC 여름수련회에서 중생의 은혜를 체험하고 예수님을 전인격적으로 영접한 사건을 기점으로 보면, 그의 지상에서의 사도행전적 복음 사역은 45년이 될 것이다. 하용조 목사는 CCC에서 1972년까지 7년간 학생 리더와 전임 간사로 섬겼다.

16. 존 칼빈, 존칼빈성경주석출판위원회 역, 《신약성경 주석 2》(서울: 성서교재간행사, 1993), 칼빈 성경주석, p. 115.

17. 위의 책, pp. 114-115. 참고로, 개역한글 성경의 관주(貫珠)도 공관복음의 변화산 기록 본문(마 17:1-3; 막 9:2-13; 눅 9:28-36)을 출애굽기 24장 13-16절과 연결하고 있다. 예수님을 따라 산에 올라간 제자들이 구름 속에서 "이는 내 사랑하는 아들이니 너희는 그의 말을 들으라" 하신 하나님의 음성을 들은 사건과 하나님의 소명을 받고 시내 산에 올라간 모세가 구름 속에서 여호와의 음성을 듣고 영광을 목도한 사건과 연관 짓고 있음을 본다.

제1부

■
■

사도행전적
'바로 그 교회'

제1장

순전한 복음

하용조 목사와 복음

필자는 예수님의 복음으로 이 땅을 변화시키며 교회를 개혁하기 위해 일생을 바친 하용조 목사의 평전을 어떤 주제로부터 시작하는 것이 좋을지 한동안 고민했다. 그 결과 '복음'과 '성령'으로 시작하는 것이 좋겠다고 생각했다. 이어서 '교회'를 다루고, 교회의 각론이라 할 '목회'와 '예배', '설교', '선교', '기독교 교육', '긍휼 사역', '문화 사역 · 문서 운동'을 다룬 다음, 하용조 목사의 '고난과 묵상', '생애와 사상'이라는 결론적인 주제를 다루기로 했다. 필자가 본서의 시작을 '복음'과 '성령'으로 한 데는 다음과 같은 몇 가지 이유가 있다.

예수님의 '바로 그 교회'를 바라본 하용조 목사

· · ·

첫째는, 예수님이 교회의 설립을 언명하시고 성령님이 교회를 세우심

에 근거한다. 하용조 목사는 사도행전적인 '바로 그 교회'를 세워 복음
으로 이 땅을 변화시키기 위해 일생을 분투했다. 그가 꿈꾼 사도행전
적인 '바로 그 교회'는 어떤 교회인가? 이는 '복음의 주인이신 예수님
의 의도에 따라[1] 성령님이 세우신 교회'[2]다. 그는 "예수님의 … 꿈은 교
회를 세우시는 것"이라고까지 했다.[3] 우리는 앞으로 하용조 목사의 교
회론과 목회론 등 여러 국면에서 이 점을 자세히 살펴보게 될 것이다.

예수님은 온 인류의 구원을 위해 이 땅에 오셔서 천국 복음을 선포
하고 교회를 세우셨다. 이는 땅 끝까지 교회를 통해 복음을 전파하시
기 위함이다. 예수님이 언명하고(마 16:18) 약속하신 대로(행 1:4-8) 성령님
이 오셔서 교회를 세우셨다(행 2:1-4). 이렇게 세워진 교회를 통해 사도
들이 세상에 나가 복음을 증거함으로 사도들의 행전이 시작되었다. 이
교회가 '바로 그 교회'(The Very Church)다. 그러므로 예수님이 의도하신
'바로 그 교회'는 '복음-성령-교회'의 순서와 구도를 갖는다.

하용조 목사도 그의 교회론에서 '교회론의 기준은 예수님의 교회론'
이라고 선언하면서[4] 사도행전적인 교회는 '예수님이 주인이신 교회'이
며,[5] '성령님이 세우시고'[6] '성령님이 움직이시는 교회'라고[7] 밝히고 있
다. 또한 '예수님이 의도하시는 교회'[8]라고 했다. 그리고 성경에 근거한
올바른 교회론, 즉 앞에서 살펴본 바와 같이 예수님이 의도하시는 교
회론의 출발을 '성령님이 움직이시는 교회'로 보고 "교회는 성령님이
이끌어 가야 한다"[9]라고 강조하고 있다.

하용조 목사는 자신의 목회철학에 대해서도 '사도행전의 교회론'이
라고 밝혔는데, 여기서 말하는 사도행전적 교회론 역시 앞에서 확인한
것처럼 '예수님이 의도하시고, 성령님이 세우고 이끄시는 교회'이다.
이 땅에 말씀으로 와서 복음을 선포하신 예수님이 교회를 세우리라 약

속하고 성령님을 보내 교회를 세우셨으니 복음-성령-교회의 순서로 기술함이 자연스러우며, 하용조 목사의 교회론과 목회론 역시 이 순서와 구도를 따르고 있음을 본다.

둘째는, 하용조 목사의 만 25년의 목회 변화 과정에 근거한다. 필자는 이 점이 대단히 중요하다고 생각한다. 앞으로 자세히 살펴보겠지만, 하용조 목사의 목회는 온누리교회 창립기인 1985년부터 육신의 질병을 치료하기 위해 1991년 하와이로 안식년을 떠나서 1992년 사역에 복귀한 7년 어간이 그의 표현대로 '제자 사역'과 '말씀 사역' 중심이었다면, 안식년 이후의 사역은 '성령 사역' 중심이라고 할 것이다. 이 말을 목회론적으로 달리 표현하면, 교회 창립부터 초기 7년간은 '제자 목회'와 '말씀 목회'였으며, 1992년 이후의 목회는 '성령 목회'였다고 할 수 있다.[10] 이러한 구분은 하용조 목사의 다음과 같은 증언에 근거한다(이 역시 앞으로 각론에서 자세히 살펴볼 것이다).

하용조 목사는 교회 창립 6년 만에 육신의 질병을 치료하고 요양하기 위해 1991년 하와이로 안식년을 떠나게 되는데, 그 기간 그에게 계속된 영적 도전이 있었으니 그것은 "성령 목회를 해라" 하는 주님의 명령이었다. 당시 하용조 목사의 증언을 들어 보자.[11]

1991년에 하와이로 안식년을 떠났다. 비행기에서 내리자마자 하나님은 나에게 강력하게 말씀하셨다. "성령 목회를 해라." 그곳에 있었던 1년 동안 하나님은 계속해서 한 가지를 말씀하셨다. "성령으로 돌아가라. 성령 목회를 해라." 사실 그런 가르침을 받는 것은 고통이었다. 나는 어려서부터 극단적인 성령주의자들 때문에 시험을 많이 받았다. 성령님을 말하는 대부분의 사람들이 너무나 극단적이고 일방적이어서 균형을 잃은 경우를 많이 보았다. 때문에 나는 늘 성령님의 임재를 구하면서도 성령 사역에 접근하는 것을 꺼려 왔다. 자꾸 제자 사역, 말씀 사역으로만 돌아갔다. 그런데 하나님은 나를 끝까지 성령 사역으로 끌고 가셨던 것이다. 마침내 나는 항복했다.

복음-성령-교회로 발전한 하용조 목사의 목회
• • •

여기서 우리는 하용조 목사가 목회 초기에 주력한 제자 사역과 말씀 사역에서 7년 만에 성령 사역으로 대전환을 하게 된 영적 사건을 확인했다. 오해하지 말아야 할 것은, 그가 성령 목회로 대전환을 함으로써 지금까지의 제자 목회와 말씀 목회를 포기한 것이 아니라, 모든 목회 사역을 철저히 성령이 주도하고 이끄시도록 내어 드렸다는 것이다.

그러면 그는 사역 초기부터 성령의 역사와 상관없는 목회를 했다는 말인가? 결코 그렇지 않다. 그가 온누리교회를 창립하기 위해 오랜 기도로 준비한 과정을 보면, 그가 구상한 이른바 '목회 밑그림'에는 성령의 인도하심이 전제되어 있었다. 교회 개척의 제안을 받고도 이것이 하나님의 뜻인지를 알고자 오래 기도한 것 역시 내주하시는 성령님의 인도하심을 구하는 과정이었다. 다만 1974년 신학교 재학 중에 개척한 연예인교회를 사임하고 1981년 영적 재무장을 위해 영국으로 건너가서 그린 '첫 번째 목회의 밑그림'은 성경 공부와 설교 그리고 선교와 파라처치 사역 등에 관한 훈련과 준비에 치중해 있었다. 반면에 1991년 하와이에서 그린 '두 번째 목회의 밑그림'은 전적인 하나님의 명령에 따라 '성령 목회' 중심으로 그려지게 되었다. 하용조 목사의 고백대로,

그는 평소 성령의 역사하심과 능력을 믿고 있었음에도 정작 성령님에게 자신의 목회를 전적으로 내어 드리지 못한 고민과 부끄러움이 있었던 것이다.[12]

이렇게 볼 때, 하용조 목사의 목회는 초기의 말씀 사역 중심에서 첫 안식년 이후 성령 사역 중심으로 이행하고 있음을 알 수 있다. 말하자면, 성령님이 이끌어 가시는 목회를 함으로써 그가 강단에서 선포하는 복음도 전적으로 성령님의 인도하심에 따른 것이다. "지금까지 목회를 하면서 깨달은 진리 가운데 하나는, 교회는 성령님이 이끌어 가야 한다는 것이다 … 설교를 할 때 성령님을 앞세워야 한다. 심방을 할 때도 성령님을 앞세워야 한다"[13]라고 강조한 그의 가르침이 그것이다. 그의 사역이 '말씀(복음)-성령-교회'의 발전적 전개를 통해 균형과 조화를 이루고 있음을 본다.[14] 이처럼 하용조 목사는 일생 강단에서 예수 그리스도의 '순전한 복음'을 선포한 '성령의 사람'이었다.

공교롭게도 하용조 목사의 지상에서의 마지막 설교, '변화산에서 생긴 일'(막 9:2-13)에 이어 그의 후임인 이재훈 목사가 '귀신 들린 아이를 고치신 예수님'(막 9:14-29)이라는 제목으로 온누리교회 취임 첫 설교를 함으로써 성도들에게 큰 감동과 신선한 충격을 주었다. 이렇게 해서 전임자가 끝내지 못한 마가복음 강해를 후임자가 '복음을 전파하라'(막 16:15-20)라는 설교로 마무리하는 성숙된 모습을 보인 것이다. 그렇게 묶인 설교집이 하용조 목사의 유작(遺作)이자 이재훈 목사의 신작(新作)이라 할《순전한 복음》이다.[15]

전임자의 '순전한 복음'을 이어 가는 후임자

● ● ●

하용조 목사가 사도행전적 '바로 그 교회'의 비전을 실현하기 위해 소수의 성도들과 함께 성령님의 인도하심으로 세운 온누리교회는 사도행전 28장 이후의 복음행전(Acts29)을 쓰기 위한 것이었다. 그랬기에 그가 소천 직전에 마지막으로 전한 주일 설교도 마가복음 9장 2-13절을 본문으로 한 '변화산에서 생긴 일'이라는 예수 그리스도의 복음이었다.

그러나 그가 전한 복음은 그것으로 끝나지 않았다. 그는 갔으나 그의 설교는 그의 후임에 의해 이어졌다. 교회의 현실은 대체로 후임자가 성도들에게 전임자와 다른 이미지를 심기 위해 새로운 목회 방침을 강구하기 마련인데, 온누리교회는 전임자가 전하던 강해 설교조차 후임자가 배턴을 이어받아 마무리한 것이다. 다음은 하용조 목사의 설교를 이어 간 이재훈 목사의 말이다.[16]

> 마가복음은 하 목사님께서 영원한 안식으로 들어가시기 전 마지막으로 설교하신 복음서입니다. 예수님께서 종으로 오셔서 죽기까지 충성하신 것처럼 죽기까지 헌신적으로 설교하시다가 돌아가셨습니다. 그런 의미에서 마가복음은 하 목사님의 마지막 설교로 너무 잘 어울리는 책입니다 … 하 목사님께서 다 끝내지 못한 마가복음을 후임 담임목사로 세움을 받은 제가 끝까지 마무리하게 되었습니다. 하 목사님 1주기 추모를 맞이하면서 주님의 종으로 충성스럽게 사셨던 하 목사님의 복음과 하나님 나라에 대한 순전한 열심이 이 설교집을 읽고 묵상하는 모든 성도들에게 온전히 전해질 수 있기를 간절히 기도합니다.

이는 하용조 목사가 생전에 성도들을 극진히 사랑한 증거이며, 성도들은 그를 진정으로 존경했기에 가능한 일이라고 생각한다. 오늘날 한국 교회 안에는 전임자와 후임자의 관계가 존경과 협력보다는 갈등과 대립의 모습을 보이는 안타까운 경우가 있는데, 온누리교회의 전임자와 후임자 사이의 아름다운 모습에는 초대교회의 바울과 실라 같은 동역자, 또는 바울과 디모데 같은 영적 부자(父子)의 이미지가 있다. 이는 순전한 복음을 위해 헌신하는 종들 안에서 성령님이 하시는 일이다.

사도행전적인 '바로 그 교회'가 사도행전 28장 이후를 써 내려가는 'Acts29'의 정신은 무엇일까? 그것은 거창한 것이 아니라, 전임자가 마지막 순간까지 증언한 그 미완의 메시지를 후임자가 이어서 증언하는 바로 그 겸손한 정신이 아닐까.

순전한 목회자가 전하는 순전한 복음
● ● ●

필자는 온누리교회의 두 사역자가 함께 이어서 쓴 마가복음 강해 설교를 《순전한 복음》이라고 한 사실에 주목한다. 예수 그리스도의 복음을 가장 적절하게 표현한 것이 바로 '순전'(純全)이란 말이기 때문이다. 성경적으로 '순전'은 여러 가지 의미소(意味素)를 가지고 있다. 성경에는 순전이 '결함이 없는 상태'(blameless, 욥 1:1), '완전한 상태'(flawless, 잠 30:5), '순수한 상태'(malice, 고전 5:8), '정직한 상태'(pure, 욥 1:1; 벧전 2:2) 등의 의미로 사용되고 있다.

그런데 하용조 목사가 표현한 '순전한 복음'에는 위의 의미소와 함께 또 다른 의미가 내포되어 있는 것 같다. 그것은 바로 '단순하고 간명한', 즉 '복음은 단순(simple)하고 간명(clearness)하다'는 의미를 지니고 있다는 것이다. 아울러 이처럼 순전한 복음을 전하는 설교자도 순전한 마음을 가져야 하며, 복음을 듣는 성도도 순전한 마음 밭을 소유해야 한다는 것이다. 실제로 이 책의 서문을 보면 하용조 목사의 이런 의도를 분명히 읽을 수 있다.[17]

예수님께서 우리에게 전해 주신 하나님 나라의 복음은 단순하고 명쾌하게 모든 진실을 보여 주었습니다. 순전하기 때문입니다. 만일 인간을 구원하시는 하나님의 복음이 소수의 이해력이 뛰어난 사람들만 이해할 수 있는 복음이었다면 하나님은 더 이상 하나님이실 수 없습니다. 하나님의 능력으로 인간을 구원하신 것이 아니라 인간의 능력에 따라 차별하시는 것이기 때문입니다. 복음은 단순하고 분명하고 정확합니다. 사람들이 복음을 깨닫지 못하는 것은 죄로 말미암아 마음이 어두워졌고 생각이 복잡해져 있기 때문입니다. 따라서 순전한 복음을 순전하게 전하는 일이야말로 복음을 전하는 자들의 책임이기도 합니다. 순전한 복음은 순전한 마음을 통해서만 증거될 수 있기 때문입니다.

하용조 목사가 소천한 후 출판된 이 책의 서문을 쓴 이재훈 목사는 계속해서 그의 설교에 대해 이렇게 설명하고 있다.[18]

하용조 목사님은 한국 교회 목회자들 가운데 하나님 앞에서 순전한 삶을 통해 복음을 가장 순전하게 증거하시는 분들 중 한 분이셨습니다. 하 목사님의 설교는 머리만 복잡하게 하는 설교가 아니라 마음을 뜨겁게 하고 능력과 확신을 주는 설교였습니다. 복음에 대한 순전한 마음으로 설교하셨기 때문입니다.

이재훈 목사의 지적처럼, 생전에 하용조 목사는 간결하고 쉬운 설교를 한 것으로 정평이 났었다. 그는 좋은 설교의 몇 가지 특징을 제시하면서 제일 먼저 강조한 것이 '설교는 알아듣기 쉬워야 한다'는 것이었다.[19] 즉 설교의 간결성을 강조한 말인데, 순전한 복음을 이성과 논리로 복잡하게 전해서는 안 된다는 것이다. "알아듣기 쉽게 설교하라. 설교는 중학교 3학년 학생 정도가 이해할 수 있으면 좋다. 대학생 수준만 돼도 어렵다"라고 했다.[20]

하나님의 말씀, 예수님의 복음

● ● ●

성경은 기록된 하나님의 말씀이다. 하나님은 당신의 거룩한 뜻을 문자로 기록해서 우리에게 계시하셨다. 그래서 우리는 편의상 '성경'을 '말씀'이라고도 하며, 통상 교회에서 목회자가 전하는 설교를 '말씀을 전한다' 또는 '말씀을 선포한다'라고 표현한다. 그런데 우리가 쉽게 사용하는 말씀의 뜻은 그리 간단하지 않다.

성경적으로 말씀은 하나님이 당신의 뜻과 계획을 우리 인간에게 알리고 그것을 성취하기 위해 사용하신 특별한 수단이라고 정의할 수 있다. 하나님은 여러 시대에 여러 모양으로 말씀하셨는데, 그것을 가장 구체적이고 확정적으로 전한 것이 기록된 말씀인 성경이다. 성경은 기록된 말씀으로 하나님의 뜻을 계시한다. 하나님의 말씀은 그 자체가 선포적인 그리고 행위적인 의미의 절대 권위를 가짐과 동시에 반드시 성취된다. 그래서 하나님은 말씀으로 천지를 창조하고 또한 보존하시며, 인간을 구원하고 심판하신다(창 1:3, 6; 히 1:3; 벧전 1:23; 계 22:19 참조).

신약성경에서는 말씀이 예수 그리스도의 가르침과 '선포하신 복음'을 가리키는 것으로 사용되고 있다(마 4:23; 롬 15:19). 그래서 요한은 예수님을 하나님이 육신을 입고 우리 가운데 거하시는 말씀으로(요 1:1-3), 히브리서 기자는 하나님의 말씀이 옛적에는 선지자들을 통하여 여러 부분과 여러 모양으로 나타났으나 마지막에는 아들을 통하여 우리에게 말씀하셨다고 증언한다(히 1:1-2).

예수님이 전하신 말씀이 곧 천국 복음임을 마태복음, 마가복음, 누가복음, 요한복음 등 4복음서에서도 증언하고 있다. "이때부터 예수께서 비로소 전파하여 이르시되 회개하라 천국이 가까이 왔느니라 하시더라"(마 4:17). 예수님이 전파하신 것이 바로 천국 복음임을 마태복음 4장 23절은 연이어 증언한다.

또한 바울의 것을 비롯한 모든 서신서들이 하나님의 말씀을 곧 그리스도의 복음으로 환언해서 표현하고 있음을 주목해야 한다. "예수 그리스도의 종 바울은 사도로 부르심을 받아 하나님의 복음을 위하여 택정함을 입었으니"(롬 1:1)라고 말하고 있기 때문이다.

성경은 보다 명확하게 하나님의 말씀과 그리스도의 말씀과 진리의 말씀을 동일하게 복음이라는 의미로 사용하고 있음을 보여 준다.

"복음으로 말미암아 내가 죄인과 같이 매이는 데까지 고난을 받았으나 하나님의 말씀은 매이지 아니하니라"(딤후 2:9). "누구든지 다른 교훈을 하며 바른 말 곧 우리 주 예수 그리스도의 말씀과 경건에 관한 교훈을 따르지 아니하면 그는 교만하여 아무것도 알지 못하고"(딤전 6:3-4a). "너는 진리의 말씀을 옳게 분별하며 부끄러울 것이 없는 일꾼으로 인정된 자로 자신을 하나님 앞에 드리기를 힘쓰라"(딤후 2:15). "오직 주의 말씀은 세세토록 있도다 하였으니 너희에게 전한 복음이 곧 이 말씀이니라"(벧전 1:25).

이와 관련해서 존 칼빈은 그의 '요한복음 주석' 서문에서 "하나님께서는 그리스도 안에서 우리에게 계시된 은혜의 기쁜 소식을 주셨으며, 그리스도에 대하여 전파하도록 명하신 기쁜 소식을 특별히 복음이라는 이름으로 부르고 있다"고 함으로써 복음이 예수 그리스도를 증거하기 위해 하나님이 주신 것임을 분명히 밝히고 있다.[21] 그는 복음에 대해 정의하기를 "복음은 그리스도 안에서 계시된 은혜의 선포"라고 하며, "복음은 그리스도께서 오심으로 전파되었다"고 했다. 그러므로 예수 그리스도는 마땅히 복음의 주제가 되신다고 강조하고 있다.[22]

참고로, 개역한글 성경에는 하나님의 '말씀'이라는 직접적인 표현이 1,086회 기록되어 있으며, '말씀하다'라는 동사는 517회 기록되어 있다.[23] 한편 하나님의 '복음', 예수 그리스도의 '복음'이라는 직접적인 표현은 117회 기록되어 있으며, '복음을 전하다'라는 동사형은 5회 기록되어 있다.[24] 그런데 '말씀'은 신구약 전반에 걸쳐 기록되어 있으나 '복음'은 신약에만 기록되어 있다. 구약성경에서 사용되고 있는 '말씀'의 대표적인 히브리어 원어 '다바르'(רבד)는 '말', '언어', '생각' 등의 의미와 함께 '신탁'(神託), '(신적) 영광' 등의 영적 의미를 함축하고 있다.[25] 신약성경에 사용되고 있는 헬라어 원어 '로고스'(λόγος)는 함축적으로 '주제', '말씀', '교리' 등의 의미와 함께 '신의 현현', 즉 '그리스도'라는 영적 의미를 함축하고 있다.[26]

'복음'을 뜻하는 헬라어 원어 '유앙겔리온'(εὐαγγέλιον)은 '좋은 소식', '복음'의 의미를 가지고 있는데, 동사형 '유앙겔리조'(εὐαγγελίζω)는

'(좋은 소식을) 선포하다', '복음을 전파하다', '복음을 가르치다' 등의 뜻이 있으므로 결국 유앙겔리온은 '복음 선포'의 의미를 함축하는 것이다.

고난 중에도 복음 선포에 집중하다
• • •

그러므로 교회에서 설교자가 '말씀을 선포한다'고 했을 때 우리는 그 것을 '복음을 선포한다'는 의미로 동일하게 이해한다. 아니, 그것이 오 히려 예수님의 구속 사역과 직접적인 연관성이 있으며, 영적 체온감을 더해 준다. 하용조 목사는 '고난 중에도 계속 복음을 전하는 공동체가 사도행전적 교회'라고 했다.[27] 자신이 강단에서 전하는 말씀이 곧 예수 그리스도의 복음이라는 뜻이며, 여기서 '고난'은 복음을 전하는 교회에 대한 각양 세상의 도전과 박해를 의미한다. 그렇다. 초대교회 사도들 은 온갖 박해 속에서도 순교를 불사하며 복음을 전했다. 오늘날 교회 를 지키는 주의 종들 역시 세상의 그 어떤 박해와 도전 속에서도 복음 을 전하는 사도행전적인 목회자가 되어야 한다고 그는 강조하고 있다.

그런데 하용조 목사가 말하는 '고난'에는 또 다른 의미가 있다고 생 각한다. 그것은 평생 그를 놓아 주지 않은 육신의 질고다. 청년 시절의 폐병으로부터 일곱 번의 수술을 받아야 했던 간암과 매주 몇 번씩 행 해진 투석 등, 웬만한 범인들은 도저히 감내하기 어려운 육신의 고난 속에서도 그는 지칠 줄 모르고 복음을 전했다. 사도 바울이 육체의 가 시를 두고 기도했으나 "내 은혜가 네게 족하도다 이는 내 능력이 약한 데서 온전하여짐이라"(고후 12:7-10) 하신 주님의 음성을 듣고 일생 육신 의 질고를 안고 복음을 전했듯이, 하용조 목사도 평생 육신의 질고를 벗 삼아 복음을 전했다. 그는 이렇게 고백했다.[28] "나는 설교하면 살아난다. 강대상에만 올라가면 살아난다 … 나는 죽을 때까지 설교할 것이다." 그의 이 고백처럼, 그는 죽는 순간까지 복음을 전하겠다고 다짐한다. 그렇다. 복음을 전하면 듣는 사람만 살아나는 것이 아니라 복음을 전하는 사람의 영혼 또한 살아나는 것이다.

하용조 목사가 남긴 강해 설교의 진수라고 할 '마태복음 강해 시리즈'[29]를 살펴보면 그가 강단에서 전한 설교 자체가 복음의 선포임을 알 수 있다. 총 다섯 권, 2,750면에 달하는 방대한 이 강해 설교집 각 권의 제목은 《예수: 사람으로 오신 하나님의 아들》, 《복음: 산상에서 전한 천상의 삶》, 《제자: 복음의 그물을 던지는 어부들》, 《십자가: 하늘 문을 연 천국 열쇠》, 《부활: 죽음을 딛고 피어난 영원의 꽃》으로 되어 있다. 이 다섯 권의 제목은 복음서의 큰 주제이자 큰 줄거리를 다섯 말로 요약한 것이다. 이 순서로 볼 때, '예수님'이 전하신 말씀이 곧 '복음'이며, 이 복음을 땅 끝까지 전하기 위해 '제자'를 삼고, 또한 인류의 구원을 위한 '십자가' 고난과 '부활'의 승리를 기록한 것이 마태복음을 비롯한 복음서의 구도임을 보여 주고 있다.

필자는 하용조 목사가 복음의 진수인 산상수훈(마 5-7장) 강해를 위해 무려 702면을 할애하고 있음을 발견하고 놀라움을 금치 못했다. 무려 방대한 책 한 권의 분량이다. 마태복음 스물여덟 장 가운데 불과 세 장을 강해하기 위해 전체 분량(2,848면)의 약 25퍼센트에 해당하는 지면을 할애할 정도로 복음의 핵심에 집중했던 것이다.

하용조 목사가 '강해 설교'에서 밝히고 있는 복음의 뜻

• • •

하용조 목사는 '로마서 강해 설교' 제1권《로마서의 축복》[30]에서 복음에 대한 자세한 설명을 하고 있다. 그는 먼저 서두에서 '사도행전의 심정으로' 로마서를 읽어야 한다고 강조한다. 그가 말하는 사도행전의 심정이란 그리스도의 복음을 선포한 바울의 영적 능력과 심정, 즉 바울이 보여 준 사도행전의 영성을 갖지 않고는 로마서를 바로 이해할 수 없다는 뜻이다.[31]

그는 로마서 1장 1절을 강해하면서 '하나님의 복음이란 무엇인가?'라는 중요한 질문을 던진다. 예수 그리스도의 종 바울은 사도로 부르심을 받아 하나님의 복음을 위하여 택정함을 입었다는 고백을 통해 우리는, 바울이 사도로 부름을 받은 것은 단 한 가지, '하나님의 복음' 때문임을 알 수 있다.

'하나님의 복음이란 무엇인가?' 하용조 목사는 이렇게 설명한다.[32]

> 하나님의 복음이란 뜻에는 하나님께 속한 복음이란 뜻도 있지만 하나님으로부터 온 복음이라는 뜻이 있습니다. 하나님이 우리에게 주신 것, 즉 하나님으로부터 온 것이 복음입니다. 복음이란 단어는 헬라어로 '유앙겔리온'인데 좋은 소식이라는 뜻입니다. 다른 말로 기쁜 소식, 복된 소식을 가리켜 복음이라고 합니다. 많은 사람들은 좋은 소식을 기다립니다 … 하나님으로부터 온 복되고 기쁜 소식이 바로 하나님의 복음입니다.

그러면서 그는 "하나님으로부터 온 그렇게 좋고 기쁜 소식이란 무엇이겠습니까?" 하고 더 구체적인 질문을 던지면서[33] "그것은 '하나님의 아들이신 예수 그리스도가 인류의 죄를 구속하시기 위해 인간으로 오셨다'는 소식입니다"라고 말한다. 구약의 선지자들이 예언했고(사 7:14, 9:6; 렘 31:15), 그 예언이 성취되어 우리 가운데 오셨다는 것이다(롬 1:2; 히 1:1-2).

그는 죄 아래 처한 인간에게 가장 기쁜 소식은 죄의 문제를 해결해 주기 위해 메시아가 오셨다는 사실이며, 이것이 복음이라고 설명한다. 죄인에게 이보다 더 기쁜 소식은 없다는 것이다. 하용조 목사는 복음의 기원을 사도 바울의 증언을 통해 확인하고 있는데, 그 내용은 다음과 같다.[34]

> 사도 바울은 복음의 기원과 배경에 대해 이야기합니다 … 복음은 하나님으로부터 온 것이라는 것입니다. 복음의 배경에는 하나님이 계시다는 것입니다. 죄인들을 위하여 예수님을 이 땅에 보내시기로 작정하신 분은 바로 하나님 자신이십니다. 이 사실에 대해 바울은 로마서 5장 8절에서 분명하게 설명합니다.
>
> "우리가 아직 죄인 되었을 때에 그리스도께서 우리를 위하여 죽으심으로 하나님께서 우리에게 대한 자기의 사랑을 확증하셨느니라."
>
> 이 복음을 주신 분은 하나님이십니다. 이 복음의 기원은 하나님이라는 것입니다. 따라서 이 복음은 하나님으로부터 온 것이며 하나님께 속한 복음이며 하나님이 우리에게 주신 기쁜 소식이라는 것입니다. 에베소서 2장 4-6절을 보면 이 복음을 하나님과의 관계에서 이렇게 설명합니다.
>
> "긍휼에 풍성하신 하나님이 우리를 사랑하신 그 큰 사랑을 인하여 허물로 죽은 우리를 그리스도와 함께 살리셨고 (너희가 은혜로 구원을 얻은 것이라) 또 함께 일으키사 그리스도 예수 안에서 함께 하늘에 앉히시니."

그렇습니다. 이 복음은 긍휼에 풍성하신 하나님이 우리를 사랑하셔서 자기 아들을 십자가에 못박혀 죽게 하시고 다시 부활시킨 바로 그 사건입니다. 복음은 예수님께서 부활하신 사건입니다. 허물로 죽은 우리를 예수 그리스도의 부활과 함께 다시 살리신 사건입니다.

예수 그리스도로 말미암은 복음
• • •

성경은 예수님이 선포하신 말씀이 복음이라고 한다. 그리고 예수님이 복음의 핵심임을 증언하고 있다. 복음은 예수님이 선포하셨다. "예수께서 온 갈릴리에 두루 다니사 그들의 회당에서 가르치시며 천국 복음을 전파하시며 백성 중의 모든 병과 모든 약한 것을 고치시니"(마 4:23).

복음은 예수님으로 말미암아 우리에게 주어졌다. 예수님이 이 땅에 복음을 가지고 오셨다. "율법은 모세로 말미암아 주어진 것이요 은혜와 진리는 예수 그리스도로 말미암아 온 것이라"(요 1:17). 세세토록 있는 하나님의 말씀이 곧 이 땅에 와서 선포하신 예수님의 복음이다. "오직 주의 말씀은 세세토록 있도다 하였으니 너희에게 전한 복음이 곧 이 말씀이니라"(벧전 1:25).

하용조 목사는 이 사실을 특히 강조한다. 그는 '복음의 핵심, 예수 그리스도'라는 글에서 이렇게 진술하고 있다.[35]

사도 바울은 복음이 무엇인가에 대해 두 가지로 설명합니다. 첫째는 예수 그리스도의 인간적인 기원에 대해 말합니다. 인간적인 기원으로 그는 사람이라는 것입니다. 두 번째는 그의 신적인 기원인데, 신적인 기원으로 그는 하나님이십니다.

그는 로마서 1장 3절을 제시하며 이 진리를 설명한다. "이 아들로 말하면 육신으로는 다윗의 혈통에서 나셨고"(개역한글 성경). 그러면서 예수님이 오셨다는 그 자체가 복음이라고 강조한다.[36] 예수 그리스도가 바로 복음이라고 역설한다.[37] 말씀이 육신이 되어 우리 가운데 오신 분이 예수님이며, 복음으로 오신 분이 예수님이다. 이것은 성경이 증언하는 신비다. 그래서 존 칼빈은 "복음은 예수 그리스도의 신비를 명확히 드러내는 것"이라고 했다.[38] 그는 구약의 모든 약속은 그리스도가 선포하신 복음의 일부이며, 복음이 율법의 완성인 것은 복음은 모든 믿는 자에게 구원을 주시는 능력(롬 1:16)이기 때문이라고 강조한다. 그러면서 "율법과 선지자는 요한의 때까지요 그 후부터는 하나님 나라의 복음이 전파되어"(눅 16:16)라는 말씀으로 이를 뒷받침하고 있다. 그는 계속해서 "복음은 예수 그리스도 안에서 드러난 하나님 은혜의 선포"이며, "그리스도께서 하나님 나라의 복음을 선포하셨다는 사실이 그의 특별한 사역을 드러낸 것"이라고 했다.[39]

이 복음이라는 하나님으로부터 온 기쁜 소식은 예수 그리스도다.

그런데 하나님의 아들 예수가 육신적, 인간적으로는 다윗의 혈통에서 난 사람이라는 것이다. 예수님은 2천 년 전 팔레스타인의 한 마을에서 요셉과 마리아라는 부모 슬하에서 태어난 것이 분명한데, 그는 단순한 남자와 여자 사이에서 태어난 아들로서만이 아닌 놀라운 비밀이 있다고 강조한다.[40] 혈통적인 비밀이 있다고 지적한 것이다. 즉 육신적으로 다윗의 혈통이라는 것이다. 이것은 무엇을 의미하는가? 예수 그리스도가 역사적 인물이라는 것이다. 마태복음은 시작하자마자 예수님의 혈통에 대해 "아브라함과 다윗의 자손 예수 그리스도의 세계라"(마 1:1, 개역한글 성경)라고 선포함으로써 로마서 1장 3절의 말씀과 일치된 증언을 하고 있다. 하용조 목사는 '이것이 예수님의 인적 기원'(人的 紀元)이라고 지적한다.[41] 동시에 예수님의 신적 기원(神的 紀元)에 대해서 설명한다. "성결의 영으로는 죽은 가운데서 부활하여 능력으로 하나님의 아들로 인정되셨으니 곧 우리 주 예수 그리스도시니라"(롬 1:4, 개역한글 성경).

예수님은 육신적으로는 다윗의 혈통에서 나셨으나, 영적으로는 죽은 자들 가운데서 부활해 능력으로 하나님의 아들로 인정되셨다. 여기서 '인정되셨다'의 정확한 의미는 '선포되었다'는 것이다. 헬라어 성경 원어 '호리조'(ὁρίζω)는 '교시하다', '드러내다', '공표(선포)하다' 등의 의미를 가지고 있다.[42] 이런 점에서 개역개정 성경은 원문의 의미를 보다 정확하게 번역했다. 예수님은 부활의 능력으로 하나님의 아들로 인정받으신 분이 아니라, 하나님의 아들로 드러나고 선포되신 분이다. 하용조 목사는 이 신적 기원에 대해 이렇게 설명하고 있다.[43]

이 세상에 존재했던 인간들은 다 죽었지만 그는 하나님으로부터 오셨기 때문에 죽은 자 가운데서 부활하십니다. 그분이 바로 예수 그리스도시며, 이것이 그분의 신적인 기원입니다.

그러면서 그는 우리의 오해를 불식시키기 위해 "그분이 부활했다는 것은 그분이 하나님이시고 하나님으로부터 왔다는 것입니다"[44]라고 함으로써 성자 하나님이신 예수님의 신성을 분명히 하고 있다. 그는 계속해서 "어떤 사람들은 인간이며 육체로 오신 예수님의 신적인 것만 생각하려는 경향이 있습니다. 그렇게 되면 우리의 구원은 반쪽이 됩니다. 진정한 구원은 예수님이 인간이라는 점을 믿고 인정하고 우리 죄를 위하여 십자가에 돌아가신 분임을 믿는 것입니다"[45]라고 함으로써 참인간이며 참하나님이신 예수님의 신성과 인성을 강조하고 있다. 즉, 우리가 전하는 복음은 예수 그리스도로 말미암은 것이요, 복음의 핵심은 예수 그리스도라는 사실을 하용조 목사는 거듭 강조하고 있다. 그는 이렇게 역설한다.[46]

> 여러분이 예수님을 영접하기 전까지 예수님은 여러분의 구원자가 아닙니다. 예수님을 지적으로 이해해도 그리스도가 주님이시고 구원자시며 그분을 믿음으로 말미암아 우리의 죄 사함을 받은 것을 믿음으로 고백하기 전까지는 여러분의 복음이 아닌 것입니다.

하용조 목사는 그렇기 때문에 예수 그리스도의 복음을 증언하는 설교 또한 그 중심에 예수 그리스도가 계셔야 한다고 강조한다. 그는, 목사는 위대한 사상가도 아니고 예리한 지성을 가진 지성인도 아니라고 말한다. 세상 사람이 볼 때는 소박해 보일지 몰라도, 목사는 예수님을 전하는 사람이어야 한다고 했다. 설교와 그의 사역은 복음의 주인이신 예수 그리스도에 온전히 초점을 두어야 한다고 했다. 설교의 시작도 예수님이요, 끝도 예수님이어야 한다는 것이다. 복음을 전한다는 것은 곧 예수님을 전하는 것이라고 단순하게 말한다.[47]

이와 관련해서 존 맥아더(John MacArthur)는 "오늘날 [우리가 전하는] 복음은 예수님의 복음인가?"를 진지하게 묻는다.[48] 그러면서 '현대 교회의 위기는 예수님이 없는 복음을 전하는 위기'라고 경고한다. 그는 예수 그리스도를 주님으로 모시는 삶이 없어도 그리스도인이라고 믿는 것은 착각이라고 충고하며, 예수님이 빠진 복음에는 구원이 있을 수 없다고 했다. 하용조 목사의 주장처럼, 복음의 핵심은 예수님이며, 예수님을 전하는 것이 복음 설교임을 강조한 말이다.

복음을 위하여 부름 받은 바울

• • •

또한 하용조 목사는 사도 바울이 예수 그리스도의 종이 되고 사도로 부르심을 받은 이유는 오직 한 가지라고 강조한다. 그것은 하나님의 복음 때문이라는 것이다.[49] "예수 그리스도의 종 바울은 사도로 부르심을 받아 하나님의 복음을 위하여 택정함을 입었으니"(롬 1:1). 바울이 부름을 받은 것은 단 한 가지 이유, 하나님의 복음 때문임을 거듭 강조하고 있다.[50] "하나님의 복음 때문입니다." 사실 사도 바울은 그의 서신서 여러 곳에서 이 사실을 거듭 증언하고 있다.

"바울이 그 환상을 보았을 때 우리가 곧 마게도냐로 떠나기를 힘쓰니 이는 하나님이 저 사람들에게 복음을 전하라고 우리를 부르신 줄로 인정함이러라"(행 16:10). "이 은혜는 곧 나로 이방인을 위하여 그리스도 예수의 일꾼이 되어 하나님의 복음의 제사장 직분을 하게 하사"(롬 15:16). "그리스도께서 나를 보내심은 세례를 베풀게 하려 하심이 아니요 오직 복음을 전하게 하려 하심이로되"(고전 1:17). "이 복음을 위하여 그의 능력이 역사하시는 대로 내게 주신 하나님의 은혜의 선물을 따라 내가 일꾼이 되었노라"(엡 3:7). "이들은 내가 복음을 변증하기 위하여 세우심을 받은 줄 알고 사랑으로 하나"(빌 1:16). "내가 이 복음을 위하여 선포자와 사도와 교사로 세우심을 입었노라"(딤후 1:11).

이처럼 복음을 위해 택정함과 부르심을 받은 사도 바울은 그 자체를 영광으로 알고 다음과 같이 고백한다.

"주 예수께 받은 사명 곧 하나님의 은혜의 복음을 증언하는 일을 마치려 함에는 나의 생명조차 조금도 귀한 것으로 여기지 아니하노라"(행 20:24). "내가 복음을 전할지라도 자랑할 것이 없음은 내가 부득불 할 일임이라 만일 복음을 전하지 아니하면 내게 화가 있을 것이로다"(고전 9:16). "내가 복음을 위하여 모든 것을 행함은 복음에 참여하고자 함이라"(고전 9:23). "우리나 혹은 하늘로부터 온 천사라도 우리가 너희에게 전한 복음 외에 다른 복음을 전하면 저주를 받을지어다"(갈 1:8). "복음으로 너희를 부르사 우리 주 예수 그리스도의 영광을 얻게 하려 하심이니라"(살후 2:14). "그러므로 너는 내가 우리 주를 증언함과 또는 주를 위하여 갇힌 자 된 나를 부끄러워하지 말고 오직 하나님의 능력을 따라 복음과 함께 고난을 받으라"(딤후 1:8). "복음으로 말미암아 내가 죄인과 같이 매이는 데까지 고난을 받았으나"(딤후 2:9).

이는 복음을 위해 부르심을 받았으니, 이 복음을 증거하기 위해서는 자신의 생명까지도 조금도 귀하게 여기지 않겠으며, 복음을 전할지라도 조금도 자랑스럽게 생각지 않으며, 복음을 위해 옥에 갇힌 몸이 되어도 그것을 부끄럽게 여기지 않겠다는 사도 바울의 고백이다. 왜냐하면 복음의 사도로 부르심을 받았는데 그것을 전하지 않으면 화를 입을 것이라는 영적 두려움이 있기 때문이며, 나아가서는 주 예수 그리스도의 영광에 참여하기 위함이라고 한다. 그래서 그는 현재의 고난은 장차 나타날 영광과 비교할 수 없기에(롬 8:18), 이미 얻었다 함도 아니요 온전히 이루었다 함도 아니라, 오직 그리스도 예수께 잡힌바 된 그것을 잡으려고 달려간다(빌 3:12)고 겸손히 고백한 것이다.

복음을 위하여 부름 받은 하용조 목사

• • •

하용조 목사는 사도 바울처럼 복음을 위해 부름을 받았다. 사도행전의 주역으로 복음을 위해 부름 받은 사도 바울의 회심이 극적이었듯이, 이 시대에 사도행전의 '바로 그 교회'를 실현하기 위해 부름 받은 하용조 목사의 회심 또한 극적이었다. "나는 예수 그리스도를 처음 만나 뵈었을 때 얼마나 큰 충격을 받았는지 모른다. 말로 형용할 수 없는 충격 그 자체였다"라고 고백할 정도였다.[51]

하용조 목사가 복음을 위해 자신을 주님에게 드리게 되기까지 몇 가지의 사건이 있었다. 먼저는 믿음 좋은 가정에서 태어나 부모의 기도와 신앙 지도를 받았다. 그리고 막 20세가 된 약관의 나이에 CCC 입석 수양관 집회에서 예수님을 인격적으로 영접하게 되었다. 결정적인 사건은 대학 3학년 때인데, 육신의 질병을 통해 예수님의 소명을 받은 것이다.

하용조 목사가 대학에 진학한 20세 무렵에 예수님을 인격적으로 만난 사건을 살펴보자. 그는 국가의 복지를 꿈꾸며 낙농(酪農)을 공부하기 위해 1964년 건국대학교 축산가공과에 입학했다. 대학 2학년 때인 1965년, 그는 한국대학생선교회(CCC)에 들어가 훈련을 받으면서 이듬해 경기도 입석에서 열린 CCC 여름수련회에 참석해 엄청난 영적 체험

을 하게 된다.[52]

> 어렸을 때 유아세례도 받았고, 소위 뱃속 교인이라 불리는 기독교 가정
> 에서 자랐으나 내가 예수 그리스도를 영접하고 내 삶을 예수님께 헌신
> 하게 된 것은 대학생선교회(CCC: Campus Crusade for Christ)를 통해서이다.
> 1966년 8월 4일 경기도 입석에서 그리스도를 인격적 구주로 영접하고
> 그분의 십자가와 피 묻은 손을 실제로 경험한 사건 때문에 내 인생은 달
> 라졌다.

하용조 목사는 사람이 이지적으로 주님을 만났든, 체험적으로 만
났든, 어떤 형태로든 각자마다 예수 그리스도를 영접하게 된 여러 계
기가 있을 것이라고 말한다. 어떤 사람은 환상을 보는 등 특별한 체험
은 하지 않지만 영혼 깊은 곳에서 말씀이 부딪쳐서 주님의 살아 계심
을 경험하기도 하고, 또 어떤 사람은 성경을 읽다가 예수님을 만나기
도 하고, 어떤 사람은 설교를 듣다가 예수님을 만나게 될 것이며, 어떤
사람은 기가 막힌 고통과 고난의 과정 속에서 주님을 만나기도 한다고
말한다. 또 어떤 사람은 폭풍이 지나간 뒤, 주님의 세미한 음성을 들으
며 주님을 만나기도 할 것이라고 했다. 그런데 자신이 예수님을 만난
사건은 가히 혁명적이었다고 고백한다.[53] 예수님을 인격적 구주로 영접
하고 그분의 십자가와 피 묻은 손을 실제로 경험한 그날의 사건, 그것
은 그의 신앙생활에 말로 형언할 수 없는 충격 그 자체였던 것이다. 이
전의 그는 주님이 수없이 문밖에 서서 문을 두드리셨지만 마음 문을
열고 주님을 맞아들이지 못할 만큼 이지적이고 지성적이었다. 이에 대
해 "그전까지는 주님을 그냥 지식과 생각으로만 믿었던 것이다"[54]라고

실토하고 있다. 그런데 그분의 피 묻은 손이 현실적으로 나타났을 때, 그 손이 자신의 허물과 죄를 터치했을 때, 옛 사람은 죽고 심령이 변화되는 것을 체험했다고 고백한다.

우리는 하용조 목사의 이 고백을 들으면서 18세기 독일의 경건주의 운동가 니콜라우스 친첸도르프(Nicolas L. Zinzendorf)의 영적 체험을 생각하게 된다. 독일 연합형제파의 창시자이기도 한 친첸도르프는 할레대학을 졸업한 19세 무렵, 뒤셀도르프의 한 성당에서 도메니코 페티(Domenico Fetti)가 그린 〈이 사람을 보라〉(Ecce Homo)라는 작품을 본 것이 회심의 동기가 되었다고 한다. 십자가 위에서 고난 받으시는 예수님을 묘사한 이 작품에는 다음과 같은 각명(刻銘)이 붙어 있었다. "나는 너를 위해 피 흘렸건만 너는 나를 위해 무엇을 하느냐?" 이 글귀를 읽은 친첸도르프는 이후의 삶을 온전히 예수 그리스도에게 헌신하게 되었다고 전한다.[55] 한 사람 친첸도르프의 회심으로 모라비안 형제단이 프로테스탄트 신앙 공동체로 발전하게 되어, 후일 영국의 존 웨슬리(John Wesley)와 미국의 D. L. 무디(Moody)의 신앙에 큰 영향을 미치게 되었다. 한국대학생선교회를 설립한 김준곤 목사도 17세의 청소년기에 목포의 어느 성당에 들렀다가 그곳에 설치된 십자가 고상 밑에 적힌 동일한 글귀를 읽은 것이 예수님에게로 삶을 전환한 계기가 되었다고 밝힌바 있다.[56]

예수 그리스도의 보혈은 사람을 변화시키는 능력이 있어 인류 역사상 수많은 영혼을 주님에게로 이끌었다. 하용조 목사 역시 자신을 위해 '피 흘리신 예수'를 만남으로써 거듭남의 은혜를 깊이 체험하게 된 것이다.

육신의 질병을 통해 복음 전도자로 소명 받다

• • •

다음으로 하용조 목사가 육신의 질병을 통해 예수님의 소명을 받은 내력을 살펴보자. 예수님을 만난 후 그의 대학 생활은 학교 공부보다 거리에서 예수님을 전하는 전도 공부가 더 우선이었다. 그 당시 밤 12시까지 전도를 하면서 돌아다닐 정도였다. 식사를 거를 때도 많았다. 그러던 중 대학교 3학년 때 폐병을 앓게 되었다. 몸을 돌보지 않고 과로한 탓이었다.

하용조 목사는 그때를 회상하며 "'이렇게 급한 때에 하나님은 왜 아프게 하실까?' 해석이 되지 않았다. 그러나 아픈 것을 어찌하랴. 약을 먹고 병원에 입원해 있는 것이 너무나 고통스러웠다. 병이 고통스러워서가 아니라 전도하지 못해서 고통스러웠다"고 했다. 그는 인천에 있는 한 결핵 요양소에 격리 수용된 적도 있었다. 그는 수용소에서도 불신자에게 전도하면서 대부분의 시간을 하나님에게 깊이 기도하고 성경을 읽고 묵상하는 데 보냈다. "하나님은 나를 병원에 집어넣고 아무도 못 만나도록 고독하게 만들고, 절망하게 한 뒤, 성경만 보게 하셨다. 오로지 하나님만 생각하게 하셨다"고 회상한다.[57]

그러던 어느 날이었다. 그가 하루는 시편을 읽고 있는데 눈앞에 환상이 펼쳐졌다. 환상의 내용은 다음과 같았다.[58]

비가 주룩주룩 오고 있었다. 창문가에서 끙끙대는 소리가 들리기에 창문을 열어 보았더니 우리 집 처마 밑에 아주 형편없는 거지 하나가 보따리를 옆에 끼고 오들오들 떨고 있는 게 아닌가. 무척이나 춥고 배가 고픈 모양이었다. '어떻게 할까?' 생각하다가 너무 불쌍하고 딱해 보여서 대문을 열고 그 사람한테 다가갔다.

"춥고, 배고프시죠? 들어오셔서 몸을 녹이고 식사하세요."

그분을 집에 들이고 식사를 차려 드렸다. 그런데 놀라운 일이 생겼다. 그 순간 형편없던 거지가 영광스러운 주님의 모습으로 변하는 게 아닌가! 반면 나는 세상에서 제일 피곤하고 지치고 병들어 아주 비참한 모습으로 보이기 시작했다. 입장이 180도 바뀐 것이다. 끔찍하게 냄새나고 지저분한 누더기 옷을 입고 지쳐 있는 나를 주님이 다가와서 안아 주셨다. 그것은 주님의 임재였다. 주님이 나를 찾아오시다니….

주님의 눈을 보니 울지 않을 수 없었다. 그때까지 내가 주님을 애처롭게 기다리고 있다고 생각했다. 내가 주님을 사랑하는 줄 알았다. 그런데 주님을 뵙고 보니, 주님이 나를 사랑하고 기다리고 계신 것이었다. 사랑과 구속의 선물을 들고 애타게 기다리고 있는 쪽은 오히려 주님이셨다. 모든 수치와 비난과 모멸도 잊으신 채 주님은 내가 내쫓은 문밖에서 한 발자국도 움직이지 않고 나를 기다리고 계셨던 것이다. 그때 주님은 보따리를 풀으셨다. 그 안에는 이런 말씀이 적혀 있었다.

"내가 너를 십자가만큼 사랑한다."

그리고 주님은 물으셨다.

"너, 목사 되지 않을래?"

그날 나는 눈물범벅이 된 채 이런 일기를 써 내려갔다.

주님은 나를 사랑하시다 못해, 기다리시다 못해 십자가에서 죽기까지 하셨는데 주님이 나를 필요하다고 하신다. 지금 이때가 아니면 내가 언제 순종할까? 주님은 내가 설정해 놓은 생각대로 못나게 살 것을 아시고 나를 이렇게 병들게 하셨구나.

원인 모를 질병에서 깨어나 회심한 프란체스코처럼

• • •

앞에서 살펴본 바와 같이, 하용조 목사가 복음 전도자로 소명을 받은 과정은 초대교회 사도행전의 주역인 사도 바울의 경우처럼 극적인 데가 있다. 한편, 13세기 교회 개혁자인 아씨시의 프란체스코(Francesco d'Assisi)와도 유사한 데가 있다. 기독교를 박해하던 유대교도 사울이 다메섹 도상에서 예수님을 만남으로 변화 받아 바울이 된 사건은 우리가 잘 알고 있기에 여기서 새삼 그 이야기를 회상할 필요는 없을 것이다. 다만 필자는 아씨시의 프란체스코의 회심 사건을 살펴봄으로써 두 사람의 영적 사건의 유사성을 발견하고자 한다.

13세기의 성자로 일컬어지는 아씨시의 프란체스코에 대한 이야기는 매우 다양하다. 예수님이 십자가상에서 받으신 오상(五傷)의 흔적을 그 몸에 지녔다는 일설이 있을 정도로 그의 생애와 사상은 신비한 데가 있다. 그에 대한 일화는 다양해서 때로는 과장된 면이 없지 않다. 그러나 그가 교회사의 인물 가운데 예수 그리스도의 십자가를 가장 가깝게 따르고자 분투한 구도자임은 분명하다. 특히 병마를 통한 그의 극적인 회심과 오상의 고통 속에서 주님을 따라간 전도자의 삶은 우리 시대의 하용조 목사와 접촉점이 있다고 할 것이다. 이처럼 21세기의 하용조 목사는 젊은 날 폐병이라는 육신적 질고를 통해 주님의 음성을 듣고 회심을 경험하게 되었고, 13세기의 프란체스코는 사선을 넘나드는 육체의 고통을 통해 회심한 후 구도자의 길을 걷는 영적 대전환점을 맞게 된다.

먼저 그의 회심 사건을 살펴보자. 프란체스코의 생애를 비교적 정확히 기록했다고 평가받는 전기(傳記) 작가 요한네스 요르겐센

(Johannes Jorgensen)은 《아씨시의 프란치스코》(계성출판사 역간)에서 젊은 음유시인이자 난봉꾼인 프란체스코가 사경에서 깨어난 사건을 극히 간명하게 묘사하고 있다. "어느 날 아침 아씨시의 한 청년이 중병에서 회복되어 막 눈을 떴다. 때는 지금으로부터 약 700년 전의 일이다."[59] 이 작가는 세속의 길을 걷던 프란체스코가 진리의 길로 전환하게 된 모티브를 젊은 날에 경험한 육신의 질고에서 찾은 것이다.

그런데 먼 후일, 프란체스코의 생애를 소설화한 그리스의 소설가 니코스 카잔차키스(Nikos Kazantzakis)는 프란체스코의 이 극적인 회심 사건을 그의 대표작 《성 프란시스》(고려원 역간)에서 작가의 상상력을 발휘해 매우 사실적으로 묘사하고 있다.[60] 그 과정은 대체로 다음과 같다.

프란시스는[61] 자신이 죽어 가는 꿈을 꾸었다. 마지막 숨이 끊어지는 고통으로 몸부림치고 있는데 문이 열리고 죽음의 악마가 들어왔다 ⋯ 파수꾼들이 미친개를 붙잡을 때 쓰는 것 같은 긴 무쇠집게를 들고 있었다. "일어나라, 베르나르도네의 아들아!" 악마는 침대로 다가오면서 소리쳤다. "자, 가자!" "어디로요?" "어디라고 물어볼 거나 있느냐? 너는 충분히 시간을 가졌지만 그 시간을 파티에 나가고, 사치스러운 옷을 사고, 세레나데나 부르며 헛되이 낭비해 버렸어. 이제 가야 할 시간이 왔다." 죽음의 신은 긴 집게를 치켜들었다. 프란시스는 부들부들 떨며 베개를 끌어안고 머리를 파묻었다. "1년만 시간을 주세요." 그는 흐느껴 울었다. "꼭 1년만요! 회개할 시간을 주십시오." ⋯ "너무 늦었다. 넌 네게 주어진 하나밖에 없는 네 몫의 생애를 다 산 거야. 넌 네 생애를 쓸모없는 데 투기(投機)하여 다 잃어버린 거야. 자, 가자!" "단지 석 달만⋯ 한 달⋯ 사흘⋯ 아니 하루만요!" 그러나 이번에는 죽음의 신이 아무 대답을 하지 않았다. 그는 집게를 치켜들고 프란시스의 목 언저리를 꾹 눌렀다. 그러자 가슴이 터질 듯이 비명을 지르면서 프란시스는 혼수상태에서 깨어났다. 그는 주위를 둘러보았다. 어머니인 피카 부인이 환자의 친구로 삼아 주려고 프란시스의 방에 가져다 놓은 카나리아가 창문 옆에 매달린 새장 속에서 부리를 하늘로 향한 채 노래하고 있었다. "하나님께 영광을!" 프란시스는 기쁨의 탄성을 질렀고 그의 이마에는 식은땀이 흘러내리고 있었다. 그는 이불을 만져 보고, 쇠로 된 침대 틀을 만져 보더니 어머니에게 안겨 흐느끼기 시작했다. "어머니, 오늘이 며칠입니까?" "주일이란다." "몇 월 며칠입니까?" "9월 24일이란다. 그건 왜 묻니?" "어머니, 주님께서 십자가에 못 박히신 그림 뒤에 이렇게 써 주세요. '우리 예수님 탄생 후 1206년[62] 되는 9월 24일, 주일날. 내 아들 프란시스 다시 태어나다'라고 말입니다."

나환자의 모습으로 찾아오신 예수님을 영접한 프란체스코처럼
• • •

이처럼 아씨시의 프란체스코는 22세의 젊은 나이에 원인을 알 수 없는 육신의 질병을 통해 회심한 후 남은 생애를 온전히 주님에게 바치게 되었다. 하용조 목사 역시 비슷한 나이에 폐병으로 결핵 요양소에서 투병하던 중 예수님을 만남으로 '일생을 주님의 것'으로 드리게 된다.

필자는 여기서 하용조 목사가 환상 중에 만난 예수님이 병들어 지친 모습의 거지였다는 사실에 주목한다. 처음에는 병든 걸인에게 먹을 것을 베풀며 불쌍히 여겼으나, 순간 그 걸인이 영광스러운 예수님으로 변모하면서 정작 병든 자신이 세상에서 가장 비참한 죄인으로 보이기 시작했다. 냄새나고 고약한 누더기를 걸친 영혼의 걸인이 바로 자신이었다는 정직한 고백을 하고 있는 것이다.

공교롭게도 아씨시의 프란체스코 역시 유사한 경험을 한 바 있다. 프란체스코의 믿음을 더욱 고양시키고 정화시키기 위해 예수님이 어느 날 나환자의 모습으로 찾아오신 것이다.[63] 그 사건을 요약하면 다음과 같다.

어느 날 새벽 프란시스는 동료 수도사 레오와 동굴에서 기도하던 중, 순간 내면의 음성을 듣게 된다. 그는 레오를 재촉했다. "어서 일어나세요." 레오가 말했다. "프란시스 형제님, 왜 그렇게 서두르십니까?" "서두르는 것이 아닙니다. 그분이 말씀하십니다." "무슨 꿈을 꾸셨나요?" "아니오. 나는 밤새도록 잠을 잘 수 없었어요. 새벽녘에 나는 하나님께 기도를 드렸어요. '아버지, 제게 잠을 주시옵소서. 저는 당신을 섬기며 당신의 일을 하는 사람입니다. 당신께서 제게 명령하신 것을 저는 다했습니다. 성 다미아노 교회를 다시 세웠고, 아씨시 거리에서 춤을 추어 웃음거리가 되었으며, 아버지와 어머니를 떠났습니다. 왜 저를 잠자지 못하게 하시는 겁니까? 저에게 더 무엇을 원하시나요? 그것으로 충분하지 않다는 것입니까?' 그러자 내 속에서 무서운 음성이 들렸어요. '그것으로는 충분하지 않다.' '충분하지 않다니요?' 나는 두려움에 사로잡혀 외쳤어요. '그럼 당신께서는 제게 또 무엇을 원하십니까?' '이제 날이 밝았다. 어서 일어나 길을 떠나라. 길을 가다 보면 방울소리가 들릴 것이다. 그것은 내가 네게 보내는 나환자다. 그에게로 가서 그를 껴안고 입을 맞추어라.' 하나님께서 내게 명령하십니다. 어서 일어나세요."

이리하여 프란시스는 레오 형제와 함께 동굴을 나와 마을로 향하는 내리막길을 걷게 된다. 그때 언덕 밑에서 딸랑하고 방울소리가 들려왔다. 나환자가 오는 소리였다. 당시 천형(天刑)으로 알려져 사람들로부터 천대를 받는 나환자들은 지팡이에 방울을 달아 소리를 내야 했다. '나환자가 지나가니 모두들 피하십시오'라고 알리는 신호였다. 프란시스는 그 방울소리를 듣자 그 자리에 얼어붙었다. 온몸이 부들부들 떨렸으나 내면에서 '저 병자를 향하여 걸어가라. 그리고 그를 포용해 주어라. 그것이 내가 원하는 일이다'라는 음성을 듣는다. 프란시스는 하나님의 명령에 따라 두려움에 떨면서 나환자를 영접하게 된다. 그런데 그를 포용하는 순간, 프란시스는 자신이 한없이 누추한 영혼의 나환자임을 깨닫게 된다. 프란시스는 오열하며 나환자에게 자신의 남루를 걸쳐 주며 행려병자 수용소로 인도하게 되는데, 한참을 걷다 보니 나환자는 그의 외투 속에서 어디론가 사라져 버렸다. 그때서야 프란시스는 주님이 나환자의 모습으로 찾아오신 것을 깨닫고 대지에 입 맞추며 눈물로 기도하게 된다. 이 사건을 통해 프란시스는 하나님은 인간의 의지로 할 수 없는 것조차 받으시기를 원하는 분이심을 깨닫게 되어, 자신의 모든 것을 온전히 하나님께 드리는 진정한 헌신의 삶을 살게 된다.

앞에서 살펴본 바와 같이, 꿈 많은 청춘의 날에 원치 않는 육신의 질고를 통해 주님을 만난 하용조 목사의 영적 사건은 공교롭게도 13세기의 치열한 진리 구도자였던 아씨시의 프란체스코의 경우와 매우 유사한 데가 있다. 나환자의 모습으로 찾아오신 주님을 만남으로 자신이 영혼의 병자임을 깨달은 프란체스코와 결핵 요양원에서 걸인의 모습으로 찾아오신 주님을 만남으로 자신이 가장 누추한 죄인임을 깨닫게 된 하용조 목사가 7세기의 시공을 초월해 지금 우리 앞에서 만나고 있는 것이다.

신약 시대에 하나님은 다메섹 도상에서 사울을 바울로 변화시켜 사도행전의 복음 주역으로 쓰시고, 초대교회 개척의 지도자로 세우셨다. 하나님은 4세기에 마니교의 이단 사상에 빠져 있던 어거스틴을 밀라노의 어느 정원에서 말씀으로 회심시켜 기독교 신학의 집을 짓게 하셨다. 하나님은 13세기에 아씨시의 프란체스코를 불러 중세의 무너지는 교회를 지탱하게 하셨으며, 하나님은 16세기에 마틴 루터(Martin Luther)와 존 칼빈을 불러 종교 개혁의 횃불을 들게 하셨다. 하나님은 18세기에 친첸도르프와 존 웨슬리를 불러 유럽의 교회를 정화시키셨다. 19세기와 20세기에 무디와 길선주 및 한경직 목사를 불러 미국과 한국의 교회를 부흥시키신 하나님은 21세기에 하용조 목사를 불러 순전한 복음으로 이 땅에 사도행전적 '바로 그 교회'를 재현하게 하셨다. 하나님은 이처럼 시대마다 여러 사건을 통해 여러 모양과 방법으로 사명자를 부르신다. 부르신 그들에게 복음을 맡겨 당신의 거룩한 뜻을 이루어 가신다.

1. 하용조,《사도행전적 교회를 꿈꾼다》(서울: 두란노, 2007), p. 20.
2. 위의 책, p. 133.
3. 위의 책, p. 126.
4. 위의 책, p. 99.
5. 위의 책, p. 102.
6. 위의 책, p. 133.
7. 위의 책, p. 107.
8. 위의 책, p. 20.
9. 위의 책, p. 107.
10. 위의 책, p. 91.
11. 위의 책, p. 91.
12. 하용조 목사가 평소 성령님을 전적으로 의지하지 못한 자신의 심정을 고백한 일종의 참회 기도는 '제12장 하용조 목사의 생애와 목회 사상' 편에 소개했으므로 참고하기 바란다.
13. 하용조,《사도행전적 교회를 꿈꾸다》, pp. 107-108.
14. 참고로, 하용조 목사의 목회 특징을 조화와 균형의 관점에서 바라본 문성모 박사는 그의 목회를 '처치와 파라처치의 조화와 균형', '목회자와 평신도의 조화와 균형', '말씀과 찬양과 성만찬의 조화와 균형', '복음과 문화의 조화와 균형', '구령 사역과 긍휼 사역의 조화와 균형', '영성과 지성의 조화와 균형' 등으로 세분했다(문성모,《하용조 목사 이야기》[서울: 두란노, 2010], pp. 98-191).
15. 《순전한 복음》은 하용조 목사 1주기에 맞추어 2012년 7월 23일 두란노서원에서 출판되었다. 총 550면 규모의 이 설교집에는 하용조 목사의 설교 '예수 그리스도 복음의 시작'(막 1:1-15)을 비롯하여 마지막 설교인 '변화산에서 생긴 일'(막 9:2-13) 등 22편과 그의 설교를 이은 이재훈 목사의 설교 '귀신 들린 아이를 고치신 예수님'(막 9:14-29)을 비롯하여 '복음을 전파하라'(막 16:15-20) 등 24편, 모두 46편이 수록되어 있다.
16. 하용조·이재훈,《순전한 복음》, p. 8.
17. 위의 책, p. 8.
18. 위의 책, p. 8.
19. 하용조,《사도행전적 교회를 꿈꾼다》, p. 230.
20. 위의 책, p. 230.
21. 존 칼빈,《신약성경 주석 3》, 칼빈 성경주석, p. 19.
22. 위의 책, p. 19.
23. 김성영 편,《완벽성경성구대전》(서울: 아가페출판사, 1982), 제2권, 말씀, pp. 968-993. 참고로, 1982년 국내 최초로 컴퓨터 편집에 의한 위 사전은 한글 성경상의 모든 표제어를 원어 성경과 연결해서 정확한 어원을 밝히는 한편, 표제어 사용 빈도수를 일일이 밝히고 있다.
24. 위의 책, 제3권, 복음, pp. 631-634.

25. 위의 책, 제7권, 히브리어-한글 사전, p. 70.
26. 위의 책, 제7권, 헬라어-한글 사전, p. 323.
27. 하용조, 《사도행전적 교회를 꿈꾼다》, p. 141.
28. 위의 책, p. 53.
29. "강해 설교에 대한 확신을 가진 후 본격적인 설교에 대한 감격과 기쁨과 축복을 나누게 된 것은 마태복음 강해를 시작하면서입니다"라고 '마태복음 강해 시리즈' 각 권의 서문에서 밝힐 만큼 이 설교 시리즈는 하용조 목사 강해 설교의 진수를 보여 주고 있다.
30. 하용조, 《로마서의 축복》(서울: 두란노, 1998). 1998년 5월 21일 초판을 낸 이 강해 설교집은 하용조 목사 소천 이후에도 계속 증쇄되어 2018년 11월 1일 31쇄를 낼 만큼 스테디셀러(steady seller)를 기록하고 있다.
31. 위의 책, pp. 13-14.
32. 위의 책, pp. 19-20.
33. 위의 책, p. 20.
34. 위의 책, pp. 20-21.
35. 위의 책, p. 23.
36. 위의 책, p. 23.
37. 위의 책, p. 31.
38. 존 칼빈, 원광연 역, 《기독교강요(상)》(고양: 크리스챤다이제스트, 2003), p. 520.
39. 위의 책, p. 525.
40. 하용조, 《로마서의 축복》, p. 23.
41. 위의 책, p. 24.
42. 김성영 편, 《완벽성경성구대전》, 제7권, 헬라어-한글 사전, p. 334.
43. 하용조, 《로마서의 축복》, p. 25.
44. 위의 책, p. 25.
45. 위의 책, p. 26.
46. 위의 책, p. 27.
47. 하용조, 《사도행전적 교회를 꿈꾼다》, p. 224.
48. 존 맥아더, 황을호 역, 《주님 없는 복음》(서울: 생명의말씀사, 2017), p. 30.
49. 하용조, 《로마서의 축복》, p. 19.
50. 위의 책, p. 19.
51. 하용조, 《사도행전적 교회를 꿈꾼다》, p. 37.
52. 위의 책, p. 37.
53. 위의 책, p. 37.
54. 위의 책, p. 38.
55. https://blog.naver.com/godinus123/221683570419, '백 년간의 기도 친첸도르프 백작, 청란 교회에서 듣게 된 이야기'.

56. Nils Witmer Becker, *Fireseeds from Korea to the World*(Singapore: Campus Crusade Asia Limited-Mass Media, 2007), p. 4.

57. 하용조,《사도행전적 교회를 꿈꾼다》, p. 45.

58. 위의 책, pp. 45-47.

59. 요한네스 요르겐센, 최정오 역,《아씨시의 프란치스코》(서울: 계성출판사, 1991), p. 15. 여기서 '지금으로부터 700년 전'이라고 기록한 것은 덴마크 출신의 작가 요한네스 요르겐센(Johannes Jorgensen, 1866-1956)이 프란체스코의 출생지인 아씨시에서 장기간의 집필을 마친 1906년을 기점으로 계산한 기간으로 추산됨.

60. 니코스 카잔차키스, 김성영 역,《성 프란시스》(서울: 고려원, 1985), 니코스 카잔차키스 전집, 6, pp. 49-67.

61. 여기서 프란체스코를 '프란시스'로 표현한 것은 역자가 이 소설을 번역할 당시 미국식 이름인 프란시스(Francis)로 표기한 데 따른 것임.

62. 이 소설에서 작가는 프란체스코의 회심 연도를 1206년이라고 했으나, 교회사는 1204년으로 기록하고 있다.

63. 니코스 카잔차키스,《성 프란시스》, pp. 111-114.

제2장

능력의 성령

하용조 목사와 성령

시로 쓴 하용조 목사의 성령론

● ● ●

성령님이란 말은 우리의 심장을 뛰게 하고
우리의 눈에 눈물을 만들고
우리의 가슴을 감동으로 젖게 한다.

이 세상에서 가장 사모할 만한 아름다운 이름이 있다면
'예수님의 이름'이요,
이 세상에서 가장 아름다운 사역이 있다면
'성령님의 사역'이다.

성령님에 대해 설교한 것을 책으로 만들게 된 것은

말씀의 완성도가 높기 때문이 아니라
너무나 성령님을 사모하기 때문이다.

오순절날 성령님이 바람처럼 오셨고 불처럼 오셨다.
그리고 사람들 안으로 들어오셔서
충만하게 임재하시기 시작했다.

사람들은 그 순간부터 변하기 시작했다.
얼굴 표정이 달라지고, 생각이 달라지고,
언어가 달라지고, 행동이 달라졌다.

바람은 공간에 임한다.
불은 사람에게 임한다.

오순절의 사람들은 성령 충만을 경험하기 시작했다.
그렇다. 이 책을 읽는 모든 사람들도
오순절의 동일한 성령님의 임재를 경험하기를 기도한다.

마치 아름다운 한 편의 시처럼 읽히는 위의 글은 하용조 목사가 쓴
성령 설교집의 서문이다.[1] 그는 2003년에 출판한 성령님에 관한 설교
집 《바람처럼 불처럼》을 2007년에 《인격적인 성령님》이란 제목으로
개정해서 출간했다. 《인격적인 성령님》의 서문 뒤에 붙어 있는 개정판
서문('개정판을 내면서')을 통해 하용조 목사는 성령에 대해 다음과 같은 의
미 있는 말을 하고 있다.[2]

'바람처럼 불처럼'에서 '인격적인 성령 체험'으로

• • •

성령님에 관한 묵상은 세월이 갈수록 더 깊고 오묘하다. 2003년도에 성
령님에 관한 설교를 묶어 《바람처럼 불처럼》을 출간했는데, 이번에 또
다시 《인격적인 성령님》을 출간하게 되었다. 나의 신앙생활 초기에는
성령님의 역사가 바람처럼 불처럼 경험되었는데 요즘에는 인격적인 성
령님으로 경험되고 있다. 바람처럼 불처럼 역사하시던 성령님에 관한
말씀을 다시 인격적인 성령님의 관점에서 쓰고 싶어졌다. 신앙의 핵심
은 성령님에 대한 이해에 있다. 교회의 본질도 성령님에 있다. 성령님에
관한 진리는 무궁하다. 언젠가 내 생애를 마감하기 전에 한 번 더 성령
님에 관한 책을 쓸 수 있기를 바라면서 이 책을 출간한다.

이 글에서 보듯이, 하용조 목사는 성령을 신앙생활 초기에는 '바람
처럼 불처럼' 경험했는데, 나중에는 '인격적으로' 경험하게 되었다고
한다. 이는 성경이 증언하는, 한 성령에 대한 양면성을 경험한 사실에
대한 고백이다. 성경은 성령의 임재에 대해 '급하고 강한 바람 같은 성
령'(행 2:2), '불같이 임하시는 성령'(행 2:3)으로 묘사하는 한편, '비둘기처
럼 고요히 임하시는 성령'(마 3:16), '세미한 소리로 임하시는 성령'(왕상
19:12)으로 대조적으로 묘사하고 있다. 즉 성령이 '바람처럼 불처럼' 임
하는가 하면 '인격적으로' 임하신다는 가르침이다.

그런데 중요한 것은, 하용조 목사가 신앙생활과 목회 생활의 과정
을 통해 경험한 성령의 두 양상은 별개의 것이 아니라는 사실이다. 실
제로 앞의 서문을 유의해서 보면 이 사실을 확인할 수 있다. 서문의 네

번째 연(聯)은 '바람 같고 불같은 성령'과, 사람 안에 들어오셔서 사람을 변화시키는 '인격적인 성령'을 동시에 묘사하고 있다.

> 오순절날 성령님이 바람처럼 오셨고 불처럼 오셨다.
> 그리고 사람들 안으로 들어오셔서
> 충만하게 임재하시기 시작했다.

이 두 양상은 결코 분리해서 생각할 수 있는 별개의 것이 아니다. 성령님은 때로 바람처럼 불처럼, 때로 인격적으로 임하신다는 의미와 신앙의 성장 과정에서 바람처럼 강하고 불처럼 뜨거운 상태에서 점차 고요하고 인격적인 상태로 성숙되게 임하신다는 의미를 동시에 갖고 있다. 감성적인 성령 체험에서 깊은 영적인 성령 체험으로 성장하는 모습이다. 이렇게 볼 때 하용조 목사의 이 짧은 서문은 성령론의 핵심을 압축하고 있다고 할 것이다. 우리는 성경이 가르치는바 성령이 어떤 분이신지 만나 본 다음, 앞에서 제시한 서문과 그의 설교를 중심으로 하용조 목사의 성령론을 살펴보기로 하자.

성령님은 누구신가
• • •

성경을 통해 계시된 하나님의 말씀은 누구나 이해하고 받아들일 수 있는 보편성을 가지고 있다. 진리의 말씀을 소수의 몇 사람만 이해하거나 받아들일 수 있다면 그것은 진리가 아니다. 그러므로 계시된 하나님의 말씀은 예수 그리스도를 통해 누구에게나 열려 있으므로, 죄인이 믿음으로 받아들이면 구원을 받는다.

그러나 때로 하나님의 말씀은 매우 심오해, 인간의 지혜로는 다 이해할 수 없는 난해한 부분도 있다. 우리가 성경을 통해, 또는 교회에서 설교를 통해 자주 접하고 듣는 예수님의 동정녀 탄생이나 성령님의 역사 등은 인간의 지혜로는 이해하기 어려운 말씀이다. 신자의 성령에 대한 바른 이해는 참으로 중요한 믿음의 관문이 된다고 해도 과언이 아니다.

이런 점에서 "교회의 본질은 성령님이다"라는 하용조 목사의 선언은 성경적으로 매우 적절한 표현이다.[3] 우리가 섬기는 교회의 출발은 바로 나로 시작하며 내가 가장 작은 단위의 교회이므로(고전 3:16), 이 언명은 비단 이 지상에 세워진 교회에만 해당되는 것이 아니라 성령님이 거하시는 나를 두고 한 말이다. "교회는 성령님이 이끌어 가야 한다"는 하용조 목사의 주장 역시 성경적이다.[4] 왜냐하면 교회는 예수 그리스도를 통해(마 16:18) 성령님이 세우셨으므로(행 2:1-13), 그분이 교회를 이끌어 가야 한다는 것은 지극히 당연한 가르침이다. 그러나 오늘날 한국 교회 안에는 성령님이 아니라 목회자나 성도들이 주인이 되어 교회를 좌지우지하는 불미스러운 일이 있어 참으로 안타깝고 두렵다.

그러면 성령님은 누구신가? 우선 성경에 근거해서 알아보자. 성령님은 삼위일체 하나님의 제3위격이시다(마 28:19; 고후 13:13). 한국 교회가 1961년 이래 오랫동안 사용한 개역한글 성경[5]상 구약은 성신(聖神)으로, 신약은 성령(聖靈)으로 번역되었으나, 그 후 1998년에 나온 개역개정 성경[6]에서는 신구약 공히 성령으로 번역을 일치시켰다. 성경은 성령을 보혜사(保惠師, 요 14:16, 15:26, 16:7), 하나님의 영(롬 8:14; 요일 4:2), 예수의 영(행 16:7), 그리스도의 영(벧전 1:11), 진리의 영(요 14:17), 아들의 영(갈 4:6), 하나님의 영(창 1:2) 등으로 표현하고 있다.

이처럼 성령을 다양하게 표현한 것을 살펴보면 성령의 실체를 이해하는 데 도움이 될 것이다. 즉 성령은 보혜사(paraclete)로, 사람을 바른 길로 인도하고 교육하며 변호하는 변호자처럼, 죄인을 예수 그리스도에게로 인도하고 지도하며 우리를 위해 변호하는 영이시다(요 14:16). 또한 성령은 하나님의 영이신데, "무릇 하나님의 영으로 인도함을 받는 사람은 곧 하나님의 아들이라"(롬 8:14) 하심같이 우리를 진리 가운데로 인도하는 분이 하나님의 영, 곧 성령이시다.

또한 성령은 예수의 영, 또는 그리스도의 영으로 불리기도 하는데, "이 구원에 대하여는 너희에게 임할 은혜를 예언하던 선지자들이 연구하고 부지런히 살펴서 자기 속에 계신 그리스도의 영이 그 받으실 고난과 후에 받으실 영광을 미리 증언하여 누구를 또는 어떠한 때를 지시하시는지 상고하니라"(벧전 1:10-11) 하심같이 우리 안에도 그리스도의 영이 계셔서 우리에게 지시하시는데, 곧 그분이 성령이시라는 것이다.

그래서 성경은 "만일 너희 속에 하나님의 영이 거하시면 너희가 육신에 있지 아니하고 영에 있나니 누구든지 그리스도의 영이 없으면 그리스도의 사람이 아니라"(롬 8:9)라고 단언함으로써 하나님의 영과 그리스도의 영이 동일하며, 이 동일한 영이 성령이심을 증언함으로써 하나님의 삼위일체를 가르친다.

믿음은 성령님의 바른 이해로부터

• • •

하나님의 삼위일체를 부정하는 일부 학자들이나 사람들은 성령을 하나님의 감화력이나 영향력 정도로 생각하거나 '정신' 정도로 잘못 이해하고 또 그렇게 전하는데, 이는 극히 경계해야 할 이단 사설이다. 성경의 가르침에 따라 우리가 믿는 성령은 지(知, 고전 2:11)·정(情, 엡 4:30)·의(意, 고전 12:11)를 가지신 인격적인 분이며, 성부(聖父), 성자(聖子)와 동등한 하나님이시다. 또한 성령은 성부 하나님과 성자 하나님의 영원성(히 9:14)과 전지성(고전 2:10), 불변성(요일 5:7) 그리고 어디에나 계시는 편재성(시 139:7-10)을 가지고 계시므로 성부 하나님과 성자 하나님과 성령 하나님은 삼위일체(三位一體)인 한 하나님이시다.

초대교회로부터 참된 성도들이라면 분명히 성령을 성부와 성자와 동일한 하나님으로 고백하고 있다. 그러나 성경에 삼위의 관계에 대한 구체적인 설명이 없다는 이유로 그리고 삼위일체라는 용어가 성경에 나타나 있지 않다는 이유로 일부 이단들은 성령의 신성을 부정하고 있다. 그래서 초대교회로부터 교부들과 신학자들은 삼위일체를 신학적으로 설명하기 위해 많은 노력과 시간을 쏟아야 했다.

좀 어려운 말이지만, 우리가 극히 경계해야 할 이단설은 '삼신론'(三神論)과 '성령 종속설'이다. 즉 삼위의 일체를 부정하고 이들을 세 하나님이라면서 삼신론을 주장하는 이단이다. 그런가 하면 정통 삼위일체를 부정하면서 제2위인 예수 그리스도는 하나님이 아니며 단지 성부에게 종속되었다고 주장하거나, 혹은 성령을 성부와 성자에게 종속된 관계로 보는 이단이다. 4세기 아리우스(Arius)라는 이단자가 주장했는데, 325년 니케아 공의회에서 이단으로 정죄를 받았다. 우리가 살고 있는 시대에도 이렇게 그릇된 교리로 성도를 미혹케 하는 이단들이 있으니 영적인 바른 분별력을 가져야 하겠다.

성령은 죄인을 중생시키고(요 3:5), 진리로 인도하며(요 16:13), 우리 안에 거하신다(고전 3:16). 우리와 교통하시고(고후 13:13), 성령의 열매를 맺게 하시며(갈 5:22-23), 우리의 삶을 인도하시는(롬 8:14), 구원의 보증이 되신다(엡 1:13-14). 그리고 교회적인 면에서는 성도로 하나 되게 하시고(엡 4:3), 전도의 능력으로 역사하시며(행 1:8), 은사를 베푸신다(고전 12:8, 13).

성령의 사역은 특히 사도행전에서 두드러지게 나타나고 있는데, 하용조 목사가 사도행전적인 교회를 꿈꾸며 온누리교회를 설립했다는 사실은 성령에 의해 세워지고 성령이 이끌어 가는 교회를 전제한 것으로, 이는 자명한 사실이다.[7] 하나님은 구원을 계획하시고, 그리스도는 구원을 성취하시며, 성령님은 죄인에게 구원을 적용해 이끄시는 분으로 특별히 오순절 성령 강림 후 두드러지게 나타난다. 하용조 목사가 성령 설교의 주제를 사도행전에 집중하고 있는 것도 이 때문이다. 특히 《인격적인 성령님》의 제1부 제목은 '성령님이 오셨다'로서 사도행전 2장 1-4절을 중심으로 '오순절날에 임하시는 성령님'으로 시작하고 있다.[8] 이런 점에서 우리가 초대교회를 세우신 성령님의 사도행전적인 역사를 바로 이해함으로써 왜 하용조 목사가 그토록 이 시대에 사도행전적인 '바로 그 교회'를 꿈꾸었는지, '바로 그 교회'를 이 땅에 어떻게 실현했는지를 알게 될 것이다.

'성령'이냐, '성령님'이냐
• • •

하용조 목사의 성령론을 본격적으로 리뷰하기에 앞서 그가 '성령'의 호칭(呼稱)을 어떻게 사용하고 있는지 먼저 살펴보고자 한다. 이는 그의 성령론 이해에 도움이 될 것이다.

현재 한국 교회 안에서는 목회자들과 신학자들 사이에 '성령의 호칭'에 대한 견해가 다소 엇갈리고 있는 것이 사실이다. 성경의 표현(표기)에 따라 철저히 '성령'으로 호칭해야 한다는 주장이 있는가 하면, 성령은 인격적인 하나님이시므로 여기에 상응하는 호칭인 '성령님'이라고 해야 한다는 주장이 있다. 상당수의 목회자와 신학자들은 전자의 호칭으로 설교를 하거나 글을 쓰고 있다. 그들 중에는 '성령님'이란 호칭이나 표기는 어색할뿐더러 성경적이지 않다는 주장을 하는 이들도 있다. 반면에 하나님이신 성령님을 성령으로 호칭하거나 표기하는 것은 맞지 않다는 분명한 입장을 취하는 이들도 있다. 이 분야를 깊이 연구한 정장복 박사는 "성부·성자·성령의 위격을 밝힐 때는 그 밑에 '님'자를 사용할 필요를 느끼지 않지만, 호칭의 경우에는 반드시 '님' 자를 붙여서 사용함이 우리 그리스도인들의 신앙과 경외심을 표현하는 데 적절합니다"라고 주장하고 있다.[9]

그런데 교회와 신학계의 현실은 대다수가 '성령'으로 호칭하거나 표기하고 있으며, '성령님'으로 하는 경우는 그리 많지 않다. '성령님'은 단지 구두로 설명하거나 설교를 할 때 사용하는 호칭 정도로 이해되고 있다. 참고로, 필자의 경우는 상황에 따라 어떤 때는 '성령'으로, 어떤 때는 '성령님'으로 호칭하거나 표기한다. 성령에 대해 강의하거나 설교할 때는 '성령'과 '성령님'을 병용하며, 논문이나 칼럼을 쓸 때는 주로 '성령'으로 표기해 왔다.

그런데 하용조 목사는 일관성 있게 대부분을 '성령님'으로 호칭하며 글을 쓰고 있다. 물론 가끔씩 편의에 따라 혼용할 때도 있지만, 철저히 그리고 의식적으로 '성령님'이라는 호칭을 사용하고 있음을 본다. 그의 개정된 성령 설교집의 제목도 《인격적인 성령님》이며, 그 안에 담긴 설교의 주제 속에서 사용하는 명칭 또한 일관성 있게 '성령님'이다.[10] 제목부터 제1부 '성령님이 오셨다', 제2부 '성령님의 은사와 능력이 나타나다'와 같은 식이다.

《사도행전적 교회를 꿈꾼다》에서도 마찬가지다. 제2부 2장 '사도행전적인 교회론'에서 성령님이 움직이시는 교회를 설명하면서 "교회는 성령님이 이끌어 가야 한다"[11]며 일관성 있게 '성령님'이라는 호칭을 사용하고 있다. 이러한 하용조 목사의 자세는 성령에 대한 존칭이자 삼위일체 하나님으로서의 동등한 표현을 철저히 지키기 위한 것으로 파악된다.

이처럼 하용조 목사가 성령에 대한 호칭을 철저히 '성령님'으로 일관하는 데는 몇 가지 중요한 뜻이 있다고 생각한다. 첫째는, 성령님을 철저히 삼위일체 하나님의 관점에서 이해하고 있다는 점이다. 둘째는, 성령님을 인격적인 하나님으로 고백하고 있다는 점이다. 셋째는, 내주하시는 성령님을 주인으로 모신다는 뜻이다. 하용조 목사의 이러한 '성령님'에 대한 호칭 표현에서 우리는 그가 얼마나 성령 하나님을 인격적으로 모시며 경외하고 있는지, 그의 깊은 신앙의 인품까지 느끼게 된다. 하용조 목사의 '성령님' 호칭이 갖는 의미를 좀 더 천착해 보자.

하용조 목사의 '성령님' 호칭이 갖는 의미

● ● ●

첫째, 우리는 하나님의 삼위일체를 말할 때 '성부·성자·성령'의 한 하나님으로 표현하거니와 '성부 하나님·성자 하나님·성령 하나님'으로 동등하게 호칭한다. 그리고 성경에 근거해서 성부를 '하나님', 성자를

'예수님'으로 호칭하는 것을 당연시하며 자연스럽게 생각한다. 그런데 성령을 '성령님'으로 호칭하는 것을 부자연스럽게 생각하는 경우가 있다. 이때 우리는 '하나님'과 '예수님'은 인격적인 실체로 느끼는 반면, 성령은 신비적 존재로 막연히 느낄 때가 없지 않다. 그런데 분명한 것은, 성령 하나님은 인격적인 실체시다. 그러므로 '하나님'과 '예수님'과 마찬가지로 '성령님'이라는 인격적인 호칭을 사용하는 것이 마땅하다. 이런 점에서 하용조 목사가 성령을 '성령님'으로 호칭하는 것은 하나님의 삼위일체론으로 볼 때 지극히 타당할 뿐 아니라 균형감 있는 은혜로운 표현이라고 할 것이다.

다만 우리는 이를 알면서도 관습적으로 '성령'이라고 호칭한다. 우리가 교회 생활을 할 때 성도 간에 예수님을 '예수'라고 호칭하지 않는 것처럼, 설교자가 말씀을 강론할 때 예수라 하지 않고 '예수님'이라고 호칭하는 것처럼, 할 수만 있다면 성령을 '성령님'이라고 호칭하는 것이 성경적이며 교리적이라고 할 것이다. 참고로, 한글 성경상에는 '예수님', '성령님'으로 표기되어 있지 않은 반면 '예수께서', '성령께서'와 같은 극존칭(極尊稱) 어미(語尾)를 사용함으로써 '예수님', '성령님'의 호칭을 대신하고 있음에 유의할 필요가 있다.

둘째, 하용조 목사의 '성령님' 호칭에는 인격적인 하나님에 대한 신앙고백이 담겨 있다. 성령님은 제3위 하나님이시다. 제1위인 성부 하나님이나 제2위인 성자 하나님과 마찬가지로 독립된 인격적 존재시다. 성령님의 인격성이 부인된다면 성령은 성부·성자와 동일한 하나님이라고 할 수 없다.[12] 그런데 성령님은 인간의 제한된 이성이나 경험으로는 온전히 이해할 수 없지만, 진리의 말씀인 성경은 성령님의 인격성을 분명히 가르쳐 주고 있다. 즉 성경은 그리스도를 가리키는 데 사용된 3인칭 대명사 '그 사람'이란 뜻의 '에케이노스'(ἐκεῖνος)를 성령님에게 그대로 적용하고 있다. 한 예로, 요한복음 16장에서 예수님은 장차오실 성령님과 그분의 사역을 설명하면서 성령님을 '보혜사'와 '그'로호칭하신다. 이처럼 성경은 성령님이 예수님과 동일한 인격적인 존재이며 인격적 사역을 감당하고 계심을 인칭 대명사의 사용을 통해 보여주고 있다.[13]

또한 성경은 성령님을 '보혜사'라는 인격적인 명칭으로 표현하는데, 이 용어는 승천하신 그리스도를 나타내는 데도 사용되고 있다(요일 2:1). 이렇게 볼 때 성령님은 그리스도와 마찬가지로 인격적인 하나님이시다.

참고로, 앞에서 말한 '위'(位)는 위격(位格)을 표현하는 것이지 등위(等位)를 말하는 것이 아니다. 즉 성부 하나님과 성자 하나님과 성령 하나님은 동등한 위격을 가지신다. 이것을 등위로 오해하면 이른바 '종속설'(從屬說)이라는 이단설에 빠지게 된다.

우리가 "하나님!", "예수님!" 하고 부르면 누구나 가슴이 뭉클하고 절로 눈물이 나는 것을 경험하게 된다. 이처럼 우리를 죄에서 구원하신 성부 하나님과 성자 하나님은 인격적인 분으로 자연스럽게 받아들이면서도 '성령'이라고 하면 왠지 비인격적인 분으로 받아들이기 쉽다. 그런데 "성령님!" 하고 호칭을 하면 인격적인 하나님으로 더욱 친밀감을 느끼게 된다. 적절한 비유가 될지 모르지만, 우리가 '어머니'를 '모친'이라고 부르면 왠지 남의 어머니처럼 거리감을 느끼게 되지만, '어머니!', '엄마!'라고 부르면 친밀감 정도가 아니라 어머니와 하나가 되는 일체감(一體感)을 느끼게 되는 것과 비견되지 않을까 싶다.

우리가 기도하거나 묵상할 때는 자연스럽게 "성령님!"이라고 호칭을 하게 되지만, 목회자가 설교를 하거나 신학자가 강의를 할 때 그리고 글을 쓸 때는 편의에 따라 '성령' 또는 '성령님'을 교차적으로 사용하기도 한다. 그러나 하용조 목사는 거의 '성령님'이라는 인격적인 호칭을 사용하고 있다. 여기서 우리는 하용조 목사가 생전에 얼마나 성령 하나님과 인격적인 교제와 깊은 묵상을 통해 친밀한 영적 관계를 유지해왔는지 짐작할 수 있다.

우리의 신앙생활에 하나님과의 인격적인 만남과 사귐만큼 중요한 것은 없다. "우리가 보고 들은 바를 너희에게도 전함은 너희로 우리와 사귐이 있게 하려 함이니 우리의 사귐은 아버지와 그의 아들 예수 그리스도와 더불어 누림이라 우리가 이것을 씀은 우리의 기쁨이 충만하게 하려 함이라"(요일 1:3-4)라고 고백한 사도 요한처럼, 성도의 사귐은 아버지 하나님과 그 아들 예수님과 성령님과의 사귐이 되어야 한다. 이 인격적인 만남과 사귐보다 더 충만한 기쁨은 없는 것이다. 그러므로 만일 우리가 하나님과 사귐이 있다 하고 어둠 가운데 행하면 거짓말을 하고 진리 가운데 행하지 않는 증거가 된다. 우리가 진리 가운데 들어가는 것은 '성령님'을 간절히 구함으로써 그분 안에 들어가는 것이다. 하용조 목사가 노래한 대로 '성령님이 사람들 안으로 들어오셔서 충만하게 임재하기 시작함으로' 성령님과 하나 되는 역사가 일어나게 되는 것이다.[14]

셋째, 하용조 목사의 '성령님' 호칭에는 성령님을 주인으로 모신다는 뜻이 있다. 성경은 우리에게 "성령을 받으라"(요 20:22; 행 2:38), "성령으로 충만함을 받으라"(엡 5:18)라고 권면한다. 성령님의 인도와 다스리심을 받으라는 것이다. 성도는 내주하는 성령님이 주인 되시는 삶을 사는 사람이다.[15] 하용조 목사는 '삶의 주인 되신 성령님'이라는 글을 통해 "앞으로 어떻게 신앙생활을 해야 하는가 인간적으로 걱정할 필요가 없다 … [이제는] 내가 사는 것이 아니라 내 안에 그리스도가 사시기 때문이다. 어떻게 사역을 해야 하는지도 걱정하지 말라. 성령님의 사역은 항상 성령님이 인도하시는 대로 사역하는 것이다"라고 말한다. 성령님이 주인이 되셔서 이끌어 가는 것이 성도요, 교회라는 것이다.[16] 그러면서 "나는 우리 개개인과 교회가 성령님을 체험하기 원한다. 마치 번제물이 타듯이, 성령님 안에서 내 영혼이 녹는 경험을 하기 바란다"고 고백한다.

하용조 목사는 성령님이 이끌어 가시는 교회에 대해 다음과 같이 의미 있는 말을 했다.[17]

> 지금까지 목회를 하면서 깨달은 진리 가운데 하나는, 교회는 성령님이 이끌어 가야 한다는 것이다. 성령님이 움직이시는 교회가 성경적이다 … 이 비밀을 어떻게 설명할 수 있겠는가? 많은 목회자들이 이 비밀을 전혀 모른다고 말하지는 않겠다 … 성령님을 안 믿는 사람이 어디 있는가? 그런데 목회에 성령님을 모시지 않고, 모시더라도 일방적으로 제한하는 게 문제다. 사람이 얼마만큼 하나님을 제한할까? 자기만큼 제한한다. 내가 못하면 하나님도 못하시는 것으로 알고, 내가 안 믿으면 어떤 일도 일어나지 않을 것으로 믿는다. 이것이 사람들이 가지고 있는 약점이다.

그렇다. 하용조 목사는 참으로 중요한 지적을 하고 있다. 우리가 하나님을 믿는다고 하면서 하나님을 제한하는 죄를 범할 때가 얼마나 많은가. 삶의 중심에 진정 하나님을 모시지 않은 증거다. 삶의 중심에 성령님을 모신 사람은 그분이 주인이므로 자기의 의지대로 할 수 없다.

성령님을 주인으로 모시지 않았기 때문에 자기가 주인이 되어 하나님의 뜻을 거스르고 그분의 능력을 제한하는 것이다. 목회도 마찬가지고, 교회도 마찬가지라는 것이다.

그러면 이제 하용조 목사가 강단에서 선포한 성령님 이야기를 들어보자. 여기서 필자가 '선포'라는 표현을 쓴 것은 하용조 목사가 그의 설교론에서 그렇게 주장한 데 따른 것이다.[18] 이와 관련해서 하용조 목사의 설교를 연구한 문성모 박사는 그의 설교를 '원색적인 복음의 선포'라고 규정한 바 있다.[19] 설교가 선포인 것은 신구약을 관통하는 선지자들의 대언적 사명으로, 하용조 목사의 설교를 살펴보는 장(章)에서 상론하기로 한다. 여기서는 편의상 그의 성령 설교집인 《인격적인 성령님》을 중심으로 살펴보겠다. 이는 부활 후 예수님이 약속하신 성령님의 오심으로 시작된 사역을 비교적 체계적으로 설명하고 있거니와, 무엇보다 하용조 목사가 꿈꾼 사도행전적 '바로 그 교회'가 성령의 교회이기 때문이다.

오심으로 시작된 성령님의 역사
• • •

성령님의 역사는 오심으로 시작되었다. 성령 하나님은 천지 창조의 사역에도 성부 하나님과 성자 하나님과 함께하셨다. 구약 시대에도 성령님은 역사하셨으며, 신약 시대의 예수님의 사역에도 함께하셨다. 하용조 목사는 신구약 성경 곳곳에서 사역하시는 성령님을 이렇게 설명하고 있다.[20]

창세기부터 요한계시록까지 성경은 곳곳에서 성령님의 역사를 기록하고 있다. 하나님이 천지를 창조하실 때, 실제로 그 일을 담당하신 분은 성령님이셨다. 태초에 성령님은 수면에 운행하셨고 인간을 만드실 때에도 역사하셨다. 또한 성령님은 성경을 기록하게 하셨으며, 구약 시대의 여러 사건들 속에서 일하셨다 … 성령님의 역사는 신약 시대에도 계속되었다. 예수님이 이 땅에 오실 때 성령님으로 말미암아 잉태되셨으며, 예수님이 사역을 시작하실 때에는 성령님이 비둘기처럼 임하셨다. 그리고 성령님의 기름 부으심이 있고 나서부터 예수님의 능력이 본격적으로 나타나기 시작했다.

그러면서 "그 성령님은 이천 년이 지난 지금 우리들 안에도 여전히 역사하고 계신다"라고 선언함으로써 사도행전 28장 이후 성령님의 역사가 21세기 한국 교회와 온누리교회를 통해 일어나고 있음을 상기시키고 있다.

그러나 본격적인 사역은 예수님의 보내시겠다는 약속이 이루어짐으로 시작되었다. 지나친 세대주의적인 견해를 경계해야 하지만, 어떤 이들은 구약을 성부 하나님이 활동하신 시대로, 신약을 성자 하나님과 성령 하나님이 활동하신 시대로 구분하기도 한다. 하나님의 구속사를 지나치게 구획적으로 구분해서 이해하는 것은 바람직하지 않으나, 분명한 것은 예수님이 구원 사역을 마치고 부활 승천하신 직후 성령님이 오시면서 초대교회를 시작으로 현재까지 사도행전 28장 이후가 기록되고 있다는 사실이다.

이런 점에서 성령님 사역의 시작은 예수님 승천 후 그분이 약속하신 오순절 임재 사건으로 보는 것이 타당할 것이다. 예수님은 생전에 "내

가 떠나가는 것이 너희에게 유익이라 내가 떠나가지 아니하면 보혜사
가 너희에게로 오시지 아니할 것이요 가면 내가 그를 너희에게로 보내
리니 그가 와서 죄에 대하여, 의에 대하여, 심판에 대하여 세상을 책망
하시리라"(요 16:7-8)라고 하심으로 성령님을 보낼 것을 약속하셨다. 계
속해서 "진리의 성령이 오시면 그가 너희를 모든 진리 가운데로 인도
하시리니 그가 스스로 말하지 않고 오직 들은 것을 말하며 장래 일을
너희에게 알리시리라"(요 16:13)라고 하심으로 성령님이 진리 되신 예수
님에게로 인도할 것을 말씀하셨다. 이렇게 예수님의 성령님을 보내 주
시겠다는 약속은 승천에 앞서 절정을 이룬다. "오직 성령이 너희에게
임하시면 너희가 권능을 받고 예루살렘과 온 유대와 사마리아와 땅 끝
까지 이르러 내 증인이 되리라"(행 1:8) 하셨다.

성령님으로 시작된 사도행전

• • •

과연 약속하신 성령님이 오순절 날에 임하셨다. 하용조 목사는 초대교
회 성령의 사역이 오순절 성령 강림으로 시작되었음을 지적한다.[21]

> 사도행전 2장을 보라. "오순절날이 이미 이르매 저희가 다 같이 한곳에
> 모였더니 홀연히 하늘로부터 급하고 강한 바람 같은 소리가 있어 저희
> 앉은 온 집에 가득하며 불의 혀같이 갈라지는 것이 저희에게 보여 각 사
> 람 위에 임하여 있더니 저희가 다 성령의 충만함을 받고 성령이 말하게
> 하심을 따라 다른 방언으로 말하기를 시작하니라"(행 2:1-4). 성령의 역사
> 가 보였다. 사람들이 방언을 하였다. 실제로 예수 믿는 사람에게는 새로

운 언어가 생긴다. 하나님에 대해 새로운 언어로 말할 뿐 아니라 사람에 대해서도 사랑의 언어, 용서의 언어가 생긴다. 새로운 언어, 새로운 생각, 새로운 사고방식으로 말하기 시작하는 것이다.

하용조 목사는 이 땅에 조용히 오신 예수님과 대조적으로 성령님은 공개적으로 시끄럽게, 강렬하게 임하셨다고 주목할 만한 지적을 한다. 성령님의 임하심으로 모인 사람들이 변화를 받고 온 예루살렘에 큰 소동이 일어났다. 그런데 이러한 사도행전적 초대교회에 비추어 오늘의 신자들과 교회는 어떠한가를 반문한다.[22] "여러분이 예수님을 믿는 것 때문에 친구들이 놀라는가? 친척들이 놀라는가? 혹시 직장 동료들이 여러분이 교회 다니는 것을 모르고 있지는 않은가?" 하용조 목사는 성령님을 받은 사람은 조용할 수 없다고 역설한다. 주변 사람들이 다 알게 된다는 것이다.

성령님을 받은 사람들로 소동이 일어난 예루살렘교회와 신자들처럼, '성령님 교회'와 '성령님 인간'으로 변해야 한다고 강조한다.[23] 참으로 멋진 표현이다. 성령님의 사람 베드로가 설교를 하자 하루에 삼천 명이 회개하고(행 2:41) 오천 명이 예수님을 영접했으니(행 4:4) 초대교회의 엑스플로는 성령님이 오심으로 일어난 엄청난 사건이었다.[24] 오늘날에도 오순절 성령의 강림으로 시작된 사도행전적 '바로 그 교회'가 가능하다는 것이 하용조 목사의 믿음이며, 그 믿음의 결실이 바로 온누리교회라는 것이다.[25] "이 생각으로 그동안 이끌어 온 것이 온누리교회다.[26] 바로 그 교회! 예수님이 의도하시고 사도행전에서 보여 주셨던 바로 그 교회! 사도행전적 교회! 이것이 바로 나의 비전이고, 온누리교회의 비전이다."

그래서 하용조 목사는 교회 운영에 철저히 성령님을 모신다. 아니, 교회의 주인인 성령님이 하시도록 한다.[27] 설교를 할 때도 성령님을 따른다.[28] 목회도 성령님을 따른다.[29] 선교도 성령님을 따른다.[30] 이처럼 성령님이 이끄시는 교회와 목회와 설교 그리고 선교에 대한 자세한 내용은 해당 장(章)에서 살펴보겠다.

성령님은 예수님을 믿을 때 임하신다

• • •

하용조 목사는 성령님의 임재와 역사는 우리가 예수님을 믿을 때 일어난다고 가르친다. 인격적인 성령님 사역의 두 번째 국면이다. 즉 성령님은 구주 예수님을 믿는 자에게 임해서 역사하신다는 것이다. 오순절 성령 강림 사건에서 모든 사람이 성령을 받은 것은 아니다. 성령을 받아 방언을 하는 사람들이 있는가 하면, 그 광경을 신기해하며 구경하는 사람들도 있었다. 이 차이는 어디에서 오는가? 믿음에서 온다. 예수님을 믿는 자들에게는 성령님이 임해서 역사하셨으나, 예수님을 믿지 않는 자들에게는 임하지 않았을 뿐 아니라 그들은 그저 구경꾼에 지나지 않았다. 그는 다음과 같은 비유로 성령을 받은 사람과 받지 못한 사람에 대해 설명한다.[31]

그들은 예수님을 좋아했고 사랑했다. 그랬기에 모든 것을 다 버리고 예수님을 따라다녔던 것이다. 그러나 제자들을 볼 때 한 가지 유감스러운 점이 있다. 그들은 예수님을 좋아하고 사랑했으나 예수님처럼 살지는 못했다는 것이다. 우리는 아주 훌륭한 사람 옆에 있으면 마치 자신도 훌류한 사람이 된 것처럼 착각할 때가 있다. 좋은 교회 다니고 좋은 설교를 들으면 자신의 신앙도 그만큼 자랐다고 생각한다. 그러나 그렇지 않다. 나의 삶과 내 주위 사람의 삶은 별개이다. 나의 신앙과 내가 다니는 교회의 명성도 별개이다.

성령님의 역사도 이와 같다는 것이다. 이 역시 참으로 중요한 충고다. 아무리 성령님에 대해 말하고 그분의 임재를 사모한다 해도 예수님을 믿는 믿음이 없으면 성령님은 임재하시지 않으며, 따라서 그 어떤 역사도 일어나지 않는다는 것이다. 그는 "예수님을 믿을 때 임하시는 성령님"이라고 강론함으로써 성령님은 예수님의 이름으로 오신다는 진리를 분명하게 선포하고 있다. 성경이 "내가 내 영을 그에게 줄 터이니"(마 12:18), "보혜사 곧 아버지께서 내 이름으로 보내실 성령"(요 14:26)이라고 증언한 말씀 그대로다.

그런데 여기에 참으로 중요한 진리가 있다. 예수님을 죄인인 나로서는 믿을 수 없다는 사실이다. 나에게서 난 믿음으로는 예수님을 믿을 수 없다. 예수님으로부터 믿음을 받아야 하며, 그 믿음으로 믿어야 한다. 하나님의 은혜로 말미암은 믿음으로 예수님을 믿고 구원을 받아야 한다는 것이다. 태어나면서부터 걷지 못하는 자를 고친 사도 베드로는 무리에게 "그 이름을 믿으므로 그 이름이 너희가 보고 아는 이 사람을 성하게 하였나니 예수로 말미암아 난 믿음이 … 이같이 완전히 낫게 하였느니라"(행 3:16)라고 말했으며, 사도 바울은 "너희는 그 은혜에 의하여 믿음으로 말미암아 구원을 받았으니 이것은 너희에게서 난 것이 아니요 하나님의 선물이라"(엡 2:8)라고 말했다.

그러면 우리는 어떻게 예수님을 믿을 수 있는가? 성령님이 우리를 예수님에게로 인도해 우리 마음을 감동케 하심으로 믿게 된다. 그 증거를 오순절 다락방에 모인 120명의 신자들에게서 찾을 수 있다는 것이다.[32] "다락방에 있던 120명 모두가 믿음이 아주 좋았을 거라고 생각하지는 않는다. 예수님과 함께 지냈던 제자들과 믿음 좋은 사람들도 있었겠지만, 그중 어떤 사람은 그곳에 갈까 말까 망설이다가 겨우 간 사람도 있었을 것이다. 하지만 놀라운 사실은, 그 방 안에 있던 사람들은 모두 성령을 받았다는 것이다." 믿음이 크든 작든, 그날 그곳에 모였던 사람들은 하나님이 성령님을 보내서 구원하신 그분의 예정론적인 역사를 경험했다 할 것이다.

예수님을 영접하도록 마음을 열어 주시는 성령님

• • •

여기서 우리는 주님을 영접하는 것과 우리 마음을 열어 주시는 성령님의 역사는 별개의 것이 아니라 밀접한 관계에 있음을 알 수 있다. 성경은 "볼지어다 내가 문밖에 서서 두드리노니 누구든지 내 음성을 듣고 문을 열면 내가 그에게로 들어가 그와 더불어 먹고 그는 나와 더불어 먹으리라"(계 3:20) 하면서, 내가 주님을 영접해야 주님이 들어오신다고 말씀한다. 반면에 본인의 의지와 관계없이 주님이 강권적으로 찾아와 변화시키기도 하신다. 예수님이 다메섹으로 가던 사울에게 나타나 그를 변화시키신 경우가 그렇다. 그런데 우리는 이 두 경우를 따로 볼 것이 아니라 하나로 보아야 한다. 즉 하나님은 구원할 자를 성령님을 통해 예수 그리스도에게로 인도하시고, 인간은 성령님의 감동, 감화하심으로 마음 문을 열어 주님을 영접하게 되는 것이다. 하용조 목사는, 오순절 성령의 역사는 당시 예수님의 제자들에게만 해당되는 것이 아니라고 말한다. 오순절 이후 예수님의 이름으로 구원받고 예수 그리스도를 믿는 모든 사람들 그리고 이 험한 세상을 살아가는 우리에게도 주시는 말씀이라고 강조하고 있다.[33]

하용조 목사는 성령님이 개인에게 임하시면 개인의 삶에 변화가 일어난다고 강론한다.[34] "몸과 영에 변화가 일어난다. 생애 전체가 변한다. 때로 병들고 실패하며 고통을 겪을 때도 있다. 그러나 성령 세례가 임한 사람에게는 성령님이 생애 전체를 붙잡아 주는 놀라운 버팀목이 되신다." 하지만 평생 교회에 다녀도 열매 없는 사람이 있다는 것이다. 이런 사람은 성령님의 기름 부으심을 경험하지 못한 사람이라고 한다.

그는 교회도 마찬가지라고 말한다.[35] "성령님이 기름 부으시는 교회는 성장하고 열매를 맺으며 기적이 일어난다." 그러나 아무리 시간이 흘러도 아무 일이 일어나지 않는, 갈등과 고통만 있는 교회가 있다. 이 또한 성령님의 기름 부으심을 경험하지 못했기 때문이라는 것이다.

그러므로 신자와 교회는 성령님이 임하시도록 간절히 기도해야 한다. 오순절을 맞아 한곳에 모여서 성령님을 사모하며 간절히 기도했을 때 성령님이 강력하게 임하셔서 사람을 변화시키고 교회를 일으키셨던 것처럼, 이 시대의 성도들과 교회도 성령님의 임재를 사모하며 간절히 기도하면 제2의 오순절의 역사를 경험하게 된다는 것이다.

이와 관련해서 하용조 목사는 에베소교회의 경우를 들어, 예수님을 믿는다 하면서 성령님을 받지 못한 불행에 대해 우리의 경각심을 불러일으킨다. 성령님을 체험한 사도 바울은 제3차 전도 여행을 할 때 에베소를 방문해 그곳 신자들을 향해 한 가지 중요한 질문을 던진다. "너희가 믿을 때에 성령을 받았느냐?" 사도행전 19장 1-2절에 나와 있는 사건이다. 하용조 목사는 바울의 이 질문의 의미에 대해 이렇게 설명한다.[36] "이 말은 예수 믿을 때 성령을 받았다고 말할 수도 있고, 안 받았다고 말할 수도 있다는 말이다. 그것은 성령님 자체를 믿지 않는다는 말이 아니라 성령님에 대한 체험이나 인격적인 만남을 경험하지 못한 것을 의미한다." 어떤 사람은 예수님을 믿고 물세례를 받았지만 성령님에 대한 경험이 전혀 없을 수 있다는 것이다. 성령 세례를 받았는지 못 받았는지조차 모르는 사람들이다. 에베소교회 성도들의 영적 상태가 이와 같다고 할 것이다. 에베소에 있는 성도들은 나름대로 예수님을 잘 믿고 있다고 생각했는데, '성령을 받았느냐'는 바울의 질문이 아주 생소하게 들린 것이다. 그래서 그들은 "성령님이 있다는 말을 들어본 적이 없다"고 대답한 것이다. 하용조 목사는 에베소교회 성도들의 고백에 대해 이렇게 강론한다.[37]

이것은 성령님을 믿지 않는다는 뜻이 아닙니다. 성령님이 계신지도 몰랐기 때문에 바울이 말한 성령님 체험을 하지 못했다는 뜻입니다. 오늘날에도 이런 사람들이 많습니다. 그리스도인이라 해도 성령님에 대해 무지한 사람들입니다. 그래서 영적으로 빈곤한 신앙생활을 하고 있습니다. 성령님으로 말미암아 하나님의 놀라운 능력과 약속과 축복들을 누릴 수 있는데도 불구하고 알지 못해서 누리지 못하는 것입니다.

하용조 목사는 바울의 말을 들은 에베소 교인들이 성령 세례를 받도록 도와 달라고 한 사실에 주목한다.[38] 그리고 당시 에베소 교인들이 그랬던 것처럼, 오늘날에도 성령 세례를 받지 못한 신자들은 성령님의 은혜를 사모해야 한다고 강조한다. 그들은 요한의 회개 세례에 머물러 있기를 원하지 않았다는 것이다. 즉시 예수님의 이름으로 나타나는 성령님과 불세례를 받고 싶어 했다. 예수님의 이름으로 받는 세례는 사람이 주는 세례가 아니라는 것이다. "예수님이 직접 주시는 세례이다. 즉 하나님이 친히 베풀어 주시는 성령 세례이다"라고 함으로써 성령의 세례에 나타나는 삼위일체 하나님의 역사를 강조한다. 이는 예수님이 공생애를 시작하면서 요단 강에서 세례 요한에게 세례를 받으실 때, 하늘로부터 "이는 내 사랑하는 아들이요 내 기뻐하는 자라"고 하신 하나님의 음성이 들리고 성령이 비둘기처럼 임재하신 삼위일체 사역을 연상케 한다(마 3:16-17). 그리고 구속 사역을 마치고 부활하신 예수님이 갈릴리에서 제자들을 다시 만나 "너희는 가서 모든 민족을 제자로 삼아 아버지와 아들과 성령의 이름으로 세례를 베풀고"(마 28:19)라고 하신 마지막 지상 명령을 연상케 한다.

"성령님을 사역과 신앙생활의 주인으로 모시라"

● ● ●

이처럼 하용조 목사는, 예수님의 이름으로 오시는 성령님은 예수님을 믿는 자에게 임하신다는 성경의 진리를 강론한 다음, 성령의 능력에 대한 강론으로 나아간다.[39]

> 물세례만 받았다면 나의 의지와 행동과 열정으로 살려 하겠지만, 성령 세례를 받으면 이제는 성령님의 능력과 은혜로 살기 때문에 안심해도 된다는 말입니다. 내가 사는 것이 아니라 내 안에 그리스도가 사시기 때문입니다. 어떻게 사역을 해야 하는지도 걱정하지 마십시오. 성령님 사

역은 항상 성령님이 인도하시는 대로 사역하는 것입니다. 성령님 사역은 성령님이 하시기 때문에 아무리 해도 힘들지 않습니다. 신나고 재미있고, 지치지 않습니다. 남이 나에게 서운하게 해도 섭섭하지 않습니다. 시험에 들지도 않습니다. 성령님이 함께하시는 삶이기 때문입니다. 그러므로 우리는 성령님이 늘 함께 계시고, 사역의 주인이 되시고, 신앙생활의 주인이 되시도록 기도해야 합니다. 하나님 앞에서 "주님, 저는 이제 성령님을 중심으로 살겠습니다" 하는 결심과 약속을 하고 이를 선포하십시오.

결론적으로 하용조 목사는 성령님이 임재하시고 나를 다스리는 것은 지식이나 개념의 문제가 아니라고 강조한다. 이는 실제적인 일이라면서 이 시대의 목회자와 성도들에게 이렇게 권면하고 있다.[40]

성령님이 당신을 안수하고 만져 주심을 믿으십시오. 바울이 안수했을 때 안수 받은 열두 명의 에베소 교인들이 방언하고 예언하는 기적이 일어났듯, 우리가 서로 안수하고 기도할 때 병이 낫고 귀신이 떠나갈 줄 믿습니다. 이런 일은 오늘날에도 강력하게 일어납니다. 나는 우리 개개인과 교회가 성령님을 체험하기 원합니다. 마치 번제물이 타듯이, 성령님 안에서 내 영혼이 녹는 영적 경험을 하기 바랍니다. 그러면 우리는 이전과 달라질 것입니다. 설교가 달라지고 기도가 달라질 것입니다. 찬양이, 생각하는 것이 달라질 것입니다. 그렇게 되기를 축원합니다.

이는 과거 그 어느 때보다 세속화된 영적 위기의 시대를 살고 있는 성도들과 이 어려운 시대에 교회를 섬기는 목회자들을 향한 하용조 목사의 유언이 되었다. 성령님을 주인으로 모시자는 간절한 그의 호소를 이제는 육성으로 다시 들을 수 없기에 아쉽고 그리운 큰 울림으로 남아 있다. 어려서부터 극단적인 성령주의자들 때문에 많은 시험을 받아 늘 성령님의 임재를 구하면서도 성령 사역에 접근하는 것을 꺼려 온 하용조 목사였다. 그러나 육신의 질고 속에서 1991년 어느 날 "성령 목회를 하라"는 강력한 음성을 들은 이후 모든 사역을 온전히 성령님에게 맡긴 그는 우리 시대의 '성령 목회자'로 살다가 우리 곁을 떠났다.

성령으로 사역하신 예수님을 본받아 '성령 목회'를 하다

• • •

하용조 목사는 예수님이야말로 철저히 성령님으로 인하여 말씀하고 사역하신 분임을 우리에게 상기시키고 있다. 하물며 우리 인간이 어떻게 성령님으로 인하여 말하고 행동하며 사역하지 않을 수 있겠느냐는 것이다.[41]

> 예수님은 세례 요한에게 세례를 받으실 때도 성령님이 비둘기처럼 자기 위에 머물러 있는 것을 경험하셨고, 하늘로부터 "이는 내 사랑하는 아들이요 내 기뻐하는 자라"(마 3:17)는 음성을 들으셨다. 그 뒤 마귀의 시험을 이기셨고(마 4:1-11 참조) 담대하게 사역을 하셨다. 예수님의 이런 모습을 사도행전은 다음과 같이 묘사했다. "하나님이 나사렛 예수에게 성령과 능력을 기름 붓듯 하셨으매 저가 두루 다니시며 착한 일을 행하시고 마귀에게 눌린 모든 자를 고치셨으니 이는 하나님이 함께하셨음이라"(행 10:38). 하나님이 예수님에게 성령님과 능력을 부으셨기 때문에

예수님이 가는 곳마다 기적을 일으키시고, 복음을 선포하셨으며, 놀라운 신유의 역사들을 일으키셨다는 뜻이다.

하용조 목사는 예수님도 당신에게 성령이 임함으로 복음 사역을 감당한다고 직접 말씀하신 내용을 상기시키면서, 우리도 성령님의 임재를 사모함으로 성령 충만한 사역자가 되어야 한다고 강조했다. "주의 성령이 내게 임하셨으니 이는 가난한 자에게 복음을 전하게 하시려고 내게 기름을 부으시고 나를 보내사 포로 된 자에게 자유를, 눈먼 자에게 다시 보게 함을 전파하며 눌린 자를 자유케 하고 주의 은혜의 해를 전파하게 하려 하심이라 하였더라"(눅 4:18-19, 개역한글 성경).

이렇듯 예수님은 성령님으로 잉태되시고, 성령님의 인도를 받는 초자연적 삶을 사셨다. 그는 예수님이 제자들 또한 당신처럼 성령님으로 말미암아 능력 있게 살기를 원하셨다고 강조한다. 그래서 예수님은 살아 계실 때 "내가 떠나가는 것이 너희에게 유익하다. 내가 떠나가면 보혜사 성령이 너희에게 임하실 것이다. 내가 영광을 받은 후에 그분이 오실 것이다"(요 16:7)라는 말씀을 제자들에게 해 주셨다.

하용조 목사는, 예수님이 제자들에게 이렇게 말씀하신 것은 "나와 함께 살았던 3년으로 만족하지 말고 성령으로 세례를 받으라"라는 의미였다고 말한다. 그러면서 그는, 이 말씀은 단지 예수님의 제자들에게만 해당되는 것이 아니라, 오순절 이후 예수님의 이름으로 구원받고 예수 그리스도를 믿는 모든 사람들 그리고 이 험한 세상을 살아가는 우리에게도 주시는 말씀이라고 가르쳤다.

우리는 하용조 목사의 성령론과 관련해서, 그가 섬긴 온누리교회만 25년의 사역을 크게 말씀 목회와 성령 목회로 나누어 이해해야 한다. 그는 1985년 교회 창립 이후 초기 6년은 제자 사역과 말씀 사역에 주력했다. 그러던 중 육신의 질고로 안식년을 얻어 하와이로 요양을 떠난 1991년을 기점으로 2011년까지 그의 목회는 성령 사역으로 대전환을 하게 된다.[42] 앞에서도 언급했듯이 "성령 목회를 해라" 하는 주님의 명령을 들은 것이다. 그렇다고 그의 초기 사역을 성령의 역사와 무관한 사역으로 오해해서는 안 된다. 영국에서의 짧지 않은 해외 훈련을 겸한 목회 준비 기간이 성령님의 응답을 구하는 기도의 시간이었으며, 귀국해서 소수의 개척 멤버들과 성경 공부를 할 때도 성령님의 인도하심을 구하는 시간이었다. 다만 육신의 질고가 깊어 가던 시기에 그를 사로잡은 성령님의 명령에 전적으로 순종함으로 자신의 삶과 목회 전반을 온전히 내어 드리게 된 것이다.

1. 하용조, 《인격적인 성령님》(서울: 두란노, 2007), pp. 6-7.
2. 위의 책, p. 9.
3. 하용조, 《사도행전적 교회를 꿈꾼다》, p. 109.
4. 위의 책, p. 107.
5. '개역한글판 성경'은 1952년 출간된 '성경전서 개역한글판'을 1961년 대한성서공회에서 표기법과 활자를 재정비하여 펴낸 이래 37년간 한국 교회가 사용해 왔다.
6. 대한성서공회에서 오랜 개정 작업 끝에 나온 '개역개정판 성경'은 1998년 초판 이후 현재 23년째 한국 교회가 사용하고 있다.
7. 하용조, 《사도행전적 교회를 꿈꾼다》, p. 107.
8. 하용조, 《인격적인 성령님》, pp. 12-27.
9. 정장복, 《그것은 이것입니다》(서울: 예배와설교아카데미, 1999), p. 224.
10. 하용조, 《인격적인 성령님》, 1-5부 전체의 타이틀과 내용 참조.
11. 하용조, 《사도행전적 교회를 꿈꾼다》, p. 107.
12. 제자원 편, 《성령론》(서울: 성서교재(주), 1996), 그랜드 종합교리, 5, p. 14.
13. 위의 책, p. 15.
14. 하용조, 《인격적인 성령님》, p. 7.
15. 위의 책, pp. 39-40.
16. 하용조, 《사도행전적 교회를 꿈꾼다》, pp. 107-108.
17. 위의 책, pp. 107-108.
18. 위의 책, pp. 216-218.
19. 문성모, 《하용조 목사 이야기》, p. 66.
20. 하용조, 《인격적인 성령님》, pp. 12-13.
21. 위의 책, pp. 19-20.
22. 위의 책, p. 21.
23. 위의 책, p. 21.
24. 위의 책, p. 22.
25. 하용조, 《사도행전적 교회를 꿈꾼다》, pp. 20-21.
26. 1985년 10월 6일 창립 예배를 드린 해를 기점으로 22년이 되는 2007년을 기준으로 한 표현임. 하용조 목사는 그 후 4년을 사도행전적 교회를 위해 헌신하다가 2011년 주님 곁으로 가셨다.
27. 하용조, 《사도행전적 교회를 꿈꾼다》, pp. 107-108.
28. 위의 책, pp. 107-108.
29. 위의 책, pp. 107-108.
30. 위의 책, p. 294.
31. 하용조, 《인격적인 성령님》, p. 29.

32. 위의 책, p. 32.

33. 위의 책, p. 35.

34. 위의 책, p. 35.

35. 위의 책, p. 35.

36. 위의 책, pp. 36-37.

37. 위의 책, p. 37. 본래의 글은 문어체로 되어 있으나, 하용조 목사가 행한 강해 설교의 현장감 을 살리기 위해 필자가 경어체로 전환한 것임을 밝힌다.

38. 위의 책, p. 38.

39. 위의 책, p. 39.

40. 위의 책, p. 40.

41. 위의 책, pp. 33-34.

42. 하용조, 《사도행전적 교회를 꿈꾼다》, p. 91.

제2장   하용조 목사와 성령   107

제3장

사도행전의 '바로 그 교회'

하용조 목사와 교회

"이 시대에 사도행전적 교회는 가능한가"

● ● ●

하용조 목사와 초기 소수의 성도들이 꿈꾼 사도행전적 교회는 하루아 침에 이루어진 것이 아니다. "내가 그동안 변함없이, 끊임없이 생각한 주제이다 … 이 생각으로 그동안 이끌어 온 것이 온누리교회다."[1] 하용 조 목사의 이런 술회를 들어 볼 때, 그가 얼마나 오랜 세월 동안 이 땅 에 사도행전적 교회를 세우기 위해 분투했는지 짐작할 수 있다.

그가 육신의 지병 때문에 연예인교회 사역을 내려놓고 영국으로 떠 난 1981년부터 이 기도가 시작되었음을 그의 글을 통해 발견할 수 있 는데, 그렇게 보면 무려 4년 가까운 준비 끝에 온누리교회가 탄생한 것 이다. 이 과정에서 그가 가장 심각하게 고민하며 기도한 것은 '2천 년 이 지난 지금도 주님이 의도하고 사도행전에서 보여 주셨던 그 교회가 가능할까?'라는 문제였다.[2]

그 구체적인 기도는 1983년 고국의 지인으로부터 교회 개척에 대한 권유를 받으면서 시작되었다. 당시 신동아건설 회장 최순영 장로와 이형자 권사로부터 서빙고에 있는 땅의 일부를 하나님에게 드리기로 했으니 목회를 해 보지 않겠느냐는 제의를 받은 것이다.[3] 하용조 목사 부부는 이 일을 두고 1년 동안 기도하게 된다. 기도 중에 이들은 두 가지 문제에 확신이 필요했다. 하나는, '한국에 이미 많은 교회가 있고, 서빙고 인근에도 좋은 교회가 있는데 또 교회를 개척하는 것이 옳은 일인가?' 하는 문제였다. 그런데 이 문제를 두고 기도하던 중 하나님은 하용조 목사에게 사도행전의 초대교회 모습을 보여 주셨다.[4] 그 후에도 기도는 계속되었는데, 이번에는 '2천 년이 지난 지금도 주님이 의도하고 사도행전에서 보여 주셨던 그 교회가 가능할까?'라는 의문을 갖게 된 것이다. 하나님은 이 문제에 대해서도 응답을 주셨다. "하나님은 어제나 오늘이나 영원토록 동일하시다. 사도행전에 그런 교회가 있었다면 2천 년이 지난 지금도 가능하다"는 확신이었다. 하용조 목사는 교회 개척 문제를 두고 1983년부터 1년간의 기도 끝에 받은 이 확신을 15년이 지난 1999년에도 동일하게 증언한 바 있다.[5] "오순절 이후 2천 년이 지난 지금에도 이러한 사도행전적 교회가 가능하다는 확신과 믿음을 가지고 이 교회를 시작했습니다."

하용조 목사 부부는 오랜 기도 끝에 비로소 교회 개척에 대한 확신을 갖고 구체적인 비전을 세웠다.[6] 그것은 '성경 중심의 교회', '복음 중심의 교회', '선교 중심의 교회', '긍휼을 베푸는 교회', '예수 그리스도의 문화를 심는 교회'라는 5대 목회 방향이었다.[7] 하용조 목사가 교회 개척 당시에 세운 이 다섯 가지 비전은 35년이 지난 지금까지도 후임 이재훈 목사에 의해 지속적으로 발전되고 있다. 이와 관련해서 온누리

교회의 역사는 이렇게 기록하고 있다.[8]

> 온누리교회는 [창립 초기부터] '성경 중심의 교회', '복음 중심의 교회', '선교 중심의 교회', '긍휼을 베푸는 교회', '예수 그리스도의 문화를 심는 교회'라는 다섯 가지 목회철학을 가지고 하나님께서 주신 사명을 감당해 왔다 … 이제 제2기를 맞이한 온누리교회는 하용조 목사께서 선포하신 'Acts29'의 비전을 함께하며 새로운 걸음을 시작했다. 2대 담임목사로 세워진 이재훈 목사는 2014년 온누리 정책 포럼 행사에서 다섯 가지 목회철학을 기초로 한 걸음 더 전진한 모습의 '3닻 5돛'의 실천적 목회철학[9]을 제시했다.

사도행전 교회의 연속성에 대한 존 칼빈과 하용조 목사의 만남
● ● ●

공교롭게도 하용조 목사가 가졌던 사도행전적 교회의 시대적 연속성에 대한 관심을 종교 개혁자 존 칼빈의 교회론에서도 발견하게 된다. 칼빈의 교회관을 조명한 오토 베버(Otto Weber)는, '칼빈의 교회관은 순수하고 거룩한 교회의 변호'라고 하면서 "칼빈은 하나님의 말씀대로 현실 속에서 교회가 새롭게 형성된다는 것은 초대교회가 이 시대에 새로운 형태로 형성되는 것과 같다는 생각을 가지고 있었다"고 주장했다.[10] 이런 칼빈의 견해야말로 하용조 목사가 확신한 바, 사도행전적 교회가 이 시대에도 가능하다는 믿음과 일맥상통한 것이라 하겠다.

그뿐 아니라 칼빈은, 교회의 연속성은 하나님이 원하시는 일로서 하나님의 영원하신 선택과 그의 다함없는 신실하심 속에서 성령으로 교회를 보존하신다고 믿었다.[11] 칼빈은 복음의 역사가 흥왕하도록 하나님이 이 보배를 교회 안에 간직하시고 목회자와 설교자를 통해 그것을 가르치고 선포하도록 권위를 주셨다고 말한다. 그러므로 참된 교회는 모든 신자들의 어머니가 되기 때문에 성도들은 교회와 더불어 하나 됨을 유지해야 한다며 초대교회적인 공동체 의식을 강조하고 있다.[12] 오토 베버는, 이런 점에서 존 칼빈은 교회를 신자들의 공동체라고 말한 대표적 목회자이며, 초대교회의 시대적 연속성을 확신한 신학자라고 했다.[13]

실제로 칼빈이 제네바교회를 중심으로 이른바 신정정치를 실현코자 했던 것은 세속화 시대에 원색적인 초대교회가 보여 준 교회 공동체를 실현하고자 함이었다. 그뿐 아니라 그는 '교회의 표지'로서 초대교회의 시대적 연속성을 통한 순수한 교회, 즉 '초대교회처럼 하나님의 말씀이 순결하게 전해지고 또한 그 말씀을 들으며, 그리스도께서 정하신 규례에 따라 성례가 시행되며, 그곳에 하나님의 임재가 있는 교회'를 강조하고 있다. 즉 칼빈이 말하는 '교회의 표지(標識)'는 '교회의 진정한 모습' 또는 '교회의 정체성'으로서, 교회는 외적으로도 교회다워야 하며, 내적 경건성과 순결성, 교회로서의 원형을 지녀야 한다는 것이다.[14] 칼빈은 그 핵심을 초대교회와 같은 교회의 순결성으로 보았다.

이런 점에서 칼빈만큼 교회의 순결성을 강조한 목회자와 신학자는 일찍이 없었던 것 같다. 그는 더 나아가 교회에서 '순결한 말씀 사역'과 '순결한 성례'가 시행되어야 한다고 강조했다.[15] 그는 교회 표지의 중요성을 거듭 강조하면서, 마귀가 교회의 순결한 말씀의 전파를 방해하고 예수 그리스도가 제정하신 성례를 왜곡함으로써 교회가 부패하기 시작했다고 지적한다. 부패한 교회를 새롭게 하기 위한 종교 개혁은 교회의 연속성(영속성)의 관점에서 더욱 중요한 사건이었다.

이처럼 교회의 순결성을 강조한 칼빈과 사도행전적 교회의 비전 속에서 교회의 순결성을 강조한 하용조 목사에게서 우리는 유사한 교회론을 발견하게 된다. 하용조 목사는 사도행전적인 교회의 한 특징으로 '거룩과 성결과 정직을 추구하는 공동체'를 제시하면서 '사도행전적 교회의 특징은 거룩과 정직과 순결을 추구하는 것'이라고 말했는데, 이 점은 앞에서 살펴본 칼빈의 관점과 다르지 않다.[16]

우리는 앞에서 16세기 종교 개혁자 존 칼빈과 21세기 하용조 목사가 사도행전적 초대교회는 시공을 초월해 교회로서의 연속성을 가진다는 관점에서 만나고 있음을 확인했다. 이 연속성은 예수 그리스도의 교회를 파괴하려는 사탄의 어떤 방해 속에서도 흔들림이 없다는 것이다.[17] 이는 "반석 위에 내 교회를 세우리니 음부의 권세가 이기지 못하리라"(마 16:18)라고 언명하신 예수 그리스도의 교회론에 다름 아니다. 하용조 목사가 그의 교회론에서 '예수님의 교회론은 음부의 권세가 이기지 못하는 공동체'라고 한 것도 이와 같은 관점에서 한 말이다.[18]

종교 개혁적인 교회관과 맥을 같이하다
• • •

그리스도께서 우리의 구원이 되시며, 우리가 그의 베푸시는 구원과 영원한 복락에 참여하게 되는 것은 바로 믿음으로 말미암는 것이다. 그러나 우리가 무지하고 게을러서 우리 속에서 믿음을 낳고 키워가고 그 목표에 이를 수 있도록 외부의 도움이 필요하기 때문에 … 그리고 복음을 전하는 역사가 흥왕하도록 하기 위하여 그는 이 보배를 교회 안에 간직하셨다 … 아직 멀리 있는 우리로 하여금 그에게로 가까이 나아가도록 한 가지 방도를 마련해 주신 것이다 … 하나님께서는 그의 자녀들을 교회의 품으로 모으셔서 유아와 어린아이의 상태에 있는 동안 교회의 도움과 사역을 통하여 그들을 기르실 뿐 아니라, 또한 그들이 장성하여 마침내 믿음의 목표에 도달하기까지 어머니와 같은 보살핌을 통하여 인도하시기를 기뻐하시는 것이다 … 그리고 바울이 우리가 하늘의 새 예루살렘의 자녀들이라는 가르침을 통해서 증거하듯이 그것은 비단 율법 아래서만 그러했던 것이 아니라 그리스도께서 강림하신 이후에도 그러한 것이다.[19]

이 말은 종교 개혁자 존 칼빈이 《기독교강요》(생명의말씀사 역간) '교회론'의 서두에 쓴 것으로, 그리스도가 이 땅에 교회를 세우신 목적과 연속성을 설명한 것이다. 주님은 죄인에게 구원의 은혜와 영원한 생명을 주기 위해 세우신 자신의 몸으로서의 교회에 복음이라는 보배를 간직하셨다는 것이다. 그는 계속해서 "하나님께서는 그의 자녀들을 교회의 품으로 모으셔서 유아와 어린아이의 상태에 있는 동안 교회의 도움과 사역을 통하여 그들을 기르실 뿐 아니라, 또한 그들이 장성하여 마침내 믿음의 목표에 도달하기까지 어머니와 같은 보살핌을 통하여 인도하시기를 기뻐하시는 것이다"라고 했다.[20] 그러면서 칼빈은 "하나님이 짝지어 주신 것을 사람이 나누지 못할지니라"(막 10:9)라는 말씀을 인용, 그리스도와 교회의 관계를 정혼한 신랑과 신부의 관계로 묘사하면서 그 유명한 '어머니로서의 교회론'을 주창했다.

"하나님께서 아버지가 되시는 자들에게는 교회는 또한 그 어머니가 되도록 하셨다. 그리고 바울이 우리가 하늘의 새 예루살렘의 자녀들이라는 가르침을 통해서 증거하듯이, 그것은 비단 율법 아래서만 그러했던 것이 아니라 그리스도께서 강림하신 이후에도 그러한 것이다"[21]라고 함으로써 우리는 교회를 통해 주님에게로 나아가며, 이러한 교회의 사명은 그리스도가 강림하신 이후에도 그러한 것이라고 함으로써 하나님의 교회는 영원한 연속성을 갖는다고 설명한다.

이처럼 필자가 하용조 목사의 교회관(教會觀)을 살펴보면서 자연스럽게 연상한 것이 바로 칼빈의 교회론이었다. 우리는 앞에서 하용조 목사가 가졌던 사도행전적 교회의 연속성이 존 칼빈의 견해와 일치하고 있음을 살펴보았다. 물론 그가 남긴 글과 설교에서 칼빈의 교회론을 구체적으로 언급한 사례는 찾아볼 수 없다. 그러나 그가 생전에 주창한 교회관은 '예수님께서 의도하신' '사도행전적인 바로 그 교회'로서, 이 초대교회의 연속성이 지금도 이루어지고 있다는 점에서 칼빈의 교회관과 맥을 같이하고 있다. 온누리교회의 사도행전적 교회로서의 액션 플랜이 'Acts29'인 것도 사도행전 28장 이후에 전개될 초대교회의 연속성을 의미하는 것이다.[22] 이처럼 하용조 목사가 실현하고자 했던 교회의 비전과 그 속에 담긴 내용을 살펴보면 칼빈의 개혁적인 교회, 곧 '바로 그 교회'라고 할 수 있다.

교회 역사가 필립 샤프(Phillip Sharp)는, 종교 개혁은 예수 그리스도의 교회가 교황 교회로 전락한 것을 되찾기 위한 운동이라고 했다.[23] 그는 "하나님께서 교회를 세우시는 곳이면 어디나 마귀는 그 가까이에 예배당을 세운다"라는 비유적인 표현으로 하나님의 교회를 인간이 지배하는 집회 장소로 변질시킨 교황의 과오를 지적했다. 그러면서 "종교개혁은 교황교회가 그리스도와 신자 사이에 설치해 놓은 장애물들을 제거했다"고 주장한다.[24] 종교 개혁은 하나님보다 교황의 권위를 절대시

하고, 교회의 전통을 말씀보다 우위에 둔 당시의 종교적 부패로부터 '교회를 성경 위에' 바로 세우고자 한 운동이었다.[25]

하용조 목사가 온누리교회 개척을 두고 과연 "예수님이 의도하시고 성령님이 세우신 사도행전적인 '바로 그 교회'는 이 시대에 가능한가?" 하는 문제를 두고 오래 기도하며 고민한 것도 변질되거나 때 묻지 않은 원색적인 교회에 대한 꿈, 교회 개혁적인 비전 때문이 아니었을까? 그가 진술하고 있는 '예수님이 주인이신 공동체',[26] '성령님이 움직이시는 교회',[27] '평신도가 능동적으로 사역하는 교회',[28] '택한 자들의 그리스도 안에서의 연합',[29] '공동체로서의 교회',[30] '예배와 설교의 중요성 강조',[31] '교회를 통한 교육'[32] 등을 보면 때 묻지 않은 순결한 교회에 대한 그의 이상으로 가득 차 있음을 알 수 있다. 따라서 하용조 목사의 교회관과 그 비전에 의해 세워진 사도행전적 '바로 그 교회'인 온누리교회의 정체성을 이해하기 위해서는 16세기 교회 개혁의 정신과 연결해서 이해할 필요가 있다고 생각한다.

하용조 목사가 꿈꾼 사도행전적 '바로 그 교회'

• • •

앞에서 살펴본 바와 같이 하용조 목사가 복음 전도자로서 이 땅에 실현하고자 한 교회의 모델은 사도행전에 기록된 '바로 그 교회'였다. 그는 자신의 교회관과 목회철학을 담은 《사도행전적 교회를 꿈꾼다》에서 이렇게 말하고 있다.

'사도행전적 교회'는 내가 그동안 변함없이, 끊임없이 생각한 주제이다.

예수님이 의도하시고 사도행전에서 보여 주신 바로 그 교회다. 오늘날, 교회가 많고 신학교가 많고 목사가 많아도 세상이 변하지 않는 이유는 무엇일까? 사도행전의 교회가 아니기 때문일 것이다. '주님이 의도하시고 사도행전에서 보여 주셨던 진짜 그 교회의 생명력은 무엇인가? 교회를 교회 되게 했던 그것이 무엇인가?' 이 생각으로 그동안 이끌어 온 것이 온누리교회다. 바로 그 교회! 예수님이 의도하시고 사도행전에서 보여 주셨던 바로 그 교회! 사도행전적 교회! 이것이 바로 나의 비전이고, 온누리교회의 비전이다.[33]

우리는 여기서 하용조 목사가 긴 세월 동안 사도행전적 바로 그 교회를 꿈꾸게 된 이유와 그가 생각한 사도행전적 교회란 어떤 교회인지를 확인하게 된다. 먼저 그가 사도행전적 교회를 꿈꾸게 된 이유는, 오늘날 교회는 많으나 세상이 변하지 않기 때문이다. 세상을 변화시켜야 할 교회가 그 능력을 상실한 것은 바로 교회가 개혁의 의지를 상실했기 때문이다. "개혁된 교회는 개혁되어야 한다"(Ecclesia Reformata Semper est Reformanda). 교회의 개혁은 지속되어야 한다는 이것이 개혁자들의 모토였다. 교회의 연속성은 개혁의 연속으로 가능하다는 논지다. 개혁을 멈춘 교회는 껍데기만 교회일 뿐 죽은 교회다. 그런데 하용조 목사가 강조한 교회의 지속적인 개혁은 사람의 의지와 인위적인 방법이 아니라, 예수님의 의도와 성령의 역사하심으로 가능하다는 것이다. 이런 하용조 목사의 교회 사상은 인위적이거나 전투적인 것이 아니라, 성령의 인도하심을 따르는 순리적이고 평화적인 것이라 하겠다.

하용조 목사는 오늘날 교회는 많으나 세상은 변하지 않는다고 탄식하고 있다. 왜 그럴까? 그는 그 원인을 현대 교회의 실상에서 찾고 있다. '오늘날 우리가 섬기는 교회가 정말 주님이 원하시는 바로 그 교회일까?' 하는 깊은 회의(懷疑) 속에서 발견한 것이 바로 사도행전이 보여 준 '바로 그 교회'이며, 그리로 돌아가야 한다는 확신을 갖게 된 것이다. 사도행전의 '바로 그 교회'는 어떤 교회인가? 사도행전이 보여 준 바로 그 교회란 예수님이 의도하시는 교회요, 성령이 역사하시는 교회라는 것이다. 즉 예수님이 의도하시는 교회가 사도행전적인 교회이며, 사도행전이 보여 주는 교회가 예수님이 의도하시는 바로 그 교회라는 것이다. 우리는 하용조 목사의 이 호소에 귀를 기울여야 한다. 교회는 지금도 개혁되어야 하고, 주님 오시는 날까지 개혁되어야 하기 때문이다. 이런 점에서 하용조 목사는 자신이 섬기는 온누리교회를 단순히 한 개별 교회로 생각하지 않고 진정한 개혁의 모델로 만들기 위해 늘 새로운 비전을 목회에 적용한 개척자였다.

이와 관련해서 하용조 목사를 연구한 문성모 박사는 "하용조 목사는 온누리교회를 창립할 당시 교회의 정체성을 분명히 하였다. 그의 생각은, 교회는 많지만 사도행전의 원형을 그대로 간직한 교회는 많지 않으며, 그런 교회를 만드는 것이 이 시대의 선교적 사명을 다하는 일이라고 확신했다. 온누리교회는 여러 교회 중의 하나가 아니라 사도행전의 '바로 그 교회'(The Very Church)를 지향하면서 시작하였다"라고 지적한 바 있다.[34]

하용조 목사는 그의 교회론에서 '교회론의 기준은 예수님'이라고 단언한다. 나아가 '예수님의 교회론'을 구체적으로 1) 신앙고백이 분명한 사람들의 공동체이며, 2) 예수님이 주인이신 공동체이며, 3) 음부의 권세가 이기지 못하는 공동체이며, 4) 천국 열쇠를 소유한 공동체라고 가르치고 있다.[35] 여기서 한 걸음 더 나아가, 그는 '사도행전적인 교회론'

으로 1) 성령님이 움직이시는 교회, 2) 평신도가 능동적으로 사역하는 교회, 3) 비전이 이끄는 교회임을 제시했다.[36]

필자는 먼저 하용조 목사가 생각한 '사도행전적 교회'란 어떤 교회인지 그의 견해를 살펴본 다음, 사도행전을 비롯한 서신서에 기록된 교회들을 개관하고, 하용조 목사가 의도한 사도행전적 교회론을 살펴보기로 한다. 신약성경에 나타난 교회에 대한 리뷰는 하용조 목사의 교회론과 교회 철학을 이해하는 데 도움이 될 것이다.

'사도행전적 교회'는 '예수님이 의도하신 교회'

● ● ●

먼저 하용조 목사는 그의 교회론을 크게 두 갈래로 나누어 설명하고 있다. 먼저는 '예수님이 의도하신 교회'이며, 다음으로는 '사도행전적인 교회'이다. 우리가 흔히 하용조 목사의 교회론 또는 교회에 대한 비전의 핵심을 '사도행전적인 교회'라고 생각하는데, 실제로는 '예수님이 의도하시는 교회'와 '사도행전적인 교회'를 병행해서 살펴보아야 하용조 목사의 교회론을 보다 정확하게 이해할 수 있을 것이다.

실제로 그는 《사도행전적 교회를 꿈꾼다》보다 11년 앞서 출간된 사도행전 강해 《성령 받은 사람들》 서문에서 그의 교회론의 두 갈래를 분명히 밝혔다. 그러니까 사도행전적인 교회의 비전은 그의 말대로 온누리교회를 개척하기 전부터 기도해 온 것이며, 온누리교회를 개척한 지 14년이 지나 출판한 상기 강해 설교집 서문에서도 그것을 구체적으로 밝힌 것이다.

우선 《성령 받은 사람들》 서문을 통해 하용조 목사가 설명한 교회론을 살펴보자. 그는 이 서문에서 "온누리교회의 비전은 예수님이 인도하시고 사도행전에서 보여 준 바로 그 교회를 세우는 일입니다"라고 분명히 밝히고 있다.[37] 그러면서 예수님이 의도하신 교회란 어떤 교회인지[38] 그리고 사도행전적인 교회는 어떤 교회인지를 설명한다.[39]

> 예수님이 의도하신 교회란 구원받은 성도들의 예배 공동체요, 예수님이 주인이신 예수 공동체요, 음부의 권세가 이기지 못하는 능력 공동체요, 천국 열쇠를 가진 전도 공동체입니다.
> 그러면 사도행전적인 교회는 어떤 것입니까? 그것은 성령으로 잉태된 성령의 공동체요, 십자가와 부활을 전하는 증인 공동체요, 예수님의 제자를 삼는 양육 공동체요, 자신의 삶을 드리는 헌신 공동체요, 땅 끝까지 복음을 전하는 선교 공동체입니다.

위의 설명에서 확인할 수 있듯이, 하용조 목사가 의도한 온누리교회의 비전은 단순한 '사도행전적 교회'가 아니라, '예수님이 인도하신 교회로서의 사도행전적 교회'인 것이다.[40] 우리는 이 점에 유의해야 한다. 하용조 목사 자신이 "예수님의 교회가 현실로 이루어진 교회는 어떤 교회인가?" "바로 사도행전의 교회이다"라고 단언한 것을 보더라도 사도행전적인 교회는 예수님이 의도하신 교회와 뗄 수 없는 표리(表裏), 즉 안팎의 관계, 원인과 결과의 관계라고 할 것이다. 그는 오히려 사도행전적인 교회의 전제로서 '예수님이 의도하신 교회'를 강조하고 있음을 본다. 그러니까 하용조 목사와 온누리교회 성도들이 함께 꿈꾼 '바로 그 교회'는 예수님의 꿈인 것이다.

이러한 그의 교회관은 《사도행전적 교회를 꿈꾼다》에서 다음과 같이 구체화된다. 즉 하용조 목사는 그의 교회론에서 '교회론의 기준은 예수님의 교회론이다'라고 강조함으로써《성령 받은 사람들》에서 말한 '예수님이 의도하시는 교회'와 동일한 관점을 계속 강조하고 있다. 또한 그는 자신의 두 번째 교회론으로 '사도행전적인 교회론'을 제시하고 있는데, 이는 첫 번째 관점인 '예수님이 기준인 교회론'과 상반된 개념이 아니라, 예수님이 주인이시고 기준이 되는 교회론은 당연히 성경에 근거한 올바른 교회론이 된다는 상호 밀접성을 가진 표현이라고 할 것이다.

한편 하용조 목사는 그가 꿈꾼 '사도행전적인 교회론'을 '교회론'에서 취급하지 않고 자신의 '목회철학'에서 다루고 있다. 자신의 '목회철학의 기준은 사도행전적인 교회론'이라는 것을 강조하기 위함이다.

이 땅에 교회를 세운다고 선언하신 분이 예수님이다. '교회'라는 이름을 최초로 사용하신 분도 예수님이다.[41] 하용조 목사가 그의 교회론에서 '교회론의 기준은 예수님의 교회론이다'라고 단언한 것도 여기에 근거하며, '예수님이 인도하시는 교회'가 '사도행전적인 교회'요, 사도행전적인 '바로 그 교회'라고 본 것도 여기에 근거한다. 그 교회가 바로 온누리교회인 것이다. 이처럼 하용조 목사가 '예수님이 의도하신 교회', '교회론의 기준은 예수님'을 거듭 강조한 것은 이 땅에 교회를 세우신 분, 곧 교회의 주인이 예수님이심을 분명히 하기 위함이었다.

예수님이 명명하신 교회: 사도행전에 기록된 교회들

• • •

이제 예수님이 언명하고 의도하신 사도행전을 비롯한 서신서들에 나타난 초기의 교회들을 살펴보자. 하용조 목사의 교회 비전 속에서 탄생된 온누리교회는 사도행전적 교회의 연장선상에 있기 때문에 우리는 그 연원으로 올라갈 필요를 느낀다.

우리가 알듯이, 사도행전적인 교회는 오순절 성령 강림 사건으로 예루살렘에 교회가 세워짐으로 시작되었다(행 1:12, 2:1-4).[42] 이는 예수님이 부활 후 승천에 앞서 제자들에게 약속하신 말씀이 성취된 사건이었다. "사도와 함께 모이사 그들에게 분부하여 이르시되 예루살렘을 떠나지 말고 내게서 들은 바 아버지께서 약속하신 것을 기다리라 … 오직 성령이 너희에게 임하시면 너희가 권능을 받고 예루살렘과 온 유대와 사마리아와 땅 끝까지 이르러 내 증인이 되리라 하시니라"(행 1:4, 8).

이는 예수님이 십자가 고난을 앞두고 제자들에게 이 땅에 교회를 세우겠다고 최초로 언급하신 예언에 대한 응답이라고 할 것이다. "내가 네게 이르노니 너는 베드로라 내가 이 반석 위에 내 교회를 세우리니 음부의 권세가 이기지 못하리라"(마 16:18).

하용조 목사는 이 점을 분명히 언급하고 있다.[43] "예수님이 부활하신 후에 지상 명령을 주시고 승천하셨는데, 그다음에 성령님이 이 땅에 오셔서 그분에 의해 교회가 탄생하였습니다." 아울러 사도행전의 출발에 대해서도 그는 성령 사건과 결부해서 설명하고 있다.[44] "성령에 의해 탄생한 교회는 전 세계의 복음화를 위해 선교의 교두보가 되어 그 역할을 감당해 왔는데 그 역사를 기록한 책이 바로 사도행전입니다." "사도행전이 어떻게 시작되었습니까? 오순절부터 시작됩니다. 오순절 사건이란 것은 성령의 점화 사건과도 같습니다."

교회 역사가 필립 샤프는 그의 저서 《사도적 기독교》(크리스챤다이제스트 역간)의 '오순절의 기적과 기독교 교회의 탄생' 장에서 "예수 그리스도가 승천하신 지 열흘 뒤에 성령이 강림하시고 기독교 교회가 탄생했다 … 대부분 갈릴리 사람이었을 120명(12명의 10배)가량 되는 사도들과 제자들이 그 절기의 아침 경건회를 가지려고 모여서 기도하며 약속하신 것을 기다리고 있을 때, 승천하신 구주께서는 하늘 보좌에서 그들에게 성령을 보내시고 땅에 자기 교회를 세우셨다"[45]라고 기술한 것도 하용조 목사의 '예수 그리스도와 성령으로 탄생된 교회'와 같은 관점이라 할 것이다.

예수님은 이 땅에 당신의 몸 된 교회를 세우기 위해 성령을 보내심으로 예루살렘교회를 비롯한 로마교회와 고린도교회, 갈라디아교회, 에베소교회, 빌립보교회, 골고새교회, 데살로니가교회를 세우셨다. 위 교회의 명칭은 신약성경상 서신의 편집 순서에 의한 것이며, 설립 연대와 사도행전에 언급된 순서를 감안하면 갈라디아교회(행 13:13-14:28), 안디옥교회(행 13:14), 데살로니가교회(행 17:1-10), 고린도교회(행 18:1, 20:2-3), 에베소교회(행 19:18-23), 빌립보교회(행 20:1, 6), 골로새교회(골 1:7, 12-13), 로마교회의 순이 될 것이다. 이와 관련해서 필립 샤프는, "예루살렘교회는 유대 기독교의 모교회가 되었고, 그로써 온 기독교 세계의 모교회가 되었다. 이 교회는 일찍이 땅에 보이는 교회를 세우는 일에 주께로부터 독특한 지위를 받은 사도들의 직접적인 지도하에 안팎으로 성장했다 … 그러나 성령께서는 특정 직위에 얽매이지 않은 채 온 교회에 역사하셨다. 복음 전파와 예수의 이름으로 일으킨 기적과 믿음과 사랑으로 행하는 거룩한 행보가 전진의 도구였다"라고 함으로써[46] 성령의 역사 가운데 기독교의 모교회인 예루살렘교회를 비롯한 많은 초대교회들이 일어나게 되었음을 강조하고 있다.

예루살렘교회는 오순절 성령 강림으로 탄생했다(행 2:1-13). 제자들을 비롯한 약 120명의 성도들이 한곳에 모여 예수님이 약속하신 성령의 강림을 기다리며 마음을 같이하여 오로지 기도에 힘쓰기 시작했다(행 1:12-14). 오순절 날이 이르자 모인 곳에 성령이 임재하심으로 교회가 시작되었다(행 2:1-4). 성경은 그 정황을 이렇게 증언하고 있다. "오순절 날이 이미 이르매 그들이 다 같이 한곳에 모였더니 홀연히 하늘로부터 급하고 강한 바람 같은 소리가 있어 그들이 앉은 온 집에 가득하며 마치 불의 혀처럼 갈라지는 것들이 그들에게 보여 각 사람 위에 하나씩 임하여 있더니 그들이 다 성령의 충만함을 받고 성령이 말하게 하심을 따라 다른 언어들로 말하기를 시작하니라"(행 2:1-4). 이렇게 성령의 강림으로 세워진 예루살렘교회는 초기 기독교 전도의 근거지가 되었으며, 2천 년 교회의 출발점이 되었다.

갈라디아교회는 당시 소아시아 중앙에 있던 로마의 속주인 갈라디아에 사도 바울이 제1차 전도 여행 때 방문해서 세운 교회로(행 13:13-14:28), 제2차 전도 여행(행 16:1-7)과 제3차 전도 여행(행 19:23) 때도 계속 방문한, 사도행전상 중요한 위치에 있는 교회다. 바울이 당시 유대 율법주의의 영향 아래 있던 갈라디아교회 교인들에게 하나님의 은혜에 의한 구원의 복음을 굳게 믿도록 서신을 써 보낸 것이 갈라디아서다. 바울이 갈라디아서를 기록한 연대는 학자들의 견해에 따라 다른데, 본서를 원주민들이 살던 원래의 갈라디아교회에 보냈다고 주장하는 북갈라디아설에 의하면 A.D. 53-55년경이 되고, 로마의 속주가 되면서 확장된 갈라디아교회에 보냈다고 주장하는 남갈라디아설에 의하면 A.D. 49년경이 된다고 한다.

안디옥교회는 예루살렘교회의 영향으로 시리아의 수도 안디옥에 세워진 사실상 초대교회의 모체이자 최초의 이방인 교회로서 교회사 초기 역사에 중요한 위치에 있다. 스데반의 순교 이후 박해로 흩어진 많은 기독교도들이 안디옥으로 피신해 그곳에서 유대인뿐만 아니라 이방인인 헬라인에게도 '주 예수를 전하여' 수많은 영혼이 주님에게로 돌아오게 했다(행 11:19-21). 특히 안디옥에 있는 제자들이 그곳에서 처음으로 '그리스도인'이라 일컬음을 받게 되었다. A.D. 252년과 380년 사이에 교회 회의가 열 번이나 개최된 역사적 교회이기도 하다.

데살로니가교회는 사도 바울이 제2차 전도 여행 때 빌립보에서 아가야로 가는 도중에 당시 마게도냐의 주요 항구 도시인 데살로니가를 방문해서 세운 교회로(행 17:1-10), 제3차 전도 여행의 귀로에도 이곳을 방문했다(행 20:1 이하).

고린도교회는 고대 그리스의 주요 도시로 후일 로마령 아가야의 수도가 된 고린도에 사도 바울이 제2차 전도 여행 시에 세운 교회다(행 18:1, 20:2-3). 바울이 교회를 세우고 떠난 후 교회에 분쟁이 있는데다가 세상의 타락한 풍조가 들어오고 있다는 소식을 듣고 교회의 영적 질서를 바로 세우기 위해 서신을 써서 보냈는데(A.D. 53-55), 그것이 바로 고린도전 · 후서다.

에베소교회는 당시 아시아 지역에 있는 로마 제국의 큰 항구 도시인 에베소에 세워진 교회로, 사도 바울이 제2차 전도 여행이 끝날 무렵 에베소를 방문해서 복음을 전할 목적으로 브리스길라와 아굴라를 그곳에 남겨 둠으로써 시작되었다(행 18:18-21). 그 후 바울은 제3차 전도 여행 때도 3년간 이곳에 머물며 복음을 전했다(행 19:23-41). 그는 처음 로마 감옥에 갇힌 기간(A.D. 60-62)에 에베소교회, 빌립보교회, 골로새교회 및 동역자 빌레몬에게 보낸 서신을 집필해서 교회를 든든히 세우고 복음의 동역자를 격려했다. 이런 연유로 사도 바울이 로마 감옥에서 쓴 네 권의 서신을 '옥중 서신'이라고 한다. 옥중 서신의 기록 연대와 장소는 로마(행 28:30-31)에서의 첫 번째 투옥 기간인 A.D. 62년경으로 추정되고 있다.

빌립보교회는 그리스 북방에 있던 마게도냐의 주요 도시로 알렉산더 대왕의 부친 필립 2세가 건설한 빌립보에 사도 바울이 제2차 전도 여행 시에 세운 교회다. 특히 이 교회는 바울이 전도 여행 중 드로아에서 마게도냐 사람의 부름을 듣고 그곳으로 가서 빌립보에서 사역하면서 자색 옷감 장사 루디아의 헌신으로 교회를 시작한 것으로 유명하다(행 16:14-15). 빌립보는 유럽에 복음을 전하기 위해 선택된 첫 성으로, 바울은 제3차 전도 여행 시에도 두 번이나 방문해서 복음을 전했다(행 20:1, 6). 바울은 로마 감옥에서 네 권의 서신 중 하나인 빌립보서를 썼는데, 투옥된 스승을 돕기 위해 헌금을 보내온 빌립보교회 성도들에게 감사의 인사와 함께 올바른 교회 생활과 이단에 대한 경계를 권면하기 위한 것이었다.

골로새교회는 브루기아의 고대 도시인 골로새에 세워진 교회로, 사도 바울의 제3차 전도 여행 시에 바울이 아닌 에바브라에 의해 개척되었다(골 1:7, 2:1). 바울은 로마 감옥에서 골로새교회에 들어온 이단 사상을 경계하고 성도를 경성시키기 위해 옥중 서신의 하나로 골로새서를 썼다.

로마교회는 로마에 있던 유대인과 이방인 신자들이 자립적으로 세운 것으로 알려지고 있다. 사도행전에 나오는 초기 교회의 대다수는 사도 바울의 전도 여행 중 성령의 역사로 설립되었으나, 로마교회는 자립적으로, 골로새교회는 바울의 동역자 에바브라에 의해 세워졌다.

이처럼 사도행전적인 초기의 교회에 이어 2천 년 교회사를 통해 지상에는 수많은 교회들이 세워졌다. 특히 종교 개혁의 큰 열매 중 하나로 이 땅에 한국 교회가 세워졌으며, 그 역사적 반열에 온누리교회가 있다. 이런 점에서 사도행전은 현재 진행형이라고 할 것이다. 하용조 목사가 자신의 목회 비전을 'Acts29'라는 모토로 상징한 것도, 예수 그리스도의 재림까지 사도행전 28장 이후를 온누리교회가 써 내려가겠다는 분명한 사도행전적 사명의 선포라고 할 것이다.

하용조 목사의 교회론: 교회론의 기준이 되시는 예수님
● ● ●

이제 하용조 목사의 교회에 대한 관점을 살펴보자.《사도행전적 교회를 꿈꾼다》라는 하용조 목사의 교회 비전을 담은 책에서 그는 자신의 '교회론'을 이렇게 설명하고 있다.[47] 그는 먼저 '교회론의 기준은 예수님'이라고 언명하고 있다. 즉 교회론의 기준은 예수님의 교회론이어야 한다는 것이다.

> 어느 교회의 경우나 교회론의 근본은 같아야 한다. 교회에 대한 가장 중요한 근거는 예수님이 교회에 대하여 어떻게 말씀하셨는가에 있다.[48]

여기서 하용조 목사는 마태복음 16장 13-20절을 중심으로 예수님이 말씀하신 교회론을 설명하고 있다. 그러면서 그는 예수님이 꿈꾸신 교회는 네 가지의 특징을 지니고 있다고 주장한다. 1) 신앙고백이 분명한 사람들의 공동체, 2) 예수님이 주인이신 공동체, 3) 음부의 권세가 이기지 못하는 공동체, 4) 천국 열쇠를 소유한 공동체로서의 교회가 그것이다. 차례대로 그의 설명을 살펴보자.

신앙고백이 분명한 사람들의 공동체
• • •

하용조 목사는 먼저 예수님이 꿈꾸시는 교회는 '신앙고백이 분명한 사람들의 공동체'라고 했다. 이는 '밖으로 불러내다'라는 어원적 뜻을 갖고 있는 '에클레시아'(ecclesia)로서의 교회를 말한다. 이 용어는 구약에서 '집회' 또는 '회중'을 의미하는 '카할'(qahal)을 헬라어로 번역하면서 70인역이 채택한 단어다. 마태복음 16장 18절에 따르면, 교회라는 이름을 처음 사용하신 분은 바로 예수님이다. 유대인들로부터 배척을 받은 예수님이 독자적인 길을 가면서 새로운 공동체의 이름으로 베드로의 신앙고백을 기점으로 '에클레시아'라는 말을 사용하신 것이다. 예수님은 마태복음 18장 17-18절에서 그 말을 재차 사용하셨다. 사도행전에서는 교회가 오순절 성령 강림으로 시작된 것과(행 2장), 교회가 신앙고백 공동체의 정식 명칭이 된 것을 보여 주고 있다.

하용조 목사는 이런 관점에서 교회를 같은 신앙을 고백하는 자들의 공동체라고 강조한다.

> 교회는 구원받은 사람들의 모임이다. 교회는 건물이 아니다. 교파도 아니다. 십자가를 높이 달았다고 해서 교회가 아니다. 진정한 교회는 성도 한 사람, 한 사람에게 구원의 고백과 감격이 있어야 한다. 고백이란 무엇인가? 그것은 바로 예수님이 하나님이 약속하신 그 메시아요, 살아 계신 하나님의 아들이라는 고백이다.[49]

그러면서 그는 목회를 하면서 얻은 결론이 하나 있다고 한다. 그것은 잘못된 성도들이 많으면 마치 몸 안에 병균을 가지고 있는 것과 똑같다면서 공동체 구성원의 신앙 수준의 중요성을 강조하고 있다. 특히 장로와 집사를 함부로 세우지 말라고 한다. 세우지 말아야 할 사람을 세우면 사고가 생긴다는 것이다. 영적인 성숙과 리더십이 없는 사람이 장로와 집사가 되면 교회는 힘들어지는데, 그것은 자기 수준대로 하기 때문이라고 한다. 즉 교회 공동체는 분명한 신앙고백이 있는 성도들로 구성되어야 하며, 그 신앙의 정도에 따라 교회의 수준이 결정된다는 것이다. 그러므로 그는, 교회 공동체는 신앙고백(구원의 확신)이 분명한 성도들로 구성되어야 한다고 강조한다.[50]

> 너무나 많은 교회가 구원의 확신을 안 가르치고, 점검도 안 하고 교인을 함부로 받아들인다. 등록을 아무렇게나 시킨다는 뜻이다. 세례도 함부로 준다. 여기서 교회가 부패하기 시작하고, 교회의 순수성에 금이 가기 시작한다. 비록 두세 사람이라 할지라도 예수님의 이름으로 모인 곳에는 기적이 일어난다. 이곳에는 다툼과 불필요한 논쟁이 들어설 자리가 없다.

하용조 목사는 결론적으로 구원받은 성도로서의 진정한 공동체에 대한 정의를 예수님의 질문에 대한 베드로의 신앙고백으로 대신하고 있다.

> "주는 그리스도시요 살아 계신 하나님의 아들이시니이다"(마 16:16). 이 고백 위에 예수님이 교회를 세우겠다고 하셨다. 교회 성장의 비결은 간단하다. 성도들을 신앙고백이 분명한 사람으로 만드는 것이다.

예수님이 주인이신 공동체

• • •

둘째로, 하용조 목사는 예수님이 꿈꾸신 교회를 '예수님이 주인이신 공동체'라고 가르친다. 그는 "교회의 주인은 누구인가?"라는 질문을 제기하면서 "예수님이다"라고 그 답을 간명하게 제시한다.[51] 백 가지 질문에 오직 하나의 정답, '예수 그리스도'라는 단순하고 순전한 정답(正答)이 있을 뿐이라는 것이다. 진리에 대한 백문일답(百聞一答)이다.

이어서 그는 다소 심각한 질문을 다시 던진다. "그러나 우리의 현실은 어떠한가?" 그리고 그에 대한 대답으로 "교파가 주인인 교회가 있다. 어느 교회는 담임목사가 주인이다"라고 말한다. 한 가지 질문에 대한 백 가지의 오답(誤答), '예수 그리스도'가 없는 복잡하고 불순한 오답이 우리의 교회 현실에 난무하고 있다는 것이다. 그러면서 그는 부끄러운 오늘날 교회의 실상을 안타까워하고 있다. "그래서 어떤 목사는 교회를 팔고 돈을 받고 떠나기도 한다. 내가 이만큼 투자했으니까 그만큼 받고 다른 데 간다는 것이다." 또 어느 교회의 주인은 장로들이라고 지적한다. 이러한 교회론은 모두 본질에서 벗어난 것이며, 진정한 교회의 모습은 발견하기 어려워진다고 개탄한다. 그는 분명하고도 단순하게 말한다.[52]

교회의 주인은 예수님이어야 한다. 새신자들이 교회에 와서 예수님을 느낄 수 있는 교회, 모두가 예수님의 말씀에 순종하고 행동하는 교회 말이다. 이런 뜻에서 교회가 부흥하는 길은 간단하다. 교회에서 예수님을 느낄 수만 있으면, 목사님의 설교를 통해서건 성도들과의 만남 속에서건 주차장에서건 화장실에서건 예수님을 만날 수만 있으면, 은혜는 받게 되어 있다.

계속해서 그는 이렇게 단언한다.[53]

> 당회장도 주님이요, 담임목사도 주님이시다. 수석 장로도 주님이시다. 이것이 철저하게 지켜지는 교회가 진짜 교회라고 할 수 있다. 우리 목회자들은 그분의 종으로, 그분의 일꾼으로, 그 집의 문지기로 들어온 사람일 뿐이다. 주님의 교회에 부름 받은 사람들이다. 그래서 우리 부름 받은 자들은 주님의 교회를 어떻게 하면 함께 잘 섬길 수 있을지 끊임없이 생각해야 한다.

우리는 이런 하용조 목사의 절규에서 예수님이 하나님의 성전을 더럽힌 종교 장사꾼들을 향해 '내 집을 강도의 소굴로 만들었다'고 일갈하신 무서운 음성을 듣게 된다. "내 집은 기도하는 집이라 일컬음을 받으리라 하였거늘 너희는 강도의 소굴을 만드는도다"(마 21:13).

음부의 권세가 이기지 못하는 공동체
• • •

셋째로, 하용조 목사는 예수님이 꿈꾸신 교회를 '음부의 권세가 이기지 못하는 공동체'라고 한다. 이는 예수님이 친히 하신 말씀에 근거한 것이다(마 16:18). 그는 음부의 권세가 교회를 이기지 못하는 것은 '주님이 주인인 교회가 가진 능력' 때문이라고 한다.[54]

어떤 능력인가? 음부의 권세가 이기지 못하는 능력이다. 세상의 조직이나 세상의 힘이나 세상의 어떤 것도 교회를 이길 수 없다. 하용조 목사는 우리가 그 믿음과 확신을 가져야 한다고 한다.

하용조 목사는 교회의 능력(힘)을 말씀과 성령과 기도와 사랑과 용서에서 찾고 있다.[55] 그가 말하는 교회의 능력을 몇 가지만 구체적으로 살펴보도록 하자.

▌교회는 '말씀의 힘'을 가지고 있다

교회는 하나님의 말씀이 선포되는 곳이다. 기독교는 본질상 하나님의 말씀에 근거한 종교이므로 설교는 교회에서 행하는 예배의 절대적인 요소라고 할 것이다. 특히 사도행전에 기록된 예루살렘교회를 비롯한 초대교회에는 세상이 감당치 못하는 놀라운 말씀의 힘이 있었다. 사도 베드로가 유대인들과 예루살렘에 사는 거민들에게 하나님의 말씀을 선포함으로 하루에 3천 명, 5천 명이 복음을 받아들이는 역사가 일어났던 것이다. "그 말을 받은 사람들은 세례를 받으매 이날에 신도의 수가 삼천이나 더하더라"(행 2:41). "말씀을 들은 사람 중에 믿는 자가 많으니 남자의 수가 약 오천이나 되었더라"(행 4:4). 하나님의 말씀은 살아 있고 활력이 있어 좌우에 날 선 어떤 검보다도 예리하여 혼과 영과 및 관절과 골수를 찔러 쪼개는 힘이 있기 때문이다(히 4:12).

하용조 목사는 교회 생활의 핵심은 '말씀'과 '기도'라고 하면서 예수님이 지상 사역에 있어서 중요시한 것이 말씀과 기도의 조화였다고 지적한다.[56] 그러면서 그는 "말씀과 기도는 두 개의 바퀴와 같습니다. 두 바퀴가 조화롭게 움직이지 않으면 마차는 엉뚱한 방향으로 갑니다. 말씀에 치우치면 이성적으로만 생각하기 쉽고, 기도에 치우치면 신비주의에 빠지기 쉽습니다"라고 했다.

그는 또 이렇게 역설하고 있다.[57] "크리스천에게 진정한 개혁은 말씀으로 돌아가는 것입니다 … [현대인은] 하나님을 붙잡지 않아도 우리 능력으로 살 수 있다는 교만으로 가득 차 있습니다. 하나님의 말씀을 별로 중요하게 생각하지 않는 시대입니다. 지금 한국 교회는 바람 앞에 있는 촛불처럼 위태롭습니다. 말씀을 버렸기 때문입니다. 지금은 말씀으로 돌아가야 할 때입니다."

▎교회는 '성령의 힘'을 가지고 있다

예수님이 약속하신 교회는 성령이 오심으로 세워졌다. 예수님이 부활 승천하시기에 앞서 "약속하신 것을 기다리라 … 너희는 몇 날이 못 되어 성령으로 세례를 받으리라"(행 1:4-5) 하신 대로 오순절에 성령이 임하심으로(행 2:1-3) 예루살렘교회를 비롯한 도처에 초대교회들이 세워졌으니, 교회는 성령의 힘을 가지고 있다고 할 것이다. 이런 점에서 하용조 목사가 '성령 목회'를 선포한 것은 당연하면서도 중요한 의미가 있다. 그는 이렇게 고백했다.

"온누리교회를 시작한 지 6년째 되던 해였다. 겉으로 보기에는 모든 것이 순조로워 보이던 시기였다. 성도가 몇 천 명이 되었고, 똑똑한 일꾼도 많았다. 헌금도 많이 모였고 비전도 컸다. 하지만 내 눈에는 교회의 문제가 보이기 시작했다. 그때 온누리교회는 비행기의 외형을 가지고 있었지만, 날지 못하는 자동차에 지나지 않았다."[58]

경건의 모양은 있으나 능력을 상실한 신자는 죽은 것처럼, 모양은 그럴듯하나 힘이 없으면 그 교회는 죽은 교회다. 교회의 힘이란 무엇인가? 바로 성령의 힘인 것이다. 하용조 목사가 이 진리를 깨닫고 성령이 역사하시는 교회, 성령 목회를 선포한 것은 온누리교회를 개척한 지 6년째 되던 해였다. 하나님이 육신의 질병을 통해 그에게 목회의 브레이크를 거신 것이다. 1991년 봄, 간경화로 안식년을 앞당겨 하와이에서 정양을 하게 되었는데, 그 과정에서 하나님이 강력하게 말씀하셨다고 한다.[59] "성령 목회를 해라." 교회를 세우고 다스리시는 성령의 힘은 세상이 감당할 수 없는 것이다. 그는 "기도나 봉사조차도 그리스도의 영이 없으면 육으로 하는 것입니다. 그리스도의 영이 없으면 그리스도의 사람이라고 말할 수 없습니다"라고 한다.[60] 그는 계속해서 "성령님을 경험하면 모든 것이 달라집니다. 찬송을 부르거나 기도할 때 예전과 다른 능력이 나타납니다 … 성령님을 마음에 모신 사람에게는 오직 기쁨, 감사, 찬양, 승리, 축복, 믿음이 있을 뿐입니다."[61]

하용조 목사는 사도행전적인 '바로 그 교회'는 성령님이 움직이시는 교회여야 한다고 단언한다.[62] "교회는 성령님이 이끌어 가야 한다. 지금까지 목회를 하면서 깨달은 진리 가운데 하나는, 교회는 성령님이 이끌어 가야 한다는 것이다. 성령님이 움직이시는 교회가 성경적이다. 성령님을 최우선 순위로 생각하는 곳이 교회라는 말이다." 그에게 이런 영적 체험이 있었기에 "교회의 본질도 성령님에 있다"고 단언할 수 있는 것이다.[63] 성령이 경영하시는 교회이기에 목회도 당연히 성령님이 하시도록 해야 한다는 하용조 목사의 목회관에 대해서는 다음 장에서 자세히 살펴보기로 한다.

▌ 교회는 '사랑의 힘'을 가지고 있다

하용조 목사는, 교회는 예수님의 십자가 사랑을 실천하는 사랑의 공동체요, 사랑의 힘이 역사하는 곳이라고 한다. 그는 인간의 사랑은 주는 것이 아니라 받는 것이며, 자신을 희생하는 사랑이 아니라 다른 사람을 죽이고 내가 사는 특징이 있다고 지적한다.[64] 그러나 하나님의 사랑은 다르다고 한다. 하나님의 사랑에는 특별함이 있다는 것이다. 그것은 독생자 예수 그리스도를 십자가에서 죽인 사랑이며, 아낌없이 주는 나무처럼 자신의 모든 것을 내어 주신 사랑이라는 것이다. 그러면서 십자가의 사랑은 하나님 자신이 죽으신 사랑이라고 역설한다. 그래서 우리가 살았고, 교회가 산다고 말한다.

사랑의 공동체 온누리교회는 2007년 일본 선교의 닻을 올렸다. 교회 창립 22년 만이다. 1985년 10월 6일, 성령의 역사하심으로 한남동 가건물에 십자가를 세운 지 5년 만에 이스라엘 선교[65]를 시작으로, 2002년 아프간[66]과 2003년 이라크 선교[67]에 이어 일본 선교의 행전을 시작한 것이다. 하용조 목사가 온누리교회를 통해 시작한 일본 선교의 주제는 '러브소나타'(Love Sonata)다. 십자가를 통해 확증하신 예수님의 사랑으로 일본을 정복하기 위함이다.

'러브소나타'는, 교회는 예수님 사랑의 공동체이므로 사랑의 노래로 일본을 변화시키자는 취지에서 붙인 타이틀이다. 하용조 목사는 이렇게 말했다.[68] "우리는 사랑의 노래를 부르기 원하며, 하나님의 사랑의 노래를 전해 주고자 한다. 러브소나타에는 그동안 온누리교회가 지속적으로 형성해 온 목회철학의 방법론들이 총체적으로 나타나 있다. 러브소나타는 하나님이 온누리교회에 주신 선물이다."

그는 육신의 질고를 통해 이 비전을 받았다고 한다.[69] "나는 병중에 온누리교회의 모든 것을 가지고 일본으로 향하라는 하나님의 비전을 받았다. 2007년은 한국의 교회가 부흥 100주년을 맞이하는 해다. 상징적으로 한국 교회의 새로운 부흥과 비전을 살펴볼 수 있는 해다. 그런데 한국에 집중하지 말고 일본으로 향하라는 말씀이었다."

한국 교회는 기독교 복음이 들어온 지 불과 20여 년 만인 1907년, 평양 장대현교회에서 일어난 성령 운동으로 부흥의 계절을 맞이하게 되었다. 한국 교회는 성령 부흥 100주년을 앞두고 초교파적으로 여러 기념행사를 준비하고 있었는데, 온누리교회는 담임 목사의 비전에 따라 조용히 일본 선교를 준비하고 있었다. 온누리교회의 대일본 선교 전략인 러브소나타에 대한 스토리는 제7장 '하용조 목사와 전도·선교' 편에서 자세히 살펴보기로 한다.

┃ 교회는 '용서의 힘'을 가지고 있다

하용조 목사가 용서를 교회의 힘으로 본 것은 특이하다. 하나님이 아담의 범죄로 죽게 된 인간을 예수 그리스도의 대속 사역을 통해 구원하심에는 물론 용서의 의미가 있다. 그런 점에서 교회는 구원의 방주로서 용서의 힘을 가지고 있다고 할 것이다. 그는 "교회는 죄인을 위해 존재해야 한다 … 교회는 본질적으로 죄인들의 교회이기 때문이다"라고 역설하고 있다.[70] "'구원받았다'는 것은 '죄를 용서받았다'는 것입니다. 죄를 용서해 주시는 분이 누구입니까? 절대 권위와 절대 능력을 가지신 하나님께서 우리 죄를 용서하시고 도말하셨습니다."[71]

그런데 하용조 목사가 말하고자 하는 교회가 갖는 용서의 힘은 예수 그리스도의 구원 사역과 함께 성도 간의 용서와 이웃을 섬기는 의미까지를 포함하고 있다. 그는 '전도'의 장(章)에서 전도와 섬김을 동의어로 보고 예수님의 말씀에 따라(막 10:45) "교회의 존재 목적은 섬김을 받는 데 있지 않고 오히려 섬기는 데 있다"고 하면서 "세상 사람들이 교회에서 가장 보고 싶어 하는 것은 싸우지 않고 서로 사랑하는 모습이다. 실수를 해도 용서하는 모습이다. 교회는 사랑하고 용서하고 덮어 줘야 한다"고 했다.[72] 용서와 관련해서 예수님이 이웃의 잘못에 대해 일곱 번을 일흔 번까지라도 용서하라(마 18:22)고 말씀하신 대로, 교회는 용서의 힘을 가져야 한다는 것이다.

그렇다. 용서는 능력, 곧 힘에서 나온다. 힘이 있는 사람이 다른 사람을 용서할 수 있다. 하물며 예수님이며 교회겠는가. 그는 "예수님께서 최후에 주신 메시지는 용서에 관한 것입니다. 용서는 기독교가 세상을 이길 수 있는 유일한 방법입니다. 우리는 자신을 용서하고 가족, 이웃, 민족을 용서해야 합니다 … 용서의 축복을 누리십시오. 또한 이웃을 용서하십시오. 공격하지 마십시오. 어떤 이유든 사랑하지 않고 미워하는 것도 사탄으로부터 오는 것입니다. 남을 비판하고 정죄하는 것은 성령님의 뜻이 아닙니다"라고 역설했다.[73] 예수님이 우리의 죄를 사하고 용서하심같이 우리도 이웃의 죄를 용서해야 한다는 것이다. 이런 점에서 하용조 목사가 말하는 용서야말로 교회의 교회다운 모습이며, 교회의 진정한 힘이라고 할 것이다.

하용조 목사가 제시하는 사도행전적인 교회

• • •

하용조 목사는 자신의 교회론에서 '사도행전적인 교회'를 1) 성령님이 움직이시는 교회, 2) 평신도가 능동적으로 사역하는 교회, 3) 비전이 이끄는 교회라고 정의했다. 그는 먼저 "어떤 교회가 성경적이고 이상적인 교회인가?"라는 질문을 던진다. 그 대답으로 그는 첫째, 성령님이 움직이시는 교회, 둘째, 평신도가 능동적으로 사역하는 교회, 셋째, 비전이 이끄는 교회를 제시하고 있다.[74] 그의 가르침은 다음과 같다.

▌ 성령님이 움직이시는 교회

하용조 목사는 '교회는 성령님이 이끌어 가야 한다'는 전제하에 다음과 같이 말한다.[75]

> 지금까지 목회를 하면서 깨달은 진리 가운데 하나는, 교회는 성령님이 이끌어 가야 한다는 것이다. 성령님이 움직이시는 교회가 성경적이다. 성령님을 최우선 순위로 생각하는 곳이 교회라는 말이다.

그러면서 그는 지식이 사람을 변화시키는 것이 아니고, 기술이 사람을 변화시키는 것도 아니며, 성령님이 사람을 변화시킨다고 강조하고 있다. 심지어 목사가 설교를 잘한다고 사람을 변화시키는 것도 아니라고 했다. 그가 전하는 말씀에 성령님이 있으면 사람이 변하고, 성령님이 없으면 변하지 않는다고 했다.[76] 그는 "설교를 할 때 성령님을 앞세워야 한다. 심방을 할 때도 성령님을 앞세워야 한다. 성령님이 역사하시지 않으면 백날 심방을 다녀도 그 집은 안 변한다. 그러나 성령님이 역사하시면 그날로 그 집이 변한다. 이 비밀을 어떻게 설명할 수 있겠는가?" 하고 반문한다. 많은 목회자들이 성령님에 대해 민감하지 않기 때문이라고 한다. 성령님을 믿지 않는 목회자는 없지만, 많은 이들이 성령님을 모시지 않고 자신의 경험을 앞세워 설교하고 교회를 운영하는 것이 문제라는 것이다.

그는 교회가 성령님이 이끌어 가시는 교회인지, 내가 성령 받은 사람인지 알 수 있는 방법은 간단하다고 말한다. 그것은 "지금 성령님을 생각하고 있으면 성령 받은 것이고, 성령님을 잊고 있다면 성령님이 계시지 않거나 받지 않은 것이다"라고 간명하게 말한다. 이는 구원받은 사람은 자기가 구원받았다는 사실을 분명히 안다는 것을 전제한 말이다.

필자의 영적 체험으로 볼 때도 하용조 목사가 성령의 내주하심에 대해 앞에서 한 말보다 더 분명하고 간단한 방법은 없다고 생각한다. 국내외의 많은 성령론 연구자들이 성령의 내주하심에 대해 여러 가지 방법으로 설명하고 있는데, 물론 은혜로운 가르침도 많지만 때로는 너무 복잡하고 도식적이어서 도리어 혼란스럽기조차 하다. 예수님의 복음은 순전한 것이고, 믿음은 단순한 것이다. 성령님의 내주하심 또한 복잡하지 않다. 우리의 심령이 성령님의 생각으로 가득하고 그분의 지배를 받고 있으면, 그것이 성령 충만한 상태인 것이다. 성령 받은 사람은 날마다, 매 순간 성령님을 생각한다. 예수님은 두 마음 품는 것을 싫어하신다. 복잡한 것은 믿음이 아니다. 그리스도와 벨리알이 조화될 수 없다(고후 6:15). 성도가 세상 일로 근심하는 동시에 성령님을 생각할 수는 없다. 그래서 성경은 두 마음을 품은 자들을 책망한다(약 4:8).

하용조 목사는 성령님이 이끄시는 교회에 대해 이렇게 결론을 짓는다.[77]

성령 받은 교회는 온 성도가 날마다 성령님을 생각한다. 새벽에도 성령님을 생각하고, 찬송을 부를 때도 성령님을 생각하고, 길을 걸을 때도 성령님을 생각한다. 잠을 자면 꿈속에서도 성령님을 생각하고, 일을 하면 그 일 속에서도 성령님을 느낀다. 목사의 경우도 똑같다. 설교할 때도 성령님을 생각한다. 상담할 때도 성령님의 인도를 받고 기도할 때도 성령님의 인도를 받는다. 억지로 하는 게 아니다. 늘 성령님의 임재 가운데 있는 것이다. 이것이 바로 성령님이 함께하시는 교회이다.

하용조 목사가 성경에 근거한 올바른 교회로서 '성령님이 움직이시는 교회'를 제시한 것은 그가 꿈꾼 사도행전적 교회를 염두에 두었기 때문이라고 생각한다. 실제로 그는 《인격적인 성령님》이라는 저서에서 오순절에 임하신 성령님으로 교회가 세워졌으며,[78] 초대교회는 성령님이 움직이시는 '바로 그 교회'였다고 진술하고 있다.[79]

▎ 평신도가 능동적으로 사역하는 교회

하용조 목사는 두 번째로 '능동적인 평신도 사역'을 제시한다. 그는 세상을 변화시키는 주역은 평신도라고 말한다. 그는 온누리교회의 사역을 통해 그것을 충분히 경험했다고 한다.[80] 하용조 목사가 "우리 교회에서 훈련받은 평신도, 성령 받은 평신도들이 활동하는 것을 정말로 자랑하고 싶다"고 격찬할 만큼 온누리교회 평신도들은 교회를 위해 능동적으로 사역한다. 이처럼 그는 평신도가 능동적으로 이끌어 사역하는 교회가 성경적인 교회라고 주장하고 있다. 교회는 마땅히 그런 시스템과 분위기를 만들어야 한다고 했다.

하용조 목사는 '평신도'라는 말의 사용에 대해서도 신중한 입장을 보였다. 그는 평신도보다 더 성경적인 말이 '성도'라고 했다. 교회가 평신도라는 말을 사용하고 있지만 이 말은 성직자와 반대되는 개념으로 정착된 것뿐이지, 실제로 교회는 '성도들의 공동체'라는 것이다.[81] 그는 구원받고 성령 받은 사람들이 성도라고 말한다. 목회자는 그들을 은혜받은 사람들, 구원받은 사람들, 세례 받은 사람들, 하나님의 사람들로

양육하고 도와주며 말씀을 가르치고 코치하는 역할을 하는 사람이라고 설명한다.[82]

하용조 목사는 이런 점에서 '목회자와 평신도의 팀워크가 중요하다'고 강조했다. 그는 평신도(성도)가 움직이는 교회를 추구할 때 조심해야할 것이 있는데, 그것은 사고의 확률이 높은 것이라고 말한다. 여기서 중요하게 고려해야 할 점은 '어떤 평신도냐' 하는 것이다. 그는 '성령충만'한 평신도여야 한다고 했다. 즉 평신도들이 움직이는 교회는 성령충만한 평신도들이 이끌어 가는 교회라는 것이다. 영적으로 변화된 성도들이 아니라 인본주의적인 생각을 가진 사람들이 주도권을 가지면 교회를 하나의 '운동'(movement)으로 끌고 가게 되며, 그렇게 되면 목회자와 평신도 간에 다툼이 생기고 시끄러워진다는 것이다. 이런 문제점을 사전에 방지하기 위해서는 평신도 훈련이 중요하며, 목회자와 평신도 간의 팀워크가 무엇보다 중요하다고 강조한다.[83]

하용조 목사는 목회자와 평신도의 팀워크를 위한 다음 세 가지를 제시했다. 첫째, 교회론이 같아야 한다. 둘째, 비전과 목회철학과 성령 체험이 같아야 한다. 셋째, 서로 은사를 존중하고 인정해야 한다. 또한 평신도 각자의 은사를 존중하고 격려하며, 교회 일을 하면서 실수가 있더라도 그 일을 할 수 있도록 용기를 북돋우어 주어야 한다고 했다. 그리하여 성령 체험으로 영적 변화와 인격을 갖춘 평신도들의 리더십을 세워 주는 것이 중요하다고 한다. 목회자는 평신도가 저마다 영적 탁월성을 추구하고 개발함으로써 교회가 헌신된 평신도에 의해 능동적으로 발전할 수 있도록 이끌어 주어야 한다. 이것이 사도행전적인 교회론의 두 번째 요소다.

▌비전이 이끄는 교회

하용조 목사는 세 번째로 '비전이 이끄는 교회'를 제시한다.[84] 그는 우리에게 "어떤 교회가 이상적인 교회이며, 성경적인 교회일까?"라는 문제를 제기한다. 이 질문에 대한 그의 대답은 간명하다.[85] 바로 '비전이 이끌어 가는 교회'다.

비전이 없으면 개인도 국가도 망한다고 말하면서, 하물며 주님의 몸된 교회는 비전이 있어야 하며, 비전이 이끄는 교회가 되어야 한다고 강조한다. 교회를 섬기는 목회자는 바뀔 수 있으나 교회는 영원하다고 한다. 왜냐하면 하나님의 꿈이 교회의 중심을 이루고 있기 때문이라는 것이다.

그러면서 그는 '비전이 이끌어 가는 교회'를 말할 때 먼저 명심해야 할 것은, 그 비전은 인간의 비전이 아니라 하나님의 비전이어야 한다고 했다.[86] 이어서 그는 중요한 질문과 답을 제시한다. 즉 하나님의 비전은 곧 예수 그리스도라는 것이다.[87]

> 하나님의 비전이 무엇인가? 하나님 나라의 실현이요, 예수 그리스도의 십자가의 꿈이다. 하나님의 꿈은 아담의 원죄로 말미암아 영원한 심판을 받게 된 인류를 구원하는 데 초점이 있다. 창세기부터 요한계시록까지 살펴보면 하나님의 인류를 향한 하나의 기대, 하나의 꿈, 하나의 희망, 하나의 초점은 인류를 구원하시는 것이다.

하나님은 인류를 구원하기 위해 무엇을 하셨는가? 독생자 예수 그리스도를 세상에 보내어 십자가를 지게 하시고, 보혈을 흘림으로 우리의 죄를 대속하게 하셨다. 인류 구원을 위한 하나님의 꿈이 우리의 꿈과 교회의 꿈이 되어야 한다는 것이다. 하나님의 목적이 교회의 목적이 되어야 한다는 것이다.

이어서 하용조 목사는 예수님의 비전 세 가지를 제시한다.[88] 첫째는, 하나님의 꿈을 이루어 드리기 위해 '십자가를 지는 것'이었다. 둘째는, '교회를 세우시는 것'이었다. 그리고 셋째는, '성령님을 우리에게 보내시는 것'이었다. 그러면서 그는 "교회의 비전은 무엇인가? 예수님은 왜 교회를 세우셨는가?" 하며 계속해서 중요한 질문을 제기한다. 그리고 바로 '영혼 구원'이라고 답을 내린다. 하나님의 꿈이 인류 구원이고, 이 비전을 성취하기 위해 이 땅에 오신 예수님처럼 교회는 동일한 영혼 구원에 비전을 맞추어야 한다는 것이다. "교회의 핵심적인 본질은 영혼 구원이다. 교회는 영원히 영혼을 구원하는 공동체로, 전도하는 공동체로 남아 있어야 한다"고 강조했다.[89]

하용조 목사가 꿈꾼, 성령님이 움직이시는 '바로 그 교회'

• • •

하용조 목사는 '바로 그 교회'의 꿈을 성령님의 사역과 결부해서 이렇게 묘사하고 있다.[90] 그가 온누리교회의 사역과 관련해서 특히 성령님의 역사를 강조한 것은 예수님의 의도에 따라 세워진 사도행전적 교회가 성령님에 의해 시작되었다는 성경적, 역사적 사실과 함께 자신이 하나님으로부터 '성령 목회를 해라' 하는 명령을 받은 사건에 기인한다.

성령님이 임하신 후, 베드로가 열한 사도와 같이 서서 소리 높여 말했다. "하나님이 가라사대 말세에 내가 내 영으로 모든 육체에게 부어 주리니 너희의 자녀들은 예언할 것이요 너희의 젊은이들은 환상을 보고 너희의 늙은이들은 꿈을 꾸리라"(행 2:17).

나는 성령님이 임하시어 60, 70세 되신 할아버지, 할머니들이 꿈을 갖게 되기를 축원한다. 성령님이 임하시면 어린이들이 예언하게 될 것이요, 젊은이들은 방황하지 않고 비전을 갖고 살게 될 것이고, 늙은이는 다시 새로워질 것이다. 세상의 부정과 부패와 혼돈과 절망과 상관없이 성령 받은 사람들, 성령 받은 교회들은 계속 부흥할 것이고 계속 기적을 만들어 낼 것이며 축복을 이어갈 것이다.

베드로의 말에서 볼 수 있듯이, 그리스도인의 특징은 성령 충만이다. 교회의 특징도 성령 충만이다. 성령님은 시대, 인종, 언어, 문화, 지식, 남녀노소를 초월해서 역사하신다. 성령님 안에서는 온 세계가 하나이며 온 민족이 하나이며 온 언어가 하나이다. 그리고 온 문화가 하나이다. 물이 바다를 덮음같이 하나님의 영광이 온 세계를, 열방을 덮게 될 것이다. 이것이 교회다. 나는 사도행전에 언급된 그 교회와 이천 년이 지난 지금의 교회가 똑같다고 믿는다.

여기서 하용조 목사는, 사도행전적인 '바로 그 교회'는 성령님이 움직이시는 교회임을 분명히 밝히고 있다. 그는 《사도행전적 교회를 꿈꾼다》에서 이렇게 말한다.[91]

예수님의 교회가 현실로 이루어진 교회가 바로 사도행전의 교회이기 때문이다. 사도행전은 시대를 초월해서 우리가 어떻게 목회해야 하는가를 보여 주는 교과서이다. 사도행전의 교회를 보라! 완전한 교회가 아니다. 실수가 많은 교회요 불완전한 교회이다. 가끔 싸우기도 하고 헤어지기도 한다. 어떻게 보면 현재 우리들이 목격하는 교회와 별 차이가 없어 보인다. 하지만 사도행전의 교회는 현재 우리들의 교회와 완전히 다르다. 그것은 예수님이 주인인 교회요, 성령님이 역사하시는 교회요, 하나님이 영광 받으시는 교회이기 때문이다. 사도행전의 교회는 로마를 뒤엎었고 세상을 변화시켰다. 그뿐 아니다. 사도행전의 교회는 2000년 동안 세상을 뒤집어 놓았고 정치, 경제, 사회, 문화 등 영향을 미치지 않은 곳이 없다.

사도행전적 교회를 희구(希求)하는 하용조 목사의 간절한 마음을 담아 감탄사(!)로 마무리한 앞의 문장에서 보듯이, 사도행전적 교회의 세 요소는 '성령님이 계시는 교회', '예수님의 교회론이 적용되는 교회' 그리고 '사도행전적 목회철학'이다.

우리는 앞에서 하용조 목사가 평생 꿈꾸며 실천해 온 사도행전적인 '바로 그 교회'에 대한 비전을 다각도로 살펴보았다. 필자는 하용조 목사의 주님이 원하시는 교회, 곧 사도행전적 교회를 위해 "나는 교단, 교파, 목사라는 껍질을 다 벗기 시작했다"는 고백을 들으며 그가 얼마나 때 묻지 않은 순결한 교회, 원색적인 초대교회를 이 땅에 실현하기 위해 분투했는지를 넉넉히 짐작할 수 있었다. 이제 하용조 목사의 교회론을 정리하면서, "바로 그 교회! 예수님이 의도하시고 사도행전에서 보여 주셨던 바로 그 교회! 사도행전적 교회! 이것이 바로 나의 비전이고, 온누리교회의 비전이다"라고 한 그의 절규에 귀를 기울인다.[92]

1. 하용조, 《사도행전적 교회를 꿈꾼다》, p. 20. 하용조 목사의 사도행전적인 교회에 대한 꿈과 그 실천은 2011년 주님의 부름을 받는 순간까지 계속되었으며, 지금도 계속되고 있다고 할 것이다.
2. 온누리교회 편, 《온누리행전 30년》(서울: 온누리교회, 2015), p. 127.
3. 위의 책, pp. 126-127.
4. 위의 책, p. 24.
5. 하용조, 《성령 받은 사람들》(서울: 두란노, 1999), 서문 참조.
6. 온누리교회 편, 《온누리행전 30년》, p. 24. 참고로, 하용조 목사는 당시의 상황을 《사도행전적 교회를 꿈꾼다》에서도 비슷하게 진술하고 있다. pp. 20-21 참조.
7. 위의 책, p. 24.
8. 위의 책, p. 53.
9. 하용조 목사의 후임으로 온누리교회의 제2기를 이끌어 가는 이재훈 목사가 제시한 '3닺 5돛'의 목회철학은 '제12장 하용조 목사의 생애와 목회 사상'에서 살펴보기로 한다.
10. 오토 베버, 김영재 역, 《칼빈의 교회관》(서울: 풍만출판사, 1995), p. 45.
11. 위의 책, p. 195.
12. 존 칼빈, 원광연 역, 《기독교강요(하)》(고양: 크리스챤다이제스트, 2003), pp. 12-14.
13. 오토 베버, 《칼빈의 교회관》.
14. 존 칼빈, 원광연 역, 《기독교강요(하)》, p. 23.
15. 위의 책, p 23.
16. 하용조, 《사도행전적 교회를 꿈꾼다》, p. 143.
17. 존 칼빈, 원광연 역, 《기독교강요(하)》, p. 25.
18. 하용조, 《사도행전적 교회를 꿈꾼다》, pp. 104-105.
19. 존 칼빈, 이종성 외 공역, 《기독교강요(하)》(서울: 생명의말씀사, 1986), p. 9.
20. 위의 책, p. 10.
21. 위의 책, p. 10.
22. 하용조, 《사도행전적 교회를 꿈꾼다》, p. 155.
23. 필립 샤프, 박종숙 역, 《독일 종교개혁》(고양: 크리스챤다이제스트, 2004), 교회사 전집, 7, p. 27.
24. 위의 책, p. 27.
25. 위의 책, p. 27.
26. 하용조, 《사도행전적 교회를 꿈꾼다》, p. 101.
27. 위의 책, p. 107.
28. 위의 책, p. 110.
29. 칼빈은 "교회는 택한 자들이 그리스도 안에서 서로 연합을 이루어 한 머리를 의지하며, 또 한 한 몸으로 함께 자라나며 한 몸의 각 지체들로서 서로 연결되어 있는 것이다"라고 말하

며(존 칼빈, 《기독교강요(하)》[이종성 외 공역], p. 12.), 하용조 목사는 "교회의 주인은 예수님이어야 한다", "교회는 성령님이 이끌어 가야 한다"고 말한다(하용조, 《사도행전적 교회를 꿈꾼다》, pp. 102, 107.).

30. 존 칼빈, 위의 책, p. 13. 여기서 칼빈은 "믿는 무리가 한 마음과 한 뜻이 되는 공동체"를 언급하면서 바울이 에베소 교인들에게 전한 "몸이 하나요 성령도 한 분이시니 이와 같이 너희가 부르심의 한 소망 안에서 부르심을 받았느니라"(엡 4:4)라는 말씀을 인용하고 있다.

31. 위의 책, p. 18. 여기서 칼빈은 "교회는 오로지 설교를 통해서 세워진다", "하나님께서는 예배를 통해 그의 백성들을 한 걸음씩 위로 일으켜 세우신다"고 강조하고 있다. 하용조, 《사도행전적 교회를 꿈꾼다》, p. 214. 여기서 하용조 목사는 교회의 구성 요소로서 예배와 설교, 찬양과 선교와 양육을 설명하면서, "예배는 교회의 심장이며, 설교는 예배의 심장과 같다"라고 단언함으로써 칼빈과 같은 관점을 보여 주고 있다.

32. 존 칼빈, 위의 책, p. 15. 칼빈은 '교회를 통한 교육, 그 가치와 의무'(제4권 제1장. 5.)에서 "[우리는 하나님께서] 자기의 백성들을 한순간에 완전하게 만드실 수 있지만, 그럼에도 불구하고 그는 그들이 오로지 교회의 교육을 통하여 장성한 자들로 자라기를 원하신다는 것을 알 수 있다"고 했다. 하용조, 위의 책, p. 236. 여기서 하용조 목사는 "양육은 목회자의 책임이다. 아이를 낳는 것보다 더 중요한 것은 잘 키우는 것이다"라고 함으로써 동일한 관점을 보이고 있다.

33. 하용조, 《사도행전적 교회를 꿈꾼다》, pp. 20-21.

34. 문성모, 《하용조 목사 이야기》, p. 99.

35. 하용조, 《사도행전적 교회를 꿈꾼다》, pp. 99-105.

36. 위의 책, pp. 107-129.

37. 하용조, 《성령 받은 사람들》, 서문 참조.

38. 위의 책, 서문 참조.

39. 위의 책, 서문 참조.

40. 참고로, 하용조 목사는 '예수님이 인도하시는 교회'라는 표현을 '예수님이 의도하시는 교회'라고도 사용하고 있다(《온누리행전 30년》의 '2천 년이 지난 지금도 주님이 의도하시고 사도행전에서 보여 주셨던 그 교회가 가능할까?'[p. 127], '예수님께서 의도하시고 성령님께서 운행하시는 바로 그 교회'[p. 128] 등을 참조). 이 두 표현 속에는 '예수님이 당신의 교회를 세우신 의도대로 교회를 인도하신다'는 이중적인 의미가 있는 것 같다.

41. 앞에서 살펴보았듯이, 예수님은 마태복음 16장 18절에서 "내가 이 반석 위에 내 교회를 세우리니 음부의 권세가 이기지 못하리라"라고 베드로를 비롯한 제자들에게 언명하셨다. 여기서 예수님이 말씀하신 교회는 원어로 '에클레시아'(ἐκκλησία)다. 그 뜻은 직접적으로 '회중', '집회'이며, 확장된 의미로는 '불러냄을 받은 무리'라는 뜻이 있다. 참고로, 신약성경상 예수님이 직접 교회를 언급하신 것은 앞의 본문에서 한 번, 마태복음 18장 17절에서 두 번이며, 신약성경 전체로는 114번 기록되어 있다.

42. 하용조, 《인격적인 성령님》, pp. 131-132.

43. 위의 책, p. 12 참조.

44. 하용조, 《사도행전적 교회를 꿈꾼다》, p. 133 참조.

45. 필립 샤프, 이길상 역, 《사도적 기독교》, 교회사 전집, 1, pp. 207-209.

46. 위의 책, p. 214.

47. 하용조, 《사도행전적 교회를 꿈꾼다》, pp. 98-129.

48. 위의 책, p. 98.

49. 위의 책, p. 100.

50. 위의 책, pp. 100-101.

51. 위의 책, p. 101.

52. 위의 책, p. 102.

53. 위의 책, p. 103

54. 위의 책, p. 104.

55. 위의 책, pp. 104-105. 참고로 《사도행전적 교회를 꿈꾼다》는 2007년에 출판된 초판 《우리는 사도행전적 교회를 꿈꾼다》의 개정판으로, 필자는 이 부분을 초판에 근거하여 기술했음을 밝힌다. 초판상 이 부분은 p. 92를 참조하기 바란다.

56. 하용조, 《감사의 저녁》, p. 0410. '말씀과 기도의 균형' 참조. 이 책은 365일 묵상집으로, 페이지를 월(月)과 일(日) 순으로 정하고 있다. 가령 '0410'은 4월 10일 묵상을 찾아보는 페이지 역할을 한다.

57. 위의 책, p. 0925. '말씀 앞으로 돌아가십시오' 참조.

58. 하용조, 《사도행전적 교회를 꿈꾼다》, p. 90.

59. 위의 책, p. 91.

60. 하용조, 《감사의 저녁》, p. 0113. '성령을 따라 사는 삶' 참조.

61. 위의 책, p. 0120. '성령님이 내주하십니까?' 참조.

62. 하용조, 《사도행전적 교회를 꿈꾼다》, p. 107.

63. 하용조, 《인격적인 성령님》, p. 9.

64. 하용조, 《행복한 아침》, 3월 1일 참조.

65. 온누리교회 편, 《온누리교회 25년》(서울: 온누리교회, 2010), p. 60. 온누리교회의 이스라엘 선교는 1990년 이스라엘을 위한 중보 기도 모임이 형성되면서 시작되었다.

66. 위의 책, p. 67. 온누리교회의 아프가니스탄 선교는 2001년 9.11테러 사건 이후 미국과 아프간을 위해 기도하던 한 성도에 의해 시작되었다.

67. 위의 책, p. 70. 온누리교회의 이라크 선교는 요르단과 수단, 이집트, 이라크 등 아랍계 목회자를 위해 교회성장세미나를 하던 김사무엘 선교사에 의해 2003년 시작되었다.

68. 하용조, 《사도행전적 교회를 꿈꾼다》, p. 360.

69. 위의 책, p. 361.

70. 위의 책, p. 268.

71. 하용조, 《감사의 저녁》, p. 1121. '세상을 이기는 용서' 참조.

72. 하용조, 《사도행전적 교회를 꿈꾼다》, p. 269.

73. 하용조, 《감사의 저녁》, p. 1121.

74. 하용조,《사도행전적 교회를 꿈꾼다》, p. 106.

75. 위의 책, p. 107.

76. 위의 책, pp. 107-108.

77. 위의 책, pp. 108-109.

78. 하용조,《인격적인 성령님》, p. 132.

79. 위의 책, pp. 135-136.

80. 하용조,《사도행전적 교회를 꿈꾼다》, p. 110.

81. 위의 책, p. 113.

82. 위의 책, p. 113.

83. 위의 책, pp. 114-116.

84. 위의 책, pp. 123-129.

85. 위의 책, p. 123.

86. 위의 책, p. 124.

87. 위의 책, p. 124.

88. 위의 책, pp. 125-126.

89. 위의 책, p. 128.

90. 하용조,《인격적인 성령님》, pp. 135-136.

91. 하용조,《사도행전적 교회를 꿈꾼다》, p. 14.

92. 위의 책, p. 21.

"나는 설교를 하면 살아난다"

제4장

사도행전적 교회의 목회

하용조 목사와 목회

사도행전의 교회에서 목회철학을 찾다

● ● ●

하용조 목사의 교회론과 목회론은 유사점과 공통성을 가지고 있다. 사도행전의 교회에서 두 영역에 대한 원리를 찾고 있다는 점에서 그렇다. 그것이 '교회론의 기준은 예수님의 교회론이다'라는 그의 주장과 '목회철학의 기준은 사도행전의 교회론이다'라는 그의 신념 속에 함축되어 있다.[1] 그러니까 하용조 목사는 자신의 교회론과 목회론을 신학교에서 배운 신학적 지식으로 정립하거나 자신의 경험에 의존하지 않고, 어디까지나 사도행전에 기록된 초대교회에서 영감을 받아 정립한 것이다.

그의 목회철학(목회관)은 여느 목회학처럼 이론적이지도, 거창하지도 않다.[2] 그의 목회철학은 곧 사도행전적인 교회에서 나온 것이기 때문이다. 그러다 보니 그의 교회론과 목회론은 다소 중복적이다. 이것은 하용조 목사의 교회론과 목회론의 특징이기도 하다. 하용조 목사는 "교회론은 모든 교회가 같아야 하지만 목회철학은 교회마다 다를 수 있다"는 전제하에 다음과 같이 온누리교회를 통해 실천한 자신의 목회론을 선언적으로 밝히고 있다.[3]

> 온누리교회는 사도행전에 나타난 교회의 특징을 목회철학의 근거로 삼는다. 예수님의 교회론은 눈에 보이지 않는 것이지만 사도행전의 교회는 실제적이다. 예수님의 교회는 마치 임신한 것과 같아서 남자인지 여자인지 알 수 없지만 사도행전의 교회는 해산한 어린아이 같다. 예수님이 말씀하신 교회는 눈으로 보이지 않지만, 사도행전의 교회는 눈으로 보이고 손으로 만져지고 귀로 들리는 교회이다.

온누리교회 목회 강령과도 같은 위의 글은 사도행전에 나타난 교회의 특징을 자신의 목회철학으로 삼겠다는 하용조 목사의 선언이다. 그는 자신의 목회철학의 기준이 되는 사도행전의 교회가 보여 준 특징을 제시한 다음, 그 구체적인 목회의 내용으로 '예배', '사역', '설교', '양육체계', '소그룹과 공동체', '전도' 그리고 '선교'에 대한 방법론을 제시하고 있다. 이렇게 볼 때, 하용조 목사가 사도행전의 교회에서 얻어 낸 목회철학과 그 방법론은 교회가 감당해야 할 사역의 전반을 두루 망라하고 있다고 할 것이다. 기실 주님의 몸 된 교회의 각 기관과 그 역할 및 기능은 서로 밀접한 관계를 가진 유기체임을 감안할 때, 하용조 목사의 이러한 목회 방법론은 성경적으로 지극히 타당한 것이다.

하용조 목사는 자신의 목회철학의 기준으로 삼은 사도행전 교회의 특징을 1) 성령으로 충만한 공동체, 2) 예수의 삶을 사는 공동체, 3) 날마다 기적이 일어나는 공동체, 4) 고난 속에서도 복음을 전하는 공동체, 5) 거룩과 성결과 정직을 추구하는 공동체, 6) 평신도 리더를 세우는 공동체, 7) 순교하는 공동체, 8) 이방인을 품는 공동체, 9) 땅 끝까지 선교하는 공동체, 10) 사도행전 29장을 계속 써 가는 공동체로 보았다. 이제 하용조 목사가 제시한 사도행전적 목회철학의 주요 국면을 살펴보자.

성령 충만한 공동체를 지향하다
• • •

하용조 목사는 사도행전 2장에 근거해 '사도행전적 교회는 성령님이 역사하시는 교회'라고 했다.[4] 그는 성령 체험이 없고 성령에 대한 이해가 없으면 사도행전적인 교회라 할 수 없다고 한다. 교회는 성령으로 탄생했기 때문이다.

오순절에 예수님이 약속하신 성령님을 기다리며 한곳에 모여 기도하고 있던 성도들은 성령의 강하고 급한 바람 같은 소리가 온 집에 가득했고, 불의 혀처럼 갈라지는 것이 각 사람의 머리 위에 임하는 것을 보았다고 했다. 하용조 목사는 "마치 주유소에 가서 자동차의 연료 탱크를 열고 주유하듯이, 성령님이 기도하는 무리 속에 임재하시기 시작했다"고 묘사한다.[5] 그리고 그들이 성령 충만하기 시작했다. 그들이 충만해지고 불이 임하자마자 성령의 바람, 생기, 곧 영이 임했다고 설명한다.[6]

성도들은 성령이 충만하자 성령에 따라 말하기 시작했고, 다락방이라는 좁은 공간을 헤치고 문을 열고 거리로 뛰어나갔다. 그들은 자기도 모르는 사이에 성령님이 말하게 하심에 따라 만나는 사람마다 붙들고 이야기를 했는데, 그들의 대화 주제는 언제나 예수님이었다고 하용조 목사는 강조한다. "성령 받은 사람이 하는 이야기는 예수님밖에 없다. '너희가 죽인 예수를 하나님이 다시 살리셨다.' 이것이 초대교회의 케리그마, 복음의 핵심이었다."[7] 과연 "성령으로 아니하고는 누구든지 예수를 주시라 할 수 없느니라"(고전 12:3) 하신 말씀 그대로다.

하용조 목사는 성령님의 임재로 탄생한 교회에 나타난 놀라운 기적으로, 모든 사람이 자기 나라 방언으로 듣기 시작한 것을 지적했다. 오늘날 한국 교회 안에는 초대교회에 나타난 방언이 지금도 나타나고 있느냐는 것에 대한 견해가 분분하다. 심지어 현대 교회에서의 방언을 부정하는 신학자나 목회자는 방언하는 성도와 방언을 인정하는 교회(교단)에 대해서 부정적이다. 반면에 오늘날에도 여전히 방언이 있다고 하는 성도와 교회(교단)들은 방언을 부정하는 것에 대해 성령의 은혜 체험을 하지 못한 탓이라고 비판한다.

이 문제에 대한 하나의 분명한 기준이 있다. 그것은 바로 초대교회에 나타난 성령의 역사가 지금도 일어나느냐 하는 문제다. 성령의 임재는 예수님 승천 후 오순절에 나타난 사도행전의 사건으로 끝난 것인가? 만일 이 질문에 그렇다고 한다면, 이는 성경이 증거하는 온전한 삼위일체 하나님을 믿지 않고 있다는 증거다. 방언도 신유도 성령님의 역사요, 믿는 자에게 베풀어 주시는 은사다. 그것은 지금도 유효하다. 하용조 목사가 그의 목회철학을 사도행전적인 교회에서 찾은 것도 이러한 성령님의 지속적인 사역을 믿고 있음을 전제한 것이다. 이는 하용조 목사가 사도행전적 교회는 2천 년이 지난 오늘날에도 가능하다고 확신한 교회의 연속성과 맥을 같이하는 것이다.

예수님은 분명 성령님을 보내기로 약속하셨고, 약속하신 대로 성령님이 오셨다. 세상 끝 날까지 항상 함께하겠다고 약속하신 예수님은 삼위일체 하나님이며, 성령님을 통해 지금도 우리와 함께하시며, 우리 안에서 역사하신다. 이런 점에서 사도행전의 교회에 역사하신 성령님은 지금도 우리가 섬기는 교회의 주인으로 교회를 이끌며 역사하고 계신다고 주장한 하용조 목사의 성령관과 교회관 그리고 목회관은 지극히 성경적이다.

성령 체험을 통해 복음 전도자가 되다

• • •

하용조 목사는 현대 교회에서 일어나고 있는 성령님의 역사와 관련해서 다음과 같은 경험담을 들려준다.[8]

> 예전에 어느 외국인이 우리 교회에 와서 예배를 드렸는데, 그때만 해도 교회에 통역 시스템이 없었다. 설교를 마치고 나오는데 그 외국인이 내게 "당신 설교를 다 알아들었다"고 했다. 누가 통역해 주었느냐고 물었더니 아무도 없었다고 했다. 한국말을 아느냐고 묻자, 전혀 모른다고 했다. 그런데도 그냥 이해가 되었다면서, 내가 한 설교를 이야기하는 것이었다. 이런 일이 자주 일어나지는 않지만, 실제로 일어나는 것을 경험했다.

이 이야기는 하용조 목사가 초대교회에 일어난 성령의 역사는 지금도 동일하게 일어난다는 확고한 믿음을 보여 준 대목이다. 반드시 그런 것은 아니지만, 대체로 지적인 사람은 영적인 현상에 민감하지 않거나 잘 믿으려 하지 않는 경향이 있다. 주지하는 바와 같이 하용조 목사는 신학에 대한 풍부한 지식과 기독교 문화에 조예가 깊은, 우리 시대에 지성과 영성을 겸비한 목회자 중 한 명이다. 일찍이 장로회신학대학교에서 공부하고, 영국 런던 바이블칼리지에서 성경을 연구했으며 영국 국제선교센터에서 선교 훈련을 받았다. 말하자면 국내외에서 신학과 성경 연구와 선교 훈련을 체계적으로 쌓은 엘리트 목회자다. 이처럼 그는 지성과 함께 영성을 겸비한 목회자로서 성령님의 역사가 초대교회와 마찬가지로 우리가 살고 있는 현대 교회에도 지속적으로 일어나고 있음을 믿었다. 성령님의 역사를 믿고 있을 뿐만 아니라, 강한 성령 체험을 한 목회자다.

앞에서도 살펴본 바와 같이, 폐병을 앓고 있던 청년 시절의 하용조 목사가 복음 전도자의 길을 걷기로 결심한 것은 어느 날 걸인의 모습으로 찾아오신 성령님을 만났기 때문이다.[9]

"성령 목회를 해라" 하는 음성을 듣고 회개하며 성령님을 구하다

• • •

이처럼 강렬하게 성령님을 만났기에 오순절 성령 강림으로 시작된 사도행전의 교회들을 통해 성령님이 친히 하신 목회 방법을 온누리교회에 적용한 것이 아닐까. 그 결정적인 고백이 있다. 1989년, 주치의로부터 간경화 판정을 받고 1991년 안식년을 앞당겨 하와이로 떠난 때였다. 1985년에 교회를 개척한 지 3년 만에 예배당을 건축하고 일시 사역을 중단할 수밖에 없었다. 그의 표현대로 하나님이 급브레이크를 거신 것이다. 그는 그 암담한 상황에서 또다시 하나님의 음성을 듣게 된다.[10]

1991년에 하와이로 안식년을 떠났다. 비행기에서 내리자마자 하나님은 나에게 강력하게 말씀하셨다. "성령 목회를 해라." 그곳에 있었던 1년 동안 하나님은 계속해서 한 가지를 말씀하셨다. "성령으로 돌아가라. 성령 목회를 해라."

하용조 목사는 주님으로부터 그런 명령을 받는 것은 고통스러운 일이라고 실토한다. 그는 어려서부터 극단적인 성령주의자들 때문에 시험을 많이 받았다고 한다. 성령님을 말하는 대부분의 사람들이 지나치게 극단적이고 일방적이어서 균형을 잃은 경우를 많이 봤기 때문이다. 그래서 늘 성령님의 임재를 구하면서도 성령 사역에 접근하는 것을 꺼려 제자 사역과 말씀 사역에 치중하게 되었던 것이다. 그는 이렇게 고백하고 있다.[11]

그런데 하나님은 나를 끝까지 성령 사역으로 끌고 가셨던 것이다. 마침내 나는 항복했다.

그는 지금까지 인간의 힘과 의지로 목회한 자신을 회개하며 성령님을 구하는 처절한 기도를 하게 된다.[12]

주여! 제게는 능력이 없습니다. 제 소리는 공허합니다. 소리는 높지만 영이 공허합니다. 하나님 아버지, 이 시간에 오시옵소서. 저의 목회는 겉으로는 화려하지만 내면에는 상처와 갈등이 많습니다. 제 안에 숨은 비밀한 죄들이 많습니다. 고백하지 않은 죄들이 있습니다 … 저를 용서해 주십시오. 저를 불쌍히 여겨 주십시오. 저 때문에 상처 받은 성도들이 얼마나 많습니까? 목사의 권위를 잘못 사용한 적이 얼마나 많았습니까?

오, 하나님 아버지! 저를 죽이고 파괴하고 묶고 무능력하게 만드는 더러운 사탄의 모든 세력들을 풀어 주옵소서 … 제 맘에서 그 모든 악한 영들이 떠나가게 하여 주시옵소서. 변화되기를 원하오니, 성령님이여! 회개의 영이 일어나게 하여 주옵소서.

오! 하나님 아버지, 이대로는 목회할 수 없습니다. 불을 받고 돌아가게 하여 주옵소서. 오순절 성령의 역사를 경험하고 돌아가게 하여 주옵소서. 순결한 영을 주옵소서. 정직한 영을 주옵소서 … 예수님을 처음 믿을 때의 마음과 목사가 처음 됐을 때의 마음을 회복시켜 주옵소서. 저의 목회를 살려 주옵소서. 예수님의 이름으로 기도합니다. 아멘.

성령 목회를 선포하다: 성령의 역사가 일어나다

• • •

하용조 목사의 목회가 제자 사역과 말씀 사역에서 성령 사역으로 대전환을 이루는 순간이었다.[13] 그는 안식년에서 돌아오자마자 당회를 열어 장로들에게 성령 사역을 선포하게 된다.[14]

저는 이제부터 성령 목회를 할 겁니다.

온누리교회 설립 후 6년 만에 하용조 목사의 목회 방향이 성령 목회로 전환되는 순간이었다. 아니, 정확하게 표현하자면 그동안 주력해 온 제자 양육 목회와 설교 주력 목회에 성령 인도 목회라는 3박자 목회, 삼위일체 목회를 선언하는 순간이었다. 세 겹줄은 쉽게 끊어지지 않는다(전 4:12)는 말씀처럼, 그는 이제 성령님이 이끄시는 보다 능력 있고 견고한 목회를 지향하게 된다.

하용조 목사의 결단은 선언에 끝나지 않았다. 곧바로 실천에 들어갔다. 안식년에서 돌아온 그해 5월 22-23일 이틀 동안 성령 집회를 연 것이다. 주제는 '성령이여, 오소서'였다.[15]

놀라운 일이 일어났다. 온누리교회가 생긴 이후 가장 많은 사람이 이 집회에 모여들었다. 앉을 자리가 부족해 설교단 외에는 심지어 식당과 1층 로비와 층계까지 사람들로 가득 찼다. 그 놀라운 현상을 목도한 하용조 목사는 이렇게 고백한다.[16]

나는 성도들이 성령님을 그렇게 사모하는 줄 몰랐다.

그의 간구대로 오순절 성령의 임재가 21세기 온누리교회 위에 재현된 것이다. 그는 심지어 다음과 같이 유머 섞인 실토를 했다.[17]

그때 나는 성도가 목사보다 한 수 빠르다는 것을 배웠다. 성도들은 다 느끼고 생각하고 있는데, 그저 목사에게 순종하기 위해 말을 안 하고 있을 뿐이었다.

연이은 성령 집회 이후 그의 목양지는 현저히 달라졌다. 성령 목회를 하라는 말씀에 순종한 결과, 온누리교회는 보다 성숙한 단계로 도약하게 되었다. 하용조 목사가 성도들과 함께 꿈꾸며 개척한 사도행전적 '바로 그 교회'가 성령님의 역사하심으로 눈앞에 펼쳐지기 시작한 것이다.[18]

성령님을 향해 마음을 열면 기적이 일어난다. 그 다음해부터 우리 교회에 사람들이 몰려오기 시작하는데, 메뚜기 떼처럼 몰려왔다. 성령 집회 이후 온누리교회는 한 단계 도약하게 되었다.

이처럼 교회의 놀라운 변화는 담임 목사의 성령 목회 결단과 철저한 순종이 가져온 결과였다. 당시 하용조 목사가 하도 성령 목회를 부르짖으니까 한국 교회 일각에서는 온누리교회의 성령 사역 프로그램이 도대체 어떤 것인지 관심이 고조되기 시작했다. 그는 이런 한국 교회의 비상한 관심에 대해 "성령 사역은 프로그램이 아니다"라고 분명히 밝혔다. 성령 사역은 교회의 모든 일에 하나님의 임재, 성령님의 임재가 있도록 하는 것임을 고백하고 있다. "지금까지 내가 결정했다면, 이제는 성령님이 결정하시도록 하는 것이다. 성령님을 초청하고, 성령님께 마음과 찬양을 드리는 것이다. 성령 사역은 태도의 변화다. 생각의 변화다. 어떻게 보면 작지만 본질적이고 아주 뜨거운 변화다"라고 강조했다.[19]

하용조 목사의 목회철학은 사도행전적 교회의 실현

● ● ●

여기서 우리는 하용조 목사의 중요한 목회 사상을 발견하게 된다. 앞에서 살펴본 바와 같이 '성령 목회'를 결심하기까지 그의 영적 체험은 온누리교회의 목회철학과 깊은 연관이 있다는 사실이다. 온누리교회는 항상 말씀 중심의 영성, 성령 중심의 영성, 공동체 중심의 영성, 사회 참여의 영성, 선교 중심의 영성 등 다섯 가지 영성을 지향하고 있는

데, 이는 앞에서 살펴본 것처럼 하용조 목사의 영적 체험과 깊은 연관성이 있는 것이다. 그는 이 다섯 가지 영성의 역할에 대해 이렇게 설명한다.[20]

> 공동체는 항상 밑바닥에 깔린 기초와 같고, 나머지 네 가지는 교회 영성의 네 축을 형성한다. 말씀과 성령이 내부를 향한다면 사회 참여와 선교는 외부를 향하고 있다. 교회의 표어는 이 다섯 가지 영성의 조합으로 이루어진다.

하용조 목사는 온누리교회의 핵심 가치인 성경, 복음, 선교, 긍휼, 그리스도의 문화 역시 자신의 삶의 경험에 기초하고 있다고 했다.[21] 온누리교회는 말씀을 강조하면서 동시에 문화를 중요하게 여긴다. 선교를 외치면서 동시에 긍휼을 소홀히 하지 않는다. 개인의 영성을 기초로 하면서 공동체적 영성을 무시하지 않는다. 그리스도의 문화를 지향하면서 세상을 변화시키기 위해 적극적으로 사회에 참여한다.[22] 그는 "복음은 이 모든 것을 포함하기 때문이다. 하나님은 내 삶의 다양한 경험을 통해 이 모든 것의 소중함을 피부로 깨닫게 하셨다"고 했다.[23]

하용조 목사는 앞의 사도행전적 다섯 가지 영성을 온누리교회 목회에 적용한 실제를 그의 '목회 방법론'[24]에서 구체적으로 다루고 있다. 주님의 몸 된 교회를 어떻게 목회할 것인가 하는 관점에서 교회와 목회는 따로 떼어 놓고는 이해할 수 없는 바늘과 실처럼 밀접한 관계다. 목회자가 자신의 목회관(목회철학)을 적용하고 실천하는 곳이 교회이며, 그리스도를 머리로 모신 몸 된 교회를 섬기는 것이 목회다. 이처럼 교회와 목회의 밀접한 관계로 말미암아 하용조 목사는 이 양자의 관계를 여러 곳에서 중복적으로 병행해서 진술하고 있다.

앞에서도 밝힌 바와 같이, 하용조 목사는 교회론과 목회론을 자유롭게 넘나들며 자신의 목회관을 밝히고 있다. 가령《사도행전적 교회를 꿈꾼다》의 '제2부 교회론'에서 '교회론의 기준은 예수님의 교회론이다'라는 전제하에 예수님의 교회론을 제시하는데, 1) 신앙고백이 분명한 사람들의 공동체, 2) 예수님이 주인이신 공동체, 3) 음부의 권세가 이기지 못하는 공동체, 4) 천국 열쇠를 소유한 공동체로서의 교회가 그것이다. 이어서 '사도행전적인 교회론'을 다루면서는 1) 성령님이 움직이시는 교회, 2) 평신도가 능동적으로 사역하는 교회, 3) 비전이 이끄는 교회를 제시하고 있다. 이렇게 자신의 교회관을 진술한 다음, '제3부 목회철학'에서 자신의 '목회철학의 기준은 사도행전의 교회론이다'라는 전제 아래 사도행전적 교회의 특성을 열 가지로 설명하고 있다. 즉, 1) 성령으로 충만한 공동체, 2) 예수의 삶을 사는 공동체, 3) 날마다 기적이 일어나는 공동체, 4) 고난 속에서도 복음을 전하는 공동체, 5) 거룩과 성결과 정직을 추구하는 공동체, 6) 평신도 리더를 세우는 공동체, 7) 순교하는 공동체, 8) 이방인을 품는 공동체, 9) 땅 끝까지 선교하는 공동체, 10) 사도행전 29장을 계속 써 가는 공동체가 그것이다.

하용조 목사는 자신의 목회철학의 기준과 모델을 사도행전의 교회에서 찾음에 따라 초대교회의 특징적인 제반 면모를 거울로 삼고 있다. 그는 자신의 교회론(교회관)을 성경에 근거해서 '성령님이 움직이시는 교회', '평신도가 능동적으로 사역하는 교회', '비전이 이끄는 교회'로 정의했다. 그 내용에 대해서는 제3장에서 이미 살펴보았으므로, 본장에서는 하용조 목사가 자신의 목회론(목회철학)을 사도행전 교회에 근거해서 제시한 특성 중 몇 국면을 살펴보기로 한다.

성령 충만한 교회를 실현한 목회

• • •

하용조 목사는 온누리교회가 사도행전의 교회와 마찬가지로 성령 충만한 교회가 되기를 그의 목회 전 과정을 통해 일관성 있게 노력했다. 보다 정확히 말하면, 1985년 교회를 개척한 이후 3년 만에 교회의 건축이 이루어지고 성도들도 늘어나 교회가 한창 부흥할 무렵인 1991년, 갑자기 건강에 이상이 생겨 안식년을 앞당겨 다녀온 후 그는 목회의 방향을 성령 목회로 일대 전환하게 된다. 앞에서도 언급했듯이, 요양지인 하와이에서 "성령 목회를 해라" 하는 주님의 음성을 들은 것이다. 안식 기간 내내 그를 지배한 것은 "성령 목회를 해라" 하는 주님의 명령이었다. 그래서 1년간의 요양을 마치고 귀국하자마자 교회 앞에 선포한 것이 '성령 목회'였다.

하용조 목사가 주님의 음성을 듣고 결심한 성령 목회는 바로 사도행전적 교회에서 얻은 영감이기도 했다. 그가 사도행전의 교회에서 얻은 목회철학의 기준 중 가장 중요하게 생각한 것이 바로 '성령 충만한 교회'다. 하용조 목사는 이렇게 단언한다.[25]

> 사도행전적 교회는 성령님이 역사하시는 교회이다. 성령 체험이 없고, 성령에 대한 이해가 없다면 사도행전적 교회라 할 수 없다. 교회가 어떻게 탄생했는가? 성령으로 탄생되었다.

그는, 초대교회는 이처럼 성령의 임재와 역사로 시작되었다고 강조한다. 교회의 진정한 모습이 여기에 있으며, 오늘날의 교회도 이와 같아야 한다고 강조한다. 오순절에 임한 성령님으로 말미암아 성령 충만함을 받은 초대교회 성도들은 방언이 터지고 새 술에 취한 것 같았다. 이런 모습을 보고 조롱하는 사람들을 향해 사도 베드로는 "술 취한 것이 아니다. 이것은 요엘 선지자의 응답이다"라고 일갈하며 복음을 선포했다. 베드로의 설교를 듣고 그날 하루에 3천 명이 회개했는데, 하용조 목사는 여기에서 교회의 진정한 모습을 발견할 수 있다고 역설했다.[26]

하용조 목사는 초대교회에 임한 성령의 역사가 오늘 온누리교회에도 일어나야 하며, 일어날 수 있다고 확신했다. 그랬기에 온누리교회는 성령님에 의해 시작된 사도행전의 '바로 그 교회'여야 한다는 확고한 목회철학을 갖게 된 것이다.

성령 강림에 대한 영적 통찰력

● ● ●

하용조 목사는 "오순절 날이 이미 이르매 저희가 다 같이 한곳에 모였더니 홀연히 하늘로부터 급하고 강한 바람 같은 소리가 있어"(행 2:1-2, 개역한글 성경)라는 말씀이 마치 "태초에 말씀이 계시니라 이 말씀이 하나님과 함께 계셨으니 이 말씀은 곧 하나님이시니라"(요 1:1)라는 말씀처럼 웅장한 소리로 들린다고 했다. 우주적인 메시지로 들린다고 했다. 영성 깊은 목회자의 귀에 들리는 영음(靈音)이었다. 그리고 한 걸음 더 나아가 "이것이 성령님의 임재이다"라고 단언한다.[27]

성령님의 임재란 하나님의 우주적인 그 창조의 능력이 임하는 것이고, 그 태초의 계시요 은혜와 진리가 충만했던 그 말씀이신 하나님의 아들 예수 그리스도가 영으로 임재하시는 것이다.

우리는 여기서 하용조 목사의 놀라운 영적 통찰력과 직관을 발견하게 된다. 성령님의 임재를 하나님의 우주적인 창조 능력의 임재라고 말한 것은 참으로 충격적이다. 또한 하나님의 아들 예수 그리스도의 태초의 계시로 본 것은 실로 경이롭다. 계속해서 은혜와 진리가 충만한 그 말씀이신 예수 그리스도가 영으로 임재하는 것이라는 강론 또한 감동적이다. 여기서 하용조 목사는 "성령님의 임재란 … 그 창조의 능력이 임하는 것이고 … 태초의 계시요 … 그리스도가 영으로 임재하시는 것이다"라고 표현함으로써 동사의 시제를 모두 현재형을 사용하고 있다. 즉 성령의 임재와 그 사역은 초대교회 오순절 사건으로 끝난 것이 아니라 지금도 이루어지고 있는 현재 진행형이고, 앞으로도 이루어질 미래 진행형이라는 가르침이다.

그 어떤 주석가가 사도행전 2장 1-4절에 기록된 성령 강림 사건을 창세기 1장 1-2절에 기록된 천지 창조 성령의 사역과 연결해서 우주적인 메시지로 듣는다고 주석했던가. 그 어떤 신학자가 그것을 요한복음 1장 1-3절과 결부해서 예수 그리스도의 태초의 계시적 사건이라고 주장했던가. 그 어떤 설교자가 그것을 말씀이신 예수 그리스도의 영의 임재라고 강론했던가. 필자는 이 부분에서 하용조 목사가 평소 얼마나 깊은 영성의 세계에서 말씀을 묵상하며 주님과 교제하는 삶을 살았는지 새삼 놀라게 되었다.

그는 우리를 더욱 숨 막히는 영성의 골짜기로 안내한다. "아무리 설명해도 성령님의 그 무게, 그 깊이, 그 위엄, 그 능력을 다 말할 수 없다"는 그 표현 말이다. "창조의 그 능력, 구원의 그 능력, 사랑의 그 능력, 우주를 다스리고 통치하고 천지를 창조하신 그 능력"을 다 헤아릴 수 없다는 고백 말이다. 이 놀라운 성령의 임재와 그 능력이 이끄시는 교회, 그것이 살아 있는 '바로 그 교회'가 바로 그가 꿈꾼 온누리교회였다.[28] 온전히 여기에 정초(定礎)한 것이 하용조 목사의 목회철학이었다.

철저히 예수 그리스도 중심의 목회를 하다

• • •

하용조 목사는 "교회론의 기준은 예수님의 교회론이다"라는 확고한 지론을 가지고 있었다. 그랬기에 어느 교회에서나 '교회론의 근본은 같아야 한다'고 말한 것이다. 왜냐하면 모든 교회는 예수 그리스도의 교회이므로 예수님의 교회론을 가져야 한다는 것이다.[29] 즉 그는 온누리교회를 예수님의 교회론으로 목회하겠다는 단순하고도 명료한 선언을 한 것이다.

우리는 여기서 종교 개혁자로서 장로교 신학의 토대를 놓은 존 칼빈이 그의 교회론에서 강조한 '교회의 통일성'을 떠올리게 된다.[30] "[교회가] 우리의 머리이신 그리스도 아래에서 우리가 다른 모든 지체들과 한 가지로 연합하고 일치하지 않으면 장차 우리에게 주어질 기업에 대한 소망을 가질 수 없다"는 것이다. 교회는 오직 예수 그리스도 안에서 통일되어야 한다는 분명한 선언이다.

칼빈은 계속해서 "그리스도께서 여러 갈래로 찢어지지 않는 이상 두 개나 세 개의 교회가 있을 수 없기 때문에(고전 1:13), 그런 일이 어떻게 있을 수 있단 말인가! 택한 자들 모두가 그리스도 안에서 서로 연합을 이루어(엡 1:22-23) 한 머리를 의지하며 또한 한 몸으로 함께 자라나며, 한 몸의 각 지체들로서(롬 12:5; 고전 10:17, 12:12, 17) 서로 연결되고 결합되어 있는 것이다(엡 4:16). 교회는 진정 [그리스도로] 하나로 만들어진다"

라고 말함으로써[31] 하용조 목사의 오직 예수 그리스도 중심의 교회관과 목회관을 뒷받침하고 있다.

하용조 목사는 비단 자신이 섬기는 온누리교회만이 아니라 모든 교회가 그래야 한다는 것이다. 왜냐하면 교회론의 기준은 예수님의 교회론이기 때문이다. 이 말을 목회론으로 환언하면 '모든 교회는 예수님의 목회론으로 목회해야 한다. 왜냐하면 모든 목회의 기준은 예수님이기 때문이다'가 될 것이다.

'오직 예수'를 외친 교회 개혁적인 목회관

● ● ●

하용조 목사의 '오직 예수 중심'의 목회론에서 우리는 종교 개혁의 모토를 생각하게 된다. 종교 개혁자들이 강조한 '5대 솔라'의 중심에는 '오직 예수'가 있다. '다섯 가지 오직'에는 순서가 없으나, 대체로 '오직 성경'(Sola Scriptura), '오직 그리스도'(Solus Christus), '오직 은혜'(Sola Gratia), '오직 믿음'(Sola Fide), '오직 하나님께 영광'(Soli Deo Gloria)의 순으로 말한다. 즉, '오직 성경'은 '오직 그리스도'만이 우리의 구원이신데, 이는 '오직 하나님의 은혜'와 '오직 인간의 믿음'으로 이루어지며, '오직 하나님께 영광'을 돌리기 위함이라는 신앙고백인 것이다.

그렇다. 모든 성경은 예수 그리스도를 증언하며(요 5:39), 예수 그리스도만이 오직 우리의 구원자이시며(행 3:12; 살전 5:9), 이는 오직 하나님의 은혜와 믿음으로(엡 2:5, 8) 받는 것이므로 우리는 오직 하나님에게 영광을 돌려야 한다. 종교 개혁자들은 하나님 앞에서 우리 인간은 이 다섯 가지 '오직'의 고백이 있을 뿐이며, 그 외에 교회의 전통이나 교황의 권위 등 비성경적인 그 어떤 것도 우리의 신앙을 침해해서는 안 된 다는 위대한 선언을 했다. 500여 년 전, 종교 개혁자들이 이처럼 오직 예수 그리스도 중심의 고백을 강조한 것은 당시 면죄부로 오염된 교회 를 성경적인 교회로 그 원형을 회복하기 위한 순교적 개혁이었지만, 오 늘날 우리도 오직 예수 그리스도를 고백하는 신자가 되어야 하며, 오늘 날 우리의 교회도 오직 예수 그리스도를 고백하는 교회가 되어야 한다.

이런 점에서 하용조 목사의 '교회론의 기준은 예수님의 교회론'이 어야 한다는 선언은 성경적이고 개혁적이다. 모든 교회는 예수님의 교회이기 때문이다. 그래서 그가 강해한 요한복음의 주제는 '오직 예 수님'이다. 그가 성령 목회를 선언한 후 2003년부터 2년 동안 장장 102회에 걸쳐 설교한 '요한복음 강해'는 전5권으로《예수님은 생명입 니다》,《예수님은 능력입니다》,《예수님은 사랑입니다》,《예수님은 승 리입니다》,《예수님은 기쁨입니다》와 같이 모든 타이틀이 예수님이다. 강해의 중심이 예수님이며, 강해의 주인공이 예수님이다.[32] 요한복음 만이 아니다. 다른 복음서의 강해도 그 주제가 오직 예수님이다.

참고로, 종교 개혁자 존 칼빈 또한 요한복음 주석의 주제를 다루면 서 "예수 그리스도께서는 우리에 대한 하나님의 자비와 사랑을 확증하 는 보증이 되시기 때문에 그는 마땅히 복음의 주제가 되신다"고 했다.[33] 특히 요한복음의 서두인 1장 1절 "태초에 말씀이 계시니라"를 "그리스 도께서 육신으로 나타나신 영원한 하나님이심을 가르쳐 주시기 위해 서 그리스도의 영원한 신성(神性)을 선언하고 있다. 그의 목적은 인류의 구원은 하나님의 아들을 통해서만 성취될 수 있다는 것을 보여 주자는 것이다"라고 주석함으로써 주석의 서두에서부터 복음의 주제가 예수 그리스도시며, 성경 전체의 구속사가 오직 하나님의 아들 예수 그리스

도를 통해서만 이루어진다고 선언한다.[34]

그는 계속해서 "그리스도께서는 우리에 대한 하나님의 자비와 사랑을 확증하는 보증이 되시기 때문에 그는 마땅히 복음의 주제가 되신다"면서 복음의 주제가 오직 예수이심을 강조하고 있다. 그는, 복음은 그리스도의 오심으로 처음 전파되었으므로 성도들은 '오직 예수 그리스도 안에서만' 구원을 얻고 참된 행복을 소유하게 된다고 했다. 이렇게 볼 때, 하용조 목사의 '오직 예수 그리스도' 중심의 설교론과 목회관은 종교 개혁자 존 칼빈과 일맥상통한다고 할 것이다.

예수 공동체를 추구하는 목회를 하다
● ● ●

하용조 목사가 추구한 '예수 공동체' 목회는 사도행전의 교회가 그 모델이며, 앞에서 살펴본 '오직 예수' 중심의 목회와 밀접한 연관성이 있다. 하용조 목사는 이 같은 사도행전적 교회를 '예수의 삶을 사는 공동체'라고 설명한다. 사도행전의 교회는 성도들이 모여서 사도들의 가르침을 받고 예배를 드리며 서로 교제하고 떡을 떼는 공동체였다는 것이다. 그는 이렇게 역설한다.[35]

> 교회는 극장과 같은 곳이 아니다. 교회는 놀이터나 사교장이 아니다. 어떤 이들은 헌금을 입장권 정도라고 생각하는 사람이 있는데 이는 잘못된 것이다. 모두 함께 기도하고, 성경 말씀을 배우며, 주님을 찬양하고, 가난한 자들을 돕는 것이 교회다. 직장이나 가정 중심으로 모이다가 교회 중심으로 모이는 것이 교회다. 교회는 현대에서 경험할 수 없는 독특

한 사회, 상처가 치료되고 희망과 비전이 생기고 위로와 격려를 받는 곳이다. 이것이 바로 예수님의 공동체다.

사실 하용조 목사가 꿈꾼 사도행전적 예수 공동체로서의 교회는 현대 사회에서 쉽지 않으며, 또 어떤 점에서는 맞지 않는 면도 있다. 오늘날 현대 사회의 구조적 환경과 삶의 양식이 그렇다. 단적으로 현대 교회는 성도들의 가정 심방조차 쉽지 않은 형편이다. 대가족 제도는 해체된 지 오래이며, 핵가족을 넘어 독신 생활이 늘어나고 있는 현대인의 생활 패턴 속에서 아무리 예수님의 사랑을 기초로 하는 기독교 공동체라 하더라도 그것이 이 시대에 가능하겠느냐는 것이다.

그런데 하용조 목사가 추구한 예수 공동체로서의 교회는 그런 것이 아니다. 단순히 성도들의 공동체적 생활이라는 이상을 말하는 것이 아니라, 오히려 공동체가 해체되고 있는 현대 사회에서 교회는 그리고 교회의 구성원인 성도들은 초대교회 성도들처럼 끈끈한 사랑의 띠로 하나가 되어야 한다는 것이다. 머리 되신 그리스도의 몸인 교회의 지체로서의 역할과 사명을 적극 감당하자는 성경적인 가르침을 실천하자는 목회 원리를 말하는 것이다. 사실 오늘날 대다수 현대 교회는 주일에 모였다가 흩어지기 바쁜 현실을 어쩔 수 없는 시대 환경으로 치부하고 있는 실정이다.

이러한 상황 속에서 하용조 목사가 추구하는 예수 공동체 교회는 다음과 같은 그의 설명 속에 나타나 있다.[36]

오순절에 성령 받은 그들은 말씀을 듣고 전도하기 시작했다. 그들은 세례를 받고 성경공부를 했다. 이것이 양육이다. 성령을 받고 전도하고 새

사람을 양육하는 것이다. 그리고 음식과 가지고 있는 것을 필요에 따라 서로 나누었다.

이 글에서 보듯이, 하용조 목사가 자신의 목회철학에서 추구하는 예수 공동체의 출발은 복음을 듣고 전도하는 것이다. 그리고 세례를 받고 성경 공부를 하는 것이다. 그는 이 전체를 묶어서 양육이라고 한다. 공동체의 출발, 그 우선순위를 말씀을 듣고 구원의 진리를 이웃에게 전하는 것에 두고 있다. 이것을 양육이라 함은 성도들이 영적 공동체를 이루어 교회의 지체로서 예수님의 제자가 되는 것을 말한다.

그다음으로 그는 예수 공동체에서 함께 먹고 교제하는 것의 중요성을 말한다.[37]

음식을 나누는 것은 초대교회의 특징이다. 음식을 나누는 것은 가정과 같다는 뜻이다. 가정과 같은 교회, 음식을 나누지 않고 10년 사귀는 것보다 음식을 나누면서 사귄 1년이 더 나을 수 있다. 음식을 나누면서 회의해 보라. 분위기가 얼마나 부드러워지는지를 알 수 있다. 아웃리치를 간다든지 공동 작업을 할 때, 함께 먹으면서 이야기하고 열심히 기도하고 일하다 보면 어느 결에 친해져 있는 것을 경험하지 않는가. 초대교회에서 그렇게 급작스럽게 아름다운 공동체가 생겨났던 것은 이런 이유 때문이 아니었을까 생각한다. 초대교회 성도들은 음식을 먹고 떡을 떼고 기도를 했다. 가르침(Teaching)과 교제(Fellowship)와 기도(Prayer)! 이것이 공동체에 영적인 변화를 가져오게 한 이유이다.

위에서 살펴본 바와 같이, 하용조 목사의 예수 공동체로서의 사도행전적 교회를 추구하는 목회철학은 성경 그대로다. 사도행전의 교회에서 "이스라엘 온 집은 확실히 알지니 너희가 십자가에 못 박은 이 예수를 하나님이 주와 그리스도가 되게 하셨느니라"(행 2:36) 하고 선포한 사도 베드로의 설교를 들은 사람들은 회개하고 전도했으며, 세례를 받고 사도의 가르침을 받았다(행 2:38-42a). 하용조 목사의 표현대로 양육을 받은 것이다. 그의 이러한 목회철학에 따라 온누리교회가 체계적으로 실시하는 양육은 한국 교회 안에 하나의 모델이 되고 있다.

사도행전 교회의 성도들은 또한 서로 교제하고 떡을 떼며 오로지 기도에 힘썼다(행 2:42). 앞에서 하용조 목사가 언급한 함께 먹는 공동체의 모습에 대해 "믿는 사람이 다 함께 있어 모든 물건을 서로 통용하고 또 재산과 소유를 팔아 각 사람의 필요를 따라 나눠 주며 날마다 마음을 같이하여 성전에 모이기를 힘쓰고 집에서 떡을 떼며 기쁨과 순전한 마음으로 음식을 먹고"(행 2:44-46)라고 성경은 구체적으로 기록하고 있다. 그 결과 그들이 "하나님을 찬미하며 또 온 백성에게 칭송을 받으니 주께서 구원받는 사람을 날마다 더하게 하시니라"(행 2:47)고 성경은 증언한다.

하용조 목사는 사도행전적 교회가 보여 주는 영적 변화의 특징은 나눔(Sharing)이라고 강조한다.[38] "은혜를 받은 자는 나누게 되어 있다. 나눌 수 없다는 것은 받은 게 없다는 뜻이다. 용서를 받은 자는 남을 용서한다. 그러나 용서받은 경험이 없는 사람은 남을 용서하지 못한다. 사랑을 받은 자는 남을 사랑하게 되어 있다. 사랑할 수 없는 것은 사랑받은 적이 없기 때문이다."

하용조 목사는 초대교회 성도들이 성령 체험을 하고 은혜를 나누고 말씀을 배우며 양육을 받다 보니 음부의 권세가 이길 수 없는 능력 있는 교회가 되었다고 보았다. 모여서 떡을 떼며 성도 간에 교제하고 기도를 모으다 보니 사랑의 응집력과 폭발력이 생겼다는 것이다. 그는 말한다.[39] "이런 모임에는 사람이 오게 되어 있다. 초대교회는 사람이 모일 수밖에 없었다. 사랑이 있고 성령이 있으면 사람들이 모인다. 베풀면 사람이 오게 되어 있는 것이 교회 공동체의 아주 독특한 특징이다."

하용조 목사는 초대교회만 그런 것이 아니라고 강조한다. 사도행전의 교회 현상은 오늘날 우리 교회가 본받아야 할 모델이며 시금석이라고 보았다. 사도행전을 이끈 성령님은 오늘도 변함없이 역사하고 계시기 때문이다. 사실 초대교회를 섬긴 사도들에게서 우리는 특별한 목회철학이나 방법론을 찾아볼 수가 없다. 사도행전을 비롯한 여러 서신들 어디에도 초대교회 목회자들의 목회론이 기록되어 있지 않다. 다만 그들은 성령님의 인도하심에 순종하며 교회의 머리 되신 예수님을 높이고 증언하는 일에 목숨을 걸고 사역했을 뿐이다. 하용조 목사는 오늘날 우리의 교회도 이런 '원색적인 교회'가 되어야 한다고 호소한다. 사도행전의 '바로 그 교회'가 오늘의 우리 교회가 되어야 한다는 것이 그의 목회철학이자 목회론이었다.

하용조 목사, 그는 이러한 간절한 소망을 안고 예수 공동체 교회를 섬긴 우리 시대의 진정한 사도행전적 목회자였다. 그는 "은혜 받은 교회는 성도들이 날마다 성전으로 모인다. 아침저녁으로 자꾸 교회에 오게 되어 있다. 성전에 와서 기도를 하고 사람을 만나고 떡을 뗀다. 성령을 받은 증거는 교회 와서 헌신하고 봉사하는 것이다. 그러면서 성령 공동체가 생기고 전도 공동체가 생기고 양육 공동체가 생기는 것이다"[40]라고 했다.

고난 속에서도 복음을 전하는 목회를 하다

• • •

하용조 목사의 목회철학 중에서 또 하나의 중요한 요소는, 고난 속에서도 복음을 전한 그 사명감이다. 교회와 성도는 그 어떤 고난을 당해도 복음을 전해야 한다는 것이다. 이러한 그의 목회철학 역시 사도행전의 교회에 그 원형을 두고 있다. 주지하는 바와 같이, 사도행전을 비롯한 서신서에 기록된 초대교회들은 하나같이 고난을 당했으나, 여러 시험과 환난 중에도 복음의 성전(聖戰)을 멈추지 않았다.

그가 '고난 중에도 계속 복음을 전하는 것'을 사도행전적 교회의 특징으로 단언한 것은 이 때문이다. 하용조 목사 자신도 기나긴 세월 육신의 질고와의 싸움 속에서 종생토록 복음을 전하다가 주님의 부르심을 받았다. 한순간도 포기하지 않고 지칠 줄 모르는 영적 투사로서 마지막까지 복음의 행전을 써 내려간 것이다.

육신의 질고, 그것은 분명 감당하기 힘든 고난이다. 육적인 고난과 영적인 고난 중 어느 것이 더 힘들고 어려운지를 따지는 것은 무의미하다. 정작 고난을 당하고 있는 당사자 앞에서 그것을 논하는 것은 큰 실례가 아닐 수 없다. 더욱이 육체와 영혼은 뗄 수 없는 유기적인 관계에 있기 때문에 육체의 고난은 영적 고통을 수반하고, 영적 고난은 육체적 고통을 또한 수반하게 마련이다. 그래서 신학적인 관점에서 고난은 영육이 당하는 괴로움과 환난을 뜻한다. 인간에게 있어서 고난을 피할 수 없는 것이 인생의 현실이다.

성경적으로 고난에는 여러 유형이 있다. 그러나 진정한 고난의 전형은 예수 그리스도시다. 예수 그리스도의 고난 이외의 모든 고난은 인간의 죄로부터 기인한다.

신학적으로는 예수님의 고난(苦難, suffering)을 수난(受難, passion)이라고 도 하는데, 이는 우리의 죄를 대속하기 위해 십자가에서 수치와 고초를 당하셨다는 의미를 표현한 용어다. 예수님의 지상에서의 생애는 그 전반이 고난으로 점철되어 있다.

예수님은 전 생애를 통해 고난을 당하셨다(마 8:20; 눅 2:7; 요 19:30). 공생 애를 시작하심에 있어 시험을 당하셨으며(마 4:1), 십자가를 앞에 두고 드린 지상에서의 마지막 기도를 통해서도 수난을 겪으셨다(마 26:28). 하나님의 계획에 의한 고난을 겪으셨으며(마 26:53-54; 눅 9:22), 하나님의 진노로 수난을 겪으셨다(사 53:5-6, 12; 고전 15:3; 고후 5:21; 갈 3:13). 인간의 죄를 대속하기 위해 십자가를 지고 수난을 겪으셨다(마 27:35-50; 막 15:33-37; 눅 23:33-46; 요 19:17-30). 그러나 예수님의 고난은 그것으로 끝나지 않았다. 예언대로 사망 권세를 이기고 3일 만에 부활하신 후 제자들과 성도들이 지켜보는 가운데 승천하셨다. 승천하기에 앞서 성령님을 보내기로 약속하셨으며, 약속하신 대로 오순절을 맞아 성령님이 임재하심으로 교회가 시작되었다. 사도행전에 기록된 초대교회들이다.

그러나 사도행전의 교회는 쉽게 세워지지 않았다. 당시 유대교 종교 지도자들과 유대 땅을 지배하고 있던 로마의 정치권력으로부터 엄청난 박해와 고난을 받아야 했다. 스데반의 순교(행 7:55-60)에 이어 야고보도 순교했으며(행 12:2), 사도들이 옥에 갇히고 능욕을 당했으며(행 5:17-33), 사도 베드로는 유대인들에게 유월절의 희생 제물로 투옥을 당했으며 (행 12:3-5), 사도 바울과 실라는 옥에 갇혔다가 성령의 역사로 풀려나기도 했으며, 다시 체포되어(행 21:27-36) 감옥에 갇혔다가 로마로 압송되었다(행 27:1). 그러나 사도행전의 교회는 온갖 고난 속에서도 순교의 각오로 복음 전하기를 멈추지 않았다. 그래서 초대교회는 순교자의 피를 마시고 자라났다고 말하는 것이다.

하용조 목사가 '사도행전적 교회의 특징은 고난 중에도 계속 복음을 전하는 것'이라고 한 진정한 뜻이 여기에 있다. 계속해서 그는 "교회는 고난을 겪으면서도 굴복하지 않고 세상을 변화시켜 나가는 영적 공동체다"라고 강조한다. 그는 복음을 전하면 고난이 온다고 했다. 초대교회의 특징은 수많은 박해와 고난을 받았다는 것이다. 교회는 영원히 편안한 곳이 아니며, 진짜 교회는 고난 속에, 불 속에, 위기 속에 들어가는 교회라고 했다. 주님처럼 고난당하는 교회가 사도행전의 교회라고 했다.[41] 온누리교회가 사도행전의 '바로 그 교회'가 되기 위해서는 예수 그리스도의 고난에 동참해야 하며, 어떤 고난 속에서도 복음을 왕성하게 전하는 교회가 되어야 한다는 것이 하용조 목사의 중요한 목회철학이었다. 그리고 그는 자신의 목회철학 그대로 종생토록 육신의 질고 속에서도 멈추지 않고 복음의 행전을 계속했다.

평신도 리더십을 세우는 목회를 하다

• • •

하용조 목사는 '사도행전적 교회의 특징은 평신도 리더를 세우는 것'이라고 했다.[42] 사도행전 6장을 근거로 영적 리더를 세우는 교회의 사명을 강조하면서 온누리교회는 평신도 리더를 세우는 사도행전적인 교회가 되어야 한다는 확고한 목회철학을 밝히고 있다.

사도행전 6장에는 교회가 부흥하자 열두 사도는 하나님의 말씀을 전하고 가르치는 최우선의 사명보다 접대를 일삼는 것이 마땅하지 않아, 평신도 중에서 성령과 지혜가 충만해 칭찬받는 사람 일곱을 택해 그들에게 구제와 봉사를 맡기는 일이 기록되어 있다. 말하자면 평신도 중에서 영적 리더를 세우는 일이었다. 하용조 목사는 초대교회 사도들의 이런 목회 방법을 자신의 목회에 적극 반영했다. 그는 오늘날 많은 교회들이 경청해야 할 대단히 중요한 발언을 하고 있다.[43]

> 초대교회는 교회의 리더십을 사도들이 독점하지 않고 여러 사람들에게 나눠 주었다. 그럼으로써 교회의 주역은 오직 예수 그리스도시고, 우리는 모두 조연에 불과하다는 사실을 가르쳐 주었다. 사도가 교회의 중심 인물이 아니다. 사람이 영광을 받으면 그 교회는 사람의 교회가 되고 만다. 그래서 교회의 리더십은 직분에 따라 여러 사람과 나눠야 한다.

하용조 목사의 이 말에서 우리가 주목하는 것은, 교회의 주역은 예수님이시고, 목회자는 조연이라는 고백이다. 그리고 사람이 영광을 받으면 그 교회는 사람의 교회가 된다는 것이다. 사람이 중심 되는 교회는 위험하다는 경고다. 이러한 위험을 방지하고 극복하는 길은 교회의 주인이신 예수님을 중심으로 교회의 리더십을 여러 사람이 나누는 것이라고 했다.

사도행전의 교회는 성령이 임하자 하루에 3천 명, 5천 명씩 신자들이 늘어나 점차 대형 교회로 성장하기 시작했다. 대형 교회의 문제는 오늘날의 문제만이 아니었다. 온갖 박해 속에서도 성령의 역사로 초대교회는 불과 같이 성장을 거듭했다. 당시 예루살렘 거민이 얼마인지 정확한 통계는 알 수 없으나, 그리 크지 않은 성도(聖都)는 예수의 소문으로 꽉 찼을 것이다. 사도들은 밀물처럼 몰려드는 무리에게 말씀을 가르치고 양육하는 일도 벅찬데, 그들을 접대하고 어려운 사람들을 구제하는 일까지 해야 했다. 평신도 중에서 사역자를 세우고 그들에게 리더십을 길러 주는 것이 시급해졌다.

하용조 목사는 이런 외적인 성장이 가져온 목회적 관리와 함께, 초대교회의 부흥으로 인한 내적 갈등에도 주목하고 있다. 교회의 성장은 내적인 갈등을 수반한다는 것이다. 그는 자신의 경험에 근거해 그 갈등이 어떤 것인가 하는 문제를 제기한다.[44]

교회에서 생기는 갈등은 조직의 갈등이요, 은사의 갈등이다. 사람이 많기 때문에 어쩔 수 없는 것이다. 장로들과 성도들끼리 은사 때문에 서로 갈등하는 것을 보고 사도들은 집사를 뽑았다.

그러면서 그는 "이것은 사도행전 교회에 있어서 매우 중요한 대목이다"라고 우리의 주의를 환기시킨다. 왜냐하면 목회자 중심으로 가던 교회가 평신도 중심의 리더십을 그 은사대로 세우기 시작했기 때문이라는 것이다. 목회자 중심의 교회에서, 목회자 중심의 목회에서 평신도 리더십을 세우는 교회, 평신도 리더십을 활용하는 목회로 전환하기 시작했다는 것이다. 사도행전 6장에 기록된 그대로다. 교회가 부흥하자 제자들(신자들)이 점점 많아져서 사도들이 말씀을 전하는 일과 신자들을 접대하는 일 사이에 어려움이 발생했다.

그 정황이 사도행전 6장 1절에 기록되어 있다. "그때에 제자가 더 많아졌는데 헬라파 유대인들이 자기의 과부들이 매일의 구제에 빠지므로 히브리파 사람을 원망하니." 이 구절의 보다 정확한 문장을 위해서는 '히브리파 사람'을 '히브리파 유대인'으로 번역해야 한다. 그러니까 당시 예루살렘교회 구성원들 중에서 히브리파(히브리 출신)의 모든 사람들을 지칭하는 것이 아니라, 유대인 중에서 히브리파(히브리 출신)를 지칭하는 것이다. 그렇게 번역해야 '헬라파 유대인'과 '히브리파 유대인'을 대조적으로 이해할 수 있다.

즉 당시 예루살렘교회는 '히브리파 유대인'(Hebraic Jews)과 '헬라파 유대인'(Crecian Jews)으로 구성되어 있었던 것이다. 같은 유대인이지만 히브리파 유대인에 비해 차별을 받고 있던 헬라파 유대인들이 자기들의 가난한 과부들이 히브리파 유대인 과부들에 비해 차별을 받게 되자 갈등이 생긴 것이다. 아마도 구제의 사역을 히브리파 유대인들이 담당하고 있었던 것 같다. 하용조 목사가 지적한 조직의 갈등은 바로 이런 현상을 두고 한 말이다.

이런 성도 간의 갈등을 해소하기 위한 사도들의 판단과 행동은 정확하고 신속했다. 그 정황이 사도행전 6장 2-4절에 기록되어 있다. "열두 사도가 모든 제자를 불러 이르되 우리가 하나님의 말씀을 제쳐 놓고 접대를 일삼는 것이 마땅하지 아니하니 형제들아 너희 가운데서 성령과 지혜가 충만하여 칭찬받는 사람 일곱을 택하라 우리가 이 일을 그들에게 맡기고 우리는 오로지 기도하는 일과 말씀 사역에 힘쓰리라."

여기서 우리는 하용조 목사가 지적한 초대교회 내에 일어난 은사로 인한 갈등을 당시 교회의 목회자인 사도들이 어떻게 해결하는지를 배우게 된다. 즉 사도들의 은사는 말씀을 전파하고 성도들을 가르치는 것인데, 이처럼 우선적인 일을 제쳐 두고 성도들을 구제하고 접대하는 일에 시간을 쓴다는 것은 은사에도 맞지 않을뿐더러 너무나도 비효율적이라는 것이다. 그러므로 구제와 봉사는 평신도를 세워서 그들이 전담하도록 하자는 결정을 하게 된다. 그래서 세운 것이 바로 평신도 리더십이다. 그 구체적인 대안이 바로 초대교회에서 세운 일곱 집사.

그들에게 구제와 봉사의 사역을 맡기고, 사도들은 말씀 사역에 전념하게 된 것이다. 은사의 역할 분담이요, 은사로 인한 갈등의 해소다. 하용조 목사의 '평신도 리더를 세우는 공동체'라는 목회철학은 여기에 기인하고 있다.

여기서 우리는 사도행전 교회의 영적 리더십에 대한 하용조 목사의 다음과 같은 통찰력에 다시금 주목하게 된다. 그것은 초대교회가 세운 일곱 집사 중에서 다양한 은사를 가진 리더들이 배출되었다는 지적이다. 그는 다음과 같이 예리한 지적을 한다.[45]

> 여기에 세 명이 대표자로 나온다. 순교자 스데반, 전도자 빌립, 선교사 바울이다. 스데반은 순교자요, 빌립은 전도자요, 바울은 개척자이자 선교사이다. 이것이 평신도 리더십의 상징적인 모델이다. 그러면서 교회는 계속해서 확장되고 커져 간다.

하용조 목사는 사도행전 교회에서 사도들의 사역 못지않은 평신도 사역의 중요성을 강조하기 위해 첫 순교자와 전도자가 예루살렘교회의 일곱 집사 중에서 나왔음을 강조한다. 바울은 일곱 집사에 포함된 인물은 아니지만, 바나바에 의해 사도들에게 소개되어(행 9:27) 평신도 선교사로 초대교회 시대에 가장 큰 사명을 감당하게 되었다. 하용조 목사의 강조점은 초대교회 사역의 한 축을 평신도 리더십이 사도들 못지않게 훌륭히 감당했다는 데 있다. 그렇다. 실로 사도행전의 초대교회에는 드러난 사도들의 헌신과 함께 그 이면에서 이름 없이 헌신한 수많은 평신도들이 있었음을 잊어서는 안 되겠다. 하용조 목사는 사도행전의 교회와 마찬가지로 오늘날 우리의 교회에도 평신도 리더십을 적극 세워야 한다고 역설한 것이다. 한국 교회 안에서 온누리교회가 평신도 리더십을 효과적으로 활용하는 교회로 평가되는 것은 교회 개척 초기부터 평신도 리더십을 세워 온 하용조 목사의 앞서가는 목회철학이 있었기 때문이다.

1. 하용조, 《사도행전적 교회를 꿈꾼다》, pp. 98-105, 132-157 참조.

2. 하용조 목사는 자신의 목회 관점과 그 실천을 사도행전의 교회론에서 찾고 있는데, 그것을 자신의 목회관이라 하지 않고 목회철학이라고 하고 있다. 따라서 필자도 하용조 목사의 의견을 존중해 '목회철학'이라는 용어를 사용하기로 한다.

3. 하용조, 《사도행전적 교회를 꿈꾼다》, p. 132.

4. 위의 책, p. 133.

5. 위의 책, p. 134. 하용조 목사가 성령님의 임재를 자동차에 기름을 주입하는 것에 비유한 것이 재미있다. 이는 성령님의 임재를 메마른 기름 탱크에 기름이 쏟아지는 것에 비유한 것인데, 3년 6개월간 메말랐던 대지에 폭포수 같은 폭우가 쏟아지듯(왕상 18:45-46), 마른 뼈들이 생기를 얻어 큰 군대가 되듯(겔 37:9-10), 연약한 풀 위에 은혜의 단비가 내리듯(미 5:7) 임하시는 성령님을 연상하게 한다.

6. 성령을 표현하는 성경의 용어는 히브리어 '루아흐'(רוח)와 헬라어 '프뉴마'($\pi\nu\epsilon\upsilon\mu\alpha$)인데, 본래 의미는 '바람', '공기', '숨'이다. 성경은 보다 직접적으로 성령을 '전능자의 숨결, 전능자의 기운'(욥 32:8, 33:4)으로 묘사하고 있으며, 성령이 임하는 모양을 "홀연히 하늘로부터 급하고 강한 바람 같은 소리가 있어 그들이 앉은 온 집에 가득하며"(행 2:2)로 묘사하고 있다(김성영 편, 《완벽성경성구대전》[제7권, 히브리어-한글사전] p. 215, [헬라어-한글사전] p. 345 참조).

7. 하용조, 《사도행전적 교회를 꿈꾼다》, p. 134.

8. 위의 책, p. 134.

9. 위의 책, pp. 45-47.

10. 위의 책, p. 91.

11. 위의 책, p. 91.

12. 위의 책, pp. 91-93.

13. 하용조 목사는 온누리교회 개척 6년 만에 성령 목회를 선언하게 되는데, 그렇다고 해서 그동안 해 온 제자 사역과 말씀 사역을 이후의 목회에서 배재했느냐 하면 결코 그렇지 않다. 그 후에도 제자 사역과 말씀 사역을 지속했으나, 전과 다른 것은 어디까지나 성령님이 교회의 주인이 되어 인도하시도록 온전히 맡겨 드리는 목회, 곧 성령 목회를 한 것이다.

14. 하용조, 《사도행전적 교회를 꿈꾼다》, p. 93.

15. 위의 책, p. 93.

16. 위의 책, p. 93.

17. 위의 책, p. 93.

18. 위의 책, p. 93.

19. 위의 책, p. 94.

20. 위의 책, p. 94.

21. 위의 책, p. 94.

22. 위의 책, pp. 94-95.

23. 위의 책, p. 95.

24. 참고로, 하용조 목사는 《사도행전적 교회를 꿈꾼다》 '제4부 목회철학적 방법론'에서 필자가 살펴본 목회 제 분야를 다루고 있는데, 편의상 '목회철학적 방법론'을 '목회 방법론'으로 간소하게 표현한다.

25. 하용조, 《사도행전적 교회를 꿈꾼다》, p. 133.

26. 위의 책, p. 135.

27. 위의 책, p. 136.

28. 위의 책, p. 136.

29. 위의 책, pp. 98-99.

30. 존 칼빈, 원광연 역, 《기독교강요(하)》, pp. 11-13.

31. 위의 책, p. 12.

32. 하용조 목사의 '요한복음 강해'는 2010년 두란노서원에서 《예수님은 생명입니다》, 《예수님은 능력입니다》, 《예수님은 사랑입니다》, 《예수님은 승리입니다》, 《예수님은 기쁨입니다》라는 제목으로 출간되었다.

33. 존 칼빈, 《신약성경 주석 3》, 칼빈 성경주석, p. 19.

34. 위의 책, p. 19.

35. 하용조, 《사도행전적 교회를 꿈꾼다》, p. 137.

36. 위의 책, p. 137.

37. 위의 책, pp. 137-138.

38. 위의 책, p. 138.

39. 위의 책, p. 139.

40. 위의 책, p. 139.

41. 위의 책, p. 142.

42. 위의 책, p. 145.

43. 위의 책, pp. 145-146.

44. 위의 책, p. 146.

45. 위의 책, p. 146.

제5장

예배에 목숨을 걸다

하용조 목사와 예배

경청해야 할 하용조 목사의 '참된 예배'

• • •

예배는 인간이 하나님의 영광을 찬양하는 최고의 행위다. 하용조 목사는 "예배란 하나님의 임재를 경험하는 것이고, 높으신 하나님께 나의 모든 것을 다 드려 경배하고 찬양하는 것"이라고 했다.[1] 이러한 그의 관점은 "인간의 제일 되는 목적이 무엇인가?"라는 웨스트민스터 신앙고백 제1문과 깊은 관계가 있다. 그 답은 "사람의 제일 되는 목적은 하나님을 영화롭게 하는 것과 그분을 영원토록 즐거워하는 것"이다. 왜냐하면 하나님은 당신의 영광을 위해 사람과 만물을 창조하셨기 때문이다.[2] 특히 하나님의 거룩하신 형상으로 지음 받은 인간은 하나님에게 가장 큰 영광을 돌려야 한다.

장로교 예배와 예전의 규례를 다루고 있는《개혁교회 예배 · 예전 및 직제》(한국장로교출판사)를 보면 "예배의 개혁은 16세기 개신교 종교개혁의 중심이었다"라고 언급할 만큼 예배의 중요성을 강조하고 있다.[3] 존 칼빈은 "신자들에게 예배보다 더 큰 축복은 없다. 하나님께서는 예배를 통하여 그의 백성들을 위로 일으켜 세우시기 때문이다"라고 하면서, 예배를 통해 하나님이 영광을 받으시고 택한 백성은 축복을 받는다고 했다.[4]

그렇다면 우리가 하나님을 영화롭게 하는 그 출발은 무엇인가? 하용조 목사는 '예배'라고 분명히 말한다.[5] 하나님이 기뻐 받으시는 영과 진리의 예배를 드림으로 하나님에게 영광을 돌리는 것이다. 하나님을 영원토록 경배하며 즐거워하는 것이다. 우리는 모이는 교회로서 하나님의 영광을 찬양하고, 흩어지는 교회로서 하나님의 영광을 위해 산다. 예배 없이는 하나님에게 영광을 돌릴 수 없다. 예배를 무시한 채 하나님의 영광을 위해 산다는 것은 모순이요, 위선이다.

이런 관점에서 하용조 목사는 그의 예배론 서두에서 "그리스도인의 첫 번째 의무는 하나님께 영광을 돌리는 것이다"라는 선언부터 하고 있다. 하나님에게 영광을 돌리는 가장 우선적이고 구체적인 행위가 예배임을 강조하기 위함이다.[6]

하나님은 예배 받기에 합당한 분이요, 영광과 존귀와 찬양을 받기에 합당한 분이시기 때문이다. 참된 예배란 영광과 존귀와 찬양을 그분께 돌려 드리는 것을 말한다.

하용조 목사는 예배에 대해 앞에서 지적한 최우선의 목적을 전제로 예배의 깊은 의미를 확장해 나간다.[7] 그는 예배를 우리가 하나님과의 깊은 관계로 들어가는 통로라고 한다. 하나님을 묵상하는 것이라고 한다. 하나님의 임재 가운데 들어가는 것이라고 한다. 교회의 모든 사역은 예배에서 흘러나온다고 했다. 예배가 있으면 사역이 피곤하지 않고, 사역을 할수록 힘이 난다고 했다. 교회에는 예배가 살아 있어야 하고, 동시에 사역이 있어야 한다고 했다.

그러면서 그는 예배와 사역의 관계에 대해 재미있는 비유를 들었다.[8] "예배만 있고 사역이 없으면 그것은 운동을 하지 않고 공급만 받는 몸과 같다. 반면에 사역만 있고 예배가 없다면 얼마 안 가서 지쳐 버리고 말 것이다. 예배와 사역이 모두 살아 있을 때에 건강한 교회가 될 수 있다"고 단언했다.

앞에서 살펴본 하용조 목사의 예배론은 소박하고 간명하지만, 오늘의 교회들이 귀담아들어야 할 내용을 담고 있다. 예배는 열심히 드리지만 사역이 없는 경우가 허다하다. 전도가 없고 봉사가 없고 구제가 없다. 하용조 목사의 지적대로 밥만 먹고 운동하지 않는 몸과 같다. 반대로 열심히 사역은 하는데 예배를 소홀히 한다. 그 사역은 오래가지 못한다. 하용조 목사의 말대로, 교회의 모든 사역은 예배에서 흘러나오기 때문이다. 그런데 예배라고 다 예배가 아니라는 사실에 유의해야 한다. 그의 지적대로, 하나님과의 깊은 관계에 들어가지 못한 예배는 진정한 예배가 아니다. 하나님의 임재 가운데로 들어가지 못한 예배는 진정한 예배가 아니다.

요즘 한국 교회 안에서 가장 빈번히 사용되는 용어 중의 하나가 '예배의 회복'이다. 왜 이런 말이 나올까? 오늘날 한국 교회 예배에 뭔가 문제가 있다는 뜻이다. 예배의 회복이란 무엇인가? 성경이 가르치는 본질적인 예배를 드리자는 것이다. 500여 년 전 종교 개혁이 "성경으로 돌아가자"는 '근원 운동'(Ad Pontes)이었던 것처럼, 21세기 세속화 시대에 참된 예배를 상실한 교회들은 성경적인 예배로 돌아가자는 자성 운동을 하고 있는 것이다.

성경적인 예배란 무엇인가? 그것은 간명하다. 하용조 목사가 앞에서 말한 대로, '참된 예배란 영광과 존귀와 찬양을 하나님께 돌려 드리는 것'이다. 성경의 중심이신 예수님이 선포되는 예배다. 성령님이 인도하고 감동 감화하시는 예배다. 그런데 오늘날 일부 교회들의 현상은 어떤가? 하나님에게 영광을 돌리는 예배가 아니라, 사람을 즐겁게 하는 퍼포먼스를 하고 있지는 않은지 돌아보아야 한다. 그들도 분명히 하나님에게 영광을 돌린다고 하면서도 실상은 인위적인 프로그램으로 신자의 귀와 눈을 즐겁게 하는 사람 중심의 예배를 드리는 것은 아닐까? 이러한 오늘날의 교회 현상 속에서 예배를 회복하자는 자성의 소리가 나오는 것은 다행한 일이다.

하용조 목사는 예배의 회복이라는 말은 하지 않았지만, '참된 예배'를 드리자고 호소하면서 참된 예배를 다음과 같이 설명한다. 참고로, 그는 자신의 글에서 '참된 예배'와 '진정한 예배'라는 말을 같은 의미로 자유롭게 사용하고 있음을 밝힌다.

참된 예배란 마음의 중심으로 하나님을 찾는 것
• • •

하용조 목사는 '참된 예배란 인간이 마음의 중심으로 하나님을 찾는 것'이라고 말한다.[9] 형식과 이해관계를 초월해야 한다고 말한다. 우리는 그의 예배에 대한 이 설명에서 예수님의 예배에 대한 가르침을 떠올린다. 그는 '참된 예배'의 근거를 예수님의 가르침에서 찾고 있다.[10]

요한복음 4장 20-24절에 보면 수가 성의 미천한 사마리아 여인이 야곱의 우물가에서 예수님에게 예배에 대해 질문하고 주님이 답변하시는 장면이 나오는데, 그는 예수님의 답변이 바로 '참된 예배'에 대한 가르침이라고 한다.

> "우리 조상들은 이 산에서 예배하였는데 당신들의 말은 예배할 곳이 예루살렘에 있다 하더이다 예수께서 이르시되 여자여 내 말을 믿으라 이 산에서도 말고 예루살렘에서도 말고 너희가 아버지께 예배할 때가 이르리라 너희는 알지 못하는 것을 예배하고 우리는 아는 것을 예배하노니 이는 구원이 유대인에게서 남이라 아버지께 참되게 예배하는 자들은 영과 진리로 예배할 때가 오나니 곧 이때라 아버지께서는 자기에게 이렇게 예배하는 자들을 찾으시느니라 하나님은 영이시니 예배하는 자가 영과 진리로 예배할지니라"(요 4:20-24).

이 말씀에서 예수님은 사마리아 여인에게 '참된 예배'(True Worship)를 가르치신다. '아버지께 참되게 예배하는 자들은 영과 진리로 예배'하라는 것이다. 예수님은 영과 진리의 예배에 대해 본문에서 두 번이나 거듭 말씀하고 계신다. 먼저 "아버지께 참되게 예배하는 자들은 영과 진리로 예배할 때가 오나니"라고 말씀하시고, 그때가 "곧 이때[지금]"라고 하신다. 그리고 재차 참된 예배를 강조하신다. "아버지께서는 자기에게 이렇게 예배하는 자들을 찾으시느니라"라고 재차 강조하셨는데, 이 말씀은 '영과 진리로 참된 예배를 드리는 자들을 찾으신다'는 뜻이다. 그리고 거듭 "하나님은 영이시니 예배하는 자가 영과 진리로 예배할지니라"라고 강조하신다. 이렇게 보면 본문에서 예수님은 참된 예배를 세 번 언급하셨고, 참된 예배란 영과 진리로 예배하는 것임을 역시 세 번 강조하셨다.

진정한 예배는 여인이 질문한 장소나 형식의 문제가 아니라, 예배를 드리는 자의 심령(마음)의 문제라는 중요한 가르침이다. '참되게 예배하는 자들'(true worshipers)은 영과 진리로 예배할 것이며, 하나님은 '이런 자들을 찾으신다'는 것이다. 이 표현을 확대해서 '이런 자들의 예배를 받으신다'라고 해석할 수 있지만, 문자 그대로 하나님은 이런 예배, 즉 참된 예배를 드리는 자를 찾고 계신다는 것이다.

여기서 '찾다'라는 단어의 원문 '제테오'(ζητέω)는 '구하다', '갈망하다', '추구하다'라는 뜻으로, 상징적으로는 '하나님을 경배하다'라는 의미를 지닌다. 그러므로 '예배를 받으신다'는 확대된 해석보다는 문자 그대로 '찾으신다'라고 해석하면 더 구체적인 은혜를 받을 수 있겠다. 예수님 당시나 지금이나 하나님은 영과 진리로 예배하는 참된 예배자를 찾고 계신다. 이 가르침에서 우리가 참된 예배를 드린다는 것이 얼마나 어렵고 중요한지를 더욱 절실히 깨닫게 된다.

지금도 주님은 참된 예배자를 찾고 계신다. 하용조 목사는 예수님의 가르침에 따라 예배에 있어서 우리는 참된 예배자가 되어야 한다고 강조한 것이다.

'마음의 중심'으로 하나님을 찾는 영과 진리의 예배

• • •

이와 관련해서 하용조 목사는 요한복음 4장 24절에 근거해 이렇게 말한다.[11]

하나님은 신령과 진정으로 드리는 것이 진정한[참된] 영적 예배라고 하셨다(요 4:24). 하나님은 자기를 찾는 자를 기뻐하시고 자기에게 예배하는 자에게 복을 주신다. 또 하나님은 하나님께 신령과 진정으로 예배하는 나라와 백성을 기뻐하신다.

우리는 여기서 매우 중요한 가르침을 받게 된다. 예수님은 참된 예배를 잃어 가고 있는 현대 교회의 목회자들과 성도들에게 동일하게 말씀하고 계신다. 우리는 과연 영과 진리로 참된 예배를 드리고 있는지, 예수님의 가르침 앞에 정직하게 서야 하겠다.

참고로, 개역개정 성경에서 '영과 진리'라고 번역한 이 부분을 한국 교회가 오랜 세월 사용해 온 개역한글 성경에서는 '신령과 진정'이라고 번역했다. 여기서 '영' 또는 '신령'으로 번역된 헬라어 원문의 '프뉴마티'(πνεύματι)는 '하나님의 영', '성령'으로 번역할 수 있으나, 여기서는 하나님과 교제할 수 있는 인간의 영(靈)으로 번역하는 것이 타당하다.[12] 인간의 예배를 받으시는 하나님이 당신의 영으로 예배하라고 하시는 것은 맞지 않기 때문이다. 하나님은 우리에게 영을 주셨다(고전 2:12). 우리는 하나님으로부터 받은 영으로 하나님에게 예배를 드린다.

또한 개역한글 성경에서 '진정'이라고 번역한 '진리'에 대해서도 좀 더 살펴볼 필요가 있다. 헬라어 원문의 '알레데이아'(ἀλήθεια)는 '참된', '참으로'의 뜻을 가진 '알레데스'(ἀληθής)에서 유래한 '진리', '참됨', '진실성', '정직'이란 뜻을 지닌 단어다.[13] 개역개정 성경의 '진리'가 보다 정확하지만, 개역한글 성경상의 '진정으로'도 틀리지 않고, 어떤 점에서는 더 은혜롭게 들린다.

정리하면, 요한복음 4장 24절의 "신령과 진정"(개역한글 성경) 그리고

"영과 진리"(개역개정 성경)는 모두 정확한 번역이라고 생각한다. 단, 여기서 '진정'은 인간의 윤리나 미덕에 의한 것이 아니라, 하나님의 진리에 의한 진정성임을 잊어서는 안 된다. '예배의 시종은 하나님이 주신 것으로 하나님에게 드리는 영적 희생제사인 것이다.' 구약의 제사가 신약의 예배 모형인 것과 같다. 그래서 하용조 목사는 사도 바울이 로마서에서 말한 것처럼, 하나님과의 바른 관계가 정립된 그것이 우리가 드려야 할 참된 영적 예배라고 했다.[14] "그러므로 형제들아 내가 하나님의 모든 자비하심으로 너희를 권하노니 너희 몸을 하나님이 기뻐하시는 거룩한 산 제사로 드리라 이는 너희의 드릴 영적 예배니라"(롬 12:1, 개역한글 성경). 그리고 그는 재차 강조하고 있다.[15] "이것이 바로 참된 예배이다. 예배를 드리는 곳에 하나님의 임재가 있으며 하나님이 계시는 곳에 하나님의 영광이 나타난다."

이렇게 볼 때 하용조 목사가 그의 예배론에서 '참된 예배'를 영과 진리로 드리는 예배라고 강조하면서 하나님은 이런 예배자를 찾으신다고 한 것은 전적으로 예수님의 가르침에 따른 것이 분명하다. 그가 이처럼 '참된 예배'를 강조한 것은, 우리가 예배를 드린다고 해서 하나님이 다 받으시는 것은 아니기에, 진실로 하나님이 찾고 구하시는 참된 예배를 드려야 한다는, 이 시대의 교회를 향한 호소인 것이다.

참고로, 개역한글 성경에서는 '영'을 요한복음 4장 23-24절과 로마서 2장 29절 등 세 곳에서 '신령'(神靈)으로 번역했는데, 그 구절들은 문맥상 '하나님의 영'이 아니라 '인간의 영'이기 때문에 번역상 오해의 소지가 있다. 그래서 개역개정 성경에서는 '신령'을 '영'으로 번역함으로써 불필요한 오해를 바로잡은 것 같다. '신령'의 직접적인 뜻은 '하나님의 영'이기 때문이다. 앞에서 지적한 요한복음 외에도 로마서 2장 29절을 보면, "할례는 마음에 할지니 신령에 있고 의문에 있지 아니한 것이라"(개역한글 성경)라고 함으로써 인간의 구성 요소인 영과 육을 구분해서 신령(神靈)과 의문(儀文)을 대조적으로 표현하고 있다. 거듭 말하지만, 인간의 영을 '신령'이라고 한 것은 이해하기도 어렵고 번역상 오해의 소지도 있으므로 개역개정 성경에서는 '영'으로 바로잡은 것이다.

성경은 하나님의 영과 인간의 영을 구분해서 가르치고 있으며, 인간의 영은 하나님이 부여하신 것임을 분명히 밝히고 있다. "사람의 일을 사람의 속에 있는 영 외에 누가 알리요 이와 같이 하나님의 일도 하나님의 영 외에는 아무도 알지 못하느니라 우리가 세상의 영을 받지 아니하고 오직 하나님으로부터 온 영을 받았으니 이는 우리로 하여금 하나님께서 우리에게 은혜로 주신 것들을 알게 하려 하심이라"(고전 2:11-12).

이처럼 하용조 목사는 '참된 예배'에 대해 설명한 다음, 성도들에게 '참된 예배자가 되어야 한다'고 권면하고 있다.

"영적 예배는 몸을 드리는 것이다"

● ● ●

하용조 목사는 우리로 하여금 영적 예배에 집중하도록 한다. 그는 계속해서 영적 예배란 어떤 예배인가를 설명하고 있다. 그것은 예배자가 '몸을 드리는 것'이라고 가르친다. 이 부분은 앞에서 설명한 '참된 예배'의 각론으로서, 그의 예배론에서 중요한 대목이다. 하용조 목사는 예배론의 이 국면을 구약의 제사법을 통해 설명한다.[16]

제사에는 제물이 있어야 한다. 어떤 제물을 드리느냐가 그 제사를 결정한다. 제물이 있을 때 예배[제사]가 이루어진다. 아벨은 자기 양의 첫 새끼와 그 기름을 드려 하나님을 기쁘시게 했다. 아브라함은 100세에 난, 자신의 생명보다 더 소중한 아들 이삭을 제물로 드리려 했다.

하용조 목사는 구약 시대의 제사를 신약 시대의 예배로 연결한다. 그는 신약 시대 예배의 절정을 예수 그리스도의 대속 사건에서 찾는다.[17]

예수 그리스도는 자신의 몸을 십자가에서 온 인류의 속죄물로 드렸다. 이것이 예배이다. 만일 예수님이 자신의 몸을 바쳐 십자가에 달려 피 흘리지 않고 단지 마음만 드렸다면 우리의 구원은 이루어지지 않았을 것이다.

하용조 목사는 "몸을 드린다는 것은 무슨 뜻인가?" 하고 묻는다. 그러면서 그것은 구체적으로 나의 시간을 드리고, 물질을 드리고, 손발을 다 드리는 것을 의미한다고 말한다. "자기 몸의 헌신과 희생을 의미한다. 말과 입이 아니라 손과 발을 드리는 것이요, 시간과 물질과 노동을 제공하는 것이다." 그러면서 그는 "이것이 예배의 시작이다"라고 중요한 지적을 한다. 그러나 대부분의 사람들은 몸보다 마음을 드려 예배를 대신하려 한다는 것이다.

하용조 목사는 더 중요한 가르침으로 우리를 경성시킨다. "그 몸은 더러운 몸이 아니라 하나님이 기뻐하시는 거룩한 몸이어야 한다"는 것이다.[18] 몸이라고 다 참된 몸이 아니며, 예배라고 다 참된 예배가 아니라는 것이다. 어떤 몸이냐가 참된 예배와 거짓 예배를 결정한다는 것이다.

그는 이 진리를 구약의 제사에서 찾는다. 하나님은 당신의 백성이 바치는 제물이 불결하거나 흠이 있거나 온전하지 못하면 받지 않으셨다. 성경은 하나님에게 드리는 제물은 깨끗해야 한다고 가르친다. "너희 어린양은 흠 없고 일 년 된 수컷으로 하되"(출 12:5). "그러나 그 짐승이 흠이 있어서 절거나 눈이 멀었거나 무슨 흠이 있으면 네 하나님 여호와께 잡아 드리지 못할지니"(신 15:21).

그리고 그는 이 진리를 신약의 예수님이 드리신 제사에서 찾는다. 예수님은 오직 흠 없고 점 없는 어린양 같은 자신의 보배로운 피를 하나님에게 드려 우리의 죄를 대속하셨다는 것이다(벧전 1:19). "그리스도께서는 장래 좋은 일의 대제사장으로 오사 손으로 짓지 아니한 것 곧 이 창조에 속하지 아니한 더 크고 온전한 장막으로 말미암아 염소와 송아지의 피로 하지 아니하고 오직 자기의 피로 영원한 속죄를 이루사 단번에 성소에 들어가셨느니라 염소와 황소의 피와 및 암송아지의 재를 부정한 자에게 뿌려 그 육체를 정결하게 하여 거룩하게 하거든 하물며 영원하신 성령으로 말미암아 흠 없는 자기를 하나님께 드린 그리스도의 피가 어찌 너희 양심을 죽은 행실에서 깨끗하게 하고 살아 계신 하나님을 섬기게 하지 못하겠느냐"(히 9:11-14). 아버지 하나님에게 자신을 드려 우리의 죄를 속량하신 예수님에게서 진정한 헌신의 예배가 무엇인지 배워야 한다고 가르친다.

"참된 예배자가 되어야 한다"
• • •

하용조 목사는, 성도는 참된 예배자가 되어야 한다고 거듭 강조한다. 앞에서 살펴본 요한복음 4장 23절에서도 예수님은 '아버지께 참되게 예배하는 자들'을 하나님이 찾으신다고 말씀하셨다. '참된 예배'(true worship)를 드리는 '참된 예배자'(true worshipers)가 되어야 한다는 것이다. '참되게 예배하는 자'(true worshipers)는 영과 진리(신령과 진정, spirit and truth)로 '참된 예배'를 드리는 자다. 공교롭게도 형용사 'true'가 명사로 사용되면 '진리', '실제'라는 뜻이 되므로 'truth'와 같은 의미를 갖게 된다.

또한 하용조 목사는 요한계시록 4장을 예배의 보고(寶庫)라고 했다. '하늘의 예배' 장(章)이라고 할 요한계시록 4장에서 예배와 관련해 한 단어를 찾는다면 마지막 절인 11절에 나와 있는 '합당하다'가 될 것이라고 했다.[19] "우리 주 하나님이여 영광과 존귀와 권능을 받으시는 것이 합당하오니 주께서 만물을 지으신지라 만물이 주의 뜻대로 있었고 또 지으심을 받았나이다 하더라"(계 4:11). 이 말씀에서 보듯이, 우리 하나님은 경배와 찬양을 받기에 합당한 분이시라는 것이다.[20]

그는, 예배는 하나님에게 영광과 존귀와 능력을 드리는 것임을 전제하면서, 예배에 있어서 가장 중요한 요소는 '십자가의 보혈', '성령님의 기름 부으심' 그리고 '부활의 능력'이라고 했다.[21] "이 세 가지가 예배의 중요한 코드이다. 이 세 가지 요소가 없는 예배는 가짜 예배다"라고 단언한다. 그러면서 우리 주위에는 가짜 예배가 많다고 개탄한다. 진짜 예배는 예배를 받기에 합당하신 그분을 만나는 것이라고 강조했다. 그러면서 그는 다음과 같은 주목할 만한 금언을 남겼다.[22]

예배는 인간이 가질 수 있는 최고의 언어이다. 하나님과의 관계에서 인간이 해야 하는 가장 기본적인 것이 예배다. 예배는 인간의 사건이 아니라 하나님의 사건이다. 예배를 드릴 때 하나님의 사건이 내 안으로 들어와 나타난다. 그래서 예배는 지성소이다.

'예배는 인간의 사건이 아니라 하나님의 사건'이라는 말은 우리가 쉽게 들어 볼 수 없는 명언이다. 필자는 이따금씩 하용조 목사의 강론과 칼럼에서 이처럼 번뜩거리는 문장을 발견하는 즐거움을 누린다.

그렇다. 예배는 인간의 사건이 아니다. 예배는 하나님의 사건이다. 그런데 우리는 예배를 인간의 사건으로 오해할 때가 많다. 내 문제 때문에 예배를 드린다. 내 사건의 해결을 위해서 예배를 드린다. 예배를 드리는 목적이 나에게 있는 것이 인간 사건 중심의 예배다. 모양만 예배지 참된 예배가 아니다. 마당만 밟는 예배요(사 1:12), 구원을 바라나 우리에게서 먼 예배다(사 59:11). 하나님이 싫어하시는 예배다(삼상 15:22; 미 6:6-8). 이런 예배는 참된 예배가 아닐뿐더러 타락한 예배다. 하용조 목사는 이런 가짜 예배를 경계하고 있다.

그는 우리가 하나님 사건의 예배를 드려야 한다고 강조한다. 하나님 사건의 예배란 무엇인가? 하나님이 임재하시는 예배요, 하나님이 영광을 받으시는 예배다. 하나님의 최대 사건인 예수 그리스도의 구원의 은혜가 선포되는 예배다.

참된 예배자에게 필요한 세 가지 헌신과 세 가지 경계
• • •

하용조 목사는, 영적 리더는 먼저 참된 예배자가 되어야 하는데, 참된 예배자가 되기 위해서는 세 가지 헌신이 필요하다고 말한다. 첫째는, 예배에 헌신하는 것, 둘째는, 예배자로 헌신하는 것, 셋째는, 자원 봉사에 헌신하는 것이다.[23] 여기서도 그는, 성도는 참된 예배에 헌신해야 하며, 참된 예배를 드리는 참된 예배자로 헌신해야 한다고 강조한다. 성도는 예배에 헌신하는 것으로 만족해서는 안 된다는 것이다. 예배자로 헌신해야 한다는 것이다. 더 나아가, 예배를 위한 자원 봉사로 헌신해야 한다는 것이다.

그는, 헌신에는 여러 가지가 있지만, 가장 위대하고 본질적인 헌신은 예배에 헌신하는 것으로, 하나님을 믿는다는 것은 곧 예배에 헌신한다는 뜻이라고 했다.[24] 또한 예배자로 헌신하는 데 있어 가장 중요한 것은 거룩과 순결이라고 말한다. 구약의 제사에서 하나님은 흠 없는 제물을 받으신 것처럼(출 12:5; 레 1:3), 하나님에게 예배를 드리는 예배자는 순결하고 거룩해야(롬 12:1; 히 13:15-16) 한다는 것이다. 예배에 동원되는 악기나 목소리, 재능, 외모가 예배자의 요소가 아니라는 것이다. 그러면서 우리가 예배에 실패하는 것은 예배자로서 거룩과 순결을 잃어버렸기 때문이라고 말한다. 또한 참된 예배가 무엇인지 깨달으려면 자원 봉사자가 되어야 한다고 말한다. 그러면서 그는, 예배는 노동이라고 강조한다. 땀 흘리지 않는, 봉사하지 않는 예배는 없다는 것이다. 의자를 나르고 화장실을 청소하는 이들이 진짜 예배자들이라고 한다.

하용조 목사는 아울러 참된 예배자가 경계해야 할 세 가지를 가르친다.[25] 첫째는, 복음과 문화를 혼동하지 말아야 한다는 것이다. 둘째는, 사탄의 공격에 민감해야 한다는 것이다. 셋째는, 질투를 경계해야 한다는 것이다. 이런 가르침은 그의 목회의 실제 상황에서 경험한 것으로 보인다.

복음과 문화를 혼동하지 말라는 경계에 대해 그는 아주 재미있고 적절한 비유를 들어 설명한다. "우리는 물을 먹는 것이지 그릇을 먹는 것이 아니다. 그러나 물을 먹기 위해서는 그릇이 필요하다." 우리는 복음을 먹는 것이지 문화를 먹는 것이 아님을 강조하고 있다. 그런데 많은 예배자들은 문화라는 그릇에 심취한다는 것이다. 예배에서 음악이 중요하지만, 그것이 핵심은 아니라는 것이다. 예배의 핵심은 기도요, 순결이요, 순수함이라고 강조한다. 약과 독을 혼동해서는 안 된다고 경계한다. 대단히 중요한 충고가 아닐 수 없다.

그는 이어서 찬양하는 예배자들은 사탄의 공격을 경계하라고 권면한다. 음악이라는 도구 자체가 아주 위험하기 때문에 스캔들을 조심해야 한다고 충고한다. 특히 예배 인도자에게는 성적, 감각적 유혹이 많다고 경고한다. 그는 스캔들로 인해 무너진 사람들을 많이 보았다며 주의를 촉구한다. 그러면서 열정과 순결을 혼동해서는 안 된다고 조언한다. 은사와 순결, 능력과 순결을 혼동해서는 안 된다면서, 참된 예배자는 항상 사탄의 공격을 용기 있게 물리쳐야 한다고 가르친다.

예배자의 질투와 관련해서는, 가령 무대에서 보조 역할을 맡으면 화를 내는 사람도 있는데, 이러한 태도는 매우 위험하다고 지적한다. 다른 사람보다 더 인정받으려는 욕망에 사로잡혀 자신도 예배에 실패하고, 동료 성도의 예배도 방해하는 과오를 범하게 된다는 것이다. 서로를 용납하고, 감정의 기복이 심한 동료와 조화로운 팀워크를 이룰 수 있어야 참된 예배자가 될 수 있다고 한다.

이처럼 하용조 목사는 자신이 목회 현장에서 경험한 바에 따라 매우 구체적이고도 실제적으로 참된 예배자가 갖추어야 할 자세를 제시하고 있다.

예배가 살아 있으면 교회는 부흥한다

• • •

하용조 목사는 교회 부흥과 예배의 관계에 대해서도 주목할 만한 언급을 하고 있다. 예배가 살아 있으면 교회는 부흥한다는 것이 그의 중요한 목회철학이다.

진정한 예배가 드려지면 교회는 비를 맞은 잎사귀처럼 생기 있게 살아난다고 했다.[26] 진정한 예배를 드림으로 영혼이 살아난다는 것을 강조한 표현이다. 교회가 해야 할 가장 중요한 일은 살아 계신 하나님에게 예배를 드리는 것이라고 한다.

그러면서 그는, 진정한 예배를 드리면 교회에 기적이 일어나고 변화가 나타난다고 했다. 즉 교회에 큰 부흥이 일어난다는 것이다. 그는 교회의 예배를 통한 변화를 구약의 모세가 시내 산에서 하나님을 대면한 (예배드린) 사건과 연관 지어 설명한다. 그는 다음과 같은 통찰력을 보이고 있다.[27] "모세가 시내 산에서 하나님을 보고 내려왔을 때, 그 얼굴에 광채가 나타났다. 이것이 예배다."

그는 무엇을 말하는 것일까? 모세가 하나님의 부르심을 받고 그분 앞에 나아간 것이 예배요, 하나님을 만남으로 생긴 모세의 변화가 참된 예배의 결과라는 것이다. 하용조 목사의 이처럼 놀라운 영적 통찰력과 결부해서 우리 예배의 실상을 생각해 보면, 우리가 하나님에게 나아가는 것도 하나님의 부르심에 의한 것이라는 사실을 깨닫게 된다. 하나님이 모세를 부르신 것처럼, 하나님이 우리를 부르지 않으시면 그 누구도 하나님 앞에 나아갈 수 없다. 하나님은 예수 그리스도를 통해 죄인을 부르시고, 부름 받은 죄인은 성령님의 인도하심으로 하나님 앞에 나아가는 것이다. 이것이 예배라는 것이다. 모세가 하나님을 만난 것이 예배이듯이, 우리가 하나님을 만나는 것이 예배라는 것이다. 하나님을 만남으로 모세가 변화를 받은 것이 예배이듯이, 우리가 하나님을 만남으로 변화를 받는 것이 예배라는 것이다.

하나님의 부름을 받고 시내 산에 올라간 모세가 두 번이나 40주야 물도 마시지 않고 하나님의 말씀을 받으며 예배를 드린 결과 그의 얼굴에 광채가 났다(출 24:12-34:30)는 말씀에 근거해서, 하용조 목사는 진정한 예배를 드리는 성도들에게는 이러한 변화가 일어난다는 사실을 강조하고 있다. 이 말씀에서 우리가 주목할 것은, 모세의 얼굴에 나타난 광채는 사람의 영광이 아니라 하나님의 영광을 드러내는 광채라는 사실이다. 그것은 여호와가 비춰 주신 은혜의 빛이다(민 6:25). 우리가 다 수건을 벗은 얼굴로 주의 영광을 보는 광채다(고후 3:18). 이는 예수 그리스도의 얼굴에 있는 하나님의 영광의 광채다(고후 4:6). 참된 예배를 드림으로 이 영광의 광채를 세상에 드러내고 비춰야 한다는 것이다.

하용조 목사는 참된 예배를 통해 성도들에게 이런 영적 변화가 나타나야 한다고 강조한다. 우리가 참된 예배를 드림으로 하나님 영광의 광채를 온 세상에 드러내고 비추자고 호소한다. 그런데 우리의 예배 현실은 과연 어떠한가를 반문한다.[28] "그러나 우리의 현실에서는 아무리 예배를 드려도 변화나 빛이 나타나지 않는다. 예배를 드려서 내면의 세계가 변화되어야 한다. 이제 우리는 다시 한 번 예배를 진지하게 생각해 볼 때가 되었다"며 진정한 예배 회복의 필요성을 호소하고 있다.

특히 그는 예배 중에서도 주일예배의 중요성을 강조하고 있다. 건강하지 못한 교회는 주일예배가 죽어 있다며 안타까워한다. 그는 지금까지 자신의 목회 경험을 통해 볼 때, 주일예배, 소위 대예배가 살면 교회가 산다고 확신 있게 말한다.[29] 예배는 힘을 잃고 죽어 있는데 신유와 예언 등의 은사가 많이 나타나면 그 교회는 어지럽고 시끄러워지지만, 예배가 살아 있으면 은사가 아무리 나타나도 문제가 되지 않는다고 했다. 심지어 제자 훈련이 아무리 좋아도 예배가 살지 않으면 오래가지 못하고, 선교와 구제가 아무리 좋아도 주일예배에서 흘러넘치는 감격이 없으면 오래가지 못한다고 했다.[30] 그래서 하용조 목사는 이렇게 단언한다.[31]

> 교회 부흥의 길은 예배에 있다. 성도들이 일주일 동안 각자 자기의 처소에서 살다가 주일에 교회 마당을 밟을 때부터 눈물을 흘리고, 교회에 뛰어오면서 찬송을 불러야 한다. 이렇게 모인 성도들이 손을 들고 찬송을 부르면 설교를 듣기 전에 이미 하나님을 만난 것이다. 이것이 살아 있는 예배다. 세상에서 하나님의 뜻대로 살려고 피투성이가 되도록 몸부림치다가 교회에 도착했을 때 하나님을 만나는 경험, 이런 것들이 주일예배를 만들어 가는 것이다.

그는 만일 교회에 예배가 죽어 있다면 분명히 장애물이 있을 것이므로, 그것이 무엇인지 생각해 보고 그 원인을 과감하게 제거하라며 예배의 회복을 바라는 이 시대의 목회자들에게 충고하고 있다. "아버지께서는 이렇게 자기에게 예배하는 자들을 찾으시느니라"(요 4:23, 개역한글성경)고 하신 예수님의 참된 예배에 대한 가르침을 재차 강조하고 있다.

사도행전적 교회의 예배에 목숨을 걸다
• • •

하용조 목사는 온누리교회 초창기부터 예배에 목숨을 걸었다고 고백한다.[32] 그토록 온 힘을 다해 정성을 드린 예배의 기준은 역시 사도행전의 교회였다. 예배 순서 하나하나를 신중히 따져 보고 사도행전 교회의 본질과 맞지 않으면 과감하게 바꿔 나갔다. 그는 성령님이 인도하시는 예배를 위해 다음과 같은 목표를 내걸었다.[33] 필자는 여기에 소개하는 당시 하용조 목사의 '예배를 위한 목표'가 오늘날 교회를 섬기는 목회자들에게 참고가 될 것으로 판단한다.

1. 참된 예배를 위하여 성령님의 임재를 사모하자.
2. 목사도 예배자임을 기억하자.
3. 순서에 너무 얽매이지 말자.
4. 생동감 있는 설교를 하자.
5. 설교할 때 목에 힘주지 말자.
6. 예물이 있는 예배를 드리자.
7. 찬양이 있는 예배를 드리자.
8. 강대상을 낮추자.
9. 예배 시간에 헌금 바구니를 돌리지 말자.
10. 성찬식은 자주 하자.
11. 예배 시간을 제한하지 말자.

하용조 목사는 이러한 목표를 실천하는 것이 쉽지만은 않았다고 솔직히 고백했다. 강단이 무대 스타일인 것도 성도들에게는 낯설었고, 강단에 목사의 의자가 없는 것이나 예배 시간에 헌금 바구니를 돌리지 않는 것, 주기도문과 사도신경을 외우지 않는 것 그리고 성만찬을 자주 하는 것도 여론의 도마에 올랐다고 한다. 특히 예배에서 찬양이 중요하다고 생각해 온 그는 풀타임 찬양 사역자를 청빙하기로 하고, 그 직책의 이름을 성가사(聖歌師)라고 했다. 미국과 유럽 교회의 찬양 전담 목사 제도를 도입하고자 했던 것 같다. 그러나 그의 이러한 구상은 한국 교회의 보수적인 문화 인식의 한계로 풀타임 찬양 사역 제도를 실현하지 못하게 된다.

'경배와찬양'으로 새로운 예배를 도입하다

• • •

하용조 목사의 예배 사역을 생각할 때 먼저 떠오르는 것이 온누리교회에서 처음으로 시행한 '경배와찬양'이다. 이 찬양 예배의 도입은 예배에 있어 찬양의 중요성을 누구보다 정확하게 인식해 온 하용조 목사의 피나는 노력의 결과다. 사도행전적 '바로 그 교회'를 꿈꾸며 1985년 창립 초기부터 예배에 집중했다. 하나님이 꿈꾸시는 '바로 그 예배'를 드리기 위함이었다. '바로 그 예배'를 드리기 위해 도입된 것이 '경배와찬양'이다. '경배와찬양'은 1986년 창립 때부터 통합 운영되던 대학부와 청년부가 분리되어 새로운 공동체로 출발할 무렵, 영국 골드힐교회에서 음악 전도사로 섬기던 하스데반 선교사가 귀국해 대학부를 맡으면서 시작되었다. 짐 그레이엄(Jim Graham) 목사가 시무하는 이 교회는 성도들이 탬버린과 박수를 치며 예배를 드리는 교회인데, 온누리교회의 '경배와찬양'은 이 교회의 영향을 받은 것이다. 온누리교회는 1987년, 아직 가건물이던 예배당에서 소수의 몇몇 청년들이 모여 소수의 악기들을 가지고 찬양을 드리다가 매주 목요 찬양 모임으로 발전되었는데, 이것이 오늘날 '올네이션스 경배와찬양'의 시작이라고 한다.[34]

온누리교회의 '경배와찬양'은 1988년 서울올림픽을 맞아 대학로에서 집회를 열어 서울에 예수의 소문을 가득 채우는가 하면, 1980년대

민주화 운동으로 황폐해진 대학을 깨우기 위한 열린 대학로 집회 등으로 한국 교회에 새로운 도전을 주었다. 이후 '경배와찬양'은 일본과 대만, 러시아와 홍콩 등 아시아 전역으로 퍼져 나갔다. 짧은 시간에 한국 교회 예배의 패러다임 변화에 큰 영향을 준 '경배와찬양'은 체계적인 사역자 양성의 필요가 커져 1988년에는 제1기 '경배와찬양학교'가 문을 열었으며, 1990년대 들어서는 전국적으로 확장되는 '경배와찬양' 사역을 효과적으로 지원하기 위해 '경배와찬양위원회'를 조직하기도 했다. 온누리교회는 1990년대 들어서 ANI(All Nations Worship & Praise Institute) 훈련을 실시해 '경배와찬양' 선교사 양성에 주력했다. 한편 대만, 홍콩, 싱가포르, 말레이시아, 중국, 일본, 미국 등에 ANM(All Nations Mission) 센터를 세워 '경배와찬양' 선교사들과 현지 스태프들을 훈련시키는 등 '경배와찬양'의 지경을 전 세계로 넓혀 나갔다. '경배와찬양'이 시작된 초기의 상황에 대해 하용조 목사는 다음과 같이 말했다.[35]

> 찬양과 기도와 메시지 선포가 한데 어우러진 이 찬양 집회는 예배의 새로운 패러다임이 되었다. 이 팀이 매주 목요일 '경배와찬양' 집회를 열고, 한국에서는 처음으로 워십 찬양 집회를 선보였다. 한국 교회는 열광했다. 당시 온누리교회에 천여 명의 사람들이 모일 때, 경배와찬양 목요 집회에는 4천여 명의 젊은이들이 모여 찬양으로 예배를 드렸다.

위에서 그가 언급한 것처럼, 온누리교회의 '경배와찬양'은 한국 교회의 비상한 관심을 불러일으켰을 뿐만 아니라 삽시간에 개별 교회로 파급되었다. 그 반응과 파급은 가히 폭발적이었다. 하용조 목사가 "초창기에 우리 교회가 가장 목숨을 걸었던 것은 예배였다"[36]고 실토한 것도 이 '경배와찬양'의 도입과 관련된 것이다. 자신이 영국 훈련 중 경험한 예배의 충격 그대로, '경배와찬양'을 처음 선보였을 때 온누리교회의 기성세대들이 받은 충격도 대단했다. '경배와찬양' 도입 초기에 교회 청년들은 환호하면서 금세 적응했지만, 어른들은 그렇지 못했다고 한다. "당시 우리 교회 청소년들은 누가 시키지 않았는데도, 스스로 록이나 팝송 같은 대중음악 테이프를 없애며 예수님께 자발적인 헌신을 하는 등 새로운 예배 스타일에 뜨겁게 호응했다. 기적이 일어난 것이다. 하지만 어른들은 그렇지 못했다." '경배와찬양' 도입 당시의 교회 분위기에 대한 하용조 목사의 말이다.[37]

교회 분위기가 이러함에도 그는 어른 예배 또한 찬양 집회처럼 뜨겁게 드리고 싶어 기도하며 포기하지 않았다. 그는 '우리 교회 성도들이 하나님 앞에서 마음 문을 활짝 열고 춤추고 박수 치며 다윗처럼 예배를 드린다면 하나님이 얼마나 기뻐하실까' 염원하면서 기성세대의 변화를 위해 꾸준히 노력했다. 하지만 어른들은 오랫동안 워십송을 낯설어하며 젊은이들과 어울리지 못했다. 예배 때 손들고 찬양 부르는 것은 고사하고 박수 치는 것조차 쑥스러워하는 성도들에게 워십송을 부르도록 유도하기는 무척 어려운 일이었다고 한다. 그래서 그는 찬송가 세 곡을 부르면 워십송을 한 곡씩 끼워 넣어 부르도록 작전을 짜기도 했다.

이렇게 무려 7년이 흘러서야 온누리교회 어른들도 워십송을 부르고, 손을 들고 눈물을 흘리는 예배를 드릴 수 있게 되었다고 한다. '경배와찬양'이 도입될 당시인 1987년 무렵 온누리교회 예배에 1천여 명이 모일 때, '경배와찬양' 목요 집회에는 4천여 명의 젊은이들이 모여 찬양으로 예배를 드릴 정도로 큰 부흥의 역사가 일어나게 되었다.

이처럼 하용조 목사는 기도 중에 정한 일은 결코 포기하지 않고 꾸준히 인내하며 그 일을 성사시키는 불퇴전의 용사 같은 기질을 소유한 목회자였다. 무려 7년이란 세월을 노력해 온 교회 남녀노소 성도들이 동락하며 '경배와찬양'으로 산 예배를 드리게 되었으니, 목회자로서 피나는 노력을 한 결과라고 할 것이다. 하용조 목사의 '예배에 목숨을 걸었다'는 고백이 실감난다.

성령님이 역사하시는 예배를 위해 목숨을 걸다
● ● ●

정작 한국 교회 경배와 찬양의 출발지인 온누리교회가 이 정도였으니 다른 교회들의 경우는 어떠했겠는가. 많은 교회에서 문의가 쇄도하고 청년 성도들을 중심으로 경배와 찬양 예배가 파급되어 나갔지만, 개별 교회들마다 역시 기성세대의 반응은 냉랭했으며, 적응하기까지 많은 시간과 노력이 필요했다. 그 무렵 한국 교회에는 '찬양 집회'라는 새로운 용어가 생겼고, 강단에 악기를 세팅하거나 워십 찬양을 하는 풍토가 급속도로 조성되기 시작했다. 새로운 예배 스타일이 생기기 시작한 것이다.

어떤 교회는 장로님들이 강단에 악기 올려놓는 것을 용납할 수 없다고 해서 오전 청소년 예배 때는 악기를 세팅했다가 어른 예배 때는 악기를 철수하고, 오후 청년 예배 때 다시 악기를 세팅하는 촌극을 벌이기도 했다. 지금은 웬만한 교회들이 경배와 찬양 예배에 익숙하게 되었지만, 이처럼 한 분야를 개척한다는 것이 얼마나 힘들고 어려운지 경배와 찬양의 정착 과정을 통해 실감하게 된다.

경배와 찬양이 받아들여지기까지 온누리교회와 한국 교회만 낯설어하는 분위기는 아니었다. 교회 인근 주민들의 반응과 항의도 만만치 않았다. 온누리교회의 경우, 매주 목요일 '경배와찬양' 집회가 끝날 무렵이면 교회로 항의 전화가 빗발쳤다고 한다.[38] 온누리교회에서 서빙고 전철역에 가려면 신동아 아파트 단지를 통과해야 하는데, 집회에서 성령 충만을 받은 젊은이들이 찬양을 부르고 기도를 하며 움직이다 보니 본의 아니게 주민들에게 불편을 끼치기가 일쑤였기 때문이다. 이런 현상은 젊은이들의 경배와 찬양 예배가 이루어지는 다른 교회에서도 마찬가지였을 터다. 이렇게 볼 때, 교회에 경배와 찬양이 자연스럽게 정착하기까지는 상당한 고충과 인내의 시간이 필요했던 것이다.

초기에는 일반 사회뿐만 아니라 적잖은 교회의 기성 교인들로부터 이상한 예배를 도입했다고 항의를 받았을 법한데, 그 오해와 어려운 과정을 견디며 한국 교회에 초대교회처럼 성령이 역사하시는 예배, 남녀노소가 함께 기뻐하고 찬양하며 하나님에게 영광을 돌리는 산 예배를 정착시킨 것은 분명 한 종을 통해 성령님이 하신 일이라 하겠다.

오늘날 세속의 문화에 밀리고 있는 교회의 현실 속에서 경배와 찬양 예배는 분명 기독교 문화의 새로운 장을 연 것으로 평가된다. 특히 교회를 떠나고 있는 청소년들에게 경배와 찬양 예배는 새로운 모습으로 다가가고 있으며, 그들의 발길을 교회로 돌아오게 하고 있다. 그뿐 아니라 초신자들도 쉽게 교회에 정착할 수 있는 효과가 있으며, 불신자들을 초청해 뜨겁고 경이로운 기독교 문화를 접하게 함으로써 효과적인 전도의 기회를 얻고 있다.

필자는 수년 전 빌리그래함전도협회(BGEA)에서 주관하는 프랭클린 그레이엄(Franklin Graham) 초청 '동경 페스티벌'과 '하노이 페스티벌'에 초청을 받아 참석할 기회를 가졌었다. 2015년과 2017년에 차례로 열린 양 대회에서 필자가 경험한 것은, 집회가 찬양 중심으로 진행된다는 것이었다. 불신자 초청과 전도에 초점을 둔 집회에서 그들의 마음 문을 여는 가장 효과적인 방법이 은혜로운 찬양인 것을 확인하게 되었다. 집회 시간의 반 이상을 찬양으로 진행하고, 정작 프랭클린 그레이엄 목사의 메시지는 쉽고 짧고 간결했다. 복음이 선포되기 전에 이미 찬송으로 은혜를 받아 심령이 변화를 받았기에 선포되는 말씀을 그대로 받아들이는 현상을 목도하게 되었다. 그랬기에 "이 시간에 예수님을 영접한 자는 앞으로 나오십시오" 하고 초청하는 시간에 수많은 영혼들이 두 손을 들고 플로어로 내려가는 눈물겨운 역사가 일어나는 것이었다.

실로 온 백성이 여호와 하나님을 찬양할 때 유다를 치러 온 암몬 자손과 모압과 세일 산 주민들이 진멸당하는 역사가 일어났다(대하 20:22). 우리 영혼이 온전히 주님을 찬양할 때, 마귀는 물러가고 성령님이 우리를 지배하고 다스리신다. 하나님은 당신을 찬송하도록 우리를 지으셨다(사 43:21). 경배와 찬양은 온누리교회의 전유물이 아니다. 하용조 목사가 창안한 것도 아니다. 성경이 증언하는 예배이며, 하나님이 명하신 예배다. 하나님이 한국 교회를 사랑하셔서, 하용조 목사를 통해 이처럼 은혜로운 예배를 이 땅에 허락하고 영광을 받으시는 것이다. 이렇게 볼 때, 하용조 목사는 한국 교회 예배를 개혁한 목회자라 할 것이다.

1. 하용조, 《사도행전적 교회를 꿈꾼다》, p. 168.
2. 최금남, 《그대 신앙은 안녕하십니까》(서울: 쿰란출판사, 2021), p. 26.
3. 대한예수교장로회총회교육부 편, 《개혁교회의 예배·예전 및 직제》(서울: 한국장로교출판사, 2015), 개혁신학과 교육 시리즈, 5, p. 57.
4. 존 칼빈, 원광연 역, 《기독교강요(하)》, p. 18.
5. 하용조, 《사도행전적 교회를 꿈꾼다》, p. 165.
6. 위의 책, p. 161.
7. 위의 책, p. 160.
8. 위의 책, p. 160.
9. 위의 책, p. 162.
10. 하용조 목사는 자신의 예배관을 진술하면서 요한복음 4장의 예배에 대한 예수님의 가르침을 자주 제시하고 있다. 위의 책 p. 163에서 '참된 예배'에 대한 예수님의 가르침(요 4:24), p. 169에서 "교회 부흥의 길은 예배에 있다"는 진술을 하면서 요한복음 4장 23절을 인용하고 있다.
11. 위의 책, p. 163.
12. 김성영 편, 《완벽성경성구대전》, 제7권, 헬라어-한글사전, 'πνεύμα' 참조, p. 345.
13. 위의 책, 'ἀλήθεια' 참조, p. 262.
14. 하용조, 《사도행전적 교회를 꿈꾼다》, p. 163.
15. 위의 책, p. 163.
16. 위의 책, pp. 163-164.
17. 위의 책, p. 164.
18. 위의 책, pp. 164-165.
19. 위의 책, p. 165.
20. 위의 책, p. 165.
21. 위의 책, p. 165.
22. 위의 책, pp. 165-166.
23. 위의 책, p. 166.
24. 위의 책, p. 166.
25. 위의 책, pp. 166-167.
26. 위의 책, p. 168.
27. 위의 책, p. 168.
28. 위의 책, p. 168.
29. 위의 책, p. 168.
30. 위의 책, pp. 168-169.
31. 위의 책, p. 169.

32. 위의 책, p. 169.

33. 위의 책, p. 170.

34. 온누리교회 편, 《온누리교회 25년》, pp. 120-121.

35. 하용조, 《사도행전적 교회를 꿈꾼다》, p. 174.

36. 위의 책, p. 169.

37. 위의 책, pp. 174-175.

38. 위의 책, p. 174.

제6장

"설교를 하면 나는 살아난다"

하용조 목사와 설교

"나는 죽을 때까지 설교할 것이다"

● ● ●

병 때문에 설교를 못한 적은 한 번도 없었다. 병과 설교는 언제나 동행한다. 이것이 하나님이 병을 통하여 나를 붙잡아 주신 놀라운 방법이다. 그래서 내게 아픈 것은 아프지 않은 것이나 마찬가지다. 참 이상하다. 나는 설교하면 살아난다. 강대상에만 올라가면 살아난다. 그런데 설교를 안 하면 기가 팍 죽는다. 기운을 못 차린다. 그래서 나는 살기 위해서 설교한다 … 하나님의 은혜다. 나는 죽을 때까지 설교할 것이다.

하용조 목사가 육신의 고통이 극심한 상황에서 한 말이다.[1] 폐병과 간염과 간경화 그리고 수차례의 간암 수술과 당뇨와 신장병으로 인한 투석 등 '종합 병원' 같은 지병으로 형언할 수 없는 고난을 겪으면서 실토한 설교에 대한 심경이다. 주의 종으로서 수많은 사역을 감당해 왔지만 자신의 궁극적인 관심은 설교에 있다는 절절한 고백이다. 설교에 대한 그의 거룩한 부담은 설교만 할 수 있다면 그 어떤 육신의 고통도 문제가 되지 않는다는 것이다. 죽어 가다가도 설교만 하면 살아난다는 것이다. 그는 자신이 살기 위해 설교를 하고, 다른 영혼을 살리기 위해 죽는 순간까지 설교를 하겠다는 것이다.

여기서 자신이 살기 위해 설교를 한다는 말이 이기적으로 들릴지 모르지만, 이 고백은 자신을 번제처럼 다 태워서라도 죽어 가는 영혼을 예수님에게로 인도하겠다는 역설적인 표현이다. 생전에 하용조 목사를 친동생 이상으로 생각한 믿음의 형제 홍정길 목사의 다음과 같은 회상 속에서 우리는 그의 복음에 대한 사명감이 어느 정도였는지 짐작할 수 있을 것 같다.[2]

하용조 목사의 병세가 심히 깊어 일주일에도 몇 번 투석을 하고 있을 때, 한 번은 홍정길 목사가 그의 병실을 찾았다. 육신의 허약한 모습을 남에게 보이기 싫어하는 그였지만, 눈빛으로도 영적 교감을 하는 복음의 동지이기에 "형님이 오신다니 투석 중에 도망갈 수도 없네요" 하고 문병을 허락했다는 것이다. 성도들 앞에서는 전혀 아프지 않은 사람처럼 언제나 웃고 있는 그였지만, 마른 나뭇가지처럼 누워 있는 아우를 본 형은 눈물을 감출 수 없었다. 그래서 자신도 모르게 책망을 했다고 한다.

"이 사람아, 좀 적당히 하게. 이런 몸을 가지고 왜 그러나!"

형의 안타까운 책망을 들은 동생은 한참동안 침묵을 지키다가 이윽고 입을 열었다.

"형님에게는 시간이 있지만, 저에게는 시간이 없어요."

하용조 목사의 이 말에 홍정길 목사는 더 이상 아무 말도 할 수 없었고, 그 후에도 일절 '예수님과 하용조의 시간'에 끼어드는 실례(?)를 범하지 않기로 했다는 것이다. '시간이 없으니 목회와 설교를 멈출 수 없다'는 것이었다. '시간이 없으니 선교를 멈출 수 없다'는 것이었다. '시간이 없으니 기도와 묵상을 멈출 수 없고, 자신처럼 고통당하는 이웃을 향한 손길을 멈출 수 없다'는 고백이었다.

필자는 홍정길 목사의 이 회상을 들으면서 게으른 나의 모습을 보게 되었다. 내일도 태양이 뜰 것이라는 미련하고 어리석은 착각에 빠져 무수한 시간을 인생의 강물에 흘려보낸 모습이 한없이 부끄러웠다. 그렇다. 하나님 앞에서는 누구나 임의로 쓸 수 있는 시간이 없다. 그러나 하용조 목사는 분명 우리보다 정말 시간이 없었다. 그랬기에 그는 생명이 남아 있는 동안에 자신을 깡그리 태우고 싶었던 것이다. 주님이 부르시는 그 순간까지 복음을 외치고 싶었던 것이다. 주님을 가장 가까이 따라간 구도자 중의 한 사람인 13세기의 프란체스코가 하용조 목사처럼 젊은 날 원인 모를 병마에 시달리며 주님을 위해 살 수 있는 단 하루의 시간이라도 더 달라고 절규했던 것처럼 말이다.

설교가 목회의 꽃이고 설교가 목회자에게 주어진 가장 큰 영광이라고 하지만, 우리 시대에 하용조 목사만큼 설교를 사랑하고 설교에 매달리고 설교와 씨름하다가 우리 곁을 떠난 복음 전도자가 또 있을까? 그것도 65년의 지상 생애 중 거의 반세기를 따라다닌 모진 육신의 질고와 싸우면서도 사랑하는 설교와 죽는 순간까지 이혼하지 않고 마지막까지 생의 반려로 껴안고 몸부림친 종이 또 있을 것인가?

실로 그는 복음을 위해 이 땅에 태어났고, 설교를 위해 한국 교회에 태어난 사람이다. 영국의 부흥사 스펄전(C. H. Spurgeon)이 존 버니언(John

Bunyan)을 일컬어 '성경형'(聖經型)의 사람, 즉 그의 사상과 글에는 '성경의 피'(Bibline Blood)가 흐른다고 했던 것처럼,[3] 하용조 목사의 혈맥에는 '설교의 피'(Preaching Blood)가 흐르고 있었다.

우리는 하용조 목사의 예배관을 살펴본 앞 장(제5장)에서, 예배에 있어서 가장 중요한 요소가 설교와 찬양과 성례전이라는 사실을 확인 했다. 원래 전통적인 예배의 2대 요소는 설교와 성례전이다. 그러나 예배가 점차 발전하면서 찬양을 필수적인 요소로 보아 설교·찬양·성찬식이 예배의 3대 요소로 자리 잡게 되었다. 앞에서는 하용조 목사가 온누리교회 예배에서 시행한 찬양과 성례전의 특성을 살펴보았으므로, 본 장에서는 하용조 목사의 설교론과 그의 권면 그리고 그의 설교가 갖는 특징에 대해 살펴보기로 한다.

"예배는 교회의 심장이며, 설교는 예배의 심장과 같다"

● ● ●

이 말은 하용조 목사가 생전에 남긴 명언이다. 우리의 교회 생활에 있어서 예배의 중요성과 예배에 있어서 설교의 중요성을 강조한 말이다. 앞에서 언급한 바와 같이, 설교와 성례전이 예배의 중심을 이룬다는 전통적인 기독교 예배학의 관점과 일치되는 견해다. 하용조 목사의 이러한 견해는 또한 종교 개혁자들이 예배의 중심에 설교를 정초시킨 것과 일치한다.

'예배는 교회의 심장'이라는 말과 '설교는 예배의 심장'이라는 말은 기존 예배학에서 말하는 정의보다 더 실감나고, 그야말로 심장이 뛰는 표현이다. 하용조 목사의 이러한 언명은 결과적으로 '교회는 (하나님에게 드리는) 예배를 위해 존재하며, 예배는 (하나님의) 말씀 선포(설교)로 살아난다. 그러므로 교회는 예배를 통해 말씀 선포(설교)가 일어나는 곳이다'라고 정리할 수 있겠다. 이는 교회와 설교의 관계에 있어서 "교회는 오로지 설교를 통해서 세워진다"고 말한 존 칼빈의 생각과 일맥상통한다.[4] 또한 칼빈은 사도 바울이 그의 설교 가운데 하나님의 영광이 그리스도의 얼굴에 비친다고 말한 것을(고후 4:6) 상기시키면서 설교의 중요성을 거듭 강조했다.[5]

그렇다. 예배는 교회의 심장이다. 교회는 하나님에게 예배드리는 성소다. 그리고 설교는 예배의 심장이다. 예배는 하나님의 말씀을 삼가 듣는 성례다. 우리는 예배를 통해 위로부터 선포되는 하나님의 말씀을 듣는다. 아래로부터 우리의 찬양을 하나님에게 올려 드린다. 성례전을 통해 성령님의 교통 속에 그리스도의 고난에 동참한다. 그래서 설교를 성부 하나님의 요소로, 성만찬을 성자 예수님의 요소로, 찬양을 성령 하나님의 요소로 이해함으로써 예배를 하나님에 대한 삼위일체적인 개념으로 이해할 수 있는 것이다.

칼 바르트가《교회 교의학》에서 성경과 교회와 말씀의 관계를 설명함에 있어 "성서는 교회에게[그리고 교회를 통하여 세상에게] 하나님의 계시를, 예수 그리스도를 하나님의 말씀으로 증거한다. 교회가 그렇게 행하는 힘은 교회가 말씀을 증거하는 바로 그 대상[예수 그리스도]의 힘이다. 그분이 교회의 그러한 증언을 창조했다"고 주장한 것처럼[6] 교회가 교회다울 수 있는 것, 교회가 살아 있는 것, 교회의 심장이 뛰는 것은 하용조 목사의 판단대로 설교, 즉 복음의 선포 때문이라는 것이다. 그래서 바르트는 '교회의 권위'와 '교회의 자유'를 구분하여 설명하면서, 교회가 권위를 갖는 것은 하나님의 말씀이 선포되므로 그러하다고 했다. 즉 교회는 하나님의 말씀으로 권위를 갖는다는 것이다. 그러면서 "교회가 말씀에 의해 권위를 가질 뿐만 아니라 교회는 말씀에 의해 자유를 가진다"고 했다. 교회의 자유는 선포된 말씀이 주는 자유라는 것이다.[7]

하용조 목사가 '설교는 선포다'라고 한 것이나, '죽은 영혼을 살린다'라고 한 것 또한 하나님의 말씀을 통한 교회의 권위와 교회의 자유를 웅변한 것이 아니겠는가. 그는 이처럼 주님의 몸 된 교회에 주신 영광을 위해, 복음 전도자로서의 사명을 감당하기 위해 자신에게 주어진 시간을 타는 촛불처럼 주님에게 마저 드리고자 했던 것이리라.

이제 하용조 목사의 '설교란 무엇인가'에 대한 견해를 살펴보자. 여기서 필자는 하용조 목사의 설교에 대한 여러 설명 중에서 '1) 설교는 선포다, 2) 설교는 죽은 영혼을 살린다, 3) 설교란 성육신이다, 4) 설교란 동일화하는 작업이다'라는 네 가지 관점을 살펴보기로 한다. 그 외의 관점은 설교에 대한 정의라기보다는 설교자가 갖추어야 할 자세에 관한 조언이라 할 수 있다.

"설교는 선포다"

• • •

하용조 목사는 "설교는 선포다"라고 주장한다.[8] 그리고 '설교'(preaching)는 교회를 만들고, '가르침'(teaching)은 성도를 만든다는 의미 있는 말을 했다.[9] 어떤 설교를 하느냐가 어떤 교회를 만드느냐를 결정한다는 것이다. 또한 어떻게 가르치느냐에 따라 그 성도가 만들어진다는 것이다. 그런데 분명한 것은, 가르침은 설교가 아니라는 사실이다. 가르침은 지식과 정보의 전달 개념이 강하고, 설교는 선포의 개념이 더 강하다고 말한다. 그는, 가끔 설교자들이 설교 중에 "나는 그렇게 생각한다"라고 말할 때가 있는데, 설교는 "그렇게 생각한다"가 아니라 "그렇다"라고 해야 함을 강조한다. 설교는 '선포'(proclamation)이기 때문이라는 것이다. 일찍이 칼 바르트가《교회 교의학》에서 "교회에서 일어나는 하나님에 관한 진술은 선포이다. 이 선포는 설교와 성례전을 통해 인간에게 주어진다"고 함으로써 말씀 선포의 중요성을 강조한 바 있다.[10]

하용조 목사는 설교의 선포를 구체적으로 예수 그리스도를 선포하는 것과 성령님이 말씀하시는 것을 선포하는 것으로 나누어 설명한다. 그는 먼저, "설교는 예수 그리스도를 선포하는 것이다"라고 했다.[11] 즉 설교란 복음을 선포하는 것인데, 그 핵심은 예수 그리스도라는 것이다. 그러면서 그는 케리그마(Kerygma)에 대해 설명한다. 넓은 의미의 케리그마는 신적 권위를 가지고 설교자에게 위탁된 메시지를 선포하는 행위를 말하는데, 여기서 하용조 목사가 뜻하는 케리그마는 복음의 핵심인 예수 그리스도를 선포하는 것을 의미한다.

하용조 목사의 이러한 견해는 케리그마의 신약적 의미와 상통되는 가르침이다. 신약성경에 있어서 이 말은 예수 그리스도를 통해서 나타내신 하나님의 구원 행위, 즉 복음의 선포를 의미하기 때문이다. 그는 "설교란 복음을 선포하는 것이다. 좋은 이야기를 하는 것이 아니다. 윤리와 교양과 도덕을 선포하는 게 아니다. 설교는 예수 그리스도를 선포하는 것이다"라고 했다.[12]

우리가 알듯이, 신약성경의 모든 책들이 케리그마를 반영하고 있다. 복음서는 단순히 예수님의 행적을 기록한 책이 아니라 복음에 대한 케리그마의 선포이며, 모든 서신도 마찬가지다. 이런 점에서 하용조 목사가 설교를 예수 그리스도를 선포하는 것이라고 한 것은 설교의 핵심을 지적한 것이다.

또한 하용조 목사는 "설교는 성령이 말씀하시는 것이며 선포하는 것"이라고 했다.[13] 그는 사도행전에 기록된 오순절 성령의 강림 사건을 통해 이를 설명한다. 오순절에 성령 받은 사람들과 이를 목격한 사람들 사이에 큰 소동이 일어났는데, 이때 베드로가 성령의 감동을 받아서 큰 소리로 말씀을 전하기 시작했다. 하용조 목사는 "바로 이것이 설교이다"라고 말한다. 설교란 사람이 자기 생각을 말하는 것이 아니며, 강연도 세미나도 아니라는 것이다. 논문 발표도 아니고 성경 공부도 아니라는 것이다. "진정한 설교는 성령이 말씀하시는 것이며 선포하는 것"이라고 한다. "회개했으면 좋겠습니다"라고 말하는 것이 아니라 "성령께서 당신에게 회개를 명하셨습니다"라고 선포하는 것이라고 강조한다.[14]

그는 그러면서 이른바 특유의 '심장론'으로 성도들에게 쉽고 간결하게 예배에 있어 설교의 중요성을 일깨우고 있다.[15]

> 예배가 잘 드려질 때, 그리스도의 몸인 교회의 심장이 제대로 뛴다. 심장이 잘 뛰면 모세혈관까지 피가 잘 공급된다. 그러면 병이 들어도 괜찮다. 혈액순환이 잘되면 다 회복된다. 병이란 혈액순환이 구석구석 되지 않아 특정 부분이 죽어서 생기는 것이다. 예배가 잘 드려지면 교회의 구석구석까지 살아난다.

이처럼 예배가 잘 드려지려면 어떻게 해야 하는가? 그것은 말씀의 선포, 곧 설교에 달려 있다고 말한다. 하나님의 말씀이 있는 그대로, 성령님의 감동으로 선포되면 예배가 살아난다고 했다. 그는 "찬양도 중요하고 기도도 중요하지만, 예배의 열쇠는 하나님의 말씀"이라고 거듭 강조하고 있다.[16] 앞에서 상기시킨 대로, "교회는 오로지 설교를 통해서만 세워지며, 성도들은 오직 하나의 끈에 의해서만 묶여지며 하나로 연합하여 배우고 전진함으로써 하나님께서 세우신 교회의 질서를 유지한다"[17]고 한 존 칼빈의 주장이 하용조 목사의 견해를 뒷받침한다. 주님의 몸 된 교회가 세워지는 것도, 성도들이 하나의 끈으로 묶이는 것도, 교회가 하나로 연합해서 전진하는 것도, 영적인 질서가 유지되는 것도 강단에서 선포되는 말씀, 즉 복음 설교에 달려 있다는 것이다.

"설교는 죽은 영혼을 살린다"

● ● ●

하용조 목사는 죽은 영혼을 살리는 것이 설교라고 했다.[18] 그는 "설교는 죽은 영혼을 살린다는 것을 기억하라"고 강조한다. "살리는 것은 영이니 육은 무익하니라"(요 6:63)라는 말씀을 들어, 인간의 백체가 온전하다 하더라도 영이 죽어 구원받지 못한다면 무슨 유익이 있겠냐고 하신 예수님의 말씀처럼(마 5:29-30), 말씀을 들을 때 죽은 영혼이 살아난다는 진리를 가르친다. 그가 생전에 "내게 아픈 것은 아프지 않은 것이나 마찬가지다. 참 이상하다. 나는 설교하면 살아난다"라고 한 고백이 죽은 영혼을 살리는 설교의 능력을 단적으로 표현한 것이다.[19]

설교를 하면 말씀을 듣는 신자들이 살아날 뿐만 아니라, 말씀을 전하는 설교자도 살아난다는 것이다. 말할 수 없는 고통으로 기진해 있다가도 '말씀을 전하기 위해 강대상에만 올라가면 살아난다'는 고백은 무슨 뜻일까? 하나님이 당신의 종에게 부르시는 그날까지 복음을 선포하도록 힘을 주신다는 의미도 있지만, 선포하는 설교를 통해 죽은 영혼이 살아날 뿐만 아니라 설교자 자신도 살아난다는 이중적인 의미를 내포한 말인 것이다. 마틴 로이드 존스(Martyn Lloyd Jones)가 말한 바와 같이, 설교자가 설교자의 위치에만 있어서는 안 되며, 말씀을 삼가 듣는 예배자의 자리에 있어야 한다는 뜻이다.[20]

하용조 목사는 설교할 때 사람의 이성에 호소하지 않는다고 했다. 이성은 단지 과정상 필요할 뿐이라는 것이다. 물론 논리가 없으면 사람들은 설교를 듣지 않는다. 한 말 또 하고, 이 이야기했다 저 이야기했다 하면 잘 듣지 않는다는 것이다. 그러면서 "잊지 말아야 할 것은, 설교는 이성이 아니라 사람의 영(spirit)에게 해야 한다"고 강조한다. "영에게 설교하면 죽어 있는 영혼이 살아나는 것이 보인다"고 했다. 그것이 듣는 자의 얼굴에 고스란히 나타난다는 것이다. "예배실에 들어올 때는 죽은 얼굴이었다가 설교를 듣고 돌아갈 때는 산 얼굴이" 되어야 한다고 강조한다.[21]

하용조 목사의 이런 증언은 마치 에스겔이 영으로 본 환상의 골짜기 사건 같다(겔 37:1-10). 에스겔이 하나님 권능의 임재 속에서 그분의 영으로 인도하심을 따라 골짜기 가운데서 보니 거기엔 마른 뼈들이 가득했다. 하나님이 에스겔에게 "인자야 이 뼈들이 능히 살 수 있겠느냐" 하고 물으셨으나 그는 다만 "주께서 아시나이다"라고 대답할 수밖에 없었다. 인간 이성의 판단으로는 살아날 것 같지 않았다. 그러나 하나님이 에스겔에게 마른 뼈들을 향해 당신의 말씀을 대언하라고 명하심으로 그렇게 했더니, 그들에게 생기가 들어가매 그들이 곧 살아나서 지극히 큰 군대가 되었다. 하나님의 생명의 말씀이 죽은 영혼에게 들어

간 결과였다.

하용조 목사는, 이와 같이 설교는 인간의 말로 인간의 이성에 호소하는 것이 아니라, 하나님의 말씀으로 사람의 영에게 선포함으로 에스겔 골짜기의 마른 뼈처럼 죽은 영혼이 살게 된다는 것이다. 그는 "사람들은 자기 내면을 다 감추고 산다. 설교는 인간의 내면[영혼]을 깊이 파고들어야 한다. 인간의 허구성, 위선, 죄성, 비밀! 어마어마한 그 세계를 예리하게 파고들어야 한다. 말씀은 마치 캄캄한 집 안을 등불을 켜고 돌아다니는 것과 같다. 이 문 저 문 열어 보면 거기에 인간의 질투, 인간의 두 얼굴, 인간의 욕심, 인간의 음욕, 인간의 위선, 이런 것들이 얼마나 멋지게 포장되어 있는가? 이런 것들을 다 풀어 버리는 것이 설교이다"라고 단언한다.[22]

"설교란 성육신이다"
• • •

하용조 목사는 "설교란 성육신이다"라고 가르친다.[23] 이 또한 설교에 대한 중요한 정의인데, 그는 빌립보서 2장 5-11절의 말씀을 통해 이를 밝히고 있다. "너희 안에 이 마음을 품으라 곧 그리스도 예수의 마음이니 그는 근본 하나님의 본체시나 하나님과 동등됨을 취할 것으로 여기지 아니하시고 오히려 자기를 비워 종의 형체를 가지사 사람들과 같이 되셨고 사람의 모양으로 나타나사 자기를 낮추시고 죽기까지 복종하셨으니 곧 십자가에 죽으심이라 이러므로 하나님이 그를 지극히 높여 모든 이름 위에 뛰어난 이름을 주사 하늘에 있는 자들과 땅에 있는 자들과 땅 아래에 있는 자들로 모든 무릎을 예수의 이름에 꿇게 하시고 모든 입으로 예수 그리스도를 주라 시인하여 하나님 아버지께 영광을 돌리게 하셨느니라.” 이 말씀에 근거해서 “설교란 성육신(incarnation)이다”라고 주장한다. 그는 하나님이 사람과 같이 된 것을 가리켜 성육신이라 한다며 다음과 같이 부연해서 설명한다.[24]

> 말씀이 육신이 되었다는 것이다. 설교란 그런 것이다. 하나님의 말씀이 내 몸으로 성육화(incarnate) 되어야 한다. 다시 말하면 하나님의 말씀이 통째로 내 몸 안에 들어와 육신이 되어야 하는 것이다.

위에서 보듯이, 하용조 목사는 “하나님의 말씀이 통째로 내 몸 안에 들어와 육신이 되어야 하는 것이다”라는 과감한 표현으로 설교의 위력을 거침없이 강조하고 있다. 그는 더 나아가, 하나님의 말씀이 내 이성과 내 언어로, 내 몸으로, 내 삶으로 표현되어야 한다고 강조한다. 이러한 그의 가르침에서 우리는 “설교는 하나님의 침묵을 깨는 것이며 하나님의 말씀 속으로 들어가는 것”이라고 한 루돌프 보렌(Rudolf Bohren)의 말을 연상하게 된다.[25]

그는 한 걸음 더 나아가, 아주 한(恨) 맺힌 사람의 심정으로 설교하는 것이 성육신의 설교라고 적극적으로 말한다. 절규(絶叫) 정도가 아니라는 것이다. 한이 맺힌 사람, 이혼당하고, 매 맞고 쫓겨난 사람들은 입에 거품을 물고 자기의 이야기를 하는데, 이는 그 사건이 육화되었기 때문이라는 것이다. 비유컨대 이런 심정으로 예수 그리스도의 성육신을 증언하는 것이 설교라고 강조한다.[26]

예수님이 나를 위하여 십자가에 못 박혀 죽었다는데 어찌 흥분하지 않을 수 있는가? 어떻게 맨송맨송하게 이야기할 수 있는가? 복음과 계명을 가지고 어떻게 성도를 졸게 하는가? … 예수 그리스도의 복음으로 쫓은 사람들은 십자가 이야기만 나오면 한 맺힌 사람처럼 흥분한다. 원고가 없어도 말이 마구 쏟아진다. 성육신되었기 때문이다.

하용조 목사의 이러한 주장은 '말씀의 성육신'을 선포한 사도 요한의 증언에 대한 화답이며, 인자의 피를 마시고 살을 먹어야 너희 속에 생명이 있다는 예수님의 가르침에 대한 자신의 신앙고백과도 같은 것이다.

"설교란 동일화하는 작업이다"

$\bullet \bullet \bullet$

또한 하용조 목사는 "설교란 동일화하는 작업이다"라고 주장한다. 하나님의 말씀이 나와 동일화(identification)되어야 한다는 것이다. 우리는 이 말을 그가 앞에서 주장한 "설교란 성육신이다"라는 말과 함께 놓고 보아야 이해하기 쉽다. 하나님이신 예수 그리스도가 인간으로 오셨고, 인간과 동일화되셨다. "자기를 비워 종의 형체를 가지사 사람들과 같이 되셨고 사람의 모양으로 나타나사"(빌 2:7-8)라고 성경이 증언하고 있다. 우리가 알듯이, 하용조 목사의 지론은 설교는 쉬워야 한다는 것이다. 따라서 그의 설교와 글은 간단명료한데, 드물게도 '설교의 동일화'라는 이 논지는 간단하지 않다. 이것을 신학적으로 예수 그리스도의 '성육신적 동일화'(Incarnational Identification)라고 하는데, 하용조 목사는 설교를 통해서도 이 동일화 사건이 일어나야 한다는 것이다.

오늘날 현대 교회에서 소홀히 하기 쉬운 것이 바로 동일화 사건으로서의 설교, 동일화 사건으로서의 선교, 동일화 사건으로서의 사회봉사다. 하나님이 죄인을 구원하기 위해 인간과 동일화하셨음에도 오늘날 교회의 설교는 성육신적 동일화와 거리가 멀기 때문에 공허하게 들리고 이 사회를 변화시키지 못하는 것이다. 예수님이 인간의 연약함을 동정하기 위해(히 4:15) 오셨음에도 설교자들이 강단에서 공허한 소리나 발하고 동일화와 거리가 먼 설교를 한다면, 그것은 비극이다. 이런 점에서 예수 그리스도의 동일화 사건은 강단에서 선포되는 설교에서도 일어나야 한다고 강조한 하용조 목사의 사상은 주목할 만하다. 그는 "그래서 예수님은 하나님도 잘 아시지만 인간도 잘 아신다. 설교자는 이 두 가지를 잘 알아야 한다. 하나님의 마음으로 하나님과 익숙해야 하고 동시에 인간을 알아야 한다. 그런데 목회자들의 약점은 너무 일방적으로 인간의 한 부분만 안다는 것이다"라고 우려했다.[27]

하용조 목사는 사람들이 자기의 내면을 감추고 산다고 지적하면서, 설교는 인간의 내면을 깊이 파고들어야 한다고 했다. 인간이 자신의 내면을 감추고 사는 것은 근본적으로 죄성 때문이다. 그러므로 인간의 죄성과 위선 그리고 허구성의 세계를 예리하게 파고들어야 한다는 것이다. 이런 점에서 설교자는 인간의 실존에 대한 깊은 통찰력을 가져야 한다. 하나님의 말씀을 대언하는 설교자의 영적 통찰력은 철학가의 이성적인 논리나 사상가의 직관과는 차원이 다른 것으로, 깊은 기도와 묵상 그리고 죄 아래 처한 인간 실존에 대한 깊은 이해와 동참으로 가능한 것이다. 설교의 목적이 하나님의 말씀과 성도의 동일화를 위한 것임에 반해 성도의 현실은 너무나 말씀과 이질화되어 있다는 사실을 하용조 목사는 이렇게 지적한다.[28]

사람들은 자기 내면을 다 감추고 산다. 설교는 인간의 내면을 깊이 파고들어야 한다. 인간의 허구성, 위선, 죄성, 비밀! 어마어마한 그 세계를 예리하게 파고들어야 한다. 말씀은 마치 캄캄한 집 안을 등불을 켜고 돌아다니는 것과 같다. 이 문 저 문 열어 보면 거기에 인간의 질투, 인간의 두 얼굴, 인간의 욕심, 인간의 음욕, 인간의 위선, 이런 것들이 얼마나 멋지게 포장되어 있는가? 이런 것들을 다 풀어 버리는 것이 설교이다.

말씀과는 너무나 거리가 먼 인간의 삶을 하나님은 말씀을 통해 깨닫게 하시고, 이런 것들로부터 놓임 받게 하신다. 예수 그리스도를 통해 하나님과 사람 사이에 가로막힌 죄의 담을 헐고 화목하게 하신다. "이제는 전에 멀리 있던 너희가 그리스도 예수 안에서 그리스도의 피로 가까워졌느니라"(엡 2:13) 하심같이 동일화가 이루어지게 되는 것이다. 앞의 인용구에서 "이런 것들을 다 풀어 버리는 것이 설교이다"라고 한 말에는 '설교란 동일화다'라는 의미가 함축되어 있다. 하용조 목사는 죄로 어두워진 인간의 영혼에 말씀의 등불을 비추어 깨닫게 하시는 성령님의 역사로 자신의 죄를 회개하고 그리스도의 빛 가운데로 들어가는 것, 그것이 설교를 통해 이루어지는 말씀과 성도의 동일화라고 가르친다.

우리는 앞에서 하용조 목사가 제시한 설교의 정의를 '설교는 선포다', '설교는 죽은 영혼을 살린다', '설교란 성육신이다' 그리고 '설교란 동일화하는 작업이다'라는 네 가지 국면에서 살펴보았다. 필자가 이 평전을 쓰면서 시종일관 느끼는 것은, 하용조 목사의 목회 사역 제반 국면에 대한 진술은 그가 온누리교회를 섬기면서 깊은 기도와 체험에서 얻은 창의적이고 진실한 이야기여서 더 큰 감동을 받게 된다는 사실이다. 환언하면, 자신의 목회학 A, B, C, 설교학 A, B, C 등으로 거창한 논리를 세워 주장하거나, 신학교 강의실에서 배운 고전적인 정의를 답습하지 않고 있다는 점에서 신선한 충격을 주고 있다.

이제 그가 우리 시대의 동역자들에게 권면한 설교자의 자세를 세 가지 국면에서 살펴보겠다. 그는 1) 설교자는 자기희생이 있어야 하며, 2) 설교의 깊이를 위해서는 깊은 묵상을 해야 하며, 3) 죽을 각오로 설교를 뚫어야 한다고 권면했다.

"설교는 희생의 산물이다"

• • •

하용조 목사는 "설교자는 십자가에 죽기까지 자기희생(sacrifice)이 있어야 한다"고 했다.[29] 그래야 예수님이 보인다는 것이다. 희생이 없는 사람에게는 희생이 보이지 않는다는 것이다. 여기서 그가 말하는 '희생'은 예수님을 뜻한다. 설교에서 예수님을 증언하기 위해서는 설교자가 자기희생을 치러야 한다는 것이다. 그는 이렇게 말한다.[30]

> 낮은 데로 가면 예수님이 보인다. 손해를 보면 예수님이 보인다. 희생을 하면 예수님이 보인다. 말도 안 되는 핍박과 고난을 겪고도 가만히 있을 때 예수님이 보인다. 결국 설교란 예수님을 보여 주는 것이다.

그러면서 설교와 관련된 목회 경험담을 들려준다. 미국에서 온 한 교수가 교회에 등록을 한 이야기다. 그는 '예수님 얘기를 제일 많이 하는 설교자를 찾아 그 교회에 등록하자'는 기준을 정하고 서울에 있는 여러 교회를 다니며 설교를 들어 봤다고 한다. 그런데 온누리교회 예배 설교에서 예수님 이야기를 제일 많이 들었다는 것이다. 하용조 목사는 이렇게 단언한다.[31]

> 설교의 시작도 예수님이요 끝도 예수님이다. 설교 시간은 나의 위대한 웅변이나 논리나 지성을 보여 주며 사람들의 시선을 끄는 시간이 아니다.

어떤 사람의 설교를 들어 보면 시대를 꿰뚫어 보는 날카로운 눈은 있지만 그 속에 예수님이 계시지 않는 경우를 많이 본다고 한다. 목사는 위대한 사상가도 아니고 탁월한 지성인도 아니라면서, 비록 소박해 보일지라도 그가 선포하는 설교에 우리를 구원해 주신 예수님이 계시고, 그분을 증언하는 케리그마가 있다면 참으로 훌륭한 설교자라고 한다. 하용조 목사는 "예수님을 전해 주는 것이 설교"라고 분명하게 말한다.

여기서 '설교는 희생의 산물'이라는 말에는 두 가지 의미가 있다고 생각한다. 설교자는 예수님이 십자가를 지신 것처럼 자기희생을 해야 한다는 것이고, 설교는 시종일관 말씀의 주인이신 예수님을 전해야 한다는 것이다. 자기희생과 자기 십자가를 지는 철저히 낮아지는 삶을 살지 않으면서 예수님을 전할 수는 없다는 것이다. 그의 눈에는 예수님이 보이지 않고, 그의 삶에는 예수님이 계시지 않기 때문이다. 이 두 의미는 떼어 놓을 수 있는 별개의 것이 아니다. 하용조 목사는 이런 의미에서 설교는 희생인 것이며, 설교자는 자기희생을 통해 예수님을 만나야 하며, 설교를 통해 자신이 만난 예수님을 선포해야 한다고 권면하고 있다.

"설교의 깊이는 묵상의 깊이고, 묵상의 깊이는 예수님의 깊이다"

• • •

다음으로 하용조 목사는 설교를 하기 위해서는 먼저 말씀을 묵상하는 습관을 길러야 한다고 권면한다.[32] 묵상하는 습관은 모든 설교자에게 아주 중요한 테마라고 강조한다. 설교는 말씀을 선포하는 것인데, 말씀을 묵상한다는 것을 달리 표현하면 말씀에 푹 젖어 있다는 뜻이라고 했다. 그 결과 창세기에서 요한계시록까지 어떤 주제를 말해도, 어떤 책을 말해도 사통팔달 꿰뚫고 있어야 한다는 것이다.

그는 설교자가 말씀을 어떤 각도, 어떤 관점에서 바라보든지 결국 하나를 증언하게 되는데, 그것은 곧 예수님이라는 중요한 권면을 하고 있다. 그렇게 묵상하는 훈련이 묵상의 깊이요, 그런 묵상의 깊이가 깊을수록 설교의 깊이가 더해진다고 했다.[33]

> 예를 들어 4복음서는 마태의 각도에서, 마가의 각도에서, 누가의 각도에서, 요한의 각도에서, 동서남북에서 예수님의 생애를 들여다본 것이다. 보는 각도가 다르면 보는 것도 달라진다. 앞에서 보는 사람들은 정면을 묘사할 것이요, 뒤에서 보는 사람들은 뒤통수를 묘사할 것이다. 이렇게 여러 각도에서 성경을 보면 다 다르지만, 결국 하나를 묘사했다는 것을 알 수 있다. 어떤 사람은 귀를 묘사했지만 그것도 예수님이요, 눈을 묘사했지만 그것도 예수님이요, 뒤통수를 묘사했지만 그것도 예수님이다.

참으로 은혜로운 권면이다. 처음도 예수님이요, 나중도 예수님이다. 이처럼 시종일관 예수님을 증언하는 설교를 하기 위해서는 말씀에 대한 묵상이 필요하다는 것이다. 묵상이 깊을수록 설교에 예수님 깊이가 더해진다. 이렇게 볼 때, 하용조 목사의 "설교의 깊이는 묵상의 깊이다"라는 명제에 하나를 더 붙여야겠다. "묵상의 깊이는 예수님의 깊이다"라고 말이다. 그래서 필자는 원래 하용조 목사의 "묵상의 깊이는 설교의 깊이다"라는 제목에 "묵상의 깊이는 예수님의 깊이다"라는 내용을 덧붙여 보았다.

하용조 목사는 분명히 말한다.[34] "우리의 설교가 화려하기만 하고 은혜가 안 되는 이유는 그 속에 깊은 묵상이 없기 때문이다. 깊은 묵상에서 나오는 설교는 듣는 사람이 먼저 안다."

하용조 목사의 사역과 설교에 영향을 끼친 존 스토트(John Stott) 목사 역시 설교 준비에 있어서 묵상을 대단히 강조하고 있다. 그는 설교자의 묵상의 자세를 말하면서 "마음속에 숙고하고 숙고하기를 마치 목자들이 말했던 모든 이야기를 의아해하면서도 '이 모든 말을 마음에 새기어 생각한 마리아처럼'(눅 2:18-19) 깊이 묵상하라"고 권면했다.[35] 그러면서 그는 "사랑하는 형제여, 복음으로 흠뻑 적셔지기 위해 노력하라! 나는 항상 본문[말씀]에 잠겨 흠뻑 젖어 있을 때 가장 잘 설교할 수 있다는 것을 발견한다"고 고백한다. 하용조 목사의 "묵상한 말씀을 설교로 끌고 가라"[36]는 말과 상통하는 관점이다.

깊이 있는 설교를 위한 큐티(Q.T.) 훈련

• • •

하용조 목사는 한 걸음 더 나아가, 깊이 있는 설교를 위한 묵상에 대해 조언한다.[37]

묵상은 하루아침에 이루어지지 않는다. 소가 풀을 먹고 되새김질하듯이, 날마다 조금씩 깊이 해야 한다. 이것이 묵상 훈련이다. 나는 설교 훈련의 기초는 묵상 훈련이라고 생각한다.

그러면서 30년간 큐티를 해 온 데니스 레인(Denis Lane) 목사는 같은 본문을 가지고도 항상 다른 설교를 한다고 소개한다. 그리고 한국 교회에서 강해 설교로 정평이 나 있는 이동원 목사도 철저한 큐티로 말씀의 깊이를 더한다고 말한다.

하용조 목사는 자신의 설교를 큐티식 설교라고 소개한다. 새벽마다 큐티한 내용을 그때그때 설교에 적용시킨다고 한다. 그는 오랜 세월 큐티가 습관이 되어서 성경의 어떤 본문을 만나도 본능적으로 큐티식 설교를 하게 된다는 것이다.[38]

특히 그는 새벽기도의 중요성을 강조한다. 새벽기도는 목회자에게 가장 큰 축복의 시간인데, 그것은 새벽기도가 곧 묵상의 시간이기 때문이다. 하루가 시작되는 조용한 시간에 말씀을 묵상하며 성령님이 주시는 신령한 지혜를 얻는 일이야말로 경험해 보지 못한 사람들은 상상하기 어려울 것이다. 하용조 목사는 오래전부터 이 깊은 말씀 묵상의 세계를 경험하고 있었던 것이다.

이는 일찍이 다윗이 "여호와여 내 입의 말과 마음의 묵상이 주님 앞에 열납되기를 원하나이다"(시 19:14)라고 고백한 기도와 영적인 맥을 같이하고 있다. 또한 다윗은 "내가 나의 침상에서 주를 기억하며 새벽에 주의 말씀을 작은 소리로 읊조릴 때에 하오리니 주는 나의 도움이 되셨음이라 내가 주의 날개 그늘에서 즐겁게 부르리이다"(시 63:6-7) 하고 고백했다. 개역한글 성경에는 '새벽에 주의 말씀을 작은 소리로 읊조릴 때에'가 '밤중에 주를 묵상할 때에'로 번역되어 있다. 원문의 의미는 '밤을 지새우며 하나님을 깊이 생각하다'가 되겠는데, 여기서 우리가 깨닫는 것은, 하나님의 말씀을 읊조리는 것, 하나님을 기도 중에 깊이 생각하는 것이 묵상이라는 사실이다.

이처럼 영적으로 깨어 있는 하나님의 종들은 일찍부터 밤중에 깨어서, 혹은 새벽 미명에 일어나 하나님의 말씀을 대하고 기도하며 묵상하는 훈련에 힘썼음을 알 수 있다. 또한 시편의 기자는 "내가 주의 법도를 묵상하며"(시 119:15, 개역한글 성경), "그것을 종일 묵상하나이다"(시 119:97, 개역한글 성경)라고 고백한다. 이렇게 볼 때, 큐티는 오늘날 현대 교회 목회자들과 성도들만의 훈련이 아니라, 구약 시대부터 주님의 종들이 실천한 영적 트레이닝이었던 것이다.

여기서 우리는 성경이 가르치는 바에 따라, 하나님을 향한 묵상(默想, meditation)은 자기 내면을 향한 인간적인 명상(瞑想, contemplation)이나 관조(觀照)와는 다르다는 것을 배운다. 성경이 가르치는 묵상은 기도와 함께하는 묵상이고, 말씀과 함께하는 묵상이다.

그런데 한국 교회 일각에서는 이러한 기독교의 묵상을 타 종교에서 행하는 명상과 혼동해서 이를 기피하거나 경계하는 현상이 있는 것 같다. 묵상을 하는 것은 신비주의적이라는 막연한 선입견을 갖는 목회자들과 성도들도 없지 않다. 여기에는 오랜 가톨릭교회의 전통 속에서 묵상이 가져온 폐해의 영향도 있다고 생각한다.

그러나 목회자와 성도의 영성 관리를 위해 필수적인 묵상 훈련을 게을리 한다면 말씀이 주는 깊은 은혜를 스스로 포기하는 것이 될 것이다. 특히 우리가 살고 있는 현대는 인류 역사상 가장 심각한 세속화 시대로서, 현대인들은 최첨단 기계 문명과 걷잡을 수 없이 쏟아지는 정보의 홍수 속에서 급격히 자기 정체성을 상실해 가고 있다. 성도들도 예외는 아니다. 이러한 시대일수록 성도들은 말씀 속으로 깊이 들어가야 한다. 세속의 한복판에 세워진 교회가 구원의 방주로서의 사명을 더욱 능력 있게 감당해야 한다. 우리가 하나님의 자녀로서 '나'를 찾아 교회의 사명을 감당하기 위해서는 성령님의 인도하심으로 영혼의 골방에 들어가 잠잠히 주님을 만나야 한다. 주님을 어떻게 만나는가? 그분의 말씀을 통해 만난다. 말씀 속에서 그분의 음성을 듣는다. 말씀의 깊은 곳으로 그물을 던지게 하는 성령님의 인도하심을 받는다. 그리고 그것을 삶에 적용한다. 그리고 그 은혜를 형제자매들과 함께 나누며 건강한 교회 공동체를 만든다. 이것은 성경이 처음부터 가르친 바요, 우리의 선인들이 먼저 실천한 바다. 이것이 큐티다. 교회를 섬기는 목회자들이 솔선수범할 일이며, 성도들에게 부지런히 가르쳐야 하는 복된 영성 훈련이다.

앞에서 이미 알게 되었듯이, Quiet Time의 약어인 'Q.T.'는 조용한 장소에서 기도와 말씀 묵상으로 하나님과 일대일로 교제하는 시간을 말한다. 큐티는 묵상과 적용과 나눔의 세 요소로 이루어진다. 목회자나 성도가 자신만의 조용한 시간을 정해 성경을 깊이 묵상하고, 묵상한 내용을 적용함으로써 말씀의 가르침과 깨달음에 따라 신앙의 성숙을 이루어 간다. 그리고 그 영적 은혜를 이웃과 나눔으로써 교회 공동체를 더욱 든든하게 세워 간다. 이러한 묵상 시간의 전형을 우리는 새벽 미명에 겟세마네 동산 한적한 곳에서 기도와 묵상을 하신 예수님에게서 찾게 된다(막 1:35). 아울러 이는 초대교회 성도들이 사도의 가르침을 받아 서로 교제하고 떡을 떼며 기도한 사도행전적 교회의 모습을 연상케 한다(행 2:46).

사실상 한국 교회에 큐티를 소개한 목회자가 하용조 목사이고 개인의 묵상을 삶에 적용하고 일대일 나눔을 실천한 곳이 온누리교회임을 생각할 때, 그의 설교가 큐티식이라는 말에 공감이 간다. 실제로 온누리교회 협력 기관인 두란노서원에서는 1985년 이후 수십 년간 〈생명의 삶〉이라는 큐티용 정기 간행물을 발행해 한국 교회 목회자들과 성도들의 큐티 생활을 지원하고 있다.

"죽을 각오로 설교를 뚫어야 한다"

• • •

하용조 목사가 권면하는 이 말은 앞에서 살펴본 큐티와 깊은 관계가 있으며, 큐티의 결과로서 설교자가 해야 할 사명이라고 할 수 있다. 그는 "설교자가 아니면 몰라도 설교자로 하나님이 불러 주셨으면, 죽을 각오를 하고 설교를 뚫어야 한다"는 비장한 충고를 남겼다.[39] 그의 이런 권면은 이 시대의 설교 동역자들을 위한 것이기 이전에 자신에게 도전한 말이기도 했다. 하용조 목사는 이 말처럼 죽을 각오로 설교를 뚫었을 뿐만 아니라, 죽을 각오로 설교를 하다가 주님의 부르심을 받았다. 그는 죽음 같은 육신의 질고를 안고 평생 목회를 했으며, 설교를 했다. 그는 "내게 아픈 것은 아프지 않은 것이나 마찬가지다. 참 이상하다. 나는 설교하면 살아난다"라고[40] 실토할 정도로 죽을 몸을 부여안고 설교 준비와 말씀을 선포했던 것이다. 하용조 목사는 생전에 자신의 병력(病歷)에 대해 솔직하게 언급하면서, 이런 육신의 고통과 바꿀 수 없는 복음 선포의 영광에 대해 이렇게 고백한 바 있다.[41]

많은 양의 약을 오래 먹다 보니 그 후유증으로 당뇨와 간염을 앓게 되었다. 간염은 간경화로 발전했고, 간경화는 간암으로 발전했다. 결국 암 수술을 받았고 그 뒤에도 다섯 번이나 암이 재발해서 수술을 받아야 했다. 그러나 놀라운 사실은 지금은 아무리 검사를 해 보아도 간암의 흔적은 있지만 간암이 다 없어졌다는 것이다. 하나님은 놀라운 분이시다. 그분이 다 고쳐 주신 것이다 … 하나님은 내가 교만할 것을 아시고 바울의 가시처럼 질병을 꽂아 놓으셨다. 까불지 말라, 교만하지 말라. 병이 도지면 나는 꼼짝 못한다. 다시 원점으로 돌아가는 것이다. 그렇지만 병 때문에 설교를 못한 적은 한 번도 없었다. 병과 설교는 언제나 동행한다. 이것이 하나님이 병을 통하여 나를 붙잡아 주신 놀라운 방법이다. 그래서 내게 아픈 것은 아프지 않은 것이나 마찬가지다. 참 이상하다. 나는 설교하면 살아난다. 강대상에만 올라가면 살아난다. 그런데 설교를 안 하면 기가 팍 죽는다. 기운을 못 차린다. 그래서 나는 살기 위해서 설교한다. 밥을 먹으면 살듯이…. 하나님의 은혜다. 나는 죽을 때까지 설교할 것이다.

위의 간증은 그가 60세 되던 해, 온누리교회를 개척하고 22년 된 무렵에 한 것이니 그 이후에 그가 겪은 육신적 질고는 더 컸던 것을 우리는 알고 있다. 그는 이 외에도 고혈압과 심장질환, 시력에도 이상이 생겼고, 탈모증도 심했다. 그야말로 머리끝부터 발끝까지 성한 데가 하나 없는 육신을 어거하며 사도행전의 29장을 쓰기 위해 몸부림쳤다.

이렇게 볼 때, 하용조 목사는 생전에 누군가의 표현대로 '움직이는 종합 병원'처럼 여러 지병을 몸에 지니고 살았지만, 그는 마지막까지 목숨을 걸고 말씀을 전한 우리 시대의 순교적인 복음의 사도였다. 마치 육체의 가시로 표현된 여러 지병을 안고도 주님의 은혜가 족한 줄 알고 순교하기까지 복음을 외친 사도 바울의 모습을 연상하게 된다.

물론 하용조 목사가 "죽을 각오로 설교를 뚫어야 한다"고 한 권면은 죽음 같은 육신의 고통 속에서도 설교를 뚫으라는 의미만은 아닐 것이다. 오히려 영적인 도전과 고통 속에서도 설교를 뚫으라는 의미가 더 클 수도 있겠다. 그러므로 우리는 영적 도전과 시험 속에서도 죽을 각오로 설교를 뚫어야 하겠다. 여기서 그의 '설교를 뚫어야 한다' 함은 그가 달리 표현한 대로 '성령의 기름 부으심이 있는 설교', '살아 움직이는 설교', '말씀의 깊이를 더하는 설교'를 하기 위해 혼신을 다하라는 권면일 것이다.

그런데 우리 연약한 인간에게는 육신의 고통과 영적인 고통이 별개가 아니다. 육신의 고통이 영적 고통으로 이어지며, 영적 고통이 육신의 고통을 가져온다. 우리는 이 사례를 구약성경에 기록된 동방의 의인 욥에게서 발견하게 된다. 그는 사탄의 도전으로 믿음의 시험을 받게 되는데, 사탄의 공격은 그의 재산과 자녀를 빼앗고 욥 자신의 육체를 치는 것으로 시작하지만, 그가 끝내 당하는 고통은 영적인 것으로 이어진다. 욥이 육체적인 고통을 해결함으로 승리한 것이 아니라, 당대의 의인일지라도 하나님 앞에서 죄인임을 깨닫고 회개하는 영적 각성으로 승리한 것을 알 수 있다.

이런 점에서 하용조 목사의 경우도 육신의 질고로 시작된 고통을 영적으로 승화시킴으로써 말씀에 깊이 들어가는 승리를 하게 된 것이다. "나는 설교하면 살아난다", "강대상에만 올라가면 살아난다"라는 고백이 그것을 뒷받침하고 있다.

하용조 목사는 목회자의 사역에서 설교가 차지하는 비중이 어느 정도인지를 재미있는 자신의 경험담을 통해 들려주고 있다.[42] 이 시대의 동역자들에게 진정한 설교자로서의 희망과 소망을 주기 위한 솔직한 위로의 말이라고 생각한다.

> 목회를 하면서 배운 것이 있다. 목사가 설교를 잘하면 성도들이 뭐든지 용서해 준다는 것이다. 설교를 못하면 용서를 해 주지 않는다. 그것이 설교다. 목사가 설교를 잘하면 교회 전체가 은혜의 단비를 맞은 것처럼 살아난다. 그래서 목사는 성령님의 기름 부으심이 있는 설교, 능력 있는 설교, 살아 움직이는 설교를 해야 한다. 설교자가 아니면 몰라도 설교자로 하나님이 불러 주셨으면, 죽을 각오를 하고 설교를 뚫어야 한다.

생전에 하용조 목사의 설교가 성도들에게 큰 감동과 변화를 가져다 준 것은, 그가 이처럼 죽을 각오로 설교를 뚫었기 때문이라고 생각한다. 육신을 부지하기 어려운 극한의 고통 속에서도 죽을 각오로 혼신을 다해 설교를 준비하고 선포한 하용조 목사를 상상해 보라. 그의 설교를 들은 모든 성도가 그랬겠지만, 김영길 장로(전 한동대학교 총장) 내외의 간증은 시사하는 바가 크다. 김영길 장로 부부가 주일예배를 마치고 귀가하는 길은 언제나 '차중 큐티' 시간이었다. 그날의 설교를 되새김하며 받은 은혜를 나누는 것이었다. 강단에서 비교적 가까운 예배석에서 예배를 드린 김영길 장로의 부인 김영애 권사는 설교가 끝나고 폐회하는 시간이면 언제나 손가락으로 동그라미를 그리며 '은혜 받았습니다!' 하는 사인으로 '방울'을 터뜨리곤 했는데, 후일 김영길 장로가 학교 일로 어려움을 겪을 때 하용조 목사가 김영길 장로 내외에게 방울을 그려 보이며 '걱정하지 말고 담대하라'는 시그널을 보내 주었다고 한다. 이처럼 온누리교회 성도들은 하나같이 담임 목사가 죽을 각오로 전하는 예수님의 복음에 감격하여 함께 웃고 울었던 것이다.

하용조 목사의 큐티식 강해 설교

• • •

하용조 목사는 생전에 자신의 설교가 어떤 특징을 가지고 있는지 스스로 설명한 적이 거의 없다. 다만 제한적으로 자신의 설교를 큐티식 설교라고 했으며, 데니스 레인 목사의 영향을 받고 강해 설교를 하게 되었다는 정도로 언급하고 있을 뿐이다.[43]

한국 교회와 성도들은 온누리교회와 함께 만 25년간의 사역을 마치고 우리 곁을 떠난 하용조 목사의 여러 봉사와 헌신을 소천 10주기가 되도록 잊지 못하고 있다. 특히 우리 시대의 많은 영혼을 그리스도에게로 인도한 명설교자로서의 사역은 오래 기억될 것이다. 하용조 목사의 목회 절정기인 2005년에 우리나라 10대 설교자의 한 사람으로 평가된 것만 보아도 그가 복음을 전하는 설교 사역에 얼마나 목숨을 걸고 헌신했는지를 넉넉히 짐작할 수 있다.

오늘에 와서 한국 교회는 하용조 목사를 강해 설교의 권위자로 인정하기에 주저하지 않는다. 그의 말을 빌리자면 깊은 묵상에서 나온 큐티식 설교가 되겠으므로, 굳이 이름을 붙이자면 그의 설교는 '큐티식 강해설교'가 될 것이다. 필자가 알기로 하용조 목사의 설교를 연구한 학자들사이에 이 용어를 공론화해서 사용한 사실은 없다. 다만 그가 2005년 '한국교회 10대 설교가'로 선정되면서 그의 설교를 고찰하는 공개 신학 강좌에서 장로회신학대학교 구약학 교수인 강사문 박사가 하용

조 목사의 설교를 방법론적으로 '큐티식 강해 설교'라고 한 바 있다.[44]

필자가 하용조 목사의 설교를 '큐티식 강해 설교' 또는 '큐티 강해 설교'라고 부르는 것은, 평생 큐티를 통해 말씀을 깊이 연구하고, 그 안에서 얻은 설교를 그가 '큐티식 설교'라고[45] 언급한 것에 근거한 것이다. 이제 필자는 하용조 목사의 설교관을 마무리하면서, 한국 교회에 지대한 영향을 끼친 그의 '큐티식 강해 설교'의 내용과 그 특징을 살펴보기로 한다.

일반적으로 강해 설교(expository preaching)는 성경의 한 권을 택해 차례대로 설명해 가면서 그 본문을 통해 하나님이 성도들에게 주시는 메시지를 전하는 설교다. 이 설교는 성경의 한 권을 처음부터 끝까지 일관성 있게 강론함으로써 성경 전체의 구도와 문맥을 이해하는 데 도움을 주며, 그때그때 말씀이 주는 교훈을 성도들의 삶에 적용하도록 인도하는 효과가 있다. 설교자는 강해의 범위를 몇 구절에서 한 장, 또는 몇 장으로 정할 수 있으며, 대체로 편의상 한 장 단위로 하는 경우가 많다. 강해 설교는 설교자와 성도들이 함께 성경의 가르침에 집중할 수 있는 장점이 있다.

우리가 잘 알듯이, 종교 개혁자 존 칼빈은 제네바 성 베드로교회 사역 중에 성경의 한 권, 한 권을 택해서 처음부터 끝까지 일관성 있게 강론한 강해 설교를 한 것으로 유명한데, 그렇게 해서 묶인 것이 바로 《칼빈 성경주석》이다.

하용조 목사는 자신의 강해 설교에 영향을 준 세계적 설교자가 마틴 로이드 존스 목사와 존 맥아더(John MacArthur), 캠벨 몰간(G. Campbell Morgan) 그리고 데니스 레인 목사라고 했다. 특히 그는 20세기 최고의 강해 설교자인 마틴 로이드 존스의 설교에 많은 영향을 받았다. 마틴 로이드 존스는 20세기 영국 교회가 자유주의 신학의 영향으로 경건성을 상실해 강단에서 선포되는 설교 또한 주관적인 감상주의와 공허한 윤리적 메시지로 생명력을 잃어 가고 있을 때, 말씀 중심인 강해 설교의 기치를 들고 나와 영국 교회를 각성시킨 명설교자다. "강해 설교는 나에게 주신 하나님의 명령이다"라고 할 만큼 성경 본문에 충실한 마틴 로이드 존스의 설교를 스티븐 로슨(Steven J. Lawson)은 철저한 하나님 중심의 설교로, 개혁주의 신학에 입각한 설교로, 성령의 인도를 전적으로 의존하는 설교로 평가했다.[46] 그러면서 그는 마틴 로이드 존스가 설교자이기 전에 예배자였음에 주목했다. 마틴 로이드 존스의 설교 목적과 초점은 철저히 성도들을 거룩한 하나님에게로 인도하고 그분을 높이는 데 두었으며, 선포되는 말씀이 자신에게 향한 것임을 먼저 생각했다는 점에서 그렇다는 것이다.[47] 목회자는 설교자이기 전에 예배자가 되어야 한다는 이 지적은 대단히 중요한데, 하용조 목사도 다음과 같이 동일한 견해를 밝힌 바 있다.[48]

> 예배에는 참된 예배자가 있어야 한다. 하나님은 목사, 장로, 집사를 찾지 않으신다. 그것은 직분이고 기능일 뿐이다. 하나님은 예배자를 찾으신다. 어찌 보면 예배를 드리기 가장 어려운 사람은 목회자들이다. 목사는 설교자로, 사회자로 있기가 쉽기 때문이다.

하용조 목사의 설교가 그의 표현대로 '성경에서 성경으로' 강해하고 있다는 점에서 마틴 로이드 존스 목사의 설교와 유사점이 있다는 생각이 든다. 마틴 로이드 존스의 설교가 철저한 하나님 중심의 설교이듯이, 하용조 목사의 설교 또한 철저히 예수님 중심의 설교다.[49] 마틴 로

이드 존스가 전적으로 성령에 의존하는 설교를 했듯이, 하용조 목사 또한 성령의 감동하심으로 선포되는 설교를 했다.[50]

묵상으로 강해 설교의 깊이를 더하다

● ● ●

그런데 중요한 것은, 강해 설교의 특성상 설교자는 성경 본문을 깊이 있게 그리고 정확하게 이해하기 위해 큐티가 필수적이라는 사실이다. 말씀에 붙잡히고 몰입하기 위해서는 성령님의 인도하심으로 말씀에 깊이 들어가야 한다. 그러기 위해서는 기도와 묵상이 중요하다. 영적 묵상이 필수적이다. 하용조 목사가 평생 큐티를 하고 그것을 성도들에게 권유한 것도 바로 이 때문이다. 한마디로 큐티를 통해 말씀의 깊은 뜻을 깨달으며 그것을 성도들과 함께 나눈 것이 바로 그의 강해 설교다.

이와 관련해서 연세대학교 신약학 교수인 유상현 박사는 하용조 목사 설교의 형태적 특성을 '강해 설교'에서 찾고 있으며, 그의 설교는 그가 일생 추구한 '사도행전적 설교'라고 보았다.[51] 그의 견해를 살펴보자.[52]

> 그의 설교는 대단히 의도적, 조직적으로 철저한 강해설교를 표방한다. 이렇게 하는 데는 성경과 설교에 대해 그가 품고 있는 나름의 확고한 신념이 있는 듯하다 … 그것은 다른 어떤 교리나 인간적 지식, 사상, 또는 역사와 문화에서 형성된 비신앙적 지혜 등, 그 어느 종류든 인간 이성이 낳은 산물보다 성경의 권위를 높이 두고 있다는 확고한 믿음이다 … 오직 성경만이 인간 삶의 총체에 대한 궁극적 가르침을 줄 수 있다는 절대

계시의 신념이 그로 하여금 강해설교에 정진하게 했다는 점이다.

유상현 박사는 하용조 목사의 강해 설교에는 두 가지 뜻이 담겨 있다고 보았다. 하나는, 성경 본문을 풀어서 해석하고 설명하는 주석적 '강해'(講解)의 원래 의미가 함축되어 있다는 점이다. 다른 하나는, '강해 설교'의 본문 선정이 성경 전체를 주일마다 임의로 오가지 않고 한 권의 성경을 첫 장부터 끝 장까지 일관해서 추적하는, 본문 선정과 관련된 특징이라고 했다. 이처럼 유상현 박사가 언급한 하용조 목사의 강해 설교의 두 가지 의미는 본래 강해 설교가 가지는 특징을 제대로 지적한 것이라고 하겠다.

강해 설교가 기본적으로 본문에 대한 주석적 해석을 소홀히 하게 되면 설교자가 말씀의 본의(本意)를 벗어날 수 있기 때문에 주석적 강해에 충실해야 함은 당연하다. 설교자가 말씀 묵상 중에 얻은 깨달음도 중요하지만, 그것이 본문의 주석적 해석의 범위를 벗어나지 않도록 유의하는 강해 설교자로서의 하용조 목사의 자세가 바람직하다는 지적이다. 또 하나, 강해 설교 본문 선정의 특성은 설교자가 그때그때 임의로 성경 본문을 택해서 말씀을 전하는 이른바 본문 설교나, 어떤 주제를 설정해 놓고 거기에 맞는 성경 본문을 골라서 전하는 이른바 주제 설교와는 근본적으로 다르다는 것이다. 성경의 전체 또는 한 권을 처음부터 끝까지 일관성 있게 전하는 강해 설교는 본문 선정의 방법이 인위적(人爲的)이지 않고 성경의 진행을 좇아가는 신의적(神意的)이라는 것이다.

또한 강사문 박사는 "하용조 목사가 사용한 설교의 방법론은 큐티식 강해 설교이다. 본문을 중심으로 하는 본문 설교나, 주제에 따라 하는 주제 설교도 있지만 그는 10년 동안 강해 설교를 배워 강해 설교를 선

호하고 있다"고 했다.[53]

또한 조직신학을 전공한 서울신학대학교 전 총장 한영태 박사는 하용조 목사의 설교를 신학적으로 분석하면서, 그의 설교가 강해 설교냐, 본문 설교냐 하는 문제보다는 그의 설교에 나타난 특성에 주목했다. 한영태 박사는 하용조 목사 설교의 특성을 1) 삼위일체적인 설교, 2) 예수 그리스도 중심의 설교, 3) 성령을 강조하는 설교라고 지적했다.[54]

한영태 박사는 "설교가 단순한 종교적인 연설이 아니라 설교자의 인격까지도 공개적으로 요구하고 또 표현하는 작업이라면, 설교자의 신앙과 지속적인 경건생활 그리고 삶의 실천과 모범이 전제되어야 할 것이다. 하 목사에게 이런 점은 그의 목회 사역을 통해 이미 검증된 것으로 확신한다"고 말하면서, 그의 영적 체험과 실천적 삶의 자리에서 위의 세 가지 특성을 제시하고 있다.

설교에 나타난 삼위일체와 그 각론으로서의 예수 그리스도 중심의 설교와 성령의 역사를 강조하는 하용조 목사의 설교는 그의 큐티 생활을 통해 얻은 영적 체험에서 나온 것임을 시사한다. 한영태 박사는 하용조 목사가 "우리에게 말씀하시는 분은 삼위일체 하나님이십니다. 하나님에 대한 바른 신관을 분명하게 가지고 있어야 합니다. 그렇지 않을 때 하나님의 말씀을 자의적으로 해석하고 더 나아가 이단으로 빠질 수도 있기 때문입니다"라고 한 말을 인용하면서, "하 목사의 이러한 확신은 예수님의 음성으로 이어지고, 성령님의 음성으로 확정된다"고 했다.

한편, 한국 교회 강단의 설교의 갱신과 부흥을 위해 1995년부터 2004년까지 9년 동안 '한국교회 10대 설교가' 선정과 연구의 일관성 있는 작업을 주도해 온 서울장신대학교 전 총장 민경배 박사는, "한국 교회의 세계적 위상이 실로 한국 교회 목회자들의 설교에 의하여 결정되었다고 하는 점은 누구도 의심할 수 없는 일이다. 설교의 힘이 곧 한국 교회의 힘이었고, 설교의 능력과 은혜가 한국 교회를 오늘의 세계적 교회로 이끌어 간 성장의 동력이 되었던 것이다. 한국 교회 설교의 묘미와 그 깊이를 높은 수준에서 구성하여, 이를 소박한 언어와 부드러운 밀착접근으로 다가섬으로 그 호소 지수가 압도적인, 한국 교회 설교와 목회의 기축(機軸)인 하용조 목사를 10대 설교자로 선정하여 연구를 진행하였다"고 밝혔다.[55]

대전신학대학교 전 총장 문성모 박사는, "하용조 목사는 지정의를 고루 갖춘 성경 중심의 설교가로서 21세기에도 성령의 강력한 역사에 힘입어 초대교회 같은 교회가 만들어질 수 있음을 보여준 귀한 전도자"라고 했다.[56]

문성모 박사는 별도로 연구한 하용조 목사의 설교론에서 그의 '강해 설교'를 리서치함에 있어서, 이를 문학의 기승전결(起承轉結)의 틀에 넣어 설명하는 독특한 방법을 시도한 바 있다.[57] 이를 간단히 살펴보면, 1) 묵상-말씀의 원천(起), 2) 삶-말씀의 인격화(承), 3) 설교-복음화된 말씀의 선포(轉), 4) 적용-말씀의 열매(結)로 단계적, 발전적으로 설명하고 있다.

또한 그는 하용조 목사의 설교를 강해 설교이면서도 '사도행전적 설교'로 보았다.[58] 그 특징을 1) 형식으로부터의 자유, 2) 원색적인 복음의 선포, 3) 성령 설교, 4) 세계 선교를 향한 비전 선포, 5) 교회 공동체를 살리는 위로와 희망의 메시지로 파악해서 제시하고 있다. 그는 이어서 하용조 목사가 제시한 '설교의 실제를 위한 제안'으로, 1) 알아듣기 쉽게 설교하라, 2) 실제적인 생활 예화를 사용하라, 3) 성경으로 성경을 해석하라, 4) 적용을 강조하면서 설교하라, 5) 서론을 너무 길게 하지 말라, 6) 설교의 메시지를 간단명료하게 던져라, 7) 영적 권위로 무장하고 자신 있게 설교하라 등을 중심으로 설명했다.

"영적 예배를 드리십시오"
: 제27회 국가조찬기도회에서 복음을 선포하다
• • •

한편 하용조 목사는 1995년 3월 21일 개최된 제27회 국가조찬기도회에서 한국 교회를 대표해 설교를 했다.[59] 1995년은 온누리교회 창립 10주년이 되는 해이자 하용조 목사가 50세 되는 해로, 주요 교단 원로 및 중진들이 설교를 해 온 전통으로 볼 때 그가 국가조찬기도회 설교자로 초청된 것은 이례적인 일이었다.

이날 하용조 목사는 갈라디아서 5장 13절과 역대하 7장 11-22절 말씀을 중심으로 '영적 예배를 드리십시오'라는 제하의 설교로 참석한 김영삼 대통령과 3부 요인, 교계 및 각계각층 1,700명의 참석자들에게 큰 감동과 은혜를 끼쳤다. 하용조 목사는 "이 땅에 정의가 실현되지 않은 것은 부르짖음이 없어서가 아니라 정의롭지 못한 사람들이 정의를 주장하기 때문"이라면서 "우리 모두가 진실로 하나님 앞에 회개하고 무릎 꿇어 진정으로 하나님과의 올바른 관계를 유지하고 자신의 몸을 드리는 헌신적인 삶을 살아야 한다"고 강조했다.

하용조 목사는 특히 하나님이 받으시는 바른 영적 예배를 드려야 한다고 역설하면서, 어떻게 하면 참된 영적 예배를 드릴 수 있는지 몇 가지 교훈을 제시했다. 다음은 그날 설교의 요약된 핵심이다.[60]

그러면 우리는 개인적으로나 민족적으로 어떻게 하나님께 참된 영적 예배를 드릴 수 있습니까?

첫째, 우리들의 몸을 드리라고 말씀하십니다. 제사에는 제물이 있어야 합니다. 어떤 제물을 드리느냐가 그 제사를 결정합니다. 제물이 있을 때 예배가 이루어집니다 … 예수 그리스도는 자신의 몸을 십자가에서 온 인류의 속제물로 드렸습니다. 이것이 예배입니다. 만일 예수님께서 자신의 몸을 십자가에 달려 피 흘리지 않고 마음만 드렸다고 생각해 보십시오. 우리의 구원은 이루어지지 않았을 것입니다.

대부분의 사람들은 몸보다는 마음을 드림으로 예배를 대신하려 합니다. 그 이유는 마음은 드리기 쉽지만 몸은 드리기 어렵기 때문입니다 … 마음으로야 구제도 했고, 선교도 했고, 애국도 했고, 통일도 다했습니다. 문제는 몸으로 무엇을 했느냐 하는 것입니다. 몸을 드린다는 뜻은 무엇입니까? 그것은 구체적으로 내 시간을 드리고 물질을 드리고 손발을 드리는 것을 의미합니다. 대의명분이 아니고 실제를 드리는 것이요, 자기 몸의 헌신과 희생을 의미합니다. 말과 입이 아니라 손과 발을 드리는 것이요, 시간과 물질과 노동을 제공하는 것입니다. 이것이 예배의 시작입니다.

둘째로, 그 몸은 더러운 몸이 아니라 하나님께서 기뻐하시는 거룩한 몸이어야 한다는 것입니다. 몸이라고 다 참된 몸이 아니요, 예배라고 다 참된 예배가 아닙니다. 어떤 몸이냐가 어떤 예배를 결정합니다.

구약에서는 불결하다거나 흠집이 있거나 온전하지 못한 것은 제물이 될 수 없었습니다. 제물은 온전한 것이어야 합니다. 왜 우리의 기도가 응답되지 않는지 아십니까? 기도가 부족해서가 아니라 거짓된 사람들이 기도했기 때문입니다. 왜 정의가 실현되지 않은 줄 아십니까? 정의의 부르짖음이 없어서가 아니라 정의롭지 못한 사람들이 정의를 주장하기 때문입니다.

진실한 사람들이 기도했는데 왜 하나님께서 그 기도를 듣고 응답하시지 않으며, 정의로운 사람들이 정의를 말했는데 왜 하나님께서는 정의를 그 땅에 강물같이 흘려보내시지 않습니까? 역대하 7장 14-15절에 보면 "내 이름으로 일컫는 내 백성이 그 악한 길에서 떠나 스스로 겸비하고 기도하여 내 얼굴을 구하면 내가 하늘에서 듣고 그 죄를 사하고 그 땅을 고칠지라 이곳에서 하는 기도에 내가 눈을 들고 귀를 기울이리라"고 했습니다.

이 얼마나 놀라운 말씀입니까? 정말로 회개하고 겸손하게 무릎 꿇고 기도하면서 하나님의 얼굴을 구하면 기도는 반드시 응답됩니다.

위의 설교에서 보듯이, 하용조 목사는 국가조찬기도회 설교를 통해 그 자리에 임석한 대통령을 비롯한 각 분야의 리더들과 성도들에게 자신의 삶을 온전히 하나님에게 드리는 참된 영적 예배자들이 되어 하나님이 기뻐 받으시는 영적 예배를 드리라고 선지자적인 선포를 하고 있다. 대통령의 국사 경영도 하나님이 기뻐하시는 영적 예배가 되어야 하며, 부엌에서 일하는 주부의 가족을 위한 수고도 하나님에게 드리는 진정한 예배의 연장이 되어야 한다는 메시지다. 사람의 귀를 즐겁게 하는 설교가 아니라, 하나님이 기뻐하시는 뜻을 대언하는 설교였다.

1966년 3월 8일에 설립된 사단법인 대한민국국가조찬기도회는 1968년 5월 8일 1회 기도회를 개최한 이래 하용조 목사가 설교한 1995년은 제27회를 맞았으며, 지난 2020년 9월 28일에 제52회 기도회를 개최한 65년 역사의 한국 교회 연합 기구다. 이 기도회는 1953년에 시작된 미국 국가조찬기도회의 취지와 정신을 참고해서 대한민국의 복음화와 번영을 위해 초교파 지도자들이 한자리에 모여 기도하는 기구로 김준곤 목사에 의해 창립되었다. 제27회 국가조찬기도회는 한국 교회 목회자와 성도 대표들이 대통령을 비롯한 정치와 경제, 사회와 문화 등 각 분야의 지도자들을 초청해서 함께 기도하는 전통에 따라 1995년에는 김영삼 대통령이 참석한 가운데 예배를 드린 것이다.

2005년, '한국교회 10대 설교가'로 선정된 하용조 목사
• • •

이러한 하용조 목사의 설교에 대한 연구와 평가의 결과는 그를 2005년 '한국교회 10대 설교가'로 선정하기에 이르렀다. 한국교회사학연구원이 10년간의 연구 결과를 토대로 진행한 '한국교회 10대 설교가' 선정은 한국 교회와 신학계에서 최초로 시도한 작업이다. 이 연구 작업의 의의에 대해 2005년 당시 한국교회사학연구원장 민경배 박사는 이렇게 말한 바 있다.[61]

> 설교의 힘이 곧 한국교회의 힘이었고, 설교의 능력과 은혜가 한국교회를 오늘의 세계적 교회로 이끌어 온 성장 동력이 되었던 것이다. 한국교회 설교가들의 공헌은 이처럼 한국교회 부흥의 원동력이며, 동시에 미래 성장의 약속이 되고 있다. 이런 의미에서 우리 연구원의 거대 사업의 하나인 '한국교회 10대 설교가 연구'는 한국교회에 매우 의미 있는 작업이 아닐 수 없다.

한국교회사학연구원은 1995년부터 2005년까지 해마다 한 명씩, 한국 교회 성장과 부흥을 위해 설교로 영향을 끼친 명설교자를 선정하기 위한 연구 작업을 준비, 진행해 왔다. 그 결과 조용기 목사를 비롯해서 곽선희 목사, 김선도 목사, 김장환 목사, 이만신 목사, 김삼환 목사, 옥한흠 목사, 길자연 목사, 이종윤 목사 등을 선정했으며, 마지막으로 2005년 하용조 목사를 10대 설교자의 한 명으로 선정하기에 이르렀다.

이와 관련해서 민경배 박사는 마지막 연구 대상으로 하용조 목사를 선정해서 연구를 진행했다고 밝히면서 그의 설교의 세계를 이렇게 함축적으로 평가했다.[62]

> 우리 연구원은 이 사업의 마지막 연구 대상으로 한국교회 설교의 묘미와 그 깊이를 높은 수준에서 구성하여, 이를 소박한 언어와 부드러운 밀착접근으로 다가섬으로 그 호소(呼訴) 지수가 압도적인, 한국교회 설교와 목회의 기축(機軸)이신 하용조 목사를 선정하여 연구를 진행하였다.

한국 교회 1천만 성도와 5만여 교회와 수많은 목회자 중에서 열 명의 설교자를 선정한다는 기획부터가 대단히 어려운 결단이었으며, 이는 현실적으로 적잖은 이의와 도전이 예상되는 일이었다. 당장에 무슨 기준으로 이 많은 설교자 중에서 열 명의 설교자를 선정할 수 있단 말인가? 대상자를 교회의 규모에서 찾은 것인가? 교단과 교계의 영향력을 고려한 것인가? 설교자들의 복음을 위한 헌신을 격려하고 사기를 진작시키며 한국 교회 강단의 수준을 한 단계 높이기 위한 연구 의도와 달리 이런저런 지엽적인 이의를 제기하는 일이 만만치 않은 가운데 본 연구원이 10년간 연구 작업을 진행해 왔다는 사실은 그 자체만으로도 높이 평가받을 만한 일이라고 생각한다. 설교 현장 확인과 관련 자료 등 사실에 입각한 철저한 연구와 토론을 거쳐 최대한 객관성과 타당성을 확보한 작업이었기에 가능한 일이었다.

자신의 설교의 부족한 점을 고백하다

• • •

이처럼 만만찮은 난관을 통과해 온누리교회 하용조 목사가 '한국교회 10대 설교가'로 선정된 것은 앞에서 살펴본 바와 같이 한국 신학계와 교계의 철저한 연구와 검증의 결과였다. 그런데 필자는 하용조 목사의 선정이 우리에게 던져 주는 남다른 의의가 있다고 생각한다. 그것은 열 명의 설교가 중에서 가장 나이가 어린, 이른바 차세대 설교자를 대표하는 인물이라는 사실이다. 2005년 당시 하용조 목사는 한국 나이로 60세였다. 앞에서 소개한 아홉 분의 설교가들은 거의 70-80대에 이른 한국 교회 원로들이다. 모두 20세기와 21세기에 걸쳐 사역한 분들이지만, 하용조 목사는 원로 그룹들과 거의 한 세대를 격해서 태어난, 한국 교회 차세대 설교자의 대표로 지명을 받았다는 사실에 주목하고자 한다.

이는 하용조 목사 개인의 보람일 뿐만 아니라 이 땅의 차세대 목회자와 설교자들의 보람이며, 그가 섬긴 온누리교회의 보람이기도 하다. 그 후 하용조 목사는 오랜 육체의 가시를 안고 6여 년간 더 강단을 지키며 복음을 전하다가 2011년 영원한 안식에 들어갔으니 우리가 다 알수 없는 하나님의 깊으신 뜻과 섭리가 있는 것 같다. 당시 하용조 목사는 이렇게 자신의 심경을 밝힌바 있다.[63]

저를 '한국교회 10대 설교가'로 선정하여 주신 한국교회사학연구원에 감사드립니다. 돌이켜 보면, 저의 설교 세계는 데니스 레인, 캠벨 모건, 마틴 로이드 존스, 존 스토트, 존 맥아더, 짐 그레이엄 등의 목사님들에게 많은 영향을 받은 것 같습니다. 말씀을 묵상하고, 그것을 통해 은혜를 받으면서 빨리 성도들과 은혜를 나누고 싶어 주일이 언제나 기다려졌습니다. 이런 의미에서 사실, 제 설교를 만들어주신 분은 온누리교회 교인들이십니다. 그분들이 20년 동안 언제나 처음 듣는 것처럼 제 설교를 열심히 들어주셨습니다. 열정적으로 들어주셨기에 지금의 제가 있는 것입니다. 성도들에게 이 영광을 돌리고 싶습니다. 또한 가장 무서운 설교 비평가(?)이자 동료인 제 아내에게 감사합니다.

위에서 보듯이, 하용조 목사는 오늘의 설교가로서의 자신이 있는 것은 어디까지나 온누리교회와 자신의 설교를 들어 준 성도들과 자신의 설교를 냉정하게 비판해 준 사모에게 있다고 겸손하게 말하고 있다. 그러면서 자신의 설교에 있어 부족한 점 세 가지를 고백하면서 오히려 자성하는 모습을 보여 주었다.[64]

"첫째, 제 설교에는 예언자적 설교가 약하지 않았나 생각합니다. 둘째, 연약한 자를 위한 설교가 빈약했습니다. 셋째, 저에게는 화해자의 설교가 필요하다고 생각합니다." 그리고 그의 마지막 소망은 이러했다. "건강이 허락하는 한 하나님의 영광스러운 말씀을 전하는 일에 헌신하기를 소망합니다. 감사합니다."

《한국교회 설교 역사》의 맥락에서 본 '하용조 목사의 설교'

● ● ●

한편 하용조 목사의 설교를 한국교회사적 견지에서 평가한 작업이 김운용 박사에 의해 이루어졌다.[65] 필자는 김운용 박사의 리서치가 하용조 목사의 설교 이해에 상당한 도움을 준다고 판단, 그의 견해를 하용조 목사의 설교에 대한 결론으로 소개하고자 한다.

설교학 전공의 김운용 박사는 한국 교회의 부흥을 이끈 설교를 역사적인 관점에서 '초기 선교사들의 설교, 초기 한국인 설교자들의 설교, 일본 제국주의 시대의 설교, 해방 이후의 설교, 1970년대 이후 교회 성장기의 설교'순으로 구분하고 각 시대를 대표하는 주요 설교자들의 설교를 리뷰하고 있다.

참고로, '초기 선교사들의 설교'에서는 호레이스 언더우드(Horace Grant Underwood)와 헨리 아펜젤러(Henry Gerhard Appenzeller) 목사를 비롯한 사무엘 마펫(Samuel Austin Moffett), 찰스 클락(Charles A. Clark), 제임스 게일(James S. Gale) 목사의 설교를 다루고 있다.[66] '초기 한국인 설교자들의 설교'에서는 길선주 목사를 비롯한 이기풍, 최병헌, 전덕기 목사 외 몇 분의 설교를 다루었다.[67] '일본 제국주의 시대의 설교'에서는 김익두 목사를 비롯한 김종우, 이명직, 이용도, 주기철, 이성목, 김화식, 한상동, 손양원, 신석구 목사 외 몇 분의 설교를 다루었다.[68] '해방 이후의 설교'에서는 한경직 목사를 비롯한 김치선, 강신명, 박형룡, 김재준, 송창근, 박윤선, 김정준, 홍현설, 방지일 목사의 설교를 다루었다.[69] '1970년대 이후 교회 성장기의 설교'에서는 김창인 목사를 비롯한 강원용, 정진경, 이만신, 조용기, 이상근, 정규오, 신현균, 문익환, 김준곤, 이중표, 김우영, 옥한흠, 하용조 목사 외 몇 분의 설교를 다루었다.[70]

김운용 박사는 '복음과 영혼 구원의 열정에 사로잡혀 평생을 달린 설교자'라는 전제 아래 하용조 목사의 설교 사역과 신학적 특징을 조명하고 있다.[71] 그는 서두에서 하용조 목사를, '변치 않는 하나님의 말씀을 변화하는 세상 속에서 어떻게 전할 것인가에 대한 깊은 관심을 가지고 시대를 앞서가면서 한 시대를 선도했던 복음주의 설교자'로 평가하면서 다음과 같이 총론적인 특성을 제시하고 있다.[72]

사역과 설교에 있어서 그의 독창성과 창의적 사고는 늘 그의 사역을 혁신적으로 열어갔다. 특별히 그의 설교사역은 복음과 생명, 교회와 사역, 선교와 영혼 구령에 토대를 두었고, 현대 문화와 현대인의 특성에 맞춘 맞춤형 사역의 특성을 가진다.

그는 하용조 목사의 사역에 영향을 준 멘토를 가나안농군학교의 김용기 장로, 한국대학생선교회의 김준곤 목사, 장로회신학대학원 은사인 주선애 교수로 보았다. 설교와 인격에 영향을 준 멘토는 영국 OMF 선교사인 데니스 레인 목사, 세계적인 복음주의 지도자 존 스토트 목사 그리고 한경직 목사로 보았다. 특히 하용조 목사의 설교를 특징짓는 강해 설교에 주목하면서, 목회 일생을 통해 창세기 강해 설교집과 마태복음 강해 설교집 등 수많은 강해 설교집을 남겨 한국 교회에 영향을 끼치고 있다고 평가했다. 그러면서 김운용 박사는 그의 강해 설교집에 나타난 설교문을 중심으로 하용조 목사 설교의 특징을 다섯 가지로 제시하고 있다.[73]

'하용조 목사의 설교는 예수 그리스도 중심'

• • •

▌ **첫째, 하용조에게 설교는 예수 그리스도의 복음과 그 가운데 나타난 하나님의 뜻과 생각을 전달하는 것이었다.**[74]

김운용 박사는, 설교자는 설교를 수행하지만 이는 사람이 하는 것이 아니라고 말하면서 설교는 사람의 생각이나 사상을 전달하는 것이 아님을 강조한다. 그러면서 설교자는 '말씀을 전달하는 통로'요, 설교는 성령님이 말씀하시는 바에 따라 그분의 뜻을 오늘의 상황에 적합하게 '선포하는 행위'라고 주장한다.[75] 이는 하용조 목사가 그의 설교론에서 중요하게 강조한 바와 같은 견해다.[76] 그는 하용조 목사에게 있어서 설교란 무엇인지를 "성령의 도우심을 구하면서 말씀을 오늘의 상황에 맞게 정리하고 해석하고 전달하고 적용하여 청중에게 하나님의 자녀임을 확인시키고 그 권세로 세상을 살도록 하는 것"이라는 하용조 목사의 말을 인용해서 설명하고 있다.[77] 김운용 박사는 하용조 목사의 설교에 있어서 중요한 특징으로 철저히 예수 그리스도를 증언하고 있음을 지적했다.[78]

> 그는 설교는 예수 그리스도의 복음을 선포하는 것이기 때문에 설교의 시작도 끝도 예수님이어야 한다고 주장한다. '목사는 위대한 사상가가 아니며 예리한 지성을 갖고 있지 않아도' 되지만 '나를 용서하시고 격려해주시고 구원하신 예수님이 항상 설교 속에 있어야 한다'고 주장하면서, '결국 예수님을 전해주는 것이 설교'라고 이해하면서 설교자가 설교단에 서는 순간 '나라는 사람은 없어지고 하나님을 생각나게 하고 예수님을 나타내는 것이 설교'라고 주장한다.

또한 그는 하용조 목사 설교의 기저(基底)에는 묵상이 있다고 보았다. 모든 설교는 성경 말씀으로부터 오며, 설교자에게 가장 중요한 요소는 말씀에 대한 묵상이라는 것이다. 그는 평소 하용조 목사가 '설교의 깊이는 묵상의 깊이'라고 언명할 만큼 설교에 있어서 묵상의 중요성을 강조했다고 상기시킨다. 하용조 목사는 설교를 잘하기 위해서는 먼저 말씀을 묵상하는 습관을 길러야 하며, '묵상하는 습관은 모든 설교자에게 아주 중요한 테마'라고 이해했다. 묵상은 하나님의 말씀에 푹 젖어 드는 것이며, 설교에 은혜가 없는 것은 설교자에게 깊은 묵상이 없기 때문이라는 것이다. 그러면서 김운용 박사는 하용조 목사의 주장처럼, 설교자에게 필요한 것은 큐티를 통한 매일의 묵상 훈련이라고 했다.[79]

큐티와 관련해서, 김운용 박사는 설교형태론적 측면에서 하용조 목사의 설교는 강해 설교에 집중하고 있다고 주장한다. 말씀에 대한 깊은 묵상이 강해 설교를 가져온다는 뜻은 아니지만, 말씀의 깊이가 묵상의 깊이인 만큼 큐티, 즉 깊은 기도와 묵상은 자연히 말씀의 깊이를 가져오는데, 말씀에서 말씀을 따라가는 강해 설교는 묵상과 밀접한 관계가 있다는 것이다. 따라서 하용조 목사가 묵상과 관련해서 강해 설교를 강조하는 것은 그의 설교의 한 특징인 것이 분명하다. 한편 김운용 박사는 강해 설교를 지나치게 강조한 나머지 강해 설교만이 진정한 설교요, 성경적인 설교라는 편견은 경계해야 한다고 지적했다.[80]

그러나 "[내가 의도하는 것은 강해 설교를 목적하는 것이 아니라] 성경이 말하게 하고, 성경의 순서를 따라가는 것이다. 철저하게 성경이 말하게 하는 것이다. 하나님의 말씀을 있는 그대로 강해하여 그 시대를 사는 백성들에게 성경이 유도한 사실들을 성령님을 통해서 오늘 이 시대에, 바로 이 자리에서 말씀이 들리는 것처럼 해주는 것이다"[81]라고 한 하용조 목사의 주장처럼, 이런 의미의 강해 설교라면 설교자가 귀담아들어야 할 메시지라고 생각한다. 김운용 박사는 이런 의미에서 하용조 목사는 시종일관 강해 설교라는 형태로 말씀을 전했으며, 그 강점을 잘 살린 설교자였다고 평가했다.[82]

▌ 둘째, 하용조의 설교는 철저하게 비전이 이끌어가는 설교였다.[83]

김운용 박사는 하용조 목사의 사역과 설교를 이끌어 간 비전은 개인적인 생각이나 목회적 야망에서 비롯된 것이 아니라, 하나님으로부터 온 것이라고 보았다. 그는 "그의 비전은 하나님 나라의 실현과 예수 그리스도의 십자가 구원이었다"라고 말한다.[84] 하용조 목사에게 있어서 교회의 사명은 잃어버린 한 영혼을 구원하는 하나님의 비전에 맞춰져 있어야 한다는 것이며, 교회는 죽어 가는 영혼, 잃어버린 영혼, 버려진 영혼을 예수님 몸의 한 지체로서 영접하는 것이라고 했다.[85]

김운용 박사는 "이런 하나님의 비전을 토대로 한 교회론이 그의 설교를 포함한 제반 사역을 움직였는데, 그것은 한마디로 사도행전적인 교회론이라 할 수 있다"고 주장하고 있다. 그러면서 하용조 목사의 설교 사역은 이러한 교회론을 바탕으로 진행되었다고 보았다. 김운용 박사가 하용조 목사의 설교론이 그의 교회론, 즉 사도행전적 교회론 위에 세워져 있다고 본 것은 하용조 목사의 설교 이해에 중요한 도움을 주고 있다.

▌ 셋째, 하용조의 설교는 철저하게 성령님께 사로잡히는 삶과 열정적 신앙을 강조할 뿐만 아니라 원색적인 복음주의 영성이 이끌어가는 설교였다.[86]

김운용 박사는 하용조 목사가 한국대학생선교회에서 활동하던 시기에 중생을 체험한 후 성령의 능력으로 전도하는 기쁨을 맛보며 보름씩

빈주머니로 전국 각지를 다니며 전도한 일명 '거지 전도'를 통해 사도행전에 나오는 영적 사건을 체험한 사실에 주목하고 있다. 앞에서 살펴보았듯이, 하용조 목사는 교회 개척 6년 만에 얻은 간경화로 1991년 하와이 예수전도단에서 요양을 겸한 안식년을 보내면서 성령 목회에 대한 새로운 비전을 품게 되었는데, 김운용 박사는 이것이 하용조 목사의 목회와 설교에 새로운 전기를 가져다주었음을 상기시킨다. 이때부터 하용조 목사의 설교는 성령님의 인도하심에 따라 성령님으로 사는 삶이 중심 메시지가 되었다는 것이다.[87]

또한 그는 하용조 목사의 사도행전 강해 설교를 포함한 설교 전반에는 이러한 성령론의 기류가 흐르고 있다면서, 하용조 목사의 설교는 성령 체험과 성령 충만, 성령의 인도하심과 능력을 공급받고 복음 전도와 선교를 위한 삶을 요청한다고 했다. 아울러 "하 목사의 설교에는 복음에 대한 뜨거운 열정과 성령 충만에 대한 도전이 가득하며, 복음 증거하는 일과 하나님 나라를 세워가는 일에 헌신하는 삶으로 그리스도인들을 초대하는 특징을 가진다"고 강조하고 있다.[88]

▍넷째, 하용조의 설교는 사도행전적 교회를 세우는 것을 목표로 한 교회 중심의 설교다.[89]

김운용 박사는 하용조 목사에게 있어서 온누리교회의 비전은 '예수님이 의도하시고 사도행전에서 보여 주신 바로 그 교회를 세우는 일'이었음을 상기시키고 있다.[90] 그가 말하는 예수님이 의도하시는 교회는 "구원받은 성도들의 예배 공동체요, 예수님이 주인이신 예수 공동체요, 음부의 권세가 이기지 못하는 능력 공동체요, 천국 열쇠를 가진 전도 공동체"라는 것이다. 그가 확신하는 사도행전적인 교회는 "성령으로 잉태된 성령의 공동체요, 십자가와 부활을 전하는 증인 공동체요, 예수님의 제자를 삼는 양육 공동체요, 자신의 삶을 드리는 헌신 공동체요, 땅 끝까지 복음을 전하는 선교 공동체"이며, 이런 교회는 오늘 이 시간 "사도행전 29장을 계속 써가는 공동체"라는 것이다.[91]

하용조 목사는 이런 사도행전적 교회를 이루기 위한 방법으로 예배와 사역, 말씀의 나눔과 말씀의 선포, 큐티와 일대일 양육, 소그룹과 공동체, 전도와 선교, 봉사와 구제에 중점을 둔다고 김운용 박사는 분석했다. 그러므로 하용조 목사의 설교는 사도행전적 교회를 세우는 것을 목표로 하고 있으며, 그의 설교의 중심에는 언제나 교회가 있다고 판단했다. 김운용 박사의 이러한 설명을 우리는 하용조 목사의 목회의 중심에는 설교가 있다는 것으로 이해해도 좋겠다.

▎다섯째, 하용조의 설교는 고난을 통해 더 깊은 믿음의 세계를 보여준 메시지였다.[92]
앞에서 필자도 이 점에 주목한 바 있지만, 김운용 박사는, 하용조 목사의 설교는 동시대 많은 설교자들에게서 쉽게 발견할 수 없는, 육신의 고난이 가져다준 고귀한 열매라는 취지로 말하고 있다. 그는 하용조 목사가 '움직이는 종합 병원'이라고 할 만큼 머리끝부터 발끝까지 성한 데가 없을 정도로 평생 질병을 안고 살았음을 상기시키고 있다. 대학 3학년 때부터 시작된 하용조 목사의 투병의 여정은 세상을 떠나 주님을 찾아간 60대 중반까지 지속되었다는 것이다.

하용조 목사의 라이프 스토리에서 살펴보겠지만, 그는 어린 시절부터 전쟁고아들을 돌보는 부모의 삶과 신앙생활의 모습에서 긍휼의 마음을 갖게 되었으며, "무려 40년 동안 한 번도 아프지 않고 보낸 해가 없었다"고 고백할 정도로 평생 육신의 질고를 달고 다니면서 긍휼의 영성과 고난의 영성을 갖게 되었다는 것이다. 고난의 심연에서 정금 같은 믿음을 갖게 된 욥처럼, 극심한 육신의 질고 속에서 그의 영혼은 더욱 성숙되어 그것이 그의 설교에 녹아들었다고 본 것이다. "그의 마음 가운데는 늘 아픈 사람들이 있었고, 그 때문에 그는 힘들게 살아가는 사람들, 특히 영적으로 헐벗은 사람들에 대한 연민이 가슴 가득 고여 있는 설교자로 설 수 있었다. 그는 아프고 힘들게 살아가는 사람들을 자신의 가족처럼 동창처럼 여겼다"는 것이다.[93]

> 그는 실로 온누리교회와 수많은 사역들이 '매일 병과 투쟁하는 속에서 태어난 것'이며, '병을 통해 하나님의 은혜를 깨달았고, 아픈 사람에 대한 주님의 마음을 알게 되었다'고 고백한다.[94]

김운용 박사는 '자신의 몸에 수많은 아픔과 고난을 안고 있기에 이웃에 대한 더 깊은 사랑을 갖게 된다는 의미에서 이 시대의 사역자는 상처 입은 치유자'라고 한 헨리 나우웬(Henri Nouwen)의 말처럼,[95] 하용조 목사는 우리 시대의 상처 입은 치유자로서 현대인의 고통을 감싸 안는 설교자요, 진정한 목회자라고 했다.[96] 하용조 목사의 설교가 갖는 특징을 다섯 가지로 분석한 김운용 박사는 다음과 같은 글로 그의 설교에 대한 평가를 마무리했다.[97]

> 한국교회 성장기에 사역하면서 한국교회뿐만 아니라 세계교회에, 일반 성도들뿐만 아니라 목회자들에게까지 커다란 영적 파장을 일으켰던 하용조는 누구보다도 강력한 영향력을 드러냈다. '한국교회의 보물, 우리 시대의 한국교회를 위해 준비하신 하나님의 비밀 병기'[98]라는 문성모의

평가는 지나친 찬사가 아니다. 그는 성경을 통해서 말씀하시는 하나님의 음성을 우리 시대를 향해 온전히 들려주기 위해 강해설교라는 형태를 지속적으로 사용했고, 현대인에게 맞는 방식을 따라 말씀을 전하기 위해 형식의 파괴를 시도했으며, 멀티미디어도 적극 활용하는 문화적 개방성이라는 특성을 보인다. 그러면서도 그의 설교에는 예수 그리스도의 십자가와 복음을 증거하는 케리그마 선포의 특성이 강하게 나타난다. 그의 설교에는 어디에서나 성삼위 하나님, 십자가와 복음에 대한 이야기, 구원과 구원 받은 이후의 삶으로서의 섬김과 선교가 지속적으로 강조된다. 그는 설교가 내 생각을 전달하는 이야기가 아니라 하나님의 말씀의 선포로 드러나야 하며, 설교자는 설교가 끝난 후에 '성도들이 설교를 듣고 하나님의 음성을 들었다'는 고백이 나오게 해야 한다고 권고한다. 그는 설교단에 서는 순간 나는 없고 '하나님을 생각나게 하고 예수님을 나타내는 것'이 설교라고 규정한다. 실제로 그는 거침없이 그것을 생생하게 드러내는 사람(living reminder)으로서 설교사역을 감당했다.

1. 하용조, 《사도행전적 교회를 꿈꾼다》, p. 53.

2. 필자는 2021년 4월 8일 오후 2시, 강남구 일원동에 있는 밀알학교 이사장실을 방문해서 홍정길 목사를 만나, 하용조 목사 생전의 사역에 대한 회고담을 들었다. 이 내용은 홍정길 목사의 증언에 의한 것이다.

3. 찰스 스펄전 목사는 존 버니언을 두고 이런 평가를 했다고 한다. "존 버니언은 어디를 찔러도 그에게서 나오는 피는 성경형(聖經型)임을 알게 될 것이다. 그에게는 성경의 정수[피]가 흘러나온다. 그의 영혼에는 하나님의 말씀이 가득 차 있기 때문에 말씀을 인용하지 않고는 말할 수가 없다"(Prick him anywhere; and you will find that his blood is Bibline, the very essence of the Bible flows from him. He cannot speak without his soul is full of the Word of God). https://youtu.be/HLHihr21OeY.

4. 존 칼빈, 원광연 역, 《기독교강요(하)》, p. 18.

5. 위의 책, p. 17.

6. 칼 바르트, 신준호 역, 《하나님의 말씀에 관한 교의》(서울: 대한기독교서회, 2010), 교회 교의학, I-2, p. 662.

7. 위의 책, p. 809.

8. 하용조, 《사도행전적 교회를 꿈꾼다》, p. 216.

9. 위의 책, p. 216.

10. 칼 바르트, 박순경 역, 《하나님의 말씀에 관한 교의》, 교회 교의학, I-1, p. 154.

11. 하용조, 《설교 사전》(서울: 두란노, 2011), p. 327.

12. 위의 책, p. 327.

13. 위의 책, p. 327.

14. 위의 책, pp. 327-328.

15. 하용조, 《사도행전적 교회를 꿈꾼다》, p. 214.

16. 위의 책, p. 215.

17. 존 칼빈, 원광연 역, 《기독교강요(하)》, p. 18.

18. 하용조, 《사도행전적 교회를 꿈꾼다》, p. 218.

19. 위의 책, p. 53.

20. 위의 책, p. 170.

21. 위의 책, pp. 218-219.

22. 위의 책, pp. 220-221.

23. 위의 책, p. 219.

24. 위의 책, p. 219.

25. 루돌프 보렌, 박근원 역, 《설교학 실천론》(서울: 대한기독교서회, 1980), p. 4.

26. 하용조, 《사도행전적 교회를 꿈꾼다》, p. 220.

27. 위의 책, p. 220.

28. 위의 책, pp. 220-221.

29. 위의 책, p. 223.

30. 위의 책, p. 223.

31. 위의 책, p. 224.

32. 위의 책, p. 224.

33. 위의 책, p. 225.

34. 위의 책, pp. 225-226.

35. 존 스토트, 정성구 역, 《현대교회와 설교》(서울: 반석문화사, 1992), p. 238.

36. 하용조, 《사도행전적 교회를 꿈꾼다》, p. 227.

37. 위의 책, p. 226.

38. 위의 책, p. 226.

39. 위의 책, p. 235.

40. 위의 책, p. 53.

41. 위의 책, pp. 52-53.

42. 위의 책, p. 235.

43. 위의 책, pp. 73-76에서 하용조 목사는 "말씀의 위력을 알게 되면서, 설교에 눈을 떴다. 설교에 눈을 뜨게 해 주신 분은 데니스 레인 목사님이다"라고 회고하고 있으며, 영국에서의 3년간의 훈련을 통해 강해 설교를 하는 데 결정적인 용기를 얻었다고 진술하고 있다.

44. 강사문, "온 세상을 위한 설교, 온 나라를 위한 목회-하용조 목사의 설교와 목회", 한국교회사학연구원 편, 《하용조 목사의 설교와 신학》(서울: 두란노, 2005), p. 112.

45. 하용조, 《사도행전적 교회를 꿈꾼다》, p. 226.

46. 스티븐 로슨, 황을호 역, 《마틴 로이드존스의 설교를 만나다》(서울: 생명의말씀사, 2017), p. 136.

47. 위의 책, p. 137.

48. 하용조, 《사도행전적 교회를 꿈꾼다》, p. 182.

49. 위의 책, p. 224. 여기서 하용조 목사는 "설교의 시작도 예수님이요 끝도 예수님이다", "결국 예수님을 전해 주는 것이 설교이다"라고 단언한다.

50. 위의 책, p. 215.

51. 유상현, "오순절 불의 혀처럼-하용조 목사의 설교 세계", 《하용조 목사의 설교와 신학》, pp. 25-31.

52. 위의 책, p. 25.

53. 강사문, "온 세상을 위한 설교, 온 나라를 위한 설교-하용조 목사의 설교와 목회", 위의 책, p. 112.

54. 한영태, "거룩한 복음을 전하는 행복 전도사-하용조 목사의 설교에 나타난 신학적 특색", 위의 책, pp. 150-157.

55. 민경배, "설교의 힘이 곧 한국교회의 힘", 위의 책, pp. 9-10.

56. 문성모, "지정의 고루 갖춘 성경 중심의 설교가", 위의 책, pp. 184-190.

57. 문성모, 《하용조 목사 이야기》, pp. 46-63.

58. 위의 책, pp. 64-84.

59. 하용조, "영적 예배를 드리십시오", <온누리신문>(1995. 3. 26), 2-3면 참조.

60. 위의 신문 참조.

61. 민경배, "설교의 힘이 곧 한국교회의 힘", 《하용조 목사의 설교와 신학》, pp. 9-10.

62. 위의 책, p. 10.

63. 하용조, "이 시대 문화 코드에 맞는 새로운 목회 패러다임을 꿈꾼다", 위의 책, pp. 192-196.

64. 위의 책, pp. 193-196.

65. 김운용, 《한국교회 설교 역사》(서울: 새물결플러스, 2018). '이야기 혁신성의 관점에서 본 설교자들의 이야기'라는 부제가 붙어 있다.

66. 위의 책, pp. 51-134.

67. 위의 책, pp. 135-207.

68. 위의 책, pp. 209-455.

69. 위의 책, pp. 457-601.

70. 위의 책, pp. 603-853.

71. 위의 책, pp. 326-360.

72. 위의 책, p. 326.

73. 참고로, 김운용 박사의 글은 첫째부터 여섯째까지 되어 있으나 순번의 착오인지 다섯 가지를 제시하고 있다.

74. 김운용, 《한국교회 설교 역사》, p. 764.

75. 위의 책, p. 764.

76. 하용조, 《사도행전적 교회를 꿈꾼다》, pp. 216-218.

77. 김운용, 《한국교회 설교 역사》, p. 764. 하용조 목사의 이러한 주장은 그의 저서 《성령 받은 사람들》, pp. 110-112, 128; 《사도행전적 교회를 꿈꾼다》, pp. 232-233 참조.

78. 김운용, 위의 책, p. 764.

79. 위의 책, p. 765.

80. 위의 책, p. 766.

81. 하용조, "강해설교의 축복", 김지철 외, 《성경과 설교》(서울: 한국성서학연구소, 1993), pp. 133-134.

82. 김운용, 《한국교회 설교 역사》, p. 767.

83. 위의 책, p. 767.

84. 위의 책, p. 767.

85. 위의 책, p. 768. 여기서 김운용 박사는 하용조 목사의 《사도행전적 교회를 꿈꾼다》, pp. 124, 127 내용을 인용하고 있다.

86. 위의 책, p. 768.

87. 위의 책, p. 768.

88. 위의 책, p. 770.

89. 위의 책, p. 770.

90. 하용조, 《사도행전적 교회를 꿈꾼다》, pp. 20-21 참조. 여기서 하용조 목사는 "주님이 의도 하시고 사도행전에서 보여 주셨던 진짜 그 교회의 생명력은 무엇인가? 교회를 교회 되게 했던 그것이 무엇인가? 이 생각으로 그동안 이끌어 온 것이 온누리교회다. 바로 그 교회! 예수님이 의도하시고 사도행전에서 보여 주셨던 바로 그 교회! 사도행전적 교회! 이것이 바로 나의 비전이고, 온누리교회의 비전이다"라고 했다.

91. 김운용, 《한국교회 설교 역사》, p. 770.

92. 위의 책, p. 772. 참고로, 김운용 박사는 이 포인트를 '여섯째'로 표기하고 있다. 그러나 실제로는 '다섯째' 포인트가 보이지 않으므로, 아마도 이 포인트가 '다섯째'가 되어야 하지 않을까 생각해 필자가 임의로 표기했음을 밝힌다. 혹시 더 자세히 살피지 못해 결례가 되었다면 저자에게 넓은 이해를 구하는 바다.

93. 위의 책, p. 773. 하용조 목사의 이러한 고백은 그의 책을 참고하기 바란다. 《나의 하루》 (서울: 두란노, 2014), p. 159 참조.

94. 김운용, 위의 책, p. 773.

95. 헨리 나우웬, 최원준 역, 《상처 입은 치유자》(서울: 두란노, 1999), p. 111.

96. 김운용, 《한국교회 설교 역사》, p. 774.

97. 위의 책, pp. 776-777.

98. 문성모, 《하용조 목사 이야기》, p. 9.

제 3 부

∎
∎

"나는 선교에
목숨을 걸었다"

제7장

"나는 선교에 목숨을 걸었다"

하용조 목사와 전도·선교

전도도 살아 있고 선교도 살아 있는 교회를 꿈꾸며

● ● ●

필자는 하용조 목사가 온누리교회를 통해 실천한 넓은 의미의 선교 사역을 살펴보기에 앞서 전도와 선교에 대한 그의 설명을 먼저 들어 볼 필요를 느낀다. 그는 "전도가 동일 문화권에서 복음을 전하는 것이라면, 선교는 이질 문화권에서 복음을 전하는 것이다. 교회에는 전도도 살아 있고, 선교도 살아 있어야 한다. 이것이 동시에 이루어져야 한다"고 했다.[1] 그러니까 전도와 선교가 복음을 전한다는 점에서는 동일하지만, 그 대상 지역이 동일 문화권(국내)이나 이질 문화권(국외)이냐에 따라 구분된다는 뜻으로 설명하고 있다. 한편 그는 선교에 대해 이렇게 설명한다.[2]

선교는 대단한 것이 아니다. "주 예수를 믿으라 그리하면 너와 네 집이 구원을 얻으리라"(행 16:31), "영접하는 자 곧 그 이름을 믿는 자들에게는 하나님의 자녀가 되는 권세를 주셨으니"(요 1:12). 이 놀라운 구원의 메시지를 선포하는 것이다. 죄 기억상실증, 하나님 기억상실증에 걸려서 하나님의 이름을 잊어버린 모든 사람들에게 이 메시지를 전하는 것이다. 바로 이것이 지상 최후의, 지상 최대의 명령이다.

예수님의 땅 끝까지 이르러 복음을 전파하라 하신 지상 명령을 수행하는 것이 선교라는 것이다. 이는 "성경은 전체가 선교적인 책이다"[3]라고 강조한 아서 글라서(Arthur F. Glasser)가 '하나님 나라를 선포하신 예수님'을 본받아 우리도 '복음을 전하라는 예수님의 지상 명령을 실천하는 것이 선교'라 했던 말을 연상케 한다.[4] 그러면서 그는 "교회란 무엇인가?"라는 질문을 던진다.[5] 그리고 이 질문에 스스로 "예수님을 믿지 않는 영혼들을 향한 눈물이 있는 곳이다"라고 답한다. 우리는 '예수님을 알지 못하는 영혼들을 향한 눈물이 있는 곳'이 교회라는 하용조 목사의 말에 눈물이 난다. 예수님을 알지 못하는 영혼들을 위해 교회는 무엇을 해야 하는가? 눈물을 흘리며 복음을 전해야 한다는 것이다.

그는 우리가 진정 예수님을 믿는다면 "가서 그리스도가 없는 사람을 향하여 네 생애를 던지라"는 고귀한 명령을 실천해야 한다고 강조했다. 이 명령을 간직하고 있는 성도들은 자기 주변에 있는 사람들을 전도해서 교회로 데려오게 되며, 점차 전도의 꿈이 커져서 급기야 문화와 언어의 차이를 넘어 예수 그리스도의 복음을 한 번도 들어 보지 못했거나 들을 수 없는 환경에 있는 다른 민족에게까지 나아가게 된다는 것이다. 이것이 전도요, 선교라고 그는 말한다.[6]

여기서 하용조 목사는 동일 문화권에 복음을 전하는 전도와 이질 문화권에 복음을 전하는 선교를 구분해서 설명하면서도 선교는 '주 예수를 믿으라'라는 구원의 메시지를 전하는 것이라고 평이하게 설명한다. 그렇다면 전도 역시 이에 지나지 않을 것이다. 그는 예수님이 죄인을 부르러 오셨다(눅 5:32)는 점에서 최초의 전도자이시며, 그분의 지상에서의 모든 사역이 전도로 일관되어 있었다고 말한다.

그러므로 교회는 예수님에게서 전도를 배워야 한다고 강조한다. 예수님의 전도 사역이 기록된 4복음서를 통해 볼 때 예수님은 갈릴리를 중심으로 유대라는 동일 문화권에서 복음을 선포하심으로 전도의 모범을 보이셨으며, 예수님의 부활 승천 후 오순절 성령 강림으로 세워진 사도행전의 교회들은 예루살렘과 유대와 사마리아와 땅 끝까지 나아가 이질 문화권에 복음을 선포함으로써 선교의 지경을 넓힌 것이라 할 수 있다. 이는 "너희는 가서 모든 민족을 제자로 삼아"(마 28:19), "예루살렘과 온 유대와 사마리아와 땅 끝까지 이르러 내 증인이 되리라"(행 1:8)고 하신 예수님의 지상 명령에 따른 것이다.

하용조 목사가 온누리교회를 시작할 때 불과 열두 가정에 100여 명의 성도들과 함께 "하나님! 2천 명의 젊은이들을 주십시오. 하나님! 마귀의 권세를 무너뜨릴 수 있는 300명의 정병을 주십시오. 그러면 세계를 당신 앞에 드리겠습니다"라고 절절히 기도한 것도 이러한 전도와 선교의 비전에 의한 것이었다. 온누리교회는 개척 7년 만에 2천 명의 청년이 실현되었으며, 14년이 지나 1만 명이 모이고 23년이 지난 2007년에는 2만 명이 모이자, 그의 기도의 지경은 계속 넓어져서 "2010년까지 2천 명의 해외 선교사를 보내고, 1만 명의 사역자를 전국에 보내자"라는 이른바 '2천/1만 비전'을 품게 되었다.[7]

이는 앞에서 하용조 목사가 설명한 것처럼, 전도도 살아 있고 선교도 살아 있는 교회, 이 두 가지가 동시에 이루어지는 교회를 실현하기 위한 목회 비전이었다. 그러니까 그는 세계 선교를 위한 2천 명의 평신도 선교사와 국내 전도를 위한 1만 명의 평신도 전도자를 두고 기도한 것이었다. 이러한 하용조 목사의 기도는 넘치도록 응답되어, 그가 주님의 부르심을 받기 1년 전인 2010년에 이 목표가 이루어지게 된다.

필자는 여기서 하용조 목사가 앞에서 구분하여 설명한 전도와 선교의 개념과 관련해, 온누리교회 개척 신자인 양유식 원로 장로의 회고담을 생각해 본다. 양유식 장로가 하용조 목사를 만나게 된 것은 온누리교회 창립 전이었는데, 하용조 목사가 영국에서 돌아와 시작한 교수 중심의 성경 공부에 참석하면서부터였다. 서울대학교 치과대학을 나온 그는 1961년부터 25년간 우리나라 치의학 발전에 지대한 공헌을 한 유수만(D. H. Nieusma) 선교사를 은사로 만난 것이 계기가 되어 선교에 비전을 갖게 되었다고 한다. 그러나 정작 구체적인 선교 사명을 갖게 된 것은 하용조 목사를 만나게 되면서부터였다. 치과의사들로 구성된 '선한사마리아인회'라는 의료 선교 단체를 만들어 당시 쓰레기 매립장이었던 난지도 지역 전도를 하다가 1991년 해체된 소비에트 연방 국가인 키르기스스탄과 우즈베키스탄으로 선교의 눈을 돌리게 되었다고 한다. 말하자면 국내 전도에서 국외 선교로 이행한 것이다. 선한사마리아인회는 나중에 기독교 NGO인 '치과의료선교회'로 발전하여 국내외 선교를 활발하게 펼쳤는데, 이는 하용조 목사가 심어 준 선교 비전 때문이었다고 한다.

필자는 양유식 장로로부터 온누리교회가 창립 초기에 치과의사를 중심으로 중앙아시아 지역에 선교사를 파견했다는 새로운 사실을 확인하게 되었다. 의사인 양유식 장로는 생전의 하용조 목사를 "의학적으로 도저히 감당하기 어려운 질고를 겪으면서도 언제나 자상하고 여유 있는 모습으로 성도들을 대하셨으며, 성도들에게 긍정적인 비전을 제시해 준 멋진 목회자이셨다"고 그리움 깊은 회상을 했다.

예수님의 지상 명령 성취를 위해 세운 온누리교회

• • •

앞에서 살펴본 것처럼, 하용조 목사가 사도행전적 교회를 꿈꾸며 온누리교회를 개척한 가장 우선적이고 최종적인 목적은 바로 전도와 선교에 있었다.[8] 그는 "온누리교회는 전도하기 위해, 선교하기 위해 태어났습니다"라고 분명히 말했다.[9]

사도행전의 교회는 전도하고 선교하는 교회였다. 그것을 증언하는 것이 교회의 정초(定礎)에 새겨진 마태복음 28장 19-20절 말씀이다. "그러므로 너희는 가서 모든 족속으로 제자를 삼아 아버지와 아들과 성령의 이름으로 세례를 주고 내가 너희에게 분부한 모든 것을 가르쳐 지키게 하라 볼지어다 내가 세상 끝 날까지 너희와 항상 함께 있으리라 하시니라"(개역한글 성경).

아울러 그는 사도행전의 서두를 여는 "성령이 너희에게 임하시면 너희가 권능을 받고 예루살렘과 온 유대와 사마리아와 땅 끝까지 이르러 내 증인이 되리라"(행 1:8) 하신 예수님의 말씀을 선교 명령으로 들었다.[10] 그는 "이 세계 복음화의 명령을 열한 명에게 넘겨주고 떠나셨다는 것은 기적이다. 그리고 주님은 이 명령을 오늘 우리에게 맡기고 계신다"라고 확신했다.[11]

하용조 목사는 예수님이 선교하는 교회를 이 땅에 세우셨다고 가르친다. 오순절 성령 강림으로 초대교회를 세우고 선교의 문을 여셨다는 것이다. 사도행전에 기록된 최초의 예루살렘교회는 하나님 나라를 선포한 선교적 교회였다.[12]

그러므로 '사도행전적 교회는 선교적 교회'여야 한다고 그는 분명히 말하고 있다.[13] 초대교회가 선교를 목적으로 세워졌다면, 사도행전적 교회를 지향하는 오늘의 교회도 선교를 목적으로 삼아야 한다는 것이다. 이는 사도행전적 교회를 꿈꾸며 온누리교회를 시작한 자기 자신을 향한 다짐인 동시에, 온누리교회 성도들을 향한 호소이기도 하다.

사도 바울은 초대교회 사도들과 성도들에게 예수님의 지상 명령을 재차 증언한다. "나의 복음과 예수 그리스도를 전파함은 영세 전부터 감추어졌다가 이제는 나타내신바 되었으며 영원하신 하나님의 명을 따라 선지자들의 글로 말미암아 모든 민족이 믿어 순종하게 하시려고 알게 하신 바 그 신비의 계시를 따라 된 것이니 이 복음으로 너희를 능히 견고하게 하실"(롬 16:25-26).

이처럼 하용조 목사는 예수님의 지상 명령인 이 말씀을 붙잡고 교회를 개척했다. 그의 선교에 대한 사명감과 열정이 얼마나 확고하고 뜨거웠는지를 알 수 있다. 그는 온누리교회 개척 초창기부터 "사도행전적 교회는 떠나는 데서부터 시작한다"고 말하면서 성도들에게 예수님의 십자가와 부활을 전하기 위해 '떠날 것'을 강조해 왔다. 그래서 온누리교회 성도들은 자신의 삶을 선교와 연관 지어 생각하는 데 익숙해져 있다.[14]

하용조 목사의 선교에 대한 비전은 교회를 개척하기 훨씬 전부터 그의 마음을 지배하고 있었다. 대학교 재학 중이었던 1966년 8월, 경기도 의정부 입석에서 열린 CCC 수련회에서 예수 그리스도를 인격적으로 영접하고 그분의 십자가와 피 묻은 손을 실제로 체험한 사건으로부터 그의 영혼을 지배한 것이 선교였다.[15] 수련회를 마치고 거지 전도에 나서서 발 닿는 곳마다 자신이 만난 예수님을 증언한 것도 선교에 대한 거룩한 부담 때문이었다. 대학교 3학년 때는 지친 몸을 어거하면서도 밤늦도록 전도에 미쳐 돌아다녔다.[16] 폐병으로 결핵 요양소에서 목회자의 소명을 받은 후로는 더더욱 그랬다.

하용조 목사는 대학을 졸업하고 CCC에서 평신도 선교사(간사)로 사역하면서 7년간 선교 훈련을 받았다. 국제 CCC는 창립자 빌 브라이트(Bill Bright) 박사의 평신도 정신에 따라 그 단체에서 헌신하는 선교사들을 스태프(Staff)라고 겸손하게 부른다. 우리말로는 간사(幹事)라고 한다. 그는 그곳에서 받은 축복 중 하나가 선교의 기쁨을 배운 것이라 했다. 당시 전도에 미친 자신을 그는 이렇게 회상한다.[17]

그 무렵 나는 밤 12시 만원 버스에서도 "예수 믿으세요!" 하며 다녔다. 전도하러 남산, 장충공원, 사직공원, 서울역 등등 안 다닌 데가 없었다. 밤 12시가 넘어 그렇게 피곤해도 찬송을 부르면서 집으로 돌아왔다. 식사 시간을 놓쳐도 배고픈 줄 몰랐다. 그런데 전도하지 못한 날은 가슴을 치고 통곡할 것 같았다. 가슴이 답답했다.

하용조 목사는 평소 바이올린과 서예를 좋아했는데, 선교의 사명을 받은 후로는 바이올린과 서예를 다 잊어버렸다고 한다. 예수님보다 더 귀한 것이 없고, 예수님을 전하는 것보다 더 우선적인 일이 없기 때문이었다. 그가 연예인교회를 개척해서 문화 사역 중심으로 목회를 한 것도 후일 문화와 언어가 다른 땅 끝으로 선교사를 파송해서 주님의 지상 명령을 실천하기 위한 준비 사역이었다. 건강의 악화로 연예인교회 사역을 중단하고 요양을 겸한 영적 재충전을 위해 1983년 영국에 가서 향후 본격적인 목회의 밑그림을 그릴 때도 사역의 최우선을 예수 그리스도의 지상 명령 성취에 두었다. 그래서 그는 온누리교회를 선교의 터 위에 세워진 교회라고 했다.

선교의 비전을 품고 온누리교회를 그리다

• • •

하용조 목사가 영국에서 세계적인 강해 설교자 데니스 레인 목사에게서 성경 공부와 설교 훈련을 받는 한편 WEC(Worldwide Evangelization for Christ)라는 국제 선교회에서 선교사 훈련을 받은 것도 앞으로 개척할 교회의 최우선적인 동시에 최종적인 사명을 선교에 두기 위함이었다.[18] WEC는 1913년 C. T. 스터드(Studd)에 의해 창립된 국제적인 선교 단체다. 허드슨 테일러(James Hudson Taylor)와 함께 중국 복음화에 힘쓴 스터드는 53세가 되던 해인 1913년, 병든 몸으로 하나님의 소명에 순종하기 위해 아프리카 심장부인 콩고로 가서 복음을 전하면서 아프리카심장선교회(The Heart of Africa Mission)를 세웠는데, 이것이 WEC의 모체가 되었다고 한다. 100년이 넘는 역사 속에 WEC는 현재 미전도 지역을 중심으로 80여 국가에서 사역하고 있으며, 약 50개국에서 모인 2,200여 명의 선교사들이 팀 사역을 하고 있는 헌신적인 선교 단체다. 1997년에는 WEC 한국 본부가 설립되어 현재 480여 명의 선교사를 여러 나라에 파송하고 있다.

하용조 목사는 이 전통 있는 선교 단체에서 훈련을 받으면서 향후 선교 중심의 교회를 세우겠다는 목회의 비전을 갖게 되었다. 그는 WEC 선교 훈련을 통해 중요하게 배운 것은 동역자 간에 협력하는 팀 사역이었다면서 이렇게 회상했다.[19]

> WEC에서 훈련을 받는 6개월 동안 훈련생들과 함께 살았다. 우리 한국 사람들은 영어가 잘 안 되니까, 친한 사람들하고만 끼리끼리 만나 이야기하면서 라면을 먹고 김치를 먹었다. 그러면 누가 와서 옆구리를 쿡 찔렀다. "너 저쪽 가서 이야기해라." 친하려면 너희들끼리 딴 데 가서 친하라는 것이다. WEC에서는 단짝을 아예 못 만들게 했다. 네가 한 사람하고 단짝이 되면, 다른 사람은 너와 친할 기회도 없이 상처를 받는다는 것이다. 그곳에서 가장 중요하게 채점하는 것은 '동역'이었다. 동역은 자기가 죽어야만 할 수 있다. 자기를 내세우면 동역이 안 된다. 선교에서 동역자 관계가 얼마나 중요한지 모른다. 신앙은 개인적으로 나타나는 것도 중요하지만 공동체적으로도 표현되어야 한다 ⋯ 공동체적으로 표현되는 것이 진짜 신앙인 것이다. 그럴 때 나는 감추어지고 그리스도만 나타난다. 나는 독특한 사람이 아니라 그중 한 사람이 된다 ⋯ 이 시대에 하나님의 일을 잘하려면 좋은 동역자가 있어야 한다 ⋯ 같이 일하는 사람 모두와 팀워크를 잘 이루어야 한다.

하용조 목사가 목회에 있어서 팀 사역을 중시하는 것도 이런 선교적인 마인드에 기인한 것이다. 그래서 그는 '교회 부흥의 원동력은 팀 사역'이라고 단언한다. 교회는 살아 있는 유기체 조직이고 그리스도의 몸이기 때문에 팀 사역을 해야 한다는 것이다.

하용조 목사는, 팀 사역은 선교에 있어서 기본이 될 뿐 아니라 목회에 있어서 가장 중요한 요소가 된다고 보았다. 목회는 담임 목사 혼자서 하는 것이 아니며, 당회를 이루는 소수의 장로들과 함께하는 것도 아니다. 평신도 리더십을 길러서 교회 구성원 전체가 유기적으로 팀 사역을 해야 교회가 건강하게 부흥한다는 것이 하용조 목사의 지론이다.

자칫하면 목회자는 자신이 무엇을 어떻게 해야 평신도들이 만족할 수 있을까 하는 강박감을 가지기 쉽다. 주님의 몸 된 교회를 섬기는 일은 목회자 혼자 하는 일이 아니므로 온 성도들이 함께할 수 있도록 해야 한다. 그래야 성도들의 신앙이 성장하게 되고, 교회에 대해 더 큰 애정을 갖게 된다. 그렇다고 평신도들이 교회에 대한 애정만 가지고 일하도록 해서는 안 된다. 목회자가 혼자 사역하는 것이 아니듯이, 평신도들도 혼자 봉사하도록 해서는 안 된다. 성도들이 합력해서 선한 일을 이룰 수 있도록(롬 8:28) 체계적인 팀 훈련을 해야 한다. 그래서 그는 '팀 사역은 교회 부흥의 원동력'이라고 강조했다.[20] 선교에 있어서도 원리는 마찬가지라는 것이다.

"나는 선교에 목숨을 걸었다": 세계 선교를 위한 '2천/1만 비전'

● ● ●

앞에서 살펴본 것처럼, 하용조 목사는 온누리교회를 시작할 때 "하나님! 2천 명의 젊은이들을 주십시오. 하나님! 마귀의 권세를 무너뜨릴 수 있는 300명의 정병을 주십시오. 그러면 세계를 당신 앞에 드리겠습니다"라는 서원 기도를 드렸다. 그 당시 성도가 열두 가정으로 많아야 100여 명 정도 모일 때라고 한다. 사람의 판단으로 보면 황당한 기도가 아닐 수 없었다. 그러나 하나님은 그 기도를 들으셨다. 교회 개척 7년 만에 2천 명의 청년들이 모였다. 더 놀라운 것은 14년이 지나자 1만 명의 청년들이 모여들었다는 사실이다. 23년이 지난 2007년에는 2만 명을 넘어섰으며,[21] 하용조 목사가 소천한 2011년에는 3만 명을 향해 달려가고 있었다. 마른 땅에서 나온 연한 순(tender shoot)처럼(사 53:2) 기하급수로 성장하는 영적 승법(乘法)의 역사라 할 것이다.

하용조 목사는 "이것이 비전이다"라고 한다. 개척 당시에는 교회 건물도 없었고, 땅도 돈도 없었다. 그는 이 모든 것이 어디로부터 온 것이냐고 묻는다. 그러면서 하나님으로부터 왔다고 답한다. 비전을 가지고 기도하니 하나님이 응답하셨다는 것이다. 하나님은 하용조 목사가 서원한 대로 온누리교회에 비전을 주셨다. "2010년까지 2천 명의 해외 선교사를 보내고, 1만 명의 사역자를 전국에 보내자"는 것이었다.

그는 이 선교의 비전이 구체화된 것은 실제적으로 1994년이라고 말했는데, 그가 왜 이 해를 특정했는지에 대해서는 자세한 이유를 설명하지 않았다. 1994년은 1976년 연예인교회를 개척한 후 1980년까지 시무하다가 사임하고 영국으로 유학을 떠난 1981년을 기점으로 13년째 되는 해요, 영국에서 온누리교회 설립의 밑그림을 그리고 기도하던 중 1985년 온누리교회를 개척한 지 9년째 되는 해다. 이런 역사적 셈법으로는 왜 하용조 목사와 온누리교회 선교의 비전과 관련해서 1994년이 중요한지는 가늠하기 어렵다. 이에 대해 그는 다음과 같은 중요한 고백을 한다.[22]

이 비전이 구체화된 것은 실제적으로 1994년이라고 생각된다. 특정한 시기보다는 그때 우리 교회의 상태가 중요했다. 우리 교회가 거룩과 순결을 지향하자, 선교사 2천/1만 비전이 뚜렷해지기 시작했다. 성령 사역을 거친 뒤, 거룩과 순결을 핵심으로 삼아 목표를 정하고 교회가 매진할 때 2천/1만 비전이 나왔던 것이다.

그의 말대로 1994년이라는 물리적으로 특정한 시기가 중요한 것이 아니었다. 하용조 목사가 중시한 목회철학에 따라 교회가 거룩과 순결을 지향하자, 영적인 시간 속에서 선교의 비전이 현실로 이루어졌다는 간증이다. 그해가 1994년이었던 것이다. 우리는 그의 이 증언을 들으면서 그 옛날, 이스라엘 민족의 출애굽 역사 속에서 성결을 명하신 하나님의 뜻을 다시금 깨닫게 된다. 하나님은 이스라엘이 거룩한 공동체가 되기를 원하셨다. 하나님이 택한 백성과 주의 종에게 먼저 강조하신 것은 '여호와께 성결'(Holy to the LORD)이었다(출 28:36). 이처럼 하용조 목사는 개척 초기부터 하나님이 주신 선교의 비전을 위해 온누리교회의 온 성도들과 함께 거룩과 순결을 지향하며 온전한 헌신을 다짐했던 것이다. 그는 교회가 거룩과 순결을 이룰 때, 하나님이 자신과 온 성도들의 기도에 응답하셨다는 참으로 중요한 고백을 한 것이다.

'교회 부흥은 선교에 있다'는 하용조 목사의 목회철학

• • •

하용조 목사는 선교의 비전을 가지고 목회를 하면서 깨달은 것이 있다고 한다. 그것은 선교야말로 교회의 최우선 사명이며, 선교를 통해 교회가 부흥한다는 사실이다. 그는, 선교는 학교를 짓고 병원을 세우는 것만이 전부가 아니라 복음을 전하는 것이며, 그러기에 교회를 통해 이루어져야 한다고 온누리교회 목회 초기부터 강조했다.[23]

나는 목회를 하면서 교회가 성장할 수 있는 원동력은 '선교 활동에 전념하는 자세'에 있음을 직접 체험했다. 어떤 사람들은 해외로 선교사를 내보내는 것에 대해 부정적인 말들을 하기도 한다. 그때마다 나는 이렇게 되묻는다. "100년 전, 궁핍하고 황폐했던 우리나라에 선교사가 오지 않았다면 우리와 같이 은혜받은 그리스도인이 있을 수 있었습니까?" 내 가족도 전도하지 못했다고 할지라도 우리가 받은 은혜를 기억한다면 갈 수밖에 없다. 아직도 복음을 듣지 못한 영혼들을 위하여 믿지 않는 부모님을 두고라도 선교지로 떠날 믿음을 갖는 것이 바로 선교다.

하용조 목사는 "전도[선교]가 목적이 되어야만 진정한 교회의 모습을 갖출 수 있다"고 강조한다. 그는 한 걸음 더 나아가 복음을 듣지 못한 영혼이 있는 곳, 물질적으로나 영적으로 가난한 곳, 잘못된 종교에 억압된 영혼들이 있는 곳으로 달려가 온 생명을 걸고 말씀을 전해야 한다고 역설했다. 그러면서 그는 "지금 우리 교회에만 머물러서 우리의 왕국을 만들지 말자는 것이다. 안주하는 것은 교회의 진정한 모습이 아니다"라고 경고한다.[24]

계속해서 그는 선교는 돈이 많다고 잘할 수 있는 것이 아니라고 했다. 선교에는 돈이나 그 밖의 물질적인 것보다 헌신할 수 있는 자세가 더 중요하다고 한다. 주님의 지상 명령에 순종하겠다는 순교적인 자세와 결단이 전제되어야 한다는 것이다. 하용조 목사는 '과분하게 도전할 것, 계산해서 적당히 하지 말 것, 예산에 구애받지 말고 할 것, 선교 활동이라면 무엇이든지 지나치게 할 것'을 주문했다. 이것이 선교에 임하는 자세요, 이처럼 계산하지 않고 아낌없이 할 때 교회는 부흥한다고 역설했다.

우리는 하용조 목사의 이처럼 적극적이고 공격적인 선교 자세를 보면서 사도행전에 나오는 마게도냐교회의 모습을 떠올리게 된다. 고린도후서 8장 1절 이하를 보면 사도 바울이 은혜를 받은 마게도냐교회 교인들의 풍성한 선교 헌금에 대해 증언하는 장면이 기록되어 있다. 그들은 환난과 시련 가운데서도 풍성한 선교 헌금을 했는데, 당시 성도들은 극심한 가난을 겪고 있는 상태였다. 그러나 그들은 힘대로 할 뿐 아니라 힘에 지나도록 했다고 한다. 여기서 사도 바울이 강조한 것은 마게도냐교회 성도들이 가난을 무릅쓰고 많은 헌금을 했다는 것이 아니라, 복음을 위해 삶의 전부를 내어놓은 그들의 믿음과 선교를 위한 전적 헌신에 있다.

하용조 목사는 선교를 위한 교회와 성도의 자세가 이와 같아야 한다는 가르침을 우리에게 주고 있다. 그는 이렇게 호소했을 뿐만 아니라, 실제로 자신의 일생을 남김없이 주님에게 바치고 소진했다. 우리는 여기서 선교는 적당히 하는 것이 아니라 있는 힘을 다해서 해야 한다는 하용조 목사의 가르침을 그의 실천과 함께 새롭게 듣는다. 그러면서 그는, 선교는 교회를 통해서 하나님이 하신다고 분명하게 선언한다.[25]

> 선교는 하나님이 하시는 것이다. 누구를 통해 하시는가? 우리를 통해, 우리의 순종을 통해 선교하시는 것이다. 우리의 믿음과 순종을 하나님께 내어 놓기만 하면, 하나님은 보잘것없는 우리를 통해 이 세계를 변화시키겠다고 하셨다 … 이것이 선교 명령이고, 이것이 지상 명령이다. 우리가 죽는 것이 분명한 사실인 것처럼 남아 있는 우리 생애에서 마지막까지 감당해야 할 목적과 사명은 "가서 모든 족속으로 제자를 삼으라. 땅을 정복하고 땅을 지배하라. 그리고 서로 사랑하라"는 것이다. 병들었

든지 건강하든지, 부자든지 가난하든지, 능력이 있든지 없든지, 우리 모두는 선교를 위해 존재하는 것이다.

이처럼 절절한 마음으로 교회는 선교를 위해 있는 것임을 강조한 하용조 목사였기에 "나는 선교에 목숨을 걸었다"고 고백했으며, 목회 사역으로 인해 선교지에 생애를 바치지 못한 영적 부담감 때문에 육신의 지병으로 얻은 안식년에도 쉬지 않고 일본 땅에 일곱 교회나 개척하며 일본 열도 선교에 자신을 던졌던 것이다. 그가 1차 안식년을 떠난 1991년에는 한국에서 토요 학교와 일본어 예배를 시작하고, 간암 수술로 2차 안식년을 보낸 2001년에는 일본 현지에서 비전교회를 본격적으로 세우기 시작했다.[26] 그 자세한 내용은 온누리교회의 일본 선교 사역에서 살펴보게 될 것이다.

Acts29 비전을 선포하다
• • •

하용조 목사는 선교 최우선 목회 방침에 따라 2003년 3월 주일예배에서 온누리교회 'Acts29 비전'을 선포하게 된다. 이는 앞에서도 언급한 바와 같이 '선교는 교회를 통해 이루어져야 한다'는 목회철학에 따라 사도행전적인 교회로서 선교의 비전을 보다 효과적으로 실현하기 위함이었다. 그는 교회 설립 초기부터 전도와 선교의 주체로서 제자를 양육함으로써 온누리교회를 선교 지향의 교회로 변화시키는 꿈을 가지고 있었다. 그러나 온누리교회의 모든 힘을 이 비전에 집중하게 된 것은 Acts29 비전이 선포되면서부터라고 분명히 밝히고 있다.[27]

하용조 목사의 Acts29 비전은 교회 창립 이후 온누리교회의 목회철학과 그로 인한 사역을 국내외의 여러 지역 교회와 함께 나눔으로써 모든 교회들을 사도행전적 교회가 되게 하자는 큰 비전이다. 이를 실현하기 위한 구체적인 방법은 전도와 선교를 통해 복음의 외연을 확장하는 것이다. 이 Acts29 비전은 그동안의 '2천/1만 비전'을 업그레이드시킨 것이며, 온누리교회의 지금까지의 모든 사역과 활동을 하나의 선교 비전에 총집결하는 것이었다. 앞에서 살펴보았듯이, '2천/1만 비전'은 온누리교회가 국내외 전도와 선교를 위해 2천 명의 해외 선교 자원과 1만 명의 국내 전도 자원을 길러 예수 그리스도의 지상 명령을 감당하겠다는 하용조 목사의 서원이 담긴 기도 제목이요, 사명감에 불타는 비전이다. 이렇게 볼 때, 온누리교회는 창립 초기의 '2천/1만 비전'으로부터 2003년 'Acts29 비전 선포'로 발전해 가면서 지속적인 선교(전도)운동을 확장해 간 것이다. 이는 온누리교회의 창립 정신인 사도행전적 교회로 돌아가 그 사역을 계승하고 사도행전 29장을 완성하겠다는 의지의 표현이다.[28]

하용조 목사는 Acts29 비전을 선포하면서 온누리교회의 정체성을 다시 한 번 사도행전적 '바로 그 교회'로 확고히 하고, 사도행전적 교회의 특징을 다음 세 가지로 제시했다.

첫째, 교회를 재생산하는 건강한 교회: 건강한 성도는 또 다른 성도를 재생산하듯이, 건강한 교회는 또 다른 교회를 재생산해야 한다. 교회는 건강한 교회에 의해 설립되고 지원될 때 건강하게 성장할 수 있다. 온누리교회는 교회를 낳는 교회의 역할을 충실히 감당해야 한다.

둘째, 전도를 위해 흩어지는 교회: 사도행전의 예루살렘교회는 짧은 기간에 급성장한 대형교회였다. 하나님께서 대형교회로 만드신 이유가 있는데, 그것은 흩어져 복음을 전하도록 하기 위함이었다. 온누리교회는 대형교회로 성장했다. 이제 훈련되고 준비된 성도들이 중심이 되어 복음이 필요한 미개척 지역으로 나가야 한다.

셋째, 선교지에 교회를 세우는 교회: 선교에는 여러 가지 접근 방법과 전략이 있다. 그중 가장 기본적이고 중요한 전략은 미개척 선교지에 교회를 세우는 일이다. 온누리교회는 교회 개척 중심의 선교 비전을 회복하고 온누리 비전교회를 세울 것이며, 다시 온누리교회와 온누리 비전교회는 합력하여 선교지에 세워지는 또 다른 2,000교회의 설립을 감당할 것이다.

위에서 살펴본 바와 같이, 하용조 목사가 제시한 Acts29 비전의 중심은 선교(전도)에 있음을 알 수 있다. 그는 이 비전의 주체적이고도 효과적인 실천을 위해 온누리교회 사회 선교 차원의 사회 참여와 CGNTV(위성 방송)를 통한 복음의 효과적 전파 네트워크 마련, 온누리 비전교회의 개척, Acts29 비전빌리지 건설을 통한 선교사 및 평신도 훈련 등 네 가지 축을 구성했다. 아울러 온누리교회는 이 비전의 실천을 위해 성도들이 복음을 들고 세상으로 흩어지는 교회로서의 사명을 감당하고 있다.

성령의 역사 속에서 교회의 성결과 순결을 지향하다
• • •

앞에서 살펴본 바와 같이, 하용조 목사의 목회철학을 통해 우리는 몇 가지 중요한 영적 키워드를 발견하게 된다. 교회의 선교적 사명을 감당하기 위한 '성령의 사역'과 '거룩함'(성결)과 '순결'이라는 말이다. 즉 하용조 목사의 증언대로 "성령 사역을 거친 뒤, 거룩과 순결을 핵심으로 삼아 목표를 정하고 교회가 매진할 때 2천/1만 비전이 나왔던 것이다."[29] 이 '2천/1만 비전'이 'Acts29 비전'으로 발전하게 된 것이다.

그렇다. 교회(우리)가 땅 끝까지 복음을 전하는 선교적 사명을 바로 감당하기 위해서는 성령의 주도적인 역사를 통해 영혼의 그릇을 깨끗이 준비해야 한다. 교회는 성결해야 한다. 그래야 하나님이 응답하신다. 하용조 목사는 1991년 육신의 지병을 치료하기 위해 하와이에 갔다가 거기서 "성령 목회를 해라" 하는 주님의 음성을 듣고 귀국해 '성령 목회를 선포'하게 되었으며, 성령 목회를 실천한 지 3년 만인 1994년에 2천/1만 비전이 구체화된 것이다. 그는 성령 목회와 함께 성결과 순결을 목표로 온누리교회 사역에 적극 매진하게 된다. 하용조 목사가 말하는 '거룩과 순결'은 하나님이 이스라엘 백성에게 명하신 '성결'이라는 말로 표현할 수 있을 것이다. 이렇게 볼 때 1991년 이후의 '성령 목회'는 1994년부터 온 성도들과 함께 '성결'을 추구하는 가운데 '2천/1만 비전'을 이루어 가게 된 것이다.

하용조 목사의 이러한 목회 방법은 앞에서 살펴본 바와 같이 지극히 성경적이다. 교회 공동체는 성령의 역사하심과 함께 거룩해야 하기 때문이다. 주님의 몸 된 교회가 성결해야 성령의 역사가 일어난다. 그런데 우리는 성령의 은혜를 사모한다고 하면서 그 은혜를 받기에 합당한 그릇을 준비하는 일에는 소홀하기 쉽다. 하용조 목사는 이것을 경계한 것이다. 성령의 사역과 함께 성결을 강조한 이유가 여기에 있다.

하나님은 선민 이스라엘을 애굽에서 구원해 내신 후 그들이 시내 광야에 이르렀을 때, 이스라엘의 목회자 모세를 시내 산에 불러 백성을 성결케 하라고 명하셨다(출 19:10). 제사장들에게도 성결을 명하셨다(출 19:22). 여호와의 산을 중심으로 온 지경을 성결하게 하라 명하셨다(출 19:23). 세 번이나 거듭 성결을 명하신 것이다. 십계명을 비롯한 계명과 율법을 받기 위해서, 약속의 땅 가나안에 들어가기 위해서, 하나님의 구속사를 이루기 위해서 택함 받은 백성은 성결해야 하는 것이다. 그러나 성결해야 할 백성이 금송아지를 만들어 놓고 우상에게 절하는 이스라엘의 죄악상을 보신 하나님은 회중 가운데 범죄한 자들을 도륙하라고 명하셨다. 죄악을 제거하고 회중을 성결케 하는 것을 헌신이라 하셨다(출 32:15-29).

사도행전의 교회에서도 마찬가지였다. 하나님은 아나니아와 삽비라처럼 성령을 속이고 사탄에게 마음을 내어 준 죄악을 초대교회에서 제거하셨다(행 5:1-6). 오늘날 우리의 교회도 마찬가지다. 영적 이스라엘인 성도들이 성결해야 하고, 예수 그리스도의 종인 목회자가 성결해야 한다. 하용조 목사는 이 진리를 목회에 그대로 적용하고 실천한 것이다. '성령의 사역'과 '거룩과 순결'을 향해 나아간다는 것이 얼마나 중요한지를 그는 일찍이 깨달은 것이다. 특히 그는 '거룩'과 '순결'이라는 동의어를 사용함으로써 성결의 은혜와 순결의 실천을 거듭 강조했던 것이다. 이처럼 하용조 목사가 힘쓴 성령 목회와 성결 목회로 진행된 온누리교회의 선교는 성령이 이끄시는 선교요, 성결을 실천하는 선교라고 할 것이다.

여기서 필자는 하용조 목사가 이처럼 성결(holiness)과 순결(purity)을 강조한 것에 주목한다. 그는 왜 성결과 함께 순결을 강조했을까? 성경적으로 성결은 필연적으로 순결을 지향하기 때문이다. 원래 '성결'은 전적으로 하나님에게 적용되는 말이다. 성경은 하나님의 거룩하심을 분명하게 증언하고 있다. "이는 내가 하나님이요 사람이 아님이라 네 가운데 있는 거룩한 이니"(호 11:9)라는 말씀은 하나님의 성결에 대한 절대성, 즉 완전한 거룩함을 가리키는 말씀이다. 반면에 "내가 거룩하니 너희도 거룩할지어다"(레 11:45; 벧전 1:16)라는 말씀에서 전반부는 하나님의 절대적인 거룩함(성결)이며, 후반부는 인간의 상대적인 거룩함(성결)이다.

참고로, 구약에서 '거룩하다'(거룩함, 성결)에 해당하는 히브리어 '카도쉬'(קדוש)는, 명사로는 고귀함의 뜻에서 '하나님', '거룩하신 분', '천사'의 뜻으로 사용되며, '성도', '성소' 등을 의미한다. 그리고 '코데쉬'(קדש)는 '거룩한' 장소 또는 물건을 지칭하며, '신성함', '거룩하게 봉헌된 것', '성도'와 '성소'를 뜻한다. 즉 이 단어는 하나님의 거룩하심과 인간의 거룩함에 동일하게 쓰이고 있으나, 그 말의 진의에 따라 하나님에게 적용될 때는 절대적인 성결로, 인간에게 쓰일 때는 상대적인 성결의 의미로 사용되고 있다. 신약에서 '거룩하다'(거룩함, 성결)에 해당하는 헬라어 '하기오스'(άγιος)는 '신성한', (육체적으로) '순결한', (도덕적으로) '결백한', (종교적으로) '봉헌된', (가장) '거룩한' (사람, 사물), '성도' 등의 의미를 가지고 있다. 신약성경에서 레위기 11장 45절 말씀을 인용한 베드로전서 1장 16절의 "기록되었으되 내가 거룩하니 너희도 거룩할지어다"라는 말씀에서도 하나님의 거룩하심은 절대적인 성결로, 우리(인간)의 거룩함은 상대적인 성결로 사용되고 있다.

아담의 범죄로 타락한 인간은 거룩해질 수 없다. 단지 하나님의 은혜로 예수 그리스도 안에서 믿는 자를 '의롭다 하심'(justification)으로, 하나님으로부터 '주어지는 거룩함'(sanctification)이다. 종교 개혁자들이 고백한 "성도란 죄 용서함을 받은 죄인이다", "의롭다 칭함을 받은 죄인이다"라는 말과 같다. 이처럼 우리가 거룩하다 칭함을 받는 것은 하나님과의 관계에서, 곧 예수 그리스도를 믿음으로 말미암음이다. 우리가 거룩하기 때문이 아니라 하나님과의 관계, 즉 예수 그리스도의 속죄와 성령의 역사하심으로 거룩하다고 불리는 것이다. "그리스도 예수 안에 있는 속량으로 말미암아 하나님의 은혜로 값없이 의롭다 하심을 얻은 자 되었느니라"(롬 3:24), "평강의 하나님이 친히 너희를 온전히 거룩하게 하시고 또 너희의 온 영과 혼과 몸이 우리 주 예수 그리스도께서 강림하실 때에 흠 없게 보전되기를 원하노라"(살전 5:23) 함과 같다.

여기서 성경이 가르치는 성결의 의미를 자세히 살펴본 것은, 하용조 목사가 교회 개척과 동시에 선교에 총력을 기울인 그 뜻과 이 비전을 위해 먼저 교회가 거룩(성결)과 순결을 적극 지향함으로써 '2천/1만 비전'이 이루어졌음을 확인하기 위함이었다.

올바른 목회 방향에서 나온 2천/1만 비전
● ● ●

그런데 여기서 우리가 주목해야 할 또 하나의 포인트가 있다. 그것은 하용조 목사가 강조한 순결(純潔)이다. 앞에서 살펴본 성결은 우리의 삶 속에서 필히 순결을 요구한다는 점에서 뗄 수 없는 관계이자 원인과 결과의 관계다. 우리가 하나님의 은혜로 거룩하다 칭함을 받았다고 해서 진짜로 거룩한 존재가 된 것은 아니다. 그렇게 착각하고 그대로 만족해서는 안 된다. 거룩하다 칭함을 받은 성도는 필히 순결한 삶을 사모하며 그곳을 향해 나아가게 된다. 만일 거룩하다 칭함을 받았다고 하면서 그 이후 성결에 합당한 삶, 순결을 향해 나아가지 않는다면 그가 받았다는 거룩함은 거짓이다. 죄인은 오직 믿음으로 구원을 받는다 (엡 2:8). 믿음으로 의롭다 함을 받는다(갈 2:16). 그런데 이 구원의 믿음은 구원에 합당한 삶을 지향한다. 즉 믿음은 행함과 함께 역사하기 때문이다(약 2:22). 믿음이 있다 하면서 행함이 없는 믿음은 그 자체가 죽은 것이다(약 2:17).

이처럼 성결과 순결의 관계도 마찬가지다. 거룩함, 곧 성결은 죄를 혐오할 수밖에 없다. 그러므로 성결한 사람은 죄를 멀리하는 삶을 살며 순결을 지향하게 된다. 하용조 목사가 1994년에 선언한 대로 '거룩과 순결을 핵심으로 삼아 목표를 정하고 교회가 매진했다'는 말 그대로다. 이렇게 볼 때, 성결은 믿음과 은혜로 받는 것이나 순결은 행함과 분투로 이루어지는 것이다. 필자가 생각하기에 하용조 목사의 이 가르침은 칼빈 신학을 토대로 하는 장로교 개혁 신앙이 말하는 성화의 과정과 웨슬리 신학에서 강조하는 성결의 과정과도 밀접한 관계가 있는 것 같다.

우리가 하나님의 거룩하심(성결)을 모르고는 그리스도의 속죄 사역과 성령의 변화 사역을 바로 이해할 수 없으며, 그리스도인의 성화(성결)의 필요성은 더욱 이해할 수 없다. 성결은 하나님의 본질적 속성이며, 인간에게는 그리스도의 속죄 사역을 통해 믿는 자에게 주어지는 상대적인 속성이다. 구약성경은 하나님의 거룩하심과 그로 말미암은 성막과 회중의 거룩함을 자주 기록하고 있으며, 신약성경 또한 삼위일체 하나님의 거룩하심과 그리스도의 몸인 교회와 그 지체인 성도들의 거룩함을 기록하고 있다.

이렇게 볼 때, 하용조 목사가 1994년 2천/1만 비전에 앞서 자신의 목회 방향을 성령님께 맡겨 드리는 한편, 교회의 거룩과 순결을 핵심 가치로 정하고 그 방향으로 매진할 것을 선포한 것은 온누리교회가 나아갈 영적 좌표를 바로 설정한 것이라 하겠다.

전도의 놀라운 열매를 맺는 온누리교회의 맞춤전도

● ● ●

우리는 여기서 시대를 선도하는 온누리교회의 독특한 전도 방법인 '맞춤전도집회'에 대해 살펴볼 필요를 느낀다. 우리는 하용조 목사가 의도하는 선교를 이해함에 있어 그가 전도와 선교를 구분해서 설명하고 있음을 본 장(章)의 서두에서 확인한 바 있다. 그는 동일 문화권에 복음을 전하는 것을 전도라고 하는 반면, 이질 문화권에 복음을 전하는 것을 선교라고 구분해서 설명한 바 있다. 즉 우리나라를 중심으로 보자면 국내에서 복음을 전하는 것을 전도라고 할 수 있고, 해외로 나가 언어와 문화가 다른 곳에 복음을 전하는 것을 선교라고 할 수 있다는 설명이다. 이는 선교학이나 선교의 개념상 보편적인 이해에 다름 아니다. 그런데 그가 이처럼 보편적인 이해를 의도적으로 구분하여 설명한 것에서 그는 전도와 선교를 동일하게 중시하고 있음을 발견하게 된다. 흔히 교회는 해외 선교를 우선시하고 국내 전도를 차선시하기 쉬운데, 그래서는 안 된다는 것이다. 〈예수 말씀하시기를〉(새찬송가 511장)이라는 찬양의 "멀리 가서 이방 사람 구원하지 못하나 네 집 근처 다니면서 건질 죄인 많도다"라는 가사처럼, 전도를 소홀히 해서는 안 된다.

온누리교회는 교회 창립 3주년을 맞아 그해 10월에 열린 가을 전도집회를 시작으로 매년 전도 집회를 열고 있다. 그리고 2001년에는 마침내 '맞춤전도집회'를 열게 된다. '맞춤전도집회'란 절기별 전도 집회와 달리 전도 대상자를 성별과 직업 등에 따라 나눠서 그들을 위한 집회를 하는 일종의 눈높이 전도 방식이다. 전도 대상자를 지속적으로 후속 조치함으로써 실질적으로 예수 그리스도를 구주로 영접하게 하는 전도를 말한다.[30]

전도 대상자의 연령별, 성별에 따른 영적 필요에 초점을 둔 '맞춤전도집회'는 온누리교회를 대표하는 전도 프로그램으로 자리 잡았을 뿐만 아니라, 다른 교회에도 도움을 주고 있는 획기적인 전도 방식으로 평가받고 있다. 대체로 전도 집회라고 하면 성도들이 열심히 초청한 불신자들이 한 번의 집회에 참석하는 것으로 끝나는 경우가 많다. 일회성의 행사로 끝나 버리고 지속적으로 교회에 출석하도록 하는 후속 조치를 소홀히 한다. 그러나 온누리교회의 맞춤전도는 성도들의 전도를 통해 집회에 참석한 전도 대상자들이 예수님을 영접하도록 끝까지 후속 조치함으로써 전도의 열매를 맺는 실질적인 전도 방법이다. 하용조 목사와 전도 방식은 다르지만, 국제적으로는 빌리그래함전도협회(BGEA)가 '안드레 되기'라는 이름의 전도 방법으로 전도 대상자를 체계적이고도 지속적으로 양육해서 실질적인 전도의 열매를 거두고 있다.

단회성 전도 집회는 전도 대상자에게 한순간에 도전과 감동을 주지만 실제적으로는 복음을 받아들이는 데 한계가 있는 반면, 빌리 그래함 목사의 '안드레 전도'나 하용조 목사의 '맞춤전도'는 전도 대상자를 지속적으로 관리함으로써 예수 그리스도를 인격적으로 영접하게 하는 장점이 있다고 할 것이다.

하용조 목사는 온누리교회가 맞춤전도를 시작하게 된 사연을 다음과 같이 밝히고 있다.[31]

나는 즉석 전도를 많이 했는데, 전도를 하면서 주님의 은혜를 많이 누렸을 뿐 아니라, 자살 직전에 있던 사람을 비롯해 수많은 사람들을 만날 수 있었다 ⋯ 이러한 개인 전도를 교회에 접목시킨 것이 제임스 케네디의 '전도폭발'이라는 프로그램이다. 하지만 이런 즉석 전도의 단점은 사람들이 교회에 왔다가 쉽게 떠난다는 것이다. 관리가 잘되지 않기 때문이다. 이들은 당시에 흥분하고 예수님을 믿었지만, 교회가 제대로 관리해 주지 않으면 곧 교회를 빠져나가고 만다.

그래서 기도하며 묵상 중에 얻은 영적 아이디어가 바로 맞춤전도다. 그는 맞춤전도가 가져오는 엄청난 효과와 맞춤전도의 내용을 다음과 같이 알기 쉽게 설명한다.[32]

우리 교회는 몇 년 전부터 새로운 전도 방법을 시도해 오고 있는데, 상상을 초월할 만큼 열매가 있다. 바로 '맞춤전도'이다. 맞춤전도란 한마디로 말하면, '전도 대상자의 눈높이에 맞추어 전도하는 것'이다. 달리 표현하면, 대상자의 필요와 복음의 접촉점을 정확하게 발견하여 복음을 생활 언어로 전하는 전도 패러다임이다. '맞춤'이란 말은 예수님이 성육신하신 것과 같이 전도 대상자의 문화의 눈높이에 맞추어서 복음을 전한다는 의미이며, '전도'란 관계 전도를 의미한다. 맞춤전도는 전도 대상자를 위해 전도 요청자와 교회가 함께 협력하는 전도 방법이다.

예수님에게서 맞춤전도를 배우다

● ● ●

하용조 목사는 맞춤전도를 오늘날 기업의 소비자 기호와 눈높이에 초점을 둔 맞춤 경영에 비교해 설명하면서, 이런 전도 방법은 예수님으로부터 나온 것이라는 주목할 만한 주장을 하고 있다. 그는 예수님의 성육신 자체가 맞춤 경영이며, 예수님이 하신 수많은 전도가 맞춤전도였다고 강조한다. 예수님은 관계를 소중히 여기고 상대방의 필요를 먼저 채워 주셨으며, 상대방의 눈높이에 맞게 전도하셨다는 것이다.

예수님은 언제나 복음을 듣는 사람의 수준이나 필요에 따라 다른 방법을 사용하셨다. 니고데모에게는 거듭남과 하나님 나라라는 개념을 통해서, 우물가에서 만난 사마리아 여인에게는 물이라는 매개를 통해서 복음을 설명하셨다는 것이다. 또한 예수님은 경건한 부자 관원에게는 재산을 다 팔 것을 요구하셨지만, 악착같이 돈을 벌어 온 세리장인 삭개오에게는 오히려 친구가 되어 주셨다는 것이다.[33] 그러면서 우리는 복음 전도 방법을 예수님의 가르침에서 찾아야 한다고 강조한다.

> 예수님의 전도 방법의 특징은 전도 대상자의 사회적·문화적 눈높이에 맞추셨다는 것이다. 전도 대상자의 삶의 필요를 간파해서 복음의 접촉점으로 삼으셨다. 복음의 내용은 전혀 바뀌지 않았지만 그 전달 방법은 전도 대상자에 따라 바뀌어야 한다는 것을 보여 주신 것이다. 우리는 이러한 예수님의 전도 방법을 다시 찾아야 한다.

하용조 목사는 맞춤전도야말로 철저한 전도 대상자 중심의 전도 방법임을 거듭 강조하고 있다. 전도 대상자의 문화와 언어 그리고 삶의 필요를 중심으로 복음과의 접촉점을 찾아 소개하는 것이 중요하다고 한다. 그렇게 될 때, 전도 대상자는 누구의 강요 없이 인격적으로 복음의 능력 안으로 들어오게 된다고 가르친다. 그는 효과적인 맞춤전도를 위해 고려할 점 몇 가지를 제시했다.[34]

첫째, 대상자와의 적합한 커뮤니케이션 방법을 찾아야 한다. 성별과 연령, 지식과 문화 수준에 따라 이 방법은 달라지기 때문이다. 문화적 접근 방법에 있어 중요한 것은 '공감대 형성'임을 상기시킨다. 이것을 잘 고려할 때 전도 대상자에게 정서적으로 다가갈 수 있으며, 감동을 줄 수 있는 길이 열리기 때문이다. 하용조 목사는, 사람들은 논리적으로 접근할 때보다 감성을 터치할 때 감동을 받게 된다는 점을 상기시킨다. 이처럼 대상자에게 맞추어 가기 위해서는 은사 중심의 팀 사역이 중요하다고 강조한다.

둘째, 대상자의 반응에 유의해야 한다. 맞춤전도에 있어서 복음을 얼마나 잘 전했느냐보다 복음을 들은 사람이 얼마나 잘 이해하고 분명하게 반응했는가가 더 중요하다고 한다. 전도 대상자들은 일상적이고 평범한 언어로 복음을 전달받기를 원한다는 사실을 고려하라고 했다. 따라서 전도자는 대상자의 세계관과 실제적 필요를 정확하게 이해하고, 적합한 언어로 복음을 전해 주어야 한다.

이렇게 설명한 하용조 목사는 우리가 주목할 만한 지적을 했다. '오늘날의 교회는 평범한 언어를 잃어버렸다'는 것이다. 마틴 루터가 종교 개혁을 일으킬 때 일반인들도 읽을 수 있는 독일어로 번역된 성경이 큰 역할을 한 것처럼, 전도할 때는 '살아 있는 언어'를 사용해야 한다고 강조한다. 전도 대상자가 동감하며 이해할 수 있는 평범한 생활 언어를 사용하자는 것이다. 필자는 하용조 목사의 이 주장이 대단히 중요하다고 생각한다. 우리가 잘 알듯이, 헬라어 신약성경도 고대 헬라어가 아니라 기원전 3세기부터 대중들이 쉽게 사용한 코이네 헬라어(Κοινή Ελληνική)로 기록되었다. 우리는 이 사실을 통해 하나님은 당신의 말씀을 많은 사람이 쉽게 이해할 수 있도록 배려하셨음을 깨닫게 된다.

하용조 목사의 이러한 지적에서 우리는 그가 자신의 설교론에서 "알아듣기 쉽게 설교하라"고 강조한 점을 떠올리게 된다. "설교는 중학교 3학년 학생 정도가 이해할 수 있으면 좋다"고 강조한 것처럼[35] '교회는 생활 언어로 전도해야 한다'는 점을 강조하고 있는 것이다. 그러나 오늘날 우리의 교회는 너무 전문적이고 거룩한 성경 언어에 익숙해 있다는 것이다. 그 결과 전도 대상자들에게 처음부터 성경적인 언어로 다가가게 되면 그들과 정서적인 공감대 형성의 한계에 부딪힌다는 중요한 지적이다. 앞에서 하용조 목사가 예를 들어 보였듯이 예수님도 쉽고 평범한 언어로 대상에게 맞추어 말씀하셨던 것처럼, 우리도 전도 대상자에게 맞는 언어와 문화로 복음을 전하는 맞춤전도자가 되자고 호소하고 있다.

영적으로 치밀하게 준비한 맞춤전도 전략

• • •

이처럼 하용조 목사의 목회 방침에 따라 온누리교회는 창립 초기인 1988년부터 매년 전도 집회를 열었다. 2001년부터 시작된 온누리교회의 맞춤전도는 실무를 맡은 이재훈 목사에 의해 치밀하게 준비되었다. 이재훈 목사를 중심으로 한 광고인들로 구성된 팀은 대상자를 선정하고 세밀하게 분석한 뒤 그들이 회심할 수 있도록 설득력 있는 장치를 마련하는데, 그 과정이 마치 광고 제작 과정처럼 진행되었다. 이들은 전도 과정을 '단계 형성', '복음 제시', '제작 과정'의 3단계로 나눈 후 대상자를 세분화하고 접촉점을 찾기 위해 그들을 분석했다. 전도에 사용하는 언어도, 문화도, 눈높이도 모두 전도 대상자에 맞추었다.

집회 공간은 흰 천을 덮은 원형 테이블로 고급 레스토랑 분위기를 연출하고, 봉사자들은 환한 얼굴과 말끔한 복장, 정중한 태도를 갖춘다. 프로그램은 콘서트나 토크쇼 같은 형식을 취한다. 체계적인 준비와 전도의 실효성을 위해 참석자를 1천 명으로 제한한다. 이러한 방법으로 진행되는 맞춤전도에서 보통 참석자 1천 명 가운데 결신자가 246명, 진지하게 생각해 보겠다는 응답자도 284명이 나오는 등 놀라운 결과를 낳았다.[36]

《온누리행전 30년》은 초기부터 현재까지 발전적으로 진행하고 있는 온누리교회 맞춤전도의 열매에 대해 비교적 자세히 기록하고 있다.[37] 2001년 12월에는 '비상구'라는 타이틀로, 2002년 4월에는 '앙코르', 7월에는 '브라보', 12월에는 '챔피언'이라는 타이틀로 30-60대 남성을 전도 대상으로 삼고 총력 맞춤전도에 임했다. 온누리교회는 2003년을 맞아 여성을 위한 맞춤전도집회를 시작했다. 44-55세를 위한 '클라이맥스', 55-66세를 위한 '해바라기', 33-44세를 위한 '프러포즈'가 잇달았다. 전도 대상자들이 여성인 점을 감안해 동반한 자녀들을 위해 탁아방을 운영했으며, 김혜자 씨와 송채환 씨 등 각 세대에게 호소력을 갖는 유명인들을 초대했다. 직접 봉사자로 나선 교역자들이 댄스를 선보이며 참가자들에게 친근감을 보여 큰 호응을 받았다. 이런 일련의 전도 집회는 큰 성공을 거두어 많은 결신자를 얻게 되었다고 한다.

온누리교회의 2004년 'Just for U'는 20-30대를 대상으로 하는 맞춤전도집회로 사상 최대의 인원인 5,300명이 신청하고 2,651명이 참석하는 가운데 1,653명이 결신하는 큰 성과를 거두었다. 이 집회를 끝으로 성별, 세대별 전도 집회가 막을 내리고 2004년 7월부터는 직업별 전도 집회가 시작되었다.

의사를 위한 'Love Touch', 교사를 위한 'Dream Touch', IT인을 위한 'High Touch'가 이어졌다. 2005년 12월 5일부터 7일까지 열린 금융 인들을 위한 맞춤전도집회 'A+ 이보다 더 좋을 수 있다'는 3일 동안 총 1,617명이 참석, 1,215명이 결신해 그동안 맞춤전도집회 역사상 최고 의 결신율인 75퍼센트를 기록했다.

2006년 9월에는 간호사들을 위한 맞춤전도집회 '러브O2'를 열었 으며, 이 집회를 통해 총 1,430명의 결신자를 얻게 되었다. 그리고 2007년 5월에는 60세 이상 부모님들을 위한 맞춤전도집회 '내 생애 가장 귀한 선물'을 개최해 462명의 어르신들이 예수님을 영접했다.

온누리교회 맞춤전도는 이처럼 남성과 여성 그리고 연세 높은 어르 신들과 20대에서 60대 등 성별과 가정의 세대별로 전도 대상의 영역을 다양하게 확대해 나가고 있다. 그런 가운데 2008년과 2009년에는 가 족을 멀리 해외로 보내고 홀로 생활하는 기러기 아빠를 위한 맞춤전도 집회, '슈퍼맨이 된 아빠'를 개최하게 된다. 이 집회는 기러기 아빠들을 위한 공동체를 만들어 서로 위로하고 격려할 수 있도록 돕기 위한 목 적으로 50명 내외를 한 단위로 진행했다. 2009년 9월에는 클래식 음악 인을 위한 맞춤전도집회를 열었는데, 이날 초청받은 160여 명의 음악 인 가운데 90퍼센트가 넘는 140여 명이 결신 카드를 작성했으며, 그중 108명이 후속 프로그램에 참여했다.

맞춤전도를 발전시켜 가는 이재훈 목사

• • •

온누리교회의 맞춤전도 담당 부서에서 제공한 자료를 보면, 2010년 이후 10년간 맞춤전도는 지속적으로 발전되고 있다.[38] 이 시기는 2011년 하용조 목사 소천 이후 이재훈 담임 목사로 시작된 제2기의 맞춤전도라는 점에서 그 의미가 크다고 생각한다. 이처럼 온누리교회는 목회 전반에서 전임자가 만들어 놓은 제도와 행사를 후임자가 승계할 뿐 아니라 더욱 발전시켜 나가는 아름다운 모습을 보이고 있다. 더욱이 온누리교회의 맞춤전도는 하용조 목사가 구상해서 실천에 옮길 당시 이재훈 목사가 그 실무를 도운 것으로 알려지고 있다.

2010년에는 트위터 전도를 위해 12월 6일 가수 션의 'With Him'이라는 명칭의 집회를 열어 참가자 1,050명 중에서 519명이 결신했으며, 2011년 6월 13일에는 '열 달의 기다림'이라는 예비엄마를 위한 집회를, 10월 24일에는 '위대한 식탁'이라는 외식산업인을 위한 집회를 각각 열어 6월의 집회에는 235명의 예비엄마가 참가해 49명이 주님을 영접했으며, 10월의 집회에는 365명의 외식산업인이 참가해 93명이 결신했다. 2012년 12월 21일에는 '1.5세대'를 위해 열린 'Yellow Ribbon'에 총 370명이 참가해 92명이 주님을 영접했다. 2013년에는 6월 3일에 열린 '65세 이상 부모'를 위한 집회 '행복드림 콘서트'와 11월 25일에 열린 '결혼 1년차' 새내기 부부를 위한 '커플 LOOK'에서는 각각 425명이 참가해 318명이, 432명이 참가해 355명이 결신했다. 2014년과 2015년에는 계속해서 65세 이상 부모를 위한 집회에 주력하게 되는데, 2014년 5월 19일에 열린 '행복드림 콘서트'에는 426명이 참가해 344명이, 2015년 5월 18일에 열린 '행복드림 콘서트'에는 356명이 참가해 320명이 등록했다. 2015년 12월 21일에 열린 '40-50대 남편'을 위한 'Begin Again'에는 231명의 믿지 않는 남편들이 참가해 196명이 결신했다.

온누리교회는 그 이후에도 2016년부터 2019년까지 '65세 이상 부모'를 위한 맞춤전도집회에 주력하게 되는데, 이는 인생의 황혼에 이른 각 가정의 부모님들이 예수님을 영접하는 것을 시급한 문제로 본 담임 목사의 목회 방침에 의한 것이 아닌가 생각한다. 2016년 5월 23일과 2017년 5월 22일, 2018년 5월 14일, 2019년 5월 20일에 계속 연례적으로 '65세 이상 부모'를 위한 '행복드림 콘서트'를 개최하여 282명이 참가해 196명(2016년), 180명이 참가해 143명(2017년), 242명이 참가해 152명(2018년), 238명이 참가해 160명이 예수님을 영접하는 놀라운 전도 열매를 거두었다. 이처럼 온누리교회는 가정의 달 5월을 기해 2013년부터 2019년까지 매년 집중적으로 65세 부모님들을 위한 맞춤전도에 힘쓰고 있음을 본다.

이와는 별도로, 2016년 11월 28일에는 '50대 동기동창'을 위한 '버킷리스트'를 개최, 231명이 참가해 196명의 50대들이 교회에 등록하게 된다. 2017년 11월 20일에는 '40대 남성 여성'을 위한 '두 번째 스무 살'이라는 집회를 개최해 204명이 참가하고 152명이 결신하게 되었으며, 2018년 10월 9일에 열린 '탈북민'(여성)을 위한 '드림어게인'에는 70명이 참가했다. 2019년 11월 26일에 열린 '스포츠인'을 위한 '허그'(HUG)에는 182명이 참가해 69명이 결신했다.

2020년 코로나19 팬데믹 시대를 지나며 온누리교회는 지금까지 주로 사용한 대면 전도 방법에서 비대면 맞춤전도로 전도의 영역을 확대했다. 2020년과 2021년에는 유튜브로 부모님을 위한 '행복드림 콘서트' 맞춤전도집회를 개최했다. 그 결과 2020년에는 292명, 2021년에는 339명의 부모님들이 유튜브 집회를 통해 예수님을 영접했고, 또한 2020년에는 20명, 2021년에는 25명의 부모님들이 세례를 받았다. 이처럼 온누리교회의 맞춤전도집회에는 2001년을 기점으로 지난 20년간 총 25,052명의 불신자가 참가해 16,027명이 예수님을 영접함으로써 64퍼센트의 결신율을 기록하는 등 놀라운 전도의 열매를 거두고 있다.

이처럼 온누리교회는 개척자인 하용조 목사가 성경에서 예수님을 통해 배운 맞춤전도를 후임 이재훈 목사로 시작된 제2기에 더욱 활발하게 승계, 발전시키고 있다. 그뿐 아니라 하용조 목사는 이 맞춤전도를 못자리 삼아 일본 선교를 위한 '러브소나타'로 발전시켰다고 하니, 맞춤전도가 온누리교회 전도 전략에 차지하는 비중을 짐작케 한다. 필자는 이처럼 실제적이고 효과적인 전도 방법이 다른 교회로 파급된다면 정체 상태에 빠진 한국 교회의 부흥에 큰 활력이 될 것이라는 확신을 갖게 되었다.

이스라엘 회복을 위한 온누리교회 선교

• • •

온누리교회의 본격적인 선교열전은 이스라엘 선교로부터 출발하고 있다.[39] 1985년 설립된 온누리교회는 5년 후인 1990년부터 이스라엘을 위한 중보 기도 모임을 시작하게 되었다. 이스라엘 회복 운동을 전문적으로 펼칠 한국·이스라엘 연구소(KIBI)를 창설했는데, 이스라엘 선교를 위해서는 먼저 성경적인 무장이 필요했기 때문이다.[40]

1990년 초에는 조프 바나드(Dr. Geoff Barnard) 박사와 키이스 인트레이터(Keith Intrater) 목사 등을 초청해서 이스라엘 선교 세미나 및 워크숍을 열었다. 이어서 성지 순례를 진행했는데, 1994년 2월 14일부터 23일까지 제1차를 시작으로 수차례 성지 순례를 실시했다. 특히 1997년 '비전트립'(Vision Trip)이라는 이름으로 실시한 제4차 성지 순례는 현지에 '열방교회'(All Nations Church) 설립의 비전을 품게 되었다. 2005년에는 예루살렘 평화행진을 벌였으며, 2006년에는 이스라엘 소식을 성경적으로 리뷰할 수 있는 〈이스라엘 투데이〉를 발간하기도 했다. 2007년 3월에는 유대인이 가장 많이 살고 있는 미국에 한ㆍ이 연구소(KIBI)를 설립해 미국 교회에 유대인의 귀환 사역을 알리는 한편, 소그룹 성경 공부를 보급했다.

한편 2010년 1월 18일부터 3일 동안 이스라엘의 회복과 한국 교회의 각성을 위한 제1회 '한국ㆍ이스라엘 기도성회'를 개최했다. 이 성회를 위해 KIBI와 ICM경배센터, IHOP, 영화 〈회복〉 팀 등 이스라엘을 위해 사역하는 14개 단체가 처음으로 한자리에 모여 지난 2천 년 동안 교회가 이스라엘을 박해한 것을 회개하며, 이스라엘의 평화와 영적 회복을 위해 기도했다. 또한 열방의 구원과 이스라엘과 이방 교회의 연합과 부흥을 선포하며 다시 오실 예수 그리스도를 찬양했다.[41]

이스라엘의 회복과 한국 교회의 각성을 위한 제1회 '한국ㆍ이스라엘 기도성회'에 대해서는 〈온누리신문〉이 자세히 보도하고 있다.[42] 이 시기가 하용조 목사 소천 1년여 전이므로, 육신의 고난 속에서도 이스라엘 선교에 온 힘을 기울인 그의 열정을 읽어 내는 데 도움이 될 것이다. 반태효 목사의 사회로 시작된 성회에서 야콥 담카니(Jacob Damkani), 아비 미쯔라이(Avi Mizr), 릭 라이딩스(Rick Ridings), 메노 칼리셔(Meno Kalisher) 목사가 말씀과 기도로 집회를 인도했다. 이 집회는 '회개'(18일), '이스라엘의 회복'(19일), '연합과 부흥'(20일)을 주제로 3일간 진행되었다. 이 집회에서 아비 미쯔라이 목사는, 성경에서 약속된 이스라엘의 회복은 현재 진행형이라고 강조하면서, 박해 속에서도 수많은 교회가 생기고 복음을 받아들이는 사람들이 늘어나고 있다는 이스라엘 현지 상황을 전했다.

강사들은 이스라엘의 회복을 위해서는 이스라엘과 한국의 연합이 무엇보다 중요함을 강조했다. 특히 야콥 목사는, 유대인과 이방인들은 예수 안에서 하나라는 성경 말씀을 전하며 하나님의 역사에 성도들이 함께 기도로 동참하는 기회를 놓치지 말자고 호소했다. 한편 국제적으로 중보 기도 네트워크를 활발히 펼치고 있는 릭 라이딩스 목사 부부는 성회가 끝난 후에도 꾸준히 이스라엘을 위해 중보해 달라고 요청했다. 참석자들은 이렇게 진행된 '한국·이스라엘 기도성회'를 지켜보면서 이스라엘 회복을 위해 이처럼 중요한 기도회를 지도한 하용조 목사와 기도 장소 및 숙소 등을 제공한 온누리교회의 봉사에 감사했다.

아프가니스탄 선교와 온누리교회

• • •

이스라엘의 회복을 위한 선교에 주력해 온 온누리교회는 같은 중동 지역의 이슬람 국가인 아프가니스탄을 위한 선교에도 힘을 기울이게 된다. 온누리교회의 아프가니스탄 사역은 2001년 9.11 테러 사건 이후 미국과 아프가니스탄을 위해 기도하던 한 성도에 의해 시작되었다고 한다.[43] 당시 이남식 집사가 아프가니스탄 윤지준 대사에게 아프가니스탄 난민을 위해 사용해 달라고 2천만 원을 전달한 것이 선교의 계기가 되었다. 이를 계기로 영어 예배와 성인 예배에 드려진 헌금을 아프가니스탄 난민의 텐트를 만드는 데 보내게 된다.

그 이듬해인 2002년 4월 14일, 윤지준 대사가 온누리교회 영어 예배에 참석해 탈레반 정권 아래서 고통당하고 있는 아프가니스탄 난민과 그리스도인의 실상을 생생하게 전달하면서 온 성도들에게 아프가니스탄 사역에 대한 관심이 확산되기 시작했다. 그해 5월부터 기도 모임이 시작되었으며, 현지 상황을 알아보기 위해 정탐 팀이 구성되었다. 1차, 2차 정탐 팀이 5월 7일과 5월 31일 각각 출발했는데, 하용조 목사는 2차 정탐 팀의 일원으로 현지를 다녀왔다.

하용조 목사는 현지에서 아프가니스탄 정부 각료들과 만난 후 단기, 중기, 장기에 따른 선교 전략을 세웠으며, KOICA 초청으로 한국을 방문한 각료들과도 협의를 계속했다. 교회는 장기 지원 계획에 따라 학교와 보건소 건립과 마을 환경 개선 등을 위해 '동서문화개발교류회'(ECC)를 설립했다. 이를 위해 비전 헌금과 특별 헌금을 마련해서 구호 자금과 의자, 피아노, 강대상 등을 아프가니스탄의 이웃인 파키스탄 교회를 통해 보냈다. 그리고 2003년 1월에는 현지 NGO에 등록함으로 본격적인 지원 사역에 뛰어들었다. 그해 4월에는 ECC 사역을 위해 손정래 장로와 선교사들이 아프가니스탄으로 떠났다.

그 후 농촌 마을 개발과 의료 사역, 문화 센터를 통한 문화 사역, 컴퓨터 교육, 거리 학교 사역, 심장병 어린이 수술, 프레스센터 지원 사역 등이 활발하게 진행되었다. 점차 늘어나는 사역자들이 한자리에 모여 예배를 드리기 시작하면서 자연스럽게 아프가니스탄 한인 교회가 설립되었다. 한편 ECC가 다음 세대 리더 양육을 위해 추진해 온 와지르굴 샤이드(Wazirgul Shaeed) 초등학교 건립을 2005년 3월 6일 완성했다. 2007년 7월, 온누리교회 대학청년부 200여 명은 불안한 정세와 열악한 환경에도 불구하고 카불대학교 IT교육, 하꿈마 마을 봉사, 유치원 교사 교육, 아트센터 교육, 의료 사역, CGNTV 위성 안테나 설치 등 아프가니스탄 재건을 위한 길을 닦았다.

그러나 2007년, 샘물교회 봉사단 스물세 명이 탈레반에 피랍을 당한 사건으로 현지 상황이 크게 악화되었다. 이후 정부가 아프가니스탄을 해외여행 금지 지역으로 지정함에 따라 현지에 파견된 사역자들은 모두 철수할 수밖에 없었다. ECC도 그해 8월 한국으로 철수하면서 현재 아프가니스탄 사역은 일시 중단된 상태에 있다. 그러나 온누리교회는 아프가니스탄의 문이 열리기를 기대하면서 기도 모임을 이어 가고 있다.

순교의 피를 흘린 이라크 선교

• • •

미국과 영국의 이라크 공습이 개시된 직후인 2003년 3월 20일, 국제적으로 이 전쟁의 정당성에 대한 논란이 뜨거웠다. 그러나 오래전부터 중동 지역에 복음을 전하기 위해 기도해 온 온누리교회로서는 그런 논쟁을 떠나서 전쟁 자체가 하나의 도전이었다.[44]

온누리교회의 이라크 선교는 김사무엘 선교사에 의해 시작되었다. 그는 2003년 전쟁이 끝나자마자 하용조 목사를 찾아와 하나님이 이라크로 갈 것을 명령하셨다면서 자신을 파송해 달라고 요청했다. 이 무렵 온누리교회의 에젤선교회에서 이라크를 위한 바자를 열면서 성도들로부터 본격적인 관심을 모으기 시작했다. 이후 선교 정탐과 대민 봉사 그리고 의료 사역을 위한 첫 아웃치리 팀이 2003년 7월 21일부터 8월 2일까지, 바그다드에서 남동쪽으로 362킬로미터 떨어진 나시리아와 이라크에서 두 번째 큰 도시인 바스라 일대를 다녀왔다. 아웃리치 팀은 이라크의 기독교 현황과 함께, 기독교에 대한 현지의 태도가 바뀜에 따라 신학교 건립과 외국 교회들의 지교회 설립 시도가 앞 다투어 진행되고 있음을 보고했다.

김사무엘 선교사는 요르단 암만에서 수단과 이집트, 이라크 등 아랍계 목사들을 대상으로 교회성장세미나를 인도했다. 그리고 한인 교회 개척과 아랍인 목회자 훈련원 건립을 위한 기도를 하게 되었다. 마침 현지 장로교회에서 장소를 제공해 한인 단체에서 이라크 한인 교회 설립 첫 예배를 드렸다. 이어서 온누리교회에서는 두 번째 교회 개척을 위한 북부 모술 지역 정탐 여행을 실시했다.

그런데 이 과정에 안타까운 일이 벌어졌다. 이라크 선교를 진두지휘하던 김사무엘 선교사가 건강에 이상이 생겨 그해 11월에 귀국했다가 혈액암 진단을 받게 된 것이다. 지체 없이 수술을 받았으나 회복되지 못하고 끝내 하나님의 부르심을 받았다. 수술 후 잠시 의식이 돌아오자 "여기가 바그다드냐?"라고 몇 번씩이나 확인할 만큼 이라크 선교의 사명에 불타고 있던 그였다. 김사무엘 선교사의 소천으로 온누리교회의 이라크 선교는 일대 전환점을 맞게 되었다.

이라크 내부에 위기감이 고조되자 사역자 아홉 명이 요르단 수도인 암만으로 피신하면서 모든 사역이 중단되었다. 사역 팀과 국내 기도 팀은 이라크를 위한 중보 기도 모임을 계속했지만 이라크의 상황은 호전되지 않았다. 그러던 중 이라크 현지에서 뜻밖의 소식이 전해졌다. 이라크한인연합교회에서 같이 예배를 드리던 무역회사 직원 김선일 씨가 2004년 6월 22일 피랍되어 목숨을 잃은 것이다. 이런 일련의 사건이 있은 후 현지의 사정은 더 악화되어 온누리교회의 모든 사역 팀은 이라크에서 철수할 수밖에 없었다. 그 후 7년이 지나 하용조 목사가 소천한 2011년이나 17년이 지난 현재에도 온누리교회는 현지 교회와 지속적인 교류와 협력을 하면서 무릎 선교로 이라크를 위해 계속 기도하고 있다.

Acts29 비전을 꽃피운 선교의 밑거름

• • •

하용조 목사는 이라크 선교를 위해 혼신을 다하다가 지병을 얻어 순교한 김사무엘 선교사를 애도하면서 다음과 같은 추모의 글을 〈온누리신문〉에 기고했다.[45]

> 김사무엘 목사님, 그분은 예수님처럼 아름답고 감동적인 삶을 사셨습니다 … 늦은 나이에 예수님을 만나 성령 세례를 받자 바로 주변정리를 한 후 41세 때 신학교에 입학하셨습니다. 대부분의 사람들은 신학교 졸업 후 목회를 시작하지만 그분은 졸업하던 날, 하나님께서 주신 '7개 일본 교회 개척'이라는 비전에 순종하여 곧바로 선교지로 뛰어드셨습니다. 이제 와서 깨달은 것이지만, 'Acts29'는 그분이 먼저 시작하셨습니다.

> 일본으로 달려간 그분은 시부야교회를 세웠고, 그 교회를 중심으로 7개 교회를 개척하셨습니다 … 그런데 김 선교사님은 저에게 하나님께서 일본 사역을 중단하고 북한으로 들어갈 것을 명령하셨다고 고백했습니다. 그래서 저는 "그럼 우리 교회로 오십시오"라고 권면했습니다. 그분은 뒤도 돌아보지 않고 일본을 떠나 온누리교회 선교 팀을 이

끌고 북한으로, 중국으로 다니며 선교 지경을 넓혀 나가셨습니다.

이라크 전쟁이 끝난 직후, 선교사님께서 저를 찾아오셨을 때를 기억합니다.

"목사님, 하나님께서 저에게 이라크로 갈 것을 명령하셨습니다. 보내 주십시오."

그분은 청년들과 팀이 되어 이라크로 떠나셨고 곧 NGO를 구성해 활동을 시작하셨습니다. 당시 이라크는 빈발하는 테러로 한국대사관에서 교민들에게 모든 활동을 중단하고 안전한 곳으로 피신하라는 지시를 내린 상태였습니다.

김 선교사님은 이라크로 들어간 지 한 달 만에 허리에 통증을 느껴 귀국하셨습니다. 정밀검사 결과 혈핵암으로 판명되었습니다. 워싱턴 소재 조지타운대학병원 2차 정밀검사에서도 결과가 같아 곧 수술에 들어갔습니다. 그분은 골수 이식수술을 받은 후 두 달 만에 하나님 나라로 가신 것입니다.

저는 고인을 추억하면서 예수님을 믿는 것이 무엇인지에 대해 다시 한 번 생각하게 되었습니다. 9년 동안 김사무엘 선교사님은 안식년도 아랑곳 않고 생명을 걸고 계속 일하셨습니다. 그분은 복음 외에 아무 관심이 없었습니다. 어린아이와 같이 순전하셨습니다. 주님의 일이라면 무조건 뛰어드신 그분은 하나님의 사람, 순종하는 사람이셨습니다.

그분께서 소천하셨습니다. 그분이 우리 곁을 떠나서 저와 교회는 큰 슬픔을 느낍니다. 선교 사역도 많은 차질을 빚게 되어 안타깝습니다. 그러나 하나님께서 그 아들을 영광 중에 받으신 줄 믿습니다.

그분의 순교는 Acts29 비전을 꽃피우는 밑거름이 되리라 믿습니다. 그런 믿음으로 온누리교회 3만 성도는 그분을 소중히 가슴에 품고 '2천/1만 비전'을 꽃피우기 위해 헌신할 것입니다. 그분을 좇아 금 면류관을 바라며 죽기까지 충성할 것입니다.

2004. 2. 29. 하용조 목사

목숨을 걸고 도전한 일본 선교, 러브소나타
• • •

온누리교회는 "온 유대와 사마리아와 땅 끝까지 이르러 내 증인이 되라"는 주님의 지상 명령에 따라 '한국의 사마리아 일본'에 창립 초기부터 복음의 씨를 뿌려 왔다고 한다.[46] 온누리교회는 창립 예배를 드리고 3개월 후인 1986년 1월 5일, 변재창 선교사를 일본으로 파송하면서 일본 선교의 깃발을 올렸다.

그 후 1990년, 일본 선교는 새로운 국면을 맞게 된다. 국내 거주 일본 어린이들을 초청해 토요 학교를 시작한 것이다. 이 토요 학교는 일본인들이 비교적 많이 거주하는 교회 가까운 동부이촌동 지역에서 호응을 얻었다. 어린이들의 신앙 교육으로 말미암아 자연스럽게 어른들도 복음에 관심을 갖게 되었고, 교회에서는 이들을 위한 예배를 준비했다. 그 결과 그해 10월부터 일본어 예배가 시작되었다.

이러한 준비 끝에 하용조 목사는 2천/1만 비전을 선포한 1994년에 온누리교회 조성록 장로를 첫 장로 선교사로 일본에 파송했다. 조성록 선교사는 그해 6월 12일, 일본에서 야치요 온누리교회 전신 오와타신덴(大和田新田) 그리스도교회 창립 예배를 드렸다.

일본 선교에 대한 관심이 높아지는 가운데 온누리교회는 2002년

11월 27일부터 2박 3일 동안 일본 하코네에서 '일본 온누리공동체 수련회'를 열었다. 온누리교회 목회자와 일본 교회 지도자들을 비롯한 일본인 성도들이 한자리에 모인 이 수련회에서 참가자들은 새벽부터 밤까지 일본을 향한 하나님의 비전을 품고 기도하며 헌신을 다짐했다. 이 자리에서 하용조 목사는 일본을 향한 비전을 선포했다.[47]

> 저는 일본 교회가 일어나 걷고 뛰는 환상을 가지고 있습니다. 나면서부터 앉은뱅이였던 사람이 일어나 걷는 것처럼 나사렛 예수 그리스도의 능력이 일본 사회를 뒤집어 놓을 것을 믿습니다. 일본의 수많은 파친코 네온사인 불빛이 모두 십자가의 붉은 빛으로 바뀔 것입니다.

한편, 일본 선교는 하용조 목사의 안식년과 깊은 관련이 있었다. 1차 안식년을 떠난 1991년에 교회에서는 일본 어린이들을 위한 토요 학교와 일본어 예배가 시작되었다. 그 후 간암 수술을 받고 갖게 된 2001년의 2차 안식년에는 일본 현지에 온누리 비전교회가 본격적으로 세워지기 시작했다. 이때 하용조 목사는 치료를 위해 일본에 머물면서 교회 개척에 힘을 기울였다. 1996년 야치요 온누리교회를 시작으로 2000년에는 오사카 온누리교회, 2001년에는 동경과 우에다 온누리교회가 세워졌으며, 2003년 6월에는 요코하마 온누리교회와 2006년 11월에는 나고야 온누리교회가 세워짐으로써 일본 선교 12년 만에 일곱 비전교회가 세워졌다.

일본 열도, '러브소나타'로 불타오르다

• • •

하용조 목사와 온누리교회의 일본 사랑은 여기에 멈추지 않았다. 2007년은 한국 교회가 평양 대부흥 100주년을 기념하는 역사적인 해였다. 이 해를 맞아 온누리교회는 '세상에 희망을 주는 교회'라는 주제로 '40일 특별새벽부흥집회'로 온 성도들이 하나님 앞에 무릎을 꿇었다. 이 무렵 하용조 목사는 건강이 매우 좋지 않았지만 더욱 뜨겁게 말씀을 선포했으며, 연인원 50만 명이 성령 체험을 하면서 부흥과 선교에 대한 열망이 온 교회에 차고 넘쳤다.[48]

이처럼 성령 충만한 교회 분위기 속에서 온누리교회 성도들의 일본 선교에 대한 관심은 더욱 고조되어 갔다. 평양 대부흥 100주년을 준비하면서 2006년 10월, 일본 CGNTV[49] 개국을 계기로 일본 교회들의 부흥에 대한 갈망이 온누리교회 성도들 사이에 고조되어 갔다.

이런 가운데 일본의 영적 변화를 갈망하는 일본 교회 지도자들의 기도는 온누리교회의 '러브소나타'로 이어졌다. 하용조 목사의 끝없는 일본 사랑이 일본 선교의 새로운 모델을 가져온 것이다. 일본인을 위한 문화 전도 집회 '러브소나타'는 당시 일본에 한류 열풍을 일으킨 〈겨울연가〉를 계기로, 일본 국민들에게 하나님 사랑의 메시지를 전하자는 취지로 시작되었다. 당시 배용준 씨와 최지우 씨가 열연한 〈겨울연가〉가 일본에서는 〈겨울소나타〉라는 타이틀로 방영되고 있었다. 하용조 목사는 '러브소나타'를 시작하게 된 동기를 이렇게 회고했다.[50]

예전에 성도 한 분이 영화배우 배용준 씨가 저를 만나러 올 것이라고 이야기해 주었습니다. 저는 혹시나 하는 마음에 배용준 씨가 출연한 드라마 〈겨울연가〉 DVD를 빌려서 보았습니다. 그때까지만 해도 드라마에는 통 관심이 없었지만, 그를 만나게 되면 드라마 줄거리는 어느 정도 알고 있어야 전도를 할 수 있겠다고 생각한 것입니다 … 사람들은 뭔가 채우지 못한 사랑에 목말라 그 드라마를 통해 배용준을 사랑합니다 … 이 드라마를 보면서 느낀 점은, 사실 사람들은 배용준이 아닌 하나님의 사랑에 목말라 있다는 것입니다. 인간은 하나님의 사랑을 망각하고 있습니다. 그렇기 때문에 마음 깊은 곳에서 그 사랑에 목말라하고 있습니다. 진정한 사랑을 만나면 목숨을 내주어도 아깝지 않습니다. 기꺼이 생명을 바칩니다. 그래서 생각해 낸 것이 '겨울소나타'가 아니라 '러브소나타'입니다.

그러면서 그는 "배용준의 사랑 이야기보다 하나님의 사랑이 중요합니다. 배용준의 극중 사랑 이야기는 허구지만, 나를 위해 십자가에 달리시고 마지막 피 한 방울까지 흘리신 예수 그리스도의 사랑은 진실입니다. 그 사랑이야말로 영원하고 변함이 없습니다"라고 하면서, 이 사랑 이야기를 일본에 전하기로 마음먹게 되었다고 말한다. 그는 "일본만 생각하면 눈물이 난다"고 고백한다.[51] "저는 일본에서 태어나지도 않았고, 이 나라와 무슨 관계가 있는 것도 아닙니다. 일본이 마음에 걸리고 걱정이 되어 미칠 지경이 되었습니다. 일본만 생각하면 절로 눈물이 흐릅니다."

한국과 일본이 부둥켜안고 눈물을 흘리다
• • •

그 무렵 온누리교회는 열린예배와 맞춤전도집회, 온누리 축제 등을 진행하면서 문화 전도 집회를 할 수 있는 노하우가 축적되어 있었다. 거기다가 때맞춰 개국된 일본 CGNTV로 일본 교회와 협력할 수 있는 네트워크가 형성되면서 '러브소나타' 준비가 구체화되어 갔다. 한편 일본 요도바시교회의 미네노 다츠히로 목사가 한국을 방문해 하용조 목사와 비전을 나누면서 '러브소나타'의 추진은 탄력을 받기 시작했다.

2007년 3월 29일, 오키나와 컨벤션센터에서의 첫 집회와 연이어 열린 후쿠오카 집회는 일본 교회의 많은 성도들이 금식하며 참여할 정도로 성령 충만한 성회였다. 처음 이 집회를 준비할 때는 '현지 교회들이 과연 이런 대형 집회가 가능할까?', '연합 사역을 할 수 있을까?' 하는 회의적인 반응이 있었지만, 하나님의 위대한 사랑과 성령의 감동으로 많은 장애물들이 하나씩 제거되기 시작했다.

오키나와와 후쿠오카 현지 교회는 집회를 준비하면서 복음파와 성령파 그리고 장로교, 개신교, 성공회 등 일본의 150여 교회가 초교파적으로 연합하기 시작했다. 후쿠오카의 경우는 10여 년 만에 교회와 교단 간의 연합 사역이 이뤄졌다고 한다. 이로써 교회들이 전도에 대한 자신감을 회복하게 되면서 부흥에 대한 열망으로 불타게 되었다. 무엇보다 집회를 준비하면서 가깝고도 먼 나라였던 한국과 일본이 서로 부둥켜안고 눈물을 흘리며 하나님의 사랑 안에서 화해하고 용서하는 아름다운 사건이 일어났다. 이 집회를 위해 한국에서 450여 명의 성도들이 자비량으로 참석해서 새벽부터 집회를 준비하고, 집회를 마친 후에는 일본인들이 귀가할 때까지 그들을 섬김으로써 일본 교회 목회자와 성도들에게 큰 감동을 안겨 주었다.

2007년 5월 3일부터 4일까지 오사카에서 열린 러브소나타는 불신자들을 위한 문화 전도 집회와 함께 목회자와 사역자를 위한 '교회 부흥

세미나'도 같이 진행되었다. 오사카 러브소나타는 일본의 황금연휴로 많은 사람들이 여행을 떠났음에도 불구하고 문화 전도 집회에 4,800여명, 교회 부흥 세미나에 2,300여 명이 참석해 성황을 이루었다. 현지 일본 목회자들은 영적 불모지나 다름없는 땅에서 이렇게 많은 사람들이 모인 것은 기적이라며 놀라움을 감추지 못했다.

2007년 7월 23일과 24일간 사이타마 슈퍼 아레나에서 열린 동경 러브소나타는 한국인 5,007명과 일본인 15,554명이 참석함으로써 2만 명이 넘는 대집회를 기록하게 되었다. 놀라운 것은, 일본인 참가자 중 8,000여 명은 불신자들이었다는 사실이다. 또한 동경 러브소나타에서는 '한일 리더십 포럼'을 발족하는 소중한 결실을 거두었다. 한국 280명, 일본 520명, 대만 28명, 총 828명의 리더십들은 프린스파크 도쿄타워호텔에 모여 복음으로 아시아와 세계 평화에 기여하는 교회가 될 것을 다짐했다.

이처럼 하용조 목사가 일본 열도를 다니며 외친 예수님의 '러브스토리'에 얽힌 감동적인 사연은 참가자들이 열전(列傳)을 이룰 정도다. 그중에서도 온누리교회 초창기 멤버인 정우영 권사의 회고는 우리의 눈시울을 뜨겁게 한다. 한번은 빡빡한 선교 스케줄을 소화하느라 하용조 목사가 투석(投石) 시간을 놓치게 되었다고 한다. 투석 환자가 그 시간을 지키지 않으면 생명이 위험할 수 있는데 전도에 열중한 나머지 그만 투석 시간을 놓쳐 버린 것이다. 동행한 온누리교회 성도들은 담임 목사의 건강이 염려되어 비상 기도를 하고 있었는데, 정작 하용조 목사는 아무렇지도 않은 양 의연히 남은 집회를 강행하며 오히려 더 힘 있게 복음을 선포했다고 한다. 그날 투석을 거르고 단상에 오른 하용조 목사는 있는 힘을 다해 말씀을 전했는데, 수척할 대로 수척해진 몸으로 강단에 의

지해 불을 토하는 그의 모습을 본 집회 참가자들은 눈물로 화답했다고 한다. 이렇듯 하용조 목사는 평소 "나는 죽을 때까지 설교할 것이다"라고 다짐한 대로 어느 곳에서든지 주어진 설교가 생애 마지막 설교인 것처럼 혼신을 다하는 불퇴전의 용사였다.

동경 러브소나타에서 세례 받은 한국의 석학 이어령 박사

• • •

2007년 7월 23일에 열린 동경 러브소나타에서 의미 있는 한 사건이 있었다. 한국의 지성과 문화계를 대표하는 석학 이어령 박사(전 문화부장관)가 본 집회와 함께 열린 한일 리더십 포럼에서 세례를 받은 것이다. 하용조 목사의 집례로 이루어진 이날의 행사는 이어령이라는 한 사람의 단순한 세례식이 아니었다. 일생을 이 나라 지성의 상징으로 국민에게 큰 영향을 끼쳐 온 그가 예수님을 구주로 영접하고 변화 받아 새사람을 입었다는 사실은 우리나라 지식인들과 각계각층 지도자들에게는 분명 하나의 사건이었다. 하나님은 한 영혼을 천하보다 귀하게 여기신다. 그러나 한 영혼이 주님에게 돌아옴으로써 이웃에게 끼치는 영향과 그 파장은 사람에 따라 차이가 있는 것이 사실이다. 이어령 선생이 하용조 목사로부터 세례를 받았다는 소식이 전해지자 어떤 이들은 사울이 다메섹 도상에서 변화 받아 바울이 된 초대교회 사건에 비유하기도 했다. 다메섹 도상에서 바울이 주님을 영접함으로 사도행전의 역사가 전 유럽과 세계로 확산되는 시발점이 되었듯이, 동경에서 주님을 영접한 이어령 선생으로 말미암아 많은 지식인들이 주님에게로 돌아오는, 21세기 사도 바울 같은 사명을 감당하기를 기대하는 분위기였다.

이런 기대를 한 몸에 받으며 그리스도 안에서 새 생명의 삶을 시작한 이어령 선생은, 정작 자신은 아직 지성에서 영성으로 들어가는 문지방도 넘지 못한 죄인임을 고백하며 한없이 자신을 낮추고 있다. 이러한 영적 자화상을 그는 《지성에서 영성으로》(열림원)에서 진솔하게 그린 바 있다.[52] 육신의 지병으로 사별한 딸 이민아 목사를 떠나보내면서 쓴 《딸에게 보내는 굿나잇 키스》(열림원)에서도 같은 고백을 하고 있다. 특히 자신이 하용조 목사의 전도를 통해 결정적으로 주님을 영접하고 세례를 받게 된 사연을 들려주고 있다.

이어령 박사는 하용조 목사를 만나 예수님을 인격적으로 영접하기까지 긴 영적 모색(摸索)의 시간을 보내고 있었다. 그동안 가까운 목회자와 지인들에게서 "왜 선생은 기독교를 믿지 않습니까?"라는 질문을 받을 때마다 그는 "원래 너무 사랑하는 사람과는 결혼하지 않는 법이지요" 하며 의미 있는 농담으로 받아넘기곤 했다.[53] 그런데 어느 날, 기독교 목회자 세미나에 강사로 초청을 받은 자리에서 그는 하용조 목사를 만나게 된다. 사랑하는 딸이 갑상선암으로 절망에 빠져 있을 때 간절히 기도해 주신 목사님을 만난 자리였는데, 거기서 하용조 목사가 이어령 박사의 손을 잡고 나직이 속삭였다. "이제는 정말 사랑하는 분과 결혼을 하시지요"라고.[54]

그러면서 그는 그 순간 자신 안에서 일어난 변화를 딸에게 이렇게 전하고 있다.[55] "너도 잘 알잖니, 하용조 목사님의 미소, 그 어린아이 같은 웃음 말이야. 설교 백번 하는 것보다 하용조 목사님의 웃는 모습 한 순간이 크리스천 메시지라구. 목사님은 그 아픈 투석을 하면서도 교단에 올랐었지."

이어령 박사는 하용조 목사와의 이런 만남과 도전으로 말미암아 '가장 사랑하는 분과 결혼하기로 결심하고'(주님을 영접하고) 2007년 동경 러브소나타에서 마침내 세례를 받게 된 것이다. 만세 전에 택정함을 입은 한 영혼을 그리스도에게로 인도하여 하나님의 자녀로 삼으시는 성령의 놀라운 역사였다.

일본 열도를 예수님 사랑으로 정복한 '러브소나타'

● ● ●

동경 러브소나타의 소문이 퍼져 나가자 일본 전역에서 러브소나타 집회에 대한 관심이 고조되기 시작했다. 그해 10월 31일부터 11월 1일간 삿포로 후생연금회관에서 삿포로 러브소나타가 열린 것은 이런 여파였다. 삿포로 집회는 주변 170개 교회 중에서 71개 교회가 교파와 교단을 초월해 연합했으며, 운집한 3,102명의 참가자들은 집회 장소 2,300석이 모자라 복도까지 가득 메웠다.

일본에서도 소외 지역인 센다이에도 하나님의 기적이 나타났다. 센다이는 문화 혜택도 제대로 받지 못한 지역이었으며, 교회의 연합 사역은 도저히 불가능한 곳이었다. 이런 지역의 특성상 1년 내내 홍보해도 센다이에서는 500명도 모이기 어려울 것이라는 기존의 통념을 깨고 2007년 11월 22일, 23일 양일간 열린 센다이 집회에 2,260명이 참석했으며, 그중 일본인은 1,830명이었다. 이처럼 40일 특별새벽부흥집회로 시작된 2007년은 일본 주요 지역에 '러브소나타'를 부르며 하나님의 복음을 널리 확산하는 한 해였다.

온누리교회는 2008년 첫 러브소나타를 제2차 세계대전 당시 원폭으로 폐허가 된 히로시마에서 4월 22일부터 23일까지 개최했다.

2008년 두 번째 집회는 일본에 복음이 들어온 항구 도시 요코하마에서 7월 28일부터 29일까지 열렸으며, 아오모리와 나가사키에서 9월 24일부터 25일까지, 11월 4일부터 5일까지 각각 열렸다. 요코하마 러브소나타는 당초 5천 명 규모로 열릴 예정이었으나 9천 장의 초청장이 배부되었으며 4,500명의 전도 대상자가 접수되는 큰 수확을 얻었다. 순교와 원폭의 상처를 간직한 나가사키에서도 '일본 교회의 부흥'이라는 비전으로 새로운 희망의 바람을 일으켰다. 특히 나가사키 러브소나타는 2007년 3월 오키나와 집회 이후 열 번째로 개최되는 러브소나타여서 의미가 더욱 컸다. 밑그림조차 제대로 그려지지 않은 상황에서 오직 기도와 순종으로 시작한 러브소나타가 2년여 동안 일본 열도를 종단하며 10회의 기적을 써 내려간 것에 감사하기 위해 11월 4일에는 나가사키 베스트웨스턴호텔에서 감사 예배를 드렸다.

온누리교회는 2009년을 맞아 러브소나타와 함께 '일본 기독교 선교 150주년 기념대회'를 고베와 나고야에서 각각 개최했다. 4월 14일에서 15일까지 열린 고베 집회는 1995년 한신 대지진의 상처가 남아 있는 곳이어서 의미가 더욱 컸다. 이 집회에서는 일본인 2,097명이 참석해 130명이 예수님을 영접했다. 11월 24일부터 25일까지 열린 나고야 러브소나타는 1,550명이 참석해 135명이 결신했다.

온누리교회는 2010년을 맞아 일본의 최북단인 북해도에 위치한 아사히카와에서 8월 30일부터 이틀간 러브소나타를 개최했다. 이 도시는 소규모임에도 1,260명이 참석해 이 중에서 71명이 결신하는 열매를 거두었다. 일본의 대표적 기독교 작가인 미우라 아야코의 신앙과 문학의 배경을 지닌 도시여서 특별한 감회가 있었다.

한편 2008년에 러브소나타는 일본을 건너 대만으로 향했다. 온누리교회 선교 팀은 6월 19일부터 이틀 동안 타이베이 아레나에서 집회를 열었는데, 19,603명이 참석했으며 무려 2,574명의 결신자를 얻었다. 대만 러브소나타는 그해 10월 30일부터 11월 2일까지 빌리그래함전도협회(BGEA)에서 대만 집회를 계획하고 있어서 대만 교회의 부흥에 대한 열망이 고조되고 있는 중에 개최된 것이다. 이 대만 집회에는 남서울 은혜교회 홍정길 목사가 강사로 말씀을 증거했으며, 배우 차인표 씨와 한혜진 씨 등의 간증이 있었다.

"사도행전적 교회는 선교적 교회입니다"
● ● ●

우리는 하용조 목사의 '사도행전적 교회의 선교적 사명'을 이해하기 위해《나는 선교에 목숨을 걸었다》에서 제시하는 그의 선교 철학을 좀 더 살펴볼 것이다.

하용조 목사는 '사도행전적 교회는 선교적 교회'라고 역설한다.[56] 그는 선교적 교회의 성경적인 근거로 마태복음 28장 18-20절을 제시한다. 예수님의 선교 지상 명령이며, 온누리교회의 최후, 최종의 사명이다. 그래서 그는 온누리교회 예배당을 건축하면서 머릿돌에 이 성구를 새기고 온 성도들에게 사도행전적인 온누리교회는 선교하는 교회임을 분명히 선포한 것이다.

그는 이 말씀에서 두 가지 의미를 제시하고 있는데, 먼저는 성경 전체를 요약한 엄청난 명령이라는 것이다.[57] "이것은 인간이 감당할 수 없는 명령이며, 하늘과 땅의 권세를 가진 분만이 이룰 수 있는 명령입니다." 그러기에 하늘과 땅의 모든 권세를 가진 예수님이 함께하시고 성

314

령이 우리에게 임해야 감당할 수 있는 '지상 최대의 명령'이라고 강조한다.

예수님이 주신 명령의 또 다른 의미는, 의심하는 사람들에게 주셨다는 것이다. 비겁하고, 변덕이 심하고, 뒤로 가서는 딴짓을 하는 우리에게 이 엄청난 명령을 주셨다는 것이다. 그러면서 하용조 목사는 "예수님이 믿음이 좋으셨다는 사실에 깜짝 놀랄 때가 있습니다"라고 이야기하면서 이것이야말로 기적이라고 했다. 이 엄청난 명령을 이처럼 형편없는 우리에게 맡기셨다는 사실에 우리는 겸손할 수밖에 없으며, 더욱 주님을 의지해야 한다고 강조하고 있다. 주님의 지상 명령은 이렇게 우리에게 전해졌으며, 이제 우리를 통해 땅 끝까지 전해져야 한다는 것이다.

그의 말대로, 한국 교회는 136년의 역사를 통해[58] 초기에는 많은 선교사의 도움을 받았으며, 이제는 수많은 선교사를 해외로 파송하는 선교적 교회로 크게 성장했다. 우리는 앞에서 하용조 목사가 지적한 두 가지 사실을 명심하고 이 사명을 감당해야 할 것이다.

> 한국이 일본이나 중국 같은 군사 강대국이나 무역 대국이 되리라 기대하지 않습니다. 그러나 한국이 극동지역에서 기독교 국가, 영적 강대국이 되어 거대한 나라인 중국과 일본, 러시아까지 영적으로 많은 영향력을 끼치게 되는 날이 언젠가 올 것이라 믿습니다.

위의 인용문은 1910년 당시 한국에 와서 복음을 전하고 있던 사무엘 마펫 선교사가 그해 6월 에든버러 세계선교대회에서 한 사역 보고의 일절이다.[59] 그의 확신에 찬 예언대로 이 땅은 성령의 역사로 대부흥을 이루었고, 오늘날 세계 복음화에 헌신하는 선교 대국이 되었다. 하용조 목사가 교회의 처음과 마지막 목표는 선교[60]라고 말한 그대로 사도행전의 바로 그 교회로 세워진 온누리교회 또한 선교하는 교회의 선두에 서게 된 것이다. 초대교회로부터 오늘 우리의 교회로 이어지고 있는 선교의 역사에 대해 교회사학자 박용규 박사는 이렇게 말한다.[61]

> 사도행전에 나타난 초대교회가 말해 주듯 오순절 성령의 충만을 받은 예루살렘교회와 안디옥교회는 예루살렘과 온 유대와 사마리아와 땅 끝까지 이르러 그리스도의 증인의 사명을 충실히 감당했다. 이와 같은 현상은 초대교회에만 국한된 것이 아니다. 브라운(Arthur J. Brown)이 지적한 대로 기독교 역사는 성령의 역사가 복음의 증거로 이어져 왔다 … 한국교회 역시 국내외 선교를 그 생명으로 삼았다.

이처럼 복음 전래 초기부터 선교의 사명에 눈을 뜬 한국 교회는 1907년 평양 장대현교회 대부흥의 영향으로 그해 제주도 선교가 시작되었으며, 1908년에는 일본 선교, 1909년에는 시베리아 선교, 1912년에는 중국 산둥성 선교로 그 지경을 넓혀 갔다.[62] 당시 일본에 주권을 빼앗긴 암울한 시기였음을 감안할 때 한국 교회의 선교 의지와 그 실천은 참으로 놀라운 것이었다. 한국은 머지않아 일본과 러시아와 중국으로 복음을 전하는 영적 강대국이 될 것이라는 초기 선교사의 비전 그대로였다. 사도행전의 선교 사건이 지금도 성령의 역사로 이어지고 있다는 브라운의 말이나[63] 사도행전의 교회는 지금도 가능하다는 하용조 목사의 말이[64] 새롭게 들린다.

1. 하용조, 《사도행전적 교회를 꿈꾼다》, p. 266.
2. 위의 책, p. 290.
3. 아서 글라서, 임윤택 역, 《성경에 나타난 하나님의 선교》(서울: 생명의말씀사, 2006), p. 22.
4. 위의 책, p. 372.
5. 하용조, 《사도행전적 교회를 꿈꾼다》, p. 295.
6. 위의 책, p. 295.
7. 위의 책, pp. 291-292.
8. 필자는 하용조 목사가 온누리교회를 통해 실천한 선교 사역을 살핌에 있어서 먼저 그가 설명한 선교와 전도의 개념을 정리해 둘 필요를 느낀다. 그는 "전도가 동일 문화권에서 복음을 전하는 것이라면, 선교는 이질 문화권에서 복음을 전하는 것이다. 교회에는 전도도 살아 있고, 선교도 살아 있어야 한다. 이것이 동시에 이루어져야 한다"(《사도행전적 교회를 꿈꾼다》, p. 266)고 했다. 그러니까 전도와 선교가 복음을 전한다는 점에서는 동일하지만, 그 대상 지역이 동일 문화권(국내)이냐 이질 문화권(국외)이냐에 따라 구분된다는 뜻으로 설명하고 있다. 이 책에서는 전도와 선교를 구분해서 다루고 있다. 필자는 이를 전제로 본 장에서는 하용조 목사의 선교관을 중심으로 기술하되, 필요시에는 전도와 함께 설명하겠다.
9. 온누리교회 편, 《온누리교회 25년》, p. 43.
10. 하용조, 《사도행전적 교회를 꿈꾼다》, p. 295.
11. 위의 책, p. 296.
12. 아서 글라서, 《성경에 나타난 하나님의 선교》, p. 420.
13. 하용조, 《나는 선교에 목숨을 걸었다》(서울: 두란노, 2008), p. 127.
14. 온누리교회 편, 《온누리교회 25년》, p. 31.
15. 하용조, 《사도행전적 교회를 꿈꾼다》, p. 37.
16. 위의 책, pp. 44-45.
17. 위의 책, p. 40.
18. 위의 책, pp. 78-79.
19. 위의 책, pp. 78-79.
20. 위의 책, p. 319.
21. 위의 책, p. 291.
22. 위의 책, p. 292.
23. 위의 책, pp. 298-299.
24. 위의 책, p. 299.
25. 위의 책, p. 298.
26. 온누리교회 편, 《온누리행전 30년》, p. 266.
27. 하용조, 《사도행전적 교회를 꿈꾼다》, p. 304.
28. 온누리교회 편, 《온누리행전 30년》, p. 210.

29. 하용조, 《사도행전적 교회를 꿈꾼다》, p. 292.

30. 온누리교회 편, 《온누리행전 30년》, p. 173.

31. 하용조, 《사도행전적 교회를 꿈꾼다》, pp. 279-280.

32. 위의 책, pp. 280-281.

33. 위의 책, p. 282.

34. 위의 책, p. 283.

35. 위의 책, p. 230.

36. 온누리교회 편, 《온누리행전 30년》, p. 174.

37. 위의 책, pp. 173-178.

38. 온누리교회 맞춤전도부 제공 '맞춤전도집회' 자료 참고.

39. 온누리교회 편, 《온누리교회 25년》, p. 60. 하용조 목사의 선교 비전에 따라 온누리교회가 개척한 해외 선교의 현황은 2010년에 발간된 《온누리교회 25년》 및 2015년에 발간된 《온누리행전 30년》을 중심으로 집필했음을 밝힌다.

40. 위의 책, p. 60. 아프가니스탄 선교에 대한 현황을 교회 창립 25년까지는 이 책에서 발췌했음을 밝힌다.

41. 위의 책, pp. 62-63.

42. 온누리교회, "예루살렘의 평화를 위해 기도하라", 〈온누리신문〉(2010. 1. 24.), 3면 참조.

43. 온누리교회 편, 《온누리교회 25년》, p. 67.

44. 위의 책, p. 70. 온누리교회의 이라크 선교에 대한 현황은 이 책에서 발췌했음을 밝힌다.

45. 위의 책, pp. 55-57.

46. 위의 책, p. 75. 필자는 온누리교회의 선교 사역 중에서 일본 선교에 대해 이 책과 교회의 자료 지원을 받아 집필했음을 밝힌다.

47. 위의 책, pp. 76-77.

48. 위의 책, p. 79.

49. 참고로, 온누리교회의 CGNTV(Christian Global Network Television)는 전 세계에 복음을 전하기 위한 목적으로 2005년 개국한 비영리 방송국이다. 처음에는 세계 방방곡곡에서 복음을 전하고 있는 선교사들과 그 가족들에게 영적 지원을 하기 위해 설립했으나, 그 사역의 범위가 확대되어 지금은 170개국에 7개국어로 24시간 방송되고 있는, 한국 교회를 대표하는 TV 선교 기관으로 미주와 일본 지역에 기지국을 두고 있다.

50. 온누리교회 편, 《온누리교회 25년》, p. 28.

51. 위의 책, p. 30.

52. 이어령, 《지성에서 영성으로》(서울: 열림원, 2010), '서언' 참조.

53. 이어령, 《딸에게 보내는 굿나잇 키스》(서울: 열림원, 2015), p. 240.

54. 위의 책, p. 242.

55. 위의 책, p. 242.

56. 하용조, 《나는 선교에 목숨을 걸었다.》, pp. 127-135.

57. 위의 책, p. 128.

58. 여기서 136년이라는 표현은 1885년 4월 5일, 미국 북장로교 선교사 호러스 그랜트 언더우드 목사와 미국 감리교 선교사 헨리 게르하트 아펜젤러 목사가 함께 한반도에 복음을 전하기 위해 내한한 시기를 기준으로 한 것이다. 참고로 한반도에 복음이 전래된 시점은 학자들에 따라 다소 차이가 있다.

59. 변창욱, "한국교회 선교운동의 회고와 전망", 박상진 외, 《종교개혁 500주년과 한국교회의 개혁과제》(서울: 장로회신학대학교출판부, 2017), p. 339.

60. 하용조, 《사도행전적 교회를 꿈꾼다》, pp. 20-21.

61. 박용규, 《한국기독교회사 2》(서울: 생명의말씀사, 2004), p. 85.

62. 위의 책, p. 98.

63. Arthur Judson Brown, *The Way and How of Foreign Missions*(New York: Domestic and Foreign Missionary Society of the Protestant Episcopal Church in the U.S.A., 1911), pp. 267-268. 박용규, 《한국기독교회사 2》, p. 85 재인용.

64. 하용조, 《사도행전적 교회를 꿈꾼다》, p. 23.

제8장

온누리교회의 양육
하용조 목사와 기독교 교육

양육을 중시하는 온누리교회
● ● ●

온누리교회는 신자의 양육을 중시한다. 이는 하용조 목사의 목회철학에 따른 것이다. 그는 생전에 "양육은 목회자의 책임이다"라고 강조했다.[1] 그는 부모가 자녀를 낳는 것보다 잘 키우는 것이 더 중요하다는 가정교육의 이치를 들어서 교회의 신자 양육의 중요성을 설명한다. 성도들이 전도하는 것으로 끝나거나 교회에 데려오는 것으로 만족해서는 안 된다는 것이다. 그들을 양육해서 예수 그리스도의 장성한 분량까지 성장시켜 하나님의 사람으로 키워야 한다고 강조한다.

그는 계속해서 양육을 부모의 자녀 교육에 비유해서 설명하고 있다.[2]

아이를 낳았으면 부모는 키워야 할 책임이 있다. 옛날 우리 부모님 시절에는 부모가 아이를 낳기만 하면 아이들은 자기들이 다 알아서 컸다. 일 제시대나 6.25 때는 아이들을 키울 만한 경제적인 힘이 없었고, 학교 제도도 시원찮았다. 그때는 논 팔고 소 팔고 허리 휘어지게 일해서 자녀들의 학비를 마련하는 것이 최선의 자녀 양육이었다 … 그런데 이제 먹고 살 만하니까 아이들을 그렇게 키울 수가 없게 되었다. 얼마나 많은 청소년들이 폭력과 마약과 섹스에 노출되어 타락하고 있는가? 옛날에는 자녀들이 알아서 클 수 있었지만, 지금은 알아서 크라고 내버려 두면 깡패가 된다.

교회의 사정도 마찬가지라는 것이다. 옛날에는 그저 교회 중심으로 주일예배, 구역예배, 수요예배, 심방만 하면 그것으로 무난히 신앙생활을 할 수 있었다는 것이다. 그러나 2000년대로 넘어오면서 우리의 환경은 아주 복잡해졌다면서 성도들을 훈련시키고 양육시켜 제대로 가꾸지 않으면 올바른 하나님의 자녀가 될 수 없는 위험한 환경에 처하게 되었다고 한다. 이런 점에서 양육은 교회의 책임이며, 교회의 사활이 걸려 있는 문제라고 말한다.[3]

사람들을 양육하고 예수 그리스도의 장성한 분량까지 성장시켜서 우리 시대의 당당한 하나님의 사람으로, 리더로 키워야 한다. 사람들에게 끊임없이 리더십을 주고, 영적인 비전을 주고, 그들을 하나님 나라를 이루는 사람으로 만드는 것이 바로 오늘 우리 교회의 책임이라고 생각한다.

하용조 목사는 "목회철학은 목사의 부르심, 성도의 부르심, 교회의 부르심이 삼위일체가 되어야 한다. 이것이 딱 맞아야 한다 … 배우는 사람과 교사, 교재가 삼위일체가 되어야 한다"고 강조한다.[4] 온누리교회가 일대일 제자양육을 하는 이유도 바로 이런 목회철학과 양육의 목적 때문임을 상기시킨다. 그러면서 하용조 목사는 양육의 몇 가지 유의점을 제시하고 있다.

"양육의 핵심은 아비의 마음이다"

• • •

하용조 목사는 양육에 있어 중요한 것은 선생의 마음이 아니라 아비의 마음이라고 한다. "그리스도 안에서 일만 스승이 있으되 아비는 많지 아니하니 그리스도 예수 안에서 복음으로써 내가 너희를 낳았음이라"(고전 4:15, 개역한글 성경). 그는 이 말씀에 근거해서 이것이 양육의 핵심 개념임을 강조하고 있다.[5]

그는 묻는다. "양육은 무엇인가?" 그리고 답한다. "낳는 것이다." 양육은 가르치는 것이 아니라 낳는 것이라고 한다. 양육의 개념은 어머니가 아이를 낳듯이 낳는 것이라고 가르친다. 선생은 학생에게 지식과 정보를 가르치지만 부모는 생명을 걸고 사랑으로 자녀를 가르친다고 지적한다. 교육은 생명의 문제라는 것이다. 교회 교육이야말로 생명을 살리는 교육이 되어야 한다는 것이다. 하용조 목사의 이러한 교회 교육 사상은 "생명의 공동체인 교회는 죽어 가는 생명을 살리는 교육을 해야 한다"는 토마스 그룹(Thomas H. Groome)의 주장과 상통하는 점이 있다.[6]

부모는 자식이 살인자라 할지라도 결코 포기하지 않는다. 이것이 부모의 사랑이다. 양육자도 이와 같아야 한다. 곧 아비의 마음으로 가르치고 키워야 한다. 그것이 양육이다. 하용조 목사가 교회에서 신자를 양육하는 것을 부모의 마음으로 하라고 한 뜻이 여기에 있다.

그런데 그는 우리에게 중요한 사실을 지적한다. 교회 안에 선생의 개념은 많으나 양육의 개념이 없는 것이 문제라는 것이다. 그는 온누리교회에서 일대일로 양육하고 교제하는 것이나 교회들이 저마다의 프로그램을 만들어 양육하는 것은 하나의 수단에 지나지 않는다고 말한다. 진짜 중요한 것은 교사와 피양육자의 진정한 만남이라고 강조한다. 우리는 예수님과의 진정한 만남을 통해 삶이 변화된 사건을 성경에서 자주 만난다. "와서 보라"는 예수님의 초청을 받고 하루를 함께 지낸 세례 요한의 두 제자는 "우리가 메시아를 만났다"고 고백하는 인생으로 변화되었다(요 1:35-41). 아들이 살인자일\지라도 그를 사랑하는 어미의 마음에서, 죄인을 구원하기 위해 이 땅에 오신 예수님의 심정이 어떠했는지를 헤아릴 수 있다. 종교 개혁자 존 칼빈이 "하나님을 아버지로 모신 자들에게 교회는 어머니다"라고 한 것은 죄인을 향한 예수님의 어머니 심정을 표현한 말이다.[7]

진정한 만남이란 앞에서 말한 대로 교사는 자녀를 사랑하는 아비의 마음으로 자기의 삶을 공개하고 영적으로 아이를 낳는 것을 말한다. 부모가 자신이 낳은 자식을 버리지 못하듯이, 이런 관계가 교회에서 만들어져야 한다는 것이다. 머리 되신 예수님의 몸된 교회는 예수님의 자녀인 성도들에게 어머니가 되어야 하며, 어머니의 심정으로 자녀를 양육함이 마땅하다. 이런 점에서 제자 양육을 위해서는 교사가 되지 말고 어버이가 되어야 한다는 하용조 목사의 목회철학을 이 시대 교회와 목회자들이 귀담아들어야 하겠다.

하용조 목사는 오늘날 교회의 위기는 이런 관계의 양육이 없기 때문이라고 우려한다. 너무 사무적이라는 것이다. 목사는 왔다가 때가 되면 가 버리고, 교사는 선생의 자리에서 신자를 양육할 때가 많다는 것이다. 부모와 자식처럼 생명의 관계를 찾기 어렵다고 걱정한다. 목사와 장로 사이가 아비와 자식 같은 제자 양육의 관계가 아니기 때문에 갈등이 생기고 불화가 생긴다. 교인과 교인 사이도 마찬가지라는 것이다.

그러면서 그는 교회는 양육의 개념을 부모가 자식을 낳고 기른다는 생명의 개념으로 받아들여야 한다고 거듭 강조한다. "교회는 제도가 아니고 가정이다. 남편과 아내처럼 이런 가정의 개념이 있어야 진정한 교회다. 오늘날 이런 진정한 교회가 있어야 한다."[8] 이러한 견해는 존 칼빈이 그의 교회관에서 "하나님께서는 자기 백성들을 한순간에 완전하게 만드실 수 있지만, 그럼에도 불구하고 하나님은 그들이 오직 교회의 교육을 통하여 장성한 자들로 자라나기를 원하신다"라고 충고한 말과 일맥상통한다.[9] 어머니가 자녀를 젖으로부터 시작해서 부드러운 음식으로 그리고 딱딱한 음식으로 점진적인 양육을 통해 성장시키는 것처럼, 교회는 이런 영적 양육에 힘을 기울여야 한다는 것이다.

하용조 목사는 이런 관점에서 '목사'(牧師)라는 말 대신 '목자'(牧者)라는 말을 좋아하며, '목회'(牧會)라는 말보다는 '목양'(牧養)이라는 말을 선호한다고 한다.[10] 그러면서 "목사는 카우보이(cowboy)가 아니라 목자(shepherd)다"라는 의미 있는 충고를 한다. 그렇다. 그의 말대로 카우보이는 채찍을 들고 말 타고 소를 몰고 다니는 사람이지만, 목자는 지팡이와 막대기를 들고 푸른 초장으로, 잔잔한 시냇가로 양들을 인도하는 사람이다.

예수님의 말씀처럼 선한 목자는 자기 양들을 위해 자기 목숨을 버리는 사람이다. 목자는 양들을 자녀를 기르는 어머니의 심정으로 양육한다. 하용조 목사는 거듭 조언한다. "목회자는 무엇보다 목자가 되어야 한다. 양을 돌보듯 개인적으로 전도를 하고, 몇 년을 거쳐 한 영혼을 길

러 내야 한다." 사도 바울이 성령의 감동하심으로 기록한 대로, 아비의
심정으로 한 영혼을 보살피고 성경을 가르치고 그를 위해 중보 기도하
는 어머니가 되어야 한다고 권면한다.[11]

"단계별 양육 체계가 필요하다"

● ● ●

다음으로 하용조 목사는 양육을 단계별로 체계를 갖추어 실시할 것을
권면한다. 그는 갓 태어난 아기가 어머니의 젖을 먹는 단계에서 단단
한 음식을 먹는 단계로 성장하는 과정에 비유해 양육의 체계를 설명하
고 있다.

초유는 농도가 짙어서 갓 태어난 아기가 초유를 먹으면 설사를 하게
된다. 그러나 며칠이 지나면 종합적인 영양분이 들어 있는 모유가 나
온다. 이처럼 아기가 자람에 따라 그에 적합하게 모유의 성분이 바뀌
는 것이다. 어머니의 젖을 먹는 아기는 이유식을 먹게 되고, 점차 밥을
먹게 되고, 고기처럼 단단한 음식도 소화할 수 있게 된다.

하용조 목사는 하나님이 모유 하나를 만드실 때도 이렇게 단계별로
하신다는 점을 상기시킨다. 인간의 영적 구조도 마찬가지라는 것이다.
적절하게 단계별로 영양을 공급해야 영이 건강하게 자랄 수 있다면서
이렇게 권면한다.[12]

> 양육이란 궁극적으로 [영의 양식을] 주는 것이다. 양육에서 중요한 것은
> 단계에 맞게 주어야 한다는 것이다. 어린아이일 때나 먹여 주지 어른이
> 되었는데 먹여 주면 부모나 아이의 기분이 어떻겠는가? 진짜 음식 맛을

아는 사람은 자신이 재료를 사서 음식을 만들어 먹는다. 이것이 성숙한 입맛이다. 양육 체계나 신앙생활도 마찬가지다. 교회를 10년이나 다녔는데, 초신자와 별반 차이가 없다면 건강하지 않은 것이다. 그런데 사람들은 시간이 지날수록 성숙해지지 않고 외형만 변한다. 교회에 오래 다니면 익숙해질 뿐이지, 그 영혼이 성숙해지지 않는다. 목회자는 목회를 할 때 단계별 양육 체계의 중요성을 깊이 깨달아야 한다.

그가 말하는 단계별 양육 체계의 내용에 대해서는 다음에 소개할 온누리교회의 기본적인 양육 체계를 참고하기 바란다.

"전문화 과정이 필요하다"

● ● ●

하용조 목사는 양육에 있어서 전문화 과정의 필요성을 군대에서 실시하는 PRI(사격 훈련)에 비유해서 설명한다. 군에서 PRI 훈련의 1단계는 낮은 포복이다. 훈련병들은 40일 동안 군인으로서의 기초 훈련을 강하게 받는다. 그는 "훈련에서의 땀 한 방울은 전쟁에서의 피 한 방울과 같다"는 말을 인용하면서 기초 훈련의 중요성을 강조하고 있다. 기초 훈련에서 땀을 많이 흘리는 군인만이 총탄을 피할 수 있고, 전쟁의 위기를 극복할 수 있다는 것이다. 이와 같이 교회는 양육의 기초 훈련을 위한 전문화 과정을 철저히 준비해야 한다고 말한다.[13]

교회도 이런 영적 훈련장이다. 놀러 오는 곳이 아니다. 어떤 사람은 교회를 병원으로 묘사하는 사람이 있다. 물론 교회는 아픈 사람을 치료하고 상처 난 사람을 회복시키는 병원과 같은 요소가 있다 … 치유하고 회복이 되면 군대로 변모해야 한다. 교회는 병원인 동시에 군대와 같은 곳이다. 강하게 훈련해야 한다. 세상을 이길 수 있는, 이 세상을 변화시킬 수 있는 그런 장소로 변화해야 한다.

그러면서 하용조 목사는 새신자가 교회에 처음 나와서 첫눈에 "이 교회는 내가 들어오면 배울 게 있겠구나" 하고 느낄 수 있어야 한다고 말한다. 이런 기대를 충족시키기 위해서는 사역의 전문화 과정이 필요하다고 강조한다. 10년이 지나고 나면 교회가 변화될 것이라는 기대감이 있어야 한다는 것이다. 하루가 과거 1년 이상으로 급변하는 오늘날, 교회는 부단히 변화되어야 한다. 16세기 종교 개혁이 변화가 없는 교회의 개혁을 위한 것이었음을 생각하면, "개혁된 교회는 개혁되어야 한다"는 모토처럼 교회는 부단히 개혁을 거듭하고 변화되어야 한다.

그런데 하용조 목사는 교회의 변화를 강조하는 한편, 그 변화가 바른 방향으로 진행되어야 한다고 지적한다. 여기에 제자 양육의 필요성이 있으며, 제자 양육의 전문화 과정이 중요하다는 것이다. 교회의 변화는 목회자 한 사람의 의지로 가능한 것이 아니다. 전문화된 신자의 양육을 통해 공동체가 변화되어야 한다는 것이다. 그는 구체적으로 교회의 소중한 인적 자원이 평소에 전문적으로 사역을 감당하며 그 분야에 경험과 노하우를 축적해야 한다고 강조한다.

한 예로, 보통 장로들이 교회에서 주어지는 여러 가지 직분을 다 맡아서 하다가 막상 은퇴를 하면 할 일이 없어진다는 것이다. 그때그때 주어진 일을 하다 보면 경험의 영역은 넓어지지만, 하나의 사역을 깊이 있게 잘할 수는 없다. 어린이를 잘 가르칠 수 있는 전문성이나 청소년을 잘 가르칠 수 있는 전문성을 평소에 기르는 것이 중요하다면서, 다음과 같은 예를 들어 설명한다.[14]

> 예를 들면, 교재를 만드는 것, 방송을 하는 것, 일대일 양육을 하는 것, 가정 사역을 하는 것, 내적 치유를 하는 것, '샤이닝글로리'라는 영성 프로그램에 일생을 걸 만큼 전문성을 가지라는 것이다. 전문성을 가졌다는 것은, 상대적으로 전문성이 없는 사람이 전문성을 가진 사람을 필요로 한다는 뜻으로 확대할 수 있다. 성도들이 상대적으로 비전문적인 신자들을 돕기 위해 하나님의 사역에 전문성을 갖도록 해야 한다.

계속해서 그는, 고등학교 때까지는 전공이 필요 없지만 대학에 가면 전공이 있듯이, 다른 것은 포기하고라도 한 가지에 집중해서 전문가가 되도록 노력하라고 충고한다. 오늘날 우리가 살고 있는 시대를 일컬어 '전문화 시대'라고 한다. 위에서 하용조 목사가 전공을 중시하는 대학의 예를 들었지만, 오늘날 대학 사회의 세계적인 추세도 전문화를 중시하고, 한 가지 영역에 타의 추종을 불허하는 선택과 집중이 필요한 시대다. 이처럼 고도의 전문성을 요구하는 21세기에 여기에 미치지 못하는 교회의 현실을 안타까워하면서 그는 이렇게 말한다.[15]

> 사람이 많아도 하나님 나라를 위한 영적인 전문가들은 많지 않다. 어떤 문제에 관해서는 그 사람한테 찾아가서 얘기해 보라고 할 정도의 전문가가 교회에 있어야 한다. 어린이 사역에는 이 사람, 유치원 사역에는 이 사람, 대한민국에서 소문난 전문가가 있어야 한다.

하용조 목사의 '교회 인적 자원 전문화' 아이디어에 주목한다

• • •

필자는 하용조 목사가 생전에 제자 양육을 통한 교회의 올바른 개혁과 성장을 위해 제안한 이른바 '성도 전문화 인력 풀' 제도에 크나큰 도전을 받았다. 그가 이처럼 제자 양육에 있어서 전문화 과정의 필요성을 역설한 것은 자신이 시무한 온누리교회에서의 실제적 경험을 토대로 한 것이라고 생각한다. 교회의 인적 자원을 적성과 능력에 따라 적재적소에 배치해 사역하게 했을 때 거두게 된 양육의 효과를 다른 교회와 동역자들에게 권유하면서 함께 나누고자 하는 취지다.

온누리교회는 교회의 규모로 볼 때, 성도들이 각 분야의 다양한 인재들로 구성되어 있어 각자의 달란트에 따라 하용조 목사가 구상한 대로 각 분야에서 전문성을 최대한 발휘하며 봉사할 수 있었으리라 생각한다. 이러한 전문화 과정의 필요성과 실천적 사역은 하용조 목사가 목회한 당시로부터 이재훈 목사가 목회하는 현재에 이르기까지 변함없이 발전적으로 진행되고 있을 터다.

필자는 하나님이 이 시대에 온누리교회를 비롯한 이 땅의 각 교회에 보내 주신 다양한 인적 자원들을 하용조 목사가 제안한 대로 초교파적 연합을 통해 효과적으로 활용한다면 한국 교회의 발전에 큰 도움이 될 것으로 믿는다. 사실 1천만 성도로 구성된 한국 교회는 어떤 점에서 한국 사회 전문 인력의 표본이라 해도 과언이 아닐 것이다. 각 분야 최고 수준의 다양한 인재들이 모인 곳이 한국 교회라고 할 수 있다. 이처럼 하나님이 보내 주신 인재들을 한국 교회가 초교파적으로 복음 전도와 제자 양육을 위해 봉사할 수 있도록 하나로 묶어 '한국 교회 인재 풀'(Talent Pool of Korean Church)을 만든다면, 한국 교회 개혁과 발전에 큰 동력이 될 것이다.

이에 필자는 하용조 목사가 생전에 온누리교회를 통해 실천하면서 한국 교회에 호소한 이 영적 비전과 아이디어를 그의 추모 10주기를 맞아 온누리교회가 중심이 되어 오늘에 되살리기를 제언하는 바다. 주지하는 바와 같이, 지금 한국 교회는 영적으로나 현실적으로 엄청난 도전을 받고 있다. 지금이야말로 한국 교회가 제2의 교회 개혁에 나서야 할 때다. 그 횃불을 어떻게 들 것인가? 성령님은 여러 방법을 가지고 계시겠지만, 그중에 하나가 평신도의 힘을 하나로 묶는 것이다. 그 구체적인 응집력이 바로 평신도 각자에게 하나님이 부여하신 달란트를 하나로 묶어 영적 자원으로 활용하는 것이다. 여기에 성령의 불이 떨어지면 교회가 개혁되고, 개혁된 교회는 세상을 변화시킬 수 있을 것이다. 하용조 목사가 온누리교회를 통해 주창하고 실천한 '평신도 리더십 세우기'와 '교회 인적 자원의 전문화'야말로 21세기 전문화 시대에 한국 교회의 전도 전략상 매우 중요한 영적 아이디어라고 생각한다.

온누리교회의 기본적인 평신도 양육 체계
● ● ●

하용조 목사가 생전에 온누리교회 성도들에게 적용한 기본적인 양육 체계는 '새신자 등록, 큐티, 일대일, 제자도, 전도 훈련, 비전과 리더십, 선교사 · 사역자 파송' 등 일곱 가지다.[16] 그는 1985년 10월 6일 창립 예배를 드린 후 세 번째 주일인 10월 27일부터 제자 훈련을 시작하고 그해 12월 첫 주일부터 새신자 양육을 시작했으니[17] 그가 얼마나 신자 양육에 힘을 기울였는지 알 수 있겠다. 이듬해인 1986년 3월에는 새신자

훈련을 위한 제자훈련학교를 개설했으며, 10월에는 큐티 간증 예배를 드리고, 11월에는 일대일 양육 지도자 훈련을 시작했다. 이처럼 온누리교회는 하용조 목사의 새신자 양육 7단계 과정에 심혈을 기울였으며, 지금도 그가 개발한 양육 시스템으로 신자들을 교육하고 있다.

1. 새신자 등록 과정

온누리교회가 새신자 등록 과정을 철저히 하는 것은 예수님을 구주로 시인하는 성도들의 공동체라는 성경적인 교회론에 근거한 것이다. 온누리교회가 처음으로 새신자 등록 과정을 만들 때 공연히 교회의 문턱을 높인다는 교계의 비난도 많이 들었지만, 새신자가 교회 공동체의 일원으로 소속감을 가지고 교회 생활을 하기 위해서는 첫 과정을 소홀히 해서는 안 된다는 하용조 목사의 목회철학에 의한 것이었다.

이 과정은 교회에 대한 사전 안내를 친절하게 함으로써 새신자들에게 교회의 좋은 인상을 심어 주게 된다. 그는 이 과정이 새신자로 하여금 교회에 편안하게 정착할 수 있는 관문 역할을 한다고 설명한다.

2. 큐티 과정

온누리교회는 새신자가 등록 과정을 마치면 큐티 지도를 한다. 이것은 온누리교회의 특징 중 하나로, 새신자가 등록한 후 예수님을 처음 믿는 순간부터 시작하는 것이 큐티다. 큐티의 중요성과 성경적 근거에 대해서는 제6장 '하용조 목사의 큐티식 강해 설교' 편에서 살펴보았으므로 참고하기 바란다.

신자들이 언제나 교회에 있거나 목회자가 항상 그들 가까이 있을 수는 없다. 각자의 가정과 직장이 있기 때문이다. 주일과 정한 예배 시간에 참석하는 것만으로 신자들이 자신의 영성을 관리하는 데는 한계가 있게 마련이다. 새벽기도에 나오는 신자는 그 교회 신자의 일부다. 하용조 목사는 이런 현실 속에서 성도들이 어떻게 신앙을 향상시킬 것인가, 이것을 걱정하면서 다음과 같이 성도들이 스스로 하는 큐티의 중요성을 강조한다.[18]

> 목사님이 안 계시면 그들의 신앙은 죽어야 하는가? 아니다. 목회자는 성도들이 스스로 날마다 하나님의 양식을 먹고 묵상하고 적용하고 나눌 수 있는 기본적인 틀을 만들어 주어야 한다. 아침에 일어나면 자연히 밥상으로 가듯, 아침에 눈을 뜨면 하나님 말씀을 묵상하도록 해야 한다.

하용조 목사가 영국에서 훈련을 마치고 돌아와 온누리교회를 창립할 당시에는 성도들이 큐티를 잘 이해하지 못했다고 한다. 지금은 전국적으로 확산되어 큐티하는 교회와 성도들이 많지만, 당시에는 큐티하는 사람이 많지 않았기 때문이다. 교회 개척 초기에는 성도들의 큐티 생활화를 위해 큐티 노트를 사용하도록 지도하고 일일이 검사까지 했다고 하니 그가 신자의 양육에 있어서 큐티를 얼마나 중요시했는지를 짐작할 수 있다. "나는 큐티를 양육의 기본으로 생각한다"고 할 만큼 새신자가 등록 과정을 마치면 바로 가르치는 과정이 큐티였다.[19]

하용조 목사가 큐티를 가르친 것은 온누리교회 성도들만이 아니다. 그는 한국 교회에 큐티를 보급해야 한다는 사명감을 가지고 있었다. 그랬기에 그는 1985년 4월 〈빛과 소금〉을 창간하면서 그 다음 달부터 큐티 잡지를 부록으로 만들어 한국 교회 성도들에게 보급하게 된다. 이 부록은 이내 〈생명의 삶〉[20]이라는 전용 큐티 잡지로 발전해 현재 초교파적으로 목회자와 성도들의 사랑을 받고 있다. 하용조 목사는 청장년용 큐티 잡지 〈생명의 삶〉뿐만 아니라 청소년을 위한 〈새벽나라〉와 어린이용 〈예수님이 좋아요〉 등을 발행해 한국 교회 성도들 가정의 큐티 생활화를 돕고 있다. 이처럼 교회 단위의 큐티 훈련이 사실상 온누리교회에서 처음 시작되자, 관심이 고조된 수많은 교회들의 요청에 따라 그는 전국을 순회하며 큐티 특강을 하기도 했다.

3. 일대일 제자양육 과정

온누리교회 새신자 교육의 세 번째 과정은 '일대일 제자양육'이다. 하용조 목사는 온누리교회가 교세로는 그 규모가 크지만, 그 기본은 한 사람, 한 사람으로 구성된 것이며, 성도 간 깊이 맺어진 일대일의 관계가 기초를 이루고 있다고 했다. 이러한 교회 구조는 교회가 아무리 커도 한 사람의 성도로부터 출발한다는 그의 목회철학에 근거한 것이다. 여기에서 나온 것이 일대일 제자양육이다.

이러한 이치는 국가의 구성에도 적용될 수 있다. 국가 구성의 최소 단위는 국민 한 사람, 즉 개인이다. 아무리 큰 국가도 한 사람의 국민이 그 기초를 이룬다. 국민 한 사람과 한 사람, 일대일의 관계가 잘 짜인 나라가 힘이 있다. 그것이 국력이다. 아무리 국민의 수가 많아도 이웃과 이웃, 일대일의 관계가 인격적으로 결속되어 있지 못하다면 그 국가는 분열될 수밖에 없으며 미래가 없다. 가정도 마찬가지고, 직장도 마찬가지다.

영적 공동체인 교회야말로 일대일의 관계가 더없이 중요하다. 머리 되신 예수님의 몸으로서의 교회는 지체와 지체 간에 아름다운 코이노니아가 이루어져야 건강하게 성장하며 합력해서 선을 이룬다. 하용조 목사가 새신자 양육의 다음 단계로 일대일 제자양육을 중시한 것도 이러한 영적 원리에 의한 것이라 하겠다. 그는 "우리 교회가 크지만 서로 분열되지 않고 친밀하고도 역동적으로 움직일 수 있는 힘"이 일대일 제자양육에서 나온다고 강조하고 있다.[21]

일대일 제자양육은 한 그리스도인이 한 사람에게 그리스도를 전하고, 그를 그리스도 안에서 성장하도록 돕는 제자양육 방법이다. 하용조 목사가 일대일 제자양육을 택한 것은 사도행전적 교회 실현을 위한 그의 목회철학의 비전에 의한 것이다.

우리는 앞에서 원론적으로 언급한 일대일 제자양육, 일대일 전도 방법의 단서를 사도행전에 기록된 초대교회에서 찾을 수 있다. 사도행전 2장 42절 이하를 보면, 베드로의 설교를 듣고 예수님을 영접한 예루살렘교회 성도들은 계속해서 한자리에 모여 사도의 가르침을 받고 서로 교제하며 친교와 기도에 힘썼다. 그리고 날마다 마음을 같이해서 성전에 모이기를 힘쓰고, 집에서 떡을 떼며 밥상 공동체를 만들어 갔다. 이런 초대교회의 영적 분위기 속에서 사도의 가르침을 받은 성도들이 날마다 더해져, 교회 모임에 찾아오는 새신자들을 사랑으로 영접해 사도로부터 배운 복음을 함께 나누었음을 짐작하는 것은 결코 무리하지 않다. 그들이 한자리에 모여 교제하고 친교하면서 나누는 대화가 무엇이었겠는가? 세상 돌아가는 이야기나 세속적인 대화로 시간을 보냈다면 기쁨과 순전한 마음을 나눌 수 없었을 것이다. 그들의 기쁨은 길과 진리와 생명 되신 예수님을 만난 기쁨이었음이 분명하다. 이것을 함께 나누며, 먼저 주님을 영접한 성도는 이제 막 주님을 영접한 새신자에게 개인적으로 성경을 가르치며 자신이 만난 주님을 소개했을 것이다.

이것이 사도행전이 우리에게 보여 주는 예루살렘교회 일대일 제자

양육의 원형이다. 유대교를 특심하게 믿던 사울이 변해서 바울이 된 것은 다메섹 도상에서 예수님을 만난 충격적인 사건 때문이다. 그런데 그가 처음에는 초대교회로부터 환영을 받지 못했다. 하지만 막 입교한 그를 개인적으로 도와준 바나바가 있었기에 마침내 교회 공동체의 일원이 될 수 있었으며(행 9:27), 초대교회의 사도로 세움을 받아 위대한 복음 전도자의 길을 순교하기까지 걸어가게 된 것이다. 사도 바울의 일대일 제자양육이 한 사람 디모데를 만들었으며(딤전 1:1-2; 딤후 2:1-2), 옥중에서 일대일 제자양육으로 도망자 오네시모를 변화시켰다(몬 1:8-12).

4. 제자도 과정

하용조 목사가 가르치는 새신자 양육의 네 번째 과정은 제자도(discipleship)다. 제자도란 예수 그리스도의 제자로서 성도가 추구해야 할 가치와 삶의 자세에 대해 배우는 것을 말한다. 이 제자도는 프로그램을 가지고 이론적으로 가르치기보다는 생활 속에서 실천을 가르치는 것이다. 그래서 그는 "제자도는 프로그램이 아니라 삶이다"라고 강조한다.[22] 새신자가 교회 공동체에 들어가 자신이 소속된 '순'에서 예수 그리스도의 가르침을 삶에 실천하도록 도와주는 것이 제자도 교육이라고 한다. 여기서 말하는 '순'이란 온누리교회를 특징짓는 공동체의 가장 중요한 기초 조직이다.[23]

온누리교회 성도들은 누구든지 한 사람을 만나 6개월 정도의 코스로 신앙의 한 과정을 가르칠 수 있도록 훈련을 받는다. 하용조 목사는 교회 공동체에 있어서 순의 중요성과 순 중심으로 이루어지는 제자도 훈련의 중요성에 대해 "교회는 교파도 제도도 아니다. 교회는 공동체다. 성령 공동체, 예배 공동체, 선교 공동체, 그리스도 공동체, 나눔 공동체가

교회이기 때문에 제자도를 배우는 것은 매우 중요하다"고 강조한다.[24]

5. 전도 훈련 과정

온누리교회는 이렇게 제자양육을 받은 성도에게 실제로 현장에서 전도를 하게 한다. 여기서 말하는 전도 훈련은 노방 전도만을 의미하는 것이 아니라, 직장과 가정 등 삶의 현장에서 전도하는 것을 말한다. 전도는 예수님이 우리에게 분부하신 영광스러운 지상 명령이다. 그러므로 앞에서 배운 여러 과정을 훌륭하게 이수했다 하더라도 전도를 소홀히 한다면 우리는 하나님의 뜻을 저버리는 불순종의 자녀가 되고 만다.

6. 비전과 리더십 과정

이렇게 전도 훈련을 마친 성도들에게는 교회의 비전과 리더십을 심어 준다. 하용조 목사는 온누리교회가 21세기를 리드하는 미래의 교회가 되기 위해서는 성도들에게 비전과 리더십을 심어 주어야 한다고 강조한다. 그는 세상에서도 상류층 자제들은 초등학교 때부터 비전과 리더십 스쿨을 다니고 있는 현실을 지적하면서, 교회는 성도들에게 더욱 분명한 영적 비전을 제시하고 리더십을 가르쳐야 한다고 했다. 그래서 온누리교회는 새신자 양육의 여섯 번째 과정으로 교회의 비전을 제시하고 영적 리더십 교육을 강화하고 있는 것이다.

7. 사역자 파송 과정

온누리교회 새신자 양육의 마지막 과정은 아웃리치(outreach), 즉 사역자 파송이다. 이 과정에서 양육을 받은 성도는 선교사로 가든지 선교사의 삶을 살든지 결정하도록 이끌어 준다. 이 과정은 예수님의 지상 명령을 구체적으로 실천하는 것이다. 선교는 직접적으로 가든지 간접적으로 가든지 해야 한다. 우리가 흔히 말하는 '가든지 보내든지'(Go or Send)가 그것이다. 제자로 양육 받은 사명자의 결론은 직접적으로 '가는 것'이다. 아니면 '보내는 것'이다. 직접 선교지로 갈 수 없는 형편의 사람은 대신 가는 사람을 후원함으로써 함께 가야 한다. 또한 가정과 직장 등 생활의 현장에서 선교사의 사명감으로 선교사의 삶을 살아야 하는 것이다.

이것이 하용조 목사가 일생 온누리교회를 통해 가르치고 실천한 제자 양육의 기본 틀이다. 그는 조금 앞뒤가 바뀔 수도 있지만 교회가 이런 양육의 틀을 가지고 교육하는 것이 중요하다고 강조한다. 한 사람이 이런 틀을 가지고 양육을 받는 데 적어도 5년에서 7년이 걸린다고 한다. 모든 것을 몸에 익히고 제대로 교육받기 위해서는 그만큼의 기간이 필요하다는 것이다. 하지만 한 사람의 평신도가 이 정도 훈련을 받으면 다른 사람을 가르치고 돕는 데 효과적으로 쓰임 받게 될 것이라고 한다.[25]

"로마는 하루아침에 이루어지지 않았다"는 격언처럼, 온누리교회의 오늘의 부흥과 성장도 하루아침에 이루어지지 않았음을 하용조 목사는 생전에 이렇게 말한 바 있다.[26]

나는 온누리교회를 개척한 초기부터 7년이 되면 우리 교회를 떠나 남을 섬기고 가르칠 것을 늘 강조해 왔다. 7년이 되면 떠나야 한다[27]는 말에 부담을 느끼고 실제로 잘되는 병원을 내버려 두고, 제주도로 중국으로 떠난 평신도 의사들이 많았다. 우리가 배우는 것은 나의 지식을 자랑하기 위해서가 아니라 땅 끝까지 이르러 제자를 삼기 위해서임을 잊지 말아야 한다. 그래서 우리 교회의 양육 표어는 늘 "배우든지 가르치든지", "떠나든지 보내든지"이다.

공동체 교육의 기초 '순 모임'과 '일대일 제자양육'

• • •

하용조 목사가 온누리교회에서 가장 중요하고 기본 되는 공동체 조직으로 활용한 것이 '순'이다. 여기서 '순'은 순수한 우리말인데, 한자로는 순(筍)으로 표기하기도 하며 영어로는 sprout, shoot, bud라고 한다. 문자적으로는 줄기가 될 작은 싹을 뜻하는데, 성경적으로는 예수님을 상징한다. 이사야 선지자가 인류의 죄를 사하기 위해 이 땅에 오실 메시아를 예언하면서 "그는 주 앞에서 자라나기를 연한 순 같고 마른 땅에서 나온 뿌리 같아서 고운 모양도 없고 풍채도 없은즉 우리가 보기에 흠모할 만한 아름다운 것이 없도다"(사 53:2)라고 노래했다. 여기서 '연한 순'은 예수님을 가리킨다. 연한 순처럼 온유하고 겸손한 주님이시다. 순은 생명이다. 순은 자라고 멀리 뻗어 나간다. 이는 구원의 확장을 의미한다. 메마른 아론의 지팡이에 움이 돋고 순이 나듯이(민 17:8), 죄로 죽은 우리의 영혼이 예수 그리스도를 믿음으로 말미암아 구원의 은혜를 누리고(엡 2:5), 새 생명을 얻는다(요 5:24; 롬 6:4).

하용조 목사가 순 모임을 온누리교회의 가장 기본적인 양육 체계로 삼은 것은 그가 CCC에서 7년간 사역하면서 터득한 것이다.[28] 온누리교회는 1985년 10월 6일 창립되기 전부터 '순 모임'을 통해 교회를 준비했으며, 지금도 순은 온누리교회의 기초를 이루고 있다.

하용조 목사는 교회 개척 초기부터 일대일 제자양육을 강조했다.[29] 그는 일대일 제자양육은 '가르치는 것'이 아니라 '낳는 것'이라는 양육 철학을 가지고 있었다. 즉 양육자가 성경과 정보를 가르치는 선생이 아니라 은혜와 감동, 영적 유산을 나누는 부모가 되어야 한다는 것이다. 일대일 제자양육은 온누리교회를 영적으로 하나로 묶는 큰 힘이 되었다. 1986년에는 일대일 제자양육 지도자반이 시작되었고, 2009년까지 3만 명이 동반자 과정을, 1만 명이 양육자 과정을 마쳤다. 이 과정은 2011년 하용조 목사 소천 이후 현재에 이르기까지 이재훈 담임 목사에 의해 발전적으로 진행되고 있다.

온누리교회의 핵심 양육 체계인 일대일 제자양육은 타 교회에서도 활용함으로써 교회의 내적 성숙과 부흥에 기여하고 있다. 온누리교회 일대일 사역 팀은 타 교회를 지원하기 위해 5회 이상 양육 경험이 있는 양육자를 선별해서 2005년 4월 '일대일 벤처 팀'을 구성했다. 벤처 팀은 국내외 28개 교회에 438명을 파송해서 일대일 제자양육을 도왔다. 특히 일대일 제자양육은 몽골과 페루 등 해외에서 현지어로 교재를 발행해 사용하는 등 해외 선교사들의 유용한 선교 도구로 활용되고 있다. 이처럼 평신도가 주역인 큐티와 일대일 제자양육은 한국을 넘어 세계로 확산되고 있으며, 평신도 사역자들이 이 일을 위해 헌신하고 있다.

온누리교회가 중시하는 차세대 교육과 교사 교육

• • •

"국가의 미래는 청소년들의 교육에 달려 있다"는 아리스토텔레스(Aristoteles)의 경구처럼, 한 가정의 미래도 자녀들의 교육에 달려 있다.

교회도 마찬가지다. 아니, 인류 구원을 위해 이 땅에 그리스도의 보혈로 세워진 교회의 미래는 더더욱 다음 세대 교육에 달려 있다고 할 것이다. 그러므로 교회는 다음 세대 교육에 온 힘을 기울여야 한다.

영적으로 어두웠던 한반도에 복음을 가지고 온 선교사들이 교회를 세우고 주일학교(교회학교)를 운영한 것은 다음 세대 교육을 위한 것이었다. 복음 전파의 선조들은 여기에 멈추지 않고 지역마다 미션스쿨을 세워 교회와 국가의 장래를 위해 서구 신교육에 힘을 기울여 오늘의 부흥된 한국 교회와 선진 대한민국의 기초를 다졌다. 이렇게 볼 때, 다음 세대를 위한 교회 교육은 아무리 강조해도 지나치지 않다.

온누리교회도 하용조 담임 목사의 목회 방침에 따라 1985년 창립 때부터 주일학교 학생들의 신앙 교육을 위해 온 힘을 쏟았다. 교회는 일대일 제자양육과 큐티 등 다양한 성인 교육과 함께 다음 세대를 위한 교사 교육에 집중했다. 그중에서 훈련 과정이 가장 길었던 것은 교사 교육이었다고 한다.[30] 그만큼 교회가 다음 세대 교육의 기초를 중시했다는 증거다.

교회 창립 3년 만인 1988년에 문을 연 교사대학은 매주 토요일, 교사들에게 주일날 가르칠 내용을 철저히 숙지시켜 어린이들을 효과적으로 지도하게 했다. 아무리 가르치는 잠재력과 능력을 갖춘 교사라 하더라도 다음 세대 교육에 대한 투철한 사명감이 결여되어 있거나 교육 방법을 모른다면 훌륭한 교사가 될 수 없기 때문이다. 1989년 9월에 시작된 제2기 교사대학부터는 매주 화요일, 14주 과정으로 개편되었으며, 교육 프로그램을 한 단계 업그레이드했다.

참고로, 온누리교회 교사 교육의 주요 커리큘럼을 살펴보면 다음과 같다.[31]

교회의 교육적 사명, 성서(구약), 성서(신약), 신학(신론, 그리스도론), 교사론, 예배와 설교, 학습 지도, 학생 이해, 기독교 윤리, 교회학교 음악 지도, 레크리에이션 지도, 시청각 교육, 교회학교 행정.

하용조 목사는 위의 교사가 이수할 교과목이 평신도 사역자의 자질을 갖추는 데도 반드시 필요하다는 판단에 따라 온누리교회 주일학교의 근간이 되는 성서, 신학, 윤리, 교육법 등을 강화해 1991년 3월의 제6기 교사대학부터는 3주를 더 늘려 17주 과정으로 개편하게 되었다.

하용조 목사는 1992년 3월에 개강된 제8기 교사대학부터는 학점제를 도입하기에 이른다. 그만큼 교사의 수준을 높이고 교육의 중요성을 교사들뿐만 아니라 성도들에게도 각인시키기 위함이었다. 16주 과정으로 개강된 제8기 교사대학은 공개 강의를 제외한 모든 과목에 각각 2학점을 부여해 수강생들이 정해진 학점을 이수해야만 수료할 수 있도록 했다.

온누리교회는 교회학교의 명칭을 1997년 '꿈이 자라는 땅'으로 바꾸고 어린이를 위한 첫 열린예배를 드렸다. 어린이 열린예배는 성인 예배와는 다른 역할을 할 사역자들이 필요했는데, 이 사역자들을 위한 훈련 과정이 개설되었다. 1998년부터는 교사대학이라는 통합 훈련 과정 대신 다양한 프로그램들이 생겼다. 이처럼 다양한 프로그램의 채택은 1996년 윌로우크릭교회의 교회학교 운영을 참고한 것이라고 한다. 윌로우크릭교회는 적용과 관계성, 창조성, 흥미 등의 새로운 시선으로 교회학교를 운영하는 것으로 알려지고 있다. 중고등부도 '파워웨이브'(power wave)로 명칭을 바꾸고 학생들에게 보다 창조적인 교육을 적용해 나갔다.

이처럼 온누리교회는 비전 있는 차세대 영적 리더를 양육한다는 사명감으로 교사 교육의 수준을 부단히 향상시켜 나갔다. 이러한 노력은 온누리교회라는 개교회의 영역을 넘어서 한국 교회 전체의 교회학교 발전에 영향을 끼치기 시작했다. 온누리교회는 1999년 7월, 서빙고 온누리교회와 양재 횃불회관에서 양재 온누리교회의 첫 예배를 드리기 시작하면서 차세대 예배 인원도 급속도로 늘어나게 된다.[32] 이러한 변화는 단순한 교세의 확장을 위한 것이 아니라, 온누리교회가 실천하는 차세대 교육을 보다 많은 청소년들이 받도록 하자는 하용조 목사의 깊은 교육 철학에 의한 것이었다.

이처럼 하용조 목사의 목회는 어느 한 곳에 치우침이 없이 교회의 모든 영역을 골고루 중요하게 생각하며 최선의 노력을 기울이는 것으로 특징지을 수 있을 것 같다. 흔히 하는 말로 '하나라도 잘하면 된다'는 논리가 그의 성격과 영적 기질에는 용납이 되지 않았던 것 같다. 그는 생전에 목회 전반에 자신을 던지고, 가히 목숨을 걸고 일하는 스타일이었다. 설교에도 "목숨을 건다"고 했으며, 선교에도 "목숨을 건다"고 고백했다. 앞에서 살펴보았듯이, 다음 세대를 위한 교회 교육에도 그는 목숨을 걸고 있었던 것이다. 주어진 사역에 그토록 목숨을 걸듯이 혼신을 다했으니 육신이 성할 리 없었다.

이러한 그의 노력으로 국내외에 온누리교회 비전교회가 늘어나면서 차세대 교육의 핵심 가치를 공유할 필요성이 커져 갔다. 이에 2000년대에 접어들면서 온누리교회의 차세대 교육은 서빙고 온누리교회를 차세대 본부로 해서 비전교회와 차세대 사역 매트릭스를 시작했다. 여기서 매트릭스(matrix)란 차세대 교육을 종횡으로 확산시켜 나간다는 뜻이다. 마치 숫자나 기호 등이 가로와 세로로 나열된 행렬처럼 결합과 배분 그리고 덧셈과 뺄셈, 곱셈의 연산이 이루어진다는 것이다. 온 누리교회는 차세대 교육의 방법론을 한국 교회에 널리 확산하고 공유하기 위해 이처럼 노력을 시작하게 된 것이다.

세대별 눈높이에 맞춘 온누리교회의 차세대 교육

• • •

온누리교회의 차세대 교육은 2007년에 새롭게 변화되었다. 그것은 연령별 맞춤 양육을 위해 기존 꿈땅(꿈이자라는땅)[33] 영역에서 영·유아·유치부 어린이들을 위한 예꿈(예수님의꿈아이)[34] 영역을 분리해 새롭게 출범하면서 영역별로 주일학교 교재를 사용하기 시작한 것이다.[35]

예꿈 영역은 〈예꿈-예수님의 꿈이야기〉, 꿈땅은 〈신나는 나라〉, 파워웨이브는 〈새벽나라〉 교재를 이용해서 매일 말씀을 먹고 마시는 초대교회의 믿음을 가진 차세대를 길러 내고 있다. 여기서 예꿈은 교회학교의 가장 어린 세대인 영아와 유아 및 유치부 어린이들을 가르치는 영역이며, 꿈땅은 초등부 어린이를 가르치는 영역이다. 그리고 파워웨이브는 중고등부 학생들을 가르치는 영역이다.

이는 하용조 목사가 목회자의 설교와 평신도들의 말씀 묵상을 위해 우리나라에 사실상 처음 도입한 큐티를 한국 교회의 차세대인 우리의 자녀들에게까지 가르치는 특단의 조치라고 할 것이다. 우리의 자녀들이 어린 시절부터 말씀을 묵상하고, 그 묵상과 기도를 통해 말씀을 깨닫고 그것을 자신의 삶에 적용하며 친구들과 나누는 지혜로운 하나님의 자녀로 성장한다면, 한국 교회뿐만 아니라 우리나라의 미래도 달라질 것이다.

영역별 주요 사역으로, 예꿈은 전국 여름 성경학교 교사 강습회인 '어드벤처'와 성경 암송 학교 '샤이닝키즈' 등의 프로그램을 매년 실시하고, 꿈땅은 어린이 성령 집회인 '키즈벤처'와 어린이 JDS[36] '세품아'[37]등을, 파워웨이브는 역동적인 찬양 '파워스테이션 워십'과 청소년 JDS인 'YDS'[38] 등을 진행하고 있다.

아울러 차세대 교육을 위해 뮤지컬 등 문화 프로그램을 진행하고 있는데, 영역별로는 예꿈의 '뮤지컬', 꿈땅의 '파워키즈', 파워웨이브의 '파워스테이션' 등 역동적인 찬양 사역 팀이 차세대로 하여금 예수님 찬양을 생활화하도록 돕고 있다.[39] 또한 청소년들은 매년 겨울 방학에 진행하는 '패션(Passion) 집회'를 통해 '하나님에게 쓰임 받는 청소년이 되겠다'는 거룩한 비전 선포식을 갖고 자신의 삶을 온전히 주님에게 헌신할 것을 다짐하고 있다.

한편, 온누리교회는 부모를 통해 청소년들을 변화시킨다는 목표로 'INTO' 사역도 활발하게 진행하고 있다.[40] '-에서 -로 들어가다'라는 의미의 INTO는 '전 세계 청소년들에게 예수 그리스도가 삶의 목적이 되게 하여 그들을 통해 이 세상의 7개 영역(교육·경제금융·종교·미디어·가정·정부·예술)을 정복하고 다스리게 한다'는 비전을 세우고 부모들이 변화되기 위해 교육을 받는 것을 목적으로 하고 있다. 부모들을 위한 INTO 프로그램은 '어둠에서 빛으로, 나는 누구인가, 정욕과 두려움으로부터의 해방, 거짓된 가치관, 영적 전쟁, 올바른 가치관, 비전과 은사' 등이다.

차세대들을 지도하는 교사들을 먼저 변화시킬 목적으로 탄생한 Green 사역은 부모와 교사 그리고 차세대를 변화시키는 중심축으로 자리 잡았으며, INTO 부모교실과 함께 INTO 청소년 훈련학교, INTO 대학·유학생 훈련학교, INTO 청년·직장인 훈련학교 등을 국내외에서 진행하고 있다.

새천년에 설립한 평신도 교육을 위한 예수제자학교
● ● ●

하용조 목사는 새천년이 시작되는 2000년도를 준비하면서 새로운 희망과 함께 적잖은 위기감을 느끼고 있었다. 교회 개척 15년 만에 성령의 역사로 급속한 부흥을 주신 축복에 감사하면서도 한편으로는 이 부흥을 어떻게 감당해야 할지, 몰려오는 성도들을 어떻게 그리스도의 좋은 군사로 무장시켜야 할지 고민하지 않을 수 없었다. 대체로 교회가 부흥하면 증가하는 성도 수에 비해 헌신하는 리더가 상대적으로 부족한 현상에 직면하게 된다.

그는 온누리교회의 비전과 사명을 성도들에게 심어 주면서 그들을 성실히 섬기며 지도할 수 있는 사역자 양육이 시급하다는 절박감을 느껴, 이 문제를 두고 집중 기도하기 시작했다. 이에 온누리교회가 양육과 내적 치유 등 그동안 축적한 수많은 프로그램들을 체계화해서 평신도 지도자들을 양성하는 학교를 설립하기로 결심했다. 그래서 탄생한 것이 1999년 문을 연 예수제자학교(Jesus Disciples School, JDS)다.[41]

예수제자학교는 선교 단체의 훈련 프로그램인 예수전도단의 DTS (Discipleship Training School)의 장점을 살리는 동시에 온누리교회의 모든 프로그램을 집약해서 교회에 맞는 제자 훈련 프로그램으로 재창조했다는 데 중요한 의미가 있다. 예수제자학교는 성도 개개인이 가정과 직장, 교회라는 삶의 전 영역에서 '영적 제사장, 세상을 변화시키는 변혁자, 거룩한 리더'로 재헌신하도록 훈련받는 것을 목표로 삼고 있다.

이를 위해 먼저 하나님과의 관계 회복을 통해 십자가에서 참된 자아를 발견하고, 성령의 인도하심에 따라 삶을 견고하게 하는 데 주력한다.

1999년 2월 25일 시작된 제1기 예수제자학교에는 136명이 지원했으며, 10월 21일까지 강도 높은 훈련 과정을 통과한 121명이 수료증을 받았다. 제2기는 2000년 2월 24일부터 10월 29일까지 훈련이 진행되었는데, 교육 내용은 '하나님의 마음을 따라(하나님의 음성을 듣는 법, 하나님과 동행하는 삶), 말씀에 붙잡혀(묵상하는 법, 중보 기도하는 삶), 십자가 위에서(쓴 뿌리 치우기, 찬양하며 예배하는 삶), 세상 속에서 능력 있는 삶(그리스도인의 생활)' 등이다.

2001년부터는 직장인과 학생 등 시간적 제약이 있는 신자들을 위한 예수제자학교 저녁반이 신설되었다. 저녁반은 여성 위주의 주간반과 달리 남성이 많이 참여해서 훈련이 진행되었다. 2004년에 이르러서는 양재 온누리교회와 수원 온누리교회에 새로운 반을 개설해서 훈련의 기회와 지경을 넓혔으며, 2005년에는 온누리교회의 핵심적인 양육 프로그램으로 뿌리를 내리게 되었다. 특히 하용조 목사는 "예수제자학교는 모든 프로그램이 총화를 이룬 검증된 제자훈련"이라면서 "2005년부터는 장로, 권사, 안수집사 등 교회 리더십들의 필수 훈련코스로 정착되기를 바란다"고 예수제자학교 교육의 중요성을 강조했다.[42]

2006년부터는 '한가족모임'을 하고 있는데, 매년 1회 아웃리치 보고회를 겸한 이 모임은 온누리교회 각 캠퍼스별로(부천, 수원, 대전, 남양주, 평택, 인천, 강동, 양지) 팀들이 받은 은혜와 간증을 나누며 예수님의 제자 된 삶을 재 결단하는 자리가 되고 있다. 2010년부터는 각 캠퍼스별로 예수제자학교를 수료한 장로들이 세워져, 이들을 주축으로 한 학교별 중보 기도 모임이 진행되고 있다.

이처럼 새천년을 준비하면서 1999년에 시작된 예수제자학교는 10년이 지난 2010년에 이르러서 입학보다 졸업이 힘든 철저한 교육으로 정평이 나기 시작했다. 이때가 하용조 목사 소천 1년 전이었으니 극심한 육신의 질고 속에서도 차세대를 예수 그리스도의 훌륭한 제자로 양육하기 위해 그가 얼마나 혼신의 힘을 쏟았는지 숙연할 뿐이다. 수강생들은 매일 과제와 큐티, 성경 암송, 강의 내용을 요약한 리포트 제출, 나눔 등 타이트한 프로그램을 체계적으로 소화해야 했다. 매년 여름에는 국내와 일본, 중국, 인도, 이스라엘 등 20여 나라로 아웃리치를 떠나 예수 그리스도의 복음과 사랑을 전하고 있다. 예수제자학교는 연륜이 깊어 갈수록 이 과정을 졸업한 평신도들이 간사로 봉사하게 되고, 6회 이상 결석자들은 졸업할 수 없는 등 엄격한 학사 관리로 더욱 정평이 나서 다른 교회에도 영향을 끼치게 되었다.

예수제자학교 프로그램의 특징은 하나님과의 관계, 자신과 타인과의 관계, 세상과의 관계, 교회와의 관계 등 관계 회복을 중시하고 있다는 점이다. 이런 특징을 가진 온누리교회의 예수제자학교 프로그램은 학생들을 복음 전파의 사명감에 투철한 예수의 제자로 길러 내고 있다. 한 예로, 애찬식을 할 경우 초대교회와 같이 깊은 형제애로 함께 떡을 떼며 교제를 하는데, 자신에게 필요한 물질이나 아웃리치에 필요한 물품이 애찬식을 통해 채워지는 역사가 일어난다. 서로 짝을 이뤄 중보 기도를 하는 QQ(Quaker Question)[43]도 있다. 짝들은 서로 유아기부터 현재까지 자신의 삶을 공개해 서로의 내면을 이해하고 용납함으로써 영적 건강에 이르는 길을 돕는다. 이 학교를 졸업한 성도들은 회복 사역과 문화 사역, 긍휼 사역, 일대일 사역, 여성 사역, 호스피스, 팀 리더 등 온누리교회에서 그리고 온누리교회가 봉사하는 곳곳에서 솔선하여 사역하고 있다.

남성 대각성 운동과 아버지학교의 출발
• • •

1997년은 온누리교회 성도들이 국가적 경제 위기 속에서 무릎 꿇고 회개하며 대각성 운동을 시작한 해로 기록된다.[44] 그해 12월 3일, 한국 정부는 긴급히 IMF에 구제금융을 요청해야 할 만큼 최악의 경제 위기에 직면해 있었다. 이로 말미암아 온 국민은 엄청난 충격과 실의에 빠지게 되었다. 그런데 이날, 온누리교회는 그동안 하나님 앞에서 범한 민족적인 죄와 교회의 죄를 통회하고 자복하는 대각성 운동을 시작했다.

그해 12월 14일, 하용조 목사는 성도들에게 "이 땅은 6.25 이후 최대의 경제위기를 겪고 있습니다. 광범위하고도 총체적인 회개운동과 도덕적인 재무장으로 예수 그리스도의 옷을 입어야 합니다. 위기는 오히려 기회이므로 이 땅을 새롭게 고치고자 하시는 하나님의 음성에 귀를 기울이는 지혜를 가집시다" 하고 당부했다.[45] 이에 온 성도들이 국가와 민족을 위해 열심히 기도하지 못한 죄를 회개하기 시작했으며, 특히 영적 수면 상태에 빠져 있던 남성들이 크게 뉘우치며 일어났다.

1998년, 새해가 밝자마자 '남성들을 위한 영적 대각성 집회'가 열렸다. 연일 2천 명이 넘는 남성들이 한자리에 모여 철저한 회개로 순결과 성결한 삶을 결단하며 위기에 처한 국가와 교회를 위한 헌신을 서원했다. 1월 5일 첫날 집회에서 이동원 목사(현재 지구촌교회 원로)는 "예수님을 닮자"고 권면하면서 "이 집회가 한국 남성들의 눈물샘이 터지는 출발점이 되기를 원한다"고 촉구했다. 집회 둘째 날에는 홍정길 목사(현재 남서울은혜교회 원로)가 "소망을 담은 언어, 악의 소득까지 미워하는 마음, 바른 말을 들을 수 있는 열린 귀를 가지라"고 당부했다. 마지막 날 하용조 목사는 "남성 운동은 원래 지은바 하나님의 형상으로 돌아가는 것"이라고 전제한 다음 "지금이야말로 하나님께로 돌아가야 할 때"임을 강조하면서 남성 회복 운동의 전도자가 될 것을 권면했다.[46] 이어 '지렁이 같은 너 야곱아'(사 40:14-20)라는 제하의 설교에서 "야곱처럼 하나님을 움켜잡고 가정을 돌보는 아버지, 세상을 변화시키는 남성이 되라"고 촉구했다.[47]

이 대각성 운동은 여기서 끝나지 않고 그해 3월 9일부터는 매월 첫 주 토요일에 '남성 제자리 찾기 모임'을 갖게 되었으며, 가정의 달인 5월에는 '온 가족 한마당', '10대 자녀와 아버지의 만남' 행사를 열고 '삼정운동'(정결, 정직, 정의)을 펼쳤다. 이처럼 남성 회복 운동은 달을 거듭할수록 그 열기를 더하며 널리 영향력이 확대되어 갔다.

앞에서 살펴본 바와 같이, 우리나라가 IMF 구제금융을 받아야 하는 국가적 경제 위기 속에서 먼저 교회가 회개하기 위해 온누리교회에서 전개한 남성 대각성 운동은 가정의 소중함을 지키는 결속 운동으로, 삼정 운동으로 이어지더니 마침내 두란노 '아버지학교'로 발전하게 되었다.[48] 이제는 한국 교회 안에서 보편화된 아버지학교는 이렇게 탄생된 것이다.

이는 아버지들이 제 역할을 성실히 감당해야 교회가 든든히 선다는 평소 하용조 목사의 목회철학에 의한 것으로, 온누리교회는 이미 1995년 10월에 아버지학교 운영 계획을 세운 바 있다. 가장인 아버지가 제 역할을 바로 감당해야 그 가정이 발전하는 것처럼, 교회에서도 아버지들이 바로 서야 한다는 것은 너무나 자명한 영적 이치인 것이다.

더욱이 국가 경제의 침몰과 함께 가정 경제가 무너지는 위기 속에서 직장과 할 일을 잃고 방황하는 이 땅의 수많은 아버지들에게 삶의 진정한 의미와 소망의 빛을 제시하는 것은 무엇보다 급한 일이었다. 이론이 아닌 올바른 신앙관 확립과 이로 인한 모범적인 삶의 실천 운동으로 교회와 가정을 변화시키자는 아버지학교는 1998년 대구 아웃리치를 출발점으로 전국으로 확산되어 갔다.

온누리교회의 아버지학교는 한국 교회 안에서 교파를 초월해 비상한 관심을 나타냈다. 그뿐 아니라 일반 시민과 언론의 반응도 뜨거웠다. 당시 KBS는 〈추적 60분〉을 통해 이 시대 아버지의 문제 해결을 위한 대안으로 온누리교회의 아버지학교를 심층 보도하기도 했다. 이러한 언론의 적극적인 관심은 교회를 초월한 비그리스도인들의 적극적인 참여로 이어져 범사회적인 운동으로 확산되기도 했다. 온누리교회는 아버지 문제로 고민하는 곳은 어디든지 달려가 '성경적인 남성상'을 소개하고 '가정의 목자이자 교회의 지도자로, 사회의 리더로서의 아버지 사명'을 제시하며 이 땅의 아버지들의 각성을 촉구하는 한편, 아버지들에게 용기와 희망을 주었다.

하용조 목사가 IMF 직후 "위기가 곧 기회요, 축복이 될 것"이라고 선포한 대로, 교회는 대각성 회개 운동으로, 사회는 범국민적인 금 모으기 운동으로 절체절명의 위기를 극복하기에 이르렀다. 이 위기와 함께 찾아온 축복의 중심에 이 땅의 그리스도인 남성들이 아버지학교의 훈련을 통해 세상에 빛처럼, 소금처럼 드러난 것이다. '아버지가 살아야 가정이 산다', '아버지가 살아야 교회가 산다', '아버지가 살아야 국가가 산다'는 키워드와 '아버지가 변해야 가정이 변하고 가정이 변해야 사회와 나라가 변한다'는 캐치프레이즈로 시작한 온누리교회 아버지학교는 현재 '두란노 아버지학교'라는 이름으로 계속 그 사명을 감당하고 있다.

아버지학교는 인도와 네팔, 싱가포르, 이스라엘, 남아프리카공화국 등 수많은 나라의 국경을 넘어 진행되었으며, 지금도 아버지들의 회복과 변화 그리고 감동의 이야기가 순처럼 뻗어 가고 있다. 아버지학교의 창안자인 하용조 목사 소천 1년 전인 2010년에는 이 학교가 전 세계 42개국, 228개 도시로 확산되어 총 18만 4,086명이 수료했다.[49] 2021년 1월 6일 현재 이 학교를 수료한 인원은 40만 8,473명에 이르며, 이 숫자는 하루가 다르게 증가하고 있다.[50] 이렇게 볼 때, 하나님이 한 시대에 특별히 사용하신 한 사람으로 말미암아 국가와 교회가 얼마나 큰 변화를 일으키게 되는지를 새삼 깨닫게 된다.

세상을 변화시키는 온누리교회 여성 사역

• • •

한편 하용조 목사는 교회에서의 여성 사역을 대단히 중요하게 생각해, 그들이 효과적으로 사역할 수 있도록 여러 가지 목회적 대안을 마련했다. 이는 그가 꿈꾼 사도행전적 교회를 위한 가장 구체적인 방법이기도 했다. 주지하듯이, 사도행전의 교회가 표면적으로는 남성의 헌신으로 이루어진 것 같으나, 그 이면에는 여성의 숨은 헌신이 아름답게 아로새겨져 있었던 것이다. 초대 예루살렘교회의 처소를 제공한 마가의 어머니 마리아(행 12:12)나, 자신의 집을 개방해서 빌립보교회를 시작하도록 사도 바울을 도운 루디아의 헌신(행 16:40) 등이 그렇다.

온누리교회가 여성 사역을 체계적으로 시작한 것은 1998년 '비전과 리더십' 축제 때 여성 리더십 강좌를 개설하면서부터였다.[51] 당시 예상보다 훨씬 많은 여성도들이 이 강좌에 참여했음에도 불구하고 참석자 대부분이 만족스럽지 못하다는 의견을 내놓았다고 한다. 이에 여성 사역을 담당하고 있던 이종실 목사는 하용조 담임 목사의 구상에 따라 온누리교회 여성 사역을 위한 체계적인 프로그램을 만들게 되었다.

그때가 마침 큐티와 대화의 모임이 일어난 시기였는데, 이 모임에서 하나님의 말씀을 묵상하던 여성들이 내면의 변화와 신앙의 정체성 회복을 경험하고 있었다. 그래서 교회에서는 이 모임을 '마리아 큐티나눔방'이라는 명칭 아래 활성화되도록 지원했다. 이 '큐티나눔방'은 이후 참여가 폭발적으로 늘면서 여성 사역의 기초가 되었다. 중요한 것은, 여성 사역도 다른 사역과 마찬가지로 처음부터 특정한 목표와 시설을 만들어 놓고 진행하기보다는 순간순간 성령님의 인도하심에 따라 하나님의 영적 사인에 민감하게 반응하는 가운데 사역이 구체화되어 갔다는 사실이다. 예를 들어, 교회에서 큐티하는 여성이 늘어나면 '큐티나눔방'으로 묶어 주고, 나눔방에서 깨달은 것을 삶에 적용하고자 하는 요구가 늘어나면 사역을 돕는 '사역자학교'를 개설하는 방식으로 점차 발전시켜 나갔다. 그러다 참여자 중에서 사역자가 되기 위한 기도가 필요해지자 '중보기도학교'를 열고, 나아가 다양한 달란트를 가진 여성들을 발굴하고 훈련하기 위해 '문화센터'를 여는 방식이었다.

그러던 중 1999년이 되면서 온누리교회는 여성 사역에 큰 걸음을 내딛게 된다. 여성 예배가 시작되면서 이 예배가 여성 사역의 구심점이 된 것이다. 또한 여성들을 위한 예수제자학교(JDS)가 처음으로 개설되어 온누리교회 여성들이 교회 사역의 핵심적인 역할을 담당하는 기틀이 되었다. 여성 사역의 꽃을 피운 2002년에는 서빙고 온누리교회와 별개로 양재 온누리교회에서도 여성 사역 팀이 창설되어 예배와 문화 사역 그리고 여성 사역자학교, 큐티나눔방 등 다채로운 여성 사역이 전개되었다. 2005년 이후부터 온누리교회 여성 사역은 전도 집회의 일상화를 시도해 큰 성과를 거두게 된다. 여성 사역은 맞춤전도집회에 힘쓰는 한편, 여성 사역의 골격인 예배와 큐티나눔방, 무릎선교기도모임, 성경일독학교에도 힘을 쏟았다. 하나님의 사랑을 세상에 전하는 긍휼 사역은 2006년 이후 활성화되어, 병원을 찾아가서 '환우와 함께하는 송년음악회'를 열기도 했다. 초대교회의 부흥이 여성도들의 숨은 봉사에 있었듯이, 온누리교회의 조용한 여성 사역은 교회 부흥의 밑거름이 되었다.

'여성 사역'에 대한 하용조 목사와 이형기 사모의 토론
● ● ●

하용조 목사가 여성 사역을 중시한 예는 온누리교회의 역사 속에서 얼마든지 찾아볼 수 있지만, 2005년 5월 24일부터 26일까지 서빙고 온누리교회에서 개최한 '이브에서 마리아로'(eve 2mary) 온누리여성축제[52]를 실례로 살펴볼 필요가 있다고 생각한다.

이 행사에는 주강사로 시카고 엘름브룩교회의 질 브리스코 사모(Jill Briscoe)를 초청했으며, 온누리교회의 이형기 사모가 성경 연구를, 스튜어트 브리스코(Stuart Briscoe) 목사와 하용조 목사가 저녁 집회를 맡았다. 이 외에도 김영애 권사(김영길 전 한동대학교 총장 사모)와 주선애 교수(장로회신학대학교 명예 교수), 이기복 목사(전 한동대학교 교수), 김윤희 교수(현 횃불트리니티신학대학원대학교 총장)가 강의를 맡는 등 다양한 프로그램이 진행되었다.

특히 이 행사에서 이형기 사모가 성경의 주요 인물인 '이브'와 '룻'과 '마리아'를 주제로 강의하는 중, '이브'에 대해서는 하용조 목사와 함께 토론 형식으로 진행해 참석자들의 관심을 집중시켰다. 다음은 〈온누리신문〉에서 요약된 토론 내용을 전재한 것이다.[53]

하나님 보시기에 좋았더라

◇ 하용조 목사: 창세기 2장 2-3절에서 말하는 창조는 'Form', 즉 '형성했다' '디자인했다'는 뜻입니다. 저는 디자인이라는 말을 무척 좋아합니다. 하나님은 기막힌 디자이너이십니다. 천지를 디자인하시고 사람을 디자인하셨습니다. 그분의 최고 걸작품으로 남자와 여자가 탄생했습니다. '창조'와 '안식'은 창세기의 큰 두 기둥입니다.

◇ 이형기 사모: 하나님이 에덴동산에 생명나무와 선악을 알게 하는 나무를 만드실 때는 선한 의도를 가지고 예쁘고 아름답게 만드셨습니다. 우리 자녀들을 보면 얼마나 예쁩니까. 걸어 다니면서 엄마 아빠라고 말을 할 때 참으로 예뻐 무엇이든 해주고 싶은 것처럼 하나님께서도 사랑하는 인간을 위해서 보기에도 아름답고 말랑말랑한 나무를 만드신 겁니다. 그런데 왜 아담과 이브가 선악을 알게 하는 나무를 먼저 따 먹었는지 몰라요. 나중에 하나님께서 그룹들과 두루 도는 불 칼을 두어 생명나무의 길을 지키게 하잖아요. 그때 생명나무를 먼저 따 먹었으면 좋았을 텐데요. 하나님의 명령은 선악을 알게 하는 나무의 열매를 먹지 말라는 것이었습니다.

◇ 하용조 목사: 인간의 존재는 아담만 가지고는 불완전합니다. 반대로 여자만 있어도 안 됩니다. 하나님은 남자도 아니고 여자도 아닌 양성을 다 포함하고 있습니다. 하나님은 심심해서 인간을 만드신 게

아닙니다. 하나님은 인간을 창조하시고 사명을 주셨습니다. 인간은 사명이 없으면 공허하고 외롭고 절망적인 존재입니다. 그러나 사명을 발견하면 보석처럼 빛나고 엄청난 에너지가 생기고 기적과 능력이 나타납니다. 19절에서 사람이 이름을 지었다는 것은 독특한 의미가 있습니다. 이름은 개성을 의미하고 미션, 정체성을 의미합니다.

죄짓는 인간, 구원하시려는 하나님

◇ 이형기 사모: 20절에서 하나님은 아담을 깊이 잠들게 해서 고통 없이 갈빗대 하나를 취하셨습니다. '여자'는 '남자에게서 나왔다'는 뜻입니다.

◇ 하용조 목사: 남자가 1차 가공 존재라면 여자는 2차 가공 존재입니다. 그래서 여자가 남자보다 훨씬 고급스럽습니다. 그래서 사랑 받아야 하고 존중되어야 합니다. 2장 25절을 보면 죄와 부끄러움은 상관관계가 있음을 알 수 있습니다. 아이들을 키울 때 가장 중요하게 생각해야 하는 것이 수치심입니다. 아이들의 본능적 수치심을 부모들이 모를 때가 많고 그래서 실수할 때가 많습니다. 아이들의 수치심을 건드리면 아이들이 비뚤어집니다. 바로 이 수치심은 죄로부터 나온 것입니다.

◇ 이형기 사모: 3장 1절에서 이브가 뱀에게 질문을 받으면서 사탄의 도구가 되는 장면이 나옵니다. 이브는 동산나무 열매를 다 먹을 수 있다고 한 말씀을 약화시켰을 뿐만 아니라 죽을까 하노라며 애매하게 대답합니다. 어쩌면 아담이 2장 17절의 하나님 명령을 잘못 전했을지도 모릅니다. 남편들은 아내에게 그 뜻을 정확하게 전달하는 노력을 해야 합니다.

◇ 하용조 목사: 뱀이 유혹한 대상은 여자였습니다. 어쩌면 여자는 남자에 비해 유혹에 약했는지도 모릅니다. 마귀는 하나님이 없다고 말하지 않습니다. 하나님이 정말 그렇게 이야기했느냐고 의심을 불러일으킵니다(3장 1절). 여자의 어리석음은 동산 실과를 다 먹을 수 있다고 한 하나님의 말씀을 왜곡한 데 있습니다(2절). 만지지 말라는 명령을 덧붙이며 하나님을 잔인한 하나님으로 만들어 버립니다. 그렇습니다. 하나님의 말씀은 더해도 시험에 들고 빼도 시험에 듭니다. 인간의 최대의 유혹은 신이 되려는 욕망입니다(5절). 이것이 마귀의 전략입니다. '너는 하나님과 같이 될 수 있다'는 유혹입니다. 마귀는 여러분에게 오늘도 계속 선악과를 먹이려고 시도합니다. 선악을 알게 하는 나무와 생명나무는 경계선이라고 할 수 있습니다. 낭떠러지가 있다는 사실을 알지 못하면 넘으면 안 되는 선이 구속이겠지만, 사실을 알면 그 선은 은혜가 됩니다. 이것이 하나님 나라의 질서입니다. 생명나무는 먹어야 합니다. 여러분, 바가지 긁어서 변화되는 남편은 하나도 없습니다. 사랑하고 인정해 주고 순종하면 기적 같은 변화가 일어납니다. 자녀도 격려하고 사랑하고 받아들이면 더 망가지는 것 같아도 그 사랑에 감동해 철이 나면 돌아오게 돼 있습니다. 하나님이 우리를 위해 인내하심이 이와 같습니다. 이 원리가 여성 안에 있습니다. 여성들이 이 원리를 깨닫고 생명나무를 먹고 따라 살기 시작하면 기적이 일어납니다.

◇ 이형기 사모: 아담과 이브는 햇빛이 나면 시들어 버리는 무화과나무로 치마를 삼았는데 이것은 일회용 옷입니다. 하나님은 나중에 이들을 불쌍히 여겨 가죽옷을 지어 입히십니다.

◇ 하용조 목사: 죄를 지었을 때 인간은 하나님에게서 도망하려고 하

지만 하나님을 피할 수 있는 길은 없습니다. 두려움도 죄의 특징입니다. 두려움에 사로잡혀 있으면 아무 일도 못합니다. 새벽 1시에 60만 군대가 '어둠아 물러가라'고 소리를 쳐도 어둠은 물러가지 않습니다. 그런데 실낱같은 빛 하나가 들어오면 어둠은 떠나갑니다.

예비하신 생명나무의 은혜

◇ 이형기 사모: 12절에서 아담은 죄의 원인을 이브에게 돌리고 있습니다. '당신이 준 여자 때문에 죄를 범했다'고 하나님께 책임을 전가합니다. 죄는 자신이 지어 놓고 책임은 하나님이 지라는 것입니다. 3장 14절에서 하나님은 뱀에게 살아 있는 동안 흙을 먹을 것이라고 저주합니다. 흙은 사람의 재료이기 때문에 결국 뱀은 사람을 먹는다는 말입니다.

◇ 하용조 목사: 여자의 실수로 말미암아 사탄이 인간의 세계에 들어왔습니다. 마치 뒷문을 열어 준 것과 같습니다. 방에 들어온 독가스 때문에 인류 전체가 죽게 된 것입니다. 그런데 먼 훗날 여자의 몸에서 메시아가 나와서 사탄을 죽입니다. 따라서 여자의 역할이 얼마나 중요한지 모릅니다. 여자가 마음을 잘못 먹으면 모든 것이 깨져 버리지만, 잘만 먹으면 가정은 물론 민족이 구원받는 역사가 일어납니다. 이것이 여자의 역할입니다. 3장 22절에 보듯이 인간은 선뿐만 아니라 악까지도 알게 됐습니다. 여러분, 성숙한 크리스천이 되십시오. 가능하면 여러분이 죄를 의식하지 않을 정도로 자유롭게 살 수 있기를 바랍니다. 악한 습관이 없고, 악을 아는 데 예민한 사람이 아니라 성령으로 충만해 찬송과 기도가 절로 나오는 사람이 됐으면 좋겠습니다. 이런 사람들은 굉장히 지혜로우며 자족하는 마음으로 하

나님이 주시는 복을 누리게 됩니다. 예수님이 바로 생명나무입니다. 이 생명나무로 모든 선악과의 잔재를 토설해 버리길 바랍니다.

참으로 은혜롭고 중요한 토론 형식의 메시지가 아닐 수 없다. 무엇보다 교회를 섬기는 담임 목사와 동역자인 사모가 함께 성도들 앞에서 성경의 중요한 주제를 가지고 토론하는 일은 드문 사례로서, 참으로 아름답고 정겨운 일이라 하겠다. 이처럼 온누리교회는 차세대 양육을 위한 예수제자학교와 함께 여성 사역을 위한 예수제자학교를 개설해 다양한 여성 세미나를 개최하는 등 명실공히 청소년과 여성 평신도 사역자 양육을 위한 한국 교회의 모델이 되었다. 거기다가 남성 대각성 운동으로 교회의 모든 평신도들이 복음과 봉사를 위한 사역자로 쓰임 받으며 전 교인이 사도행전 29장의 기록에 참여하게 되었다.

온누리교회 Acts29에 앞장선 대학부와 청년부

• • •

Acts29 운동에 대학청년이 빠질 수 없다. 아니, 온누리교회 Acts29에는 대학청년이 견인차 역할을 했다. 하용조 목사가 교회 개척 초기부터 대학청년부를 중시해서 집중적인 교육을 시킨 결과였다. 1985년 11월 17일, 유소년부와 중고등부와 함께 탄생한 대학청년부는 큰 부흥을 이루어 이듬해에 대학부와 청년부로 분리되기에 이른다.[54] 대학부는 요한공동체로 토요일에, 청년부는 여호수아공동체로 주일에 예배를 드리게 된 것이다.

초창기에 해당하는 1995년부터 2000년까지 대학부와 청년부는 '경배와찬양'의 보급과 성령 충만한 예배로 한국 교회에 신선한 영향을 끼치는 동시에 폭발적인 부흥을 경험하기 시작했다. 부흥과 함께 대학 청년부 내에 여러 공동체가 만들어졌다. 2000년 1월부터 청년을 위한 집회로 드린 화요성령집회가 2001년부터 전국 화요성령집회 투어로 발전했다. 이때부터 대학부와 청년부는 전국을 순회하며 예배하고 기도하며 받은 은혜를 한국 교회에 나누는 역할을 감당했다. 그뿐 아니라 아웃리치를 통해 국내뿐만 아니라 전 세계를 누비며 복음을 증거하는 첨병 역할을 하기에 이른다. 아울러 장기 선교사 훈련과 단기 선교사 훈련을 통해 대학청년 선교사들이 파송되기 시작했다. 대학청년들이 예배자에서 선교사로 성장한 시기였다.

2005년 5월에는 대학청년이 자체적인 양육 프로그램인 '바이블 아카데미'를 시작하게 된다. 1년 2학기제로 운영되는 바이블 아카데미는 말씀에 대한 끊임없는 훈련과 양육을 통해 세상 속에서 승리하는 청년 그리스도인 리더십을 세우는 대학청년부의 대표적인 양육 프로그램으로 자리 잡고 있다.

도약기라 할 2004년부터 2007년까지는 대학청년부가 맞춤식 문화 전도 집회를 주된 사역으로 한 단계 도약하는 시기였다. 비그리스도인 전도를 주목적으로 하는 문화 전도 집회는 2003년 'Just for You'라는 이름으로 시작됐다. 그 후 2004년 4월, 전도 받은 청년들이 모여 J4U공동체[55]를 탄생시켰는데, 이것이 '양재 청년부'[56]가 성장하는 계기가 되었다. 온누리교회의 대학청년은 이때부터 '세상 속으로'라는 용어를 자주 사용하기 시작했다. 이 용어에 담긴 의미 그대로 대학청년들은 문화 전도 집회뿐만 아니라 소외된 이웃들을 향한 긍휼 사역에도 힘을 기울이게 된다. 그렇게 해서 생겨난 사역이 ODO(One Day Outreach) 같은 봉사다. 이 ODO는 대학청년 전 공동체로 확산되어, 각 공동체마다 섬기는 지역을 선정해 주일예배 후 진행하고 있다.

이처럼 Acts29의 견인차 역할을 하고 있는 대학청년은 2009년 이후에는 국가적 금융 위기와 불황, 청년 실업 등의 어려운 시기를 희망과 사랑으로 극복하기 위해 '희망코리아' 프로젝트를 시작했다. 그 후 지금까지 '나눔이 희망입니다'라는 구호로 연탄 나눔과 생수 나눔, 쪽방 사역, 쉘터 사역, 공부방 사역, 만원의 행복, 외국인 고향 방문 프로젝트, 희망나눔헌금 프로젝트, 희망수련회 등의 여러 사역을 감당하고 있다.

참고로, 온누리교회의 대학부와 청년부의 활동 현황을 2015년 9월을 기준으로 살펴보면, 서빙고 대학부는 '하늘'과 'Pole2' 공동체를 구성하고 있으며, 양재 대학부는 '허브', 수원 대학부는 'Seed', 대전 대학부는 '빌립', 강동 대학부는 '프라미스U' 공동체를 구성해, 여섯 개 공동체에서 매주 4,840명의 대학생들이 모여 예배를 드리며 사역을 감당하고 있다. 또한 서빙고 청년부는 '요셉', 'W', '길', 'SNS', 'CH630' 등 여섯 개의 공동체를 구성하고 있으며, 양재 청년부는 '여호수아', '갈렙', 'J4U' 공동체, 수원 청년부는 'HIS', 대전 청년부는 'O2', 강동 청년부는 '프라미스' 공동체를 구성해, 열한 개 공동체에서 매주 1,417명의 청년들이 모여 예배를 드리며 사역을 감당하고 있다. 현재 대학청년부가 통합되어 있는 남양주는 'J1', 평택은 'Makers', 'Dream', 인천은 'Web' 공동체를 구성하고 있으며, 네 개 공동체에서 매주 386명이 모여 예배를 드리며 사역을 감당하고 있다.[57]

기독교 교육 발전을 위한 협력 사역

• • •

온누리교회는 하용조 목사의 사도행전적 목회 비전에 따라 전주대학교와 전주비전대학교, 건국대학교와 한동대학교 그리고 횃불트리니티 신학대학원대학교 등과 협력 사역을 감당해 왔다. 이는 기독교 교육의 발전을 돕기 위한 교육 사역으로서, 이러한 노력은 자연히 교회의 성장을 가져왔다. 한편 기독교 문서와 문화의 발전을 위해서는 두란노서원과 경배와찬양 그리고 CGNTV 등과 함께 꾸준한 협력 사역을 진행하고 있다. 본 장(章)에서는 기독교 교육 발전을 위한 협력 사역에 대해 살펴보기로 한다.[58] 기독교 문서와 문화 발전을 위한 협력 사역에 대해서는 제10장에서 별도로 살펴보기로 한다.

온누리교회는 기독교 정신을 건학 이념으로 전주대학교를 발전시키기 위해 오랫동안 다양한 협력 사역을 진행했다. 하용조 목사가 1999년 전주대학교 법인 이사장에 취임함에 따라 온누리교회는 캠퍼스 선교에 힘쓰는 한편, 기독교 인재를 양성하기 위해 많은 노력을 기울였다. 하용조 목사 자신이 대학 시절에 CCC를 통해 거듭남의 은혜를 체험했을 뿐 아니라 졸업 후 7년 동안 캠퍼스 복음화의 일선에서 헌신했기에, 그 어떤 목회자보다 학원 복음화의 중요성을 잘 알고 있었다.

2008년 7월 7-8일에는 전주대학교 JJ아트홀에서 두란노가 함께하는 사역 콘퍼런스 '더 웨이브'(The Wave)를 열었다. 두란노 바이블칼리지에서 이뤄지고 있는 사역들을 함께 나누기 위해 열린 이 콘퍼런스는 호남 지역 목회자들과 성도들도 적극 참여한 행사로, 전주대학교에서 공부하는 학생들을 위한 수많은 기도 후원자를 확보하는 계기가 되었다. 2009년 11월 3일에는 온누리교회 대학청년 연합의 '샤우트

(Shout) 2009'를 전주대학교에서 개최했는데, 이를 통해 전북 지역의 열 개 대학 선교 단체의 연합이 이루어지는 결실을 거두게 되었다. 당시 연합체를 이룬 대학 선교 단체는 CCC, CMF, CMI, CSM, DEC, ESF, IVF, JOY, SEC, YWAM 등이었다.

전주대학교는 샤우트 집회뿐만 아니라 계속해서 캠퍼스 복음화와 Acts29를 향한 비전을 품고 지속적인 캠퍼스 부흥 집회와 교수들을 대상으로 한 일대일 제자 훈련을 진행했다. 또한 학생들을 위한 '샤이닝 글로리'가 그 후 해마다 열리고 있다. 2010년 6월 29일에는 전주대학교 JJ아트홀에서 전라북도 지역 교회 목회자 및 리더십들을 위한 2010 말씀과 성령 축제인 '영성과 교회성장'을 개최했다. 2010년 9월 14일에는 TIM · KIBI · BEE Korea · 창조과학회와 산학 협력을 체결했다. 이 협약으로 '대학과 지역 사회 발전에 기여할 수 있는 협력 분야 개발', '정보 교환 및 인력 양성', '분야별 공동 연구', '취업 지원 및 취업 정보 교환' 등을 이루게 되었다.

온누리교회는 전주비전대학교와 2006년부터 협력 사역을 시작했다. 제2 창학 정신으로 기독교 교육의 기반을 다지기 위해 '전문인 선교사 양성반'을 개설한 것이다. 이는 폭넓은 전문 지식과 기술을 갖춘 평신도 전문 선교사를 양성하기 위함이었다. 이 과정을 이수한 평신도 선교사는 국내외에서 복음을 전하는 장기 선교사와 협력하는 동역자로 활동하게 된다. 전문인 선교사 양성반은 '전문인 선교사 과정'으로 명칭을 변경, 기타 모집으로 학생을 선발해서 양성하고 있다.

전주비전대학교는 2006년 11월 29일 두란노해외선교회(TIM)와 선교 협정을 체결함으로써 학생들에게 보다 체계적인 훈련을 시켜 TIM 파송 선교사로 해외에 파송하게 되었다. 2008년에는 국제문화과를 신설하고 경배와찬양 예배예술과정을 모집했다. 예배예술 과정은 예술과 감성의 시대에 현대 문화를 이해하고, 그 문화를 움직이는 가치와 철학을 탐구하고 실제적인 예술 분야를 기능별로 배우는 2년제 전문학사 과정이다. 전주비전대학교는 재적 학생이 2020년 현재 5,145명으로, 기독교 건학 이념에 따라 각 분야의 사역자 양성에 힘을 기울이고 있다.

이처럼 교회 교육과 함께 미션스쿨의 신앙 교육을 중시해 온 하용조 목사는 길지 않은 역사 속에서 기독교 사학의 명문으로 발돋움한 한동대학교에 평소 깊은 관심을 가지고 있었다. 1995년, 사랑·겸손·봉사의 교훈으로 경상북도 포항에 세워진 한동대학교는 짧은 연륜과 지방 변두리라는 입지적 여건을 극복하고 학생들을 지식과 인성 면에서 우리 사회에 꼭 필요한 인재들로 키워 내는 명문으로 평가받고 있다. 이는 기독교 건학 이념을 표방한 설립 정신에 따라 총장과 교직원들이 투철한 선교적 사명감을 가지고 학생들을 지도한 결과였다.

하용조 목사는 이처럼 창조 신앙을 바탕으로 정직과 성실 그리고 온전한 인성을 고루 갖춘 전문 지식인을 길러 내기 위해 세워진 한동대학교 설립 초기에 이사장으로 추대되어 건학의 기초를 놓는 데 크게 기여했으며, 2004년에 다시 이사로 봉사하게 되었다. 2009년 12월에는 온누리복지재단과 한동대학교가 교류협약식을 체결함으로써 글로벌 인재 양성과 함께 지역 사회의 복지를 위해서도 적극적인 봉사에 나서게 되었다. 특히 한동대학교 발전을 위해 초대 총장으로 오랫동안 학교를 이끌어 온 김영길 박사의 리더십과 초대 이사장 하용조 목사의 봉사는 오래 기억될 것이다.

한편 온누리교회는 횃불선교센터에서 설립한 횃불트리니티신학대학원대학교(Torch Trinity Graduate School of Theology)와의 협력 사역을 통해 많은 복음 사역자를 배출, 국내외에 파송하고 있다. 하용조 목사는 2005년 햇불트리니티의 총장으로 추대되어 학교 발전에 크게 기여했다. 특히 그가 총장으로 재임할 당시 한국복음주의신학회 정기학술대회를 유치하는 등 한국 신학의 발전을 위해서도 협력을 아끼지 않았다. 당시 한국복음주의신학회 회장으로 섬긴 필자는 전국 30여 기독신학대학에서 모인 400여 명의 신학자들에게 회의장과 숙소 그리고 따뜻한 식사를 제공하며 교회를 위한 신학의 사명을 협의할 수 있도록 배려해 준 하용조 목사와 온누리교회의 후의를 언제나 잊지 못하고 있다.

하용조 목사는 모교인 건국대학교의 복음화를 위해 2008년 2월 24일 건대 온누리교회를 설립했다. 1999년 9월에는 미국 바이올라대학교 (Biola University) 이사로 추대되어 2002년까지 국경을 넘어 신학 교육 발전에 기여했다. 앞에서 살펴본 바와 같이, 하용조 목사의 교회 교육은 온누리교회의 울타리를 넘어 초교파적인 신학 교육의 발전과 해외 기독교 교육기관의 발전에도 적극 기여했음을 알 수 있다. 그가 온누리교회의 평신도 사역자 양육을 위한 각 기관에 '경배와찬양학교', '사역자학교', '아버지학교', '예수제자학교', '하나님의가정훈련학교', '헌신자훈련학교', '말씀묵상학교', '좋은어머니학교' 등으로 '교회학교'(Church School)의 명칭을 즐겨 사용한 사실에서도 교회 교육을 얼마나 중시했는지 짐작할 수 있을 것이다.

한동대학교의 오늘이 있기까지
: 온누리교회와 하용조 목사의 헌신적 봉사

• • •

한동대학교가 개교 초기의 어려움을 극복하는 과정에서 학교와 김영길 총장을 도운 하용조 목사의 이야기는 그가 기독교 교육을 얼마나 중요하게 생각했는지를 보여 주는 단적인 실례가 될 것 같다.

1995년 3월 신학기를 맞아 문을 연 한동대학교는 건학 초기에 심각한 재정난을 겪고 있었다. 수도권에 위치한 대학도 아니고 이름 그대로 '한국의 동쪽' 변방인 경북 포항시 홍해라는 전형적인 농촌 지역에 세워진 '한동대학교'(韓東大學校)는 캠퍼스 부지를 마련할 때부터 많은 사람이 '이런 골짜기에서 대학 교육이 가능할까?' 하며 회의와 걱정을 했다고 한다. 게다가 재정적으로도 충분한 준비 없이 의욕만 앞서 시작한 탓에 개교를 전후로 엄청난 시련을 겪어야 했다.

이런 상황 속에서 1994년, 김영길 박사는 학교로부터 초대 총장직을 맡아 달라는 제안을 받게 되었다. 당시 김영길 박사는 1979년부터 15년째 카이스트에서 재료공학 교수로 봉직하고 있었다. 뜻밖의 제안을 받은 김영길 박사는 이 문제를 두고 기도하는 한편, 하용조 목사에게 영적인 조언을 구하게 된다. 김영길 박사가 하용조 목사를 처음 만난 것은 영국에서 귀국한 하용조 목사가 온누리교회 개척을 준비하면서 카이스트에서 그리스도인 교수들을 대상으로 바이블 스터디를 할 때였다. 이 성경 공부에서 큰 은혜와 사명을 받게 된 김영길 박사는 이듬해 온누리교회 창립과 함께 하용조 목사를 담임으로 모시게 되었다. 두 사람의 영적 관계가 이처럼 돈독하다 보니 김영길 박사는 인생의 대소사를 하용조 목사에게 나누며 조언을 구하곤 했다.

그런데 당시 김영길 박사 내외에게는 한 가지 중요한 고민이 있었다고 한다. 그것은 하용조 목사의 목회 방침에 따른 것이었다. 그의 목회 방침은 7년간 열심히 신앙 훈련을 받고 교회 봉사를 한 온누리교회 성도들은 선교의 사명을 가지고 "떠나라!"는 것이었다. 하용조 목사는 설교 때마다 기회만 있으면 온누리교회 성도들에게 교회에 안주하지 말고 복음을 들고 떠나라고 도전했다. 순수한 신앙인이었던 김영길 박사로서는 담임 목사가 촉구하는 선교적 사명을 실천하지 못해 늘 고민했는데 한동대학교를 맡아 달라는 제안을 하나님이 주시는 캠퍼스 선교 사명의 기회로 받아들이게 되었다. 하용조 목사 역시 크게 기뻐하며 캠퍼스 복음화의 사명으로 알고 떠나라고 조언했다. 이렇게 1995년부터 2014년까지 19년간 김영길 박사의 긴 한동대 사역이 시작되었다.

그러나 막상 총장으로 취임하고 보니 학교의 재정 상태는 짐작했던 것보다 훨씬 심각했다. 학교를 유지할 경상비조차 당장 대책이 없는 상태였다. 기독교 건학 이념으로 올바른 시대적 인재를 키우겠다는 한동대학교에 기대를 건 그리스도인 학부모들이 사랑하는 자녀들을 보내고 있는 상황에서, 이들을 바로 양육해야 한다는 무거운 책임감에 김영길 총장은 잠을 이루지 못했다. 이러한 학교 형편을 안 하용조 목사는 당회원들과 깊이 기도하고 뜻을 모아 개교에 맞추어 상당한 금액을 지원하는 등 학교 재정이 정상화되기까지 온누리교회는 장기간 힘을 다해 아낌없는 재정 지원을 행했다. 뿐만 아니라 하용조 목사는 재단이사장으로 추대되어 일선에서 학교를 돕기도 했다. 오늘날 한동대학교가 기독교 사학의 명문이 되기까지 온누리교회가 힘에 겹도록 기도와 물질의 후원을 할 수 있었던 것은 하용조 목사가 평소 성도들의 양육에 혼신의 힘을 다함으로써 온 성도들이 기독교 교육의 중요성을 깨닫고 있었기 때문이다. 앞에서 이미 살펴본 바와 같이, 온누리교회는 하용조 목사의 기독교 교육에 대한 분명한 비전에 따라 여러 대학과 협력 사역에 힘써 왔으며, 그 구체적인 실천 모델이 바로 한동대학교였던 것이다.

하용조 목사는 평소 한동대학교의 미래에 대해 확신을 가지고 있었다고 한다. 김영길 총장의 내조자로 평생 남편의 교육 선교를 수발한 김영애 권사는 이렇게 말했다. "하용조 목사님은 한동대학교의 미래에 대한 분명한 비전을 가지고 계셨습니다. 그것은 사랑하고 신뢰하는 김 장로가 학교를 맡았기 때문이 아니라, 사도행전의 교회를 꿈꾸신 목사님은 초기 선교사님들이 세운 미션스쿨이 이 땅을 변화시킨 것처럼 그러한 기독교 학교가 이 시대에 꼭 필요한데, 그 학교로 한동대학교를 지목한 것이지요." 김영애 권사는 하용조 목사의 믿음대로 한동대학교가 초기의 어려움을 극복하고 26년이라는 짧은 역사 속에 오늘날 국내외 기관과 기업, 그리고 사회 각계각층이 '한동인'(韓東人)이라면 보증수표처럼 믿고 환영하는 세계적인 명문이 된 것이라고 감격했다.

여리고 도상에서 강도 만난 이웃을 끝까지 도운 사마리아인처럼 어려울 때 진정한 친구를 알 수 있듯이, 하용조 목사는 김영길 장로가 한동대학교의 무거운 짐을 지고 혼신을 다하던 중 2001년 무고히 영어(囹圄)의 몸이 되었을 때도 끝까지 '온누리교회 양 떼'를 보호하는 목자의 모습으로 김영길 총장의 고난에 동참했다. 이처럼 하용조 목사가 진정 예수님을 닮은 목회자였기에 온누리교회 당회원들과 온 성도들도 한 대학이 정금과 같이 나오기까지 담임 목사와 한마음, 한뜻이 되었던 것이다. 그 보람의 결실은 그해 5월 15일 스승의 날 거두었다. 한동대학교 재학생 1,800여 명이 29대의 버스를 나누어 타고 경주교도소를 찾아가 "스승의 은혜는 하늘같아서 우러러 볼수록 높아만 지네. 참되거라 바르거라 가르쳐 주신 스승은 마음의 어버이시라"라고 눈물로 노래하며 스승의 무고함에 존경과 신뢰를 보낸 사건은 당시 온 국민의 심금을 울렸다. 이후 김영길 총장은 무죄로 석방되는 은혜를 체험하게 되었다. 이처럼 한 목회자의 흔들림 없는 믿음과 성도를 향한 변함없는 사랑속에서 캠퍼스 복음화의 사명으로 훌륭한 기독교 인재 양성에 혼신을 다한 김영길 총장과 한동대학교의 감동 스토리는 우리 시대의 많은 목회자들에게 큰 도전이 되리라 믿는다.

1. 하용조,《사도행전적 교회를 꿈꾼다》, p. 236.
2. 위의 책, pp. 237-238.
3. 위의 책, p. 238.
4. 위의 책, p. 239.
5. 위의 책, p. 239.
6. 토마스 그룸, 김도일 역,《생명을 위한 교육》(서울: 한국장로교출판사, 2001), p. 227.
7. 존 칼빈, 원광연 역,《기독교강요(하)》, p. 10.
8. 하용조,《사도행전적 교회를 꿈꾼다》, p. 240.
9. 존 칼빈, 원광연 역,《기독교강요(하)》, p. 15.
10. 하용조,《사도행전적 교회를 꿈꾼다》, p. 240.
11. 위의 책, p. 241.
12. 위의 책, pp. 241-242.
13. 위의 책, pp. 242-243.
14. 위의 책, p. 243.
15. 위의 책, p. 244.
16. 위의 책, p. 249.
17. 온누리교회 편,《온누리교회 25년》, pp. 29-30.
18. 위의 책, p. 250.
19. 온누리교회 편,《온누리행전 30년》, p. 135.
20. 1985년 5월, <빛과 소금>이 창간된 그 다음 달부터 부록인 <생명의 양식>으로 시작된 <생명의 삶>은 1987년 11월에 정식 창간된 큐티를 통한 성경 공부 전문 잡지로, 한국 교회 성도들의 필독 정기 간행물로 자리 잡고 있다.
21. 하용조,《사도행전적 교회를 꿈꾼다》, p. 251.
22. 위의 책, p. 252.
23. 온누리교회 편,《온누리교회 25년》, p. 145.
24. 하용조,《사도행전적 교회를 꿈꾼다》, pp. 252-253.
25. 위의 책, p. 254.
26. 위의 책, pp. 254-255.
27. 온누리교회 편,《온누리교회 25년》, p. 149.
28. 온누리교회 편,《온누리행전 30년》, p. 152.
29. 온누리교회 편,《온누리교회 25년》, p. 151.
30. 위의 책, p. 160.
31. 위의 책, pp. 161-162.
32. 위의 책, p. 162.
33. '꿈땅'은 '꿈이 자라는 땅'을 축약한 용어로, 다음 세대에게 비전을 심어 주는 교회와 그들이

나아갈 미래의 꿈을 의미한다.

34. '예꿈'은 '예수님의꿈아이'를 축약한 용어로, 다음 세대를 예수님의 사람으로 양육하는 교육의 사명과 예수님을 닮은 사람으로 자라나는 자녀들의 소망이 담겨져 있다.
35. 온누리교회 편,《온누리교회 25년》, p. 162.
36. JDS는 Jesus Disciples School(예수제자학교)의 약자다.
37. '세품아'는 '세상을 품은 아이들'의 약어다.
38. YDS는 Young Disciples School(청소년 제자학교)의 약자다.
39. 온누리교회 편,《온누리교회 25년》, p. 163.
40. 위의 책, p. 163.
41. 위의 책, p. 168.
42. 위의 책, p. 169.
43. Quaker Question 훈련의 목적은 공동체 안에서 한 사람이 자신의 일을 다른 한 사람과 서로 대화하고 나눔으로써 신뢰를 쌓아 가는 것이다.
44. 온누리교회 편,《온누리교회 25년》, p. 165.
45. 위의 책, p. 165.
46. 온누리교회, "남성회복운동의 전도사", <온누리신문>(1998. 1. 11.), 9, 14면.
47. 온누리교회 편,《온누리교회 25년》, p. 165.
48. 위의 책, p. 165.
49. 위의 책, p. 167.
50. 두란노아버지학교운동본부 제공(2021. 1. 6.).
51. 온누리교회 편,《온누리교회 25년》, p. 176.
52. 온누리교회, <온누리신문>(2005. 5. 29.), 1면 기사 참조.
53. 위의 신문, 9면 기사 전재.
54. 온누리교회 편,《온누리행전 30년》, p. 185.
55. 이 공동체 이름은 'Just for You'라는 전도 집회의 명칭을 연상하게 하면서 독자성을 갖기 위해 'for'와 발음이 비슷한 '4'(four)를, 'You'와 발음이 비슷한 'U'를 채용한 아이디어다.
56. 온누리교회는 서빙고 온누리교회와 양재 온누리교회, 그리고 다수의 비전교회들로 구성되어 있는데, 여기서는 양재 온누리교회 청년부의 활성화와 성장이 문화 전도 집회의 영향으로 2004년 조직된 J4U공동체에 의한 것임을 말하고 있다.
57. 온누리교회 편,《온누리행전 30》, p. 189.
58. 이 교육 협력 사역에 대한 내용은《온누리교회 25년》에서 얻은 것임을 밝힌다.

제9장

온누리교회의 사회 선교

하용조 목사와 긍휼 사역

구제와 봉사를 드러내지 않는 섬김 사역

● ● ●

하용조 목사의 목회철학과 온누리교회의 사역을 깊이 이해하기 위해서는 생전에 그가 개척 멤버와 함께 실천한 '사도행전적 교회'로 돌아가 봐야 한다. 그는 자신이 꿈꾼 사도행전적 교회가 어떤 교회인지를 다행히 그의 저서를 통해서 비교적 자세히 설명하고 있다. 초대교회로 돌아가야 한다고 외치는 한국 교회에 큰 도전을 주고 있는《사도행전적 교회를 꿈꾼다》가 그것이다.

그런데 이상하게도 이 책에서 우리는 하용조 목사가 생전에 실천한 대사회적 봉사 사역에 대한 진술이 다른 분야에 비해 간단하다는 사실을 발견하게 된다. 분명히 사도행전의 교회는 사도들의 목숨을 건 복음 전도와 함께 구제와 봉사가 사역의 중요한 축을 이루고 있는데 말이다. 제한적이지만 그가 이 분야에 대해 언급한 내용을 찾아보면 대체로 다음과 같다. 이 책 '제3부 목회철학'에서 '예수의 삶을 사는 공동체'[1], '이방인을 품는 공동체'[2]와 '제4부 목회철학적 방법론'에서 '은사대로 사역하게 하라'[3]를 언급하고 있는 정도다. 그나마 섬김에 대한 원론적인 언급만 하고 있을 뿐, 교회 창립 이후 어떤 사역을 해 왔는지 구체적인 사례는 자세히 밝히지 않고 있다. 물론 우리는 온누리교회 역사를 기록한 《온누리교회 25년》과 《온누리행전 30년》을 통해서 창립 이래 교회가 어떤 봉사 사역을 했는지 살펴볼 수는 있다. 그러나 그것은 교회 사역의 역사적 기록이며, 주님의 종복으로서 하용조 목사가 어떻게 섬김 사역을 감당해 왔는지를 살피기에는 충분하지 않다.

그는 '예수의 삶을 사는 공동체'에서, '사도행전적 교회의 특징은 예수의 삶을 사는 공동체를 이루었다는 사실'이라고 상기시키면서 사도행전 2장 43-47절의 말씀을 염두에 두고 성도 간의 통용과 이웃 간의 나눔을 언급하고 있다.[4]

영적 변화의 첫 번째 특징은 나눔(Sharing)이다. 은혜를 받은 자는 나누게 되어 있다. 나눌 수 없다는 것은 받은 게 없다는 뜻이다.

'이방인을 품는 공동체'에서도 '사도행전적 교회의 특징은 이방인을 품었다는 데 있다'면서 한국 교회를 향해 다음과 같이 호소한다.[5]

특별히 이 땅에 찾아온 이주 노동자들과 탈북자들을 받아들일 때 한국 교회는 진정한 축복을 받게 될 것이다. 멀리 나가 선교하는 일도 중요하지만 주님이 우리들의 코앞에 보내 주신 이들을 사랑하지 않는다면, 복 받을 방법이 없다. 우리는 이 땅에 찾아온 이들을 포용하고 힘없고 약한 자를 찾고 소외된 자를 품어야 한다.

'은사대로 사역하게 하라'에서는 교회가 전도의 열매를 맺으려면 평신도들이 받은 은사대로 봉사를 해야 한다면서 다음과 같은 일화를 들려주고 있다.[6]

> 캐나다 메노나이트에서 활동하다 지금 우리 교회를 섬기고 있는 이훈 목사님의 경우도 그렇다. 이분은 긍휼 사역이 비전이었다.
> 　나는 이 목사님이 우리 교회에서 맘껏 긍휼 사역을 할 수 있도록 사회선교회를 조직했다. 이 목사님은 '하나로 군포 공부방'을 비롯해 우리 교회의 긍휼 사역 부서의 기초를 놓았다. 효창공원에서 노인들의 점심을 제공하다가 삼풍백화점이 무너졌을 때 제일 먼저 도움의 손길을 베풀었던 '예수향기회'가 있다. 이것이 기초가 되어 온누리 복지재단을 설립하게 된 것이다.

위의 진술에서 보듯이, 하용조 목사는 평소 온누리교회에서 실천해온 긍휼 사역에 대해서는 적극적으로 언급을 하지 않다가 이 사역에 은사를 받은 부목사에게 마음껏 일할 수 있도록 전담 부서를 만들어 주었음을 밝히고 있다. 아울러 이 과정을 술회하는 중에 '하나로 군포 공부방' 봉사 이야기와 효창공원 어르신 점심 대접 이야기 그리고 지금도 가슴 아픈 기억으로 남아 있는 삼풍백화점 붕괴 사건 당시에 온누리교회의 '예수향기회'가 제일 먼저 달려가 도움의 손길을 편 사실 등을 밝히고 있으며, 굳이 이런 봉사를 자신과 연관해서 설명하지 않는다.

"구제할 때에 오른손이 하는 일을 왼손이 모르게 하라"는 가르침

• • •

앞의 일화에서 보듯이, 하용조 목사의 말대로[7] "은사는 사람마다 다르다. 하나님이 우리를 다양하게 만드신 것처럼 은사도 모두 다르게 주셨다 … 사람이 열심히 사는 것처럼 아름다운 것은 없다"는 것이다.

여기서 우리가 주목할 것은, 하용조 목사의 독특한 목회 스타일 중 하나가 그때그때 성령님이 인도하시는 대로 사역의 지경을 넓혀 간다는 것이다. 우리는 그것을 앞 장(章)의 남성 대각성 운동이나 여성 사역에서도 확인할 수 있었듯이, 이것이 그의 '성령 목회'의 특징이라고 할 것이다. 앞에서 살펴본 것처럼, 성령의 인도하심으로 설치된 사회선교부는 온누리교회 성도들을 위한 긍휼 사역과 교회의 울타리를 넘어 한국 사회와 인류 사회를 위해 실상은 다양한 섬김 활동을 적극 전개하고 있다. 그럼에도 불구하고 그는 사도행전적 교회의 밑그림과 그것에 의한 수많은 사역의 비전을 제시하면서도 구제와 봉사에 대한 자신의 손길은 굳이 드러내지 않은 것이다.

하용조 목사의 이러한 목회 방법은 그가 소천하기 1년 전인 2010년에 펴낸 《온누리교회 25년》에서도 비슷하게 나타난다. 총 44개 파트로 구성된 이 책은 그간 온누리교회가 사역해 온 주요 분야를 망라하고 있는데, 구제와 봉사 부분은 다른 사역의 역사를 기록하는 과정에서 언급하고 있음을 발견하게 된다.

필자는 이러한 관찰을 통해 하용조 목사가 그와 자신이 목회한 온누리교회의 사역을 보고함에 있어서 최대한 겸손한 방법을 견지하려는 자세가 아닌가 하는 심증을 갖게 되었다. 특히 교회가 대내외에 실천한 섬김 사역을 기록함에 있어서 더욱 이런 경향이 두드러지고 있다는 점이다. 이런 자세는 "너는 구제할 때에 오른손이 하는 것을 왼손이 모르게 하여 네 구제함을 은밀하게 하라 은밀한 중에 보시는 너의 아버지께서 갚으시리라"(마 6:3-4)라고 하신 예수님의 가르침을 따르기 위한 것이 아닐까 생각한다.

이에 필자는 하용조 목사의 섬김 사역을 확인하는 데 상당한 어려움을 느껴 부득이 온누리교회에 도움을 요청할 수밖에 없었다. 이 과정에서 필자가 확인한 것은, 온누리교회 사회 선교 사역은 하용조 목사 때부터 현재 담임 목사인 이재훈 목사에 이르기까지 35년 동안 변함없이 조용한 가운데 실천되고 있다는 사실이었다. 전임자의 남다른 목회 철학에 의한 은밀한 긍휼 사역을 후임자도 아름답게 이어 가고 있다는 사실에 감동을 받으며 관련 자료를 지원받아 본 장(章)을 보완했음을 밝힌다.

어린 시절 부모님으로부터 배운 긍휼의 정신
● ● ●

필자는 먼저 하용조 목사가 온누리교회를 통해 실천한 긍휼 사역의 뿌리를 그가 어린 시절 부모님으로부터 받은 영향과 대학 시절 육신의 질고 중에 예수님을 만난 경험에서 찾아본다.

하용조 목사의 가족은 6.25전쟁 중 1.4후퇴 때, 평안남도 진남포에서 배를 타고 전라남도 목포로 피난을 왔다. 그의 부모님은 피난 시절의 그 어려운 상황에서도 전쟁으로 부모를 잃은 채 거리를 방황하고 있는 고아들이 불쌍해서 하나둘씩 집으로 데려오기 시작했다. 이것이 계기가 되어 그의 집은 작은 고아원이 되어 갔다. 부모님의 이런 모습을 지켜보면서 성장한 유년의 하용조 목사는 버려진 아이들을 거두어 자식처럼 돌보는 부모님에게서 큰 감동을 받았다고 한다. 그는 선친이 수첩에 깨알 같은 글씨로 영아원 아이들의 이름을 적어 놓고 늘 기도하시던 모습을 회상하면서 "나는 아버지를 흉내 낼 뿐이다"라고 말한 바 있다.[8] 하용조 목사의 선친인 하대희 장로는 그 후에도 25년간 많은 고아들을 돌보는 일에 헌신하게 된다.

하용조 목사의 모친 또한 이웃에 대한 봉사 정신이 남달랐다. 하용조 목사는, "어머니는 성령님을 체험한 분이셨다 … 어머니는 집 뒤에 있는 산동네나 달동네에 라면이나 사탕을 들고 다니며 전도하셨다"고 회상한다.[9] 그는 이처럼 하나님의 사랑을 몸소 실천하신 부모님에 대해 "불쌍한 사람들을 돌보는 따뜻한 어머니의 모습과 철저하게 하나님을 믿었던 아버지의 모습은 나의 신앙 모델이 되었다"고 고백했다.[10]

그 후 하용조 목사는 대학교 3학년 때 허약한 몸으로 밤 12시까지 전도를 하며 돌아다니다가 끝내 폐병으로 인천에 있는 결핵 요양소에 들어가게 되었다.[11] 거기서 그는 두 가지 경험을 하게 된다. 하나는 자신의 처지에 대한 절망이고, 다른 하나는 그런 절망의 시간에 찾아오신 주님을 만난 사건이다. 그는 그 당시 자신의 처지를 이렇게 고백하고 있다.[12] "하나님은 나를 병원에 집어넣고 아무도 못 만나도록 고독하게 만들고, 절망하게 한 뒤, 성경만 보게 하셨다. 오로지 하나님만 생각하게 하셨다."

한창 피어나는 젊은 날, 육신의 질고를 안고 깊은 고독과 절망에 빠진 그의 처지야말로 하나님의 긍휼이 가장 절실한 시간이었다. 인간은 연약해서 현실적으로나 육신적으로 극한의 어려움에 처하면 웬만한 믿음을 가진 사람도 낙심과 시험에 빠지기 쉽다. 하용조 목사는 이런 상황 속에서도 주님의 긍휼을 구하며 말씀을 붙잡고 주님만 바라보 았던 것이다. 이런 그를 하나님이 얼마나 긍휼히 여기셨을지를 우리는 넉넉히 짐작할 수 있다.

하용조 목사가 육체의 가시(고후 12:7)로 주님에게 더 가까이 나아가며 그분의 긍휼을 입은 것은 여기서 살펴본 젊은 날의 사건만이 아니었 다. 그의 반세기 지상 사역 내내 육신의 가시 같은 질병이 그를 괴롭혔 으며, 그 모진 고통 속에서 주님의 긍휼을 구해야 했다. 이렇게 보면 하 용조 목사야말로 누구보다도 하나님의 긍휼이 필요했던 사람이다. 어 쩌면 하나님이 베푸신 긍휼의 밥을 가장 많이 먹은 종이었다고 할 것 이다. 그가 남모르게 흘린 눈물이 많았으므로 그늘진 곳에서 눈물을 흘리는 이웃에게 가까이 다가갔으리라. 그가 받아먹은 긍휼의 밥이 많 기에 긍휼을 기다리는 사람에게 주님이 주신 긍휼의 밥을 아낌없이 나 누어 주었던 것이다. 그랬기에 하용조 목사는 온누리교회의 이웃을 섬 기는 사역의 명칭을 초기에는 구제 사역이나 봉사 사역이라 하지 않고 '긍휼 사역'(Compassion Ministry)이라고 했다.[13] 그 사역을 주님의 가르침 대로 드러내지 않고 조용히 행한 것은, 자신이 경험한 대로 하나님 긍 휼의 진정한 뜻을 깨달았기 때문이 아닌가 생각한다.

필자는 하용조 목사가 깨달은 긍휼 사역의 중요성을 생각하면서, "남을 헤치는 것만 죄가 아니라 마땅히 베풀어야 할 자리와 상황에서 긍휼을 베풀지 않은 것도 심판의 대상"이라고 경고하면서 "이웃을 도 외시한 모든 행위와 태도, 사고방식은 사랑의 심판 아래 놓이게 될 것" 이라고 역설한 헨리 바네트(Henlee H. Barnette)의 말을 떠올린다.[14] 여리고 도상에서 강도 만난 자를 외면하고 지나간 제사장과 레위인의 잘못을 지적하신 예수님의 가르침(눅 10:30)은 곧 우리를 향한 책망인 것이다.

사랑한다는 것은 이웃의 보다 나은 삶을 위해 우리가 헌신적으로 노력한다는 섬김의 의미를 갖는 것이다.

우리가 마지막 구할 것은 주님의 긍휼
• • •

우리는 이런 하용조 목사의 심정을 결핵 요양소에서 어느 비 내리는 날 환상 중에 주님을 만난 사건에서 다시 발견하게 된다. 앞에서도 진술했지만, 청년이었던 그가 주님의 종이 되기로 작정한 것은 인천의 한 결핵 요양소에서였다.[15] 그 과정에도 긍휼이 매개되어 있다. 다소 중복되는 감이 있으나, 그날의 영적 상황을 다시 살펴보자.

하루는 하용조 목사가 시편을 읽고 있는데 눈앞에 환상이 펼쳐졌다. 창밖에는 비가 내리고 있는데, 처마 밑에서 한 걸인이 보따리를 옆에 낀 채 추위에 오들오들 떨고 있었다. 그는 순간 '어떻게 할까?' 생각하다가 너무 불쌍해서 대문을 열고 그에게 다가가 "춥고, 배고프시지요? 들어오셔서 몸을 녹이고 식사하세요" 하고 그 걸인을 집으로 들여 식사를 차려 드렸다. 그런데 그 순간, 그 남루한 걸인이 영광스러운 주님의 모습으로 변하는 것이 아닌가. 반면에 그는 자신이 세상에서 제일 피곤하고 지치고 병든 비참한 모습으로 보이기 시작했다.

순간 그는 냄새나는 누더기를 입고 질병으로 만신창이가 된 자신을 주님이 걸인의 모습으로 찾아오셨음을 깨닫게 됐다. 그는 "주님의 임재였다"고 고백한다.[16] 정작 긍휼을 받아야 할 사람은 그 걸인이 아니라 바로 자기 자신임을 깨닫고 주님을 바라보며 한없이 눈물을 흘렸다. 주님을 바라보며 자신이 가장 불쌍한 죄인이라는 깨달음과 회개 끝에 그는 "내가 너를 십자가만큼 사랑한다", "너, 목사 되지 않을래?"라는 주님의 음성을 듣게 된다. 그는 그날 주님의 부르심에 대한 순종을 일기로 써 내려갔다. 그리고 이렇게 고백했다.[17] "그날 밤 나의 일생을 주님께 헌신했다."

이렇듯 하용조 목사는 헐벗고 배고픈 걸인을 불쌍히 여기는 마음으로 그를 영접했다. 이로써 그는 걸인의 모습으로 자신을 찾아오신 예수님을 만나게 된다. 주님 앞에 선 자신이 이 세상에서 가장 더럽고 불쌍한 죄인임을 깨닫게 된 이 놀라운 '긍휼의 은혜'를 통해 그는 목회자의 길을 걷게 된 것이다. 말하자면 필립 셸드레이크(Phillip Sheldrake)가 "가난한 이웃의 처지를 자기화하는 긍휼의 영성은 그리스도를 본받는 영성"이라고 한 것처럼, 하용조 목사는 일찍부터 '그리스도를 본받는 영성', 즉 '긍휼의 영성'(마 25:35-36)을 소유하고 있었던 것이다.[18]

교회사를 통해 우리는 그 옛날 수도사들이 신앙을 지키기 위한 고행의 삶을 살면서 주님에게 무시로 구한 것이 바로 긍휼임을 발견하게 된다. 중세 수도사 수칙을 보면 '말씀과 기도'와 병행을 이루는 '노동과 봉사'를 실천함에 있어서 영혼의 호흡처럼 하나님에게 드리는 고백이 있었으니, 그것이 바로 "주여, 긍휼을 베푸소서"(Kyrie Eleison)라는 도고(禱告)였다. 이 '키리에 엘레이송'의 간구에는 '주님, 이 죄인을 불쌍히 여기소서'와 '주님, 당신의 뜻대로 하옵소서'라는 회개와 내려놓음이 내포되어 있다. 수도사들은 기도와 묵상 끝에도 '키리에 엘레이송'을 구하고, 길을 걸으면서도, 채석장에서 돌을 깨고 밭을 갈면서도 '키리에 엘레이송'을 구했다고 한다.

젊은 날 수도사의 꿈을 아직도 버리지 못하고 있는 필자는 새천년 초 몇 년 동안 방학을 이용해 교회사에 나오는 유서 깊은 수도원을 순례하면서 이러한 수도사들의 영적 수련의 흔적을 더듬어 보았다. 그래서 긍휼을 구하는 기도는 우리 인간이 할 수 있는 기도의 마지막 단계임을 알게 되었다.

13세기 당시 무너지는 교회를 바로 세우기 위해 청빈의 삶을 살며 주님의 십자가를 치열하게 따라간 아씨시의 프란체스코의 마지막 기도도 '긍휼'이었다. 인류의 죄를 대속하기 위해 십자가 고난을 받으신 예수 그리스도의 발자취를 가장 가까이 따라가려 일생을 고투(苦鬪)한 그가 44세의 젊은 나이로 주님의 부름을 받을 때, 그는 그의 동역자이자 제자인 레오에게 자신의 몸에서 실오라기 하나 남김없이 남루를 벗기고 대지 위에 눕혀 달라고 부탁한다. 마지막까지 주님의 긍휼을 구하기 위함이었다. 그렇다. 우리가 나그네 순례길에서 늘 불러야 할 찬송은 '긍휼의 노래'다. 천로역정, 저 천성을 향한 이 험한 길을 다 간 후에 우리가 마지막으로 드려야 할 기도는 '긍휼의 도고'다(말 1:9). 그 누가 자신의 공로로 주님 앞에 설 수 있을 것인가. 오직 우리가 구할 것은 주님의 긍휼밖에 없다. 주님이 베푸시는 긍휼 옷을 입음으로(롬 13:14) 그분 앞에 설 수 있는 것이다(딤후 1:18). 여기서 우리는 하용조 목사의 삶과 사역이 범인으로서는 쉽게 도달할 수 없는 육신적 고투와 영적 긍휼로 직조되어 있음을 발견하게 된다.

이제 하용조 목사와 온누리교회가 조용히 실천해 온 주요 긍휼 사역을 살펴보기로 한다. 그가 온누리교회 목회 만 25년간 이웃을 섬겨 온 내용과 그 이후 현재까지 지속되고 있는 내용들을 보면 하용조 목사가 사도행전의 교회처럼 말씀 사역과 함께 긍휼 사역에 얼마나 힘써 왔는지를 알게 될 것이다. 아울러 그의 긍휼 사역이 이재훈 목사에 의해 사회 선교로 발전된 모습을 확인하게 될 것이다.

교회의 사회적 책임으로 확장된 긍휼 사역

• • •

오늘의 온누리교회는 하용조 목사의 긍휼 사역을 교회의 사회적 책임으로 그 영역을 확장시켜 나가고 있다. 우리는 이미 하용조 목사의 목회 시기에 긍휼 사역을 포함한 대사회적 봉사를 전담하기 위한 사회선교부를 설치했음을 앞에서 살펴본 바 있다. 말하자면, 하용조 목사는 교회 개척 초기부터 말씀을 통한 선교 사역과 함께 구제를 통한 긍휼 사역이 균형을 이루어야 한다는 목회철학을 가지고 있었다. 그러나 사도행전적 구제 사역을 교회의 선교적 사회 책임으로까지 그 영역을 확장한 것은 하용조 목사의 뒤를 이은 이재훈 목사다. 즉 이재훈 목사는 하용조 목사의 긍휼 사역을 보다 체계화해서 사회 선교 사역으로 발전시켰다고 할 수 있다. 이와 관련해서 이재훈 목사는 다음과 같이 말하고 있다.[19]

온누리교회는 하나님의 선교를 위해 태어난 교회입니다. 그러므로 우리는 '선교하는' 교회를 넘어서 '선교적' 교회를 지향해야 합니다. 단순히 선교사 파송과 후원에 그치는 것이 아니라 모든 성도가 만인 선교사직을 감당하는 교회가 되어야 합니다. 하나님의 자녀들은 이 세상으로부터 구원받은 자들인 동시에 이 세상으로 이미 보냄을 받은 선교사들입니다. 우리는 '땅 끝'뿐만 아니라 우리가 속해 있는 지역사회도 선교 현장으로 이해할 필요가 있습니다 … 온누리교회 사회선교는 예수께서 전하신 하나님 나라 복음을 통해 하나님의 공의를 행하고 긍휼한 마음으로 겸손히 하나님과 동행하고자 합니다(미 6:8) … 예수께서 삶으로 보여주셨듯이 우리 모두는 사회적 약자들에게 관심을 기울이고 고통 받는 자들을 찾아가 관계를 맺으며 진정한 이웃사랑을 실천하는 사람들이 되어야 합니다.

이처럼 초기의 긍휼 사역으로부터 오늘의 사회 선교에 이르기까지 온누리교회가 실천해 온 섬김의 실제를 살펴보자. 편의상 '일반 구제 사역', '사회 복지 사역', '의료 선교 사역', '이주 노동자 지원 사역', '탈북민 사역', '장애우 사역' 등을 대상으로 한다.

일반 구제 사역
• • •

온누리교회 초기의 구제 사역은 1994년에 발족해서 7년간 활동한 '예수향기회'를 중심으로 이루어졌다.[20]

하용조 목사는 개척 초기부터 서초동 꽃마을 화재민 600세대를 돕는 등 온누리교회 성도들과 함께 구제 사역에 적극적이었다.

그러던 중 1989년, 그는 교회 장로 몇 명과 미국 맨해튼을 방문했다. 그때 천주교 수사들이 노숙자들에게 음식을 제공하며 섬기는 모습을 보았다. 귀국 후 이 사역을 위해 기도하던 중 한 성도의 헌금으로 '예수향기회'가 탄생하게 되는데, 몇 년 후 또 다른 부부의 헌신으로 사역이 본격적으로 시작되었다. 계속해서 어느 독지가의 헌금으로 1994년 8월 17일, 식사 제공을 위한 버스가 마련되고, 필요한 시설과 기구들은 기부금으로 갖추게 되었다.[21]

이 사역에 나서겠다는 자원 봉사자들이 쇄도해서 1994년 8월 28일부터 노인들이 많이 모이는 효창공원에 자리를 잡고 200여 명의 어르신들에게 식사를 제공하기 시작했다. 처음에는 "교회 밥은 절대로 먹지 않겠다"며 강한 거부감을 가진 노인들도 "저희는 전도가 목적이 아니라 식사를 제공해 드리는 것이 목적입니다"라는 봉사자들의 진정 어린 설득에 마음을 돌리게 되었다고 한다.[22]

당시 이런 미담도 있었다. 식사 봉사를 시작한 첫해, 11월 중순은 매우 추웠다. 배식을 받기 위해 노인 어르신 200여 명이 추운 날씨에도 줄을 서서 기다렸다. 어르신들의 이런 모습을 안타깝게 생각한 봉사단의 진용환 집사(당시)는 용산구청장을 찾아가 어르신들이 추위를 피할 수 있도록 컨테이너를 하나 설치해 달라고 통사정을 했다. 그러나 구청장의 대답은 규정상 불가하다는 것이었다. 이 일을 두고 기도하던 그는 하나님이 주신 담대한 마음으로 서울시장을 면담하고 눈물로 호소했다. 그 결과, 구청장이 직접 배식소를 찾아와 컨테이너 설치를 허가하고 돌아갔다. 그해 겨울 동안 온누리교회 효창 배식소를 찾아온 어르신들은 따뜻한 분위기 속에서 식사를 즐기게 되었다.

예수향기회의 봉사는 여기에 그치지 않았다. 1995년 6월 30일은 삼풍백화점 붕괴라는 참으로 끔찍한 사건이 일어난 날이다. 비교적 생활 수준이 좋은 지역에 잘 지은 건물로 평가받은 백화점이 한순간에 무너져 내린 대참사였다. 수많은 사람이 졸지에 고귀한 생명을 잃었다. 당시 희생자 중에는 온누리교회 성도들도 있어서 담임 목사와 온 성도들의 슬픔은 말로 다 표현할 수 없었다.

무려 502명이 사망하고 937명이 부상한, 세계적으로도 유례를 찾기 힘든 삼풍백화점의 끔찍한 참상으로 말미암아 대한민국은 부실공화국이라는 국내외의 분노와 비난이 쏟아졌다. 온누리교회는 성도를 잃은 슬픔 속에서도 무엇보다 급한 일이 한 사람의 생명이라도 구출하는 것이라는 절박한 심정으로 신속하게 사고 현장으로 달려갔다. 이 엄청난 국가적 재난 앞에서 정부를 비판하고 부실기업을 탓하기 전에 교회가 먼저 경성하고 회개해야 한다는 하용조 담임 목사의 메시지에 귀를 기울인 성도들은 이웃의 슬픔을 자신의 슬픔으로 알고 현장으로 달려간 것이다.

당시 구조 현장에서 가장 절실한 것 중의 하나가 구조대원들의 식사 문제였다. 한국 교회 차원의 봉사를 총괄한 기독교윤리실천운동본부 측에서 이 식사 지원을 온누리교회가 맡아 달라고 요청해, 교회는 7월 17일부터 22일까지 6일간을 '삼풍 사고 봉사 기간'으로 정하고 긴급히 자원 봉사자를 모집했다. 그 결과 230여 명의 성도가 참여해 두 개의 대형 천막 아래서 2천여 명 분의 식사와 간식, 야식 등 하루 다섯 끼를 24시간 제공했다. 온누리교회의 봉사를 지켜본 현장 소장은 "그동안 이곳에서 자원 봉사하는 종교 단체 중 기독교의 활동이 미진한 것 같아 아쉬웠는데 온누리교회의 적극적이고 헌신적인 활동에 큰 감명을 받았다"며 진심 어린 감사의 마음을 표했다고 한다.[23]

한국기독교재난구조협의회 창설 계기 마련

• • •

1995년의 삼풍백화점 참상이 일어나기 전해인 1994년 4월 28일에는 대구 지하철 가스 폭발 사고가 터져 102명이 사망하고 205명이 부상하는 참극이 있었다. 그뿐 아니라 그해 10월에는 성수대교 붕괴 사고로 50여 명이 고귀한 목숨을 잃는 비극이 잇따라 발생했었다. 이러한 재난은 불가항력적인 천재(天災)가 아니라 정부와 기업 그리고 국가 기간산업과 국민의 안전 불감증이 가져온 인재(人災)라는 사실에 문제의 심각성은 더 클 수밖에 없었다. 그러니까 삼풍백화점의 붕괴 사고는 처음 일어난 사건이 아니라, 이전부터 전조가 있었던 사건이었다. 이는 국가적으로는 책임을 통감하며 사후 대책을 철저히 세워야 할 엄중한 과제였으며, 국민적으로는 국가 안보와 안전에 대한 경각심을 불러일으킨 교훈이었다.

한국 교회도 이 사건을 통해 국가와 국민을 위한 교회적 사명을 더욱 입체적으로 감당해야 한다는 각성을 하는 계기가 되었다. 즉 교회는 예수 그리스도의 진리로 영혼을 구원하는 복음 선교적 사명과 함께 고통당하는 이웃을 위한 사회 선교적 사명을 균형 있게 감당해야 한다는 것이다. 그동안 교회가 사회 선교적 사명을 소홀히 한 것은 아니지만, 지금까지의 사역으로 만족할 것이 아니라, 소외된 계층의 사회적 약자를 돌보아야 하며, 재난과 위기를 직면한 곳에 긴급 구호의 손길이 닿도록 보다 적극적으로 나서야 한다는 각성이었다.

그렇게 해서 초교파적으로 구성된 단체가 1996년 6월 29일 발족된 한국기독교재난구조협의회다. 본 협의회는 온누리교회를 비롯한 사랑의교회, 지구촌교회, 두레교회 등 20개 교회와 국제기아대책본부, 기독교윤리실천운동, 남북나눔운동, 치과의료선교회, 장미회, 이웃사랑회 등 24개 단체로 구성되었다. 창설 예배에서 하용조 목사는 로마서 8장 18-25절을 본문으로 "한국 기독교의 많은 운동들이 내실을 기할 때가 됐다"면서 "분열하지 않고 한마음으로 모든 피조물의 구원을 위해 힘쓰자"고 호소했다. 온누리교회 예수향기회의 숨은 봉사와 섬김이 한국교회 연합 봉사 사업에 한 알의 밀알이 된 보람을 거두는 순간이었다.

작금의 세계적인 상황은 2020년부터 예고 없이 불어 닥친 코로나19 바이러스 사태로 온 지구촌 거민들이 공포와 불안에 떨고 있다. 다행스럽게도 최근에 치료 백신이 개발되기는 했지만, 이 세기적인 재난은 쉽게 끝날 것 같지 않다. 우리가 살고 있는 한반도도 예외가 아니어서 교회도 공적인 예배 모임까지 제한을 받는 어려움에 처해 있다. 이처럼 심각한 상황 속에서 이 문제의 원인을 성경적으로 진단하고 그 대책을 마련하기 위한 노력이 최근 교계와 신학계에서 진지하게 진행되고 있다. 이런 노력의 한 결실로 나온 《재난과 교회: 코로나 19 그리고 그 이후를 위한 신학적 성찰》(장로회신학대학교출판부)이라는 책자에서 예장(통합) 총회장은 "가난한 자와 소외된 자를 찾아가신 예수님처럼 재난이 있는 곳에 교회가 있어야 한다"고 호소하면서, "코로나19로 인하여 사회적 거리는 점점 멀어지고 있지만, 하나님과의 거리는 더 가까이해야 한다"고 강조하고 있다.[24]

이러한 오늘의 상황 속에서 우리는 이미 25년 전 재난의 현장에 먼저 달려간 온누리교회를 비롯한 몇몇 교회들의 노력으로 한국기독교재난대책협의회가 결성된 것을 생각하면서, 일찍부터 긍휼 사역의 중요성을 깨닫고 이를 실천해 온 하용조 목사의 헌신이 얼마나 귀한지를 새삼 깨닫게 된다. "예수님께서 건축자의 버린 모퉁잇돌에서 교회의 머릿돌이 되신 것처럼 교회는 사랑의 동기로서 사회봉사를 위한 사랑의 모퉁잇돌이 되어야 한다"는 데럴 와킨스(Derrel R. Watkins)의 호소가 실감 있게 들리는 시간이다.[25]

또한 예수향기회의 헌신은 1999년 8월 온누리복지재단 발족의 모체가 되었다.[26] 그해 12월 청소년을 위한 '하나로'와 장애인 보호 직업 시설 '번동코이노니아' 개원을 시작으로 온누리복지재단은 2002년 4월 시립용산노인종합복지관을 개원했다. 2005년 8월에는 중풍과 치매 노인들을 위한 시립동부노인전문요양센터를 설립하고, 2006년에는 중증 노인성 질환을 가진 어르신을 위한 온누리요양센터를 설립했다. 또한

2009년에는 청파노인복지센터를 개원하면서 용산구 서부 지역에 거주하는 노인들을 섬기기 시작했다.

이처럼 온누리복지재단은 노인을 섬기는 활동 외에도 청소년 및 장애인을 섬기는 일에 적극 나섰다. 온누리 희망 밥차, 장애인 및 노약자를 위한 저상버스, 자연치료센터 및 농업 실습지, 온누리가족나무동산 등을 운영하며 온 누리에 예수님의 향기를 전하고 있다.

예수향기회는 이 밖에도 1997년 IMF 금융 위기 때 어려움에 처한 중소기업을 돕는 일에 앞장섰으며, 고통을 겪고 있는 이웃들을 위한 자선바자회 등 여러 행사를 마련했다. 한편 '새출발 비전대학'을 개설해서 실직자들의 재취업 및 창업을 돕는 일에도 힘을 기울였다. 2003년의 대구 지하철 참사 때도 성도들이 현장을 방문해 음식과 후원금을 전달했으며, 2004년 북한 용천에서 일어난 열차 폭발 사고 때는 의류와 침구류, 식품과 의약품 및 특별 헌금을 조성하고, 수집한 물품과 밀가루 120만 톤을 국제기아대책기구를 통해 북한에 전달했다.

영적 비상사태를 선포하다

• • •

외환위기를 맞은 1997년 겨울은 온누리교회도 어렵고 힘든 시기였다. 국가 경제가 위기에 처한 상황 속에서 국민들은 생활이 궁핍해짐에 따라 이 어려운 시기를 어떻게 극복해야 할지 삶에 대한 용기와 의지를 잃어 가고 있었다. 이러한 때에 교회의 역할과 사명은 더 크고 중요한 법이다. 시대를 향한 선지자의 메시지는 때로 경고로, 때로는 위로를 위해 선포되었다.

국가와 민족이 위기에 직면해 있을 당시 하용조 목사의 강단 메시지는 비장했다. 지금은 하나님이 이 민족을 향해 마지막 경고의 붉은 등을 켜고 계신다면서 "지금은 자다가 깰 때"라고 주일 강단에서 외쳤다.[27] "이번 일은 하나님의 마지막 경고일 수 있습니다. 지금 우리가 하나님 앞에 무릎 꿇고 가슴을 찢으며 회개하지 않으면 우리는 어디로 갈지 알 수 없습니다."

그의 메시지에 온 성도들이 자신의 죄를 통회하며 영적으로 더욱 경성하고 무장했다. 그리고 온누리교회 성도들은 나라 살리기에 앞장설 것을 결단하며 다음과 같은 세 가지 운동을 펼쳤다. 첫째, 나라 살리기 생활 강령이 담긴 전단지를 만들어 이웃에게 나누어 주고 회개와 절약 그리고 사치품과 수입품 쓰지 않기와 부정적이며 비판적인 말 쓰지 않기 등을 솔선수범하기, 둘째, 매일 30분씩 행정부와 사법부, 입법부와 군, 학생, 노동자, 사업가 등 각계각층의 사람들 그리고 북한과 통일을 위해 기도하기, 셋째, 이런 내용을 일주일에 한 번씩 편지로 써서 주변 사람부터 전해 이 운동에 동참하게 하고 스스로 위로와 힘을 얻어 또 다른 사람에게 용기를 전하기 등이었다.

1998년이 되자 이 땅의 모든 교회가 나라 살리는 일에 발 벗고 나서기 시작했다. 온누리교회는 더욱 구체적으로 근검절약을 실천할 수 있는 교회 생활 강령을 발표했다. 한편 범국민적으로 전개된 '금 모으기 운동'에 적극 동참한다는 방침으로 교회 안에 접수 창구를 마련하기도 했다. '아나바다 운동'(아껴 쓰고, 나눠 쓰고, 바꿔 쓰고, 다시 쓰기 운동)은 교회 내에서 '열린나눔장터'를 여는 밑거름이 되었다. 성도들의 뜨거운 호응에 힘입어 문을 연 열린나눔장터는 1998년 3월 8일 본관 지하 1층에서 개장 예배를 드렸다. 이 장터는 개장 이틀 만에 160여만 원의 수익금을 얻을 만큼 높은 참여를 이끌어 냈다. 그해 4월에는 열린나눔장터 주관으로 IMF로 고통 받고 있는 중소기업인들을 위한 '고통분담바자'가 열렸다. 성도들의 적극적인 참여에 힘입어 6월에 두 번째 바자회가 열렸다. 또한 물고기 모양의 저금통을 나누어 기금을 모으는 '오병이어운동'이 온누리교회를 비롯해 남서울은혜교회, 사랑의교회, 지구촌교회를 중심으로 전개되었다.

이 모든 운동은 국가적 경제 위기 속에서도 풍성하신 하나님의 은혜를 이웃과 함께 나누기 위한 하용조 목사의 사회 선교적 목회철학에 의한 것이었다. 온누리교회는 이 외에도 고통을 겪고 있는 이웃들에게 실질적인 도움을 주기 위해 '새출발 비전대학'을 개설해, 각 분야의 저명한 교수들과 전문인으로 구성된 강사진을 통해 실직자들에게 새로운 정보와 지식 그리고 용기와 믿음을 심어 주었다.

재난 구제 사역: 낮은 곳으로, 고통의 현장으로
● ● ●

이처럼 각종 재난으로 피해를 입은 지역을 찾아 그들과 함께 고통을 나누며 새로운 삶의 터전을 재건하기 위한 온누리교회의 섬김은 소리 없이 계속되어 갔다. 앞에서도 살펴본 바와 같이, 삼풍백화점 붕괴 사건 때 이미 구제와 봉사의 모범을 보인 온누리교회는 이를 계기로 재난 구조 시스템을 정착시켜 효과적인 지원을 강화하기 시작했다. 그리고 여러 지역에서 발생하는 재난의 현장을 부지런히 찾아갔다.[28]

2002년 8월 강원도를 강타한 태풍 루사는 하루 870밀리미터의 폭우를 쏟아 부어 엄청난 인명과 재산 피해를 냈다. 온누리교회는 즉시 1억

원의 헌금을 전달했지만, 이에 그치지 않고 수재민들을 위한 물품을 모아 피해 복구 현장으로 달려갔다. 삼척시 미로면에 베이스캠프를 차린 복구 팀은 수재민들을 대상으로 장학금을 전달하고, 밭농사를 돕고, 마을의 재건과 지역 교회 건축, 의료 봉사 등 본격적인 구제 활동을 벌였다.

청년부는 더욱 적극적으로 나서, 복음화율 5퍼센트의 미로면을 2003년 아웃리치 지역으로 선정하고 장기적인 봉사를 통해 복음을 전했다. 대학청년연합은 2002년과 2003년에 이어진 삼척, 문경, 삼천포 아웃리치로 교회에 대한 불신자들의 인식 변화를 꾀하는 동시에 지역 목회자와 사모 등 사역자들의 자신감 회복을 지원했다.

앞에서 언급한 2003년 2월 대구 지하철 참사 때 온누리교회 청년들의 활약은 참으로 놀라웠다. 청년들과 교역자들은 매캐한 연기가 남아 있는 대구 중앙로역 사고 현장을 방문해 유가족들의 손을 부여잡고 함께 눈물을 흘리며 중보 기도를 드렸다. 아울러 예배와 바자회에서 모은 헌금을 유가족에게 전달하며 거듭 위로했다.

2004년 연말 인도네시아 북수마트라 근해에서 발생한 '쓰나미 대형 참사' 때는 몇 해에 걸쳐 단련된 수해 복구 팀이 발 빠르게 재난 구호 팀을 조직해 스리랑카로 떠났다.[29] 1차 구호 팀은 암파라 지역에서 방역을 중심으로 사역을 펼쳤으며, 의료진과 합류한 2차 구호 팀은 암파라에서 북쪽으로 약 50킬로미터 떨어진 바티칼로아 지역에서 방역과 의료 사역을 병행했다. 구호는 3차와 4차로 이어졌으며, 북부 반군의 거점 지역에서도 사역을 진행해 현지 공무원들로부터 감사의 서신을 받기도 했다. 2006년에는 탈북자를 섬기기 위한 '사랑의 줄잇기' 양재점을 오픈하고, 거두어진 수익금을 다문화 가족 사역과 장애우 사역 그리고 북한 돕기 사역에 사용했다.

2006년 여름은 유난히 폭우가 잦았다. 그해 7월 15일, 집중 호우로 강원도 평창군 일대가 엄청난 수해를 입었다. 사망자가 9명, 실종자 2명, 이재민이 1,211명이나 되었다. 한참 열매가 익어 가던 논은 황토로 뒤덮이고, 가난의 세월을 용케 견뎌 온 가옥들은 처참히 무너져 내렸다.

이 급박한 상황 속에서 온누리교회는 한국기독교재난구조협의회를 비롯한 외부 단체와 협력하는 한편, 교회 자체적으로도 구호 사역 팀을 꾸릴 준비를 했다. 7월 18일 새벽, 하용조 목사는 성인 사역과 여성 사역, 대학청년연합과 JDS, 의료 선교 팀 등 온누리교회 모든 사역 팀 대표들이 모인 자리에서 "재난이 일어나면 신속한 대응이 필요합니다. 긴급하게 구호를 하기 위해서는 항상 재난에 대비할 수 있는 체제를 갖추고 있어야 합니다"라면서 긴급 재난 구호 팀 출범의 당위성을 역설했다.

담임 목사의 제안에 따라 당회운영위원회는 '온누리긴급재난구호 팀'을 상설 기구로 출범시키고 긴급 수해 복구에 적극 나섰다. 한편 온누리의료선교센터는 수재민들을 도울 의료 봉사자를 모집했으며, 이렇게 구성된 긴급 재난 구호 팀은 발 빠르게 수해 복구 지원에 나섰다.

필자가 알기로 긴급 재난 구호에 있어서 세계적인 조직을 가지고 언제 어디서나 구호 활동을 하는 선교 단체가 빌리그레이엄전도협회 (BGEA)다. 1973년, 빌리 그레이엄 서울(여의도) 집회를 통해 한국 교회 부흥에 크게 기여한 BGEA는 창설자 빌리 그레이엄 목사의 주도로 '한 손에는 복음을 들고, 다른 한 손에는 사랑을 들고' 입체적인 전도 사역을 함으로써 20세기와 21세기에 걸쳐 수많은 영혼을 그리스도에게로 인도하고 있다. 우리나라에서 한 교회 단위로는 온누리교회가 긴급 재난 구호 팀을 창설해서 이와 같이 그리스도의 사랑이 필요한 곳이면 언제 어디든지 달려가는 최초의 교회가 아닌가 생각한다. 국가나 교회에서 지도자의 비전이 얼마나 중요한지를 다시금 깨닫게 하는 사례다.

재난 구제 사역: 사랑을 실천한 예수님 따라
● ● ●

13세기 교회 개혁자인 아씨시의 프란체스코가 전도와 함께 실천한 사랑의 봉사가 얼마나 중요한지를 보여 주는 일화가 있다. 한 번은 프란체스코와 그를 따르는 걸식 형제들이 재난을 당한 마을을 찾아가 하루 종일 구호 활동을 벌였다. 저녁에 지친 몸으로 돌아온 제자들이 프란체스코에게 물었다. "오늘 우리가 전한 복음은 무엇입니까?" 프란체스코의 대답은 이랬다. "오늘 우리가 전한 복음은 노동이다." 물론 직접적으로 복음을 전하는 일과 사랑의 봉사를 하는 일은 구분되어야 한다. 그리스도인이 이웃에게 아무리 선한 일을 하더라도 복음은 구체적으로 전해져야 한다. 그러나 반대로 아무리 구체적으로 복음을 전하더라도 사랑의 실천이 따르지 않으면 전도의 열매를 거두지 못할 수 있다. 이웃을 위한 봉사와 노동이 직접적으로 전하는 복음일 수는 없다. 그러나 복음은 사랑의 실천과 함께 전해져야 할 것이다.

예수님도 이 양면을 동시에 행하셨다. 사도 베드로가 증언하기를, "하나님이 나사렛 예수에게 성령과 능력을 기름 붓듯 하셨으매 그가 두루 다니시며 선한 일을 행하시고 마귀에게 눌린 모든 사람을 고치셨으니 이는 하나님이 함께하셨음이라"(행 10:38)라고 했다. 이처럼 예수님은 천국 복음의 선포와 함께 영육 간에 질고를 겪고 있는 많은 병자를 고치셨다. 주님은 산상에서 가르치신 말씀에서 "이같이 너희 빛이 사람 앞에 비치게 하여 그들로 너희 착한 행실을 보고 하늘에 계신 너희 아버지께 영광을 돌리게 하라"(마 5:16)고 하셨다.

19세기 영국의 전도자 존 웨슬리도 '한 손에는 성경을, 한 손에는 사랑을' 들고 "세계가 나의 교구"라고 외치며 복음을 전했다. 1950년대 말 이 땅에 들어와 강원도 벽지에 예수원을 설립해 반세기가 넘도록 한국 교회의 부흥에 헌신한 대천덕 신부도 복음과 노동으로 수많은 영혼을 그리스도에게로 인도했다. 강원도 태백에 세워진 예수원의 대예배실 정면의 좌우에는 '기도는 노동이다', '노동은 기도다'라는 의미 깊은 글귀가 걸려 있다. 말씀과 기도로 사역하는 전도와 사랑과 섬김으로 하는 봉사는 동시적인 사건임을 강조하는 영적 구호인 것이다. 필자가 2017년 종교 개혁 500주년을 맞아 〈국민일보〉 특집으로 국내외 영성의 현장을 기획하면서, 2003년에 이어 두 번째로 예수원 대천덕 신부의 사역 현장을 찾았다. 벽안의 성직자 대천덕 신부의 서거 19년이 지난 시간인데도 그의 아름다운 봉사의 삶을 그리워하는 하사미리 3반 주민이 세워 놓은 추모비의 글귀가 예수원 어귀를 지키고 있었다.

대천덕 신부님을 추모하며: 하나님의 사랑을 실천하시어 세상 모든 이에게 나눔의 기쁨을 가르쳐주신 님. 님께서는 진정 참 어른이셨습니다. 영혼은 하나님 곁으로 가셨지만 우리들 가슴 속에 영원히 남아 늘 밝은 빛으로 인도해 주시리라 믿습니다.

2002. 8. 6 하시미리 3반 주민 일동[30]

"우리 주민들은 예수님이 누구신지 잘 몰랐지만, 대천덕 신부님의 삶을 가까이서 지켜보면서 예수님이 누구신지를 알게 되었습니다"라고 회고한 예수원 마을 주민들의 신앙고백을 필자는 언제나 잊지 못한다.

이처럼 하용조 목사가 이 땅에서 행한 사도행전적 사역의 발자취도 강해 설교를 통한 복음 전도와 함께 긍휼 사역으로 상징되는 사랑의 실천이 균형을 이루었다고 할 것이다. 일찍이 《하용조 목사 이야기》를 쓴 문성모 박사도 그의 책에서 하용조 목사의 목회는 '구령 사역과 긍휼 사역의 조화와 균형'을 중시하고 있다고 지적한 바 있다.[31] 하용조 목사의 긍휼 사역으로 시작된 온누리교회의 사회 선교는 제2대 담임 이재훈 목사 시대로 이어지며 보다 체계적으로 국내외에 펼쳐지고 있다.

재난 구제 사역: 영혼의 램프에 사랑의 불을 켜다
• • •

하용조 목사는 2001년 미국에서 발생한 9.11 테러로 전쟁에 휩싸인 아프가니스탄 난민들을 구제하기 위해 현지를 찾았다. 그곳에서 그는 정부 각료들을 만나 장, 단기 지원 계획을 협의했다.[32] 이 일을 효과적으로 추진하기 위해 하용조 목사는 2002년 7월 동서문화개발교류회(ECC)를 설립했다. 온누리교회는 이 기구를 통해 아프간 난민들을 위한 텐트를 지어 주고 농촌 개발을 지원했다. 더불어 심장병 수술 등 의료 사역과 문화 센터 건립을 통한 컴퓨터 교육을 실시했다. 2005년 3월에는 와지르굴 샤이드 초등학교를 완공해서 700여 명의 어린이들에게 공부할 수 있는 기회를 제공했다. 이처럼 순수한 봉사의 결과는 자연스럽게 아프간 한인 교회 설립을 가져왔으며, 선교사들을 파송해서 영적 불모지에 복음을 전할 수 있게 되었다.

2006년 7월 15일 강원도 평창군 전역의 집중 호우를 계기로 조직된 온누리긴급재난구호팀은 신속하게 수해 복구 지원에 뛰어들었다.[33] 온누리 성인 공동체와 대학청년연합 그리고 JDS, 여성 사역, 의료 선교팀 등이 함께한 1차 복구 활동에는 매일 평균 100여 명씩 총 2,296명이 30도가 넘는 불볕더위 속에서 복구 사역을 멈추지 않았다. 아울러 중국 비전교회와 온누리교회 성도들이 3억 원의 헌금을 전달했다.

온누리긴급재난구호팀은 그 후 'LAMP ONNURI'라는 이름으로 정착했다. 교회에서는 편의상 약칭으로 '램프온'(LAMP ON)으로 부른다. 이 약칭은 '램프를 켜다'라는 뜻인데, LAMP는 'Love and Mercy, Peace', 즉 '온 세상을 향해 비치는 사랑과 긍휼과 평화의 등불'로서 '긴급 재난을 상징하는 사이렌과 같은 비상 신호'의 의미를 담고 있다. 말하자면 지구촌 어디든 긴급 구호가 필요한 곳을 향해 신속히 구호의 손길을 내민다는 전략이다.

램프온 사역은 평창 수해 복구 사역을 계기로 국내외로 뻗어 나갔다. 이듬해인 2007년 12월 21일에는 불의의 원유 유출 사고로 크게 오염된 태안반도 복구를 위한 사역에서 크게 빛을 발했다. 태안을 중심으로 원유에 오염된 서해안 방제를 위해 온누리교회 성도들은 1억 7,500여만 원의 헌금을 모았으며, 전주대학교에서는 자체적으로 연구 개발한 오염 방제 특효제인 EM 활성액 80톤을 지원했다. 당시 램프온은 광성과 원진수산 해변, 어은돌 해수욕장, 파도리 소치 해변 등 네 곳에서 집중적으로 기름을 제거했다. 온누리교회는 한 달여 계속된 봉사를 마친 후 지역 주민들을 초청해 '블레싱 태안' 잔치를 열어 피해를 입은 태안 주민들을 위로했다.

참고로, EM은 Effective Micro-organisms의 약자로서 몸에 유익한 친환경 미생물들의 집합 군을 말하는데, 오염된 환경을 정화시키는 것으로 알려져 있다. 2007년 서해안 기름 유출 사고 시에 사용된 EM 활성액은 당시 전주대학교가 학교 기업으로 연구 개발한 제품으로 오염 방제에 상당한 역할을 한 것으로 알려지고 있다. 전주대학교는 지금도 '에버미라클'이라는 친환경 제품을 생산하고 있다. 전주대학교는 학교법인 신동아학원에서 기독교 정신에 입각한 건학 이념으로 1964년 설립한 미션스쿨로서, 하용조 목사가 1999년 이사장으로 추대되어 학교 발전에 크게 기여한 바 있다. 이렇게 볼 때, 하용조 목사가 섬긴 온누리교회와 전주대학교는 2007년의 국가적 재난 극복에 큰 역할을 한 셈이다.

온누리교회는 2010년부터 램프온을 수시 긴급 재난 구조 기구에서 상시 사역 체제로 전환해 명실상부한 대사회 봉사 기구의 면모를 갖추었다. 그해 1월 12일, 카리브 해의 섬나라 아이티에 진도 7.0의 강진이 발생해 무려 17만여 명의 사상자가 발생하자 램프온이 긴급 구호에 참여하게 된다. 램프온은 1월 24일, 외과와 정형외과, 소아과 등의 의사와 약사로 구성된 긴급 구호 팀을 아이티로 파견해 매일 300여 명의 부상자를 치료하는 강행군을 벌였다. 한편 온누리교회 성도들은 1월 17일 주일예배 시에 아이티를 위한 비전헌금 1억 9,800만 원을 모아 아이티에 전달했다. 그 후 7월 16일에는 아이티를 위한 2차 긴급 구호 사역을 진행하기도 했다.

의료 선교 사역

: 온누리 의료기구 CMN 봉사 활동 가속화

• • •

하용조 목사의 긍휼 사역은 의료 선교에서도 많은 열매를 거두었다. 온누리교회는 교세만큼이나 사회 각 분야에서 일하는 실력 있는 전문인들이 풍부하다. 특히 의료 분야의 인력은 양적으로나 질적으로 대단한 수준이다.

평소 긍휼 사역에 있어서 의료 선교의 중요성을 강조해 온 하용조 목사는 의술의 달란트를 가진 성도들을 중심으로 의료선교회를 조직했다. 의료선교회를 모체로 온누리의료사역센터(OMMC)[34]와 온누리긴급재난구호팀(LAMP ON) 그리고 의료통합네트워크(CMN)[35] 등의 조직이 만들어져 국내외적으로 활발히 의료 선교에 힘썼다.

하용조 목사는 예수님이 지상 사역에서 복음의 선포와 함께 수많은 병자를 고치신 치유 사역을 본받아 교회 개척 초기부터 의료 선교를 중시했다. 교회 설립 4년 만에 첫 선을 보인 의료선교회는 육신의 고통을 당하는 이웃들을 찾아가 치유의 손길로 예수님의 사랑을 실천했다. 온누리의료선교 팀은 1989년 성도들 중에서 양의사와 한의사, 치과의사, 약사, 간호사와 일반 성도들이 모여 발족되었다.[36] 당시에는 사역이 비공식적으로 이루어지다가 1992년 정식 선교회로 조직되었다. 때를 맞추어 다인승 승합차가 마련되어 원근 각처를 돌며 환자들을 치료하고 복음을 전했다. 헌신하는 회원들이 날로 늘어나 점점 왕성한 활동을 하게 되어 새로운 팀이 늘어났다.

2000년 5월에 조직된 온누리의료선교 B팀은 의료 선교를 위해 모인 성도들로 자연스럽게 조직된 것이다. B팀은 2003년부터 매주 화요일마다 기도 모임을 갖고 매달 두 번째 주일에는 열악한 농촌 교회로 의료 선교를 나갔다. 2004년에는 팀 내에 찬양 중보 기도 모임이 시작되어 진료가 찬양과 기도로 은혜로운 분위기 속에서 진행되었다.

온누리의료선교 사역은 더욱 늘어나 2002년 봄, 교회 내 의료인들을 대상으로 열렸던 '의료인의 밤'에서 헌신을 다짐한 30여 명이 힘을 모아 C팀을 만들었다. C팀은 그해 6월 전북 순창 아웃리치를 시작으로 주로 농어촌 미자립 교회를 위해 봉사했다. 이 외에도 '라파 팀'과 '청년 안디옥 팀'은 국내에 있는 다문화 가족을 위해 섬겼다. 라파 팀은 교회 내 기관인 온누리 미션에 참석하는 외국인들을 대상으로 진료했으며, 청년 안디옥 팀은 근로자들이 집중돼 있는 인천과 안산, 수원의 다문화 가족 센터를 정기적으로 방문하며 사랑의 손길로 그들의 상처를 치유해 주었다.

온누리의료선교 사역은 D팀으로까지 확장되었다. 사실 D팀의 조직 시기는 B팀이 조직된 2000년과 비슷하다. 2000년 영어 예배부가 캄보디아로 아웃리치를 갔다가 필요성을 절감해 귀국 후 곧바로 의료 선교 팀을 꾸렸다. 그러고는 그해 겨울부터 매년 두 차례 캄보디아로 나갔다. 이 팀은 바자회를 열어 수익금으로 캄보디아 현지에 교회 두 곳을 세웠으며, 교회 자매 두 명을 한국으로 초청해 미용 기술을 배우도록 했다. 한 걸음 더 나아가 2005년에는 현지에서 치료가 힘든 환자를 한국으로 데려와 치료하기도 했다.

이렇듯 다양하고도 적극적인 사역을 펼친 의료 선교 팀은 2003년 'Acts29 비전 선포'를 전후로 해 사역의 지경을 더욱 넓혀 나갔다. 2000년에서 2002년까지 3년 연속 중국에서 펼친 의료 사역은 중국 당국을 감동시켰으며, 그 결과 그해 12월 단동 온누리교회가 중국 정부로부터 정식 외국인 교회로 인가를 받게 되었다. 2000년의 베트남 아웃리치 팀은 정부로부터 감사패를 받기도 했다.

앞에서도 언급한 바와 같이, 그동안 온누리의료선교 팀과 온누리의료선교센터로 나누어져서 사역을 해 온 온누리교회 의료인들은 2007년 4월 10일, 지원 팀과 함께 'CMN'(Christian Medical Network)으로 조직을 통합하고 재정비해 온누리긴급재난구호본부 '램프온' 산하 의료기구로 탄생하게 되었다. CMN은 현장 사역과 사이버 병원, 네트워크, 양육 사역이라는 네 개의 축을 중심으로 사역을 펼치고 있다.

현장 사역 팀은 Bee 팀과 마노아 팀, 마하나임 팀, 토브 팀, 여호수아 팀, 드림 팀, 라파 팀, 수원 팀 등 총 여덟 개의 팀이 모여 구체적인 의료 사역을 펼치고 있다. 이들은 각각 의사 팀, 치과 팀, 약무 팀, 간호 팀, 지원 팀으로 나누어 사역을 진행한다. 사이버 병원 팀은 홈페이지를 통해 선교사들의 질병을 상담하고, 선교사가 무료 혹은 저렴한 비용으로 내원 진료를 받을 수 있도록 제반 환경을 조성해 나가고 있다. 네트워크 팀은 2000선교본부, TIM 등 선교 기관과 제약회사, NPO 및 NGO 등으로 이루어졌다. 양육 사역 팀은 일대일 제자양육과 '십자가와 나' 등의 세미나와 강의를 통해 의료인 및 지원 팀의 영적 양육을 돕고 있다.

2007년 8월 20일에 열린 아웃리치 보고 및 단기 사역 설명회에서는 CMN의 중요한 비전이 선포되었다. 교육과 의료를 통해 캄보디아 재건에 집중하기로 한 것이다. 이 비전은 지난 1980년대 폴 포트(Pol Pot) 공산 정권의 민간인 200만 명 대학살 과정에서 지식인들이 대부분 사라져 국가 성장 동력을 상실한 캄보디아에 그리스도인 인재를 양성해 국가 재건을 돕는다는 내용이었다. 이를 위해 CMN은 2020년까지 캄보디아를 이끌어 갈 인재 300명을 양성한다는 구체적인 목표를 정하고 이 비전을 '블레싱 캄보디아 2020'으로 명명했다. CMN 현장 사역 팀은 '블레싱 캄보디아 2020'을 위해 매년 캄보디아로 아웃리치를 떠나 현지 교회 학생들의 교육비 지원과 프놈펜 시내 기숙사 건립, 우수 인재 외국 유학 후원 등을 중점으로 캄보디아 재건 사역에 힘쓰고 있다.

한국 의료 선교와의 연합에도 본격적으로 시동을 걸었다. 2007년 9월 14일 할렐루야교회에서 열린 10차 의료선교대회에서 80여 개 의료 선교 단체와 상호 비전을 공유했고, 2009년 2월 23일 스프링데이에서는 분당선교연합, 새문안교회, WAM, 지구촌교회 의료 선교 단체 등이 대거 참여한 가운데 의료 선교에 대한 비전을 나눴다. 2010년 2월 18일 열린 스프링데이 및 아이티 지진 사태 보고회에서는 영락교회와 동국제약, 글로벌비전뱅크, 한국의료선교협회 등 여러 단체가 참석한 가운데 아이티 복구 사업 및 구체적인 재건 계획을 검토했다.

'탈북민'을 도우며 통일을 준비하는 북한 선교
• • •

하용조 목사는 분단된 한반도의 복음 통일을 내다보며 일찍부터 북한 선교에 힘을 기울였다. 통일을 준비하는 온누리교회의 역사는 2003년 6월로 거슬러 올라간다. 당시 탈북민과 북한 선교에 사명감을 가진 청년 30여 명이 양재 온누리교회에 모여 시작한 기도 모임이 탈북민을 위한 사역의 출발이었다.[37]

이 기도 모임은 점차 이웃에 알려져 정든 땅을 두고 자유를 찾아 남한으로 내려온 탈북민에게 큰 위로와 용기를 주는 어머니 품이 되었다. 자유 대한의 품에 안겼지만 생면부지의 낯선 환경에 적응하기 어려워하는 탈북민들이 하나둘씩 모여들었다. 평소 북한 선교를 위해 기도해 온 성도들로 구성된 기도 모임은 '하나공동체'로 발전되어 본격적인 봉사 활동을 하기에 이른다. 하나공동체는 2005년 5월 서초구 양재동에 탈북자종합회관을 개관했는데, 이 자리에는 황장엽 전 북한 노동당 비서를 비롯해 탈북 사역의 선구자인 주선애 장로회신학대학교 명예 교수 등이 참석했으며, 하용조 목사가 북한 선교의 비전을 제시했다.

온누리교회는 2006년 4월 양재 '사랑의 줄잇기' 행사를 열어 얻은 수익금을 탈북민들에게 전달했으며, 2009년 9월에는 탈북민들의 한국 생활 적응을 돕기 위해 탈북민 정착 전문 기관인 하나원에서 홈스테이를 시작했다. 이 외에도 온누리교회는 하나공동체를 중심으로 '대중교통 이용 방법 교육', '의사 소통 방법 교육', '한국 문화 체험', '공부방 운영', '탈북민 청소년 장학금 지원' 등으로 탈북민을 돕기 시작했다.

하나공동체와 탈북민종합회관을 주축으로 탈북민에게 그리스도의 사랑을 전하자 곳곳에서 전도의 열매가 맺히기 시작했다. 탈북민으로서 중국에서 만난 선교사를 통해 목회의 비전을 품고 하나공동체를 섬기게 된 마수현 전도사를 비롯해 신학을 공부하는 청년들과 정치학을 공부하는 청년들이 속속 나오게 되었다. 이들은 통일이 되면 고향으로 돌아가 교회와 하나님 나라를 세우는 일에 귀하게 쓰임 받게 될 것이다.

2010년을 맞아 탈북민종합회관은 명칭을 '한터'로 변경하고 양재동에서 강서구 등촌동으로 장소를 옮겼다. 한터에서는 '예배와 각종 집회', '대안학교 및 공부방', '진학 및 취업 기술 제공' 등의 서비스를 제공하고 있다. 이처럼 온누리교회는 하용조 담임 목사의 북한 선교 비전에 따라 자유를 찾아 내려온 탈북민들을 도우며 그들에게 복음을 전하는 일에 최선을 다하고 있다. 온누리교회가 한터를 중심으로 보다 적극적인 탈북민 사역을 전개한 것은 하용조 목사가 소천하기 1년 전부터였다. 육신의 고통이 클 때 교회가 더 성장하는 것을 체험했다고 고백한 그에게는 병세가 깊을수록 동족 구원이 더 간절했던 것이다.

복음 통일을 위한 적극적인 NK 사역

• • •

우리는 앞에서 자유의 품을 찾아온 탈북민을 중심으로 전개한 북한 사역에 대해 살펴보았다. 온누리교회의 NK 사역은 북한 주민을 직접 돕는 현지 사역과 국내에서의 새터민 사역 및 후원으로 나눌 수 있다.[38] 북한 현지 주민을 돕는 국내 기관이나 단체가 대개 그렇듯이, 온누리교회도 현지 사역을 비공개적으로 진행하고 있다. 가령 냉면 프로젝트는 1996년 12월부터 시작했는데, 평양 만경대 소학교 학생들과 병원 그리고 노무자들에게 급식을 제공하고, 상황에 따라 밀가루와 옥수수 가루 등 급식 재료를 전달하는 방식이다. 1998년에 시작된 유아원(탁아소) 프로젝트는 황해도 사리원의 유아원에 영양 공급을 위한 필수 용품을 제공하는 등 조용한 구제 활동을 진행해 왔다. 한편 온누리교회는 순교자 자녀 학비 지원 프로젝트를 세워 2002년부터 순교자 자녀들을 위한 장학금을 지급하기도 했다.

이처럼 온누리교회의 새터민 사역은 국내 새터민 지원 사업 분야에서 모범이 되었다. 양재 온누리교회에서는 오후 2시에 드리는 새터민 예배 '하나공동체'를 마련하고 있으며, 한터에서는 새터민에 대한 훈련과 양육을 실시하고 있다. 이 밖에도 온누리교회는 탈북자 대안학교인 여명학교와 탈북자동지회를 후원하고 있다.

앞에서 말했듯이, 하용조 목사는 평안남도 강서군에서 출생한 실향 민이라 할 수 있다. 그래서 북한 선교와 긍휼 사역에 더 큰 관심을 갖게 되었는지도 모른다.

2011년 하용조 목사 소천 후 이재훈 목사가 하용조 목사의 후임으로 온누리교회 제2기 사역을 시작하면서 NK 사역은 한 걸음 더 전진하게 되었다. 2013년은 온누리교회가 더욱 힘을 모아 통일을 위해 무릎을 꿇 은 해로 기록된다.[39] 7월 4일, 온누리 모든 공동체는 임진각 평화누리공 원에 모여 남북한의 통일이 하나님의 뜻 안에서 이루어지기를 간절히 기도했다. 이 집회는 온누리교회 차원의 통일 한국을 준비하기 위한 것 이었다. 그날 비가 오는 궂은 날씨에도 온누리교회 성도 8,100명은 남북 한에 가로놓인 철책이 철거되도록 한목소리로 기도했다. 남북이 복음으 로 통일되기를 간절히 바라는 통회의 기도는 민족의 눈물처럼 내리는 빗속에서도 그치지 않았다. 동방의 예루살렘이라고 불리던 평양에 성령 의 바람이 다시 불고 북의 무너진 교회들이 회복되기를 한마음으로 간 구했다.

이 집회를 기점으로 온누리교회는 통일을 준비하는 구체적인 실천 을 하기 시작했다. 2013년 7월 한 달 동안 북한 사역 전문가들을 초청 해서 '수요 북한 선교 집회'를 개최했으며, 북한의 정치, 경제, 문화 등 7개 영역의 기도 제목을 나누었다. 그해 7, 8월에는 '블레싱 한반도'를 주제로 한반도 평화행진과 휴전선 기도 집회 그리고 DMZ 자전거 행 진, 순장 영성 수련회 등을 이어 가며 통일 선교에 필요한 만반의 준비 를 했다.

사회 복지 사역과 다문화 지원 사역

• • •

하용조 목사는 그동안의 구제와 사회 봉사 사업을 보다 더 효율적으로
시행하기 위해 1999년 '온누리복지재단'을 발족했다. 앞에서도 살펴보
았듯이 온누리복지재단은 예수향기회가 모체가 되었는데, 하용조 목
사의 비전에 따라 온누리교회의 사회 복지에 관한 폭넓은 사역을 감당
하고 있다.[40] 이 재단이 지금까지 감당해 온 주요 사역을 살펴보면 다음
과 같다.

> 1999년 장애인 보호 직업 시설 번동코이노니아를 시작으로 2002년 4월
> 용산노인종합복지관을 개원했다. 이 복지관은 전국 노인종합복지관 평
> 가에서 최우수 기관으로 선정되기도 했다. 그리고 군포시 하나로 청소
> 년 쉼터를 만들었으며, 2005년 8월에는 중풍 및 치매 노인들을 위한 동
> 부노인전문요양센터를 운영하게 되었는데, 이 요양센터는 서울복지재
> 단으로부터 우수 프로그램상을 받았다. 2006년에는 경기도 중부지역의
> 중증 노인성 질환을 가진 어르신을 돌보기 위해 용인시에 온누리요양센
> 터를 개원했으며, 이 센터는 제4회 대한민국 녹색대상에서 복지 시설로
> 는 유일하게 특별공로상을 받았다. 그리고 2009년에는 청파노인복지센
> 터를 개원하여 용산구 서부지역에 거주하는 노인들을 섬기기 시작했다.
> 이 센터는 전국 노인종합복지관 평가에서 최우수 기관으로 선정되기도
> 했다. 이 외에도 장애인, 노약자를 위한 저상버스 운영과 온누리가족나
> 무동산 조성에 힘을 기울였다.[41]

이처럼 다양한 온누리교회의 긍휼 사역은 한 영혼이라도 더 구원하

자는 하용조 목사의 사회 선교 철학에 따른 것으로, 이를 통해 기독교의 대사회적 이미지가 더욱 높아지게 되었다.

하용조 목사는 한국을 찾아오는 다문화 가족에 대한 선교야말로 국내에서 펼치는 해외 선교라는 인식을 가지고 다문화 가족 돕기와 선교에 힘을 썼다. 다문화 가족들의 한국을 찾는 추세가 증가하면서 온누리교회는 이들에 대한 전도를 본격화했다. 온누리교회는 지금까지의 다문화 가족 사역을 크게 4기로 나누고 있다.[42] 제1기 긍휼 사역기(1994-1996), 제2기 긍휼 사역에서 예배로(1996-1998), 제3기 예배에서 제자 양육 및 선교로(1998-2005), 제4기 100개 나라 예배개척 비전 선포(2006-2010) 등이다.

온누리교회가 다문화 사역을 본격적으로 시작한 해는 1994년이다. 1994년 11월, 온누리교회 성도들이 노방 전도와 심방 전도 등으로 알게 된 다문화 가족들을 직장이나 숙소로 찾아가 일대일 제자 훈련을 하기 시작했다. 하용조 목사는 1995년 3월 당회에서 다문화 사역을 '온누리미션'으로 부르기로 결정했다. 온누리미션의 초기 사역은 주로 쉘터(shelter)를 통한 긍휼 사역이었다. 제2기의 시작인 1996년에 접어들면서 나라별 예배가 시작되었다. 따라서 쉘터 중심의 사역에서 주일예배 중심으로 모임의 성격이 바뀌었다. 1996년 5월에는 미얀마어 예배위원회가 발족되었고, 1997년 1월부터는 다문화 가족 열린예배가 시작되었다. 열린예배 때는 친구 초청 잔치를 열어 무슬림이나 불교권의 소수 민족을 초대해 복음을 제시하고, 이들을 대상으로 성경 공부와 중보 기도를 했다. 1997년 4월에는 네팔어 예배가 개설되고, 1997년 5월에는 우르두어 예배위원회가 결성되었다. 7월에는 파키스탄인을 위한 원당 쉘터가 개설되고, 12월에는 몽골어 예배가 개설되었다. 2000년 2월에는 이란어 예배, 4월에는 러시아어 예배, 2003년 5월에는 인도어 예배 등이 활발하게 개설되어 온누리미션 예배는 점차 규모를 갖추게 되었다.

1998년부터 온누리교회의 '2천/1만 비전'에 따라 온누리미션이 다문화 가족들의 양육과 선교사 파송에 주력하기 시작했다. 각 예배별로 일대일 양육을 하면서 다문화 가족 훈련 학교를 통해 그해 6월부터 체계적인 일대일 제자양육을 시작했다. 다문화 사역인 온누리미션이 서서히 열매를 맺게 된 것이다. 특기할 것은 그동안 양육 받은 다문화 가족들이 본국으로 돌아가 교회를 개척하기 시작했다는 사실이다. 이 때문에 교회는 1999년부터 네트워크 중심으로 사역을 하게 되었다. 자국으로 돌아간 다문화 가족들에게 영적 양식을 공급하고, 사역자들에게 후원하는 일이 필요하게 된 것이다. 2005년에는 다문화 가족이 밀집된 안산에 미션센터를 열어 다문화 가족들에게 대화와 휴식의 장소를 제공하기도 했다.

마침내 온누리교회는 2006년을 맞아 '100개 나라 예배개척' 비전 선포를 하기에 이른다. 평소 자신을 전라도 사람도 아니고 서울 사람도 아니고 대한민국 사람이라고 말해 온 하용조 목사답게, 비록 대한민국을 찾아온 이방인들이지만 글로벌 시대에 한 인류요, 한 영적 가족이라는 철학을 보여 주는 비전 선포였다. 이에 따라 온누리미션에서는 안산 온누리 미션센터를 중심으로 예배학교와 거리 찬양 축제를 열면서 이주자 선교에 박차를 가했다. 매주 주요 언어권의 예배를 드리고 사명자를 발굴해 신학교 장학금을 지원하기 시작했다. 2009년 5월에는 국내 다문화 가족 선교의 효과적인 방향 제시를 위해 '이주자 선교학교'(M-Mission)를 개교했다.

온누리미션은 2009년 8월 15일 여의도순복음교회에서 열린 '한국 이주자 선교 엑스포'에서 그동안 온누리교회가 실천한 사역을 함께 나누었다. 이 행사에는 100개국 외국인 7천여 명과 한국인 3천여 명 등 1만여 명이 참가했는데, 온누리미션은 이주자 선교를 위한 '한국 교회 네트워크'를 구축했다. 그해 12월 19일에는 이주자 선교를 위한 후원의 밤 '땅끝 여행 축제'를 열었다. 이 자리에서 하용조 목사는 '100개 나라 예배개척'의 비전을 선포했으며, 참석자들은 국내 선교사로서 이주자 선교에 동참할 것을 결단했다.

앞에서 살펴본 바와 같이, 온누리교회의 다문화 가족을 위한 선교가 '100개 나라 예배개척'의 비전으로 발전하는 것을 볼 때, 하용조 목사의 목회 영역과 그 비전이 얼마나 넓고 큰 것인지 알 수 있다. 필자는 본 평전의 서장에서 하용조 목사를 '남들이 가지 않은 길을 개척한 파이어니어(pioneer)'라고 평가한 바 있다. 이 다문화 사역은 온누리교회의 주된 목회가 아니라 수많은 사역 중 하나다. 그럼에도 불구하고 하용조 목사와 온누리교회는 오직 이 사역을 위해 존재하는 것처럼 총력을 기울이고 있는 것이다.

이 땅의 많은 교회들이 다문화 가족 선교를 하고 있고, 이주 노동자를 위한 지원에 힘쓰고 있다. 그런데 하용조 목사는 이 사역이 100개 나라의 예배로 발전해야 한다는 큰 비전을 제시한 것이다. 100개 국가에 선교사를 파송하는 것도 중요하지만, 이 땅을 찾아오고 있고, 앞으로도 찾아올 수많은 국가의 다문화인들에게 복음을 전하기 위해 예배를 개척하자는 플랜은 참으로 놀라운 비전이 아닐 수 없다. 비전을 제시하는 것도 중요하지만 그 비전을 목회의 현장에서 실천하는 것은 더욱 중요한데, 하용조 목사는 남이 보지 못한 것을 보고 그것을 제시한 비전의 사람이요, 남이 가지 않은 길을 걸어간(열어 간) 개척의 사람이었다.

'더 멋진 세상'을 위해 지구촌 오지(奧地)를 가다

• • •

하용조 목사의 긍휼 사역은 그가 주님의 부르심을 받기 1년 전에 시작된 '더멋진세상' NGO 사역으로 절정에 이른다. 평소 온누리교회의 사회 선교가 지구촌의 소외 지역으로 나아가기를 원하며 기도해 온 그는 이 분야의 적임자인 김광동 장로에게 이렇게 부탁했다.[43]

> 장로님, 이제 곧 온누리교회 창립 25주년입니다. 그동안 우리 교회가 받은 하나님의 은혜가 큰데, 우리는 세상을 위해 한 것이 없어 부끄럽습니다. 재난 당하여 굶주리고 고통받는 우리 이웃들이 얼마나 많습니까? 인종, 종교, 이념, 지역 등을 초월하여 이웃을 섬기는 NGO를 만들어 주세요.

이때가 하용조 목사의 육신은 오랜 질고로 지칠 대로 지친 극한의 상태였다. 복음의 동역자요, 생의 동반자인 이형기 사모와 밤마다 남몰래 눈물로 통곡하며 기도하던 시절이었다. 그랬기에 그는 자신처럼 고통당하는 이웃에 대한 사랑을 멈출 수 없었는지 모른다. 온누리교회가 이 땅에 세워진 지 25년 동안 받은 은혜를 나누기 위해 국내외에서 수많은 긍휼 사역을 해 왔지만, 만족해서는 안 된다는 멈출 수 없는 사랑이 그를 가만두지 않았던 것 같다. 하용조 목사의 부탁을 받은 김광동 장로의 증언이 그렇다.[44]

> 2010년 여름, 하용조 목사님이 소천하시기 1년 전, 한마디 부탁으로 이 모든 일이 시작되었다. 하 목사님의 말씀은 선견지명이었다. 이 시대 그리스도인들은 예기치 않은 상황에 부딪히며 복음 전도에 변화를 요구

받고 있다. NGO는 선교의 새로운 지평을 여는 열쇠다. 지난 10년간의 사역이 그것을 증명해 주고 있다. 이제는 많은 교회가 NGO를 설립하여 지구촌 곳곳에서 활발히 사역하고 있으니 '예루살렘과 온 유대와 사마리아와 땅 끝까지'(행 1:8) 함께 전진할 동지들이 있음에 감사할 따름이다. 인생의 고비마다 말씀으로 격려해 주시고 '더멋진세상'을 맡겨 주신 고(故) 하용조 목사님을 존경하고, 목사님에게 깊이 감사하는 마음이다.

이렇게 시작된 NGO '더멋진세상'은 전 세계에서 가장 열악한 곳을 찾아가고 있다. 가난한 나라의 가장 가난한 마을을 찾아가 아이를 입양하듯 마을을 통째로 품고 자립할 힘을 얻기까지 총체적으로 지원하고 개발하는 사업을 펼치고 있다. 즉 한 마을이 깨끗해지고 부요해져서 더 멋진 마을로 거듭날 때까지 돕는 것이다.[45]

'더멋진세상'은 2020년 10월 현재 지구상에서 가장 열악한 지역인 아프리카, 서남아시아, 중남미 등지에서 24개국 27개 마을을 섬기고 있다. 이 사역을 섬기고 있는 김광동 장로는 지구상 가장 오지인 한 마을이 제 힘으로 온전히 서기까지 대개 다섯 단계의 섬김이 필요하다고 한다. 즉 1단계: 개척 단계(Pioneering), 2단계: 부모 단계(Parenting), 3단계: 친구 단계(Partnering), 4단계: 참여자 단계(Participating), 5단계: 이양 단계(Parting)가 그것이다.[46] 이처럼 편의상 'five G'로 표현할 수 있는 더 멋진 세상을 만들기 위한 섬김에는 개척자로서의 수고와 부모로서의 사랑과 친구로서의 협력을 다해 그들이 주체가 되기까지 적극적인 참여를 하며, 마침내 그들이 삶의 주역이 되도록 내어 주는 희생과 헌신이 요구되고 있다.

이 특수 사역을 앞장서서 섬기는 김광동 장로는 정치학을 전공한 외교관으로서 중앙아프리카공화국과 프랑스 파리, 스위스 제네바 등 주요 불어권 국가에서 10여 년간 근무하고, 주OECD 초대 공사, 주중국 공사, 주홍콩 총영사를 거처 주브라질 대사를 역임한 국제 통상 전문 외교관이었다. 이처럼 그는 탁월한 외교관으로서 전도가 밝은 시기에 하용조 목사를 통해 하나님의 부르심에 순종한 믿음의 사역자였다.

사실상 하용조 목사의 유언과도 같은 마지막 긍휼 사역인 '더멋진세 상'은 10년이라는 길지 않은 연륜에 수많은 일들을 감당해 왔다. 더욱 이 전 인류사적 재앙인 코로나19 사태 속에서 온누리교회 성도들과 이 재훈 담임 목사는 비상 기도 체제를 가동하며 지구촌의 가장 열악한 지역을 섬기는 특수 사역에 대한 새로운 영적 전략을 가지고 더욱 힘 있게 전진하고 있다.

온누리교회 사회선교본부 'Loving U' 공식 출범

• • •

우리는 앞에서 하용조 목사의 목회철학에 따라 온누리교회가 실천해 온 긍휼 사역을 개괄적으로 살펴보았다. 이와 같은 섬김과 봉사의 영 역이 확대되고 사역이 전문화됨에 따라 보다 체계적이고 전문화된 사 회선교본부가 2014년 1월 20일 공식 출범하게 되었다.[47] '행함으로 사 랑을 실천하는' 이 본부는 소외된 약자를 위해 포괄적이고 종합적인 긍휼 사역을 감당하자는 취지로 세워졌다.

이러한 전문적 기구의 조직화는 하용조 목사 소천 3년 만에 이루어 진 것으로, 후임 이재훈 목사에 의해 그동안의 사역을 성실히 실천해 온 결과였다. 필자는 온누리교회 목회 2기에 구체화된 사회 선교의 강 령을 담은 'Loving U'를 소개함으로써 생전에 하용조 목사가 온누리교회를 통해 실천한 긍휼 사역의 리뷰를 마무리하고자 한다.

사회 선교를 교회가 감당해야 할 사회적 책임으로 본 온누리교회는 '사회선교(Social Justice Ministry) 강령'을 다음과 같이 밝히고 있다.[48]

> 하나님 나라의 복음은 가난한 사람들에게 복음을 전하시고, 포로된 사람들에게 자유를, 못 보는 사람들에게 다시 볼 수 있음을, 억눌린 사람들에게 해방을 선포하시며 주의 은혜의 해를 선포하신 예수님을 통해 시작되었다.
>
> 하나님 나라의 복음을 부탁하신 주님의 뜻을 따라 온누리교회는 이웃과 사회 속에서 이미 보냄 받은 제자들의 공동체로서 1) 하나님의 공의가 이 땅에 이루어지도록 사회적 책임을 소중히 여기고 실천하며, 2) 이웃들 가운데 겸손히 빛과 소금으로 살아가며, 3) 주님께서 맡기신 은사와 자원을 소외된 이들에게 찾아가 신실하게 나누는 청지기가 됨으로써, 이 시대의 사회적 희망을 전하는 축복의 통로가 된다.

위에서 확인한 온누리교회의 '사회선교 강령'은 예수님이 이 땅에 와서 선포하신 '영혼의 자유와 해방 선언문'이라고 할 누가복음 4장 18-19절 말씀에 기초해서, 하용조 목사가 생전에 균형 있게 추구한 교회 사역과 대사회 사역, 달리 표현하면 영혼 구령 사역과 이웃을 섬기는 긍휼 사역 중 후자에 대한 교회적 차원의 다짐이자 선언이다. 생전에 하용조 목사는 교회를 찾아오는 영혼들을 말씀으로 먹이는 복음 사역과, 교회가 세상으로 나아가 이웃을 섬겨야 할 긍휼 사역을 동일한 목회 사역으로 알고 균형 있게 실천했다. 온누리교회 제1기를 이끈 하용조 목사의 긍휼 사역은 제2기를 이끄는 이재훈 목사의 사회 선교로 이어져, 책임과 봉사의 차원에서 보다 폭넓은 영역을 담아내고 있다.

'Loving U'를 통해 활발히 전개되는 사회 선교 운동

• • •

이러한 사회 선교의 사명을 효과적으로 감당하기 위해 온누리교회 사회선교본부를 발족한 이재훈 담임 목사의 취지를 들어 보자.[49]

> 온누리교회는 하나님의 선교를 위해 태어난 교회입니다. 그러므로 우리는 '선교하는' 교회를 넘어 '선교적' 교회를 지향해야 합니다. 단순히 선교사 파송과 후원에 그치는 것이 아니라 모든 성도가 만인 선교사직을 감당하는 교회가 되어야 합니다. 하나님의 자녀들은 이 세상으로부터 구원받은 자들인 동시에 이 세상으로 이미 보냄 받은 선교사들입니다. 우리는 '땅 끝'뿐만 아니라 우리가 속해 있는 지역사회도 선교 현장으로 이해할 필요가 있습니다. 이 세상을 향해 파송된 교회는 세상에 무관심할 수 없습니다. 선교의 목적은 교회 자체의 확장이 아니라 세상 속에서의 하나님 나라 구현이기 때문입니다. 온누리교회의 사회선교는 예수께서 전하신 하나님 나라 복음을 통해 하나님의 공의를 행하고 긍휼한 마음으로 겸손히 하나님과 동행하고자 합니다(미 6:8). 하나님의 공의는 하나님의 사랑에서 흘러나오는 공평함이며 이 세상을 정의롭게 변화시키는 은혜의 공의입니다. 예수님께서 삶으로 보여주셨듯이 우리 모두는 사회적 약자들에게 관심을 기울이고 고통받는 자들을 찾아가 관계를 맺으며 진정한 이웃 사랑을 실천하는 사람들이 되어야 합니다. 일상의 삶 자체가 하나님의 선교 현장임을 인식하며 선교의 지평을 넓혀 가

는 온누리교회 성도들이 되기를 바랍니다. 사랑하고 축복합니다.

이러한 취지와 목적으로 긍휼 사역에서 거듭난 사회선교본부는 2015년 들어서 'Loving U'라는 캠페인을 시작했다. 참고로, 'Loving U'에서 'U'는 'Uncomfortable'(불편함을 낮아짐의 시작으로 보고 감수하는 것), 'Unfamiliar'(익숙함을 포기하고 낯선 이들에게 다가가 관계를 맺는 것), 'Unsafe'(하나님의 공의를 실천하기 위해 나의 안전지대를 벗어나는 것)를 의미하는 것으로서, 이 'Loving U' 캠페인을 통해 '행복한 불편함'을 온 성도들이 감내하자는 깊은 뜻이 담겨 있다고 한다.[50]

이러한 정신에 따라 온누리교회 성도들은 이 운동이 출범한 4월 12일과 10월 4일 교회 창립 30주년 기념 주일에 대중교통을 이용하자는 취지의 '차 안 가져오기' 운동부터 실천했다. 아울러 사회선교본부는 교회적인 실천 과제를 매월 새롭게 제시하고 있다. 특히 2015년에는 청년 실업 대란의 어려운 시대를 당한 젊은이들에게 희망을 주는 '2015 Living U 청년벤처대회'를 개최하기도 했다. 이는 온누리교회 사회선교본부와 크리스천CEO포럼(CCF)에서 주최한 사역으로, 청지기 의식과 사회적 기업가 정신을 가지고 성경적 원리로 세상을 변화시키기 원하는 청년들을 발굴, 육성하자는 취지에서 시작되었다.

이처럼 온누리교회는 사회 선교의 사회 봉사 영역에서 '열린나눔장터' 개설과 '서빙고 농어촌선교', '양재 농어촌선교', '서빙고 이웃사랑', '양재 이웃사랑', '서울역 희망공동체' 등 다양한 운동을 전개하고 있으며, 사회 화합을 위해서는 각종 '문화 사역'과 '맘앤맘스', '아트비전', '은빛날개', '새사람 사역', 'J Home'[51] 사역들을 감당하며 사도행전적 '바로 그 교회'의 사회적 선교를 실현하고 있다.

1. 하용조, 《사도행전적 교회를 꿈꾼다》, p. 136.
2. 위의 책, p. 149.
3. 위의 책, p. 190.
4. 위의 책, p. 138.
5. 위의 책, p. 151.
6. 위의 책, pp. 193-194.
7. 위의 책, pp. 195-196.
8. 위의 책, p. 34.
9. 위의 책, p. 35.
10. 위의 책, p. 36.
11. 위의 책, pp. 44-45.
12. 위의 책, p. 45.
13. 위의 책, p. 194. 앞에서도 언급했듯이, 하용조 목사는 봉사와 섬김 달란트를 받은 부목사가 마음껏 그 사역을 할 수 있도록 평소 조용히 실천해 온 교회의 대외 긍휼 사역을 전담하는 부서로 '사회선교회'를 조직했다.
14. Henlee H. Barnette, *Crucial Problem in Christian Perspective*(Philadelphia: Westminster Press, 1970), p. 21.
15. 하용조, 《사도행전적 교회를 꿈꾼다》, p. 45.
16. 위의 책, p. 46.
17. 위의 책, p. 47.
18. Philip Sheldrake(ed.), *The New SCM Dictionary of Christian Spirituality*(London: SCL Press, 2005), p. 363.
19. 온누리교회 사회선교부 편, <온누리교회 사회선교> 안내 책자 참조.
20. 온누리교회 편, 《온누리교회 25년》, pp. 90-94.
21. 위의 책, p. 91.
22. 위의 책, p. 91.
23. 위의 책, p. 93.
24. 장로회신학대학교, 《재난과 교회: 코로나 19 그리고 그 이후를 위한 신학적 성찰》(서울: 장로회신학대학교출판부, 2020), 서문 참조.
25. 데럴 와킨스, 노영상 역, 《기독교 사회봉사 입문》(서울: 쿰란출판사, 2003), p. 57.
26. 온누리교회 편, 《온누리교회 25년》, p. 93.
27. 위의 책, p. 95.
28. 위의 책, p. 98.
29. 위의 책, p. 99.
30. 김성영, "기도와 노동의 영성으로 교회를 일깨우다", 국내 수도원 탐방 <1> 강원 태백시 '예

수원', <국민일보>(2004. 3. 1.) 참조.

31. 문성모, 《하용조 목사 이야기》, pp. 169-170.

32. 위의 책, p. 176.

33. 온누리교회 편, 《온누리교회 25년》, p. 101.

34. 온누리의료사역센터의 영어 명칭은 Onnuri Medical Ministry Community이며, 그 약칭이 OMMC다.

35. 의료통합네트워크의 영어 명칭은 Christian Medical Network이며, 그 약칭이 CMN이다.

36. 온누리교회 편, 《온누리교회 25년》, p. 103.

37. 온누리교회 편, 《온누리행전 30년》, p. 230.

38. 위의 책, p. 231.

39. 위의 책, p. 232.

40. 위의 책, p. 304.

41. 위의 책, p. 304.

42. 위의 책, pp. 280-283.

43. 김광동, 《세상 끝에서 만난 더 멋진 세상》(서울: 두란노, 2020), p. 8.

44. 위의 책, p. 9.

45. 위의 책, p. 11.

46. 위의 책, p. 11.

47. 위의 책, pp. 334-336.

48. 온누리교회 사회선교부 편, <온누리교회 사회선교> 안내 책자 참조.

49. 위의 책, 인사말 참조.

50. 김광동, 《세상 끝에서 만난 더 멋진 세상》, p. 336.

51. 참고로, 'J Home'은 하나님이 우리를 입양하신 것처럼 가정이 필요한 아이들을 입양하고 위탁해 양육의 부모가 되어 주는 운동의 명칭이다. 명칭의 뜻은 'Joseph's House'(요셉의 집), 'Jesus Home'(예수님의 품)으로 제2의집, 제2의 가정이 된다는 의미다.

제4부

:

촛불처럼
다 태워서 드리다

제10장

문화 사역과 문서 운동

하용조 목사와 기독교 문화

세속 문화에 세례를 베푼 하용조 목사의 '문화 목회'
● ● ●

하용조 목사의 목회에서 두드러진 특징을 생각해 보면 사람들은 그의 '문화 사역'을 떠올리게 될 것이다. '문화 목회'라고 해도 좋을 법한 문화 선교의 사명을 중시한 그의 목회관은 하나의 특징이기보다는 한국교회의 보수적인 문화 풍토 속에서 하나의 개혁이라고 해도 좋을 것 같다. 그만큼 하용조 목사는 한국교회사에 구원의 복음과 생명의 문화를 균형 있게 전파한 개혁적인 목회자라고 할 것이다.

사실 현대 그리스도인의 신앙생활에서 가장 문제가 되는 것이 문화와의 갈등이다. 문화란 무엇인가? 그 개념을 사회과학적으로 정의하기에는 그 세계가 너무 광범위하다. 그러나 간단히 생각하면, 문화란 우리가 살고 있는 현실의 제반 양상이다.

교회는 우리가 살고 있는 현실의 한복판에 세워진 구원의 방주다. 성도는 구원받은 하나님의 자녀로서 교회 중심의 생활을 하지만, 현실을 살아가고 있다는 점에서 일반인과 다를 바 없다. 인류의 구원을 위해 현실 속에 세워진 교회는 그러나 현실에 물들거나 오염되어서는 안 된다. 마찬가지로 죄악 된 세상으로부터 구원받은 성도들은 현실에 안주하거나 타협해서는 안 된다.

그러나 오늘의 교회는 어떤가? 성경이 가르치는 생명의 문화로 이 사회를 정화시켜야 할 교회가 오히려 세속의 문화에 오염되고 있지는 않은지, 세속의 풍조에 휩쓸리고 있지는 않은지 정직하게 돌아보아야 한다. 오늘의 성도들은 또 어떤가? 그리스도의 좋은 군사로서 영적 싸움에서 승리해야 할 이들이 오히려 세속 문화를 지배하고 있는 마귀에게 패배하고 있지는 않은지, 세상에서 빛과 소금의 역할을 해야 할 하나님의 자녀들이 생명의 빛을 말 아래 숨겨두고 짠 맛을 잃어버린 소금으로 무기력한 삶을 살고 있지는 않은지 냉정하게 돌아보아야 한다.

여기에 교회와 성도의 이중적인 고민이 있다. 어거스틴이 《신국론》에서 일찍이 성찰한 바와 같이, 세속의 도성에서 하나님의 도성을 향해 나아가는 그리스도인의 투쟁이 오늘의 성도들에게도 동일한 과제인 것이다. 존 버니언이 《천로역정》에서 묘사한 기독도(크리스천)의 세속으로부터 천성을 향해 나아가는 천로(天路)의 역정(歷程)은 오늘의 우리가 가야 할 길인 것이다.

이런 점에서 현대 교회를 섬기는 목회자의 가장 큰 고민은 세속의 문화 속에서 성도들을 어떻게 지도할 것인가 하는 문제다. 그렇다고 목회자들에게는 교회와 현실 사이, 성(聖)과 속(俗) 사이에서 겪는 갈등이 없는가? 이른바 성(聖)과 속(俗) 사이에서 필자는 오랜 세월 신학 교육의 현장에서 다음 세대 목회자들이 될 신학생들을 가르치면서 한쪽 다리는 교회에, 다른 한쪽 다리는 세상에 두고 있는 젊은이들을 너무 나도 많이 만나 보았다. 아니, 그들의 안타까운 모습이 바로 나 자신의 모습이라는 사실을 깨달으며 깜짝 놀라곤 했다. 목회자의 실상이 이러할진대 평신도들은 어떻겠는가?

더욱이 심각한 문제는 오늘날 우리가 숨 쉬고 있는 문화가 과거 어느 때보다 세속화되어 있다는 사실이다. 카일(C. F. Keil)과 델리취(R. Delitzsch)가 그들의 주석에서 지적했듯이, 노아 홍수 전야보다 더 심각하게 죄악이 관영한 시대가 우리가 살고 있는 바로 오늘이다. 이처럼 전율스러운 세속 문화의 홍수 속에서 교회는 어떻게 구원의 방주로서 그 사명을 감당하며 주님의 몸을 거룩하게 지켜 나갈 것인가? 주님의 몸 된 교회의 지체인 성도들을 어떻게 세속의 문화로부터 지켜 낼 것인가? 아니, 한 걸음 더 나아가 세속의 문화를 변화시키는 승리의 교회로 만들 것인가? 세속의 문화를 이기며 그리스도의 빛과 소금이 되는 성도들을 양육할 것인가? 이 난제는 예수님이 심판의 주로 재림하실 때까지 지상의 교회가 감당해야 할 과제가 아닐 수 없다.

교회 사역과 문화 사역을 동일하게 중시하다
● ● ●

필자는 이처럼 심각한 교회의 문화적 사명과 과제를 전제로, 하용조 목사가 온누리교회를 통해 실천한 문화 사역을 살펴보려고 한다. 먼저 전제해 두는 것은, 하용조 목사의 목회관은 교회를 통한 복음 전도와 문화를 통한 복음 사역을 다 같이 중요하게 생각했다는 사실이다. 일찍이 온누리교회의 목회를 연구한 문성모 박사는 "하용조 목사는 사람을 변화시키는 복음과 더불어, 세상을 변화시키는 문화에 대한 조화와 균형감각을 가지고 목회하고 있다"고 지적한 바 있다.[1]

그런데 하용조 목사는 문화 사역을 함에 있어 세속 문화에 피동적인 자세가 아니라 능동적인 자세를 취했다는 점에 주목해야 한다. 말하자면 세상의 도전에 대한 교회의 응전을 수세적이거나 피동적으로 하지 않고 적극적이고도 능동적으로 했다는 것이다. 하용조 목사의 이러한 실천은 이른바 문화변혁적인 관점에 의한 것으로, 이 장의 말미에서 성경적인 문화관에 대해 문화 신학자 리처드 니버(Helmut Richard Niebuhr)가 제시한 문화 유형과 비교해 보겠다.

하용조 목사의 복음을 위한 사역은 교회라는 정형적인 선교에 앞서, 문서 선교를 기초로 한 비정형적인 문화 선교로부터 시작했다고 할 수 있다. 구체적으로 설명하자면, 그는 1980년 문서 선교 기관인 두란노서원을 설립하고, 그로부터 5년 후인 1985년 온누리교회를 개척했다. 물론 목사 안수를 받은 1976년에 연예인교회를 시작한 것을 감안하면 교회 사역이 먼저라고 할 수 있다. 그러나 그의 연예인교회 사역은 온누리교회를 통한 본격적인 목회를 위한 준비 과정이었다.

하용조 목사가 교회 사역과 문화 사역을 동시에 중시하여 등가(等價)의 사역으로 생각한 것을 우리는 그의 두란노서원 설립과 관련한 다음과 같은 언급에서 확인할 수 있다.[2]

> 교회는 처치(Church)이고, 두란노서원은 파라처치(Parachurch)이다. 나는 지금도 실험 중이다. 한국 사회에서 처치와 파라처치가 어떻게 공존할 수 있는가? 그것을 처음으로 시도한 것이 바로 온누리교회와 두란노서

원이다.

그는 계속해서 "선교 단체는 선교 단체고, 교회는 교회다. 교회에서 어떻게 출판을 할 수 있는가? 교회에서는 어렵다. 그것은 두란노서원과 같은 단체에서 할 수 있는 일이다. 또 두란노서원이 할 수 없는 것이 있고, 교회가 할 수 있는 것이 있다. 나는 이 두 가지가 절묘하게 조화를 이루는 모델을 만들고 싶었다"며 처치와 파라처치의 조화와 역할 분담을 꿈꾸었다고 말한다.[3] 그러면서 예전에는 교회 장로님들이 그가 교회에만 전념하도록 두란노서원을 포기하거나 다른 사람을 시키면 좋겠다고 말했다면서, 두 기관의 양립의 어려움을 실토하고 있다. 그러나 하용조 목사는 "둘 다 그만둘 수가 없었다. 둘 다 사랑하는 내 자식이기 때문이다"라고 역설한다.[4] 그가 복음 전도를 위해 얼마나 처치 사역과 파라처치 사역을 동일하게 중시했는지를 여실히 보여 주는 대목이다.

이 진술에서 확인할 수 있듯이, 하용조 목사의 목회는 처치에 앞서 시작한 파라처치와 처치의 공존을 위해 노력한 흔적이 역력하며, 처치인 온누리교회와 파라처치인 두란노서원을 복음 사역의 두 축, 또는 두 기둥으로 봄으로써 이들이 복음을 위해 저마다의 역할을 감당하고 있다고 본 것이다. 필자가 본 장(章)에서 살펴보는 온누리교회의 문화 사역은 앞에서 하용조 목사가 언급한 바와 같이 처치와 파라처치의 문화 사역 전반에 관한 것임을 밝힌다. 생전에 그의 문화 사역은 온누리교회(Church)와 두란노서원(Parachurch)을 망라하고 있기 때문이다.

두란노서원의 설립으로 본격화된 문화 사역

• • •

하용조 목사가 두란노서원을 설립하게 된 것은, 그가 영국에서 훈련을 받을 때 존 스토트 목사가 세운 런던 인스티튜트(Institute)를 다닌 것이 계기가 되었다고 한다.[5] 런던 인스티튜트는 시내 중심지에서 낙태와 포르노, 범죄, 심리학, 상담 등 각 분야의 전문인들이 사회 전반의 이슈들에 대해 기독교적 대안을 제시하는 기관이었다. 그곳은 복음에 따르는 사회적 책임에 대한 조화와 균형을 주로 연구하고 공부하는 기관인데, 하용조 목사는 그곳에서 연구하면서 많은 도전을 받게 되었다고 한다. 특히 이러한 각 분야의 연구를 취합해 문서로 만들어 선교하는 시스템이 인상적이었다. 그래서 그는 "서울에 가면 이것보다 더 좋은 걸 만들어야지" 하고 다짐하게 되었으며, 그렇게 해서 만든 것이 바로 두란노서원이다.[6]

한편, 하용조 목사는 온누리교회를 개척한 해인 1985년에 기독교 복음 월간지 〈빛과 소금〉을 창간함으로써 다시 한 번 처치를 통한 정형 목회와 함께 파라처치를 통한 비정형 목회를 동일한 복음 전도의 거룩한 그릇으로 인식하고 있음을 보여 주었다.

그 무렵 필자가 하용조 목사의 파라처치 사역을 위한 미팅에 참석한 적이 있는데, 그것이 바로 〈빛과 소금〉 창간을 위한 준비 과정에서였다. 당시 필자는 한국대학생선교회에서 문서국장 겸 〈CCC편지〉(한국대학생선교회) 편집주간으로 사역하고 있었다. 두란노서원의 문서 사역을 통해 한국 교회에 한창 신선한 바람을 일으키고 있던 하용조 목사가 어느 날 CCC를 찾아와 필자에게 기독교 월간지 창간에 대한 조언을 부탁했다. 그래서 1985년 초 필자는 신촌 이화여대 후문 근처의 사무실에서 〈빛과 소금〉 창간 준비 팀과 만나 진지한 토론을 했었다. 필자의 조언이 얼마나 도움이 되었는지는 모르지만, 얼마 후 〈빛과 소금〉 창간호가 나왔다. 〈빛과 소금〉은 한국 교회를 대표하는 복음 월간지로서의 그 위상뿐만 아니라, 우리나라 잡지계에서 〈뿌리깊은 나무〉(뿌리깊은나무)와 함께 편집과 내용 면에서 수준 높은 정기 간행물로 화제를 모았다. 이처럼 하용조 목사는 일찍부터 기독교 문서의 영향력을 대사회적으로 넓혀 나가고 있었다.

온누리교회에서 편찬한 《온누리교회 25년》은 하용조 목사의 문화를 통한 복음 전파에 대해 이렇게 기록하고 있다.[7]

> 두란노 사역은 한국 기독교계에 큰 영향을 주었고 한국 교회가 문화사역을 새롭게 바라보는 계기가 되었다. 하용조 목사는 연예인교회를 섬길 때부터 잡지에 대한 꿈을 가지고 있었다. 〈뿌리깊은 나무〉와 〈문학사상〉에 도전을 받고, 이런 잡지를 만들기 위해 애썼지만 정부에서 허가해 주지 않아 포기했었다. 하지만 영국에 가서도 그 꿈을 포기하지 않고 잡지에 대한 자료를 모았다. 귀국 후 정부 관계자를 만나 결국 허가를 받아냈다. 정부에서는 기독교에만 잡지 허가를 해 줄 수 없으므로 가톨릭에는 〈생활성서〉, 불교에는 〈금강〉이라는 잡지를 동시에 허가해 주었다. 그렇게 해서 〈빛과 소금〉이 탄생했다.

〈빛과 소금〉으로 문서 선교의 새 시대를 열다

● ● ●

이렇게 창간된 〈빛과 소금〉은 하용조 목사가 연예인교회를 사임하고 받은 사례금 800만 원으로 시작한 두란노서원에서 발간되었다. 1980년 신촌의 작은 사무실에서 시작한 두란노서원은 월세를 내지 못해 집주인으로부터 문을 폐쇄당하는 초창기의 어려움을 감내해야 했다. 지속적인 국가 경제의 침체 끝에 찾아온 IMF의 외환위기 등 숱한 시련을 이겨내며 문서 선교의 사명을 꿋꿋이 감당하고 있는 것은 전적으로 하나님의 은혜라고 하용조 목사는 지난날을 회고했다.[8]

〈빛과 소금〉은 1985년 창간 당시 기독교 정기 간행물 중에서는 드물게도 평신도를 위한 잡지였다. 그 후 많은 기독교 월간지들이 생겨나면서 목회자들과 평신도의 선택의 폭도 그만큼 넓어지게 되었다. 그런 가운데 〈빛과 소금〉은 교회와 평신도를 세우는 신실한 문서 동역자로서 기독교 문화를 폭넓게 담아냈다. 교회의 현실에 대한 비판보다는 문제 해결의 대안을 제시하며 분열과 상처가 있는 곳에 화해와 치유의 매체로 다가갔다.

창간 13년이 되는 1998년 12월을 기점으로 〈빛과 소금〉은 '하나님과 함께하는 행복한 마음 산책'이라는 신앙생활의 실질적인 콘셉트를 정하고 표지 디자인과 내용 등을 재창간의 정신으로 전면적인 개편을 단행하게 된다.[9] 이러한 시도는 일반 평신도와 비신자들에게 보다 분명한 초점을 맞추어, 그리스도인만을 위한 전문지뿐만 아니라, 일반인들에게 진정한 위로와 희망을 주는 내용을 담아 세상으로 한 걸음 더 가까이 나아가자는 하용조 목사의 문화 마인드에 의한 것이었다. 그러니까 기독교 문화를 보다 적극적으로 세상에 전파하기 위한 전략이었던 것이다. 그러기 위해서는 경직된 교리와 설교의 틀을 벗고 세속의 문화에 찌든 사람들에게 성경이 증언하는 생명의 문화 이야기로 다가가자는 의도였다.

또한 두란노서원에서는 성도들에게 매일매일 생명의 양식을 전하기 위해 1987년부터 큐티 잡지인 〈생명의 삶〉을 발간해 교파를 초월한 한국 교회 성도들에게 사랑을 받고 있다. 〈생명의 삶〉은 1985년 5월 〈빛과 소금〉의 부록 〈생명의 양식〉이라는 이름으로 첫 선을 보인 후 1987년 11월부터 〈생명의 삶〉으로 제목을 바꾸어 매월 발간되고 있다. 현재 〈생명의 삶〉의 활용서인 〈생명의 삶+PLUS〉를 비롯해 영어판 〈Living Life〉와 일본어판 〈リビングライフ〉, 대만판 〈活潑的生命〉을 간자체와 반자체 두 종류로 발간, 스페인어판 〈Tiempo con Dios〉를 발행해 생명의 말씀을 사모하는 영혼들에게 소중한 양식을 제공하고 있다.

2007년에는 남미 두란노(Duranno Latina)가 설립되어 콜롬비아 현지에서 문서 선교 책자를 인쇄하는 시설을 갖춰 스페인어권 복음주의 교회에 스페인어판 생명의 삶 〈Tiempo con Dios〉를 더욱 활발히 보급하게 되었다. 하용조 목사는 두란노 문서 사역을 더욱 확장하기 위해 러시아어와 포르투갈어 등 다른 주요 국가의 언어로도 보급할 계획을 세우게 된다. 이 꿈은 그가 소천 후, 2011년에 〈생명의 삶〉 파키스탄어판을 시작으로 2013년에는 태국어판이, 2014년에는 포르투갈어판이 계속 나오게 된다. 그뿐 아니라 군대와 교도소 등 특수 선교용도 발간하게 된다. 또한 2007년에는 6월부터 〈큰 글자 생명의 삶〉을 창간해 그동안 작은 글자로 큐티에 불편을 겪은 노인 계층과 시각장애인들의 고충을 해소했다. 아울러 1989년 어린이들의 큐티 생활을 돕기 위해 〈예수님이 좋아요〉를 창간했으며, 청소년 전용 큐티 잡지 〈새벽나라〉를 1992년에 창간하는 등 한국 교회 성도들이 말씀 묵상을 생활화할 수 있도록 적극 지원해 나갔다. 하용조 목사의 이러한 헌신적 노력은 '두란노 천만큐티운동'으로 발전해 초교파적인 영향을 끼쳤다.

또한 두란노서원은 독자들의 다양한 요구에 부응하기 위해 어린이 신앙 도서 전문 브랜드인 '두란노키즈'를 개발했다. 그뿐 아니라 성경적인 세계관으로 영향력 있는 세상의 리더십을 세워 가는 경제경영 브랜드 '비전과 리더십' 그리고 지쳐 있는 현대인들에게 희망과 용기를 주기 위한 브랜드 '꽃삽'을 개발했다.[10]

'경배와찬양'으로 새로운 예배 문화를 선도하다
• • •

하용조 목사는 두란노서원 설립 30주년이 되는 2010년을 맞아 두란노를 통해 문화 사역의 영역을 교회와 사회에 더욱 넓혀 가기 위해 원고료 1억 원의 '두란노 문학상' 작품을 공모했다. 주님 오시는 그날까지 교회와 성도를 세우는 문서 선교를 감당할 두란노서원은 설립자 하용조 목사가 소천한 2011년 8월 현재 3천여 단행본과 〈목회와 신학〉, 〈빛과 소금〉, 〈생명의 삶〉, 〈생명의 삶+PLUS〉, 〈새벽나라〉, 〈예수님이 좋아요〉, 〈예수님이랑 나랑〉 등 수종의 잡지를 발행하며 이 땅에 생명의 복음과 함께 문화 선교 및 문서 사역을 통해 기독교 문화를 세상에 널리 확산시키고 있다.

이처럼 활발한 문화 사역으로 말미암아 온누리교회가 초기에는 다른 교회 성도들이나 일반인들에게 '두란노교회'나 '경배와찬양교회'로 더 알려지기도 했다. 여기서 '경배와찬양교회'로 알려지게 된 것은 하용조 목사가 1993년부터 도입한 경배와 찬양이 한국 교회에 큰 선풍을 일으킨 데서 기인한 것이다. 그만큼 하용조 목사가 이끄는 문화 사역이 한국 교회 목회자와 성도들에게 끼친 영향이 어느 정도인지를 가늠케 하는 에피소드다. 그가 우리나라에서 최초로 실시한 경배와 찬양 예배와 열린예배에 대해서는 그의 목회 사역 중 '예배'를 조명하면서 이미 다루었으나, 기독교 문화의 관점으로 본 장에서 다시 한 번 살펴보겠다.

하용조 목사가 오래 준비한 '경배와찬양'이 태동한 것은 1986년 영국에서 사역하던 하스데반 선교사가 온누리교회 음악 담당 목사로 부임하면서였다. 1986년 9월, 온누리교회는 개척 초기부터 통합 운영해 온 대학부와 청년부를 나누어 새로운 공동체로 출발하게 된다. 그리고 그 무렵 짐 그레이엄 목사가 시무하는 영국의 골드힐교회에서 전도사로 시무하던 하스데반 선교사가 귀국해 대학부를 맡게 된다. 골드힐교회는 20-30대의 성도들뿐만 아니라 50-60대 기성 교인들도 탬버린 등 악기에 맞춰 박수를 치며 찬양하는 교회였다. 온누리교회의 '경배와 찬양' 예배는 이 교회에서 사역했던 하스데반 선교사에 의해 시작되었다. 당시의 상황을 하용조 목사는 "[나와] 유학 생활을 함께하기도 했던 하스데반 선교사가 귀국하면서, 온누리교회 대학 청년부 내에 '경배와찬양'이라는 찬양 팀이 만들어졌다"고 술회하고 있다.[11] 1987년 서빙고 온누리교회 본당에서 시작된 목요 찬양 모임은 '두란노 경배와찬양'이 되었다가 오늘날의 '올네이션스 경배와찬양'으로 발전하게 되었다.[12]

88서울올림픽을 맞아 사회로 파급된 '경배와찬양'

● ● ●

'경배와찬양'은 1988년 서울올림픽을 맞아 대학로에서 집회를 열면서 일반 시민들까지 참여하는 멋진 기독교 문화의 장이 되었다. 우리가 알듯이, 종로5가를 위시한 대학로는 젊은이들이 모여 세상의 온갖 문화를 즐기는 장소다. 그런 세속 문화의 한복판에 기독교 문화는 발붙이기 어렵다는 고정 관념을 깨고 온누리교회의 '경배와찬양'은 불신자들의 영혼을 울리는 '거리의 예배'로, '찾아가는 교회'로 큰 파장을 일으켰다. 세파에 시달리고 세속 문화에 염증을 느낀 공허한 현대인들에게 온누리교회의 '경배와찬양'은 세상 그 어디에서도 맛보지 못한 감동과 신선한 충격을 선사했다.

중요한 것은, 기독교 문화도 세속 문화의 도전에 충분히 응전할 수 있다는 자신감을 얻게 되었으며, 특히 방황하는 젊은이들을 예수 그리스도의 사랑으로 얼마든지 변화시킬 수 있다는 영적 승리의 확신을 갖게 되었다는 점이다. 그 실제적인 증거가 온누리교회의 목요 '경배와찬양'에 참가하는 젊은이들의 수가 가히 폭발적으로 늘어났다는 사실이다. 1980년대 말, 당시 온누리교회에 일반 성도 1천여 명이 모일 때 '경배와찬양' 목요 집회에는 4천여 명의 젊은이들이 모여 찬양으로 예배를 드렸다며 하용조 목사는 당시의 '경배와찬양'에 대한 폭발적 반응을 이렇게 회고한 바 있다.[13]

찬양과 기도와 메시지 선포가 한데 어우러진 이 찬양 집회는 예배의 새로운 패러다임이 되었다. 이 팀이 매주 목요일 '경배와찬양' 집회를 열고, 한국에서는 처음으로 워십 찬양 집회를 선보였다. 한국 교회는 열광했다 … 그때 매주 목요일, '경배와찬양' 집회가 끝날 무렵이면 교회에 주민들의 항의 전화가 빗발치듯이 걸려 오곤 했다. 온누리교회에서 서빙고 전철역에 가려면 신동아 아파트 단지를 지나갈 수밖에 없었는데, 집회에서 성령 충만을 받은 젊은이들이 찬양을 부르고 기도를 하며 움직였으니 주민들의 항의에 시달릴 만도 했다.

이렇게 해서 한국 교회에는 '찬양 집회'라는 단어가 생기기 시작했다. 교회들마다 강단에 악기를 설치하고 워십 찬양을 하는 문화 풍토가 급속도로 전파되기 시작했다. 그러나 이런 예배 문화의 변화가 처음부터 자연스럽게 받아들여진 것은 아니었다. 오히려 강한 거부감과 반발이 교회들 안에서 일어났다. 이런 거부 현상은 하용조 목사가 섬기는 온누리교회도 예외는 아니었다.

당시 온누리교회 청년들은 누가 시키지 않았는데도 록이나 팝송 같은 대중음악 테이프를 없애며 예수님에게 자발적으로 헌신하는 등 새로운 예배 스타일에 뜨겁게 호응했다. 그러나 어른들은 달랐다. 어른들은 워십송을 무척 낯설어했다. 박수 치는 것조차 쑥스러워했다.

기성세대의 거부감을 극복한 경배와 찬양 문화

• • •

한국 교회 최초로 경배와 찬양 예배를 시도한 교회의 사정이 이러했으니, 젊은이들의 호응으로 이를 받아들인 여타 교회들의 사정은 더 심각했다. 어떤 교회는 장로님들이 강단 위에 악기 올려놓는 것을 용납할 수 없다고 완강하게 반대해서 어른 예배 때는 악기를 철수했다가 청년 예배 때 악기를 다시 세팅하는 촌극이 벌어지기도 했다. 그만큼 당시 우리나라 교회는 보수적이었다. 경건한 예배의 분위기를 헤치는 행위를 용납하지 않을 만큼 전통을 중시하는 분위기를 바꾼다는 것은 거의 불가능에 가까워 보였다.

1980년대 말에 시작된 하용조 목사의 새로운 예배 형태가 정착되기까지는 상당한 시간이 필요했다. 하용조 목사가 "그렇게 무려 7년이 흘러서야, 우리 교회의 어른들도 워십송을 부르고, 손을 들고 눈물을 흘리는 예배를 드릴 수 있게 되었다"고 술회할 만큼 그가 섬기는 온누리교회에서조차 경배와 찬양이 정착하기까지는 긴 시간이 필요했다.[14] 그 무렵 필자가 소속된 교단은 물론 초교파적으로 초청을 받아 여러 교회들을 가 보면 젊은 세대들과 기성세대 간에 예배의 문제를 두고 갈등하는 모습을 자주 목도할 수 있었다. 심지어 어떤 교회 목회자들이나 중직자들은 "도대체 경배와 찬양 예배에 대해서 어떻게 생각하느냐"는 질문을 던지며 불편한 심경을 토로하기도 했었다.

이런 경직된 한국 교회의 분위기 속에서 오늘날 경배와 찬양이 자연스러운 예배의 한 형식으로 정착되었으니, 그동안 하용조 목사에게 얼마나 많은 비판과 도전이 있었을지 상상하기 어렵지 않다. 수천 년 유불사상의 지층이 두꺼운 이 땅에 기독교 복음이 들어와 그 씨가 뿌려지고 싹이 나고 꽃을 피우기까지, 초기 선교사들과 선각자들은 얼마나 많은 기도와 땀과 눈물을 쏟았던가. 이에 비견하는 것은 무리일지 모르지만, 이 땅에 '경배와 찬양'이라는 새로운 기독교 문화를 심고 뿌리내리게 하기까지, 한 목회자와 그가 섬기는 한 교회가 쏟은 수고와 인내는 우리가 생각하는 것 이상이었을 것이다. 이런 점에서 하용조 목사의 기독교 문화 운동은 적극적이고 도전적인 것임을 알 수 있다. 그래서 필자는 하용조 목사를 기독교 문화로 세상을 변화시키기 위해 분투한 '문화 변혁자'로 보는 것이다.

이 예배를 도입할 당시 하용조 목사는 형식에 얽매인 예배의 틀을 벗어나 진정으로 뜨거운 예배를 드리고 싶은 간절한 심정을 가지고 있

었음을 그의 고백을 통해 확인할 수 있다.[15]

> 나는 어른 예배도 찬양 집회처럼 뜨겁게 드리고 싶었습니다. 우리 교회
> 성도들이 하나님 앞에서 마음 문을 활짝 열고 춤추고 박수 치며 다윗처
> 럼 예배를 드린다면 하나님이 얼마나 기뻐하시겠습니까.

캠퍼스로, 해외로 확산된 '경배와찬양'

• • •

대학로를 비롯한 거리의 '경배와찬양'은 1980년대 민주화 운동으로 뜨
거워진 대학가의 지성인들에게 영적으로 새로운 도전을 주어 교회를
찾는 계기를 마련해 주었다. 그뿐 아니라 온누리교회는 88서울올림픽
을 기해 일본에서도 '경배와찬양' 집회를 열었으며, 1990년 8월 장개석
광장에서의 대만 집회를 비롯해 1991년 2월 일본 동경 하라주쿠 집회
와 1992년 8월 대만 타이베이 경배와찬양 큰잔치 그리고 러시아 집회,
1994년 홍콩 경배와찬양 큰잔치 등 아시아와 유라시아 등지로 '경배와
찬양'의 물결을 확산시켜 나갔다.

한편, 이 집회를 보다 체계화하기 위해 1988년 '경배와찬양학교'를
개설했다. 그해 7월에 문을 연 제1기 경배와찬양학교에서는 악기 연주
법 등 음악에 대한 전문적인 기법보다는 예배의 본질에 대한 이해와
하나님과의 관계 회복 등을 주로 가르쳤다. 1990년에는 중고등부와 기
능인을 위한 학교로 운영했으며, 1992년에는 국내외로 급속도로 확산
되는 이 사역을 위해 '경배와찬양위원회'를 조직해 온누리교회 예배와
대외 집회를 적극 후원했다.

이런 가운데 1994년은 '경배와찬양'이 한 단계 도약한 해로 기록된다. '경배와찬양'의 비전을 가진 선교사들을 위한 ANI(All Nations Worship & Praise Institute) 훈련을 시작한 것이다. 하용조 목사의 이런 장기적 비전에 따라 대만과 홍콩, 싱가포르, 말레이시아, 중국, 일본, 미국 등지에 ANM 센터를 세워 '경배와찬양' 선교사들과 현지 스태프들을 훈련시켰다.

온누리교회는 1996년을 기점으로 성도 1만 명 시대를 열게 되는데, 이때부터 찬양을 사모하며 이 사역에 봉사하기를 원하는 평신도들이 본격적으로 일어나기 시작한다.[16] 그래서 이 귀한 자원들이 자생적으로 찬양 팀을 만들어 봉사하도록 분위기를 조성했다. 그렇게 해서 매주 예배를 돕는 아름다운 찬양 팀이 속속 만들어졌는데, '주찬양', '주사랑', '주의빛', '주기쁨', '주영광', '주함께', '주높임' 찬양 팀이 그들이다. 이들은 각 캠퍼스 성가대로 주일예배마다 성령님의 감동하심에 따라 주옥같은 찬양으로 하나님에게 영광을 돌리고 있다.

이 외에도 평신도가 주축이 되어 새 생명을 전하는 '온누리남성선교단'과 찬양하는 기쁨에 늘 청춘으로 봉사하는 '실버합창단', 자신의 고난과 기쁨 가운데서 만난 하나님을 찬양하는 '횃불남성합창단' 등이 국내외에 찬양의 물결을 일으키고 있다. 2010년 7월에는 서빙고 온누리교회 4부 예배를 섬기는 찬양 팀으로 '온누리워십콰이어'가 창단되었으며, 찬양 앨범도 속속 발매되었다. 2008년과 2009년에 발매된 온누리교회 예배 인도자들이 함께한 〈온누리워십〉 앨범과 열린예배 중창단 '브니엘'이 가수 강인원, 박강성의 노래와 하용조 목사의 설교를 담아 발매한 〈Come & Go〉가 그것이다. 이 외에도 여러 찬양 앨범을 속속 발매해 한국 교회에 보급함으로써 '경배와찬양'의 예배 문화 확산을 적극 지원했다.

사도행전 29장을 기록하는 〈온누리신문〉

• • •

하용조 목사가 성도들과 함께 꿈꾼 사도행전적 복음 사역은 온누리교회를 통한 처치 사역과 두란노서원을 통한 파라처치 사역이라는 두 날개를 가지고 개척 초기부터 균형 있게 전개되었다. 앞에서도 언급했듯이, 교회보다 5년 앞서 시작한 두란노서원을 중심으로 전개된 파라처치 운동은 문화를 통한 복음 운동이라고 할 것이다. 그런가 하면 그 후 1985년 온누리교회의 창립으로 시작된 처치 운동은 강단의 말씀을 통한 복음 운동이라 할 것이다.

우리가 본 장(章)에서 두란노서원의 문화를 통한 복음 운동을 살펴봄에 있어서 1994년 창간된 〈온누리신문〉이 갖는 온누리교회사적 위치와 문서 선교 차원의 의미는 남다른 데가 있다고 생각한다. 우리가 관심을 갖는 〈온누리신문〉은 교회 창립 9년 만에 정식으로 발행된 정기 간행물 성격의 교회 기관지다. 이 신문은 단순히 이 땅에 세워진 많은 교회에서 발행하는 기관지의 성격을 넘어서 온누리교회가 추구하는 사도행전적 교회로서의 사명을 기록하고 있다는 점에서 차원을 달리하고 있다. 즉, 하용조 목사와 성도들이 꿈꾼 교회는 사도행전 28장 이후를 계속 써 내려가는 교회로서 'Acts29'의 사명을 한시도 잊지 않고 있는데, 그러한 교회의 정체성과 목적을 담아내고 있는 역사 저널이 바로 〈온누리신문〉이라는 것이다.

〈온누리신문〉이 갖는 또 하나의 의미는 온누리교회의 복음 사역과 두란노서원의 문화 사역을 담아내는 문서 선교지로서의 역할을 충실히 감당하고 있다는 점이다. 유감스럽게도 1980년 두란노서원 설립 이후 13년여의 파라처치 사역과 1985년 교회 창립 이후 9년여의 처치 사역 역사는 하용조 목사의 저서와 설교집 그리고 교회 주보 등을 통해 그 발자취를 살펴볼 수밖에 없으나, 1994년 이후의 역사는 매주 발행되는 〈온누리신문〉을 통해 구체적으로 확인할 수 있어서 다행스럽다. 온누리교회는 〈온누리신문〉과 별도로《온누리행전 14년》(1999), 《온누리교회 20년》(2005),《온누리교회 25년》(2010),《온누리행전 30년》(2015)을 계속 편찬해서 온누리교회가 쓰고 있는 사도행전 29장과 하용조 목사의 목회 발자취를 기록하고 있다.

온누리교회가 〈온누리신문〉을 발행하게 된 내력에 대해《온누리행전 30년》은 다음과 같이 밝히고 있다. 하용조 목사가 1991년 하와이 안식년을 마치고 돌아와 '성령 목회'를 선포한 후, 초대교회와 같은 급성장이 가져온 문서 선교의 필연성을 확인할 수 있는 중요한 사례라 할 것이다.[17]

> 1994년, 출석 성도 6천여 명에 사역팀 44개로 온누리교회는 왕성하게 자라고 있었다. 이 무렵, 그동안 계속돼 오던 각 위원회 활동과 선교사 역 보고 시간이 없어졌다. 자연히 각종 보고서와 선교 편지는 주보에 간지로 삽입하게 되었다. 그러자 주보가 점점 두꺼워졌고 급기야 소책자 두께의 주보가 등장하게 되었다. 홍보위원회는 두꺼운 주보를 대신할 새로운 매체를 고민하기 시작했고, 기도 중에 온누리신문을 창간하기로 결정했다.

이처럼 성령의 폭발적인 역사로 하루가 다르게 새신자들이 몰려들 자, 교회 각 부서에서는 사역 보고보다 더 중요한 것이 초신자들을 환영하고 돌보아 주며 그들의 신앙이 자라도록 돕는 일이었다. 사도행전에 기록된 초대교회를 섬기던 사도들이 말씀을 듣고 몰려드는 신자들을 관리하기에도 시간이 부족해 구제의 일을 전담할 평신도를 뽑아 그 일을 맡기던 상황이 연상된다.

이렇게 해서 온누리교회 문서 선교지 〈온누리신문〉은 타블로이드판에 순 한글 가로짜기 신문으로 1994년 4월 3일 그 첫 호가 나왔다. 그 후 한 주간도 결호를 내지 않고 꾸준히 발행되어 하용조 목사가 소천한 8월 2일 전 주일인 7월 31일자로 제862호를 기록했는데, 이날에 전한 설교가 그의 마지막 사역이었다. 소천 다음 주일인 8월 7일로 나온 제863호에는 7월 31일 주일에 전한 지상에서의 마지막 설교 '변화산에서 생긴 일'(막 9:2-13)이 실려 있다. 그러니까 하용조 목사는 1994년 4월 3일 창간 이래 862호까지 17년 3개월의 온누리교회 사도행전을 〈온누리신문〉에 기록했으며, 1985년 교회 개척 이후 〈온누리신문〉이 없었던 9년간의 사도행전은 자신의 기도와 땀과 눈물로 기록해서 담았다.

온누리교회의 비전을 전파하는 문서 매체로

● ● ●

하용조 목사는 성도들에게 문서 선교의 중요성을 강조하면서 교회 신문을 격주 또는 매주 발행할 것을 홍보위원회에 당부했다. 이에 따라 홍보위원회는 편집위원회를 신설해 창간호는 월간으로 8면을 발행했으나 5월부터는 격주로, 6월부터는 주간으로 발행하기 시작했다. 4월 창간호부터 12월 8일까지 8개월간 8면을 발간하다가 그해 12월 15일부터는 16면을 발간하기 시작했으며, 1995년 5월 14일부터는 컴퓨터로 신문을 자체 제작하게 되었다.

하용조 목사 소천 후, 이재훈 목사가 2015년에 펴낸《온누리행전 30년》에서는 온누리교회 '2천/1만 비전' 선포와 〈온누리신문〉의 상관관계를 다음과 같이 기술하고 있다.[18]

온누리신문이 '2천/1만 비전' 선포에 앞서 1994년에 창간되었다는 것은 주목할 만한 일이다. 로마가 닦은 길을 따라 바울이 복음을 전파했듯이 2천/1만 비전은 온누리신문을 통해 온 누리 전체로 퍼졌다. 성도들은 온누리신문을 통해 한 마음으로 비전을 바라볼 수 있었고, 하나님의 인도하심을 따라 한 걸음씩 나아갈 수 있었다. 2003년 'Acts29 비전'이 선포되었을 때도 온 누리에 교회를 세워 가는 일꾼들의 삶을 기획 보도했다.

〈온누리신문〉이 '2천/1만 비전'에 앞서 창간된 것은 우연이 아니라, 온누리교회가 이 시대에 받은 사명을 보다 효과적으로 감당할 수 있도록 문서의 그릇을 마련해 주신 하나님의 은혜였다는 것이다. 더욱이 2003년 'Acts29' 비전을 위한 하나님의 준비하심이었다는 것이다. 온누리교회가 써 내려가는 사도행전 28장 이후의 사건을 다음 세대에 물려주기 위해 〈온누리신문〉은 그 기록 사역의 역할을 충실히 감당하고 있다. 한편 교회에서는 1994년 창간호부터 현재에 이르기까지 매년 발행된 신문을 축쇄판으로 제작, 보관하고 있는데, 이는 온누리교회의 사도행전적 사역에 관심을 갖고 있는 목회자들에게 교파를 초월한 귀한 자료로 활용되고 있다.

필자는 최근 교회로부터 축쇄판을 지원받아 그동안 우리가 미처 알지 못했던 하용조 목사의 헌신적 삶에 대한 소중한 이야기를 얻고 있다. 이와 함께 하용조 목사의 설교와 각종 사진과 자료, 온누리 주요 역사를 담은 단행본 《온누리행전 14년》, 《온누리교회 20년》, 《온누리교회 25년》, 《온누리행전 30년》 등은 온누리교회의 사도행전을 이해하는 데 중요한 자료다. 한편, 하용조 목사는 2009년 11월 1일을 기해 〈온누리신문〉 미주판을 창간했다. 이는 미주 지역 온누리교회 연합(OMA)과 미주 그리스도인 교민들의 요청에 의한 것으로, 매월 16면으로 제작해 미주 지역의 성도들에게 문서 전도지로 제공하고 있다.

또한 〈온누리신문〉은 한국 교회 역사의 한 부분을 성실히 기록하는 한편, 문서를 통한 전도의 도구로도 귀중한 역할을 감당하고 있다. 아직 교회에 출석할 마음의 준비가 되어 있지 않은 사람들이나 교회 인근 주민들에게 전달되는 〈온누리신문〉은 그 자체로서 훌륭한 문서 전도지 역할을 하고 있다. 요즘은 각종 정보 매체가 다양해져 문서에 대한 의존도가 상대적으로 약해졌다고들 하지만, 사람이 복음에 관심을 집중해서 체계적으로 읽고 사고하며 판단하기에 가장 이상적인 전도 매체가 문서인 것은 재론의 여지가 없다.

복음을 담은 한 장의 문서 선교지가 갖는 위력

• • •

한 장의 문서 전도지를 접한 것이 계기가 되어 예수 그리스도를 영접한 무신론자 니콜라이 알렉산드렌코(Nikolai Alexandrenko)의 일화는 지금도 문화 선교의 중요성을 강조하는 자리에서 자주 회상되고 있다. 알렉산드렌코는 구소련의 육군사관학교를 졸업한 장교로, 제2차 세계대전에 공군 파일럿으로 참전했다가 추락해 독일군의 포로가 되었다. 하루는 포로수용소에서 불을 피우기 위해 흩날리는 한 장의 휴지를 주

있는데, 우연히 거기에서 이런 글귀를 읽게 된다. "수고하고 무거운 짐 진 자들아 다 내게로 오라 내가 너희를 쉬게 하리라"(마 11:28). 성경에 기록된 예수님의 말씀이었다. 그 글귀를 접하는 순간 그의 마음이 뜨거워져서 하나님의 말씀에 사로잡히게 되었고, 마침내 미국으로 건너가 신학을 공부한 후 교수가 되었다. 그가 바로 루이지애나대학에서 목회자를 양성한 니콜라이 알렉산드렌코 박사다.

그는 침례교 목사가 된 후 구소련 선교사가 되어 우크라이나 남부 지방에 오데사신학교를 공동 설립했다고 한다. 니콜라이 알렉산드렌코는 그의 책 *Grace then Freedom*에서 무신론자였던 자신이 어떻게 예수님을 영접하고 기독교의 삶으로 전환하게 되었는지를 고백하고 있다. 한 장의 문서 전도지의 위력을 실감나게 하는 사건이 아닐 수 없다. 당시 루이지애나대학 총장 J. W. 아길라드(Joe W. Aguillard) 박사는 "니콜라이의 극적인 변화의 삶은 우리에게 많은 감동과 영감을 주고 있다"며 그의 회심의 사건과 그 이후 예수 그리스도의 복음을 위한 사역을 높이 평가했다.

우리는 인도의 성자로 평가받고 있는 선다 싱(Sundar Singh)의 생애에서도 문서 전도지 역할의 중요성을 발견하게 된다. 《선다 싱: 누구도 막을 수 없는 복음의 행진》(예수전도단 역간)을 보면 그가 열차 안에서 문서 전도를 한 일화가 소개되고 있는데, 한 번은 예수님을 전하는 문서를 승객들에게 나누어 주었을 때 승객 중 한 사람이 불쾌하게 생각하면서 그 전도지를 열차 밖으로 던져 버렸다고 한다. 그런데 놀라운 일이 일어났다. 마침 어느 절망에 빠진 한 사람이 철길을 걷고 있었는데, 달리는 열차 안에서 날아온 한 장의 종이가 그의 가슴에 와서 붙어 버렸다. 그 실의에 빠진 사람은 자신도 모르게 그 종이를 들고 읽게 되었는데, 거기에서 만난 글귀가 "주 예수를 믿으라 그리하면 너와 네 집이 구원을 받으리라"라는 사도행전 16장 31절 말씀이었다. 그 나그네는 그 문서에 적힌 안내에 따라 선다 싱을 만나게 되고, 그 길이 예수님을 영접하는 축복의 시간이 되었다. 이 또한 한 장의 문서 전도지가 한 사람의 인생을 바꾸어 놓은 생명의 사건이 아니고 무엇이겠는가.

하나님이 친히 쓰셔서 우리에게 주신 생명의 문서

• • •

하나님이 구원과 생명의 말씀을 문서로 기록해서 우리에게 주신 것은 참으로 감사하고 복된 일이다. 그래서 종교 개혁자 존 칼빈은 "하나님이 진리의 말씀을 인간의 언어로 기록하시기를 기쁘게 결정하셨다"[19] 라고 하면서 당신의 뜻을 문자로 기록해서 우리에게 주신 것은 큰 축복임을 강조했다. 하나님이신 예수 그리스도가 성육신하기 전에 하나님은 계시의 말씀인 성문서(Scripture)를 통해 당신을 나타내셨다는 깨달음이다.

우리는 하나님이 선민 이스라엘이 지켜야 할 계명을 돌판에 친히 써 모세에게 주시는 장면을 성경에서 만나게 된다. 하나님은 당신의 백성을 애굽에서 구원해 내신 후 모세를 시내 산으로 불러 이같이 말씀하셨다. "여호와께서 모세에게 이르시되 너는 산에 올라 내게로 와서 거기 있으라 네가 그들을 가르치도록 내가 율법과 계명을 친히 기록한 돌판을 네게 주리라"(출 24:12). 하나님의 부름을 받은 모세는 40주야를 금식하며 삼가 하나님의 말씀을 듣게 되고, 마침내 하나님이 친히 기록하신 돌판을 받게 된다. "여호와께서 시내 산 위에서 모세에게 이르시기를 마치신 때에 증거판 둘을 모세에게 주시니 이는 돌판이요 하나님이 친히 쓰신 것이더라"(출 31:18). 여기서 '하나님이 돌판에 친히 쓰셨다'는 말씀은 '하나님이 당신의 손가락으로 쓰셨다'는 말씀으로 더 실감나게 표현할 수 있다.[20]

여기서 하나님이 친히 계명을 기록하신 '돌판'(the tablet of stone)은 고대 중동의 파피루스(갈대 종이)나 동양의 죽간(竹簡) 그리고 요즘의 종이에 해당하는 기록의 바탕 재료다. 즉 하나님은 당신의 말씀을 문서로 기록해서 우리 인간에게 주신 것이다. 참고로, 히브리어 원문에서도 돌판(לֻחֹת אֶבֶן, 루와흐 에벤)은 '다듬은 돌판'이란 뜻으로 신언(神言)을 기록하는 태블릿(tablet)을 말한다.[21] 이렇게 볼 때, 칼빈이 통찰한 것처럼 하나님은 당신의 말씀을 문서로 기록해서 우리에게 주신 것이다. 문서의 중요성을 단적으로 보여 주는 성경적 사례라 할 수 있다. 어쩌면 하용조 목사는 하나님이 문서라는 그릇에 당신의 말씀을 기록해 주신 사실에서 일찍이 문서 선교의 중요성을 간파했는지도 모르겠다. 이런 점에서 온누리교회 문서 전도지 〈온누리신문〉의 발행과 함께 40년 역사의 두란노서원을 통해 〈빛과 소금〉, 〈목회와 신학〉, 〈생명의 삶〉을 비롯한 여러 종류의 정기 간행물과 《우리말성경》, 하용조 목사 강해 설교집(전25권), 《행복한 아침》, 《감사의 저녁》 등 365일 묵상록을 비롯한 4천여 권의 기독교 서책을 펴내고 있는 것은 처치를 통한 복음 사역과 함께 파라처치를 통한 문서 사역(문화 사역)의 모범을 보이는 사례라 하겠다.

'CGNTV' 개국으로 위성 선교의 문화 시대를 열다

● ● ●

하용조 목사의 문화 사역은 앞에서 살펴본 바와 같이 문서를 매체로 하는 복음 전도에서 전파를 매체로 하는 복음 전도로 발전하고 있다. 그것이 바로 'CGNTV' 개국을 통한 전파 선교다.

CGN(Christian Global Network)TV는 650만 해외 한인들과 세계 곳곳에서 복음을 전하는 수많은 선교사들이 온누리교회의 Acts29 비전을 전파하도록 돕기 위해 2005년 3월 29일 개국했다. 9개 권역으로 설치된 인공위성을 이용해, 전화나 인터넷마저 이용하기 여의치 않은 오지에 나가 있는 선교사들의 영적 갈급함을 채워 주는 역할을 감당하고 있다.[22]

온누리교회는 이보다 5년 앞선 2000년, CGNTV 전신인 온누리TV를 개국해 하나님의 말씀을 빠르고 생생하게 전하며 전파를 통한 선교의 길을 개척했다. 그해 5월 10일 온누리TV는 첫 시험 방송을 시작했으며, 5월 15일에는 온누리 리더십을 대상으로 인터넷 방송 설명회를 열어 성도들에게 인터넷 방송에 대한 이해를 도왔다. 당시 하용조 목사는 기하급수적으로 늘어나는 인터넷 사용자에게 효과적으로 복음을 전하기 위해 디지털 목회를 선언했다. '새 하늘과 새 땅'의 비전을 바라보며 본격적인 영상 문화 선교 시대를 연 것이다.

이에 〈온누리신문〉은 성도들이 디지털 시대에 능동적으로 적응할 수 있도록 돕기 위해 '디지털 혁명', '디지털 시대의 사고 전환', '디지털에 속지 마라' 등을 연재했다. 이는 하용조 목사가 일찍부터 예견한 디지털 목회 시대를 대비하기 위한 것이었으며, 성도들로 하여금 디지털 목회의 패러다임에 적응할 수 있는 환경을 조성하기 위함이었다.

온누리교회는 2000년 10월 온누리TV 개국과 동시에 '디지털 세상,

불멸의 교회'라는 제목으로 온누리 사역 축제를 열어 사이버 세상에 복음을 증거하는 비전을 공유했다. 온누리TV는 그해 12월에 온누리 라디오까지 전파를 쏘아 올렸다. 이러한 적극적인 노력으로 개국 8개월 만에 전체 방문자 100만 명, VOD[23] 1,542개, ADO[24] 1,742개, 하루 평균 13,000명이 접속하는 파급력이 큰 방송으로 급성장했다. 온누리 TV는 예배와 세미나, 각종 집회 등을 실시간 생중계하며 온누리교회의 영성을 하나로 모으는 구심점 역할을 해 왔으며, 월요큐티집회, 화요성령집회, 수요집회, 토요청년집회 등 다양한 콘텐츠를 방영, 온누리교회의 울타리를 넘어 국내외로 복음을 전파했다. 한편 2004년 5월 17일부터는 서빙고 온누리교회 새벽기도회를 위성으로 생중계했으며, 9월에는 한국통신과 위성방송망 서비스 협정을 체결해, 국내 최대 위성 시스템과 해저 케이블을 통해 전 세계를 하나로 연결하는 네트워크를 구성, 5대양 6대주의 650만 해외 교민들에게 한국어와 영어와 현지어로 24시간 복음을 전파하게 되었다.

온누리교회 CGNTV가 이처럼 지구촌 전역에 복음을 전파하며 선교사들을 지원하는 국제적인 채널이 되기까지는 전파 선교에 대한 하용조 목사의 특별한 비전과 적극적인 지원이 있었다. 온누리인터넷방송에서 시작해 2005년 CGNTV로 발전하는 과정에서 사장으로 책임을 맡아 수고한 손한기 원로 장로는 당시의 일화를 회상했다.

"2000년 가을 온누리인터넷방송을 시작하고 2년 후, 쿠웨이트와 이라크 전쟁 중에 아프가니스탄을 다녀오신 하용조 목사님이 '위성 방송을 해야겠다'면서 그 준비를 하자고 하셨습니다. 당시 CNN이 위성을 통해 이라크 전쟁을 생생히 전하는 것을 보고 힌트를 얻은 목사님은 '위성 방송을 하면 우리도 CNN처럼 전 세계에 위성 방송 선교를 할 수 있을 것'이라고 확신에 찬 말씀을 하셨습니다."

그래서 온누리교회는 인터넷 방송을 모체로 위성 방송을 하기로 결정하고 2년 동안 준비 기간을 거쳐 2005년 CGNTV를 개국하게 된 것이다. 교회로서는 처음 경험하는, 고도의 전문성을 요하는 위성 방송 선교인지라 이를 벤치마킹하기 위해 아리랑TV 사장을 만나 상담을 하기도 했다. 아리랑TV 대표는 교회가 어느 정도의 예산을 세우고 있는지를 물었다. 하용조 목사가 약 30억 정도의 예산을 세울 수 있을 것이라고 대답하자 아리랑TV 대표는 "그 열 배의 예산이 필요할 것"이라고 말하며 "위성 방송의 규모를 알고 계시느냐"고 되물었다. 그때 하용조 목사의 대답이 놀라웠다고 한다. "알았으면 시작도 하지 않았을 것입니다." 그렇게 오직 믿음으로 하나님이 주신 비전에 순종한 CGNTV는 수많은 난관을 극복하고 개국 16년이 된 현재, 5대양 6대주에 무시로 복음을 전하는 세계적인 위성 선교 매체가 되었다.

위성 방송으로 지구촌 전역에 복음을 전하는 시대적 사명

• • •

이런 발전의 과정을 거쳐, 온누리교회는 마침내 2005년 3월 29일, 더욱 적극적인 위성 선교 방송 사역을 감당하기 위해 CGNTV로 새출발을 하게 된다. 이날 온누리교회는 서빙고 온누리교회 본당에서 국내외 500여 인사들과 성도들이 참석한 가운데 개국 예배를 드렸다. 하용조 목사는 이 자리에서 "아무리 돈이 많이 들고 희생이 따른다 하더라도 케이블TV나 공중파가 가지 못하는 세계 곳곳에 흩어진 수많은 선교사들과 열방에 CGNTV를 통해 복음을 전하는 일은 주님 오실 날이 가까운 때에 우리가 해야 할 일"이라고 역설하면서, "마지막 순간까지 어떤 상황에서도 주님의 복음으로 승리하는 선교사들과 성도들이 많이 일어나기를 바란다"고 도전했다.[25]

온누리교회는 그해 8월에 미국 CGNTV 기지국을 개국해 복음 전파의 영역을 크게 확장함으로써 "땅 끝까지 복음을 전하라"는 주님의 지상 명령을 위한 전문 위성 방송 선교의 차원을 한 단계 높였다. 2006년 10월에는 일본 CGNTV를 개국하고 2007년에는 중문 CGNTV를 개국해 지경을 더욱 넓힘으로써 한국 교회에 글로벌 선교 방송 시대를 열었다.

CGNTV는 현대의 최첨단 문화 매체를 최대한 활용해서 복음을 전한다는 영적 전략으로 뉴미디어 사업에도 적극 뛰어들었다. 이러한 노력의 결과로 CGNTV의 콘텐츠를 모바일과 위성, 인터넷, 케이블, IPTV, 스마트폰 등을 이용해 언제, 어디서나, 어떤 매체를 통해서도 복음을 듣고 볼 수 있도록 다양성을 확보해 나갔다. 이처럼 CGNTV는 최고의 콘텐츠를 만들어 내기 위해 끊임없이 노력한 보람을 거두기 시작했다. 2007년에는 아랍 최대의 크리스천 방송인 'SAT-7'과 업무 조인을 맺었으며, 2014년에는 미주 지역 디지털 채널 18.4(서부 지역 기준)를 론칭하면서 미주 최초로 24시간 복음을 송출하는 쾌거를 거두었다.

이처럼 날마다 발전을 거듭하고 있는 CGNTV는 2005년부터 선교사들의 영적 갈급을 해결하기 위해 선교지에 위성 수신기 설치를 후원하는 '드림 온'(Dream On) 캠페인을 벌였다. 이 캠페인은 현지 선교사들의 뜨거운 호응을 얻어 2015년에는 81개국에서 1만여 명의 선교사들이 CGNTV를 보면서 영적으로 재무장을 하고 있으며, 온누리교회 창립 35주년이 되는 2020년 현재는 그 영역이 101개국, 14,973대의 수신기 보급으로 이어졌다.[26] 이는 전 세계 선교사의 약 3분의 1이 CGNTV로 영적 양식과 정보를 공급받는다는 것을 의미한다.

CGNTV는 교회 창립 35주년이 되는 2020년 현재 누적 편수 10만여 편의 프로그램을 제작했다. 설교와 예배는 물론 세미나, 다큐멘터리, 문화, 음악, 큐티, 어린이, 뉴스, 영화와 드라마에 이르기까지 다양한 콘텐츠를 만들고 있다. 이렇게 만들어진 CGNTV의 콘텐츠는 위성뿐만 아니라 인터넷이 닿는 곳이면 어디든 셋톱박스 설치만으로 CGNTV를 시청할 수 있는 '드림온플러스'를 통해 전 세계 빈 곳 없이 송출되고 있다. 유튜브, 페이스북과 같은 모바일 플랫폼을 통한 복음 콘텐츠 전파에 앞장섰던 CGNTV는 한걸음 더 나아가 국내 최초 기독 OTT 서비스 '퐁당'을 출시했다. 2021년 2월 출시된 '퐁당'은 개인과 교회에 맞춤형 콘텐츠를 제공함으로써 효과적인 신앙 성장을 기대할 수 있는 동시에 편향적인 콘텐츠로부터 성도들을 보호할 수 있다.[28]

필자는 오늘날 전 세계가 예기치 못한 코로나 바이러스로 엄청난 고통을 겪고 있는 상황 속에서 CGNTV와 같은 막강한 미디어 선교 시스템을 구축한 온누리교회야말로 이 시대적 위기 극복에 한 차원 앞서 있다고 판단한다. 지구촌 전역이 1년 넘도록 사람과 사람이 정상적인 대면을 할 수 없는 반문명적 현실 속에서, 기형적인 비대면 예배를 드릴 수밖에 없는 교회가 가장 큰 피해를 입고 있다고 할 것이다. 이러한 때에 온누리교회의 CGNTV는 국내외 교회 공동체에 영상 예배와 각종 기독교 문화와 정보를 제공함으로써 교파를 초월한 큰 봉사를 하고 있기 때문이다. 이 평전이 나올 시점에는 예배가 온전히 회복되기를 간절히 바라지만, 영적으로 어둠의 세력이 교회를 흔들고 있는 이 시대에 CGNTV가 성령의 역사하심으로 그리스도의 생명의 빛으로 어둠을 물리치는 전파 선교의 사역을 훌륭히 감당해야 할 것이다.

코로나19 상황 속에서 큰 사명을 감당하고 있는 CGNTV
• • •

지구촌 거민들은 2020년부터 코로나19라는 질병으로 큰 공포와 고통을 겪고 있다. 우리가 살고 있는 한반도도 예외가 아니어서 국민들이 당하는 고통과 불편이 이만저만이 아니다. 그동안 정부는 국민과 함께 이 세기적인 질병을 퇴치하기 위해 최선을 다해 싸우고 있으나, 그사이 적잖은 이웃들이 고귀한 생명을 잃어 너무나도 안타깝다.

사회와 문화, 정치와 경제 전반이 당하는 어려움이 크지만, 어떤 점에서 가장 큰 어려움을 당하고 있는 곳은 바로 교회다. 특히 당국이 교회를 집단 감염의 단체로 지목함에 따라 교회를 향한 세상의 시선이 그 어느 때보다 싸늘한 실정이다. 게다가 사회적 거리 두기 준칙에 따라 교회는 정상적인 대면 예배가 어려운 상태에서 오늘에 이르고 있다. 뿌리 깊은 신앙을 가진 성도들은 이 같은 환난의 때에 교회를 위해 기도하지만, 아직 믿음이 연약한 초신자들은 속속 교회를 떠나고 있다. 모이기를 폐하는 마지막 시대의 징조를 보는 것 같다. 필시 오늘날 교회는 영적으로 어둠의 세력들과 힘든 싸움을 싸우고 있음이 분명하다.

많은 교회들이 자체 동영상 시스템으로 성도들이 삶의 자리에서 비대면 예배를 드리도록 도우며 오늘의 상황을 극복하고 있지만, 그렇지 못한 교회가 절대다수를 차지하고 있다. 이런 교회들은 비대면 주일예배 자체가 어려워 존폐의 위기를 느끼고 있는 실정이다. 이처럼 개척 상태에 처한 교회들은 소속 교단의 큰 교회에서 진행되는 인터넷 예배를 다운받아 동참하는 등 자구책 마련에 있는 힘을 다하고 있다고 한다. 실정이 이렇다 보니 담임 목사의 영적 권위는 약화되고, 성도들은 성도들대로 혼란에 빠지는 이중의 어려움을 겪고 있다.

이러한 영적 위기의 시대에 온누리교회는 '코로나19를 이기는 힘 CGNTV'라는 영적 기치를 들고 현재 어려움을 겪고 있는 작은 교회들에게 다가가고 있다. CGNTV가 코로나19 상황에 놓인 성도들에게 비대면 교회의 기능을 적극 감당하고 있는 것이다. 비대면 시국이 길어지면서 CGNTV의 준비된 온라인 콘텐츠들이 흩어져 있는 영혼들을 한데 모아주고 있다. 예배를 드리고 강의를 듣는 것은 물론, 공동체와 함께 성경을 읽고 가정 예배를 드리는 것을 돕고 있다.

유튜브 채널인 '붓소핸섭'[29]에서는 약 두 시간에 걸친 '라이브 은혜 기도회'를 열고 있다. 혼자지만 함께하는 시간들, '하루 20분 공동체 성경읽기'와 '아무리 바빠도 가정예배' 등을 통해 함께 누리는 이야기들이 제공된다. 최근 충남 금산 작은 마을의 홍도교회 아이들이 CGNTV의 '공동체 성경읽기'에 참여해 큰 은혜와 변화를 받은 이야기가 미담으로 퍼지고 있다. '라이브 은혜 기도회'는 해외에서도 많은 성도들이 참여해 은혜를 더하고 있다. 이처럼 동영상 예배 시설을 갖추지 못한 작은 교회나 개척 교회들이 CGNTV를 통한 영상 예배에 참여해 믿음을 키워 가고 있으며, 목회자들은 성도들의 영성을 관리하고 있다. 온누리교회의 CGNTV는 이 어려운 시대에 한 교회의 전파 매체를 초월해 한국 교회의 공적 기구로 활용되는 보람을 거두고 있는 것이다.

파라처치의 기능으로 처치와 효과적으로 동역하는 두란노서원

• • •

[30]하용조 목사는 두란노서원을 통해 바이블칼리지와 천만큐티운동, 천만일대일운동을 전개하고, 두란노 아버지학교와 어머니학교를 운영해 복음을 입체적으로 전파하는 기틀을 마련했다. 2천/1만 비전과 Acts29 그리고 러브소나타 같은 선교 운동도 온누리교회와 두란노서원의 협력으로 진행하고 있다. 아울러 두란노서원은 이 모든 사역을 문서로 뒷받침하고 대외에 홍보하는 문서 선교의 매체로 그 역할을 적극 감당하고 있다. 앞에서 2천/1만 비전과 Acts29, 러브소나타에 대한 내용을 살펴보았으므로, 여기서는 바이블칼리지와 천만큐티운동, 천만일대일운동 등에 대해 살펴보고자 한다.

▌두란노 바이블칼리지

두란노 바이블칼리지의 연원은 1980년 하용조 목사가 이끈 성경 공부에 닿아 있다. 1980년은 그에게 여러 면으로 의미 있는 해다. 두란노서원을 설립한 해기도 하고, 온누리교회의 모판인 성경 공부를 시작한 해이기도 하다. 그리고 그해의 성경 공부는 1981년 하용조 목사 부부가 영국으로 건너가 본격적인 훈련을 받기 위한 일종의 베이스캠프 같은 준비 시간이었다. 이처럼 1980년에 시작한 성경 공부를 모체로 시작된 두란노 바이블칼리지는 한국 교회의 목회자들에게 목회 정보를 제공하면서 평신도 사역자들을 체계적으로 훈련시키고 있다. 1981년, 하용조 목사는 강해 설교의 권위자인 데니스 레인 목사를 초청해 강해 설교 세미나를 개최함으로써 제목 설교가 주류이던 한국 교회에 성경 본문 중심인 강해 설교의 패러다임을 제시하는 등 한국 교회 목회자들에게 필요한 새로운 지식과 정보를 제공했다.

현재 두란노 바이블칼리지는 연간 60-100개의 세미나를 개최해 연평균 1만여 명을 훈련시키고 있다. 바이블칼리지는 21세기 한국 교회의 비전을 위한 목회 연구 사역과 평신도 사역자 훈련을 위한 성경 연구 사역, 성경적 가정 정립과 영혼 치유를 위한 가정 사역 및 상담 사역, 기독교 교육과 문화 사역 그리고 한국 교회의 미래를 위한 다음 세대 사역 등을 진행하고 있다.[31]

▌두란노 천만큐티운동본부

일찍이 이 땅에 본격적인 큐티 시대를 연 하용조 목사는 이 운동을 효과적으로 전개하기 위해 두란노서원에 '천만큐티운동본부'를 설치했다. 천만큐티운동본부는 한국 교회 1천만 성도들이 큐티를 생활화할 수 있도록 돕는다는 목표 아래 교파를 초월해 널리 확산되고 있다. 앞에서 살펴보았듯이, 하용조 목사는 1985년 〈빛과 소금〉을 창간하면서 〈생명의 양식〉이라는 큐티 가이드를 부록으로 만들어 한국 교회 성도들에게 보급하기 시작했다. 이 부록을 통해 신앙생활과 성경 공부를 위해 큐티가 얼마나 중요한지를 알게 된 목회자와 성도들의 요청에 의해 2년 후인 1987년부터 〈생명의 삶〉이란 제목으로 본격적인 큐티 월간지를 발행하기에 이르렀다.

천만큐티운동본부는 큐티의 적극적인 보급을 위해 교파를 초월한 각종 큐티 집회와 세미나를 개최하고 있다. 매주 월요일에 열리는 '월요큐티집회'를 비롯해 처음 큐티를 접하는 신자를 위한 '베이직 세미나' 그리고 큐티 목회를 돕는 '큐티 목회자 아카데미' 등을 개설하고 있다.[32] 한편 큐티 콘퍼런스인 'TOUCH 집회'를 열어 지역 교회의 목회자와 성도들의 큐티 생활을 돕고 있으며, 큐티 전문 강사를 육성해 해외에까지 그 영역을 확대하고 있다.

▌두란노 천만일대일사역본부

하용조 목사는 온누리교회를 목회함에 있어서 큐티와 함께 일대일 양육을 대단히 중시했다. 일찍부터 그는 목회를 담임 목사 혼자 해서는 안 되며, 평신도를 훈련해 교회 부흥의 주역이 되도록 해야 한다는 철학을 가지고 있었다. 이른바 '복음주의 4인방'인 옥한흠 목사와 홍정길 목사, 이동원 목사와 하용조 목사는 평신도 제자 훈련과 성경 공부를 중시한 점에서 같은 목회관을 가지고 있었다. 그런데 각론에 들어가면 옥한흠 목사는 평신도 훈련을 그룹별로 하는 반면에, 하용조 목사는 개별적으로 한다는 점에서 구분이 된다.

하용조 목사가 개별적으로 한 평신도 훈련이 바로 '일대일'이다. 사도 바울이 사랑하는 믿음의 아들이자 동역자인 디모데에게 "네가 많은 증인 앞에서 내게 들은 바를 충성된 사람들에게 부탁하라 그들이 또 다른 사람들을 가르칠 수 있으리라"(딤후 2:2) 함과 같이, 한 사람을 잘 양육하면 그가 또 다른 사람을 양육함으로 주님의 몸 된 교회를 든든히 세워 가는 제자 양육 방법이다. 시작은 한 사람이지만, 양육 받은 또 다른 한 사람이 나아가 또 한 사람을 일대일로 양육하면 그 결과는 기하급수적으로 늘어나는 일종의 영적 승법번식(乘法繁殖)이라 할 수 있다. 실제로 온누리교회 부흥에는 일대일이 든든한 기초를 이루고 있다고 할 것이다.

두란노 천만일대일사역본부는 '일대일로, 세계로'라는 슬로건 아래 일대일 제자양육을 통해 교회와 세상을 변화시키는 평신도 리더십을 세운다는 비전을 가지고 오늘도 그 사명을 감당하고 있다. 천만일대일 사역의 목적은 첫째, 일대일 사역을 통해 신앙과 삶이 일치하는 참된 그리스도의 제자를 세우고, 둘째, 그리스도의 지상 명령에 따라 땅 끝까지 복음을 전파하며, 셋째, 그리스도 안에서 교회와 성도들을 바로 세워 하나님 나라를 확장하는 것이다. 이를 위해 1천 개의 비전협력교회에서 일대일 양육 시스템을 구축해 1만 명의 전문 사역자와 1천만 명의 일대일 양육자를 양육한다는 목표 아래 두란노서원과 온누리교회, 비전협력교회를 네트워킹해 목회자 및 평신도들과 협력 사역을 추진하고 있다.[33]

두란노서원을 통한 문서 선교와 하용조 목사의 저서들

● ● ●

하용조 목사의 파라처치 운동을 대표하는 두란노서원은 하용조 목사의 환상 속에서 태어났다.[34] 그는 건강의 문제로 연예인교회를 사임하고 영국으로 떠나야 했다. 영국에 머문 3년 동안 앞으로 전개할 목회의 밑그림을 그리게 되는데, 그곳에서 설교에 눈을 뜨고, 학문을 뛰어넘어 성경에 온전히 붙잡히게 된다. 또한 참된 선교의 비전을 갖게 되며, 두란노서원을 통한 문서 선교의 꿈을 구체화하게 된다.[35] 하용조 목사는 영국에서 두란노서원의 환상을 품게 되었다고 진술하고 있으나, 엄밀히 말하면 두란노서원은 그가 영국으로 떠나기에 앞서 1980년에 이미 설립된 상태였다. 그러니까 하용조 목사가 영국에서 두란노서원의 환상을 가졌다는 말은, 존 스토트 목사가 운영하는 런던 인스티튜트에서 자극을 받은 문서 선교의 아이디어를 귀국해서 본격적으로 펼치겠다는 의미로 해석할 수 있다.

생전에 하용조 목사가 두란노서원을 통한 파라처치 사역을 교회를 통한 처치 사역과 마찬가지로 중요하게 생각하고 있었음을 그의 두란노서원에 대한 애정에서 확인할 수 있다. 앞에서도 살펴본 바와 같이, "선교 단체는 선교 단체고, 교회는 교회다. 교회에서 어떻게 출판을 할 수 있는가? 교회에서는 어렵다. 그것은 두란노서원과 같은 단체에서 할 수 있는 일이다. 또 두란노서원이 할 수 없는 것이 있고, 교회가 할 수 있는 것이 있다. 나는 이 두 가지가 절묘하게 조화를 이루는 모델을 만들고 싶었다"며 파라처치와 처치의 조화와 역할 분담을 추구하는 목회 철학을 밝히고 있다.[36] 그러면서 "나는 둘 다 그만둘 수가 없었다. 둘 다 사랑하는 내 자식이기 때문이다"라며 교회 사역 못잖은 문서 사역에 대한 애정을 표현한 바 있다. 게다가 교회 창립에 앞서 문서 선교 기관을 설립하고 그 본격적인 사역을 위해 3년이라는 짧지 않은 기간 영국에 건너가 훈련을 받았으니, 하용조 목사가 두란노서원을 통한 문서 출판과 각종 문화 사역을 얼마나 중요하게 생각했는지를 충분히 짐작할 수 있다.

필자는 여기서 하용조 목사가 생전에 펴낸 저서들, 특히 그가 온누리 교회 강단에서 일생 선포한 강해 설교집과 그의 신앙 사상을 집약하고 있는 365일 묵상록 《행복한 아침》과 《감사의 저녁》에 주목하고자 한다. 하용조 목사는 강해 설교집과 단행본 약 60여 권의 저서를 냈다. 그리고 성경과 사전류 2권을 편찬했으며, 공동 저술한 3권의 단행본이 있다. 강해 설교집은 창세기 강해 5권, 느헤미야 강해 1권, 이사야 강해 1권, 마태복음 강해 12권, 요한복음 강해 5권, 사도행전 강해 3권, 로마서 강해 2권, 에베소서 강해 1권, 히브리서 강해 1권, 요한일서 강해 1권이 있으며, 유작으로 마가복음 강해 1권(공저)이 있다. 이들 강해 설교집은 소천

10주기에 맞추어 유작을 제외한 강해집들로 총 24권의 전집으로 개정되었다. 가령 12권의 마태복음 강해가 5권으로 조정되는 등 보다 혁신적인 편집을 거치게 되었다.

먼저 창세기 강해는 《아담아 네가 어디 있느냐》, 《무지개가 구름 사이에 있으리라》, 《너는 복의 근원이 될지라》, 《다시는 야곱이라 부르지 말라》, 《꿈의 사람 믿음의 사람 요셉》이다. 느헤미야 강해는 《기도로 돌파하라》이고, 40장에서 66장까지만 다룬 이사야 강해는 《내 백성을 위로하라》라는 제목으로 출간되었다. 마태복음 강해는 개정판으로 《예수: 사람으로 오신 하나님의 아들》, 《복음: 산상에서 전한 천상의 삶》, 《제자: 복음의 그물을 던지는 어부들》, 《십자가: 하늘 문을 연 천국 열쇠》, 《부활: 죽음을 딛고 피어난 영원의 꽃》이다. 요한복음 강해는 《예수님은 생명입니다》, 《예수님은 능력입니다》, 《예수님은 사랑입니다》, 《예수님은 기쁨입니다》, 《예수님은 승리입니다》으로 이뤄졌으며, 사도행전 강해는 《성령 받은 사람들》, 《변화 받은 사람들》, 《세상을 바꾼 사람들》이다. 로마서 강해는 《로마서의 축복》, 《로마서의 비전》으로 되어 있으며, 에베소서 강해는 《하나 됨의 열망》이고, 히브리서 강해는 《예수님만 바라보면 행복해집니다》이며, 요한일서 강해는 《예수님과의 사귐》으로 출간되었다. 유작이 된 마가복음 강해는 후임 이재훈 목사가 하용조 목사가 설교하지 못한 부분을 이어 《순전한 복음》(공저)으로 출간 되었다.

단행본으로는 《감사의 저녁》, 《광야의 삶은 축복이다》, 《그날의 대화》, 《기도하면 행복해집니다》, 《나는 선교에 목숨을 걸었다》, 《나의 사랑하는 여러분에게》, 《나의 하루》, 《목숨을 건 일본 사랑, 러브소나타》, 《믿음은 기다림으로 완성됩니다》, 《매일 아침 청소년을 위한 365》(공저),

《사도행전적 교회를 꿈꾼다》,《사랑의 교향곡》,《사랑하는 가족에게》, 《사랑하는 그대에게》,《설교 준비에 도움을 주는 설교 사전》,《세상을 변화시키는 비전과 리더십》,《십자가의 임재 안에》,《어린이를 위한 기도하면 행복해집니다》,《예수님의 7블레싱》,《예수님의 7터치》,《인격적인 성령님》,《인생의 가장 행복한 순간 하나님의 프러포즈》,《정신 차리고 삽시다》,《주님과 함께하는 나의 하루》,《초점》,《큐티와 목회의 실제》(공저),《하용조 목사의 큐티하면 행복해집니다》,《한 사람을 찾습니다》,《행복의 시작 예수 그리스도》,《행복한 아침》,《힘은 있을 때 조심해야 합니다》 등이 있다. 그리고 성경과 사전류로는《레노바레 성경》과《비전성경사전》을 편찬했으며, 평신도들이 쉽게 성경을 이해할 수 있도록 배려한《우리말성경》 편찬을 지도했다. 앞에서 살펴본 바와 같이, 하용조 목사는 바쁜 목회 사역과 육신적 고통 중에도 많은 저서를 남겼으며, 지금 이 시간에도 성도들에게 영향을 끼치고 있다. 하용조 목사의 저서 목록은 부록에서 자세히 밝혔으니 참고하기 바란다.

시간을 초월한 우리 시대의 고전,《행복한 아침》과《감사의 저녁》
• • •

필자는 하용조 목사의 저서를 살펴보면서, 그토록 바쁜 목회 사역 중에 그것도 일생 병치레를 하면서 어떻게 그 많은 저서를 낼 수 있었을까 놀라움을 금치 못했다. 54권의 저서[37]와 2권의 편찬서 그리고 3권의 공저(共著)와 성경을 쉽게 번역해 성도들의 손에 들려 주기 위해 주도한《우리말성경》 등 60여 권의 저서를 남긴 목회자는 한국 교회에서 드문 사례라 할 것이다. 이 외에도 〈빛과 소금〉, 〈목회와 신학〉, 〈생명

의 삶〉, 〈그 말씀〉 등 그가 편집하고 발행한 정기 간행물에 발표한 수백
편의 칼럼과 논문은 앞으로 우리가 연구해야 할 소중한 기독교 사상의
자원이다.

필자는 본서의 성격상 하용조 목사가 남긴 저서를 일일이 리뷰할 수
없으나, 그가 심혈을 기울인 두 권의 명상록에 대해서는 그 중요한 의
미를 평가하고 싶다. 독서의 폭이 넓지 못한 필자지만, 지금까지 글을
쓰고 십수 권의 졸저를 상재한 작가로서 일생을 정리해 꼭 남기고 싶
은 책이 있다면 필자의 사상을 담은 명상록이다. 이런 희망은 인류의 영
혼을 구원으로 이끄는 목회자나 정신사에 영향을 끼치는 철학가나 사
상가도 예외는 아닐 터다. 그러나 수많은 저술을 하면서도 자신의 정신
세계와 사상을 집약한 명상록을 남긴다는 것은 결코 쉬운 일이 아니다.
우리는 어거스틴의 《고백록》이나 장 자크 루소(Jean Jacques Rousseau)의
《수상록》 그리고 블레즈 파스칼(Blaise Pascal)의 《팡세》 등을 인류의 정
신사에 큰 영향을 끼친 책으로 알고 있을 뿐이다.

그 성격상 하용조 목사가 남긴 명상록은 몇 가지 면에서 특징을 가지
고 있다. 첫째는, 1년 365일의 묵상집으로, 아침용과 저녁용으로 구분
된 두 권의 묵상집이라는 점이다. 둘째는, 그 내용이 전적으로 성경과
예수님의 가르침에서 나온 것이라는 점이다. 그리고 셋째는, 그 칼럼의
길이는 짧고 간명하나 그 내용은 영성의 깊이를 더하고 있다는 점이다.

하용조 목사의 스타일로 쓰인 묵상록으로는 찰스 허버트(Charles E.
Hurlburt)와 T. C. 호턴(Horton)이 쓴 *The Wonderful Names of Our
Wonderful Lord*를 생각할 수 있다. '365일 기도 묵상'이라는 부제가
붙어 있는 고전이다. 그리고 스탠리 존스(E. Stanley Jones)가 쓴 《365일의
명상》(대한기독교서회 역간)이 있다. '하나님-인간-인생-실존-훈련-교회'

등의 주제를 담고 있는 이 책은 1989년 대한기독교서회에서 번역, 출판되었다. 일본의 기독교 사상가인 우찌무라 간조(內村鑑三)가 쓴《일일일생》(一日一生, 홍성사 역간)이라는 책도 있다. '하루를 일생으로 알고 살지 않으면 훌륭한 일생을 살 수 없다'는 교훈을 담고 매일 영적 묵상으로 우리를 초대하고 있는 이 책은 2004년 홍성사에서 번역, 출판되었다. 그리고 매일의 묵상집은 아니지만, 예수님 생각으로 가득 찬 김준곤 목사의《예수칼럼》(순출판사)이 있다. 365일을 묵상하고도 남을 만큼의 깊이 있고 주옥같은 예수님 묵상록인 이 책은 한 편이 200자 원고지 2매 전후로, 극히 짧은 분량이면서도 많은 메시지를 담고 있다.

하용조 목사가 우리에게 남기고 간 365일 묵상록《행복한 아침》과 《감사의 저녁》은 성도들이 하루를 출발하는 아침에 영의 양식을 삼아 '행복한 아침'을 창조하도록 그리고 하루 일과를 마치고 '감사의 저녁'을 맞아 영혼이 쉼을 얻도록 인도하고 있다. 한 작가가 일생 한 권도 쓰기 힘든 묵상록을 하용조 목사는 두 권이나 집필해 우리에게 선사하고 있다. 한 가지 유념할 일은, 이 명상록은 비단 성도들만을 위한 책이 아니라는 사실이다. 오히려 세상사에 지친 현대인들이 꼭 읽어야 할 명저다. 이런 점에서 이 책을 먼저 읽은 성도들은 아직 예수님을 알지 못하는 가까운 이웃들에게 반드시 일독을 권해야 할 것이다. 이 묵상록을 읽다가 많은 이웃들이 예수님을 만나게 될 것이다.

이 시대의 진정한 문화 변혁자, 하용조 목사

• • •

앞에서 살펴본 바와 같이, 문화의 도구를 이용한 국내외 복음 선교는 전통적인 문서 사역을 비롯해 21세기 최첨단 IT 기술과 위성 방송을 통한 전파 선교에 이르기까지 다양한 방법으로 이루어지고 있음을 알 수 있다. 무릇 문화의 도구란 양면성이 있어, 순기능으로 사용하면 인류에게 예수 그리스도의 복음을 동시다발적으로 전달하는 생명의 매체가 되지만, 이를 역기능으로 사용하면 인류의 영혼과 정신을 파괴시키는 사망의 매체가 된다. 불을 잘 사용하면 집을 따뜻하게 하고 음식을 만들지만, 잘못 사용하면 집을 태우고 생명을 앗아가는 이치와 같다.

이와 같이 오늘날 우리의 삶과 환경을 둘러싸고 있는 세상의 온갖 문화(문명)의 도구를 어떻게 활용하느냐 하는 것은 참으로 중요한 과제다. 이 시대의 최첨단 문화 도구에는 우리에게 유익한 지식과 정보보다는 인간의 영혼을 파괴하는 무서운 독소가 더 많이 담겨져 있어 이 도구를 어떻게 활용하며 통제하느냐 하는 것은 너무나 중요한 과제가 아닐 수 없다. 지금 이 시간에도 우리가 살고 있는 지구상에는 온갖 세속적인 정보를 담은 전파들로 가득 차 있지만 우리는 그것을 감지하지 못하고 살아간다. 이런 심각한 상황 속에서 복음을 실은 전파를 쏘아 올린다는 것은 대단한 영적 도전이 아닐 수 없다.

'극동방송'의 전파를 타고 복음이 세속의 소음을 이기며 동서남북을 달리고 있음을 생각해 보았는가? 'CBS'와 'CTS기독교TV', 'C채널'과 'GOODTV'를 타고 복음과 기독교 문화가 널리 확산되고 있다는 사실을 간과하고 있는가? 'CGNTV'가 유엔 회원국에 맞먹는 국가들을 찾아 지구촌 온 누리에 그리스도의 복음을 전파해 마침내 이 땅에 푸르고 푸른 그리스도의 계절을 만들고 있다는 사실에 설렘과 경이로움이 없는가? 이것은 필시 기독교 문화의 세상을 향한 도전이며 선한 영적 싸움이다. 이는 바울이 "우리의 씨름은 … 이 어둠의 세상 주관자들과 하늘에 있는 악의 영들을 상대함이라"(엡 6:12) 라고 말한 것과 같다.

지금 세상은 땅과 하늘을 가릴 것 없이 어둠의 영들이 지배하는 언어와 소리로 가득 차 있다. 교회는 이 어둠의 세력을 몰아내고 그들이 뿌려 놓은 언어와 소리를 잠재워야 할 사명을 가지고 있다. "하늘이 하나님의 영광을 선포하고 궁창이 그의 손으로 하신 일을 나타내는도다 날은 날에게 말하고 밤은 밤에게 지식을 전하니 언어도 없고 말씀도 없으며 들리는 소리도 없으나 그의 소리가 온 땅에 통하고 그의 말씀이 세상 끝까지 이르도다"(시 19:1-4)라고 하심같이, 온 우주에 하나님의 말씀을 가득 채우고 널리 전파해야 한다. 교회는 말씀이 온 땅에 통하고 말씀이 세상 끝까지 이르게 하기 위해 선한 싸움을 싸우고 예수 그리스도의 생명 문화를 널리 전파해야 한다.

필자는 본 장의 서두에서 언급했듯이, 이러한 교회의 문화적 사명을 어떻게 감당해야 할 것인가를 여기서 진지하게 제기해 본다. '교회와 성도들이 세상의 문화 속에서 어떻게 대응해야 할 것인가?'에 대한 물음이다. 앞에서도 말했듯이, 하나님의 자녀들이 세상을 살면서 직면하는 대다수의 문제는 문화와의 관계에서 발생한다.

이 문제에 대해 리처드 니버는 그의 명저《그리스도와 문화》(한국기독학생회출판부 역간)에서 교회(성도)가 문화에 대해 가질 수 있는 다섯 가지 태도를 중심으로 통찰력 있게 분석하고 있다. 하용조 목사가 그의 목회를 통해 우리에게 보여 준 문화에 대한 자세는 어떤 것이었는지, 니버의 다섯 가지 유형에 비추어 보면 이해에 도움이 될 것 같다. 이는 목회자나 신학자들이 이해하고 있는 보편적인 상식이지만, 일반 성도들의 이해를 돕기 위해 아래에 제시해 본다.

첫째 유형은, 초대교회의 종말론적인 공동체에서 찾아볼 수 있는 모델이다.[38] 당시 로마 제국의 절대 권력에 맞선 기독교 공동체의 입장은 '문화에 맞서는 그리스도'(Christ against culture) 유형이었다.

둘째 유형은, 교회가 동시대의 문화 이념과 완전히 동일성 관계를 유지하는 '문화의 그리스도'(Christ of culture)다.[39] 복음의 본질이 특정 문화의 이념 속에 상실되어 그 역동성과 창조적 비판 능력을 상실한 태도를 말한다.

셋째 유형은, 중세 교회에서 볼 수 있는 것처럼 '문화 위에 군림하는 그리스도'(Christ above culture)다.[40] 교회가 세계를 지배하고 세상을 통치하고 군림하는 유형인데, 세상을 향한 교회의 이러한 태도는 스스로의 부패를 가져왔다.

넷째 유형은, 종교 개혁자 마틴 루터가 취한 입장처럼 역설적인 긴장 관계에 있는 '그리스도와 문화'(Christ and culture in paradox)다.[41] 복음과 현실은 다 하나님의 주권 아래 있으며, 교회와 정치는 하나님으로부터 위임받은 청지기 직분이라는 인식으로 상호 역할 분담을 하되 긴장 관계 속에서 협력하고 견제하는 유형이다.

리처드 니버가 제시한 다섯 번째 유형은, '문화 변혁자로서의 그리스도'(Christ the Transformer of culture)다.[42] 가루 서 말 속의 누룩처럼, 음식 속의 소금처럼 세상에 번져 나가고 맛을 내는 복음의 역할을 말한다. 복음이 자기 정체성을 분명히 가지고 현실 속에서 세상을 변화시켜 나가는 입장이다. 교회가 이 땅에 하나님 나라가 실현될 때까지 현실 변혁적이고 현실 참여적인 영성을 발휘하는 것을 의미한다.

앞에서 살펴본 리처드 니버의 다섯 가지 유형에 비추어 볼 때, 하용조 목사가 우리에게 보여 준 '그리스도와 문화'의 관계는 어떤 것이었을까? 독자의 관점에 따라 견해가 다를 수 있겠으나, 대체로 다섯 번째 유형인 '문화 변혁자로서의 그리스도' 유형이라고 볼 수 있을 것이다. 여기서 니버가 말하는 '그리스도'는 '교회' 또는 '성도'로 환언할 수 있다. 그런 만큼 교회(성도)는 오늘의 문화에 순응하거나 무관심한 태도가 아니라, 성경의 가르침에 따라 문화를 변화시키는 태도를 갖는 것이 마땅하다. 이렇게 볼 때, 강단에서 선포한 복음을 세상의 문화 속에서 실천한 하용조 목사는 그리스도의 문화로 세상을 변화시키고자 분투한 이 시대의 진정한 문화 변혁자라고 할 수 있다.

1. 문성모, 《하용조 목사 이야기》, p. 162. 여기서 문성모 박사는 하용조 목사의 목회 특징 중 하나를 '복음과 문화의 조화와 균형'에서 찾고 있다.

2. 하용조, 《사도행전적 교회를 꿈꾼다》, p. 81. 이 말은 그가 2007년 《사도행전적 교회를 꿈꾼다》를 집필하면서 한 말이니 최소한 두란노서원을 설립한 지 27년, 온누리교회를 창립한 지 22년이 된 시점에 진술한 것이다.

3. 위의 책, pp. 81-82.

4. 위의 책, p. 82.

5. 위의 책, p. 81.

6. 참고로, 하용조 목사가 영국에서 귀국해 1980년 설립한 두란노서원은 사도 바울이 2년 동안 매일 강론했던 에베소의 한 장소로서(행 19:9), 이곳은 두란노라는 사람이 기증한 강의실 혹은 학교로 추측된다. 텐트 메이커였던 바울은 이곳에서 강론하면서 생계를 유지할 수 있었고(행 18:3), 일반인들은 이곳에서 바울의 설교를 들을 수 있었다. 중요한 것은, "바울이 그들을 떠나 제자들을 따로 세우고 두란노 서원에서 날마다 강론하니"(행 19:9), "두 해 동안 이같이 하니 아시아에 사는 자는 유대인이나 헬라인이나 다 주의 말씀을" 들었다는 놀라운 사실이다.

7. 온누리교회 편, 《온누리교회 25년》, p. 116.

8. 위의 책, p. 116.

9. 위의 책, p. 117.

10. 위의 책, p. 118.

11. 하용조, 《사도행전적 교회를 꿈꾼다》, p. 173.

12. 온누리교회 편, 《온누리행전 30년》, p. 347.

13. 하용조, 《사도행전적 교회를 꿈꾼다》, p. 174.

14. 위의 책, p. 175.

15. 위의 책, p. 175. 여기서 필자는 하용조 목사의 당시 심정을 보다 간절하게 표현하기 위해 그의 술회를 경어체로 바꾸었음을 밝힌다.

16. 온누리교회 편, 《온누리행전 30년》, p. 349.

17. 위의 책, pp. 351-352.

18. 위의 책, p. 352.

19. 존 칼빈, 《구약성경 주석 1》, 칼빈 성경주석, p. 37.

20. 출애굽기 31장 18절의 개역개정 성경 난외 주(註)를 보면, '하나님이 친히 쓰신 것이라'라는 말씀을 원문의 의미로 '하나님이 손가락으로 쓰신 것이라'라고 표현할 수 있다고 밝힌다.

21. 김성영 편, 《완벽성경성구대전》, 제7권, 히브리어-한글사전, pp. 28, 126.

22. 온누리교회 편, 《온누리행전 30》, p. 222.

23. 참고로, VOD는 video on demand의 약어로, 사용자가 필요로 하는 영상을 원하는 시간에 제공해 주는 맞춤 영상 정보 서비스를 말한다.

24. 참고로, ADO는 active data object의 약어로, 데이터 원본에 접근하기 위해 마이크로소프트 표준으로 제작된 컴포넌트 오브젝트 모델 객체들의 모임이자 프로그래밍 인터페이스다.

25. 온누리교회 편, 《온누리행전 30년》, p. 225.

26. 위의 책, p. 226. 참고로, 2015년 창립 30주년 기준의 데이터는 교회에서 제공한 최근 자료에 의한 것이다.

27. 이 내용 역시 《온누리행전 30년》 및 교회에서 제공한 최신 자료에 의한 통계다.

28. 이 내용 역시 《온누리행전 30년》 및 교회에서 제공한 최신 자료에 의한 통계다.

29. '붓소핸섭'(ButsoHandsUp)은 약 7만 구독자를 보유한 유튜브로 약 100개의 동영상이 있다.

30. 문성모, 《하용조 목사 이야기》, p. 102.

31. 위의 책, p. 103.

32. 위의 책, pp. 106-107.

33. 위의 책, p. 107.

34. 하용조, 《사도행전적 교회를 꿈꾼다》, p. 81.

35. 위의 책, p. 73.

36. 위의 책, pp. 81-82.

37. 참고로, 하용조 목사의 강해 설교집은 초판의 권수를 개정하는 과정에서 조정해 총 저서의 권수를 집계하는 데 다소 차이가 있음을 밝힌다.

38. 리처드 니버, 홍병룡 역, 《그리스도와 문화》(고양: 한국기독학생회출판부, 2007), p. 57.

39. 위의 책, p. 78.

40. 위의 책, p. 109.

41. 위의 책, p. 127.

42. 위의 책, p. 158.

제11장

육체의 가시를 안고 사역하다

하용조 목사의 고난의 영성

성경적으로 볼 때 '고난과 묵상', 이 두 관계는 매우 밀접하다. 어떤 점에서는 원인과 결과의 관계기도 하다. 그만큼 뗄 수 없는 관계다. 인간이 영육 간에 당하는 고난은 깊은 사색과 묵상을 가져온다. 고난은 기도와 묵상을 가져온다. 고난과 불면의 밤에 우리는, 하나님에게 기도하며 묵상한다. 우리가 앞에서 큐티를 살펴보면서 확인했듯이, 큐티(Quiet Time)는 묵상(Meditation)과 동의어라고 할 수 있다. 묵상이란 단순한 깊은 생각이 아니라, 기도와 함께 하는 깊은 생각, 기도하고 생각하며, 생각하며 기도하는 것이 묵상이기 때문이다.

우리는 시편의 노래를 통해 그것을 확인한다. "네가 고난 중에 부르짖으매 내가 너를 건졌고"(시 81:7a). 하나님은 고난 중에 기도하는 자를 건지신다. 다윗은 하나님을 찬양하되 "내가 나의 침상에서 주를 기억하며 새벽에 주의 말씀을 작은 소리로 읊조릴 때에 하오리니"(시 63:6)라고 고백했다. 시인은 잠들지 못하고 침상에서 주님을 생각하며 깊은 밤에 깨어 주님을 묵상한다. "나의 고난을 보시고 나를 건지소서 내가 주의 율법을 잊지 아니함이니이다"(시 119:153) 하고 고난 중에 주님을 묵상하며 기도한다. 선지자 요나는 "내가 받는 고난으로 말미암아 여호와께 불러 아뢰었더니 주께서 내게 대답하셨고 내가 스올의 뱃속에서 부르짖었더니 주께서 내 음성을 들으셨나이다"(욘 2:2)라고 고백했다. 우리는 하용조 목사의 생애와 목회를 통해 고난과 묵상이라는 두 개의 중요한 키워드를 발견하게 된다.

'고난의 종'의 노래

• • •

'고난의 종'(Suffering Servant), 이는 인류의 구원자이신 예수님에게 주어진 거룩한 칭호다. 성경은 '고난을 통한 영광의 종'을 노래하고 있다.[1]

> "보라 내 종이 형통하리니
>
> 받들어 높이 들려서 지극히 존귀하게 되리라
>
> 전에는 그의 모양이 타인보다 상하였고
>
> 그의 모습이 사람들보다 상하였으므로
>
> 많은 사람이 그에 대하여 놀랐거니와
>
> 그가 나라들을 놀라게 할 것이며
>
> 왕들은 그로 말미암아 그들의 입을 봉하리니
>
> 이는 그들이 아직 그들에게 전파되지 아니한 것을 볼 것이요
>
> 아직 듣지 못한 것을 깨달을 것임이라"

이 예언의 노래는 여기서 끝나지 않는다. 장차 고난의 종이 죄인을 위해 대신 받아야 할 형벌을 더욱 숙연히 노래한다.[2]

"우리가 전한 것을 누가 믿었느냐

여호와의 팔이 누구에게 나타났느냐

그는 주 앞에서 자라나기를 연한 순 같고

마른 땅에서 나온 뿌리 같아서 고운 모양도 없고 풍채도 없은즉

우리가 보기에 흠모할 만한 아름다운 것이 없도다

그는 멸시를 받아 사람들에게 버림받았으며

간고를 많이 겪었으며 질고를 아는 자라

마치 사람들이 그에게서 얼굴을 가리는 것같이 멸시를 당하였고

우리도 그를 귀히 여기지 아니하였도다

그는 실로 우리의 질고를 지고

우리의 슬픔을 당하였거늘

우리는 생각하기를 그는 징벌을 받아

하나님께 맞으며 고난을 당한다 하였노라

그가 찔림은 우리의 허물 때문이요

그가 상함은 우리의 죄악 때문이라

그가 징계를 받으므로 우리는 평화를 누리고

그가 채찍에 맞으므로 우리는 나음을 받았도다"

하나님은 육신적으로나 영적으로 못 듣는 자와 눈먼 자를 위해 고난의 종이 농아처럼, 맹인처럼 되리라 노래하신다.[3]

"너희 못 듣는 자들아 들으라

너희 맹인들아 밝히 보라

맹인이 누구냐 내 종이 아니냐

누가 내가 보내는 내 사자같이 못 듣는 자겠느냐

누가 내게 충성된 자같이 맹인이겠느냐

누가 여호와의 종같이 맹인이겠느냐

네가 많은 것을 볼지라도 유의하지 아니하며

귀가 열려 있을지라도 듣지 아니하는도다"

노래는 여기에서 멈추지 않는다. 고난의 종은 우리의 연약함을 체휼하신다고 찬양한다.[4] 그분은 아들이면서도 고난으로 순종하심으로 자기에게 순종하는 모든 자에게 구원의 근원이 되신다고 선언한다.[5] '체휼'(體恤), 그것은 몸으로 피를 흘리는 고난이다. 죄인의 슬픔과 고통을 당신의 몸에 짊어지는 헌신이다. 예루살렘 성벽을 부둥켜안고 슬피 우신 주님의 죄에 대한 분노이자 죄인에 대한 긍휼이다.[6]

고난의 종을 가깝게 따라가다
• • •

누군가 필자에게 하용조 목사의 목회 일생을 집약하는 두 단어를 제시하라면 주저 없이 '고난'과 '묵상'이라고 말하겠다. 가슴 아프게도 그는 평생 혹독한 병치레를 하면서 목회를 해야 했다. 젊은 날, 한창 순처럼 뻗어날 대학 시절부터 65세를 일기로 생을 마감하기까지 각종 병마와 싸우면서 복음을 전한 불퇴전의 용사였다. 이 시대 한국교회사에 하용조 목사만큼 처절한 육신적 고통과 고난 속에서 마지막 순간까지 강단을 붙잡고 복음을 외친 예수 그리스도의 종복이 또 있을까. 아니 세계 교회사에 하용조 목사처럼 육체의 가시에 찔린 채 피로 얼룩진 복음을 증언하다가 주님을 찾아간 설교자가 또 있었는지 알 수 없다(하용조 목사가 그토록 처절한 아픔 속에 긴 불면의 밤을 지새운 그 고난의 정황을 이렇게 하찮은 한 줄의 글로 표현하는 필자를 용서하기 바란다).

그럼에도 하용조 목사는 목회 일생을 남달리 깊은 묵상의 세계에서 살았다. 그가 한국 교회에 사실상 최초로 큐티를 널리 확산한 사실만 보더라도 그는 일찍부터 주님과 자신만의 시간을 가지고 깊은 기도와 묵상 훈련을 하고 있었음이 분명하다. 그랬기에 기도와 묵상으로 직조된 Quiet Time이 체질화되어, 그것을 온누리교회를 통해 한국 교회에 널리 전파했으리라. 성경을 통해 볼 때, 고난과 묵상은 따로 떼 놓고 이해하기 어려운 영적 상관관계에 있음을 우리는 안다. 욥이 그랬고, 다윗이 그랬다. 우리의 질고를 홀로 담당하신 예수님이 그랬다.

먼저, 일생 하용조 목사를 따라다닌 육체적 고난을 살펴보자. 우리는 앞에서 그가 자신의 목회에 있어 긍휼 사역을 크게 드러내지 않았다는 사실을 확인한 바 있다. 이와 마찬가지로 그는 생전에 자신의 육신적 고통에 대한 언급을 절제하고 있음을 본다. 누군가 그에게 "목사님은 움직이는 종합 병원입니다"라고 걱정할 만큼 여러 지병에 시달리면서도 말이다. 다만 그의 자전적 목회철학을 담은 《사도행전적 교회를 꿈꾼다》에서 자신을 찾아온 병마에 대해 단편적인 진술을 하고 있을 뿐이다. 그것도 자신이 이런 지병을 앓고 있다는 자기연민의 이야기를 하기 위함이 아니라, 자신의 목회철학을 제시하는 과정에서 불가피하게 언급하고 있을 뿐이다. 어떤 면에서 그는 자신의 지병에 대한 이야기를 별로 좋아하지 않았던 것 같고, 그것을 초월하고자 했던 것 같아 보인다.

하용조 목사의 자전적 목회철학서를 통해 발견할 수 있는 그의 첫 질병에 대한 언급은 다음과 같다.[7]

대학교 3학년 여름 수양회 캠프에서 폐병을 발견했다. 폐병 때문에 학교를 휴학해야 했다. 그 무렵 나는 제대로 먹지 못하고 자지 못하고 12시까지 전도를 하고 돌아다녔는데, '이렇게 급한 때에 하나님은 왜 아프게 하실까?' 해석이 되지 않았다. 그러나 아픈 것을 어찌하랴. 약을 먹고 병원에 입원해 있는 것이 너무나 고통스러웠다.

육신적 고난을 통해 사명을 받다

• • •

제4장에서 이미 살펴본 바와 같이,[8] 하용조 목사는 이때 질병 중에 자신을 찾아오신 주님을 만나게 되고, 찾아오신 주님의 권유에 따라 목회자의 길을 결심하게 된다. 그러니까 그가 예수 그리스도의 종으로서 복음을 위해 살겠다고 결심하게 된 것은 질병에 걸려 가장 고독하고 절망스러운 상황에 처해 있을 때였던 것이다. 그는 "하나님은 나를 병원에 집어넣고 아무도 못 만나도록 고독하게 만들고, 절망하게 한 뒤, 성경만 보게 하셨다. 오로지 하나님만 생각하게 하셨다"라고 고백한다. 그 결과, 그날 밤 그는 자신의 일생을 주님에게 헌신하게 되었다.[9]

그 후 병세가 호전되어 그곳에서 퇴원을 하게 된다. 그는 당시 하나님이 치유해 주셨다고 확신했다. 그럼에도 불구하고 그 은혜를 잊어버린 자신을 부끄러워하고 있다.[10] "사람은 참 간사하다. 하나님이 병을 고쳐 주시면 다 잊어버린다. 나도 까맣게 잊어버리고, 군대에 갔다." 국방의 의무를 감당할 만큼 회복된 것이다. 그러나 그는 군대 생활을 하는 중에 다시 폐병을 앓게 된다. 또다시 결핵 요양원으로 후송되었으며, 끝내 의병제대를 할 수밖에 없었다.

그런데 이 과정에서 하용조 목사는 두 가지 중요한 심령의 변화를 경험하게 된다. 하나는, 폐병을 앓는 처지에서도 환자복을 입고 다른 환자들에게 복음을 전하다가 사도행전을 읽고 가슴이 뜨거워진 동료 환자를 통해 자신의 가슴 또한 뜨거워진 사건이다. 그리고 다른 하나는, 폐병으로 의병제대를 한 것이 신학교를 향하는 발걸음이 되었다는 사실이다. 그때의 영적 정황을 그는 다음과 같이 고백한다.[11]

> [폐병 3기에 접어든 동료에게 복음을 전하던 중] 뭐가 그렇게 재미있느냐고 했더니, 사도행전을 읽었는데 가슴에서 불이 난다고 했다 … 그를 보면서 내 가슴도 얼마나 뜨거웠는지 모른다 … 그렇게 지내다가 결국 의병제대를 했다. 그리고 하나님은 신학을 하도록 나를 이끄셨다.

그 후 하용조 목사는 간경화를 앓게 된다. 여러 병원을 찾아다니며 치료를 했지만 간염이 간경화로 악화되었다. 안타깝게도 간경화는 간암으로 발전해 다섯 번이나 재발했다고 한다.[12]

그런데 하용조 목사는 다시 한 번 신유의 은혜를 체험했다고 간증한다.[13] "지금은 아무리 검사를 해 보아도 간암의 흔적은 있지만 간암이 다 없어졌다는 것이다. 하나님은 놀라운 분이시다. 그분이 다 고쳐 주신 것이다." 그러면서 그는 또 이렇게 고백한다.[14] "하나님은 내가 교만

할 것을 아시고 바울의 가시처럼 질병을 꽂아 놓으셨다. 까불지 말라, 교만하지 말라."

이렇게 고백한 그는 그 후 30년 동안 간경화를 앓아야 했다.[15] 그다음에는 신장(腎臟)이 망가졌다. 그래서 그는 정기적인 투석을 해야만 했다.[16] 고혈압도 있었으며, 심장에도 적신호가 나타났으며, 눈에도 이상이 있고, 머리카락도 다 빠져서 성한 데라고는 하나도 없게 되었다.[17]

이처럼 하용조 목사는 그의 표현대로 일생을 '병에서 병으로' 이어지는 육신의 질고 속에서 살아야 했다. 그가 일생 극복해야 했던 병력에 대해 〈온누리신문〉은 그의 소천 기사를 다루면서 이렇게 요약해서 밝힌 바 있다.[18]

- 대학생 시절 폐결핵 발병
- 군 시절 폐결핵 재발병
- 연예인교회 사역 당시 만성간염, 당뇨, 고혈압 발병
- 1999년, 간암 수술
- 2001년, 2차 간암 수술
- 2001년, 3차 간암 수술
- 2004년, 4차 간암 수술
- 2004년, 5차 간암 수술
- 2008년, 6차 간암 수술
- 2009년, 7차 간암 수술
- 2010년, 심장 수술
- 2011년, 뇌출혈, 소천

고통 중에도 "설교를 하면 나는 살아난다"

• • •

그런데 여기서 하용조 목사는 우리를 숙연하게 하는 고백을 하고 있다.[19] "이런 몸을 가졌지만 끊임없이 주님의 교회를 붙들고 있다. 주님은 그렇게 또 나를 붙들고 계신다." 이처럼 끝없는 지병의 연속에서도 그는 말씀을 강하게 붙잡았다. 설교를 멈추지 않고 주어진 사명을 끝까지 감당했던 것이다.[20]

복음의 동지인 이동원 목사의 다음과 같은 회고담을 들으면 하용조 목사가 얼마나 주어진 사명에 투철한 목회자인지를 알 수 있다.[21] "한번은 알래스카 크루즈를 다녀와서 너무 좋아 그런 휴식이 하 목사에게 필요하겠다 싶어 온누리교회 장로님들에게 다녀오시도록 주선을 부탁했습니다. 얼마 후 크루즈에 갔다 온 하 목사가 '그런 쓸 데 없는 추천을 왜 했느냐'고 항의를 하더군요. 배 안에 갇혀서 아무 일도 못하고 시간만 낭비했다는 것이었습니다."

> 병 때문에 설교를 못한 적은 한 번도 없었다. 병과 설교는 언제나 동행한다. 이것이 하나님이 병을 통하여 나를 붙잡아 주신 놀라운 방법이다. 그래서 내게 아픈 것은 아프지 않은 것이나 마찬가지다. 참 이상하다. 나는 설교하면 살아난다. 강대상에만 올라가면 살아난다. 그런데 설교를 안 하면 기가 팍 죽는다. 기운을 못 차린다. 그래서 나는 살기 위해서 설교한다 … 하나님의 은혜다. 나는 죽을 때까지 설교할 것이다.[22]

"나는 죽을 때까지 설교할 것이다." 하용조 목사의 이 말에는 몇 가지 중요한 의미가 담겨 있다고 생각한다. 첫째는, 육신의 고통이 아무리 커도 그것이 자신의 설교 사역을 막을 수 없다는 의미일 것이다. 둘째는, 설교에 목숨을 걸겠다는 의미일 것이다. 실제로 그는, "설교자는 십자가에 죽기까지 자기희생(sacrifice)이 있어야 한다"고[23] 갈파했으며, "설교자가 아니면 몰라도 설교자로 하나님이 불러 주셨으면, 죽을 각오를 하고 설교를 뚫어야 한다"고도 역설했다.[24] 그리고 셋째는, 자신이 살기 위해서 설교를 하겠다는 의미일 것이다. 앞에서 보듯이, "나는 설교하면 살아난다", "나는 살기 위해서 설교한다"라는 고백처럼, 그는 설교를 생명처럼 소중하게 생각하고 있었던 것이다.

그런데 간염이 진행되자 주치의 선생은 목회를 그만두라고 경고했다. 설교를 준비하고 무리하게 강단에 서는 것은 위험하다는 것이었다. 죽을 때까지 강단에서 말씀을 전하겠다고 작정한 그로서는 병세가 깊어 설교를 못 하는 것이 가장 큰 고통이었다. 그래도 주치의 선생의 경고에 가까운 권유를 들어야만 했다. 건강관리를 잘하는 것도 목회의 한 부분이기 때문이다. 그는 잠시 목회를 그만둘 심정으로 1981년 영국으로 떠나게 된다.

한경직 목사와 김준곤 목사의 말에 큰 용기를 얻다
• • •

하용조 목사는 떠나기에 앞서 결혼 주례를 서 주었던 한경직 원로 목사에게 인사를 드리러 갔다. 그때 한경직 목사의 말에서 그는 깨달음과 큰 용기를 얻게 된다.[25]

하 목사, 내가 미국 프린스턴에서 폐병으로 피를 토했던 경험이 없었으면, 오늘날 목사가 못 됐을 거야. 안심하고 그냥 떠나.

하용조 목사는 한경직 목사의 이 말에 큰 위로와 깨달음을 갖게 되었다고 한다. 한경직 목사는 그 후에도 온누리교회의 중요한 행사마다 찾아와 하용조 목사의 사역에 힘을 보태 주었다.

하용조 목사는 육신적 고난의 시절에 찾아와 주었던 김준곤 목사를 또한 잊지 못한다고 했다. 폐병이 깊어 대학을 휴학하고 인천 요양소에 있을 때의 일이다.[26]

하나님이 하 군을 쓰려나 보다. 한경직 목사님도, 《빙점》을 쓴 미우라 아야코도 폐병을 앓지 않았는가. 하 군, 나도 젊었을 때 폐병을 앓은 적이 있지. 어렸을 때 말이야. 공산당 천하가 되었을 때, 공산당이 예수님 믿고 선량하기만 했던 마을 사람들을 굴비처럼 엮어 대창으로 찔러 죽이는 걸 봤네. 얼굴을 알아볼 수 없을 만큼 끔찍한 죽음이었지. 마을에 피비린내가 진동했네. 그때 52명 중에 딱 한 사람만이 살아남았지. 그 사람이 누구인 줄 아나? … 바로 나일세. "너희가 환난을 당하나 담대하라"(요 16:33)고 예수님은 말씀하셨지. 하 군, 자신을 학대하지 말게. 예수님이 하 군을 사랑하시네. 자기 자신과 양심을 폐쇄적으로 학대하지 말고 따사로운 태양과 봄바람처럼 감싸 주게. 주님의 명령과 사명을 거절하지 말고, 내 뜻대로 생각하고 결정하지 말고, 조용히 은혜를 사모하며 주님의 부르심을 기다리기 바라네.

그때 하용조 목사는 자신을 폐병으로 쓰러뜨리신 하나님을 은근히 원망하고 있었다. 김준곤 목사는 하나님을 원망하고 있는 그의 마음을 알고 있었던 것이다.

> 나는 속으로 이렇게 고백했다. '맞습니다, 목사님. 죽을병에 들고 나서
> 야 저는 '나만큼 예수님을 열심히 믿어 볼 테냐'고 자신만만했음을 알았
> 습니다. 저는 예수님을 믿은 것이 아니라, 제 의지를 믿어 왔습니다. 믿
> 음마저도 주님이 주시는 것임을, 전도할 수 있고 기도할 수 있는 능력도
> 주님이 주시는 것임을, 만물의 모든 것이 주님으로부터 왔다는 것을 이
> 제야 알게 됐는지도 모르겠습니다. 그러니 이제 죽어도 은혜입니다. 제
> 뜻대로 결정하지 않고, 조용히 주님을 기다리고 있겠습니다.'

하용조 목사는 민족 복음화 사역으로 그 바쁜 중에도 폐병에 걸려
낙심해 있는 자신을 찾아와 주었던 김준곤 목사를 오래 잊지 못했다.
6.25전쟁이라는 민족 최대의 비극 속에서 아버지와 아내를 죽인 공산
당을 용서한 사람이 하용조 목사가 대학 시절 만난 신앙의 은사, 김준
곤 목사다. 김준곤 목사는 그 사건을 계기로 민족을 복음화해야 한다
는 일념을 품게 되었다. 그는 국제 CCC 총재 빌 브라이트와 만나 '오늘
의 학원 복음화'를 통해 '내일의 민족 복음화'를 이루어 온 세상에 푸르
고 푸른 그리스도의 계절이 오게 하자고 외친 세계적인 복음 전도자였
다. 하용조 목사는 육신적 질고를 당하고 있을 때 주님이 보내 주신 김
준곤 목사의 말을 마음에 깊이 새기게 되었다.

"고난이 나를 무너뜨리지 못한다"는 깨달음

• • •

이처럼 당시 한국 교회를 이끌어 가던 두 위대한 복음 전도자를 만난 것이 계기가 되어 그는 그 어떤 병마도 자신을 어쩌지 못한다는 강한 믿음을 갖게 되었다. 한 분은 처치 사역의 대표자시고, 다른 한 분은 파라처치 사역의 대표자시다. 하용조 목사가 자신의 목회에서 처치 사역과 파라처치 사역의 균형과 조화를 이루기 위해 노력한 것도 이 두 분의 영향이 아닌가 생각한다. 그때 그는 이렇게 선포했다.[27]

> 고난이 나를 어쩌지 못했다. 사탄의 공격이 나를 망가뜨리지 못했다. 사탄의 공격이 와도, 병이 와도, 환경이 고통스러워도 우리를 어쩌지 못한다. 고난과 환경을 두려워할 필요가 없다. 하나님만 바라보고 나가면 이상하게 파도를 넘듯이, 산을 넘듯이, 모든 고난을 뛰어넘어서 승리하게 된다. 나는 이것을 굳게 믿는다.

그는 병치레를 통해 치유하시는 하나님을 만났다고 한다. 자신이 아플 때마다 교회는 성장했다고 한다. 고통스러울 때마다 그는 영적인 충만을 경험한다고 한다. 그는 이것을 참으로 알 수 없는 영적 신비라고 했다. 그러면서 하용조 목사는 범인들이 쉽게 가질 수 없는 깨달음을 고백한다.[28] 이것은 영적인 동병상련의 각성이다.

> 내 마음에는 늘 아픈 사람들이 있다. 힘들게 살아가는 사람들이 있다. 그들이 나의 가족처럼, 동창생처럼 느껴진다. 병을 통해 하나님의 은혜를 깨달았고, 아픈 사람에 대한 주님의 마음을 알게 되었다. 온누리교회

가 화려하게 보일지도 모르겠지만 사실은 내가 매일 병과 투쟁하는 그
속에서 태어난 것이다. 언제나 약자에 대한 배려를 잃지 않으려 하는 것
도 이런 나의 경험과 연관이 있다.

앞에서 살펴본 바와 같이, 우리 주님이 베푸신 '체휼'의 은혜를 하용
조 목사는 체험하게 된 것이다. 자신이 병들어 외로운 처지가 되고 보
니 주위의 약자와 소외자의 모습이 보인 것이다. 그는 그런 이웃의 모
습을 보았을 뿐만 아니라 그들이 처한 자리로 내려가게 된 것이다. 그
가 목회 일생에서 그토록 '긍휼 사역'이란 이름을 선호한 것도 자신이
하나님으로부터 감당할 수 없는 긍휼의 은혜를 입었기 때문이다. 그는
이 고백을 통해 예수님의 물음에 응답하고 있다.[29] "내가 주릴 때에 너
희가 먹을 것을 주었고 목마를 때에 마시게 하였고 나그네 되었을 때
에 영접하였고 헐벗었을 때에 옷을 입혔고 병들었을 때에 돌보았고 옥
에 갇혔을 때에 와서 보았느니라 이에 의인들이 대답하여 이르되 주여
우리가 어느 때에 주께서 주리신 것을 보고 음식을 대접하였으며 …
어느 때에 병드신 것이나 옥에 갇히신 것을 보고 가서 뵈었나이까 하
리니 임금이 대답하여 이르시되 내가 진실로 너희에게 이르노니 너희
가 여기 내 형제 중에 지극히 작은 자 하나에게 한 것이 곧 내게 한 것
이니라"(마 25:35-40).

그래서 하용조 목사는 자신의 목회철학에서 진정한 사도행전적 교
회는 '고난 속에서도 복음을 전하는 공동체'여야 한다고 강조한다. 그
리고 '예수의 삶을 사는 공동체'를 지향해야 하며, '이방인을 품는 공동
체'가 되어 예수님의 긍휼을 베풀어야 한다고 선언한다.[30] 하용조 목사
는 실로 "고난당한 것이 내게 유익이라 이로 말미암아 내가 주의 율례

들을 배우게 되었나이다"(시 119:71)라고 고백한 다윗의 찬송에 동참한 사도요, 고난의 종이신 예수 그리스도를 가깝게 따라간 종이었다.

성경이 가르치는 고난의 의미

• • •

고난(苦難)은 인간이 당하는 영육 간의 괴로움과 어려움을 말한다. 우리가 이 세상을 사는 한 피할 수 없는 것이 고난이다. 정도의 차이가 있을 뿐, 고난이 없거나 고난을 모르는 사람은 없다. 죄 아래 있는 인생은 삶자체가 고난이라고 할 것이다. 그런 중에도 우리 주위에는 어떤 이유로 특별히 고난을 많이 겪는 사람이 있다.

성경은 고난의 여러 유형을 기록하고 있다. 하용조 목사가 일평생당한 육신적 고난을 이해하기 위해 성경의 가르침을 잠깐 살펴보자.

▎죄에 대한 심판으로 오는 고난

인간에게 고난이 찾아온 것은 아담의 범죄와 밀접한 관계가 있다. 태초에 하나님의 형상으로 지음 받은 인간은 영원한 생명을 부여받은 행복한 존재였다. 그러나 하나님의 금령을 어기고 선악과를 범함으로 타락한 인간은 죄와 사망의 권세 아래 처하게 되었다. 이 불순종의 결과로 출산의 고통과 힘든 노동이 첫 범죄에 대한 하나님의 심판으로 주어졌다(창 3:16-19). 인간이 하나님의 창조 섭리를 위배함으로 스스로 고난을 자초하게 된 것이다. 그래서 C. S. 루이스(Lewis)는 《고통의 문제》(홍성사 역간)에서 인간의 모든 고통은 죄로부터 기인한다고 했다.[31] 이처럼 고난의 한 유형은 인간의 범죄에 대한 하나님의 심판의 결과로 주어지는 것이라고 할 수 있다. 이 심판으로 오는 고난은 예언자들이나 사도들을 통해 주신 하나님의 뜻에 역행하는 죄에 대한 형벌이기도 하다. 예를 들어, 이스라엘 민족은 하나님의 은혜로 애굽으로부터 구원을 받았음에도 고달픈 광야 생활 중에 하나님과 모세에 대한 불평과 불만을 토로함으로써 광야에서 고난을 당하고 죽어 간 것이다.

▌ 긍휼(矜恤)에서 오는 고난

구약 시대의 예언자들이나 신약 시대의 사도들은 단순히 하나님의 말씀을 대언하는 메신저가 아니었다. 그가 전한 메시지 때문에 박해를 받기도 하고, 순교의 자리에 서기도 했다. 한편 선지자와 사도들은 이스라엘 백성이 하나님의 뜻을 거역함으로 자초한 형벌과 고난을 보면서 슬퍼하고, 그들의 처지를 불쌍히 여겼다. 동병상련이랄까, 긍휼히 여기는 마음으로 그들의 고난에 동참했다.

선지자 이사야는 "그러므로 내가 야셀의 울음처럼 십마의 포도나무를 위하여 울리라 헤스본이여, 엘르알레여, 내 눈물로 너를 적시리니 너의 여름 실과, 네 농작물에 즐거운 소리가 그쳤음이라"(사 16:9)라고 탄식한다. 눈물의 선지자 예레미야는 "슬프다 나의 근심이여 어떻게 위로를 받을 수 있을까 … 추수할 때가 지나고 여름이 다하였으나 우리는 구원을 얻지 못한다 하는도다 딸 내 백성이 상하였으므로 나도 상하여 슬퍼하며 놀라움에 잡혔도다 … 어찌하면 내 머리는 물이 되고 내 눈은 눈물 근원이 될꼬 죽임을 당한 딸 내 백성을 위하여 주야로 울리로다"(렘 8:18-9:1) 하고 절규한다.

사도 바울은 고린도교회 성도를 염려하면서 자신의 심정을 "내가 마음에 큰 눌림과 걱정이 있어 많은 눈물로 너희에게 썼노니 이는 너희로 근심하게 하려 한 것이 아니요 오직 내가 너희를 향하여 넘치는 사랑이 있음을 너희로 알게 하려 함이라"(고후 2:4)라고 고백하고 있다. 그뿐 아니라 도망자요, 절도범인 노예 오네시모의 처지를 자신과 동질화하며 그를 보증하기 위해 오네시모의 주인인 빌레몬에게 한없이 자신을 낮추어 변호하기도 했다.

긍휼에서 오는 고난의 극치를 우리는 예수 그리스도에게서 만나게 된다. "긍휼이 풍성하신 하나님이 우리를 사랑하신 그 큰 사랑을 인하여 허물로 죽은 우리를 그리스도와 함께 살리셨고 (너희는 은혜로 구원을 받은 것이라)"(엡 2:4-5). 아니, 예수님이 이 땅에 오시기 오래전 구약의 노아시대에, 하나님은 사람의 죄악이 세상에 가득함과 그의 마음으로 생각하는 모든 계획이 항상 악함을 보시고 땅 위에 사람 지으심을 한탄하셨을 뿐만 아니라 마음에 근심하셨다. 창조주 하나님이 인간의 죄악을 보고 슬퍼하며 고통을 겪으셨다는 것이다.

예수님이 당하신 대속적 사역의 고난

● ● ●

▌ 대속적 사역의 고난

예수님이 인간의 죄를 대속하기 위해 십자가를 지심으로 당한 고난이다. 한마디로 예수님의 고난이다. 구약에서는 사람이 하나님에게 죄를 용서받거나 하나님과의 영적 관계를 회복하기 위해서 동물을 희생 제물로 드렸다(출 29:1-28; 레 4:20-35). 그러나 그것은 온전한 속죄가 아니라 장차 예수 그리스도로 말미암아 이루어질 영원한 속죄의 모형이었다. "성령이 이로써 보이신 것은 첫 장막이 서 있을 동안에는 성소에 들어

가는 길이 아직 나타나지 아니한 것이라 이 장막은 현재까지의 비유니 이에 따라 드리는 예물과 제사는 섬기는 자를 그 양심상 온전하게 할 수 없나니 이런 것은 먹고 마시는 것과 여러 가지 씻는 것과 함께 육체의 예법일 뿐이며 개혁할 때까지 맡겨 둔 것이니라 그리스도께서는 장래 좋은 일의 대제사장으로 오사 손으로 짓지 아니한 것 곧 이 창조에 속하지 아니한 더 크고 온전한 장막으로 말미암아 염소와 송아지의 피로 하지 아니하고 오직 자기의 피로 영원한 속죄를 이루사 단번에 성소에 들어가셨느니라"(히 9:8-12).

예수님은 대속의 사역을 성취하기 위해 많은 고난을 받고, 장로들과 대제사장들과 서기관들에게 버린바 되어 죽임을 당하고 제 삼 일에 살아나셔야 했다(눅 9:22; 마 16:21; 막 8:31). 죄악과의 투쟁에는 고난이 따르며, 특히 예수님의 메시아적 사역에 대한 예언은 고난을 요청하고 있다. 부활하신 주님이 "그리스도가 이런 고난을 받고 자기의 영광에 들어가야 할 것이 아니냐"(눅 24:26)라고 한 예언을 성취하셨다. 히브리서 기자는, "자기 피로써 백성을 거룩하게 하려고 성문 밖에서 고난을 받으셨느니라"(히 13:12)라고 증언한다. 이러한 대속적 고난은 인류의 메시아인 예수님만이 감당하신 것이며, 죄인인 우리는 회개와 믿음을 통해 이 고난의 은혜를 누리는 수혜자일 뿐이다.

▌ 증거로서의 고난

이 유형은 구원의 은혜를 받은 자가 예수 그리스도의 삶에 전적으로 헌신함으로써 받게 되는 고난이다. 그러기 위해서는 날마다 육신적인 유혹들과 싸워야 한다. 이처럼 구원받은 증거로서의 전적 헌신에는 필히 고난이 따른다. 구원받은 인생의 참된 만족은 현세적 축복이나 쾌

락이 아니라 오히려 내적 경건과 고난에 있다. 참된 예수님의 사람들은 그리스도를 위하여(빌 1:29), 의를 위하여(벧전 3:14), 마귀와 싸우기 위하여(벧전 3:19), 하나님 나라를 위하여(살후 1:5), 복음을 위하여(딤후 2:9), 예수님의 이름을 위하여(행 5:41) 고난을 받게 된다. 우리가 그리스도의 고난에 동참할 수 있는 유일한 방법은 바로 이런 유형의 고난을 감내하며 승리하는 것이다.

욥과 바울이 당한 고난과 하용조 목사의 고난
● ● ●

이처럼 진정 그리스도를 본받아 살고자 하는 자에게 나타나는 이 증거로서의 고난에는 여러 가지 형태가 있다. 우리는 먼저 욥의 경우를 통해 증거로서의 고난의 한 단면을 볼 수 있다. 욥은 하나님이 인정하신 당대에 완전한 신앙인이었다. 그런데도 그는 가정의 환난과 육신의 질병이라는 엄청난 고난을 겪어야 했다(욥 1:1-2:10). 욥이 당한 고난은 죄에 대한 심판이 아니라, 오히려 고난을 통해 하나님에게 더 가까이 나아가는 믿음의 증거였다. 부당하게 고난을 받아도 하나님을 생각하며 참으면 이는 아름다운 일이라 하신 말씀과 같은 고난이다(벧전 2:19).

또한 우리는 선지자 호세아의 경우를 통해 증거로서의 고난을 확인한다. 하나님은 호세아에게 "너는 가서 음란한 여자를 맞이하여 음란한 자식들을 낳으라"(호 1:2a)고 명령하셨다. "이 나라가 여호와를 떠나 크게 음란함이니라"(호 1:2b). 하나님이 택하신 백성의 타락상이 극에 달한 나머지 선지자가 대신 당한 고난이었다. 당시 이스라엘의 타락은 잘못된 예배와 우상 숭배에 있었다. 그들은 이교도의 예배처럼 산꼭대기에서 제사를 드리고 나무그늘 밑에서는 음행을 일삼으며 하나님을 노엽게 했다(호 4:13). 남자들이 창기와 함께 희생 제물을 드렸으니 이스라엘의 예배가 얼마나 타락했는지를 짐작할 수 있다. 그뿐이 아니었다. '여호와께 정조를 지키지 않고 사생자를 낳았다'고 표현할 만큼 우상 숭배에 빠진 택하신 백성을 하나님은 엄히 경고하고 계신다(호 5:7).

이처럼 극도로 타락한 영적 상황 속에서 하나님이 호세아에게 명하신 불행한 결혼은 필시 택한 백성을 돌이키기 위한 증거로서의 고난이라 할 것이다. 호세아의 결혼이 보여 주는 모든 과정은 목이 곧은 이스라엘에 대해 하나님의 오래 참으심과 인애하심을 나타내는 영적 비유라고 할 수 있다. 그 목적은 "하나님 여호와께로 돌아오라"(호 14:1)는 것이었다.

우리는 신약 시대에 사도 바울의 경우를 통해서도 증거로서의 고난을 읽을 수 있다. 다메섹 도상에서 예수님을 만난 후 얼마간 실명을 한 사건이나, 유라굴로 광풍과 열나흘 동안 사투를 벌이다 멜리데 섬에 올라 구조를 받고 마침내 로마에서 전도하기까지 그가 당한 고난의 과정이 그것이다. 우리는 사도 바울이 직접 증언한 사건을 통해서 그의 그리스도를 위한 고난이 어느 정도였는지 알 수 있다. "그들이 그리스도의 일꾼이냐 정신없는 말을 하거니와 나는 더욱 그러하도다 내가 수고를 넘치도록 하고 옥에 갇히기도 더 많이 하고 매도 수없이 맞고 여러 번 죽을 뻔하였으니"(고후 11:23). 그의 고난은 유대인들에게 사십에서 하나 감한 매를 다섯 번이나 맞았으며, 세 번 태장으로 맞고, 한 번 돌로 맞고, 세 번 파선하고, 일주야를 깊은 바다에서 지냈으며, 여러 번의 전도 여행 중에 강과 강도와 동족과 이방인의 위협을 받아야 했으며, 시내와 광야와 바다의 위험을 무릅써야 했다(고후 11:24-26). 또한 그는 평생 그를 따라다닌 육체의 가시, 곧 사탄의 가시로 고난을 겪었다. 그는 이 육신의 고통으로부터 해방되기 위해 세 번 간구했으나 "이는 내 능력이 약한 데서 온전하여짐이라 하신지라 그러므로 도리어 크게 기뻐함으로 나의 여러 약한 것들에 대하여 자랑하리니 이는 그리스도의 능력이 내게 머물게 하려 함이라"(고후 12:8-9)라는 큰 깨달음을 갖는 축복을 누린다. 그래서 그는 "그러므로 내가 그리스도를 위하여 약한 것들과 능욕과 궁핍과 박해와 곤고를 기뻐하노니 이는 내가 약한 그때에 강함이라"(고후 12:10)고 선포했다.

우리는 여기서 하용조 목사의 고난을 생각해 본다. 그가 일생 겪어야 했던 육신적 고난을 구약성경의 위대한 고난의 승리자 욥의 경우에 비견해 볼 수 있지 않을까? 그리고 사도 바울의 경우에 비견해 볼 수 있지 않을까?

예수님이 나면서부터 소경 된 자를 두고 "이 사람이 맹인으로 난 것이 누구의 죄로 인함이니이까 자기니이까 그의 부모니이까" 하고 잘못된 질문을 하는 제자들에게 "이 사람이나 그 부모의 죄로 인한 것이 아니라 그에게서 하나님이 하시는 일을 나타내고자 하심이라"(요 9:1-3)는 대답을 주며 그의 눈을 뜨게 하시고 하나님에게 영광을 돌리신 사건을 생각해 본다. 이와 같이 하나님은 하용조 목사가 일평생 당한 육신적 고난을 통해 당신의 뜻을 이루고 영광을 받으신 것이다.

프란체스코와 하용조 목사가 경험한 육체의 고난과 회심

• • •

"벌레야, 내 육체를 더 파먹으렴. 그래서 내 영혼이 깨끗해질 수 있다면."

희랍의 기독교 작가 니코스 카잔차키스가 쓴 소설[32]에 나오는 어느 수도사의 독백이다. 고행을 통해 구원과 영혼의 정화를 얻고자 하는 이른바 고행주의를 기독교는 경계하고 비판한다. 구원은 예수 그리스도를 믿음으로 얻는 하나님의 은혜다. 그 어떤 인간의 행위나 고행으로는 구원에 이를 수 없다. 이것이 성령이 사도 바울을 통해 우리에게 가르쳐 주신 이신칭의(以信稱義)의 진리다(롬 3:20-22).

그런데 우리는 믿음으로 구원받은 이후의 삶을 소홀히 취급하는 면이 있지 않은지 스스로를 돌아봐야 한다. 그렇다. 구원은 예수 그리스도를 믿는 자에게 값없이 베풀어 주시는 하나님의 은혜다(롬 3:24). 그런데 구원받은 하나님의 자녀는 구원에 합당한 삶을 살기 위해 더 많이 수고하고 더 많이 헌신해야 한다. 구원으로서의 출발, 곧 초보적인 구원 이후의 성도의 삶은 야고보 선생이 증언한 대로 '믿음의 시련이 인내를 만들고 온전함을 이루어 가는 과정'(약 1:2-4 참조), 즉 '성화의 과정'인 것이다. 그래서 믿음은 행함과 함께 일하고, 행함으로 믿음이 온전하게 된다고 선언한다(약 2:22). 행함이 없는 믿음은 그 자체가 죽은 것이요, 헛것(약 2:17, 20)이라고 했다. 이렇게 볼 때, 구원의 은혜를 누린 하나님의 자녀는 구원을 이루기 위해 분투해야 한다. 이는 영적으로나 육적으로 자신을 쳐서 복종시키는 고난의 삶이라고 할 것이다. 성경에 기록된 위대한 종들이 그러했으며, 교회사에 나오는 인물들이 또한 그러했다.

필자는 교회사의 대표적인 고난의 인물 프란체스코의 경우를 살펴봄으로써 하용조 목사가 겪은 육신적 고난 이해에 도움을 주고자 한다. 우리가 알듯이 13세기의 교회 개혁자로 알려진 아씨시의 프란체스코는 육신의 질병을 통해 세상의 방탕한 생활에서 그리스도에게로 돌

아서게 된 인물이다. 그뿐 아니라 교회를 개혁하기 위해 청빈을 추구
하는 걸식 수도사의 길을 걷게 된다.

먼저, 프란체스코와 하용조 목사의 헌신의 순간이 육신적 질병을 통
해 이루어졌다는 점에서 우리는 두 인물 사이에 접촉점을 발견하게 된
다. 예수 그리스도의 고난을 가장 치열하게 따라간 교회사적 인물로
알려진 프란체스코는 주후 1182년 이탈리아 아씨시의 부유한 포목상
인 베르나르도네(Pietro Bernadone)의 아들로 출생했다. 가난을 모르고
성장한 탓에 방종했던 그는 젊은 날 원인을 알 수 없는 중병을 앓게 된
다. 질병을 통해 구원의 은혜를 체험한 프란체스코는 현실적인 부와
안락을 버리고 청빈을 추구하며 오직 예수 그리스도가 걸어가신 십자
가의 길을 따르게 된다. 사경에서 깨어난 그는 중세 교회 개혁에 헌신
하게 되는데, 그 사건에 대한 역사적 기록은 다소 이견이 있는 것이 사
실이다. 프란체스코와 같은 시대를 산 유명한 전기 작가인 토마스 첼
라노(Thomas Celano)는 "하나님께서 프란체스코의 육신의 질병과 그 고
난 중의 환상을 통해 그를 회심시키셨다"고 기록하고 있다. 그 회심은
대체로 주후 1204년이나 1205년에 일어난 것으로 추정하고 있다.[33]

한편, 프란체스코의 생애와 사상을 소설화한 니코스 카잔차키스는
프란체스코의 회심을 극적으로 묘사하면서 그날을 주후 1206년 9월
24일, 주일이라고 주장했다.[34] 이와는 다른 견해로, 전기 작가 요한네스
요르겐센은 프란체스코의 회심이 당시 배척과 멸시의 대상이었던 한
센병 환자(나환자)와의 만남에서 시작되었다고 보았다.[35] 앞에서 몇 가지
사례를 살펴본 것은, 한 시대에 하나님이 쓰신 종이 육신적인 질고를
통해 회심과 소명을 경험한 사실의 중요성 때문이다. 하용조 목사 또
한 누구나 쉽게 경험할 수 없는 질병을 통해 주님에게 헌신을 다짐하

고 일생을 그분에게 드렸다는 점에서 그의 고난의 영성은 범인이 도달할 수 없는 세계라 하겠다.

프란체스코의 질병을 통한 회심은 자신의 부요한 삶을 버리고 청빈을 추구하는 걸식 수도사의 길을 걷는 계기가 되었다. 그는 짧은 생애의 만년에 예수 그리스도가 십자가에서 받으신 오상(五傷)의 흔적을 자신의 몸에 체현하는 큰 고통을 겪어야 했다. 그의 몸에 나타난 오상은 예수님의 십자가 고난을 깊이 묵상하고 사모한 결과로 나타난 흔적으로 알려졌다. 이처럼 예수님의 고통을 자신의 몸에 체득하면서 큰 깨달음을 갖게 되었으니 그것이 '긍휼의 은혜'였다. 아무리 청빈과 경건을 추구하는 믿음의 삶을 살아도 인간은 그 어떤 고난과 금욕으로 구원을 받을 수 없으며, 오직 하나님이 베푸시는 긍휼의 은혜로 구원을 받는다는 깨달음이다. 그래서 그는 임종 시에도 마지막 구한 것이 주님의 긍휼이었다. 우리는 여기에서 하용조 목사가 그의 목회 사역을 통해 가난한 자와 병든 자 그리고 자신보다 약하고 소외된 자를 친구로 여기며 긍휼의 사역에 힘쓴 동기가 어디에 있는지 짐작하게 된다.

하용조 목사가 고난 사역을 통해 보여 준 것들

• • •

이제 하용조 목사가 고난 사역을 통해 우리에게 주는 교훈을 살펴봄으로써 이 장을 정리하고자 한다.

▌하용조 목사의 고난은 깊은 묵상으로 이어졌다.

우리는 앞에서 하용조 목사가 그의 목회에서 중요하게 생각한 묵상에 대해 살펴보았다. 그가 온누리교회를 중심으로 한국 교회에 본격적으로 도입한 '큐티'는 성도의 영성 강화와 말씀의 깊이를 더하기 위한 묵상 훈련이라고 할 수 있다. 그는 자신이 생활화하고 온누리교회를 통해 목회에 적용했을 뿐만 아니라 한국 교회에 널리 보급한 큐티에 대한 책을 쓰면서 큐티를 고난과 연결해서 설명하고 있다.[36] 여기서 하용조 목사는 젊은 날부터 찾아온 육신의 고난은 자신을 그리스도의 종으로 인도하는 한편,[37] 말씀을 깊이 묵상하는 큐티의 세계로 인도했다고 고백한다.[38]

그때가 간경화로 연예인교회 사역을 쉬고 이화대학병원에 입원해 있는 때였는데, 하용조 목사는 병상에서 사도행전에 나오는 두란노서원의 이상을 꿈꾸게 되었다.[39] 그 결과, 교회에서 받은 퇴직금으로 사도행전 19장에 기록된 대로 신촌에 두란노서원 책방을 열고 "제자들을 따로 세우고"(행 19:9)라는 말씀대로 제자 운동을 시작하게 된다. 이와 함께 매일 모여 성경을 읽고 기도하며 묵상하게 되었는데, 그것이 사실상 큐티 운동이었다고 한다.[40] 1980년의 일이다. 그러니까 하용조 목사의 큐티 운동은 그의 육신적 고난과 밀접한 관계가 있다고 할 것이다. 병원에 누워서도 육신의 고통은 아랑곳하지 않고 사도행전적 교회를 꿈꾸며 아내에게 "여보, 두란노서원 운동합시다"라고 했다는 것이다. 하용조 목사의 고난이 묵상(큐티)을 가져오는 순간이다.

필자는 하용조 목사가 생전에 한국 교회를 위해 한 많은 일 중에 큐티를 널리 보급한 수고를 가장 귀한 업적으로 평가하고 싶다. 그의 다음과 같은 지적이 그 이유를 잘 설명하고 있다.[41]

한국 교회 성도님들은 일반적으로 성경공부하고 암송하고 말씀 듣고 연

구도 하지만 낙제점이 하나 있습니다. 묵상을 못한다는 것입니다. 기도
는 있어도 묵상은 없습니다. 소리 지르는 건 있어도 조용히 하나님의 음
성을 듣고 깊이 그 말씀을 묵상하는 훈련이 참 안 되어 있습니다. 묵상
과정이 약하기 때문입니다. 그래서 큐티를 못하는 것입니다. 큐티에서
는 묵상이 아주 생명처럼 중요한 과정입니다.

대단히 중요한 지적이다. 그런데 하용조 목사의 이런 지적이 더욱
설득력 있는 것은, 그가 육신적으로 모진 고난 중에 경험하고 강조한
것이 큐티요, 묵상이기 때문이다. 그러면서 그는 '큐티는 하나님과의
만남이 최우선순위'라고 단언한다. 필자도 젊은 날, 정형 교회를 떠나
수도원으로 들어가고 싶은 열망을 오랫동안 가진 적이 있다. 우리나라
에는 수도원이 없어서 여름 방학을 이용해 유럽의 유서 깊은 수도원을
순례하면서 언젠가 생활의 짐을 벗으면 늦더라도 수도사가 되겠다는
다짐을 하곤 했다. 그뿐 아니라, 앞으로 길러 낼 복음의 일꾼들을 수도
원 모델로 교육시키고 싶어 구체적인 꿈을 꾸며 수도원 영성의 현장에
서 그 비전과 이상을 〈국민일보〉 지면을 통해 한국 교회에 호소하기도
했다. 그 주된 이유의 중심에는 바로 '묵상 훈련'이 자리하고 있었다.

이상하게도 한국 교회는 '묵상' 하면 막연하게 경계하는 분위기가
오래 지속되고 있다. 아마도 가톨릭교회의 오랜 전통 속에서 '명상 훈
련'이 보여 준 신비적인 경향 때문이 아닌가 생각한다. 그러나 성도의
신앙생활에 있어 묵상은 기도만큼 중요하고, 말씀 상고만큼 중요하다.
아니, 기도와 묵상은 뗄 수 없는 관계이며, 말씀과 묵상도 분리할 수 없
다. 묵상이 없는 기도는 천박하다. 어떤 점에서 기도는 묵상이다. 하나
님에게 나의 것을 달라고 일방적으로 요구하는 것은 기도가 아니다.

진정한 기도는 하나님이 나에게 요구하시는 것이 무엇인지를 조용히 들으며 그분의 뜻에 자신을 맡기는 것이다. 묵상이 없으면 이런 진정한 기도는 불가능하다. 말씀을 상고하는 것도 마찬가지다. 말씀이야말로 묵상과 함께해야 한다. 내 판단과 지식을 이용해서 하나님의 말씀을 읽고 이해하는 것은 성경 상고(공부)가 아니다. 성령님의 인도하심에 따라 마음을 쏟아 놓고 깊이 묵상하며 깨달아 가는 과정이 무엇보다 중요하다. 아니, 이것이 유일한 성경 접근 방법이다.

일부 한국 교회 목회자들의 묵상(큐티)에 대한 편견은 시정되어야 한다. 영성 신학자 고든 S. 웨이크필드(Gordon S. Wakefield)는 '묵상'을 '정신적 기도'라고 정의했다.[42] 이는 "나의 반석이시요 나의 구속자이신 여호와여 내 입의 말과 마음의 묵상이 주님 앞에 열납되기를 원하나이다"(시 19:14)라고 고백한 다윗의 묵상 시편과 "나의 묵상을 가상히 여기시기를 바라나니 나는 여호와로 인하여 즐거워하리로다"(시 104:34, 개역한글 성경)[43]라는 말씀에 근거한 것이다.

이런 점에서 어거스틴의 《고백록》은 묵상의 연속선상에서 쓰인 글이라고 할 수 있다. '기도와 묵상'이란 의미를 함축한 큐티의 산물이다. 실제로 피터 브라운(Peter Robert Lamont Brown) 같은 이는 어거스틴의 《고백록》을 묵상과 기도로 쓴 책이라고 했다.[44] 우리는 《고백록》 도처에서 어거스틴이 기도와 묵상 중에 하나님에게 더 가까이 나아가며 영적 깨달음과 회심을 얻고자 얼마나 고투하고 있는지를 발견하게 된다. 주후 386년, 그의 나이 서른두 살 되던 어느 여름날 밀라노 정원에서 영적 회심을 경험한 사건도 깊은 기도와 묵상 중에 일어났으며, 그 직전에 경험한 지적 회심도 마찬가지였다.

《고백록》 제7권 '지적 회심'의 예를 몇 군데 찾아보자. '자유의지와 악의 문제'에 대해 알고자 할 때 그는, '나를 만드신 분은 누구인가?', '그분은 선하실 뿐 아니라 선 그 자체이신 하나님이 아니신가?', '그러면 내가 악을 원하고 내가 마땅히 벌을 받아야 할 원인이 되는, 즉 선을 원치 않는 의지는 어디서 오는 것인가?'와 같은 깊은 묵상과 기도를 계속하며 이렇게 고백한다.[45] "오, 주님, 이러한 생각이 나를 다시 압도하여 숨이 막힐 지경이었습니다."

그는 또한 '악의 원인이 무엇인가?'를 알고자 할 때, 그는 선하신 하나님이 창조하신 이 세계에 어떻게 악이 들어올 수 있었는지 깊이 묵상하면서 "저는 깊은 생각에 혼자 다음과 같이 읊조렸습니다",[46] "나는 이러한 곤혹스러운 문제들을 내 마음속에서 고민하며 숙고해 보면서 혹시 진리를 발견하기 전에 죽지 않을까 심히 불안해했습니다. 그러나 교회에서 가르친바 우리의 주님이시요, 구원자가 되신 당신의 아들 그리스도에 대한 신앙은 계속 강하게 내 마음속에 자리를 잡아가고 있습니다"라고 고백했다.[47] 여기서 '읊조리다'라는 고백은 '묵상'의 다른 표현이다.[48] 그러니까 어거스틴의 끊임없이 생각하고 고뇌한다는 표현은 묵상, 즉 기도하며 심사숙고하며 마음으로 읊조린다는 뜻이다.

이러한 어거스틴의 묵상은 그의 영혼의 치유와 마침내 성경을 통해 주님의 음성을 들음으로써 극적인 회심을 경험하는 순간의 절정에 이르게 된다. 그는 제7권 8장 '치료하시는 은밀한 손'에서 "오, 주님, 당신은 영원한 분이시지만 영원히 우리에게 진노하시지 않으심은 티끌이나 재와 같은 우리들을 당신이 불쌍히 여기시기 때문입니다. 당신은 불구가 된 나를 보시고 고쳐 주시기를 기뻐했습니다. 당신은 날카로운 침으로 내 마음을 찔러 흔들어 놓아 내 영혼의 눈이 당신을 확실히 볼 때까지 편안함을 얻지 못하도록 하셨습니다. 그리하여 어루만져 치료하시는 당신의 은밀한 손에 의해 나의 부은 상처는 가라앉게 되었고, 병들어 어두워진 내 영혼의 시력은 통증과 슬픔을 동반한 당신의 치료의 안약에 의해 나날이 밝아져 갔습니다."[49]

　　나의 깊은 생각이 내 영혼의 심연을 파헤치고 나의 모든 비참함을 찾아내어 마음의 눈앞에 쌓아 놓았을 때 눈물의 홍수를 동반한 큰 폭풍이 내 마음에서 일어났습니다. 나는 실컷 소리라도 내어 울어보려고 알리피우스의 곁을 떠났습니다. 왜냐하면 울 때는 홀로 있는 것이 더 낫다고 나는 생각했기 때문입니다 … 나는 어떻게 되었는지는 몰라도 어느 무화과나무 밑에 쓰러져 흘러나오는 눈물을 마음껏 흐르도록 했습니다. 오, 주님, 그렇게 세차게 흘러나온 나의 눈물은 당신에게 드리는 합당한 희생제물이었습니다.[50]

　어거스틴의 영혼의 회심은 이처럼 처절할 정도의 깊은 묵상과 기도의 흐느낌 끝에 찾아왔다. 그는 "오, 주여 언제까지입니까? 오, 주여 어느 때까지입니까? 내일입니까? 왜 지금은 아닙니까? 왜 이 순간 나의 불결함이 끝나지 않습니까?" 하고 탄식한다. 그렇게 계속 기도하며 지금까지 지은 죄에 대해 심령으로부터 통회하고 있을 때, 갑자기 어떤 소리를 듣게 된다.[51]

　　그때였습니다. 갑자기 이웃집에서 들려오는 말소리가 있었습니다. 그 말소리가 소년의 것인지 소녀의 것인지 나는 확실히 알 수 없었으나 계속 노래로 반복된 말은 '들고 읽어라, 들고 읽어라'(tolle lege, tolle lege)는 것이었습니다. 나는 곧 눈물을 그치고 안색을 고쳐 어린아이들이 어떤 놀이를 할 때 저런 노래를 부르는지 곰곰이 생각해 보았습니다 … 나는 그 소리를 성경을 펴서 첫눈에 들어오는 곳을 읽으라고 하나님이 나에게 주신 명령으로밖에 생각할 수 없었습니다 … [사도의 책이 있는 곳으로 가세 성경을 펴서 내 첫눈에 들어온 구절을 읽었습니다. 그 구절은 "방탕과 술 취하지 말며 음란과 호색하지 말며 쟁투와 시기하지 말고 오직 주 예수 그리스도를 옷 입고 정욕을 위하여 육신의 일을 도모하지 말라"(롬 13:13-14)였습니다 … 그 말씀을 읽은 후 즉시 확실성의 빛이 내 마음에 들어와 의심의 모든 어두운 그림자를 몰아냈습니다.

우리는 어거스틴의 이 놀라운 회심의 고백을 들을 때, 하용조 목사가 대학 시절 CCC 입석 여름수련회에서 만난 '피 흘리시는 예수님의 손'의 체험과 폐병으로 격리당한 요양소에서 깊은 묵상 중에 찾아오신 주님을 영접하는 환상의 체험을 통해 목회의 길을 걷게 된 사건을 떠올리게 된다. 어거스틴이 말씀을 통해 주님의 음성을 들음으로써 회심해서 십자가의 길을 따라가게 되었듯이, 하용조 목사 또한 남루한 걸인으로 찾아오신 주님을 만남으로 자신의 누추한 영혼의 상태를 바라보게 되고, 이어서 들려주신 성령의 음성을 통해 주님의 종으로 부름을 받게 되었던 것이다.

이렇게 볼 때, 말씀과 기도로 직조된 묵상의 영성은 우리의 신앙에 무엇보다 중요하다. 주님과 나만의 은밀한 만남과 사귐은 이처럼 깊은 묵상으로 가능한 것이다. 그러나 우리의 신앙은 어떤가? 이쯤에서 저마다 자신의 영혼의 상태를 점검해야 하겠다. 너무 들레고 요란하지는 않은지, 너무 자기중심적이지는 않은지, 너무 조급하지는 않은지, 너무 천박하지는 않은지를 말이다.

하용조 목사는 이러한 한국 교회와 신학 교육의 현장에 큐티라는 신선한 영적 다이너마이트를 던진 목회자다. 자신의 육신적 고난 속에서 건져 올린 값진 진주를 아낌없이 한국 교회 목회자들과 신학생 그리고 성도들에게 선사한 복음 전도자다.

▎하용조 목사의 고난은 탁월한 설교를 낳았다.

요즘 우리는 "설교에 목숨을 건다"는 말을 자주 듣는다. 설교자가 하나님의 말씀을 올바로 전하기 위해 혼신을 다한다는 뜻일 것이다. 여기에는 두 가지의 의미가 있다고 생각한다. 하나는 하나님의 말씀을 삼가 두려워하는 마음으로 상고(詳考)한다는 뜻이고, 다른 하나는 순교의 각오로 말씀을 증언한다는 뜻이다. 구약 시대의 예레미야를 비롯한 선지자들이 그랬다. 하나님의 말씀을 골수에 사무치도록 묵상했으며 (렘 20:9), 그 말씀을 고난 중에 증언하다가 순교까지 당했다. 신약 시대의 바울을 비롯한 사도들이 또한 그랬다. 한국교회사의 주기철 목사와 손양원 목사를 비롯한 선배 목회자들이 그랬다. 시대를 초월해 하나님의 말씀을 대언하는 주의 종들은 설교에 목숨을 걸어야 한다. 설교 준비도 목숨을 걸듯이 해야 하고, 복음을 선포하는 일에도 목숨을 걸어야 한다.

필자는 이 시대의 목회자 중에 육신적으로 극한의 고통을 안고 마지막 순간까지 말씀을 증언하다 우리 곁을 떠난 하용조 목사를 생각해 본다. 물론 그는 복음을 전하기 어려운 박해의 시대를 살았던 종은 아니다. 복음을 전하다가 순교한 종도 아니다. 그러나 그가 한국 교회의 부흥을 위해 헌신한 목회자의 한 사람으로, 특히 예수 그리스도의 순전한 복음을 증언하기 위해 분투한 설교자의 한 사람으로 우리에게 끼친 영향력은 특별한 것이라고 생각한다.

앞에서도 살펴보았듯이, 하용조 목사는 '설교를 위해서라면 죽음도 두려울 것이 없다'고 했다. 40년간의 당뇨에 신장이 망가져 정기적으로 투석을 해야 했으며 생애 일곱 번의 암 수술을 받아야 했지만, 그의 관심은 오로지 설교에 있었다. 설교할 수만 있다면 "내게 아픈 것은 아프지 않은 것이나 마찬가지"라고 선언한 그다. "나는 설교하면 살아난다. 강대상에만 올라가면 살아난다"고 고백한 그다. "죽을 때까지 설교할 것이다"라고 서원한 그다. 이런 그를 '설교에 미친 사람'이라고 할 만하다. 그런데 오해하지 말아야 할 것은, 그가 '설교지상주의'에 빠졌거나 '설교가 우상이 된 사람'은 아니라는 사실이다. 어떤 설교자도 이 점에서 예외일 수 없다.

앞에서도 이미 설명했지만, 하용조 목사에게 있어서 '죽을 때까지 설교를 한다'는 것은 '죽을 때까지 복음을 선포한다', '죽을 때까지 말씀을 대언한다'는 의미다. "내가 달려갈 길과 주 예수께 받은 사명 곧 하나님의 은혜의 복음을 증언하는 일을 마치려 함에는 나의 생명조차 조금도 귀한 것으로 여기지 아니하노라"(행 20:24)라고 한 사도 바울의 고백과 같은 것이다. 이처럼 하용조 목사는 육신적 고난을 통해 매 순간 마지막 설교를 하듯이 최선을 다했다. 이런 점에서 필자는, 하용조 목사의 고난은 설교의 정점을 향해 나아갔다고 보는 것이다.

▌ 하용조 목사는 고난을 통해 십자가를 더욱 붙잡았다.

하용조 목사는 육신의 질고를 통해 하나님을 만났다고 고백한다.[52] 폐병을 앓으며 결핵 요양소에서 좌절해 있을 때 두 번째 주님을 만났다고 고백한다.[53] "내가 예수 그리스도를 영접하고 내 삶을 예수님께 헌신하게 된 것은 … 1966년 8월 4일 경기도 입석에서 그리스도를 인격적 구주로 영접하고 그분의 십자가와 피 묻은 손을 실제로 경험한 사건 때문"이라고 증언하고 있다.[54] 그는 "어떤 사람은 성경을 읽다가 예수님을 만나기도 하고, 어떤 사람은 설교를 듣다가 예수님을 만나기도 한다. 어떤 사람은 기가 막힌 고통과 고난의 과정 속에서 주님을 만나기도 한다"고 하면서, "나는 예수 그리스도를 처음 만나 뵈었을 때 얼마나 큰 충격을 받았는지 모른다. 말로 형용할 수 없는 충격 그 자체였다"고 술회한다. 그의 고백대로 '십자가에서 피 흘리시는 예수님의 손을 본' 형언할 수 없는 최초의 충격적 사건에 이어 역시 대학교 3학년 때 나타난 폐병을 통해 두 번째 예수님을 만난 것이다. 하용조 목사는 당시를 회고하면서 이런 깨달음을 증언했다.[55] "왜 우리 주님은 제게 폐병을 앓게 하셨을까요? … 저는 이해할 수 없는 사건이었지만, 하나님은 상상할 수 없는 놀라운 배수의 진을 다 치고 계십니다 … 두 번째 주님을 만났을 때 저는 주님으로부터 정중한 초대를 받았습니다. '네가 목사가 되지 않겠느냐?'" 마침내 '너는 복음의 일꾼이 되라'는 음성을 듣게 된다. 갈릴리 해변에서 "너는 나를 따르라" 하며 베드로를 부르신 예수님은 이 시대에 육신의 고난을 통해 하용조 목사를 부르셨다.

이처럼 하용조 목사는 육신의 질고를 통해 주님을 인격적으로 만나게 되었으며, 십자가의 피 묻은 손을 목도하며 주님에게로 더 가까이 나아가게 되었다. 이러한 그의 체험을 우리는 '증인으로서의 고난'이라 이해해도 좋을 것 같다.

사도 바울이 "내 몸에 예수의 흔적을 지니고 있노라"(갈 6:17b)라고 한 것은 자신이 남달리 거룩하다는 자랑이 아니다. 예수님을 닮기 위해 몸부림치며 고난의 십자가를 따라가는 자신을 고백한 말이다. 그렇다.

우리는 예수님의 흔적을 지녀야 한다. 그렇지 못한 우리의 모습이 부끄러울 뿐이다. 바울처럼, 프란체스코처럼, 하용조 목사처럼 고난의 발걸음으로 예수님을 가깝게 따라가며 그분의 흔적을 지닌 종들이 부러울 뿐이다.

▌ 하용조 목사의 고난은 긍휼 사역으로 이어졌다.

하용조 목사는 생전에 "내 마음에는 늘 아픈 사람들이 있다. 힘들게 살아가는 사람들이 있다. 나는 그들이 나의 가족처럼, 동창생처럼 느껴진다"고 말한 바 있다.[56] 왜 그랬을까? 그는 그 이유를 이렇게 말한다. "병을 통해 하나님의 은혜를 깨달았고, 아픈 사람에 대한 주님의 마음을 알게 되었다"고. 하나님이 자신에게 이웃을 향한 긍휼의 마음을 주신 것은 병을 통해서라는 것이다.[57]

그는 자신이 먼저 긍휼의 은혜를 입었기 때문에 남을 긍휼히 여기게 되었다고도 고백했다. 앞에서 이미 살펴보았지만, 한창 피어날 청년기에 폐병을 얻어 요양원에 격리되어 외로운 나날을 보내고 있을 때 자신을 찾아오신 주님을 만난 사건 때문이었다.[58]

하용조 목사는 육신의 질고를 통해 자신이 먼저 긍휼의 은혜를 받았으며, 이로 말미암아 남도 긍휼히 여기게 된다. 마치 사도 바울이 초대교회의 에바브로디도를 두고 증언한 것처럼 긍휼은 또 다른 긍휼을 가져오는 것이다. "그가 병들어 죽게 되었으나 하나님이 그를 긍휼히 여기셨고 그뿐 아니라 또 나를 긍휼히 여기사 내 근심 위에 근심을 면하게 하셨느니라"(빌 2:27).

그래서 그는 이웃의 처지를 아파하는 긍휼의 영성을 가지게 되었다. 그의 마음에는 늘 아픈 사람이 있게 되었다. 힘들게 살아가는 사람들이 있게 되었다. 그들을 가족처럼, 동창생처럼 느끼게 되었다. 그가 온 누리교회를 통해 긍휼 사역에 힘쓰게 된 연유가 여기에 있다.[59]

병을 통해 하나님의 은혜를 깨달았고, 아픈 사람에 대한 주님의 마음을 알게 되었다. 온누리교회가 화려하게 보일지도 모르겠지만 사실은 내가 매일 병과 투쟁하는 그 속에서 태어난 것이다. 언제나 약자에 대한 배려를 잃지 않으려 하는 것도 이런 나의 경험과 연관이 있다.

이처럼 하용조 목사의 육신적 고난은 온누리교회의 긍휼 사역으로 이어졌다. 초창기부터 한동안 온누리교회가 대사회 봉사 사역을 '긍휼 사역'이라고 부른 것은[60] 그의 긍휼의 은혜 체험과 깊은 연관이 있으며, 어떤 점에서 이 명칭은 성경적이며 사도행전적이라고 할 것이다.[61] 이렇게 볼 때, 하용조 목사의 고난을 통한 긍휼 사역은 앞에서 살펴본 바, 성경에 근거한 고난의 유형 중 '동정(긍휼)에서 오는 고난'과 연관이 깊다고 볼 것이다.

1. 이사야가 오실 메시아를 고난의 종으로 묘사한 이사야 52장 13-15절 말씀이다. 예수 그리스도의 '고난을 통한 영광'에 대해서는 로마서 8장 17-18절, 고린도후서 1장 7절, 디모데후서 2장 12절, 베드로전서 4장 13절 등을 참고하기 바란다.
2. 이사야가 오실 메시아를 노래한 이사야 53장 1-5절 말씀이다.
3. 이사야가 성령의 감동하심으로 고난의 종이 말 못하는 자와 눈먼 자들을 위해 농아처럼 되고 맹인처럼 되리라 예언한 이사야 42장 18-20절 말씀이다.
4. 성령의 감동하심을 받은 기자가 쓴 히브리서 4장 15절 말씀이다. 여기서 필자는 개역한글 성경의 번역대로 본문을 소개한다.
5. 히브리서 5장 8-9절 말씀.
6. 참고로, 개역한글 성경은 원문의 'συμπαθέω'(쉼파데오)를 '체휼하다'로, 개역개정 성경은 '동정하다'로 번역했는데, 모두 원문의 뜻을 살렸으나 필자는 '체휼하다'가 더 원의(原意)에 가깝다고 생각해 개역한글 성경의 번역을 취한다. 쉼파데오는 '동정하다'라는 뜻을 넘어서 '상호 동질이 되다', '고난을 당하다'라는 뜻을 지닌 'συμπάσχω'(쉼파스코)에서 유래했기 때문이다.
7. 하용조, 《사도행전적 교회를 꿈꾼다》, pp. 44-45.
8. 이 사건에 대한 보다 자세한 내용은 본서 제4장을 참조하기 바란다.
9. 하용조, 《사도행전적 교회를 꿈꾼다》, pp. 45-47.
10. 위의 책, p. 48.
11. 위의 책, p. 50.
12. 위의 책, p. 52.
13. 위의 책, p. 52. 여기서 이렇게 고백한 시점은 2007년, 《사도행전적 교회를 꿈꾼다》를 출판할 무렵이다. 그러니까 그 무렵 하나님이 자신의 지병을 치유해 주셨다는 확고한 믿음을 가지고 한 고백이다.
14. 위의 책, pp. 52-53.
15. 2007년을 기준으로 30년이라는 표현이며, 2011년 소천하기까지를 감안하면 30년 이상, 젊은 날부터 종생토록 당뇨를 비롯한 지병에 시달려야 했다.
16. 하용조, 《사도행전적 교회를 꿈꾼다》, p. 52.
17. 위의 책, p. 53.
18. 온누리교회, "병상일지", <온누리신문>(2011. 7. 31.), 13면 참조.
19. 하용조, 《사도행전적 교회를 꿈꾼다》, p. 53.
20. 위의 책, pp. 52-53.
21. 하용조 목사의 투철한 사명감에 대한 이동원 목사의 증언. 필자의 서면 질의에 대해 복음의 동역자이자 믿음의 형제로서 이동원 목사가 준 답변을 요약한 것이다.
22. 하용조, 《사도행전적 교회를 꿈꾼다》, p. 53.
23. 위의 책, p. 223.
24. 위의 책, p. 235.

25. 위의 책, p. 54.

26. 위의 책, pp. 58-59.

27. 위의 책, p. 54.

28. 위의 책, pp. 54-55.

29. 마태복음 25장 35-40절에서 예수님이 오른편에 있는 의인을 향해 하신 말씀이며, 반대는 왼편에 있는 불의한 자를 향한 말씀이다.

30. 하용조, 《사도행전적 교회를 꿈꾼다》, pp. 136-151.

31. C. S. 루이스, 이종태 역, 《고통의 문제》(서울: 홍성사, 2002), pp. 135-145. 루이스는 '하나님의 선하심'과 '인간의 악함'을 대조적으로 진술하면서 인간의 고통은 영혼의 타락(사악함)에 기인한 것이라고 지적한다. 그는 "우리 사람 안에 있는 죄의 본성은 예수 그리스도의 생명을 싫어한다"라고 의미 있는 말을 했다.

32. 니코스 카잔차키스, 김성영 역, 《예수 다시 십자가에 못 박히다》(서울: 고려원, 1982), 니코스 카잔차키스 전집, 4, p. 105.

33. 토마스 첼라노, 프란치스꼬회 한국관구 역, 《아씨시 성프란치스꼬의 생애》(왜관: 분도출판사, 2000), pp. 55-56. 여기서 첼라노는 프란체스코가 겪은 육신적 고난을 이렇게 묘사하고 있다. "아직도 죄 중에서 젊은 열정에 활활 불타고 있는 그를 위하여 하나님의 기름 부으심이 베풀어져 정신적 고뇌와 육체적 고통을 그에게 닥쳐오게 하심으로써 그의 잘못을 깨닫게 하셨다. 그는 책벌을 받지 않고는 고칠 수 없는 인간의 고집이 질병을 통하여 기진맥진하게 되자 과거와 다른 생각을 하기 시작했다 … 육신의 질병으로부터 구원받자 심령의 변화가 일어나 프란체스코는 하나님의 뜻에 자신의 뜻을 굽히고, 자신 안에 예수 그리스도만을 간직하고자 애썼다."

34. 니코스 카잔차키스, 《성 프란시스》, p. 67. 여기서 니코스 카잔차키스는 다음과 같이 묘사하고 있다. "원인 모를 질병으로 죽음의 환상을 보며 고열과 혼수상태에 빠져 있던 프란시스는 죽음 직전에 깨어났다. 아들의 투병을 근심스럽게 지켜보고 있는 어머니를 향해 '어머니, 오늘이 며칠입니까?' 하고 물었다. '일요일이란다'라고 대답하는 어머니에게 아들은 '몇 월 며칠입니까?' 하고 다시 묻는다. '9월 24일이란다. 그건 왜 묻니?' 어머니의 대답이었다. 프란시스는 어머니에게 부탁했다. '어머니, 세 폭의 그림을 떼어내고, 주님께서 십자가에 못 박히시는 그림 뒤에 이렇게 써넣어 주세요. 우리 주 예수 탄생 후 1206년이 되는 9월 24일 주일날, 내 아들 프란시스는 다시 태어나다'라고요.'"

35. 요한네스 요르겐센, 《아씨시의 프란치스코》, p. 43.

36. 하용조, 《하용조 목사의 큐티하면 행복해집니다》(서울: 두란노, 2008), p. 10.

37. 위의 책, pp. 10-13.

38. 위의 책, p. 15.

39. 위의 책, p. 14.

40. 위의 책, p. 15.

41. 위의 책, p. 18.

42. 고든 S. 웨이크필드, 임성옥 역, '묵상', 《기독교 영성사전》(서울: 은성, 2002), pp. 172-173.

43. 참고로, 본문에 나오는 '묵상'을 개역개정 성경은 '기도'로 번역했는데, 개역한글 성경의 번역이 원문에 더 가깝다.

44. 피터 브라운, 정기문 역, 《아우구스티누스》(서울: 새물결, 2012), p. 238.

45. 아우구스티누스, 선한용 역, 《고백록》(서울: 대한기독교서회, 2003), p. 214.

46. 위의 책, p. 216.

47. 위의 책, p. 217.

48. 참고로, 앞에서 살펴본 시편 19편 14절에 나오는 '묵상'을 《우리말성경》이나 다른 역본의 성경은 원어의 뜻이 '작은 소리로 읊조림'이라고 난외에 밝히고 있다. 구약성경상 '묵상'에는 '힉가욘'(הָגָּיוֹן)과 '씨아흐'(שִׂיחַ)가 있는데, 전자는 '중얼거리는 소리', '묵상', '장엄한 소리'의 뜻을 가지고 있으며, 후자는 '심사숙고', '지껄임', '의사소통', '묵상', '기도', '이야기'라는 뜻을 가지고 있다.

49. 아우구스티누스, 《고백록》, pp. 223-224.

50. 위의 책, p. 272.

51. 위의 책, p. 273.

52. 하용조, 《사도행전적 교회를 꿈꾼다》, p. 54.

53. 하용조, 《하용조 목사의 큐티하면 행복해집니다》, p. 10. 하용조 목사가 최초로 주님을 만난 것은 대학 시절인 1966년 8월, 경기도 입석에서 열린 CCC 여름수련회에서였다고 증언한다.

54. 하용조, 《사도행전적 교회를 꿈꾼다》, p. 37.

55. 하용조, 《하용조 목사의 큐티하면 행복해집니다》, p. 10.

56. 하용조, 《사도행전적 교회를 꿈꾼다》, p. 54.

57. 위의 책, p. 54.

58. 위의 책, pp. 44-45 참조.

59. 위의 책, pp. 54-55.

60. 위의 책, p. 194.

61. 온누리교회 편, 《온누리행전 30년》, p. 300. 참고로, 온누리교회는 창립 30년사에서 하용조 목사와 후임 이재훈 목사가 이어 온 목회철학의 다섯 가지 뼈대를 중심으로, 온누리교회를 (1) 성경 중심의 교회, (2) 복음 중심의 교회, (3) 선교 중심의 교회, (4) 긍휼을 베푸는 교회, (5) 그리스도의 문화를 심는 교회로 정리하고 있는데, '긍휼을 베푸는 교회'가 바로 '사회선교에 힘쓰는 교회'라고 해야 할 장(章)이다. 온누리교회는 하용조 목사의 사도행전적 목회철학에 따라 봉사와 섬김이라는 용어보다 '긍휼 사역'이라는 용어를 선호하고 있는 것으로 보인다. 온누리교회는 2014년 사회선교본부를 정식 출범시킴으로써 그간 실천해 온 제반 긍휼 사역을 시대에 맞는 이름으로 총괄하기 시작했다.

하용조 목사의 생애와 목회사상

하나님의 생명책에 기록된 한 종의 발자취

● ● ●

인류의 역사에 기여한 인물을 조명하는 작업은 대단히 중요한 일인 동시에 매우 조심스러운 일이기도 하다. 특히 정신적인 세계의 발전을 위해 기여한 인물은 더욱 그렇다. 정신의 영역 중에서도 인간의 죄와 구원의 문제를 다루는 영적 세계를 위해 봉사한 인물에 대한 평가는 더더욱 조심스러운 일이다. 그래서 한 인물에 대한 리서치는 대체로 그의 사후에 하는 것이 보편적이다. 더 이상 공과에 대한 논의의 여지가 없는 시간이 생을 마감한 이후이기 때문이다.

필자는 이런 점을 염두에 두고 하용조 목사를 조명하는 마지막 장(章)에 기도를 모은다. 예수 그리스도의 복음을 위해 한 생을 온전히 기울인 전도자이자, 한국 교회의 오늘이 있기까지 하나님이 특별하게 사용하신 한 종이 하용조 목사다. 우리는 하용조 목사가 생전에 헌신한 목회의 여러 분야에 대해 비교적 자세히 살펴보았다. 이러한 작업을 선행한 것은 그의 목회철학과 사상을 보다 입체적으로 이해하기 위함이었다. 기독교 역사가 필립 샤프는 이 점에 대해 그의 '교회사 전집' 서문에서 이미 밝힌 바 있다.[1]

필자는 이제 하용조 목사의 생애를 마지막으로 살펴보고, 지금까지 각 분야에서 우리가 따라가 본 사역의 발자취를 종합해 그의 사상을 정리하고자 한다. 대체로 한 인물을 조명함에 있어 기본적으로 사용되는 것이 그의 생애와 객관적으로 검증된 사상이다. 그런데 여기서 한 가지 유감스러운 고백을 하자면, 하용조 목사의 생애를 보다 자세한 이야기로 쓰지 못했다는 점이다. 여기에는 몇 가지 이유가 있다. 우리가 관심을 갖는 하용조 목사는 이 땅에 계시지 않으므로 그분으로부터 직접 당신이 살아온 이야기를 들을 수 없다는 점이다. 그리고 하용조 목사와 일생 동역자로 일해 온 사모를 비롯한 가족이 있지만, 그들에게 고인을 회상하게 하는 것은 현실적으로 어려운 일일 뿐만 아니라 결례가 될 수도 있어서 삼갈 수밖에 없었다는 점이다. 그래서 필자는 생전에 하용조 목사가 직접 남긴 기록을 중심으로 생애 이야기를 정리했음을 밝히는 바다. 이 평전의 목적이 하용조 목사의 드라마틱한 가족사가 아닌 하나님이 그를 어떻게 사용하셨는지, 그 사건을 통해 우리가 무엇을 배워야 할 것인지에 있는 만큼 라이프 스토리에 너무 얽매이지 않는 것이 좋다고 생각한다.

다행히 하용조 목사는 교회를 통해 자신에 대한 비교적 많은 신앙고백을 남겼다. 주님이 부르시는 마지막 순간까지 강단을 지키며 전한 복음을 통해 자신의 신앙 사상을 분명히 표백해 우리에게 보여 주었다. 이보다 더 귀한 자료가 또 있겠는가. 보다 근본적으로 하나님이 시대마다 쓰신 한 종의 발걸음은 이 세상에 기록되기 전에 하나님의 영원한 생명책에 기록되었을 것이다(계 3:5). 그러므로 하용조 목사가 주님을 위해 일생을 기울인 기도와 땀과 눈물은 이미 하나님이 받으셨거니와, 이 땅에서의 사역의 무대가 성령님의 인도하심으로 세운 온누리교회이므로, 필자는 온누리교회를 중심으로 한국 교회와 세계 교회에 끼친 하용조 목사의 사상을 최종 마무리하고자 한다.

초기 한국 교회 부흥의 땅에서 태어나다

● ● ●

하용조 목사는 1946년 9월 20일, 평안남도 강서군 수산면 신정리 561번지에서 부친 하대희 장로와 모친 김선일 권사의 3남 3녀 중 둘째 아들로 태어났다. 하용조 목사의 형은 하용삼이며, 동생은 하용인이다. 누나는 하신자이며, 누이동생은 하신숙과 하신주이다.[2]

하용조 목사가 출생한 강서군(江西郡)은 1885년 우리나라에 복음이 들어온 후 기독교가 가장 활발했던 지방의 하나였다. 1910년 평양 대부흥 운동을 주도한 길선주 목사가 마지막 부흥회를 인도하고 축도 후 뇌일혈로 순교한 곳이 바로 강서군의 고창교회였다.

특히 1919년 3.1독립만세운동 당시 전국으로 확산된 독립운동이 대대적인 3.2만세 사건으로 확산된 역사의 땅이기도 하다. 이 사건으로 강서 3.2운동을 주도한 옥천교회(沃川敎會) 성도들이 다수 체포되었으며, 시위대를 향한 일경의 무차별 난사로 43명이 목숨을 잃는 등 수많은 사상자가 발생했다. 이것이 한국 근대사에 기록된 '강서학살사건'이다.[3] 이 사건은 강서의 옥천교회 신자 수백 명이 3월 2일 독립을 외치며 시위를 하다가 일본 헌병에게 체포를 당하자, 다음 날 이웃 지방인 대동군 원장교회(院場敎會) 신자들이 합세해 2천여 명의 군중이 전단을 뿌리며 대대적인 독립만세운동을 벌여 체포된 신자들의 석방을 요구하던 중 발생했다. 이에 위협을 느낀 일본 헌병들은 신자 6명을 현장에서 사살하고 20여 명에게 중상을 입혔다. 이에 격분한 군중들이 일본 헌병 몇 명을 죽이는 등 시위가 고조되자 일본군은 신자 43명을 사살하고 50여 명에게 중경상을 입혔다. 그 후에도 일본군은 교회와 신자들에게 무차별 학살을 감행했으며, 심지어 부녀자와 어린아이까지 죽이는 만행을 저질렀다. 이처럼 초기 한국교회사에 조국 독립을 위해 순교의 피를 흘린 역사적 고장이 바로 하용조 목사가 태어난 강서였다.

그뿐 아니라 강서는 민족의 선각자인 도산 안창호 선생이 태어난 곳이며, 그가 민족정신을 일깨우기 위해 점진학교(漸進學校)를 세우고 인재를 양성한 곳이기도 하다. 안창호 선생이 민족의 장래를 위해 인재를 양성하고자 1899년 세운 점진학교는 평안남북도를 중심으로 한 서도(西道)에 민간인이 세운 최초의 사립 학교였다. 특히 이 학교는 안창호 선생이 기독교 정신에 입각해 남녀 공학을 실시한 최초의 소학교로도 유명하다. 안창호 선생은 한말의 기울어 가는 국운 속에서 자아혁신과 자기 개조를 통해 민족정신을 혁신하고 개조하기 위해서는 교육이 가장 중요하다고 인식해, 고향인 강서에 점진학교를 세우게 된다. 학교의 명칭이 말하듯이, 도산 안창호 선생은 국민이 학문을 갈고닦고 인격을 연마해 점진적으로 민족의 힘을 길러야 한다는 이른바 그의 '점진 사상'을 실현코자 했다. 그는 이 사상을 확산하기 위해 1907년 용정에 대성학교를 세우기도 했다. 이처럼 강서는 기독교 정신에 입각해 국권을 되찾고자 독립운동이 일어난 곳이자, 민족의 장래를 위해 다음 세대의 교육이 일어난 역사의 고장이었다.

지방색을 뛰어넘어 '대한민국이 고향인 사람'으로

• • •

이처럼 우리나라가 가장 암울했던 시기에 기독교 교회사적으로 유서 깊은 곳에서 태어난 하용조 목사는 선진들의 신앙을 이어받은 독실한 부모 밑에서 성장하던 중 6.25사변을 맞게 된다. 그의 가족은 신앙의 자유를 찾아 1951년 1.4후퇴 때 정든 고향을 떠나 피난길에 올랐다. 그가 태어나 다섯 살까지 살던 평남 진남포에서 인천을 거쳐 전라남도 목포까지 내려가 그곳에 정착하게 되었다. 그는 목포에서 초등학교와 중학교까지 다녔으며, 서울로 올라와 대광고등학교에서 공부했다.

하용조 목사가 어린 시절 부모님을 따라 한반도의 최남단에 속한 목포에 정착한 것은 사랑하는 자녀의 발걸음을 인도하시는 하나님의 섭리였다. 출생지인 평남 강서에서 진남포로, 진남포에서 인천을 거쳐 전남 목포로, 목포에서 서울로 이거한 그의 발걸음은 믿음의 조상 아브라함을 연상케 한다. 갈대아인의 땅 우르에서 태어난 아브라함은 아버지 데라를 따라 하란으로 이주하게 되고, 하란에서 하나님의 지시에 따라 가나안 땅으로 들어가게 된다(창 11:26-12:5). 아브라함의 여정은 여기서 끝나지 않고 기근을 피해 애굽으로 내려갔으며, 애굽에서 네게브로, 네게브에서 벧엘로, 벧엘에서 헤브론으로 옮겨 다녀야 했다(창 12:10-13:18).

이처럼 어린 시절부터 청년기까지 북에서 남으로, 평안남도에서 경기도로, 경기도에서 전라남도로, 전라남도에서 서울로 옮겨 다닌 하용조 목사의 여정을 두고 문성모 박사는 "하용조 목사의 삶은 떠나는 훈련의 연속이었다. 마치 아브라함이 본토 친척 아비 집을 떠나 하나님이 예비하신 땅으로 옮기고 또 옮기는 방랑을 계속한 것처럼, 그의 삶은 한 곳에 머물지 못하고 떠남과 정착을 반복하는 연단 속에 있었다"고 지적한 바 있다.[4]

아무 연고도 없는 생면부지의 땅에서 새로운 생활을 시작한다는 것은 참으로 어려운 일이었으나, 신실한 믿음의 부모였기에 자녀들의 신앙 교육만큼은 철저했다. 그는 소년 시절 목포에서 활동한 미국 남장로교 선교사들의 도움을 받게 되었으며, 선교사의 집에 머물면서 그들의 신앙과 생활을 가까이에서 배우는 기회를 가졌다고 한다.[5] 하용조 목사는 선교사들을 통해 기도와 구제와 복음을 전하는 모습을 보게 되는데, 그것이 후일 그의 목회에 영향을 끼치게 된다.

목포에서 유소년 시절을 보낸 그는 이후 서울로 올라와 전통 있는 미션스쿨인 대광고등학교에 들어가 공부하게 된다. 북한 땅이 공산화되는 것을 보고 자유를 찾아 진남포를 떠나 남한으로 내려온 하대희 장로의 가정은 한반도 최남단에서 살다가 대한민국의 수도 서울로 올라오게 된 것이다. 이러한 인생행로에 대해 하용조 목사는 후일 이렇게 회고했다.[6]

내가 태어나 다섯 살 때까지 살았던 이북 평안남도의 진남포와 피난 내려와 초등학교·중학교까지 다녔던 전라남도 목포, 그리고 고등학교 때부터 지금까지 살아온 서울은 나에게 고향과 같은 곳이다. 당신의 고향이 어디냐고 묻는다면 나는 이 세 곳을 말할 수밖에 없다.

그래서 그는 고향이 어디냐고 묻는 사람들에게 처음에는 진남포와 목포 그리고 서울이라고 말하다가 끝내 '대한민국이 고향'이라고 대답한다. 이런 그의 대답을 뒷받침이라도 하듯이 생전에 그의 억양에는 이북 사투리와 전라도 사투리 그리고 서울 말씨가 섞여 있었다. 이처럼 6.25의 민족 수난기와 근대화의 시기에 그야말로 조선 팔도를 고향 삼아 살았던 그였기에, 이른바 지방색이라고 하는 편견을 싫어했다. "그래서 모든 지역에 애정이 있고, 모든 곳에 복음을 전해야 할 책임이 있다"고 말하는 것도 이 때문이다.[7]

신앙의 자유를 찾아 북녘 땅을 탈출하다
• • •

하용조 목사는 어려서부터 부모님이 들려주신 이야기를 통해 신앙의 자유가 얼마나 소중한지를 일찍부터 마음에 각인하게 되었다. 몇 가지 영적 사건을 그는 이렇게 회상한다.[8]

부모님은 피난 온 이야기를 하실 때는 비장한 표정으로 성경책 하나만 들고 하나님만 의지하고 정처 없이 떠나오셨다는 사실을 수차례 강조하셨다. 또한 아버지는 인민재판과 총살, 약탈과 겁탈 등 공산당원들의 잔인하고 포악한 이야기도 들려주셨다.

신앙의 자유를 지키기 위해 생사를 걸고 공산 치하를 벗어난 그의 부친에게서 우리는 유대인의 추적을 피해 광주리를 타고 성을 탈출한 바울(행 9:25)과, 가톨릭 교황의 체포령이 떨어진 상황에서 침대를 이용해 2층 숙소를 빠져나와 조국 프랑스에서 스위스로 망명한 존 칼빈을 떠올리게 된다.[9] 무릇 시대마다 위대한 신앙의 용사들은 위기의 상황에서 범인들이 쉽게 할 수 없는 믿음의 결단을 보이곤 한다.

하대희 장로의 가족이 북녘 땅을 탈출한 과정은 기적의 연속이었다. 정든 집을 떠나 큰 대로를 걷고 있는데 인민군들이 총을 들고 뒤쫓아오는 소리가 들렸다. 교교하게 비추는 달빛 아래 아무데도 숨을 곳이 없었다. 막다른 상황에서 가족들은 가까운 논바닥에 엎드렸다. 이제 끝이구나 싶어 벌벌 떨고 있는데 쫓아오던 인민군들이 아버지 옆을 지나가며 반대쪽으로 코를 풀었다고 한다.[10] 탈출자들을 추적하던 군인들이 그들의 시선을 반대 방향에 두고 있었던 것인데, 후일 하용조 목사는 왜 그들이 반대쪽으로 코를 풀었는지 도무지 알 수 없는 일이라고 웃지 못할 회상을 했다.

이처럼 생사를 건 위험을 무릅쓰고 북녘 땅을 벗어나 인천에 도착한 하대희 장로 가족은 인천에서 목포로 가는 남영호라는 배를 타게 되었는데, 항해 중에 배에 구멍이 나서 기관실에 물이 차는 돌발 사고가 생겼다. 사람들은 기관실에서 물을 빼면서, 이 정도 물이 차면 배가 가라앉아야 하는데 배가 계속 가고 있다며 기적이라고 말했다고 한다.[11]

우리는 하나님이 사랑하시는 하용조 목사 가정의 '출애굽 사건'을 들으면서, 패역한 나라와 거민에게는 눈이 있어도 보지 못하게 하시는(시 115:5) 하나님의 주권적 역사를 실감하게 된다. 그뿐 아니라 노도와 같은 풍랑 속에서도 제자들이 탄 배를 안전하게 지켜 주시고(마 8:26; 막 4:35-39), 배가 깨어질 정도로 몰아친 유라굴로 광풍 속에서 당신의 종 바울 일행을 안전하게 멜리데 섬에 당도케 하신(행 27:27-28:1) 주님의 주권적인 은혜를 확인하게 된다.

부모님의 체험적인 신앙의 영향을 받고 성장하다
● ● ●

하용조 목사와 그의 형제들은 어려서부터 아버지가 귀에 못이 박히도록 들려주신 이런 신기한 이야기를 통해 '하나님이 우리 가족을 사랑하신다'는 사실을 배우게 되었다고 한다. 그의 부친이 어린 자녀들에게 이런 신앙의 이야기를 들려준 목적도 바로 거기에 있었던 것이다.

하용조 목사는 유소년 시절과 청년기를 거치면서 믿음이 약해질 때, 어린 시절 아버지로부터 들은 체험적인 신앙 이야기가 그것을 극복하는 데 큰 도움이 되었다고 한다.[12]

> 부모님이 우리 형제들에게 이런 이야기를 귀에 못이 박히도록 들려주
> 셨던 까닭은 "그때 우리 가족이 우연히 살아난 게 아니라 하나님이 도와
> 주셨다"는 사실을 기억하라는 뜻이다. 어느 가정이든 잊을 수 없는 영적
> 사건이 있다. 죽음에서 살아난 이야기, 절망에서 살아난 이야기, 내 힘
> 으로는 도저히 살아날 수 없었는데 하나님의 은혜로 살아난 이야기, 그
> 런 이야기가 우리 가족에게는 있다.

그렇다. 성경은 첫사랑의 감격을 잊어버리지 말라고 가르친다. 에베소교회가 책망을 받은 것은 처음 사랑을 잃어버렸기 때문이다. 하나님

이 사랑이신 것은 우리가 주님을 처음 만났을 때를 주님이 소중히 여기심을 통해 알 수 있다. 부활하신 예수님이 디베랴 해변에서 옛 생활로 돌아간 베드로를 만나 질문하신 것이 바로 '사랑'이었다. "네가 나를 사랑하느냐?" 우리를 사랑해서 독생자를 내어 주신 하나님은 '당신과 나', 그 사랑의 관계를 소중하게 생각하신다. 갈릴리 해변에서 어부들을 만나 제자로 부르신 그 사랑, 다메섹 도상에서 바울을 만나 주신 그 사랑, 어느 날 하대희 장로와 하용조 목사를 만나 주신 그 사랑을 통해 역사하신다. 그 사랑 때문에 우리를 버리지 않으신다. 그래서 하용조 목사는 하나님과 영적 사건(사랑의 이야기)이 있는 개인과 가정은 복되다고 말한다.

철저한 예배의 모범을 보이신 아버지

• • •

하용조 목사는 어릴 적부터 부모님의 엄격한 신앙 훈련을 받으며 성장했다. 그것을 구체적으로 보여 준 것이 선친의 철저한 가정 예배였다. 후일 하용조 목사가 "아버지는 철저한 예배자셨다. 아버지는 예배에 목숨을 건 사람이셨다. 아버지는 사는 동안 하나님을 예배하는 것이 가장 중요하다는 것을 아셨다"고 회상할 만큼 선친은 엄격하고 철저한 예배자였다.[13] 요즘 한국 교회 안에서 성도들에게 예배의 중요성을 강조하기 위해 사용되는 '예배에 목숨을 건다'는 말이 유행하고 있는데, 하용조 목사의 선친 하대희 장로는 이미 60여 년 전부터 성도의 신앙생활에 가장 중요한 것이 바로 예배임을 알았다는 것은 놀라운 일이다. 사실 하나님과의 관계에서 인간이 해야 할 가장 중요한 행위가 바로 예배인 것은 성경이 밝히 가르치고 있는 진리다. 선민의 조상으로 부름을 받은 아브라함의 생애는 하나님 앞에서 예배드리는 삶의 연속이었다.

하대희 장로의 가정은 아침저녁으로 하루에 두 번씩 가정 예배를 드렸다.[14] 하용조 목사의 선친은 새벽기도를 다녀오면 온 가족을 깨워 예배를 드렸다. 자식들이 학교에 지각하는 한이 있더라도 아침 예배를 거르지 않았다. 그리고 저녁 9시가 되면 옷을 말쑥하게 차려 입고 온 가족을 불러 모아 저녁 예배를 드렸다.

우리는 이처럼 예배에 철저한 하용조 목사의 부친에게서 초대교회 사도들과 성도들이 가졌던 신앙생활의 한 단면을 본다. 초대교회 성도들은 하루 세 번씩 예배를 드렸다. 그것도 유대인의 박해가 만만찮은 상황 속에서 말이다. 전쟁의 폐허 속에서 아침저녁으로 하루 두 번씩 가정 제단을 쌓은 그의 부모의 신앙은 초대교회 사도들의 모범을 본받은 것이라 하겠다. 하용조 목사의 부모는 새벽 제단을 쌓고 있었으니 그 가정은 하루 세 번 예배드린 셈이다. 이런 점에서 하용조 목사는 어려서부터 사도행전적인 교회 같은 가정에서 자라난 것이라 하겠다. 당시 아버지와 드린 가정 예배를 그는 이렇게 회상하고 있다.[15]

찬송을 함께 부르고, 그다음에 꼭 성경을 한 장씩 통독했다. 어렸을 때 "오늘은 신약이 끝났다! 오늘은 구약이 끝났다!" 하고 온 가족이 함께 외치던 기억이 지금도 생생하다. 예배 시간에 아버지가 기도하실 때 많이 졸기도 했다. 아버지의 기도가 엄청 길었기 때문이다.

하용조 목사의 선친은 예배에만 철저한 분이 아니었다. 성경을 상고

하는 일에도 철저했던 것 같다. 예배는 찬송과 기도만 하는 것이 아니다. 필히 하나님의 말씀이 선포되어야 한다. 비록 피난지의 불편한 장막에서 드리는 가정 예배였지만, 하대희 장로의 가족은 성경을 함께 나눔으로써 선포된 말씀을 들었다. 이 가족은 말씀과 기도와 찬송이 아우러진 진정한 예배를 아침저녁으로 정성껏 드린 것이다. 우리는 선대 신앙인들로부터 '백경천도만찬'(百經千禱萬讚)이라는 말을 자주 들어 왔다. 성도는 '백 번 성경 읽고, 천 번 기도하고, 만 번 찬양한다'는 것인데, 그만큼 하나님의 말씀을 가까이하고, 무시로 깨어 기도하며, 기쁘나 슬프나 주님을 찬양하라는 교훈이다. 이 또한 초대교회 성도들이 우리에게 보여 준 신앙의 모범이다. 이 모범을 하대희 장로의 가정은 그대로 실천한 것이다.

어려서부터 익힌 초대교회 같은 사도행전적 예배
● ● ●

이러한 가르침은 하나님의 자녀로서 마땅히 실천해야 할 신앙생활의 수칙이지만, 기실 매일의 삶 속에서 이렇게 실천하기란 결코 쉽지 않다. 그것도 가난한 피난 생활 속에서 말이다. 학교 가는 시간보다 예배 시간이 우선이었다니 인간의 생각으로는 지나치다 싶지만, 하대희 장로의 가정은 그만큼 예배 중심의 생활에 철저했던 것이고, 영적인 우선순위를 하나님에게 제단을 쌓는 데 두었다는 의미일 것이다. 우리는 여기서도 어린 시절 하용조 목사가 부모로부터 얼마나 철저한 신앙 훈련을 받고 성장했는지를 알게 된다. 그가 어려서부터 받은 신앙 훈련은 초대교회 성도들의 그것과 다르지 않다. 사도행전의 성도들은 하루에 세 번씩 모여서 예배를 드렸으며, 말씀의 떡을 떼고 찬송과 기도로 주님에게 나아갔다. 그들이 당시 로마 권력이나 유대인들의 박해 속에서도 예수 그리스도의 도를 따르며 순교의 자리에까지 들어갈 수 있었던 것은 철저한 예배 중심의 삶을 통해 영적으로 무장했기 때문이다.

하대희 장로의 가정은 이처럼 초대교회 성도들의 신앙을 이어 가고 있었다. 이러한 신앙의 기본은 오늘날 우리에게도 마땅히 요구되고 있다. 그러나 현대 생활의 구조가 복잡하고 바쁘다는 핑계로 그렇게 살지 못하는 실상이 부끄러울 뿐이다.

우리는 여기서도 하용조 목사가 왜 그토록 '사도행전적인 교회를 꿈꾼다'고 외쳤는지를 짐작할 수 있다. 순전한 복음을 외친 말씀의 목회와 경배와 찬양으로 나아간 예배의 목회 그리고 무시로 기도하며 나아가는 성령의 목회에 힘쓴 하용조 목사의 목회 스타일은 어려서부터 초대교회 같은 가정 예배에서 배운 것이었다.

하용조 목사는 어려서 아버지로부터 또 하나, 중요한 가르침을 받고 자랐다. 그것은 바로 투철한 국가관이었다. 예배 시간에 여섯 자녀들이 졸거나 떠들라치면, 아버지는 야단을 치기보다는 이야기를 들려주셨다고 한다. 아버지가 들려주신 이야기는 다름 아니라, 북한 공산당 치하에는 신앙의 자유가 없다는 신앙 교육이자 애국 교육이었다. 하대희 장로의 이러한 국가관은 참된 신앙이 무엇인지, 신앙의 자유가 있는 나라에서 살고 있는 행복이 얼마나 소중한 것인지를 실감하게 한다. 우리 신앙의 선조들이 공산 무신론자들로부터 어떻게 지켜온 조국인지를 다시 한 번 되새기며 오늘 우리의 믿음을 가다듬어야 하겠다.

하대희 장로는 생전에 로마서 12장을 당신의 가정이 영적 교훈으로 명심해야 할 '가족 장'(家族章)으로 정해 자녀들에게 암송하도록 했던 것 같다. 우리가 알듯이, 로마서 12장은 '하나님의 뜻을 분별하는 새 생활'의 장이요, '그리스도인의 생활'을 가르치는 장이다. 마치 이스라엘 민족이 하나님의 말씀에서 신명기 6장 4-9절까지의 말씀을 쉐마(Shema)라 하여 아침저녁으로 암송하고 그것을 자녀들에게 부지런히 가르치며, 그것을 손목에 매어 기호로 삼고 미간에 붙여 표로 삼았던 것처럼,[16] 하대희 장로는 로마서 12장을 자녀들에게 부지런히 가르치며 암송하게 했던 것 같다.

또한 어린 시절 하용조 목사는 부모의 성경 교육과 함께 기도의 젖을 먹고 자랐다. 그는, "아버지는 기도의 사람이셨다. 기도를 하루에 네다섯 시간씩 하셨다. 아버지는 언제나 기도 수첩을 갖고 다니며 기도하셨다. 수첩에는 깨알 같은 글씨로 영아원 자녀들은 물론이고 100명이 훨씬 넘는 사람들의 이름이 적혀 있었다. 그리고 30개가 넘는 나라 이름도 빼곡히 적혀 있었다"고 회상하고 있다.[17]

후일 하용조 목사는 이러한 선친을 회상하면서 "아버지는 너무 독하게 예수님을 믿으셨다"고 했다. 그러면서 "나는 지금도 아버지처럼은 할 수 없다는 생각이 든다. 나는 아버지를 흉내 낼 뿐이다"라고 실토하고 있다. 그렇다. 그 누가 믿음의 조상처럼 살 수 있겠는가. 그러나 독하게 예수님을 믿은 아버지가 있었기에 죽기까지 예수님을 증언한 아들이 있는 것이다.

믿음의 용기와 사랑의 실천을 보이신 어머니

• • •

한편, 하용조 목사는 어머니의 신앙에 대해서도 아름다운 회상을 하고 있다. 아버지는 엄격한 율법주의자였던 데 비해 어머니는 부드러운 은혜주의자였다고 한다. 여유와 용서와 눈물이 많은, 한마디로 가슴이 따뜻한 분이었다고 한다.[18] 특히 하용조 목사는 어머니에 대한 중요한 회상을 하고 있다.[19]

> 어머니는 성령님을 체험한 분이셨다. 어머니는 방언도 하고 예언도 하고 귀신을 쫓아내는 능력도 있으셨다. 아버지와 어머니가 예수님 믿는 것을 보면서 '아! 성령 체험이라는 것이 매우 중요한 차이가 있구나!' 하는 것을 깨닫기도 했다.

하용조 목사는 어머니의 성령 체험과 관련해서 오랫동안 간직해 온 이야기를 들려준다. 목포에서 살 때였는데, 부흥회를 다녀오신 어머니의 손바닥이 벌겋게 달아올라 있었다고 한다. 그뿐 아니라 온몸이 불덩어리였다고 한다. 어머니가 안아 주시는데 가슴에 불도장이라도 찍은 것처럼 뜨끈뜨끈했다고 한다. 어머니의 몸은 그 후에도 일주일 정도 그렇게 달아올라 있었던 것으로 그는 기억하고 있다.

이로 볼 때, 하용조 목사가 후일 성령의 은혜를 체험하고 '성령 목회'를 선포하게 된 것은[20] 유소년 시절부터 어머니의 신앙에서 받은 영향 때문이 아닐까 생각한다. 사도 바울이 믿음의 아들 디모데를 향해 "네 속에 거짓이 없는 믿음이 있음을 생각함이라 이 믿음은 먼저 네 외조모 로이스와 네 어머니 유니게 속에 있더니 네 속에도 있는 줄을 확신하노라"(딤후 1:5)라고 선언한 것처럼, 하용조 목사의 믿음은 어머니 김선일 권사의 성령 체험의 믿음 속에 있었던 것이다.

이처럼 성령 체험을 한 하용조 목사의 어머니는 다음 날부터 집 뒤에 있는 산동네와 달동네를 두루 다니며 전도를 시작했다고 한다. 그의 손에는 언제나 라면과 사탕이 들려 있었다고 한다. 당시 막 나온 라면은 가난한 사람들에게 제일 환영받는 별미였고, 사탕은 배고픈 아이들에게 가장 감미로운 간식이었다. 누구에게나 전후의 팍팍한 생활이었지만, 하용조 목사의 모친은 생활비를 쪼개어 자신보다 더 힘들고 어려운 이웃에게 예수님의 사랑을 베풀며 전도를 했던 것이다. '한 손에는 복음을, 한 손에는 사랑을'이라는 전도의 원리를 그의 어머니는 일찍부터 소박하게나마 실천하고 있었다. 어머니의 이러한 모습을 보고 자란 그였기에 일생 복음 사역과 함께 사랑을 베푸는 긍휼 사역에도 힘을 기울이게 된 것이다.

어릴 적 그가 살았던 항구 마을 목포는 민속 신앙이 강했고, 전쟁 등 큰일들을 많이 당하다 보니 정신이 온전하지 못한 사람들이 많았다고 한다. 이처럼 척박한 환경 속에서 연약한 여성의 몸으로 전도에 나선 어머니는 동시에 귀신도 많이 쫓아내셨다고 한다. 하용조 목사는 어머니가 귀신을 쫓아내면 사람들이 우르르 몰려와 구경을 했다며 어린 시절을 회상하고 있다.[21] 그러면서 그는 그때 어머니에게서 바알 신을 섬기는 사람들과 싸운 엘리야의 모습을 연상하게 된다.[22]

> 어머니가 귀신을 내쫓고 있으면 사람들이 우르르 몰려와서 구경을 했다. 마치 엘리야와 바알 신을 섬기는 사람들이 싸우는 것을 지켜보던 구약시대 사람들처럼. 마을 사람들은 예수님의 이름으로 귀신들린 사람이

나동그라지고 거품을 쏟아 내면서 쓰러지는 걸 보았다. 그러면 "하나님이 세다" 하고 예수님을 영접하기도 했다.

이러한 어머니의 신앙을 통해 하용조 목사는 많은 것을 배웠다고 한다. 요즘과 달리 남녀의 구별이 심했던 1950-60년대 초에 연약한 여성의 몸으로 열심히 달동네를 찾아다니며 전도를 한다는 것은 여간 어려운 일이 아니었다. 더욱이 정신적으로 악귀에 시달리는 사람을 만나 귀신을 쫓아낸다는 것은 인간으로서는 불가능하며, 성령님의 능력으로만 할 수 있는 일이다. 일찍이 성령 체험을 한 하용조 목사의 모친 김선일 권사는 이처럼 담대한 믿음의 소유자였다. '여성은 약하나 어머니는 강하다'는 말과 '믿음의 어머니는 더욱 강하다'는 사실을 실감케 한다. 하용조 목사는 어머니를 통해 성령의 능력은 우리의 약한 데서 온전히 강하게 역사하신다(고후 13:9)는 진리를 배우게 되었다. 그는 이처럼 훌륭한 믿음의 부모에게서 배운 것을 다음과 같이 감사하고 있다.[23]

부모님의 신앙이 자신과 교회의 뿌리라고 고백한 하용조 목사
• • •

불쌍한 사람들을 돌보는 따뜻한 어머니의 모습과 철저하게 하나님을 믿었던 아버지의 모습은 나의 신앙 모델이 되었습니다. 기도, 전도, 믿음, 성령! 목회하는 동안 이런 복음주의적 영성을 한 번도 포기하지 않았습니다. 나는 그것을 언제까지나 잃고 싶지 않습니다. 온누리교회

가 얼핏 보면 문화적인 교회 같아도 그렇지가 않습니다. 그 밑바닥에
는 언제나 원색적인 복음주의 영성이 있습니다. 기도하는 아버지, 전
도하는 어머니의 모습은 언제나 내 안에 있고, 온누리교회 안에 있습
니다.

하용조 목사는 자신의 신앙의 멘토가 다른 사람이 아니라, 바로 철
저한 믿음의 소유자인 아버지와 어머니라고 분명히 밝히고 있다. 기
도하는 아버지와 전도하는 어머니의 모습은 목사 하용조에게만이 아
니라 온누리교회의 성도들에게도 영향을 끼친바 되었다고 고백한다.
여기서 우리가 주목해야 할 대목은, '자신과 온누리교회의 밑바닥에
는 언제나 원색적인 복음주의 영성이 있다'는 그의 고백이다. 우리는
기독교의 노선을 보편적으로 개혁주의와 복음주의로 대별해서 이해
하고 있다. 개혁주의 영성을 지향하는 장로교회 목사와 그가 목회하
는 교회 안에 복음주의 영성이 있다고 고백한 것은 신선한 충격이 아
닐 수 없다.

하용조 목사의 이러한 발언은 개혁주의냐, 복음주의냐를 지나치게
2분법적으로 따지는 한국 교회 안에서 그 벽을 허물고 통합하는 목회
철학이라고 할 것이다. 사실 기독교 신앙의 세계에서 '무슨무슨 주의'
라는 이름을 붙이는 것 자체를 불필요하게 생각해 온 필자로서는 개
혁 신앙을 지향하는 목회자가 복음 신앙을 추구하고, 복음 신앙을 지
향하는 목회자가 개혁 신앙을 추구하는 것은 참으로 성경적이라고 생
각한다.

죄악 된 세상에 세워진 구원의 방주로서의 교회는 세상에 오염되어
서는 안 된다. 매 순간 자신을 정화시키고 부단히 개혁되어야 한다. 이

런 점에서 교회가 개혁 신앙을 지향하는 것은 매우 성경적이다. 그러나 이것이 교조적인 목적이 되어서는 안 된다. 즉 '개혁주의'를 목적적으로 신봉해서는 안 된다는 것이다.

마찬가지로 죄악 된 세상에 세워진 구원의 방주로서의 교회는 부단히 복음을 선포해야 한다. 때를 얻든지 못 얻든지, 그리스도의 복음을 널리 전파해야 한다. 이런 점에서 교회가 복음 신앙을 지향하는 것은 매우 성경적이다. 그러나 이 또한 교조적인 목적이 되어서는 안 된다. 즉 목적적으로 '복음주의'를 신봉해서는 안 된다는 것이다.

교회(성도)는 개혁 신앙을 가지고 자신을 개혁하고, 나아가 세상을 변화시켜야 한다. 교회(성도)는 개혁주의를 부르짖어서는 안 된다. 개혁주의라는 교조적인 깃발을 들어서는 안 된다. 마찬가지로 교회(성도)는 복음 신앙을 가지고 자신을 복음화하고, 나아가 세상을 복음화해야 한다. 복음주의라는 교조적인 깃발을 들어서는 안 된다.

종교는, 기독교 진리는 정치적 이념(ideology)도, 사상적 주의(ism)도 아니다. 그냥 개혁이고, 복음이다. 진리인 것이다. 하용조 목사가 표현한 대로 원색적인 개혁이고, 원색적인 복음이며, 원색적인 진리다. 물론 교단마다 지향하는 노선을 강조하다 보니 '-주의'라고 표현하게 되는 줄 안다. 그러나 교회(성도)가 이념과 주의를 너무 좋아해서는 신앙에 도움이 되지 않는다. 하용조 목사의 표현대로 때 묻지 않은 순전한 복음, 원색적인 복음 그대로가 좋다. 때 묻지 않은 개혁, 원색적인 개혁 그대로가 좋다. 이렇게 하면 교회와 교회의 벽이 무너질 것이고, 교단과 교단이 유무상통하게 될 것이다. 이것이 바로 사도행전에 기록된 초대교회의 모습이고, 성도들의 실천이다.

사도행전적인 '바로 그 교회'를 꿈꾸며 일생을 바친 하용조 목사였기에 원색적인 복음을 전함이 마땅하고, 원색적인 복음의 교회 실현이 당연했던 것이다. 하용조 목사가 지상에서 선포한 마지막 설교를 이어 후임자 이재훈 목사가 마무리한 마가복음 강해서를 《순전한 복음》이라 한 것처럼 말이다. 그래서 하용조 목사가 자신과 교회의 바탕에 부모님의 원색적인 신앙이 자리하고 있다고 고백한 것은 소박하지만 어떤 거창한 철학적인 표현보다 우리에게 더 큰 감동을 주는 것이다.

대학 시절 예수님을 인격적으로 만나다
• • •

앞에서 살펴본 바와 같이, 어려서부터 훌륭한 믿음의 부모 슬하에서 성장한 하용조 목사가 정작 예수 그리스도를 인격적으로 만난 것은 먼 후일이었다. 그는 기독교 가정에서 태어나 유아 세례도 받은 이른바 '모태 신자'였다. 이처럼 훌륭한 부모의 신앙의 젖을 먹고 자란 자식은 그 자체가 하나님의 섭리요, 축복이다.

그러나 훌륭한 부모 밑에서 신앙생활을 한다고 해서 반드시 그 자식이 변화된 그리스도인이 되는 것은 아니다. 아버지가 신 포도를 먹었다고 해서 아들들의 이가 신 것도 아니며(렘 31:29), 믿음의 조상 이삭에게서 태어났다고 해서 야곱과 에서 모두가 구속사의 반열에 선 것이 아님과 같다(롬 9:10-13). 독실하고 헌신적인 부부 엘가나와 한나에게서 사무엘 같은 이스라엘 최후의 사사이자(삼상 7:6, 15-17장) 최초의 위대한 선지자(삼상 1:1-2:11)가 나오기도 하며, 이스라엘 최초의 제사장인 아론의 후손 엘리 제사장에게서 홉니와 비느하스 같은 불량한 자식(삼상

2:22-25)이 나오기도 한다. 이처럼 한 사람의 진정한 영적 변화는 '주님과 나만의' 직접적인 관계 속에서 일어나는 것이다.

하용조 목사에게 '그날'은 대학 재학 중인 1966년 8월의 어느 날이었다.[24] 그는 낙농(酪農)을 통해 부강한 조국을 이루는 데 보탬이 되고자 건국대학교 축산가공학과에 진학했다. 그러나 그를 향한 하나님의 계획과 인도하심은 다른 데 있었다. 대학 시절 전공과목 공부에도 열심이었지만, 그의 궁극적인 관심은 동료들에게 예수님을 전하는 것이었다. 그래서 당시 한국 캠퍼스 복음화를 선도하고 있던 한국대학생선교회(CCC)에 입문해 본격적인 전도 훈련을 받고 7년간 평신도 선교사(간사)로 헌신하게 된다. 그는 그곳에서 민족 복음화의 선구자인 김준곤 목사를 만나게 되었으며, 일생의 목회 동지가 된 선배 홍정길 목사를 만나 깊이 교우하게 되었다. 홍정길 목사와의 만남은 제자 훈련으로 한국 교회를 깨운 옥한흠 목사와 강해 설교 연구가인 이동원 목사와의 만남으로 이어져 평생 복음 전도에 뜻을 같이한 이른바 '복음주의 4인방'으로 형제의 의(義)를 맺는 축복을 누리게 되었다.

그러나 하용조 목사가 CCC에 입문해서 얻은 가장 큰 축복은 어느 날 예수님을 만나게 된 사건이다. '그날'이 대학교 3학년 때인 1966년 8월, 경기도 입석에서 열린 CCC 여름수련회에서 찾아왔다. 그는 대학에 진학한 이듬해인 1965년부터 CCC에 들어가 학생 리더로 활동하고 있었다. 그는 당시의 영적 체험을 다음과 같이 증언하고 있다.[25]

내가 예수 그리스도를 영접하고 내 삶을 예수님께 헌신하게 된 것은 대학생선교회(CCC: Campus Crusade for Christ)를 통해서이다. 1966년 8월 4일 경기도 입석에서 그리스도를 인격적 구주로 영접하고 그분의 십자가와 피 묻은 손을 실제로 경험한 사건 때문에 내 인생은 달라졌다.

예수님을 만난 형언할 수 없는 충격, 찬송으로 매일 고백
● ● ●

이 사건에 대해 그는 《하용조 목사의 큐티하면 행복해집니다》에서도 동일한 정황으로 고백하고 있다.[26] "제가 예수 그리스도를 영접할 때의 일입니다. 저는 1966년 예수를 처음 믿을 때 성령체험을 했습니다. 가시 면류관을 쓰신 주님이 피묻은 손으로 제게 오시는 모습을 보았습니다. 뭘 모를 때 이같은 환상도 보고 방언도 했습니다. 아직 신앙적으로 굳어지지 않은 상태에서 영적 체험이 먼저 있었던 것입니다. 참으로 귀한 일이었습니다." 여기서 '예수를 처음 믿을 때'라는 고백은 그가 '예수님을 인격적으로 만난 시간'을 말하는 것이다. 예수님을 만남으로 자신이 죄인임을 깨닫고 회개한 순간이다. 문자 그대로 보면, 그가 예수님을 처음 믿은 것은 믿음의 부모 아래서 태어나 신앙의 가정에서 자라나면서부터가 될 것이다. 아니, 그의 표현대로 그는 어머니의 복중에서부터 믿은 '배 속 교인'이었다. 그러나 그는 '예수 그리스도를 인격적으로 만난 날'을 처음 믿은 때라고 고백하고 있다.

이런 관점에서 하용조 목사는 예수님을 '처음 만났을 때' 받은 감격과 충격을 계속해서 이렇게 증언한다.[27]

나는 예수 그리스도를 처음 만나 뵈었을 때 얼마나 큰 충격을 받았는지 모른다. 말로 형용할 수 없는 충격 그 자체였다.

그때 많이 불렀던 찬송이 있었다고 한다. 그것은 〈주 예수 대문 밖에〉(새찬송가 535장)와 〈주 달려 죽은 십자가〉(새찬송가 149장) 그리고 〈나 어느 날 꿈속을 헤매며〉(새찬송가 134장)였다.

주 예수 대문 밖에 기다려 섰으나
단단히 잠가 두니 못 들어오시네
나 주를 믿노라고 그 이름 부르나
문밖에 세워 두니 참 나의 수치라

아마도 하용조 목사가 그때 그 감격 속에서 이 찬송을 많이 부른 것은 2절의 다음 가사 때문이 아니었을까. 그가 처음 만난 예수님은 두 손에 못 박혀 피 흘리는 주님이셨기 때문이다. "주님이 문 밖에 서서 문을 두드리셨지만 반응하지 못했다는 나의 고백과 일치하는 찬송이다. 그전까지는 주님을 그냥 지식과 생각으로만 믿었던 것이다. 그런데 예수님의 피 묻은 손이 환상 속에 현실로 나타났을 때, 나의 죄악과 허물을 만지시는 주님을 만났다. 나를 변화시키는 주님을 체험했다"고 한다.[28]

문 두드리는 손은 못 박힌 손이요
또 가시 면류관은 그 이마 둘렀네
이처럼 기다리심 참 사랑이로다
문 굳게 닫아 두니 한없는 내 죄라

그는 또한 예수님을 만나고 한동안 불렀던 찬송이 〈주 달려 죽은 십

자가〉였다고 한다.[29]

주 달려 죽은 십자가 우리가 생각할 때에
세상에 속한 욕심을 헛된 줄 알고 버리네

죽으신 구주밖에는 자랑을 말게 하소서
보혈의 공로 힘입어 교만한 맘을 버리네

못 박힌 손발 보오니 큰 자비 나타내셨네
가시로 만든 면류관 우리를 위해 쓰셨네

온 세상 만물 가져도 주 은혜 못다 갚겠네
놀라운 사랑받은 나 몸으로 제물 삼겠네

예수님을 만난 감격 속에 하용조 목사가 한동안 부른 찬송이 하나
더 있다. 그 찬송이 바로 〈나 어느 날 꿈속을 헤매며〉다.

나 어느 날 꿈속을 헤매며 어느 바닷가 거닐 때
그 갈릴리 오신 이 따르는 많은 무리를 보았네
나 그때에 확실히 맹인이 눈을 뜨는 것 보았네
그 갈릴리 오신 이 능력이 나를 놀라게 하였네
내가 영원히 사모할 주님 참 사랑과 은혜 넘쳐
나 뵈옵고 그 후로부터 내 구주로 섬겼네

그는 찬송을 부르면서, 예수님은 2천 년 전에 계셨던 분이 아니라 지금 나와 함께 계시는 주님이심을 느끼게 되었다고 한다. 이렇게 볼 때, 하용조 목사의 경우 어느 날 예수님을 만난 후 변화 받은 한 증거가 찬송을 많이 불렀다는 사실 같다. 찬송 중에 임해서 자신의 영혼을 계속 두드리시는 주님 앞에 처음 만난 감격의 눈물을 드리며 주야로 찬송을 부른 이 종을 상상해 보라. 이처럼 벅찬 첫사랑의 감격이 컸기에 그는 남달리 주님을 사랑하는 종이 되었으리라.

육신의 고통 중에 두 번째 주님을 만나고 소명을 받다
• • •

하용조 목사의 두 번째 주님을 만난 사건은 육신의 깊은 고난 중에 이루어졌음에 주목할 필요가 있다. 이 만남으로 복음 전도자의 소명을 받게 되었기 때문이다. 이 사건에 대해서는 앞에서 이미 살펴본 바와 같다. 그는 동일한 사건을 《하용조 목사의 큐티하면 행복해집니다》에서도 간증하고 있다.[30] 그러나 하용조 목사의 진술을 조금 더 살펴보는 것이 그가 받은 소명을 이해하는 데 도움이 되겠다.

앞에서 여러 차례 살펴본 바와 같이, 하용조 목사는 대학 3학년 때 폐병으로 요양을 받아야만 했다. 그 절망스럽고 고독한 시간에 주님이 찾아와 목회의 길을 가라는 소명을 주신 것이다. 이에 그는 주님의 부르심에 분명히 응답한 것으로 고백하고 있다. "그날 밤 나의 일생을 주님께 헌신했다." 그는 자신이 폐병에 걸린 사실을 이해할 수 없었지만, 하나님은 그렇게 배수진을 치고 자신을 부르신다는 것을 깨달았기 때문이다. 그러나 그의 마음 한구석에는 '아! 나는 영향력 있는 장로로 평생 주님을 섬기고 싶었는데, 왜 나에게 목사까지 되라고 하시나?' 하는 생각이 있었다고 한다. 《하용조 목사의 큐티하면 행복해집니다》를 통한 진술에서는 "장로로 평생 주님을 섬기고 싶었기에 선뜻 '예!' 하지 못했습니다"라고 고백하고 있다.[31] 그런데 그다음 날 시골에서 올라온 모친이 대뜸 "용조야, 너 목사 되고 싶은 마음 없냐? 어저께 밤에 기도하다가 이상한 생각이 들었다"라고 다그쳐 물었다. 아들을 위해 늘 기도하는 어머니로서 하나님이 사명자로 부르고 계심을 기도 중에 느꼈던 것이다.

하용조 목사는 어머니의 이런 도전에 "생각해 보지요" 하고는 그 일을 잊어버렸다고 한다. 하나님이 폐병으로부터 놓임을 받게 해 주시니 다 잊어버렸다는 것이다. 필자는 그의 이러한 표현이 목회자의 길을 가는 데 대한 일말의 두려움이 아니었나 생각한다. 하나님이 성령의 감동으로 부르신 내적 도전을 그렇게 쉽게 잊어버린다는 것은 불가능하기 때문이다. 장로가 되어 교회를 열심히 섬기겠다고 생각하고 있던 그에게 복음 전도자가 되라는 하나님의 소명은 실로 두렵고 떨리는 것이었으리라. 우리는 그의 다음과 같은 고백을 통해 하나님의 부르심에 대해 삼가 두려움을 보인 그의 신중한 자세와 군에 입대해서 재발한 폐병을 통해 그가 결국 하나님의 소명에 순종하게 되었다는 사실을 확인할 수 있다.[32]

> 한참 군대 생활을 하는데 또 다시 폐병이 도졌습니다 … 마침내 마산에 있는 결핵 요양원으로 후송되었습니다 … 별수 있나요? 전도해야지…. 요양원 안에서 사람들 쫓아다니면서 또 설교하고 돌아다녔습니다. 목사도 아니고 전도사도 아닌데 새벽기도 인도부터 해서 아무튼 열심히 전

도하면서 다녔습니다. 저는 그때 신학교도 나오지 않았지만 내무반을 돌며 설교를 했습니다 … 결국 저는 불명예 제대를 했고, 하나님이 저를 신학교로 이끌어 주셨습니다. 생각해 보면 참 놀라운 일이 아닐 수 없습니다. 제 생애에서 굉장히 중요한 사건이며, 지금도 이해할 수 없는 일 중 하나입니다.

두렵고 떨리는 마음으로 목사가 되다
• • •

그는 신학교에 지원하면서도 하나님의 부르심에 적잖은 두려움을 가졌다. "하나님은 신학을 하도록 나를 이끄셨다. 사실 하나님의 음성을 들었으면서도 목사가 된다는 것은 두려웠다"고 고백한다.[33] 그는 장로회신학대학교에 입학 원서를 내면서도 두려움에 망설였다. 이 과정에서 참 재미있는 에피소드가 있다. "친구와 가위바위보를 해서 이기면 원서를 안 내고, 지면 내기로 했다. 그런데 졌다. '일단 내고 시험 안 보면 되지 뭐.' 그래 놓고 시험을 봤다"는 것이다.[34] "시험을 보면서 속으로 '붙어도 안 가면 되지 뭐' 했는데, 시험에 붙었다. '등록금 안 내면 되지 뭐' 했는데, 등록금이 마련됐다"는 것이다.

신학교에 입학한 그의 두려움은 여기서 끝나지 않았다. 새내기들이 모인 첫 예배에서 들은 설교가 그의 마음을 흔들어 놓은 것이다. "하나님이 부르지 않았는데 부름을 받았다고 착각해서 온 사람이 혹 있습니까? 지금이라도 늦지 않았으니 돌아가십시오. 목사가 되지 말아야 할 사람이 목사가 되면 하나님도 괴롭고 자신도 괴롭고 성도들도 괴로운 법입니다. 그러니 빨리 주제 파악하고 돌아가십시오."

이 도전을 받은 신학생 하용조는 '혹시 나를 두고 하시는 말씀은 아닐까?' 하는 두려움을 떨치지 못했다고 실토한다. 나중에 그때 설교를 들은 신입생 대부분이 흔들렸다는 것을 알게 되었다. 이처럼 두렵고 떨리는 마음으로 1972년 신학교에 들어간 하용조 목사는 1975년 장로회신학대학원을 졸업하고 1976년 5월 대한예수교장로회 목포노회에서 목사 안수를 받았다. 신학교 재학 중 마포교회에서 2년 3개월간 훈련을 받았다. 그 과정에 연예인 선교를 위한 성경 공부도 인도했다. 목사 안수를 받고 1978년 7월 17일, 믿음 좋은 자매를 만나 한경직 목사의 주례로 결혼을 했다. 그가 바로 하용조 목사와 고락을 같이하며 교회를 섬긴 복음의 동역자 이형기 사모. 하나님은 하용조 목사 부부를 축복해 슬하에 영식(令息) 하성석과 영애(令愛) 하성지를 주셨다.

그는 후일 목사가 된 과정을 자신의 생애에서 인간으로서는 이해할 수 없는 하나님의 섭리였다고 술회했다.[35] "그렇게 해서 나는 목사가 되었다. 생각해 보면 놀라운 일이고, 도저히 이해할 수 없는 일 중에 하나다." 하용조 목사의 숨김없는 고백이다.

이러한 고백을 하는 하용조 목사를 비판하거나 정죄할 사람이 있을까? '소명을 받았으면 그야말로 벧세메스로 곧장 간 암소처럼 순종해야지, 어찌 그토록 망설일 수 있단 말인가? 하나님의 부르심에 그토록 확신이 없었는가?' 하며 질책할 수 있을까? 그의 고백처럼 일생일대에 '도저히 이해할 수 없는 사건' 앞에서 두려움에 떨며 망설이는 것이 당연하지 않은가. 두말할 필요도 없이 "할렐루야!" 하며 순종하기에는 두렵고 떨리는 명령이며 너무나 무거운 멍에가 아닌가.

성경은 하나님의 부르심 앞에서 두려워하고 떠는 것이 연약한 인간의 모습임을 가르친다. 미디안 광야에서 소명을 받은 모세는 하나님의 명령에 순종하기까지 얼마나 두려워하며 망설였던가. 이것은 인간의 연약한 모습을 노정하는 부끄러움이 아니다. "나 같은 죄인이 어떻게 당신의 성업을 수종들 수 있겠습니까" 하는 정직한 신앙고백인 것이다. 하용조 목사는 이런 영적 결백이 누구보다 강한 전도자였던 것 같다.

성경은 우리가 하나님을 두려워하는 자세로 경외(敬畏)함이 마땅하다고 가르친다. 출애굽한 이스라엘 백성은 시내 산에서 모세를 통해 주신 하나님의 음성 듣기를 두려워했다(신 5:22-33). 진정으로 하나님을 사랑하는 자는 그분의 음성 듣기를 경외한다. "평생에 네 하나님 여호와를 경외하며 내가 너희에게 명한 그 모든 규례와 명령을 지키게"(신 6:2) 하는 것이 하나님의 뜻이기 때문이다. 하용조 목사의 이러한 영적 자세를 통해 우리는 "여호와를 경외함이 지혜의 근본이라"(시 111:10) 하신 말씀 앞에 엎드리는 것이 얼마나 중요한지를 배우게 된다.

후일 하용조 목사는 자신의 체험을 토대로 이 시대에 복음을 위해 부름을 받은 많은 후배들에게 이렇게 분명히 권면한다.[36] "하나님의 인도하심에 순종하십시오."

세밀하게 우리의 머리털 하나까지 세시는 그 하나님께서는 아주 신비스러운 방법으로 우리를 인도해 주십니다. 제가 경험한 사건들을 돌이켜 볼 때 하나님의 인도는 그렇게 구체적일 수 없었습니다. 아내와의 결혼은 하나님의 뜻이라는 사실이 너무나 명확했습니다. 그러니 부부생활에서 어떤 위기가 와도 문제가 안 되었습니다. 분명히 하나님의 인도를 받았다는 강력한 확신을 가지고 있었기 때문입니다. 부부생활에서 오는 현실적인 갈등도 문제가 되지 못했습니다. 목회사역도 마찬가지고, 우리가 세상에서 사는 것도 마찬가지입니다. 당신이 하고 있는 일이 하나님의 뜻이라는 분명한 확신이 있으면 어떤 고난이 와도 문제가 안 됩니다. 그 무엇도 하나님의 부르심을 능가할 수 없습니다. 그만큼 하나님의 인도하심은 중요합니다.

한국 최초로 연예인교회를 세우고 사역하다

• • •

하용조 전도사는 1976년 5월 목사 안수를 받고 연예인교회를 시작함으로 목회의 길을 걷게 된다. 연예인교회는 배우와 코미디언, 가수 등 연예인들과 함께 시작한 성경 공부가 발전한 교회로, 당시 문화계에 종사하는 그리스도인 연예인들을 위한 최초의 특수 사역이었다. 정확히 말하면 하용조 목사의 연예인 사역은 신학교 재학 중 시작되었으며, 1974년 마포교회를 사임하면서 본격화됐다.

마포교회 전도사 시절, 방송국에서 일하는 한 장로로부터 후라이보이 곽규석 씨(후일 장로)를 소개받고 성경 공부를 시작하게 된 것이 연예인교회의 출발이었다.[37] 당시 그는 연예인을 대상으로 하는 목회는 전혀 생각해 본 일이 없었지만, 복음을 전하는 일이라면 마다할 이유가 없다고 생각해 열심히 그들을 섬겼다. 처음에는 어려움도 많았지만, 보람 있는 일도 많고 눈물도 많이 흘렸다고 한다.

연예인들을 대상으로 목회를 하자니 방송국을 자주 드나들게 되었는데, 기독교 연예인들조차 바쁜 나머지 그를 피하기 일쑤였으며, 더욱이 기독교에 호감을 갖지 못한 연예인들은 노골적으로 반감을 표시하는 경우도 많았다. 심지어 어떤 사람들은 "저 사람, 신학생이라는데 공부는 안 하고 만날 여기 와서 사냐?", "저 사람은 배알도 없냐?" 하며 비아냥거리기도 했다. 그래도 당시 하용조 전도사는 만나는 사람마다 곰살궂게 인사를 건네며 전도를 했다. 그는 '그리스도를 위한 고난이라면 어떤 고난도 기뻐하고 즐거워하겠다'는 다짐을 하며 꾸준히 전도했다.

이처럼 하용조 목사와 곽규석 씨가 열심히 전도한 덕분에 연예인들이 성경 공부 모임에 한두 사람씩 모이게 되면서 예배가 활성화되어 갔다. 당시 성경 공부 모임에 제일 먼저 합류한 연예인은 고은아 씨(후일 권사)였다고 한다. 이렇게 시작한 연예인 성경 공부 모임이 발전해서 1976년 마침내 연예인교회가 되었다. 교회가 시작되자 하용조 목사는 교회 부흥을 위해 온 힘을 다했다.[38]

> 나는 정말 겁 없이 뛰었다. 하루에 네 시간씩 자고, 일곱 번씩 설교하고, 철야기도하고, 금식기도를 하면서 한 십년을 뛰었다. 그때는 기적이 일어나고 귀신이 떠나가고 병이 낫는 역사가 많이 일어났다. 이렇게 눈에 보이는 성령님의 역사가 아니었다면 인본주의의 꽃이라는 예술인들이 예수님을 믿기는 힘들었을 것이다. 예배를 드릴 때면 여자 연예인들은 시커먼 눈물을 하염없이 흘렸다.

하용조 목사는 그때 처음으로 연예인들이 연기가 아니라 실제로 우는 것을 보았으며, 주님 앞에 진정으로 회개하는 모습을 보았다고 한다. 이러한 변화의 모습을 보면서 하용조 목사 자신도 참 많이 울었다고 한다. 그러면서 "주님, 이것이 바로 교회입니다. 이것이 교회군요.

주님의 교회는 정말 아름답습니다" 하는 영혼의 고백이 터져 나오는 것을 경험하게 되었다.

이렇게 시작한 연예인교회가 연부년 부흥하게 되자 마침내 1980년 교회당을 건축하기에 이른다. 그런데 기쁨과 고통은 동시에 오는 것일까. 부지를 매입하고 한참 교회가 올라가고 있는데, 하용조 목사의 몸에 다시 이상이 왔다. 간이 나빠지기 시작한 것이다. 육신의 피곤이 엄습해 몸을 가누기 어려워졌다. 그런 중에 교회 건축은 계속되었다. 그러던 어느 날, 이형기 사모가 하용조 목사에게 쪽지를 하나 건넸다. 기도 중에 성령님이 자기 마음에 음성을 들려주셔서 그대로 적은 것이라고 했다.[39]

> 내 아들아! 너는 이 집을 충성스럽게 지어라. 그러나 그 단에서 네가 설교하지 못하리라. 그리고 떠나라.

이 글을 읽은 하용조 목사는 그것이 하나님의 계획이라면 그렇게 될 것이라고 생각했다. 그는 하나님이 다윗에게 준비시키고 솔로몬에게 성전을 짓게 하신 것을 떠올렸다고 한다. 그때 하나님이 하용조 목사에게 또 다른 말씀을 주셨다.[40]

> 내가 네 길을 인도하리라.

하용조 목사 부부는 교회 건물이 완공되기 전에 이미 교회 사역을 내려놓고 있었다. 그의 병세는 더욱 깊어만 갔다. 결국 연예인교회를 사임할 수밖에 없었다. 성령님의 말씀대로 새 성전이 완공되어 헌당 예배를 드릴 때도 그는 그 성전의 단 위에 서 보지 못했다고 한다. 이렇게 해서 신학교 시절부터 혼신을 다한 연예인 선교 사역을 마감하고, 그는 건강 회복과 새로운 출발을 모색하기 위해 1981년 영국으로 떠나게 된다.

육신의 질병으로 목회를 일시 중단하다
• • •

하용조 목사는 전도사 시절부터 목회의 초년생으로 섬긴 연예인교회 사역을 통해 몇 가지 중요한 교훈을 얻게 되었다고 한다. 첫째는, 개성 강한 예술인들을 대상으로 하는 사역이 여간 어렵지 않았지만, 자존심을 내려놓고 섬기는 목회자 훈련을 하게 되었다고 한다.[41] 둘째는, 하나님의 사인이 없으면 움직이지 않는 인내를 배웠다고 한다. 셋째는, 목회에서 문화라는 도구가 얼마나 중요한지를 확인하게 되었다고 한다.[42]

한 번은 하용조 목사가 사역이 너무 힘들어 이형기 사모와 함께 신앙의 멘토인 한경직 목사를 뵈러 남한산성을 찾았다. 그가 "목사님, 저 이제 갈 겁니다. 떠날 겁니다" 하고 말씀드리자 원로 목사께서는 이렇게 충고하셨다.[43]

> 하 목사, 여기 앉아 봐. 목회는 오래 참는 거야. 내가 이북에서 피난 나올 때 세 달 피신하려고 나왔지, 만약에 남한으로 피난 가는 줄 알았다면 안 나왔을 거야. 왜냐하면 하나님이 떠나라는 명령을 안 하셨기 때문이지. 하 목사, 하나님 사인이 없으면 절대 떠나지 마. 그런데 두 가지 이유

가 있으면 떠나. 첫째 몸에 병이 들어서 더 이상 목회를 못할 때, 둘째 성
도들이 만장일치로 떠나라고 할 때, 그 외에는 절대 떠나지 마.

하용조 목사는 한경직 목사로부터 이 말을 듣는 순간 망치로 뒤통수
를 한 대 얻어맞는 것 같았다고 한다. "목회지를 스스로 떠나서는 안 된
다. 네 발로 떠나지 마라. 하나님이 움직이게 하실 때에 움직여라. 거기
에 보낸다는 의미가 있다. 고난과 시련 때문에 떠나지 마라. 하나님이
떠나라고 직접 사인을 주시기까지는 떠나지 마라." 그는 그때 소중한
교훈을 얻게 된다. 그런 점에서 목회자에게는 자유가 없다는 것도 깨
달았다고 한다.

필자는 이 대목에서 종교 개혁자 존 칼빈이 출애굽기 13장 21-22절
을 주석하면서 민수기 9장 16-23절 말씀과 결부해 우리에게 중요한
교훈을 준 것을 떠올렸다.[44] 출애굽한 이스라엘 백성이 광야를 통과함
에 있어서 낮에는 구름기둥이, 밤에는 불기둥이 인도하는 대로 행진
할 때, 구름이 성막 위에 머물면 이틀이든지 한 달이든지 1년이든지
행진하지 않다가 구름이 떠오르면 따라서 행진했던 것처럼, 우리 믿
음의 발걸음도 이와 같아야 한다고 주석했다. 한경직 원로 목사가 사
랑하는 제자 하용조 목사에게 한 교훈도 이와 같은 맥락에서 이해할
수 있을 것 같다. 하나님이 사랑하는 백성이 광야를 지날 때 구름을
통해 사인을 보내시면, 그 백성은 하나님의 사인을 따라 행진(行陣)도
하고 유진(留陣)도 했던 것처럼, 목회자도 하나님의 사인에 따라 기다
리라 하면 기다리고, 가라 하면 가야 한다는 것이다. 이는 성도들도 마
찬가지다.

존 칼빈도 젊은 날 실제로 이런 사건을 경험하게 되었다. 그가 박해

를 피해 조국 프랑스를 떠나 스위스 제네바로 갈 당시, 제네바는 칼빈의 목적지가 아니라 단지 망명자의 경유지였다. 그런데 그곳에서 파렐(Guillaume Farel)이라는 당시 제네바교회의 지도자를 만나게 된다. 젊은 개혁자 칼빈이 제네바에 왔다는 소식을 듣고 달려온 파렐은 그에게 제네바에서 사역하기를 강력히 권했다. 그러나 제네바를 단지 지나가는 발걸음 정도로 여긴 칼빈으로서는 파렐의 초청이 너무나 뜻밖이었다. 그래서 칼빈은 그럴 만한 준비가 되어 있지 않은데다 그럴 능력도 없다고 극구 사양했지만, 불같은 성격의 파렐이 "만일 이 제안을 거부하면 하나님의 저주를 받을 것"이라고까지 권유하자 그는 그만 자신의 뜻을 굽히고 만다. 그가 제네바 사역을 받아들인 것은 파렐의 권유 때문이 아니라, 그 순간 성령의 강한 임재를 느꼈기 때문이었다. 후일 칼빈은 그날의 경험을 "마치 내 머리에 불이 떨어지는 것 같았다"고 고백하면서, 그것을 하나님의 제네바 인도의 사인으로 받아들이게 되었다고 했다.[45] 이것이 하나님의 영적 사인에 대한 적절한 비유가 될지 모르지만, 무릇 하나님이 불러 당신의 구속사를 위해 쓰시는 종들에게는 출애굽한 이스라엘 백성의 광야 여정 같은 인도하심이 있게 마련이다.

이렇게 가장 꿈 많던 약관(弱冠)의 젊은 날, 순전한 열정으로 복음을 전하다가 하용조 목사는 육신의 지병을 얻어 1980년 연예인교회를 사임하게 된다. 요양을 겸해 새로운 앞날을 모색하기 위해서 가족과 함께 영국으로 떠날 참이었다. 그러나 그의 앞길은 보이지 않았다. 그 무렵 건강은 날로 악화되어 두어 시간만 차를 타고 나면 녹초가 되어 쓰러질 만큼 피곤이 엄습했다. "주여, 앞으로 무슨 일을 해야 합니까?" 하며 그는 탄식했다. 어떤 점에서 위기의 순간이자 인생의 전환점이었다.

그때의 심정을 그는 단적으로 이렇게 표현하고 있다.[46] "그러니 무슨 미래에 대한 계획을 세우겠는가!" 그러나 그는 이내 십자가를 붙잡는다. "하지만 순간순간 하나님을 바라보고 있으니 하나님은 약속대로 나를 인도해 주셨다. 하나님의 일을 할 때 꼭 나 혼자 다해야 한다는 생각을 그때 버렸다." 말하자면 내가 다 하겠다는 사명의 강박관념을 하나님 앞에 내려놓게 된 것이다.

영국으로 건너가 목회의 밑그림을 그리다
• • •

하용조 목사가 영국에서 가진 안식년은 그의 생애에서 하나의 큰 전환점이었다. 특히 깊은 기도 중에 향후 목회에 대한 비전을 갖는 기회가 되었다(영국에서 그린 목회의 밑그림은 그로부터 10년 후인 1991년 하와이 안식년을 통해 성령 목회를 향한 2차 밑그림으로 이어진다).[47]

그는 영국에서 금세기 기독교 복음을 위해 하나님이 세우신 중요한 사역자들을 만나게 된다. 세계적인 강해 설교자 데니스 레인 목사와 복음주의 신학자이자 명설교자인 존 스토트 목사, '살아 있는 예배'를 보여 준 짐 그레이엄 목사 등이 그들이다. C. T. 스터드에 의해 1913년 설립된 WEC 선교회와의 만남도 빼놓을 수 없다.

하용조 목사는 먼저 영국에서 데니스 레인 목사를 만나 그와 성경 공부를 하면서 평생 잊지 못할 소중한 경험을 하게 되었다고 술회한다.[48] 데니스 레인은 하용조 목사를 설교에 눈뜨게 했을 뿐 아니라, 메시지를 통해 그에게 큰 깨달음과 위로를 주었다고 한다. "하나님은 일찍 오시지도 않고, 결코 늦게 오시지도 않는다. 하나님은 가장 정확한 때에, 적합한 때에 오신다. 그러므로 결코 조급해하지 마라. 결코 의심하지 마라. 당신의 목에 칼이 들어오는 순간이요, 칼이 이미 들어왔다고 하더라도 의심하지 마라. 하나님은 정확한 때에 오신다."

하용조 목사는 그가 전한 메시지 중의 이 부분을 "결코 잊을 수 없는 말"이라고 했다.[49] 그러면서 그는 "정확한 때란 바로 아브라함이 자기 아들 이삭을 죽이려고 칼을 든 순간, 그 타이밍이다"라고 강조하고 있다. 건강을 잃고 새로운 목회의 길을 찾아 외롭게 이역 땅을 찾아간 그였기에 평소 깨달아 알고 있는 메시지도 새롭게 들렸을 것이다. 우리는 처음 듣는 말씀에서 은혜를 받지만, 익히 아는 말씀도 영적으로나 현실적으로 절실한 상황에서 듣게 될 때 새로운 은혜로 다가오는 법이다.

하용조 목사는 이렇게 고백한다.[50] "말씀의 위력을 알게 되면서, 설교에 눈을 떴다. 설교에 눈을 뜨게 해 주신 분은 데니스 레인 목사님이다." 데니스 레인이 하용조 목사로 하여금 설교에 눈을 뜨게 한 것은 사실이다. 그러나 하용조 목사는 "데니스 레인 목사님 식으로 설교하지는 않는다"고 분명히 밝히고 있다.

하용조 목사가 강해 설교에 눈을 뜬 것은 영국에서 말씀을 보다 깊이 읽고 묵상하는 과정을 통해서라고 한다. 기도와 묵상을 통해 '성경에서 성경으로' 나아가는 것이 강해 설교임을 스스로 터득하게 된 것이다. 신학교 재학 시절 CCC에서 경험한 큐티를 먼 타국에서 구체적으로 경험하게 된 순간이다.

앞에서 살펴본 바와 같이, 하용조 목사는 영국에 체류하면서 비로소 설교다운 설교에 눈을 뜨게 되었다. 목회 중 가장 중요한 사역이 말씀을 선포하는 설교라고 볼 때, 그가 영국에서 설교에 눈을 뜬 것은 그의 목회 밑그림 중 중요한 포인트를 그린 것이라고 할 것이다.

학문을 뛰어넘어 '성경에서 성경으로'

• • •

하용조 목사가 영국에서 그린 목회의 밑그림과 관련해 또 하나 주목할
점은, 복음을 전하는 목회 사역은 학문의 이론으로 터득되는 것이 아
니라는 깨달음을 얻게 되었다는 사실이다. 그는 이렇게 실토했다.[51] "사
실 신학을 하기 전에는 예수님을 성경대로 잘 믿었는데, 신학교에 들
어가면서부터 갈등이 생기기 시작했다."

　신학교에 들어가 신학의 많은 방법론과 사상들을 접하다 보니 아주
그럴듯하게 생각되었다는 것이다. 진화론이 그럴듯한 것처럼, 성경의
진리를 논리적으로 따지다 보면 위험한 결론에 도달하게 된다는 것을
알게 되었다. 나름대로 불트만(Rudolf Karl Bultmann)이나 바르트나 틸리
히(Paul Tillich) 같은 신학자에 대해 공부해 보면 그럴듯한데, 문제는 이
들의 신학 이론에서 예수님을 만날 수 없다는 것이었다.[52]

> 그 많은 합리적인 이론 속에서 예수님은 점점 미라처럼 느껴졌다. 감격
> 스럽게 만난 예수님이 자꾸만 사라졌다. 그나마 대학 때 CCC에서 성경
> 공부도 많이 하고, 살아 있는 예수님을 만나 전도하던 감격이 겨우 나를
> 버티게 해 주었다. 하마터면 1966년에 내가 만나고 체험한 그 예수님을
> 다 잃어버릴 뻔했다.

　하용조 목사는 여러 신실한 복음적인 신학자들과 목회자들과의 대

화와 가르침을 통해 자신의 목회와 설교가 학문적 이론을 뛰어넘어 성경으로 보다 깊이 들어가야 한다는 결론을 얻게 된다.[53] "이러한 과정을 거치면서 성경이 하나님의 말씀인 것과 그 말씀으로 예수님과 날마다 만나고 교제하며 살아갈 수 있다는 것을 깨달았다."

무엇보다 이러한 경험은 "강해 설교를 하는데 결정적인 용기를 주었다"면서, 강해 설교란 성경에서 성경으로 해석하는 것이라고 명쾌한 정의를 내리게 된다.[54] "나는 설교 속에서 다른 철학자들이나 신학자들의 말을 인용하지 않는다. 성경에서 성경으로 이동할 뿐이다. 성경만이 온전한 하나님의 말씀임을 확신하기에 이 방법대로 한다. 그렇게 설교하고, 성경을 가르치고, 예수 그리스도가 죽은 예수가 아니라 살아 있는 예수님이심을 확신한다."

하용조 목사가 설교에 눈을 뜬 것이 그의 향후 목회의 밑그림에 중요한 포인트가 되었듯이, 설교를 하되 철학적 논리나 신학적 이론을 거부하고 '성경에서 성경으로 이동하며' '말씀을 말씀으로 푸는'(以經解經) 진정한 강해 설교를 하겠다고 결심한 것은 목회 밑그림의 주요 포인트 중에서도 백미(白眉)라고 할 것이다. 이 일을 체계적으로 준비하기 위해 그는 1981년 영국 런던 바이블칼리지(London Bible College)에 들어가 실전적인 훈련을 받는다. 이렇게 볼 때, 하용조 목사가 온누리교회를 목회하면서 마지막 순간까지 강해 설교로 일관한 것은 이때 그린 목회의 밑그림에 의한 것이라고 하겠다.

선교의 중요성과 팀 사역을 배우다

• • •

하용조 목사가 영국에서 그린 목회의 밑그림 중 또 하나의 주요한 포인트는, 선교의 중요성을 재삼 깨닫고 실제로 WEC 선교회에 들어가 훈련을 받은 것이다. 동시에 그곳에서 훈련받는 동료들과 함께 생활하며 팀 사역의 중요성도 배우게 되었다.

1982년 런던 바이블칼리지 공부를 마친 하용조 목사는 WEC 선교회에 들어가 선교사 훈련을 받게 된다.[55] 평소에도 선교의 중요성을 알고 있었기에, 앞으로 전개할 새로운 목회를 통해 선교에 총력을 기울이기 위함이었다. 부부가 함께 참가한 WEC 훈련을 통해 하용조 목사 내외는 선교에 대한 비전과 함께 큰 사명감을 갖게 되었다.

하용조 목사는 훈련원 지하실 창고에서 선교지로 떠난 사역자들이 두고 간 소지품(짐)을 보면서 선교란 목숨을 버리러 가는 것이라는 사실을 새삼 깨닫게 되었다고 한다. 훈련 리더의 "선교사님들은 이곳에 자기 짐을 맡기고 선교지로 갑니다"라는 설명에서 그는 숙연해질 수밖에 없었다. 짐에는 이름과 연도가 쓰인 꼬리표가 하나씩 붙어 있었는데, 1년 된 짐도 있었고, 10-20년 된 짐도 있었다고 한다. 또한 벽에는 20여 점의 사진이 걸려 있었는데, 그것은 WEC 선교회 창설 이후 선교지에 가서 20-30대에 순교한 젊은 선교사들의 초상이었다.

의사, 간호사, 파일럿…. 그들의 사진 밑에 적힌 약력을 읽으며 하용조 목사의 심장은 터질 듯했다.[56] "'왜 그들은 젊은 나이에 선교지에서 자신의 청춘을 다 바쳤을까? 누가 그 사람들을 선교지로 내몰았을까?' 나를 위해 피 흘려 돌아가신 주님, 그 감격 때문에 그들은 주님의 명령을 따랐다." 하용조 목사는 이런 생각을 하며 건강도, 육체의 한계도, 그 어떤 것도 주님의 명령을 수행하는 데 걸림이 될 수 없음을 깨달았다. 그는 "나도 그들처럼 모든 육체에게 부어 주신 주님의 단 하나의 명령을 위해 달려가야 하지 않겠는가" 하고 결심하게 된다. 이런 강한 도전을 받았기에, 하용조 목사는 온누리교회 사역을 통해 선교를 교회의 최우선, 최후의 사명으로 정하고 수많은 선교사를 보내기도 하며 후원하기도 했다. '가든지 보내든지'(Go or Send), '때를 얻든지 못 얻든지'(In Season or Out of Season)를 역설하며 땅 끝까지 나아가고 있는 것이다.

하용조 목사는 "왜 이들은 스스로 이런 삶을 선택했을까. 가지 않아도 뭐라고 할 사람이 아무도 없었는데 왜 떠났을까" 하는 숙연한 마음에 '선교란 죽는 것'이라는 도전을 받게 된다. 그래서 그는 《나는 선교에 목숨을 걸었다》라는 책에서 "구원을 베푸시는 예수님이 오늘 우리를 선교사로 부르고 계십니다. 그분은 우리가 선교의 비전을 품길 원하십니다"라고 도전하고 있다. 그러면서 초대교회 스데반의 순교를 두고 우리에게 도전하기를, "문제는 자기 사역을 정확히 하느냐 못 하느냐에 달려 있습니다. 자기 사역이 끝나면 죽어야 합니다 … 우리는 분명한 목표를 가져야 합니다. 분명한 삶의 의미를 가져야 합니다. 무엇을 위해 살고 무엇을 위해 죽어야 하는지도 알아야 합니다"라고 역설했다.[57]

한편 하용조 목사는 이곳에서 팀 사역의 중요성을 깨닫게 되었을 뿐 아니라 실제로 팀 사역을 배우게 되었다. 훈련에 참가한 한국 사역자들은 영어가 잘 안 되기 때문이기도 하지만, 습관적으로 친한 사람들하고만 모여서 지내고 있었다. WEC 선교회 훈련을 통해 그는 이런 습관을 버리게 되었으며, 여러 나라에서 온 사역자들과 교제하며 협력 사역을 하는 방법을 배우게 되었다.

선교 훈련에 있어서 가장 중요하게 평가하는 것은 바로 '동역'(同役), 즉 '팀워크'(teamwork)다. 그런데 그는 팀 사역이 생각처럼 쉽지 않다는 것을 알게 되었다. 잘 안 되는 원인은 간단했다. '내가 죽지 않기 때문에 어렵다'는 것이었다. 하용조 목사가 팀 사역 훈련을 통해 내린 결론은 이랬다.[58] "동역은 자기가 죽어야만 할 수 있다. 자기를 내세우면 동역이 안 된다. 선교에서 동역자 관계가 얼마나 중요한지 모른다."

하용조 목사는 WEC 선교회 훈련을 떠나서도 팀 사역의 중요성을 확인한 소중한 기회를 갖게 되었다. 그것은 존 스토트 목사가 시무한 올소울스교회에서였다. 교회를 담임할 때 설교와 모든 행정을 총괄한 존 스토트 목사는 은퇴한 후에도 헌금 위원이 되어 봉사하고 있었다. 후임으로 온 30대 젊은 목사는 설교를 하고, 은퇴한 70대의 원로 목사는 사회를 보거나 헌금 바구니를 돌리며 동역하는 모습이 참으로 아름다워 보였다. 그는 옥스퍼드대학교 앞에 있는 마이클 그린(Michael Green) 목사가 섬긴 올데이트교회에서도 똑같은 현상을 목격했다고 한다.

이런 아름다운 훈련과 경험을 한 하용조 목사는 우리의 현실을 생각하며 이런 소망을 피력했다.[59] "나도 저런 아름다운 팀워크를 만들어야겠다고 생각했다. 후배는 선배가 잘해 준다고 해서 얕잡아 보지 않아야 하며, 선배는 후배가 부족하다고 다그치지 말아야 한다. 서로 잘 믿고 신뢰해야 한다. 목회 윤리가 잘 지켜지면 이런 일들이 가능해지지 않겠는가!"

이처럼 신앙 선진국 교회의 아름다운 팀 사역을 직접 경험한 하용조 목사였기에, 그의 목회 방법론에 있어서 '팀 사역과 리더십'을 중요한 요소로 보고 목회 동역자와 평신도 훈련에 심혈을 기울였던 것이다.

두란노서원의 파라처치 비전을 준비하다
• • •

하용조 목사의 3년간의 영국 체류는 그의 목회 비전에 있어서 문서 선교와 문화 선교에 대한 밑그림을 그리는 시간이기도 했다. 그는 자신의 오랜 문서 선교의 비전을 실천하기 위해 1980년 두란노서원을 설립했다. 그가 영국으로 떠나기에 앞서 세워진 이 기관의 사역은 영국에서의 연수를 마치고 귀국하면서 본격화되었다. 1983년 봄, 존 스토트 목사가 세운 런던 인스티튜트에 입학해 1년간 연수를 받으면서 문서 선교의 비전을 구체적으로 갖게 된 것이다. 이 학교는 낙태 문제와 포르노, 범죄, 심리학, 상담에 관계된 문제와 같은 사회 전반의 여러 이슈들에 대해 기독교적인 관점과 대안을 제시하는 기관이었다. 아울러 다양한 기독교 출판을 통한 문서 선교의 역할까지 감당하고 있었다. 그곳에서 하용조 목사는 복음에 따르는 사회적 책임에 대한 조화와 균형을 주로 공부하는 한편, 문서 출판에 깊은 관심을 갖게 된다.[60] 말하자면 기독교의 대사회적 문화 선교와 문서 선교에 대해 공부하는 좋은 기회를 갖게 된 것이다.

하용조 목사는 그 기관의 시스템을 보면서 "아! 서울에 가면 이것보다 더 좋은 걸 만들어야지" 하는 강한 도전을 받았다. 그는 "그렇게 해서 만들어진 것이 지금의 두란노서원이다"라고 말한다.[61] 그런데 앞에서도 지적했듯이, 하용조 목사가 두란노서원을 설립한 시기는 1980년 12월이다. 그가 영국으로 유학을 떠나기 1년 전에 두란노서원을 이미 설립한 것이다. 그런데 그는 런던 인스티튜트에서 공부한 다음 귀국해 1985년 본격적인 두란노서원 사역의 시대를 열게 된다. 이렇게 볼 때, 그가 "그렇게 해서 만들어진 것이 지금의 두란노서원이다"라고 표현한 것은 정확한 설립 시기에 대한 언급이 아니라, 두란노서원이 런던 인스티튜트의 시스템을 참고해 본격적인 사역을 시작하게 되었다는 의미일 것이다.

여기서 우리가 주목하고자 하는 것은, 두란노서원은 이름 그대로 처음에는 성경 공부와 문서 선교를 주된 목적으로 출발했으나, 하용조 목사의 비전이 확대됨에 따라 기독교 문서와 문화 전반을 아우르는 종합 문화 선교 기관으로 발전했다는 사실이다. 하용조 목사는 두란노서원이 단순한 문서 기관이 아님을 분명히 밝힌 바 있다. 앞에서 이미 언급했듯이, 그는 "교회는 처치(Church)이고, 두란노서원은 파라처치(Parachurch)이다. 나는 지금도 실험 중이다. 한국 사회에서 처치와 파라처치가 어떻게 공존할 수 있는가? 그것을 처음으로 시도한 것이 바로 온누리교회와 두란노서원이다"라고 한 것이다. 필자는 '두란노서원'이라는 문서 출판 전문 영역의 명칭이 '두란노'라는 문화 선교 제반 영역의 명칭으로 확대된 것이 이런 사실을 뒷받침하고 있다고 생각한다.

'살아 있는 참 예배'가 무엇인지 깨닫다
• • •

하용조 목사가 육신의 고난과 함께한 영국에서의 고독했던 3년은 '살아 있는 예배'를 발견하는 시간이었다. 그는 분명히 말했다.[62]

영국에 있으면서 또 하나 충격을 받은 것이 예배였다. 우리가 그동안 얼마나 형식과 고정관념 속에 갇혀서 예배를 제한해 왔는지 깨달았다.

이렇게 말한 그는, 전통적인 한국 교회에 익숙해 있던 자신이 영국에 가서 언어를 익히고 교회에 참여하면서, 또 신학교에서 공부를 하면서 그들이 드리는 예배에 깊은 관심을 갖게 되었다고 한다. 특히 여러 목회자들과 교유하고 그들이 시무하는 교회를 방문하면서 그들의 예배가 우리와 참 다르다는 것을 발견하게 되었다고 한다. 그가 받은 예배에 대한 충격의 몇 사례를 살펴보자.[63]

그는 옥스퍼드대학교 앞에 있는 올데이트교회의 예배에 참석한 적이 있다고 한다. 100년이 넘은 예배당 한가운데서 백발노인이 드럼을 치고 있었으며, 파이프오르간이 있었지만 신시사이저로 연주했다. 예배를 드리는 사람들이 자유로워 보였다. 예배 도중에도 맘대로 일어나 손을 들고 눈을 감고 찬양하는데, 하용조 목사는 천국에 와 있는 줄 알았다고 한다. 1980년대니까, 우리나라에서는 워십송을 처음 듣기 시작하던 때였다. 그러니 그가 그 예배를 보고 놀란 것은 무리가 아니었다.

그는 존 스토트 목사가 시무하는 올소울스교회의 예배에도 참석한 적이 있는데, 거기서 받은 충격에 대해서는 이렇게 말한다.

존 스토트 목사님이 시무하는 올소울스 교회에 갔을 때도 매우 놀랐다. 예배 시간에 여자들이 이상한 옷을 입고 나와서 춤추는데, 내 눈에는 그게 익숙하지 않았다. '저래도 되나? 춤이라는 것은 밖에서 춰야지 교회에서 추면 되나?' 하는 생각이 들 정도였다. 지금 돌이켜 보니 그게 워십

댄스였다.

하용조 목사는 짐 그레이엄 목사의 교회를 1년 가까이 다녔다. 예배가 너무 좋았기 때문이다. 성전의 크기는 지금 서빙고 온누리교회 본당의 절반 정도 됐는데, 예배 시작 전에 이미 예배당이 꽉 찼다고 한다.

발 디딜 틈 없이, 사람들이 모여 손을 들고 찬양했다. 제일 앞자리 사람들은 일어나서 탬버린을 치면서 얼굴이 상기된 채 천장이 떠나가도록 찬송을 했다. 그들은 20대, 30대가 아니었다! 머리 허연 할머니들이었다! 온 무리에 기쁨이 충만했다. 놀랍게도 그들은 예배 시간을 제한하지 않았다 … 설교를 하는데, 30분 이상 했다. 한 시간 할 때도 있었다. 말씀이 좋으니까, 아주 좋으니까 사람들이 숨소리조차 내지 않고 설교에 빨려 들었다. 나는 속으로 생각했다. '누가 설교를 30분만 하라고 했는가! 누가 설교를 짧게 하라고 했는가!' 설교가 끝나면 사람들은 춤을 추었다. 좋아서 손뼉을 치고 춤을 추고…. 예배 도중에 귀신들이 막 떠나갔다. '와! 이게 예배구나! 이게 예배구나!' 자유 안에서 아름답게 예배드리는 그 감격과 그 거룩함을 한 번도 접해 보지 못하고, 이제까지 언제나 똑같이 "다 같이 묵도합시다"로 시작하는 예배를 드려 왔던 나에게 큰 충격이었다.

그가 경험한 영국 남쪽에 있는 앵글리컨교회의 성만찬은 특히나 인상적이었다.

예배 중에 목사님이 장로님들과 먼저 성만찬을 했다. 대여섯 명 정도의 지도자들이 서로 껴안고 축복하고 떡을 떼고 잔을 나누었다. 그러고 나서 지도자들이 떡을 가지고 성도들에게 나왔다. 그것을 보면서 찬송을 듣는데, 성령님이 내게 강하게 임하셨다. 내 마음에 영감이 흐르고, 눈물을 주체할 수 없었다.

성령의 기름 부으심으로 형언할 수 없는 은혜가 임해 영혼이 흐느낀 순간이었다. 그는 예수님의 보혈과 생명의 떡을 묵상하면서 한없는 회개의 눈물을 흘렸다고 한다. 성찬에 임하면서 그렇게 울어 본 적은 처음이었다고 고백하고 있다. 하용조 목사는 울면서 다짐했다. "한국에 돌아가 교회를 하면 이런 성만찬을 해야지."

그는 또한 영국 국제장로교회에서 보았던 유아 세례의 장면을 이렇게 회상하고 있다.

유아세례를 줄 때 부모한테 질문을 하고 부모가 대답을 하면 서약을 하는데, 그 질문이 엄청났다. 첫 질문은 이랬다. "이 아이가 하나님의 아이인 것을 인정하겠습니까?" 거기까지는 모든 부모들이 다 "예" 하고 대답한다. 그다음 질문은, "그러면 이 아이가 커서 하나님의 종이 되겠다고 할 때, 하나님을 위해서 일하고자 할 때, 당신은 말리지 않겠습니까?" 그러면 대답하기를 약간 망설인다. 세 번째 질문은 "이 아이가 자라다 죽었을 때 하나님을 원망하지 않겠습니까?" 그러면 부모들의 표정은 아주 심각해진다. 이 세 가지를 서약하고 유아세례를 주는데, 나는 그 모습을 보면서 세례식이 그냥 예식이 아니라는 것을 배웠다. 정말 이래야 한다.

이런 영적 충격과 감동을 받은 하용조 목사는 "영국에서 내가 경험한 이 모든 것은 진정한 예배였다. '여호와의 영광이 하나님의 전에 가득함이었더라'(대하 5:14)는 말씀을 나는 그때 경험했다"고 고백한다. 그러면서 '지금까지 내가 드린 예배는 하나님이 임재하시는 예배였는가?'를 돌아보게 된다. '성도들이 교회에 올 때마다 하나님의 영광이 성전에 가득 차고, 찬양과 존귀와 영광이 나타나는 예배를 드릴 수 없을까?'를 고민하게 된다.[64]

하용조 목사는 분명히 말한다. "우리의 신앙생활이 메마른 까닭은 참된 예배가 없기 때문이다. 예배는 신령과 진정으로 드려야 하는데, 우리는 이제까지 참된 예배를 경험한 적이 드물다 … 우리에게는 고백과 눈물과 감사와 찬양이 있는 예배의 경험이 필요하다. 영혼을 씻는 예배의 경험이 필요하다 … 찬양을 통해서, 기도를 통해서, 설교를 통해서, 헌금을 통해서 살아 계신 하나님과 만나고 성령님의 임재를 경험해야 한다."

단순한 라이프 스토리가 아닌 그의 목회철학 이야기

• • •

우리는 지금까지 하용조 목사가 젊은 날 영국으로 건너가 여러 가지 훈련을 받으며 체험한 다양한 이야기를 살펴보았다. 그의 일생 중 가장 중요한 시기에 육신의 질병으로 첫 목회 사역을 내려놓고 새로운 미래를 모색하기 위해 가진 3년간의 외로운 시간 이야기였다. "떠나라", "내가 네 길을 인도하리라" 하신 하나님의 명령과 약속을 믿고 떠났던[65] 그때의 사연을 살펴보면서 필자는 이것이 그의 생애 중 어느 한

시기의 단순한 라이프 스토리가 아니라는 것을 확인하게 되었다. 그것은 당시 고독한 삶의 이야기를 매개로 향후 목회의 방향을 모색하고 그 방법론을 터득하기 위한 외로운 투쟁의 일기였다.

앞에서 살펴본 바와 같이, 하용조 목사가 영국 훈련을 통해 확립한, 향후 목회에서 갖추어야 할 주요 요소, 또는 그 방법론은 대체로 여섯 가지로 정리할 수 있다. 이것을 여기서 다시 정리하는 것은 이 장(章)의 목적에 따라 하용조 목사의 목회 사상과 철학이 어떤 것인지 이해하고자 함이다.

▌ 첫째, 그는 설교에 눈을 뜨게 되었다.

목회에 있어서 가장 중요한 요소가 설교임을 알게 되었으며, 어떻게 말씀을 선포해야 할지 그 방법론을 배우게 되었다(자세한 내용은 제6장 '설교'를 참고하기 바란다).

▌ 둘째, 신학의 이론을 넘어 '성경에서 성경으로' 이어지는 강해 설교를 터득하게 되었다.

그는 신학의 이론이 아닌 살아 있는 말씀 속에서 예수님을 만난다고 하면서 '성경에서 성경으로 이동하는' 강해 설교에 깊이 들어가게 된다('고난과 묵상'의 장인 제11장과 결부해 그의 강해 설교를 이해해 보기 바란다).

▌ 셋째, 그는 목회에 있어서 선교의 중요성을 새삼 확인하게 되었다.

평소 교회의 사명이 최종적으로 예수님의 지상 명령인 선교(전도)에 있음을 알고 있었지만, 선교는 목숨을 걸고 해야 하는 순교적 사명임을 깨닫게 되었다(하용조 목사가 온누리교회를 통해 실천한 선교의 이야기는 '선교'의 장인

제7장을 살펴보기 바란다).

▌ 넷째, 팀 사역의 중요성을 또한 깨닫고 배우게 되었다.

목회는 담임 목사 혼자 하는 것이 아님을 하용조 목사는 자주 강조했다. 그가 생전에 목회자 간의 팀 사역과 성도 간의 팀 사역을 중시하고 이 교육에 힘쓴 것은 영국에서의 훈련이 있었기 때문이다(제8장 '기독교 교육'을 통해 온누리교회의 팀 사역을 살펴보기 바란다).

▌ 다섯째, 처치와 파라처치의 만남과 협력을 터득하게 되었다.

그는 평소에도 기독교 문서 운동과 문화 선교의 중요성을 인식하고 있었지만, 영국 런던 인스티튜트에서의 연수를 통해 이 사역의 중요성을 더욱 확고히 인식하게 되어, 귀국 후 온누리교회 중심의 처치 운동과 두란노 중심의 파라처치 운동을 균형 있게 펼쳐 나가게 된다(이 분야에 대한 이해는 제10장 '문화 사역과 문서 운동'을 통해 살펴보기 바란다).

▌ 여섯째, 하나님이 받으시는 예배, '살아 있는 예배'에 눈을 뜨게 되었다.

그는 평소 한국 교회의 예배 현실이 지나치게 형식과 인습에 얽매여 있는 것을 안타깝게 생각하고 있었는데, 영국에서 기성세대가 어린아이와 같이 순수한 열정으로 하나님을 찬양하는 성령 충만한 예배에 참석하면서 '살아 있는 예배'에 눈을 뜨게 되었다. 온누리교회가 경배와 찬양이라는 새로운 타입의 예배로 한국 교회에 새로운 바람을 일으키게 된 것은 바로 하용조 목사의 살아 있는 예배에 대한 목회철학의 결과라 할 것이다(자세한 내용은 제5장 '예배'를 살펴보기 바란다).

❚ 일곱째, 초대교회적인 사랑을 배우고 삶의 겉치레를 벗는 순전한 믿음을 배우게 되었다.

필자가 본 장에서 살펴보기를 생략했지만, 하용조 목사는 영국 각지의 여러 교회 참석과 일련의 훈련을 통해 예수님 안에서 진정한 사랑의 교제가 무엇인지를 배우게 되었으며, 믿음의 실체보다 형식을 중시하는, 이른바 '겉치레의 신앙'을 떨쳐 버리는 훈련을 하기에 이른다.[66]

영국에서 돌아와 열두 가정으로 시작한 온누리교회

● ● ●

하용조 목사는 영국에서 3년간의 훈련을 마치고 귀국해 1985년 10월 6일 주일, 온누리교회를 창립했다. 영국에서 기도와 묵상 중에 밑그림을 그린 사도행전적인 '바로 그 교회'를 실현코자 함이었다. 그는 지난 1976년의 첫 목회지였던 연예인교회의 시작이 그랬던 것처럼, 온누리교회도 귀국 후 몇 개월 동안 열두 가정과 함께 성경 공부를 먼저 시작했다. 신학교 재학 중 뜻을 같이한 몇몇 연예인들과 시작한 성경 공부 모임이 교회로 발전했던 것처럼, 온누리교회의 출발도 그러했다. 이는 초대교회의 모형으로, 평소 하용조 목사가 얼마나 사도행전적 교회를 꿈꾸고 있었는지 알 수 있는 대목이다.

온누리교회의 개척에는 다음과 같은 기도의 응답이 있었다. 하용조 목사가 한창 영국에서 계획한 훈련을 받고 있던 1983년 어느 날, 한국에서 연락을 받았다. 신동아건설의 최순영 장로와 그의 부인 이형자 권사가 서빙고에 있는 땅의 일부를 하나님에게 드리기로 했으니 목회를 해 보지 않겠느냐는 제의를 해 온 것이다.[67] 하용조 목사 부부는 이 일을 두고 1년 동안 기도했다. 한국에는 이미 많은 교회가 세워져 있고 서빙고 인근에도 좋은 교회가 있는데, 교회를 개척하는 것이 옳은지 확신이 없었기 때문이다. 하지만 평소 그의 마음속에는 사도행전적인 교회에 대한 비전을 가지고 있었던 것이 사실이다. 영국에서의 경험도 초대교회와 연결되는 것이 많았다.

그러던 중 하나님이 하용조 목사에게 사도행전의 초대교회 모습을 보여 주셨다. 그러나 그는 이 문제를 두고 계속 기도했다. '2천 년이 지난 지금도 주님이 의도하시고 사도행전에서 보여 주셨던 그 교회가 가능할까?' 하는 의문에 대한 집중 기도였다. 하나님은 이 기도에 대해서도 확실한 응답을 주셨다. '하나님은 어제나 오늘이나 영원토록 동일하시다. 사도행전에 그런 교회가 있었다면 2천 년이 지난 지금도 가능하다'는 말씀이었다. 이 응답에 비로소 확신을 얻은 그는 사도행전적인 '바로 그 교회'의 비전을 품고 '성경 중심의 교회', '복음 중심의 교회', '선교 중심의 교회', '긍휼을 베푸는 교회', '예수 그리스도의 문화를 심는 교회'라는 다섯 가지 목회 방향을 설정했다.[68]

귀국 후 하용조 목사는 과학원아파트에서 소그룹 성경 공부를 인도했다. 소그룹 성경 공부는 점차 자신의 집을 내어놓고 밤늦게까지 성경을 공부하는 사도행전적 공동체로 성숙해 갔다. 그렇게 모인 열두 가정에 하용조 목사는 사도행전의 교회 모습을 지속적으로 제시했으며, 이들은 점차 사도행전의 역사를 몸으로 체험하기 시작했다. 이렇게 해서 초창기 열두 가정의 헌신과 열정은 온누리교회가 사도행전의 '바로 그 교회'로 세워지는 초석이 되었다.

우리는 여기서 그때 하용조 목사와 사도행전적 '바로 그 교회'의 비전을 함께하며 온누리교회 창립에 밀알이 된 열두 가정을 기억할 필요를 느낀다. 그들은 허영오, 류석인/ 조성록, 유은필/ 황재규, 김혜영/ 송영태, 강숙경/ 이은호, 변봉춘/ 송만석, 김해리/ 김정환, 김경애/ 김종배, 박상순/ 김종욱, 허정희/ 박화수/ 신현길, 김춘란/ 김충섭, 임영선 성도다.[69] 이들은 온누리교회의 역사에 길이 기록되어야 할 개척자들이다.

육신의 질고로 인한 하와이 안식년
: 두 번째 목회의 밑그림을 그리다
● ● ●

이렇게 시작된 온누리교회는 성령님의 역사로 연부년 성장과 부흥을 거듭했다. 초기 온누리교회의 사도행전적 부흥의 역사는 앞에서 이미 각 분야별로 자세히 살펴보았다. 온누리교회가 모든 분야에서 모범을 보이며 성장을 거듭한 지 6년째 되던 해였다. 하나님은 하용조 목사의 사역을 또다시 멈추게 하셨다. 평소 취약했던 몸에 재차 병마가 찾아온 것이다. 교회가 급성장하는 가운데 밤낮없이 목회에 전념하면서 예배당을 건축하느라 육신은 지칠 대로 지쳐 있었다. 그는 갑자기 찾아온 당혹스러웠던 당시의 상황을 이렇게 술회하고 있다.[70]

> 그 무렵, 마침내 하나님이 급브레이크를 거셨다. 교회 건물을 짓고 3년이 채 지나지 않은 1989년 봄, 나는 간경화 판정을 받았다. 안식년을 앞당길 수밖에 없었다.

육신의 가시가 재차 찾아오기 전에 기실 하용조 목사는 영적인 예후를 느끼고 있었다고 한다. 교회를 개척한 지 불과 몇 년 되지 않았는데, 교회가 급성장하는 모습에 마냥 기뻐할 수만은 없었다. 오히려 그의 마음 한구석에는 불안이 싹트고 있었다.[71]

> 겉으로 보기에는 모든 것이 순조로워 보이던 시기였다. 성도가 몇 천 명이 되었고, 똑똑한 일꾼도 많았다. 헌금도 많이 모였고 비전도 컸다. 하지만 내 눈에는 교회의 문제가 보이기 시작했다. 그때 온누리교회는 비행기의 외형을 가지고 있었지만, 날지 못하는 자동차에 지나지 않았 다. 비행기는 일정한 시간이 되면 떠야 한다. 그 시간을 놓치면 날지 못한다. 일단 떠날 시간이 지나면 좌절감에 빠져 버린다. 덫에 걸린다. 그 수준 이상을 벗어나지 못하는 것이다. 나는 당시 그러한 위기를 직 감했다.

이런 영적 위기감과 함께 육신의 질고라는 불청객이 다시 찾아온 것이다. 하용조 목사는 1991년, 하와이로 다시 안식년을 떠나야 했다. 영국에서 안식년을 보내고 귀국해서 교회를 창립한 지 6년째 되던 해이며, 1981년 첫 안식년 이후 10년 만의 두 번째 안식년이었다. 그 런데 그의 하와이행이 단순히 육신의 회복을 위한 길만은 아니었다. 1981년의 영국행이 그랬던 것처럼 1991년 하와이행에도 새로운 도 전이 그를 기다리고 있었다. 그것은 하용조 목사가 하와이 비행장에 내리자마자 나타났다. 하나님이 그에게 강력한 말씀으로 찾아오신 것 이다.[72]

> 성령 목회를 해라.

그 말씀은 강력하고 간결했다. 하나님은 당신의 종 하용조 목사가 하와이에 머문 1년 동안 계속해서 한 가지만 말씀하셨다고 한다. "성령으로 돌아가라. 성령 목회를 해라."

하나님은 이렇듯 성령 사역의 문 앞에서 서성이고 있는 그에게 육신의 질고를 통해 잠시 강단을 떠나게 하시고 계속 '성령 목회를 해라' 하는 영음을 들려주신 것이다. 지금까지의 목회가 제자 사역과 말씀 사역 중심이었다면, 이제부터는 성령이 이끄시는 목회를 하라는 명령이었다. 그렇다고 지금까지의 제자 사역과 말씀 사역을 포기하라는 뜻은 아니었다. 성령님이 하시는 목회에 전적으로 맡기라는 참으로 중요한 메시지였다.

혹자는 이렇게 말할지 모른다. 원래 목회는 성령님이 하시는 것이라고. 성령님이 하시는 목회를 왜 하용조 목사는 뒤늦게 고민을 하느냐고. 그러나 이렇게 반문하는 목회자들도 목회의 현장에서 부지중에 성령님을 밀쳐내고 인간의 지혜와 경험 그리고 유치한 권위를 앞세우며 목회할 때가 있을 것이다. 아니, 내가 하는 일을 성령님이 하시는 일로 착각하거나 빙자하는 경우도 많을 것이다. 이러한 목회의 현실 속에서 다른 사람을 의식하지 않고 자신의 목회 실상을 고민한 점에서 목회자이기 이전에 주의 종으로서의 하용조 목사는 참으로 정직하고 겸손한 사람이라고 할 것이다. 누가 자신의 죄성을 여지없이 고발한 어거스틴을 정죄할 수 있으며, 지금까지 성령 목회를 하지 못했다는 하용조 목사의 고백을 비판할 수 있겠는가. 우리는 그의 다음과 같은 회개 기도를 통해 어거스틴의 축소판 같은 고백록을 듣는다.

목회에 개혁적인 대전환점이 된 '성령 목회'

• • •

"그런데 하나님은 나를 끝까지 성령 사역으로 끌고 가셨던 것이다. 마침내 나는 항복했다. 주님께 이렇게 기도했다"면서 하용조 목사는 하나님에게 먼저 자신의 죄를 쏟아 놓는다.[73]

주여! 제게는 능력이 없습니다. 제 소리는 공허합니다. 소리는 높지만 영이 공허합니다. 하나님 아버지, 이 시간에 오시옵소서. 저의 목회는 겉으로는 화려하지만 내면에는 상처와 갈등이 많습니다. 제 안에 숨은 비밀한 죄들이 많습니다. 고백하지 않은 죄들이 있습니다.

하나님, 교회 문제는 전적으로 제 책임입니다. 장로도 아닙니다. 성도들도 아닙니다. 사실은 제 자신입니다. 저를 용서해 주십시오. 저를 불쌍히 여겨 주십시오. 저 때문에 상처받은 성도들이 얼마나 많습니까? 목사의 권위를 잘못 사용한 적이 얼마나 많았습니까?

오, 하나님 아버지! 저를 죽이고 파괴하고 묶고 무능력하게 만드는 더러운 사탄의 모든 세력들을 풀어 주옵소서. 그 정체가 드러나게 하여 주옵소서. 제 맘에서 그 모든 악한 영들이 떠나가게 하여 주시옵소서. 변화되기를 원하오니, 성령님이여! 회개의 영이 일어나게 하여 주옵소서.

오! 하나님 아버지, 이대로는 목회할 수 없습니다. 불을 받고 돌아가게 하여 주옵소서. 오순절 성령의 역사를 경험하고 돌아가게 하여 주옵소서. 순결한 영을 주옵소서. 정직한 영을 주옵소서.

제가 병에 걸리고 정신이 혼미한 가운데 있사오니 제 병을 고쳐 주시기를 원합니다. 육체와 정신이 회복되기를 원합니다. 강건해지기를 원합니다.

하늘 문이 열리게 도와주시고 예수님의 머리 위에 성령님이 비둘기처럼 임하셨던 것처럼 제 머리 위에 성령님이 임하여 주셔서 너는 내 사랑하는 아들이요, 내 기뻐하는 자라는 음성을 듣게 하옵소서.

예수님을 처음 믿을 때의 마음과 목사가 처음 됐을 때의 마음을 회복시켜 주옵소서. 저의 목회를 살려 주옵소서. 예수님의 이름으로 기도합니다. 아멘.

하용조 목사의 목회에 대전환을 가져온 기도였다. 필자는 하용조 목사가 육신의 고통을 안고 이역 땅에서 드린 이 참회 기도를 계기로 그의 목회에 제2기가 시작되었다고 생각한다. 1985년 온누리교회를 개척한 지 6년 만의 사건이다. 하용조 목사 목회 특유의 말씀 사역과 제자 사역 그리고 평신도 사역과 선교 사역, 긍휼 사역과 문화 사역 전반에 성령이 기름을 부으심으로 새롭게 거듭나는 성령 목회가 시작되는 순간이다. 하용조 목사는 안식년에서 돌아오자마자 교회 당회를 소집해 성령 사역을 선포하게 된다.

저는 이제부터 성령 목회를 할 겁니다.

이렇게 시작된 온누리교회의 성령 목회와 이로 인한 교회의 대부흥과 내적 성숙과 개혁에 대해서는 '제4장 사도행전적 교회의 목회'의 장에서 살펴본 바와 같다. 1992년 5월에 열린 '성령이여, 오소서'라는 주제의 성령 집회가 교회 부흥과 개혁의 분수령을 이루게 되었는데, 교회 창립 이후 가장 많은 사람이 모였다는 외적 변화보다 더 중요한 것은 다음과 같은 하용조 목사의 고백이다.[74]

성령 집회 이후 온누리교회는 한 단계 도약하게 되었다. 우리 교회가 하도 성령 사역을 부르짖으니까, 성령 사역 프로그램이 도대체 뭐냐고 묻는 사람들이 있다. 성령 사역은 프로그램이 아니다. 성령 사역은 성령님이 주체가 되어 하시는 목회이다. 교회의 모든 일에 하나님의 임재, 성령님의 임재가 있도록 하는 것이다. 지금까지 내가 결정했다면, 이제는 성령님이 결정하시도록 하는 것이다. 성령님을 초청하고, 성령님께 마음과 찬양을 드리는 것이다. 성령 사역은 태도의 변화다. 생각의 변화다. 어떻게 보면 작지만 본질적이고 아주 뜨거운 변화다.

"지금까지 내가 결정했다면, 이제는 성령님이 결정하시도록 하는 것이다", "[성령 사역은] 본질적이고 아주 뜨거운 변화다"라는 하용조 목사의 진술은 무엇을 말하는가? 교회의 변화요, 개혁을 뜻하는 것이리라. 교회는 부단히 개혁되어야 한다고 말하면서도 왜 개혁이 되지 않는가? 그것은 개혁을 가로막고 있는 인간(목회자) 때문이다. 늘 새롭게 하시는 성령의 역사를 방해하는 제도적 인습 때문이다. 이런 점에서 하용조 목사가 순종한 '성령 목회'는 교회 개혁을 가져온 것이다. 목회자가 교회 일을 결정하는 것은 개혁이 아니다. 성령님이 교회 일을 결정하시도록 하는 것이 진정한 개혁이다. 하용조 목사의 목회가 개혁적인 것은 바로 하나님의 명령에 순종한 '성령 목회'로 말미암음이다.

'성령 목회'를 계기로 확립된 온누리교회의 다섯 가지 영성

• • •

하용조 목사는 이처럼 충격적인 영적 체험을 통해 이른바 온누리교회의 다섯 가지 영성을 정립하게 된다. 그는 이렇게 말했다.[75] "이러한 나의 경험은 온누리교회의 목회철학과 깊은 연관이 있다. 온누리교회는 항상 말씀 중심의 영성, 성령 중심의 영성, 공동체 중심의 영성, 사회 참여의 영성, 선교 중심의 영성, 이 다섯 가지 영성을 지향한다."

그러면서 그는, 공동체는 항상 밑바닥에 깔린 기초와 같고, 나머지 네 가지는 교회 영성의 네 축을 형성한다고 설명한다. 그는 계속해서, 이 네 축 가운데 말씀과 성령이 내부를 향한다면 사회 참여와 선교는 외부를 향하고 있다는 통찰력 있는 설명을 하고 있다. 온누리교회의 표어는 이 다섯 가지 영성의 조합으로 이루어져 있음을 분명히 밝히고 있다.[76] 이 다섯 가지의 영성은 온누리교회 목회철학의 다섯 가지 골격에 영향을 주게 되는데, 그것은 '성경 중심의 교회', '복음 중심의 교회', '선교 중심의 교회', '긍휼을 베푸는 교회', '그리스도의 문화를 심는 교회'로 다섯 가지 영성과 다소 조정된 모습을 보이고 있다.[77]

이에 대해 하용조 목사는 자신의 목회철학의 다섯 가지 골격이 온누리교회가 추구하는 핵심 가치라고 하면서, 그것이 바로 성경, 복음, 선교, 긍휼, 그리스도의 문화라고 설명한다. 그러므로 온누리교회가 추구하는 다섯 가지 핵심 가치와 온누리교회를 형성하고 있는 다섯 가지 영성은 하용조 목사의 영적 경험에서 나온 것으로, 동일한 개념이라고 할 것이다. 그러기에 그는 자신의 영적 경험에서 확립한 교회의 다섯 가지 영성을 말한 다음, 이어서 교회의 다섯 가지 핵심 가치를 제시하고 있는 것이다. 그는 이렇게 말한다.[78] "온누리교회는 말씀을 강조하면서 동시에 문화를 중요하게 여긴다. 선교를 외치면서 동시에 긍휼을 소홀히 하지 않는다. 개인의 영성을 기초로 하면서 공동체적 영성을 무시하지 않는다. 그리스도의 문화를 지향하면서 세상을 변화시키기 위해 적극적으로 사회에 참여한다. 온누리교회는 이것들 가운데 어느 하나도 소홀히 하지 않는다. 복음은 이 모든 것을 포함하기 때문이다. 하나님은 내 삶의 다양한 경험을 통해 이 모든 것의 소중함을 피부로 깨닫게 하셨다."

우리는 여기서 하용조 목사가 말하는 '다양한 경험'의 중심에는 무엇이 있는지를 진지하게 묻지 않을 수 없다. 물론 그는 나그네 순례길 65년에 남 못지않은 다양한 경험을 했을 것이다. 그런데 하용조라는 한 복음 전도자의 경험의 중심에는 일생을 두고 그를 끈질기게 따라다닌 육신의 질고가 자리하고 있음을 부정할 수 없다. 그의 발자취를 더듬어 볼수록 그 심증은 더욱 확실해진다. 말하자면 하용조 목사 인생의 다양한 경험은 그의 육체적 고난을 중심으로 형성됐다는 것이다. 그의 목회자로서의 남다른 철학도, 복음 전도자로서의 심오한 영성의 세계도 때로 죽음보다 더한 육신의 고난을 기도와 묵상으로 초극하며 거둔 열매가 아닐까? 그렇다. 하용조 목사의 영성도, 그가 섬기는 교회의 나아갈 방향도 그의 고난이 가져다준 축복이다.

고난 중에 더욱 아름답게 빚어진 온누리교회

• • •

앞에서도 살펴보았듯이, 온누리교회는 담임 목사인 하용조 목사의 고난 중에 더욱 아름답게 성장해 갔다. "내가 아플 때마다 교회는 성장했다"는 그의 고백 그대로다. 그것은 평소 성도들에게 사도행전적인 '바로 그 교회'의 비전을 제시하며 강단에서 원색적인 복음을 성경 중심의 강해 설교로 힘 있게 선포한 결과였다. 하나님이 받으시는 참된 예배를 위해 경배와 찬양을 한국 교회에 전파하며, Acts29와 2천/1만 비전을 가지고 땅 끝까지 선교의 아름다운 발들이 나아간 결과였다. 평신도 리더십을 바로 세운 양육의 보람을 거두는 모습이었다. 온누리교회의 역사는 이 사실과 함께, 오래전 그가 선교사로 헌신했으나 이 서원을 지키지 못한 것을 기억해 육신의 고통을 안고 1년간 일본 선교사로 활동하게 된 내력 등을 다음과 같이 기록하고 있다.[79] 이 부분은 그의 생애와 사역에 있어 중요한 기록이므로 여기 전재(全載)한다.

하용조 목사의 투병생활과 안식년은 온누리교회가 한층 성숙해지는 중요한 분기점이 되었다. 건강이 좋지 않아 영국에 있을 때 사도행전적인 '바로 그 교회'의 꿈을 꾸며 하 목사는 12가정과 함께 온누리교회의 밑그림을 그렸다. 1992년 1월 하와이로 안식년을 다녀온 후에는 온누리교회에 성령사역이 선포되었고, 각종 성령집회와 하나님의 가정훈련학교, 헌신자훈련학교 등이 시작되었다. 1999년 말 정기건강검진 중 암을 발견한 하 목사는 2000년 3월 말 수술을 마치고 귀국했다. 그해 5월 디지털목회를 선포하며 온누리교회에 부어 주신 하나님의 은혜를 온누리인터넷방송을 통해 나누기 시작했다. 2001년 1월, 2차 간암 수술을 받은 후 안식을 위해 방문한 일본에서 하 목사는 4월 7일 동경 온누리교회를 개척했다. 간암이 10개월 만에 재발하자 하 목사와 모든 성도가 기도에 힘쓰게 되었고, 하 목사는 기도 중에 선교사로 서원했던 것을 기억하며 안식년을 선교사로 보내기로 결심한다. 하 목사는 일본에 머물면서 하나님께서 일본에 교회를 세울 준비를 하고 계셨다는 사실을 발견했고, 일본에서 선교사로서의 삶, 개척교회 목회자로서의 삶을 새로 시작했다.

2001년 하 목사는 세 번째 수술을 받으면서도 10월 27일 우에다 온누리교회를 개척했다. 그리고 2004년, 네 번째와 다섯 번째 수술을 받은 하 목사는 Acts29 비전과 CGNTV의 꿈을 더욱 구체화시켰다. 하 목사는 "수술을 받을수록 비전이 더욱 강해지고 분명해진다"면서 "누구도 죽기는 싫어하지만 하나님의 일은 생명을 걸고 해야 하며, Acts29 비전도, 목회도 그래야 한다"고 강조했다. 그러면서 자신을 위해 기도한 성도들에게 감사하며 "온누리교회의 기도가 활화산이 되고 Acts29 비전을 이뤄가는 축복의 통로가 되었으면 좋겠다"고 성도들을 축복했다. 2008년 4월, 하 목사는 여섯 번째 수술을 받았다. 수술을 받은 후에도 일본에 머무르면서 계속 일본을 향한 하나님의 사랑 노래 '러브소나타' 집회를 준비했다.

하 목사는 "아파서 잠을 못 잘 때는 새벽 2-3시에 일어나 아내와 함께 막 울며 기도합니다. 하나님께서 살려주지 않으시면 우리가 어디로 갑니까?라고 부르짖습니다. 그리고 모든 것을 내려놓고 우리가 할 수 있는 것은 아무것도 없음을 고백합니다. 나는 갈 길 모르니 주여 인도하소서 하고 찬송을 부릅니다"라고 육체의 질병으로 인한 고통을 기도로 견디고 있음을 고백했다. 그런 중에도 나고야·고베 러브소나타, 히로시마·나가사키 일본선교 150주년 기념 요코하마 집회, 10월 성령파 집회 등에 대한 강한 기대감을 드러냈다. 또한 온누리교회가 살아있는 교회, 화해와 일치가 이뤄지는 교회, 하나님께서 기뻐하시는 교회로 지속될 것을 선포했다.

2009년 11월, 일곱 번째 수술을 받은 하 목사는 창립 초기의 교회의 본질로 돌아가자는 의미에서 '말씀과 성령'이라는 비전을 선포했다. 교회 창립 25주년을 맞아 앞으로의 10년을 준비하기 위해 말씀이 넘치고 성령이 충만한 '바로 그 교회'로 돌아가야 한다는 뜻이었다. 2010년 봄에 투석을 하던 중 가슴에 통증을 느낀 하 목사는 긴급하게 검사를 받았다. 검사 결과 심장 혈관이 좁아져 인공조형물(심혈관용 스텐드)을 삽입하는 응급수술을 받았다. 계속 투석을 하고 병마와 싸우면서도 지속적으로 한국에 있는 120만 명의 외국인 근로자에게 관심을 가져야 한다는 것과 Acts29 비전 빌리지를 통한 열방을 향한 세계선교 비전도 확대해 나갈 것을 선포했다.

약관의 청춘의 날에 불청객처럼 찾아온 폐병으로 시작해 만성 간염에서 발전된 간암과 당뇨, 수없는 투석과 고혈압, 사선을 넘나드는 일곱 차례의 간암 수술을 이기며 마지막까지 십자가를 붙잡고 강단에서 복음을 토한 그의 투혼은 어디에서 온 것일까? 고난 중에 그의 영성은 주님을 닮아 가고 그의 설교는 더욱 영혼을 살리는 힘이 있었으니 이 어찌 사람으로 가능한 일이었을까? 교회는 더욱 맑고 순전하게 성장하고 선교의 비전은 더 커져만 갔으니 누가 그 일을 하신 것일까? 실로 고난당함이 유익이라 고백한 다윗을 보는 것 같다. 주님을 만남으로 영혼이 쉼을 얻으며, 참된 영혼은 고난의 밤에 더욱 빛난다고 찬양한 어거스틴을 보는 것 같다.

마지막 설교 후 하나님의 부르심에 순종하다

• • •

하용조 목사는 2011년 7월 31일, 서빙고 온누리교회 1부와 양재 온누리교회 3부 주일예배를 마치고 귀가해 8월 1일 새벽에 뇌출혈로 쓰러졌다. 그는 가족들과 교회에 의해 긴급하게 신촌 세브란스병원으로 이송되어 오전 4시 38분경 1차 수술을 받았다. 수술 후 잠시 안정을 취하며 회복을 기다리던 중 오후에 뇌압이 올라가 2차 수술을 받았다.[80]

하용조 목사의 용태가 위급하다는 소식이 전해지자 교회에는 긴장감이 감돌았다. 교회는 즉각 온누리교회 홈페이지와 〈목회와 신학〉 트위터 등을 통해 중보 기도 메시지를 올렸고, 성도들은 자신이 처한 가정과 일터에서 혹은 교회에 나와 무릎을 꿇고 하용조 목사의 회복을 위해 기도했다. 이런 가운데 교회에서는 8월 1일 밤 9시 임시 당회가 소집되었다. 교역자와 장로 200여 명이 참석한 당회에서 "하용조 목사가 위독하다"는 소식을 전해들은 당회원들은 눈물을 쏟아내며 나사로를 살리신 예수님에게 담임 목사의 회복을 의탁했다.[81]

하용조 목사는 성도들의 간절한 기도 속에 8월 2일 오전 8시 40분, 하나님의 부르심에 순종했다. 1946년 9월 20일 이 땅에 태어나 오직 예수 그리스도의 복음을 전파하며 온누리교회와 한국 교회를 섬기다 2011년 8월 2일 65세를 일기로 주님의 부르심을 받았다. 이 험한 세상 저잣거리에서 목 놓아 복음을 외치다가 예수님을 따라 산에 올라 영광스러운 모습으로 변모하신 주님을 바라보며, 그 '변화산에서 생긴 일'을 증언하다가 영원한 천국으로 들어간 것이다.

"내가 달려갈 길과 주 예수께 받은 사명 곧 하나님의 은혜의 복음을 증언하는 일을 마치려 함에는 나의 생명조차 조금도 귀한 것으로 여기지 아니하노라"(행 20:24) 하고 절절히 고백한 사도 바울처럼, 하용조 목사 역시 주 예수께 받은 사명, 곧 하나님의 은혜의 복음을 마지막 순간까지 증언하기 위해 자신의 생명조차 조금도 귀한 것으로 여기지 않은 용사였다.

"전제와 같이 내가 벌써 부어지고 나의 떠날 시각이 가까웠도다 나는 선한 싸움을 싸우고 나의 달려갈 길을 마치고 믿음을 지켰으니 이제 후로는 나를 위하여 의의 면류관이 예비되었으므로 주 곧 의로우신 재판장이 그날에 내게 주실 것이며 내게만 아니라 주의 나타나심을 사모하는 모든 자에게도니라"(딤후 4:6-8) 하며 순교의 자리에 서기까지 달려갈 길을 다 달려간 사도 바울의 승리의 노래에 하용조 목사가 화답하는 시간이다.

"순교적 사역으로 마감한 하용조 목사의 일생"

• • •

서장에서 이미 밝혔듯이, 우리는 하용조 목사가 이처럼 마지막 사역을 마친 후 소천한 것을 순교적 사명의 연장선상에서 이해해야 할 것이다. 그는 지상에서의 마지막 주일인 2011년 7월 31일 저녁 예배 설교를 마치고 귀가한 후 8월 1일 의식을 잃고 쓰러졌다. 바로 세브란스병원으로 이송되어 응급 수술을 받았지만 회복하지 못한 채 8월 2일 새벽에 주님의 부르심을 받았다. 하용조 목사의 주치의이자 세브란스병원장을 역임한 이철 박사(온누리교회 원로 장로)는 필자에게 2011년 7월 31일 밤부터 8월 2일까지의 긴박했던 상황을 거듭 상기시키면서 "하용조 목사님은 사실상 순교적으로 사역을 마감하신 것"이라고 힘주어 말했다. 이 3일간의 시간에는 목회(설교) 사역 외에 그 어떤 일상사도 개입되지 않았으며, 오직 주님의 몸 된 교회를 위하여 헌신하다 가셨다는 것이다. 생전에 하용조 목사의 믿음의 어머니로 그의 사역을 가장 가까이서 보며 격려해 온 주선애 교수도 하용조 목사의 목회는 순교적이었다고 증언한다. 이렇듯 하용조 목사는 촛불처럼 마지막까지 자신을 다태우고 주님에게로 갔다. 자신을 전제로 다 부어 하나님에게 드리고홀연히 우리 곁을 떠난 것이다.

담임 목사의 소천 소식이 전해지자 온 성도들은 비통한 마음을 표현할 길이 없어 그저 망연자실할 뿐이었다. 한국 교회와 세계 교회로부터 애도의 물결이 일었다. 홍정길 목사(남서울은혜교회)와 이동원 목사(지구촌교회), 김지철 목사(소망교회), 최도성 장로(온누리교회 당회 서기), 최순영 장로(할렐루야교회)를 공동장례위원장으로 한 장례위원회에서는 장례 예배를 온누리교회장으로 서빙고 온누리교회에서 3일장으로 드리기로 했다. 8월 2일 오전 11시 30분과 오후 8시에 각각 라준석 목사(온누리교회)와 서정오 목사(동숭교회)가 위로 예배를 인도했다. 8월 3일 오전 10시 입관 예배는 김지철 목사, 오후 2시와 8시 위로 예배는 각각 김창근 목사(무학교회)와 김정서 목사(대한예수교장로회 총회장)가 인도했다.[82]

8월 4일 오전 9시에는 하용조 목사 천국 환송 예배가 드려졌다. 오전 7시, 신촌 세브란스병원을 출발한 운구차가 오전 7시 40분경 교회에 도착했다. 시신이 본당으로 옮겨지는 동안 성도들은 찬양하면서 지상에서 마지막으로 교회를 찾은 온누리교회 개척자 하용조 목사를 맞이했다. 오전 9시, 이동원 목사의 인도로 엄수된 천국 환송 예배에는 특순을 다른 사람이 아닌 하용조 목사가 맡았다. 그가 생전에 즐겨 부르던 찬송 〈내 영혼이 은총 입어〉(새찬송가 438장)를 부르는 모습이 영상으로 흘러나오자 예배에 참석한 성도들과 조객들은 생전의 하용조 목사를 그리며 슬픔을 참지 못하고 또다시 눈물을 흘렸다. 그날 이 땅에 남아 있는 우리를 울린 그의 찬송을 다시 들어 보고 싶다.

내 영혼이 은총 입어 중한 죄 짐 벗고 보니
슬픔 많은 이 세상도 천국으로 화하도다
할렐루야 찬양하세 내 모든 죄 사함 받고
주 예수와 동행하니 그 어디나 하늘나라

주의 얼굴 뵙기 전에 멀리 뵈던 하늘나라
내 맘속에 이뤄지니 날로 날로 가깝도다
할렐루야 찬양하세 내 모든 죄 사함 받고
주 예수와 동행하니 그 어디나 하늘나라

높은 산이 거친 들이 초막이나 궁궐이나
내 주 예수 모신 곳이 그 어디나 하늘나라
할렐루야 찬양하세 내 모든 죄 사함 받고
주 예수와 동행하니 그 어디나 하늘나라

"당신은 아름다운 하나님의 사람"

• • •

이날 설교는 교단은 달랐으나 신학생 시절부터 하용조 목사와 뜻을 같이한 오랜 친구이자 '복음주의 4인방'의 한 명인 이동원 목사가 맡았다. 이동원 목사는 '당신은 아름다운 하나님의 사람'(창 49:22)이라는 제하의 설교를 통해 "하용조 목사는 말씀과 성령의 깊은 샘에서 일생을 살았다. 그는 꿈을 만들고 꿈을 나누고 꿈을 주던 '아름다운 하나님의 사람'이었다"면서 하용조 목사의 일생을 추억했다. 소프라노 김영미 권사와 첼리스트 송영훈 형제가 특순으로 하나님에게 영광을 올렸고, 김인중 목사와 홍정길 목사가 생전에 하용조 목사와의 추억을 회고하며 고인을 추모했다.

예배를 마치고 하용조 목사의 관은 성도들의 마지막 인사를 받으며 강원도 문막 온누리동산으로 향했다. 생애 일곱 번 수술을 받고 일주일에 세 번씩 투석을 하느라 병약할 대로 병약한 몸이었지만 그 누구보다 예수님에 대한 사랑과 복음에 대한 열정으로 마지막 한 올까지도 남김없이 주님에게 내어 드린 진정한 헌신자 하용조 목사, 온누리교회를 통해 사도행전적인 '바로 그 교회'의 비전을 21세기에 실현한 복음의 용사 하용조 목사를 떠나보내며 성도들은 그가 생전에 그토록 사랑했던 주님 곁에서 이 땅에서 누리지 못한 안식을 누리기를 간절히 기도했다.

성령의 인도하심에 따라 기도와 눈물의 섬김으로 개척한 온누리교회, 만 25년간의 사역을 마치고 정든 교회를 떠난 하용조 목사는 주님 다시 오시는 그날까지 비로소 그 육신은 이 땅에 잠들게 되었다. 강원도 원주시 문막읍 충효공원 온누리동산에 안장된 것이다. 이 동산은 하용조 목사의 부친 하대희 장로와 모친 김선일 권사를 비롯해 김사무엘 선교사 등 온누리교회에서 신앙생활을 하다가 소천한 여러 성도들이 안장된 곳이다.

하관 예배는 김지철 목사의 기도에 이어 온누리교회 교역자들의 찬양이 있은 후 홍정길 목사의 설교가 이어졌다. 홍정길 목사는 "이 땅에 하나님 나라를 세우기 위해 충성했던 주님의 귀한 종 하용조 목사님을 주님께 보내 드린다"면서 "우리가 하나님의 사랑으로 사랑하고 하나님이 주신 비전으로 이 땅 위에서 하나님의 이름을 높여 드리는 믿음의 사람들이 되게 해 달라"고 기도했다. 온누리교회 교역자들은 하용조 목사가 생전에 좋아하던 찬양 〈순례자의 노래〉로, 손인경 집사는 바이올린 연주로, 김영미 권사는 특송으로 그의 마지막 길을 배웅했다.

하용조 목사 생전에 믿음의 형제로 복음 사역을 위해 고락을 함께한 홍정길 목사는 '최상의 생애'(창 5:21-24)라는 제하의 설교를 통해 "하용조 목사 생애의 멋진 시작은 하나님으로부터 말미암았고, 하 목사의 능력은 동행하시는 하나님을 향한 철저한 신뢰였다"면서 "온누리교회가 하 목사의 교회가 아닌 예수 그리스도의 교회임을 하나님과 동행하는 성도들이 됨으로써 입증하기 바란다"고 당부했다.

마지막으로 온누리교회를 대표해 총괄수석 라준석 목사가 인사를 했는데, 이때 참석한 모든 성도들은 "목사님 때문에 행복했습니다", "우리가 잘하겠습니다!"라는 두 가지 인사를 합창한 다음 하늘로 풍선을 날려 보냄으로써 하관 예배를 마쳤다.

대통령을 비롯한 국내외 교계와 각계각층 애도의 물결

• • •

한편, 장례 기간인 8월 2일부터 4일까지 빈소가 마련된 서빙고, 대전, 평택, 전주대, 두란노서원에는 6만여 명이 찾아와 조문했다. 미국을 비롯한 온 세계에서는 CGNTV를 통해 하용조 목사의 천국 가는 길을 환송했다.

빈소에는 이명박 대통령 내외를 비롯해 정몽준, 손학규, 박진, 이용경 국회의원, 이용훈 대법원장, 김형오 전 국회의장, 오세훈 서울시장, 이어령 전 문화부장관, 이재용 삼성전자 사장, 홍석현 〈중앙일보〉 회장 등 정계와 재계의 주요 인사가 찾아와 조의를 표했다.

한국 교회에서는 조용기 목사(여의도순복음교회), 길자연 목사(한국기독교총연합회 대표회장), 김영주 목사(한국기독교교회협의회 총무), 박위근 목사(대한예수교장로회 통합부총회장), 김선도 목사(광림교회), 박종순 목사(충신교회), 김상복 목사(할렐루야교회), 김창근 목사, 이철신 목사(영락교회), 오정현 목사(사랑의교회), 이영훈 목사(여의도순복음교회), 김인중 목사(안산동산교회), 강준민 목사(미국 새생명비전교회), 김선기 목사(전주 호남성결교회), 박성민 목사(CCC 총재) 등 다수의 목회자들과 기독교 교육계에서는 김영길 총장(한동대학교), 김성혜 총장(한세대학교), 주선애 교수(장로회신학대학교), 문성모 총장(서울장신대학교), 이남식 총장(전주대학교), 홍순직 총장(전주비전대학교), 유병진 총장(명지대학교), 김성영 총장(전 성결대학교) 등이 애도를 표했다.

해외에서는 고든 맥도날드 목사(Gordon MacDonald, 세계구호선교회 World Relief 총재)와 데이브 퍼거슨 목사(Dave Ferguson, 크리스천커뮤니티교회), 데이브 기본스 목사(Dave Gibbons, 뉴송교회), 짐 심발라 목사(Jim Cymbala, 브루클린 태버내클교회), 후쿠모리 미츠토시 목사(아사히카와 그리스도교회), 미네노 타츠히로 목사(요도바시교회), 오오가와 츠쿠미츠 목사(야마토 갈보리 채플) 등 주요 국가 교회 지도자들의 애도가 답지했다.[83] 문화계에서는 구봉서 장로(코미디언)와 강부자(영화배우), 김혜자 권사(영화배우), 고은아 권사(영화배우), 윤복희 권사(가수), 김자옥 권사(영화배우), 김원철 집사(건축가), 주영훈 집사(작곡가), 엄지원(영화배우), 유선(영화배우), 최지우(영화배우), 최경주(골퍼), 이영표 집사(축구 선수), 양파(가수), 이지선(작가)씨 등이 생전의 하용조 목사를 그리워하며 애도했다.

한편 하용조 목사 생전에 한국 교회의 한 모델을 이룬 '복음주의 4인방' 동지인 홍정길 목사와 이동원 목사는 별도로 애도의 메시지를 전하며, 4인방의 막내가 먼저 하나님의 부르심을 받은 지상에서의 슬픔을 달래기도 했다.

"한국 교회 130년 역사에 위대한 발자취를 남기셨습니다"
● ● ●

하용조 목사의 신앙과 인격에 영향을 끼친 주선애 교수를 비롯한 국내외 기독교 지도자들은 다음과 같이 애도했다.

목사님, 승리하셨소! 지금은 주님의 품안에서 편히 쉬세요. 나도 곧 따라갈게요. "이제 임종예배를 드리려고 합니다. 속히 오세요." 전화소리를 듣는 순간 나의 피가 멎는 것처럼 온몸이 굳어지면서 몸이 떨려 발걸음을 옮기기가 어려웠습니다 … 하 목사님이 안 계시는 세상을 나는 상상해 보지 못했습니다. 아무리 아파도 내 장례만은 맡아 해 줄 것으로 믿고 있었으니까요 … 목사님, 목사님은 이 시대에 가장 이상적이고 멋진 목회자이셨습니다. 이 시대에 누구도 따라올 수 없었던 하나님과 동행하신 종이었습니다. 130년 우리 한국교회사에 위대한 발자취를 남겨 놓았습니다. 목사님! 생명을 걸고 하신 싸움에 멋지게 승리하셨음을 다시 한 번 축하드립니다. 선교에 그 한 몸 제물로 불태우심이 한없이 부

럽군요. 사랑해요! - **주선애 교수**[84]

'이제는 우리가 그가 꿈꿨던 하나님의 비전을 확장해야'

하나님의 최고의 목적을 이루기 위해 온 마음과 정성을 다해 살아온 이 시대의 훌륭한 지도자 하용조 목사님을 하나님이 부르셨습니다. 하 목사님은 오늘도 하나님의 임재 안에 거하며 예배를 드리고 계십니다. 그동안 이 땅에서 충실한 하나님의 종으로 살았던 그는 천국에서 하나님으로부터 '잘했다'는 칭찬을 받을 것입니다. 이제 그는 그동안 수많은 사역에 매달려 살아왔던 삶으로부터 진정한 안식을 얻었습니다. 하나님께서는 모든 하나님의 아들과 딸을 위해 영원 가운데 새로운 인생을 준비하시고 계십니다. 이제는 여러분이 그가 꿈꿨던 하나님의 비전을 품고 그것을 확장시켜 나가야 할 의무를 가지고 있습니다. 이제 이 시대를 살아가는 모든 크리스천이 그가 못다 이룬 하나님의 비전을 함께 이루어 나가야 할 것입니다. - **고든 맥도날드 목사**[85]

'하나님의 꿈과 비전을 이 시대에 펼친 드문 지도자'

하용조 목사님은 이 시대에 놀라운 사도 비전의 사람, 지도자이자 친구였습니다. 저는 약 6년 전 하 목사님이 시카고 지역의 커뮤니티 크리스천교회를 방문했을 때 처음 만났습니다. 하 목사님은 이전 세대들이 이미 이루어 놓은 하나님의 비전처럼 미래의 비전을 볼 수 있는 눈이 있었습니다. 저는 온누리교회 리더십 콘퍼런스에 열심히 참여하며 기도와 말씀으로 서 있는 온누리교회 성도들의 모습을 보고 놀랐습니다. 하 목사님은 항상 하나님의 능력을 신뢰하며 꿈과 비전을 가지고 그것을 현실에서 실천하고 순종하는 이 시대를 살아가는 드문 지도자 중의 한 분이었습니다. 그는 예수 그리스도가 이뤄놓은 위대한 업적들을 진심으로 사랑했습니다. 하 목사님, 이 시대를 살아가는 많은 사람들에게 하나님의 비전과 꿈을 볼 수 있도록 이끌어 주신 당신이 많이 그리울 것입니다. - 데이브 퍼거슨 목사[86]

'하나님의 특별한 은사로 열방에 영향력을 끼친 위대한 지도자'

그리스도의 몸 된 온누리교회가 하용조 목사님의 죽음으로 훌륭한 영적 지도자를 잃었습니다. 그는 하나님으로부터 특별한 은사와 축복을 받아 온 열방에 위대한 영향력을 끼치며 겸손한 하나님의 사람으로 걸어왔습니다. 그는 마지막까지 우리와 함께 세계 방방곡곡에 그리스도의 복음을 전파하며 살았습니다. 그것이 그의 열정이었고 열방을 향해 외치는 그의 그리운 목소리였습니다. 저의 영원한 친구 하 목사님이 가진 그 특별한 영적 능력을 기리며 유가족들과 성도들에게 위로를 전합니다. - **짐 심발라 목사**

'하 목사님이 남긴 위대한 영적 유산은 우리 가운데 살아 있습니다'

온누리에 하용조 목사님의 생애가 사랑의 씨앗을 심었습니다. 저는 그를 통해 변화된 제 삶을 절대로 잊지 않을 것입니다. 그는 저의 조국과 한국에 중요한 영적 소통을 할 수 있는 연결고리를 만들어 주었습니다. 하용조 목사님은 많은 영적 지도자들처럼 성도들이 목회자를 믿고, 하나님 안에서 영적으로 원활하게 소통하고 성도들의 잠재력을 향상시키는 중요한 영적 자원을 가지고 계십니다. 그는 약 18년 전 풋풋한 대학원생 시절부터 저와 신뢰관계를 유지해 왔습니다. 지금 하 목사님이 남기신 가장 큰 유산은 그를 좋아하는 수많은 사람 가운데 살아 있습니다.

심장이 터질 듯이 따뜻한 하 목사님의 그 사랑의 마음이 천국에서도 유지되기를 원합니다. - 데이브 기본스 목사

생명의 문화로 세상을 변화시킨 기독교 문화 선교사
● ● ●

우리가 잘 알듯이, 하용조 목사는 신학교 재학 중인 1974년, 우리나라 최초의 연예인교회를 개척함으로 목회 사역을 시작했다. 당시 연예인교회 개척에 함께했던 구봉서 장로를 비롯한 문화계 인사들도 하용조 목사의 기독교 문화 사역을 기렸다. 구봉서 장로는 "하용조 목사님, 편안히 가십시오. 65세라는 나이로 사실만큼 사셨다고 말할 수도 있겠지만 아직은 너무 젊은 나이에 돌아가신 것 같아서 가슴이 쓰립니다. 왜 그렇게 급하게 가셨습니까 … 그러나 모든 것이 하늘에 계신 주님의 뜻이니 기꺼이 즐거운 마음으로 하 목사님을 하늘로 보내드립니다 … 먼저 하늘나라에 가셔서 하나님 곁에서 기쁘게 저희들을 기다려 주십시오"라며 한창 일할 나이에 우리 곁을 떠난 하용조 목사를 아쉬워했다.[87]

영화배우 고은아 권사는 "하 목사님께 정말 감사드리고 싶은 것은 이 땅의 어떤 교회도 연예인들을 교인으로 봐주지 않을 때 처음으로 우리를 찾아오셔서 예수님의 복음을 전해 주셨고, 연예인들은 세상 문화에 물든 사람이라고 아무도 거들떠보지 않던 그 시절에 연예인들을 위한 교회를 시작하신 것입니다. 기독교 문화로 세상의 문화를 변혁하시기 위함이었지요"라며 하용조 목사의 기독교 문화 선교의 비전을 높이 평가했다.[88]

가수 윤복희 권사는 "하 목사님은 제가 이 세상에서 존경하고 의지한 인생의 스승이셨습니다 … 하 목사님과의 이별을 준비하지 못하고 천국으로 보내드리게 되어 슬프지만, 더 이상 투석을 하시지 않는다는 사실만으로도 기쁩니다. 하 목사님이 뇌출혈로 쓰러지신 날 제 꿈에 나타나셔서 자신의 집으로 어서 오라고 하셔서 갔더니 집이 하늘에 떠 있는데 무엇이라고 형언할 수 없을 정도로 아름다웠습니다. 그곳에서 하 목사님이 환한 미소와 편안한 모습으로 반기셨습니다. 지금 보니 그곳이 목사님이 가신 천국이라는 사실을 깨달았습니다"라며 생전에 많은 육신적 고난을 겪은 하용조 목사가 분명히 천국에 갔다는 믿음을 표시했다.[89]

건축가 김원철 집사는 "양재 온누리교회 본당에서 처음으로 예배를 드리던 날 하 목사님이 강대상으로 나오라고 저를 직접 불러주셔서 영광스럽게도 모든 성도의 축복을 받을 수 있었습니다. 저의 아버지는 6월에 돌아가시고 저의 '영적 아버지'인 하용조 목사님도 돌아가셔서 슬픔을 금할 길이 없습니다. 또한 목사님의 장례 기간이 아웃리치 기간과 같아서 갈등하는 청년들이 많지만, 하 목사님이 늘 말씀하신 대로 선교하러 가는 그 길이 목사님께서 가장 기뻐하실 일이라고 생각합니다. 목사님의 가르침대로 앞으로 복음을 전하는 일에 전심을 다할 것입니다"라고 함으로써 하용조 목사의 장례 기간이 교회 청년들의 아웃리치 기간과 겹쳤으나 예정대로 선교를 떠나는 것이 영적 우선순위임을 고백하고 있다.[90]

작곡가 주영훈 집사는 "사랑하는 목사님, 생전에 마지막까지 설교하다가 하나님께로 가고 싶다고 말씀하셨는데 정말 주일날 성도들에게 마지막 설교를 하시고 주님 곁으로 가셔서 한편으로는 너무 감사하고 한편으로는 너무 마음이 아픕니다 … 저희 아이를 위하여 늘 축복기도 해주셨고, 특히 많은 사람들을 위해 희생하신 목사님을 오랫동안 그리워할 것입니다. 앞으로 목사님이 못다 이루신 그 소망을 이루도록 남은 인생을 사용하겠습니다"라며 생전에 소망한 대로 마지막 순간까지 설교를 하다가 주님의 부르심을 받은 하용조 목사를 기리고 있다.[91]

축구인 이영표 집사는 "목사님께서 하셨던 말씀 중에서 '어떻게 우리가 이곳에 왔고 또 어떻게 하늘나라로 가야 되는지'를 말씀하셨던 것이 가장 기억에 남습니다. 특별히 목사님께서 이 땅에 올 때는 우리가 선택해서 오는 것이 아니라고 말씀하시면서 이 땅을 떠날 때 우리가 어떤 모습으로 하늘나라로 가야 되는지를 이번 일을 통해 몸소 보여주셨다고 생각합니다. 이제 우리는 목사님이 몸소 보여주셨던 마지막 그 길을 따라가야 한다고 생각합니다. 항상 말씀으로 예수님처럼 몸소 사랑을 실천한 목사님의 모습을 따라가기를 소망합니다"라며, 하용조 목사처럼 주님을 위해 살다가 이 세상을 떠나는 것이 성도의 삶임을 고백했다.[92]

〈조선일보〉의 하용조 목사 서거 특집 기사 '복음주의 4인방'
• • •

한편, 〈조선일보〉는 2011년 8월 4일자에 종교 특집으로 하용조 목사의 생애와 사상에 있어서 빼놓을 수 없는 이른바 '복음주의 4인방' 이야기로 하용조 목사의 서거를 추모했다. 다음 내용은 당시 〈조선일보〉 특집 기사로, 〈온누리신문〉이 조선일보사로부터 전재(轉載) 허락을 받아 8월 7일자 23면에 게재한 것을 필자는 〈온누리신문〉의 양해로 여기 소개한다. 주지하는 바와 같이, 하용조 목사가 멤버의 한 사람으로 구성된 '복음주의 4인방'의 목회는 현대 한국 교회 개혁과 발전에 상당한 영향을 끼친바 되었다. 이 특집은 홍정길 목사의 대표 인터뷰로 진행되었다.[93]

"대학생·재수생 때 만나 … 우린 형·동생이었다"
고 옥한흠·하용조·이동원 목사와 함께 '복음주의 4인방' … 홍정길 목사 인터뷰

"우리는 쉽게 살았어요. 손해 보는 일, 고생해야 하는 일, 남들이 하지 않는 일을 했으니까. 가질 게 없으니 다툴 일도 없었고, 서로 도울 일밖에 없었지."

20대에 만나 40년 넘게 계속된 네 사람의 인연이 한국교회사의 물줄기를 바꿔놓았다. 남서울은혜교회 홍정길(69) 목사와 지구촌교회 이동원(66) 원로목사, 작년 9월에 별세한 사랑의교회 옥한흠 원로목사와 2일 별세한 온누리교회 하용조 목사. 이 네 사람을 세상은 한국 개신교의 '복음주의 4인방'이라고 불렀다. 이들은 소수의 목회자 중심이던 한국 교회에 평신도 제자훈련의 바람을 일으켰고, 열정적으로 선교했으며, 낮은 곳을 향한 구제사역의 비전을 공유했다. 많은 후배 목회자들이 이들을 따랐지만, 평생 교계 정치나 교단장 같은 직책은 멀리했다. 미국 일정을 접고 3일 오후 4시쯤 급거 귀국한 홍정길 목사를 하용조 목사의 빈소가 마련된 서울 서빙고 온누리교회 본당에서 만났다. 홍 목사는 하용조 목사에 대해 "내 가족보다 더 소중했던 사람이었다. 처음 소천(召天) 소식을 들었을 때 내 의지와 상관없이 쏟아지는 눈물을 주체할 수 없었다"고 했다.

- **네 분 목사의 인연이 아주 깊다.**

"1965년쯤, 대학생 선교단체 CCC 모임에 재수생 둘이 따라왔는데 그 중 한 사람이 하용조 목사였다. 나는 간사였다. 다음해에 두 사람이 대학에 들어오며 CCC에서 함께 활동했다. 68년에는 총신대에서 나보다 1년 늦게 들어온 옥한흠 목사를 만났고, 69년에는 수원 집회에서 이동원 목사를 만났다. 내가 1975년에 처음 목회개척을 한 뒤 다들 앞서거니 뒤서거니 했다. 놀랍도록 생각이 비슷했다."

- **어떻게 비슷했나.**

"당시에는 한국 교회 어른들로부터 '뭐 저런 놈들이 다 있나' 하는 소리를 많이 들었다. 어른들이 보기에 거슬리는 게 많았을 거다. '식자우환'이라는데, 평신도 성경공부 가르쳐봐야 목사만 힘들다는데, 우리는 굳이 평신도를 일깨워 초대교회에서처럼 교회의 주체로, 삶의 현장에서 하나님의 뜻을 펼치는 제자훈련을 강조했다. 목사가 절대권위를 갖지 않는 대신 신자들과 토론하는 것도 못마땅했을 것이다. 하지만 우리는 성경책을 목사만이 아닌 모든 교인의 손에 쥐게 하고 신자가 깨닫게 해야 한다는 것까지 생각이 같았다."

- **한국적 복음주의 운동**(성경에 쓰인 대로 신앙생활을 하는 운동)**의 태동처럼 들린다.**

"사실 옥 목사와 나는 예장 합동 교단, 이동원 목사는 침례교, 하용조 목사는 예장 통합 교단이다. 하지만 성경이 말한 대로 살아보자는 데는 뜻이 같았다. 다들 열정적으로 선교했다. 내가 개척한 남서울교회도 교회 재정의 63%까지 구제와 선교 등 교회 밖 일에 썼다."

맏형 옥 목사와 막내 하 목사는 8살 차이였다. 하지만 네 사람은 나이 차이를 뛰어넘어 "형님" "동생" 하며 함께 복음주의의 가시밭길을 개척해 갔다. 누군가 새로운 일을 시작하면 앞다퉈 내 일인 듯 도왔다. 700여 선교사 가정을 해외로 파송한 사단법인 한국해외선교회(GMF)나 매년 2만5000여명의 한인 기독유학생이 모이는 대규모 해외 집회 '코스타' 등에도 이들의 힘이 컸다. 옥한흠 목사가 교회 일치운동을 벌이며 '한국기독교목회자협의회'(한목협)를 만들면 함께 뛰었고, 홍정길 목사가 밀알학교와 장애인 고용 재활용가게 굿윌스토어를 세우면 또 모두가 힘을 보탰다. 오직 성경말씀만 전하는 '강해 설교'만으로 신자들이 눈물을 흘리는 '명설교가'였던 것도 닮은꼴이다.

- **왜 교단정치에 뜻이 없었나.**

"우리는 모두 체질적으로 복잡한 교단 정치가 안 맞는다."

- **한국 교회를 걱정하는 목소리도 적지 않다.**

"한도 끝도 없는 얘기다. 가장 큰 이유 중 하나는 복음 안에 온전한 사람을 만들면 온전한 행동도 할 것으로 착각한 것이다. 좋은 생각을 했으면 좋은 행동까지 나와야 좋은 사람인데, 좋은 생각을 하면서 나쁜 행동을 하는 사람이 너무 많다. 지금까지 한국복음주의 운동의 한계가 아닌가 싶기도 하다. 은퇴 1년을 앞두고 이런 사실을 깨달았다는 게 가슴 아프다."

- 금권선거와 타락, 물신숭배 등 한국교회의 어두운 면에 대한 비판도 계속
  터져 나오고 있는데.

"목회자는 설교할 때, 교인뿐 아니라 목회자 자신을 향해서도 설교해야
한다. 명예와 권력에 대한 욕심 전에, 후배 목회자들이 나를 보며 무엇
을 배울까 고민해야 한다. 우리 넷은 사실 쉽게 살았다. 손해 보는 일, 투
자해야 하는 일, 남들이 하지 않은 일을 했으니까. 성경대로 했으니 그
게 외려 쉬웠다. 그러나 한국 복음주의에는 아직 좋은 후배 목회자가 많
다. 이제 새롭게 또 시작할 것이다."

- 〈조선일보〉, 이태훈 기자

오늘만 울게 하소서
● ● ●

어머니를 잃은 어린아이처럼, 담임 목사를 잃은 온누리교회 성도들의
심정을 우리는 상상할 수는 있어도 감히 그것을 몇 자의 가벼운 언어
로 표현하기는 어렵다. '목자 잃은 양 떼'란 비유가 생각나지만, 우리
앞에 세워 준 인간 목회자를 하나님 목자에 빗대는 것 같아 송구스럽
고 조심스럽다. 그런데 앞서 가신 복음의 용사를 그리워하며 오랜 묵
상 끝에 쓴 절시가 여기 있다. 지성(知性)에 갇혀 오래 영성(靈性)의 문밖
에서 서성이다 하용조 목사를 만나 예수님의 품안으로 들어온 이어령
선생이 쓴 〈오늘만 울게 하소서〉다.[94] 하용조 목사를 떠나보낸 온누리
교회 성도들은 물론 교파를 초월한 한국 교회 성도들의 마음을 담고
있다.

일 년은 열두 달, 삼백육십오 일

철이 들며 배운 것인데

아무리 해도 날짜를 잘 계산할 수가 없습니다

님이 떠나신 지 오늘 한 해가 되었다는데

바로 어제 같고 혹은 먼 신화의 연대 같은

기억의 착시 속에서 갑자기 끊긴 생명의 합창

음표와 음표 사이의 긴 자리에 서서 기다립니다

미처 함께 부르지 못한 나머지 노래를 위하여

그래도 우리는 언제 어디에서고 만납니다

목마른 날이면 새벽 옹달샘처럼 찾아오시고

피곤하여 앉으면 나무 그늘이 되어 함께 쉽니다

뙤약볕 8월의 대낮 속에도

동짓날 문풍지 우는 긴 밤에도

우리의 눈물 자국과 때로는 긴 탄식

그리고 기도의 시간

창세기에서 요한계시록까지

성경을 펴면 님의 모습이 보입니다

하지만 길 건너편 분명 당신을 보고

급히 횡단로를 건너가 보면

아, 단지 가로등 그림자일 뿐

당신은 아무 데도 계시지 않습니다

어디에나 있고 또 어디에도 없는 당신

님을 찾아 돌아다닌 지 한 해가 되었는데

우리는 얼마나 날이 갔는지조차 기억할 수 없습니다

다만 주님의 한 마디 말씀

"나는 부활이요 생명이니 나를 믿는 자는 죽어도 살겠고

무릇 살아서 나를 믿는 자는 영원히 죽지 아니하리니

이것을 네가 믿겠느냐"

"예, 믿습니다"라고 말하면

그 끊겼던 생명의 노래가 다시 울리고

눈물이 마른 샘에서 백합꽃이 피어나는 웃음을 듣습니다

님은 우리의 아침이고 우리의 생명의 약속인 줄 아오나

용서하소서

다만 오늘 하루만 당신을 생각하며 울게 하소서

슬픔을 딛고 새로운 닻을 올리다

• • •

온누리교회는 언제까지나 목회자를 여읜 슬픔에 겨워 있을 수는 없었다. 주님의 몸 된 교회는 머리 되신 주님의 지상 명령 성취를 위해 계속 전진해야 했다. 온누리교회는 사도행전적인 바로 그 교회답게 성령님의 인도하심에 따라 창립자이자 제1대 담임인 하용조 목사의 후임으로 제2대 담임 이재훈 목사를 은혜 중에 청빙하게 되었다.[95] 이 글의 성격상 온누리교회가 청빙위원회를 구성해서 질서 있게 하용조 목사의

후임을 결정한 과정에 대한 자세한 기록은 생략하기로 한다. 다만 교회 역사에 기록된 그 과정을 살펴보면서, 온누리교회만큼 은혜롭고 공정하며 질서 있게 투명한 과정을 거쳐 후임 목사를 청빙한 교회가 또 있을까 싶을 정도로 감동을 받았다.

온누리교회가 잠시 겪는 어려운 공백의 시기에 김진홍 목사가 임시 당회장으로 교회를 안돈시켰다. 청빙 절차를 진행하기에 앞서 청빙위원장 최도성 장로가 "아마도 [우리] 교회가 겪는 가장 큰 위기는 제1대 하용조 담임 목사님의 소천과 그에 이은 제2대 담임 목사의 청빙일 것입니다"라고 경각심을 불러일으킨 것처럼, 온누리교회로서는 이때가 가장 위태로운 시기였다.[96] 그러나 이 중요한 변화의 시기에 성령님이 강권적으로 교회를 지켜 주시도록 청빙위원들과 온 당회원 그리고 온 성도들이 비상 기도하는 가운데 위기를 훌륭하게 극복하는 결과를 보여 주었다. 한마디로 목회자 청빙 과정이 사람을 테스트하는 것이 아니라, 성령의 인도하심을 따라가는 과정 같았다. 필자는 이 결과를 보면서 생전에 하용조 목사의 목회가 얼마나 건강하고 튼튼한 것이었는지를 새삼 확인하게 되었다. 그가 살아 있을 때도 성도들이 교회를 위해 주님에게 하듯 잘했지만, 담임 목사가 소천한 후에 성도들이 더 잘하는 모습을 보여 주었던 것이다. 위기가 새로운 기회이듯이, 새로운 담임 목사 청빙 과정에 온누리교회는 더욱 하나가 되었고, 더욱 든든히 서게 되었다.

이는 많은 교회들이 본받아야 할 아름다운 모습이라고 생각한다. 물론 현재 한국 교회의 절대 다수가 성경적으로 건강한 교회요, 주님이 기뻐하시는 교회일 것이다. 그러나 극히 일부지만 목회자의 청빙 과정에서 불미스러운 일들이 일어나고 있다. 전임자와 후임자 간에 갈등이

노출되어 성도들에게 존경을 잃어버리는 경우도 있다. 이러한 일들 때문에 교회가 세상의 신망과 기대를 저버리고 있어 참으로 부끄럽고 안타깝다. 교회의 개혁이란 결코 거창한 것이 아니다. "예수의 혁명은 크리스천의 가정 부엌에서, 거리에서, 일터에서 구별된 작은 일로부터 시작된다"라고 한 자크 엘륄(Jacques Ellul)의 역설처럼,[97] 진정 오늘의 한국교회가 사도행전적인 '바로 그 교회'를 추구했으면 좋겠다.

하용조 목사의 배턴을 이어받은 이재훈 목사

• • •

이처럼 넘치는 은혜와 축복 속에 제2기 온누리교회가 힘차게 출발했다. 2011년 10월 27일, 서빙고 온누리교회 본당에서 한국 교계 지도자들과 성도들 그리고 온누리교회 성도들이 하나 되어 이재훈 담임 목사 위임 예배를 드렸다.[98] 제1대 하용조 담임 목사 소천 80일 만에 갖게 된 역사적인 행사였다. 담임 목사 청빙 과정은 교회 곳곳에서 성도들이 자발적으로 가진 기도 모임과 장로들의 헌신으로 경쟁의 장이 아닌 하나님의 뜻을 찾아가는 아름다운 순례의 과정이었다. 온누리교회의 이러한 모습은 한국 교회에 신선한 충격을 주었다.

이날 드린 위임 예배는 박종길 목사의 인도로, 사랑 챔버의 특별 찬양, 홍정길 목사의 설교와 당회 서기 최도성 장로의 담임 목사 소개 순으로 진행되었다. 이날 홍정길 목사는 '사명의 사람'(행 20:22-24)이라는 제하의 설교에서 "사명의 사람은 자신이 가야 될 길을 분명히 아는 사람, 인생의 마침이 있다는 것을 아는 사람, 자신이 하는 일은 하나님이 맡긴 일이라고 믿는 사람, 대가를 지불할 줄 아는 사람"이라면서 하용조 목사의 뒤를 이어 사명감을 갖고 제2기 온누리교회를 이끌어 달라고 권면했다.[99] 설교자는 신임 담임 목사에게 "복음을 전하는 것이 주님이 주신 가장 중요한 사명이므로 절실함을 품은 사명의 사람이 되라"고 권면했다. 아울러 "이재훈 목사는 주님께 아름답게 쓰임을 받을 것"이라고 격려했다.[100]

1부 예배 후 임시 당회장 김진홍 목사의 인도로 진행된 위임 예배에서 이재훈 담임 목사는 "제2기 온누리교회 담임 목사 직무를 성실히 수행하고 교회의 성장과 부흥을 위해 노력할 것"을 서약했다. 그리고 온누리교회 목사와 성도의 서약, 서약 불변을 위한 기도, 선포, 목사와 성도에게 권면, 축사, 담임 목사 인사 등의 순으로 진행되었다. 손달익 목사는 이재훈 담임 목사에게 "자기관리에 최선을 다하며 하나님과의 약속을 끝까지 지키고, 온누리교회를 넘어 한국 교회 전체를 품는 목회를 해 달라"고 권면했다. 정찬민 목사는 성도들에게 "바울이 사명을 완수할 수 있었던 것은 곁에서 자신의 목숨까지 내놓으며 도운 동역자들이 있었기 때문"이라면서 이재훈 제2대 담임 목사를 위해 끊임없이 기도해 줄 것을 당부했다. 축사에서 김영근 목사는 "온누리교회가 예수님만을 높이며 계속하여 복음 전파에 온 힘을 다해 주기 바란다"고 했으며, 홍성모 목사는 "온누리교회가 세계에서 가장 복된 교회로 세워지길 바란다"고 격려했다.

이재훈 담임 목사는 인사말에서 "귀한 직분을 맡아 두렵고 떨리는 마음이 앞서지만 생명을 다해 헌신하신 하용조 목사님의 모습을 기억하면서 겸손하고 신실하게 헌신할 것"을 다짐했다.

이날의 위임 예배는 모든 성도들이 자리에서 일어나 새로 취임한 제2대 이재훈 담임 목사를 위한 축복송을 부르면서 마무리되었다. 장로들과 교역자들은 단상에 올라 이재훈 담임 목사의 위임을 마음껏 축하했다. 위임 예배는 한마디로 온누리의 축제였다. 예배가 시작되기 2시간 전부터 하나님이 세우신 이재훈 담임 목사를 축하하기 위해 온 누리에서 모여든 축하 행렬이 줄을 이었다. 특히 위임 예배에 하용조 목사의 아들 성석 형제와 형 하용삼 목사, 동서 최순영 장로, 처형 이형자 권사 등이 참석해 이재훈 담임 목사의 위임을 축하해 감동을 더했다.

이로써 1985년 10월 6일 제1대 담임 하용조 목사에 의해 사도행전적 '바로 그 교회'의 비전을 안고 출범한 온누리교회는 2011년 10월 27일 이재훈 목사를 제2대 담임으로 위임함으로 희망의 닻을 올리고 돛을 펼치면서 새롭게 출항하게 되었다. 이재훈 목사는 위임 예배에서 취임사를 통해 전임자 하용조 목사가 가졌던 목회철학의 연장선상에서 이른바 '3닻 5돛'이라는 자신의 목회 비전을 제시했다. 이렇게 해서 이재훈 목사는 하용조 목사의 목회직을 승계했을 뿐 아니라 전임자의 설교도 승계했으며, 목회철학까지 승계해 발전시켜 나가는 한국 교회 모범 사례의 주인공이 되었다. 그의 '3닻 5돛'의 목회 비전은 하용조 목사의 목회 사상을 마무리하면서 함께 살펴보겠다.

하용조 목사의 목회 사상
: 사도행전적 '바로 그 교회'로 돌아가다

• • •

필자는 우리 시대에 기독교 복음으로 교회와 사회에 큰 영향을 끼친 하용조 목사의 생애와 사상을 살핌에 있어서 처음부터 그 어떤 가설을 전제하지 않았다. 단지 하용조 목사 사역의 사례를 통해 일반적인 결론을 얻고자 하는, 이른바 귀납적인 방법으로 이 글을 쓰려고 노력했다. 필자가 이러한 방법을 택한 이유는 하용조 목사를 있는 그대로 그려 보고 싶어서였다. 하용조 목사가 사도행전적 '바로 그 교회'인 온누리교회를 위해 헌신한 역사적 사실을 통해 그의 목회 사상을 확인하고자 했다.

그 결과 총론적으로 하용조 목사는 남들이 가지 않은 길을 개척한 온건한 개혁 사상의 목회자라는 결론을 얻게 되었다. 이러한 결론은 처음 이 글을 시작할 때 예상치 못한 것이었다. 그만큼 하용조 목사는 '복음 전도'라는 예수 그리스도의 지상 명령을 수행함에 있어 치열할 정도로 일생을 온전히 태웠다. 마지막 타다 남은 재가 다시 기름이 되듯이, 그는 육신을 다 소진해 영혼의 불꽃을 만들었던 것이다. 그 불꽃의 빛으로는 이 어두운 세상을 밝혔고, 그 불꽃의 온기로는 소외된 이웃을 따뜻하게 했다.

독자들은 이미 앞에서 이 글의 각 장(章)을 통해 '하용조 목사는 이런 점에서 개혁적인 사상을 보이고 있다'는 필자의 잠정적 결론을 확인하게 되었을 것이다. 이제 필자는 전체를 하나로 묶어 총론적으로 하용조 목사의 온건한 개혁 사상을 정리하고자 한다.

하용조 목사의 개혁적인 목회 방법과 사상은 초대교회 시대의 사도행전적인 '바로 그 교회'가 보여 준 것이며, 16세기 종교 개혁자들의 '근원으로 돌아가자'는 운동이 보여 준 것이었다. 생각해 보라. 예수님의 언명에 따라 이 땅에 교회를 세운 사도행전의 사도들보다 더 원색적인 개혁의 용사들이 또 있겠는가. 율법을 복음으로 승화시킨 개혁이었으며, 회당을 교회로 바꾼 목숨 건 혁명이었다. 예수님이 의도하시고 사도행전 시대에 성령님이 세우신 '바로 그 교회'들이 교황권에 의해 부패해지자 '5대 솔라'의 기치를 들었던 16세기의 개혁자들보다 더

용감한 실천가들이 또 있겠는가. 하용조 목사 역시 온누리교회 사역을 통해 이 시대의 한국 교회를 갱신하고자 했던 것이다.

독자들은 앞에서 하용조 목사와 함께한 '복음주의 4인방'의 한 사람인 홍정길 목사의 〈조선일보〉 인터뷰의 다음 발언에서 그 사실을 발견했을 것이다. "[1970년대] 당시에는 한국 교회 어른들로부터 '뭐 저런 놈들이 다 있나' 하는 소리 많이 들었다. 어른들이 보기에 거슬리는 게 많았을 거다. '식자우환'이라는데, 평신도 성경공부 가르쳐봐야 목사만 힘들다는데, 우리는 굳이 평신도를 일깨워 초대교회에서처럼 교회의 주체로, 삶의 현장에서 하나님의 뜻을 펼치는 제자훈련을 강조했다. 목사가 절대권위를 갖지 않는 대신 신자들과 토론하는 것도 못마땅했을 것이다. 하지만 우리는 성경책을 목사만이 아닌 모든 교인의 손에 쥐게 하고 신자가 깨닫게 해야 한다는 것까지 생각이 같았다."

한국 교회 개혁을 위한 헌신자, 하용조 목사
• • •

우리는 홍정길 목사의 이 말에서 1970년대 한국 교회의 상황이 마치 16세기 종교 개혁 전야와 유사하다는 것을 느끼게 된다. 분명 한국 교회는 16세기 종교 개혁의 가장 알찬 열매의 하나다. 그럼에도 한국 교회는 (진정한 의미에서) 많은 면에서 개혁의 과제를 안고 있음을 부정할 수 없다. 앞에서 홍정길 목사가 지적한 것처럼, '영적으로 평신도를 깨운다'는 점에서 너무나 소극적이었던 것이 사실이다. 16세기 종교 개혁은 성경으로 돌아가자는 운동이었다. 성직자의 전유물처럼 취급된 성경을 평신도들의 손에 들려 주자는 운동이었다. 말하자면 평신도를 영적으로 깨우자는 운동이었다.

그런데 교회가 여전히 평신도들에게 성경을 가르치지 않는다면, 그것은 평신도의 손에 성경을 들려 주지 않는 것과 다를 바 없다. 하용조 목사가 '성경에서 성경으로'라는 슬로건으로 강해 설교에 주력하면서 일대일 평신도 양육에 힘쓰며 평신도 리더십을 적극 세운 것은 종교 개혁 정신에 다름 아닌 것이다. '복음주의 4인방'은 그저 목회철학이 같은 동지들끼리 친목이나 하자고 모인 것이 아니었다. 한국 교회 개혁에 헌신하기 위한 복음주의 운동이었다. 옥한흠 목사가 《평신도를 깨운다》(국제제자훈련원)라는 평신도 훈련 교재를 집필해 자신이 섬기는 교회뿐만 아니라 한국 교회 전체에 큰 도전을 준 것은 교회 개혁을 위한 일이었다. 홍정길 목사가 남서울교회 개척 초기부터 철저한 제자 훈련을 한 것도, 이동원 목사가 일관성 있는 강해 설교와 제자 훈련에 힘쓴 것도 평신도를 양육해 교회의 주체로 세우기 위함이었다.

16세기 종교 개혁이 가져온 큰 열매의 하나인 한국 교회. 135년의 짧은 역사 속에도 세계교회사에 유례없는 부흥을 거듭한 한국 교회는 특히 1970년대의 외적인 급성장 속에서 내적인 개혁과 갱신이 시급했기에 하나님이 신실한 종들을 택해 세우셨으니 그중에 한 사람이 하용조 목사다. 특히 그는 사도행전 교회의 사도 바울처럼 일생을 육체의 가시 같은 질고를 안고 주님이 부르시는 그 순간까지 복음을 외치며 한국 교회 개혁에 헌신한 종이다. 생각해 보라. 예수님이 의도하시고 사도행전에 나타난 '바로 그 교회'를 이 땅에 실현하기 위해 한 생을 다 기울인 하용조 목사보다 더 뜨겁게 교회를 사랑한 종이 또 있는가. 목회와 설교와 예배, 평신도 리더십과 일대일 양육, 큐티가 있는 성도의 삶과 사회봉사를 위한 긍휼 사역 그리고 처치와 파라처치의 조화 속에서 기독교 문화로 사회 변혁을 위한 헌신과 목숨을 건 해외 선교 등 목회의 전 영역에서 '개혁된 교회의 부단한 개혁'을 위해 '종합 병원' 같은 몸으로 선한 싸움을 싸운 복음의 투사가 이 시대에 또 있겠는가. 그는 실로 '순전한 복음'을 위한 '성령의 사람'이었다. 죽는 순간까지 강단에 올라 말씀을 전함으로 자신도 살고 뭇 영혼도 살린 우리 시대 설교의 모델이자 목회의 모델이었다.

하용조 목사의 목회와 사상에 영향을 끼친 인물들

• • •

하용조 목사에게는 그의 삶과 신앙 그리고 목회와 사상에 영향을 준 몇 분의 멘토가 있었다. 그는 자신의 글 속에서 그 사연을 밝히고 있다. 한 그루의 나무도 쓸 만한 재목이 되기 위해서는 누군가 정성을 기울여 키우는 사람이 있어야 한다. 사람은 더욱 그렇다. 큰 나무 밑에서 자라는 어린 나무는 재목(材木)이 될 수 없지만, 훌륭한 인물 밑에서는 훌륭한 인재(人材)가 나오는 법이다. 사도 바울의 영향으로 디모데가 세워졌으며(딤전 1:1-2: 딤후 1:3-13), 암브로시우스(Ambrosius)의 영향으로 4세기의 성자 어거스틴이 나왔고,[101] 헨리에타 미어즈(Henrietta C. Mears) 여사의 영향으로 빌리 그레이엄이 금세기의 위대한 전도자가 되었다.[102]

이처럼 하용조 목사에게도 신앙과 인격에 영향을 끼친 영적 지도자들이 있었다. 그는 한경직 목사와 김준곤 목사 그리고 김용기 장로와 주선애 교수를 존경한다고 했다. 그리고 국외 인사로는 존 스토트 목사와 마틴 로이드 존스 목사 그리고 짐 그레이엄 목사와 데니스 레인 목사다. 한편 '복음주의 4인방'으로 알려진 옥한흠 목사와 홍정길 목사 그리고 이동원 목사와 주고받은 영향도 지대한 것으로 알려지고 있다.

▎하용조 목사의 신앙과 인격에 지대한 영향을 끼친 멘토, 한경직 목사

한경직 목사는 하용조 목사와 이형기 사모의 결혼을 주례할 만큼 인생과 신앙에 큰 영향을 준 멘토다. 한경직 목사는 하용조 목사가 1985년 온누리교회를 개척한 후 서빙고에 예배당을 건축해 1987년 입당 예배를 드릴 때 참석하기도 했다. 하용조 목사는 인생의 여정과 목회 사역에서 힘들고 어려울 때 남한산성에 칩거해 기도하고 계시는 한경직 목사를 자주 찾아뵙고 가르침을 받은 것으로 알려지고 있다.

하용조 목사는 간염과 간경화로 연예인교회를 사임하고 1981년 영국으로 떠날 때 한경직 목사를 찾아뵙게 된다. 그때 한경직 목사는 "하 목사, 내가 프린스톤에서 폐병으로 피를 토했던 경험이 없었으면, 오늘날 목사가 못 됐을 거야. 안심하고 그냥 떠나" 하고 격려해 주었다고 한다.[103] 성도들뿐만 아니라 일반 국민들도 존경하는 한국 교회를 대표하는 영적 지도자인 한경직 목사는 높은 인품과 깊은 영성으로 평소에도 하용조 목사에게 큰 가르침을 주었지만, 그날 육신의 질병으로 좌절해 있던 그에게 한경직 목사가 건넨 동병상련의 말 한마디는 새로운 힘과 용기를 주었다. 그의 고백 속에 그것이 녹아 있다.[104]

생각해 보니, 병이 나를 어쩌지 못했다. 고난이 나를 어쩌지 못했다. 사탄의 공격이 나를 망가뜨리지 못했다 ⋯ 고난과 환경을 두려워할 필요가 없다. 하나님만 바라보고 나가면 이상하게 파도를 넘듯이, 산을 넘듯이, 모든 고난을 뛰어넘어서 승리하게 된다. 나는 이것을 굳게 믿는다. 병치레를 통해 치유하시는 하나님을 만났다. 내가 아플 때마다 교회는 성장했다. 이상하다. 고통스러울 때마다 영적인 충만을 경험한다.

위에서 보듯이, 하용조 목사가 한경직 목사로부터 받은 것은 위로만이 아니었다. 육신의 고난을 통해 주님에게 더 가까이 나아갈 수 있는 영적인 힘이었다. 그의 선언처럼 그 어떤 질병도 그를 어쩌지 못했으며, 사탄의 공격도 그를 무너뜨리지 못했다. 오히려 육신의 고난을 통해 하나님을 만났으며, 인생의 그 어떤 장애도 뛰어넘는 영적 힘을 얻게 된 것이다. 하나님은 '고난의 종'(사 53:4-12)으로 오신 예수 그리스도를 가까이 따라간 하용조 목사에게도 작은 고난의 십자가를 주시고, 그 짐을 감사하는 마음으로 지고 갈 수 있도록 신앙의 멘토 한경직 목사를 만나게 하신 것이리라.

이처럼 하용조 목사의 삶과 신앙에 큰 영향을 끼친 한경직(1902. 12. 29-2000. 4. 19) 목사는 6.25 직전, 민족 해방기에 공산주의를 거부하고 신앙의 자유를 찾아 남하해 실향민을 위한 영락교회를 개척하여 한국 교회의 모델을 만들었다. 1992년 동양 목회자로는 최초로 템플턴상을 수상하는 등 99세를 일기로 주님의 부르심을 받기까지 세계적인 기독교 지도자로 헌신했다.

▌ 예수님을 인격적으로 만난 입석수련회와 김준곤 목사

하용조 목사는 자신의 신앙에 영향을 준 또 한 분의 멘토를 회상하고 있다. 한국대학생선교회(CCC)의 김준곤 목사다. 그는 영적으로 예수님을 만난 사건과 육신적인 질병으로 좌절해 있을 때와 관련해 김준곤 목사의 영향력을 회고한 바 있다.

먼저 하용조 목사는 대학 재학 중 예수 그리스도를 인격적으로 영접하게 되었는데, 그것이 1966년 8월 경기도 입석에서 열린 CCC 여름수련회에서 '예수님의 십자가와 피 묻은 손'을 경험한 사건이다.[105] 그해 여름수련회에서 김준곤 목사의 메시지를 통해 그는 예수님을 만나게 된 것이다. 그의 고백처럼 어렸을 때 유아 세례를 받았고 소위 배 속 교인이라 불릴 정도로 기독교 가정에서 자랐지만, 예수 그리스도를 영접하고 자신의 삶을 온전히 헌신하게 된 것은 먼 후일이었다. "나는 예수 그리스도를 처음 만나 뵈었을 때 얼마나 큰 충격을 받았는지 모른다. 말로 형용할 수 없는 충격 그 자체였다."[106] 이를 계기로 하용조 목사는 CCC에서 훈련을 받고 7년간 사역을 하게 된다. 복음 운동의 동지 홍정길 목사를 만나게 된 것도 이때였다.

그 후 하용조 목사는 폐병으로 대학을 휴학하고 인천의 요양소에서 외로운 투병 생활을 하고 있었는데, 어느 날 김준곤 목사가 찾아와 그를 위로했다.[107] "하나님이 하 군을 쓸라나 보다. 한경직 목사님도, 《빙점》을 쓴 미우라 아야코도 폐병을 앓지 않았는가." 그러면서 김준곤 목사는 민족의 비극인 6.25전쟁 당시 공산당의 만행으로 고향 주민이 모두 학살을 당하고 오직 한 사람만 살아남았는데 그게 바로 자신이라며, 하나님이 민족 복음화를 위해 사용하려고 자신을 그 모진 환난 속에서 구원해 주신 것처럼, 하용조 목사도 그렇게 쓰임 받을 것이라고 위로했다.[108] "예수님이 하 군을 사랑하시네 … 주님의 명령과 사명을 거절하지 말고, 내 뜻대로 생각하고 결정하지 말고, 조용히 은혜를 사모하며 주님의 부르심을 기다리기 바라네."

그때 하용조 목사는 폐병으로 쓰러져 누운 자신의 처지를 생각하며 하나님을 은근히 원망하고 있었다. 그때 김준곤 목사가 찾아간 것이다. 김준곤 목사를 통해 주님의 음성을 들은 그는 자신의 처지를 비관하고 있던 자리에서 떨치고 일어나게 된다. 그 후 그는 7년간 CCC 사역을 통해 큐티 훈련을 받고[109] 캠퍼스 복음화를 통한 민족 복음화의 비전을 품게 된다.

이처럼 하용조 목사를 사랑하시는 하나님은 이 시대에 한국 교회를 대표하는 한경직 목사를 멘토로 만나게 하신 것처럼, 민족 복음화 운동에 앞장서서 헌신한 김준곤 목사 또한 만나게 하셨다.

일생 중 가장 꿈과 이상이 많은 대학 시절 하용조 목사의 신앙에 지대한 영향을 끼친 김준곤(1925. 3. 28-2009. 9. 29) 목사는 6.25전쟁 당시 공산당에 의해 자신이 태어난 마을(전남 신안군 지도)이 대학살을 당하는 민족적 참극을 경험한 것이 계기가 되어 신학을 공부하고 한국대학생선교회를 세워 학원 복음화를 통한 민족 복음화 운동에 일생을 헌신했다. 그는 1973년 빌리 그레이엄 서울 집회에 이어 1974년 엑스플로74성회로 잠자던 한국 교회 대부흥의 불을 지핀 세계적인 민족 복음화 운동의 선도자였다.

❙ 마지막 순간까지 사명 감당하는 모범을 보인 김용기 장로

하용조 목사는 대학 시절 가나안농군학교 김용기 장로에게서 특별한 영향을 받았다고 한다.[110] 앞에서도 살펴보았듯이, 하용조 목사는 '낙농 한국'의 꿈을 안고 건국대학교 축산과에 들어갔다. 대학에 들어가 자신이 주도적으로 만든 모임이 'F.R.S.'였다.[111] 낙농 발전을 염두에 둔 '농촌 연구 모임'(Farm Research Society)이었다. 회장을 맡은 그는 회원들과 농촌 개척 정신을 배우기 위해 가나안농군학교에 입소했다. 그곳에서 김용기 교장을 만나게 된다. 김 장로는 하용조 목사를 만나자마자 두발(頭髮)부터 깨끗하게 하라는 명령을 하는 등 투철한 계몽 정신을 보였다. 그는 무엇보다 가나안농군학교의 교훈과 학훈을 보는 순간 기가 죽었다고 한다. 그리고 입소 첫날부터 죽는 줄 알았다고 실토한다. 이렇게 힘든 농사를 어떻게 평생 짓겠다고 생각했는지, 자신이 후회스러웠다고 한다. 그렇게 나약하고 게으른 자신을 책망하다가도 김용기 장로를 보면 정신이 번쩍 들었다고 한다.

가나안농군학교의 교훈은 '1. 알도록 배우자 2. 몸 바쳐 일하자 3. 겸손히 섬기자'였다. 그리고 세부적인 실천 강령이 담긴 다섯 개의 학훈이 따로 있었다. 어떻게 보면 평범해 보이는 이 교훈이 청년 하용조에게 '기가 죽을 정도'로 충격을 준 것은 무엇 때문일까? 그것은 교훈과 학훈대로 철저히 실천하는 김용기 교장의 철학 때문이었다. "철저히 배우고, 배운 대로 몸 바쳐 일하되, 교만하지 말고 겸손히 봉사하자"는 교훈은 당시 낙농의 꿈을 꾸고 있던 예비 농촌 계몽자에게 큰 도전을 주었지만, 그 가르침은 거기에서 끝나지 않고 하용조 목사의 목회에도 영향을 준 것으로 보인다. 그가 비록 '흙의 노동자'는 되지 못했지만, 하나님의 인도하심으로 '복음의 노동자'의 길을 가면서 종생토록 지킨 영적 지침이 가나안농군학교의 교훈과 별반 다르지 않기 때문이다. 하용조 목사만큼 '알도록 배우고' 철저히 가르친 목회자도 그리 많지 않을 터다. 하용조 목사만큼 마지막 순간까지 '몸 바쳐 일한' 종도 별반 없을 터다. 하용조 목사만큼 '겸손히 섬긴' 영혼의 목양자도 찾기 힘들 터다.

실제로 그는, "농사는, 첫째는 하나님과 동업하는 것이요, 둘째는 땀을 흘리지 않고 놀고먹었던 양반 조상들의 죄를 속죄하는 것이요, 셋째는 심은 대로 거두는 거짓이 없는 선한 일이다. 그러니 농사하라"는 아버지의 유언에 따라 스물세 살에 흙에 투신한 김용기 장로의 농사 철학에서 목회철학을 배웠다고 고백하고 있다. 흙에서 하나님을 찾고 흙을 통해 이 세상에 하나님의 빛을 전한 김용기 장로의 가나안농군학교 정신에 대해 당시 박정희 대통령도 "우리의 살길은 이 가정의 생활과 정신을 실천하는 길이라고 생각한다"고 말했을 정도로 대한민국 국민에게 끼친 영향이 지대했다.

하용조 목사는 이렇게 고백하고 있다.[112] "그때는 몰랐다. 김용기 장로님의 삶이 내게 얼마나 큰 영향을 미칠 것인지 … 김용기 장로님의 소원은 일하면서 죽는 것이었는데, 그 소원대로 강의를 하다가 강단에서 돌아가셨다. 그리고 그분처럼 사는 것이 나의 소원이 되었다." 이 간증을 들을 때, 하용조 목사가 주님 부르시는 마지막 순간까지 강단에 서서 복음을 전한 것은 젊은 날 김용기 장로를 통해 품게 된 소원 때문임을 알 수 있었다.

이처럼 하용조 목사의 목회철학에 큰 영향을 준 김용기(1912. 9. 5-1988. 8. 1) 장로는 일찍이 기독교 농민 운동에 뜻을 품고 1938년 경기도 양주에 '봉안 이상촌'을 만들었으며, 1942년에는 '고구마 12개월 저장법'을 개발해 암울했던 일제 말기 농민들에게 우리도 할 수 있다는 용기와 희망을 주기도 했다. 해방 후 경기도 용인에 복음고등농민학교와 1954년 경기도 광주에 가나안농장을 설립하고, 1962년 가나안농군학교를 세워 본격적인 기독교 농촌 계몽 운동을 전개한 민족 선각자의 한 분이다.

▌어머니처럼 전도자의 사역을 케어해 준 주선애 교수

하용조 목사는 전도사 시절부터 자신의 사역을 언제나 가까이서 케어해 준 믿음의 어머니 같은 분이 계신다고 했다. 그는 장로회신학대학교에서 평생 후학을 가르친 주선애 교수다. 1924년 평양에서 출생해 남북통일과 북한 인권 문제에 남다른 관심을 가지고 노력해 온 주선애 교수는 모든 후학들에게 존경받는 선생이지만, 특히 많은 제자 중 하용조 목사에 대한 사랑은 각별했다. 하용조 목사는 자신의 목회 사역에 있어서 스승 주선애 박사의 도움과 지도가 남달랐음을 회고한 바 있다.

하용조 목사의 전도사 시절, 연예인교회의 모체가 된 연예인 성경 공부 모임이 갑자기 커져서 어찌할 바를 알지 못하고 있을 때였다. 당시 그는 신학교 재학 중에 마포교회 교육 전도사로 사역을 하고 있었다. 그 즐거운 고민을 스승인 주선애 교수에게 내어 놓고 상담을 받았다.[113] "앞일을 생각하면 과연 지금 잘하고 있는 것인지 의구심이 들 때가 있습니다. 할 일은 너무 많고 갈 길은 멀어 고민입니다." 앞으로의 사역까지를 생각하며 고민하는 제자를 향해 스승은 분명한 답을 주었다.[114]

> 교육부 전도사 하는 것도 좋고, 유학 준비하는 것도 좋아. 그런데 연예인들이 예수님을 믿고 성경공부를 열심히 하고 있다면, 그것은 하나님이 주신 기회야. 그것을 놓치지 말아야 할 것 같군. 그 기회를 놓치지 않기 위해서 교회 전도사를 사임하고, 연예인 성경공부 모임에 전적으로 헌신해 보는 게 좋을 것 같아. 분명 열매를 맺게 될 거야.

주선애 교수의 이러한 조언으로 하용조 목사는 신학교 재학 중인

1972년 3월부터 시작한 교육 전도사 사역을 1974년 6월까지 마감하고 연예인 성경 공부에 전념하게 된다. 이 사역이 커져서 1974년 연예인교회로 발전해 1980년 영국 유학 직전까지 사역을 감당하게 되었다. 주선애 교수는 연예인 성경 공부를 할 때 자주 찾아와 함께 예배드리곤 했다. 한 번은 이런 격려를 해 주었다고 한다. "이 일은 정말 기적이다. 하나님이 큰 역사를 이루실 거야."

그 후 하용조 목사가 연예인교회 사역을 마칠 때까지 주선애 교수는 젊은 전도자가 혼자 다니면 안 된다면서 연예인들을 심방할 때면 새벽 한두 시를 마다하지 않고 늘 동행해 주었다고 한다. 하용조 목사는 연예인교회 사역을 마치고 온누리교회를 개척한 후에도 연예인교회 초기에 늘 함께 예배를 드려 주었던 어머니처럼 따뜻한 주선애 교수의 사랑을 잊지 못했다. 주선애 교수는 하용조 목사가 영국 유학과 선교 훈련을 마치고 귀국해 1985년 온누리교회를 개척한 후에도 제자의 목회 사역을 위해 조언과 격려를 아끼지 않았다.

이처럼 많은 제자를 가슴에 품고 지도한 주선애 교수는 1924년 평양에서 출생해 신앙의 자유를 찾아 남하한 실향민으로, 목회자를 양성해 민족 구원에 봉사하고자 신학을 공부했다. 장로회신학대학교에서 후학을 지도한 그는 우리나라의 유일한 개신교 수도원이라 할 수 있는 엄두섭 목사의 은성수도원이 경제적인 어려움으로 문을 닫게 되자 이를 인수해 평생 봉직한 장로회신학대학교에 기증, 후진들의 영성 훈련장으로 제공했다. 이런 주선애 교수는 하용조 목사에게 있어서 어머니 같은 신앙의 멘토였다.

▌존 스토트 목사에게서 배운 처치와 파라처치의 협력 사역

하용조 목사는 한국 교회에서 정형적인 교회 사역과 비정형적인 사역을 균형감 있게 실천한 목회자다. 이것을 그가 말한 대로 처치와 파라처치의 병행 사역, 또는 모델러티(Modelity)와 소델러티(Sodelity) 사역의 조화라고도 할 수 있겠다. 하용조 목사는 이러한 모델을 영국에서 존 스토트 목사가 세운 런던 인스티튜트에서 경험하게 되었다고 한다. 우리가 잘 알듯이, 존 스토트 목사는 올소울스교회에서 목회를 하면서 런던 인스티튜트를 경영한, 이른바 처치와 파라처치의 병행 사역자로 이 시대에 훌륭한 모델을 보인 목회자다.

하용조 목사는 성경 연구와 선교 훈련을 받기 위해 1981년 영국으로 건너가 1983년 존 스토트 목사가 운영하는 런던 인스티튜트에 입학해 1년간 트레이닝을 받았다. 런던 인스티튜트는 이 시대의 심각한 사회 문제인 낙태, 포르노, 각종 범죄 등 사회 전반의 이슈를 연구하는 기관으로, 각 분야의 전문가들과 함께 이들 문제에 대한 기독교적인 해결 방안을 마련, 이를 데이터베이스화하는 한편 문서로 제작해 보급한다.

하용조 목사는 이곳에서 복음에 따르는 사회적 책임에 대한 조화와 균형을 연구하면서, 귀국하면 이 기관보다 더 좋은 시스템을 만들겠다는 다짐을 하게 된다.[115] 그의 이러한 비전에 따라 만들어진 것이 지금의 두란노서원이다.[116] 그의 말대로 그곳에서 '두란노서원의 환상'을 품게 된 것이다. 하용조 목사는 평소 자신의 구상과 일맥상통하는 비전을 실천하고 있는 존 스토트 목사의 사역을 통해 향후 자신의 목회 방향에 많은 시사점을 얻게 된다. "교회는 처치(Church)이고, 두란노서원은 파라처치(Para Church)이다 … 한국 사회에서 처치와 파라처치가 어떻게 공존할 수 있는가? 그것을 처음으로 시도한 것이 바로 온누리교회와 두란노서원이다"라고 말할 정도였다.[117]

　그러면서 하용조 목사는, 누가 양자택일을 하라면 자신은 양자 중 그 어느 것도 포기할 수 없다면서 복음 사역에 양자가 동일하게 중요함을 강조한 바 있다.[118] "나는 둘 다 그만둘 수가 없었다. 둘 다 사랑하는 내 자식이기 때문이다." 이처럼 존 스토트 목사는 하용조 목사의 처치 사역과 파라처치 사역을 동일하게 중요하게 생각하는 목회철학에 확신을 심어 준 멘토라고 할 수 있다. 이런 점에서 하용조 목사는 한국 교회 안에서 남들이 쉽게 가지 않은 길을 간 개척자라고 할 것이다.

　존 스토트(1921-2011) 목사는 빌리 그레이엄의 찬사처럼 '금세기 세계에서 가장 존경받는 성직자'의 한 사람으로 세계 복음주의 운동을 이끌어 온 선각자이자 명설교가다. 하용조 목사가 사도행전적 '바로 그 교회'인 온누리교회를 개척하기에 앞서 존 스토트 목사를 만나 그의 복음주의 사상과 목회철학 그리고 기독교적인 사회 정화 운동의 영향을 받게 된 것은 한국 교회와 온누리교회를 사랑하시는 하나님의 섭리였다. 그뿐 아니라 존 스토트 목사가 보여 준, 목회자이자 설교자인 그가 평신도처럼 예배를 위해 봉사하며 성도들을 세워 주는 겸손한 인격에서도 그는 큰 영향을 받았다. 하용조 목사가 평신도 리더십을 더욱 중요하게 생각하게 된 것도 존 스토트 목사와의 영적 교제를 통해 받은 도전이 컸기 때문이다. 이처럼 하용조 목사를 남달리 사랑한 존 스토트 목사는 2011년 7월 27일, 하용조 목사보다 일주일 앞서 주님의 부르심을 받았으니, 먼저 천국에 가서 하용조 목사를 기다리고 있었으리라.

▎강해 설교에 영향을 준 마틴 로이드 존스, 데니스 레인, 예배에 영향을 준 짐 그레이엄 목사

한국 교회에 강해 설교를 정착시킨 설교자의 한 사람으로 평가받고 있는 하용조 목사는 영국의 명 강해 설교자 마틴 로이드 존스와 데니스 레인 목사에게서 영향을 받았다. 그리고 예배의 새로운 패러다임은 짐 그레이엄으로부터 영향을 받게 되었다. 캠벨 몰간이나 존 맥아더를 좋아해서 그들의 주석서도 많이 참고했다고 한다.[119] 그러나 점차 성경 본문을 중심한 설교, 큐티를 통해 묵상의 깊이를 더한 자신의 강해 설교에 주력하게 된다.

하용조 목사가 마틴 로이드 존스(1899. 12. 20-1981. 3. 1) 목사로부터 받은 설교의 영향은 시대적으로 볼 때 그의 강해 설교집을 통해서 간접적으로 받았다고 보는 것이 타당할 것이다. 20세기 영국 교회는 자유주의 신학의 영향으로 성경을 벗어나고 있었다. 강단에서 선포되는 메시지도 진부한 윤리 설교 일변도의 경향을 보이고 있었다. 복음의 핵심인 예수 그리스도로 말미암은 구원의 진리와는 거리가 먼 공허한 설교로 성도들의 영혼이 생명력을 잃어 가고 있을 때, 하나님이 마틴 로이드 존스를 일으켜 성경으로 돌아가 '구원은 갈보리 언덕에서 십자가에 달리신 구주 예수 그리스도의 죽음을 통해서 가능하다'는 성경 본문 중심의 강해 설교를 하게 하셨다.[120] 마틴 로이드 존스의 설교는 무엇보다 철저히 성경을 강론함으로써 하나님의 거룩하심을 높이며 십자가의 위대한 능력을 증거하는 강해로 일관했다. 유망한 외과 의사의 길을 버리고 설교자로 헌신하게 된 것은 "강해 설교는 하나님의 명령이다"라는 사명감 때문이었다.[121]

하용조 목사가 "불트만이나 바르트나 틸리히 같은 신학자들을 공부해 보면 그럴 듯한데, 문제는 이들의 신학 이론에서는 예수님을 만날 수 없었다는 것이다 … 그런데 영국에 3년 동안 있으면서 그때까지 내가 학문적으로 배운 것만이 학문이 아니라는 사실을 새로 발견했다. 우리가 믿는 그대로 복음주의적인 학문이 있다는 것을 알게 되었다 … 이러한 과정을 거치면서 성경이 하나님의 말씀인 것과 그 말씀으로 예수님과 날마다 만나고 교제하며 살아갈 수 있다는 것을 깨달았다. 이러한 경험은 강해 설교를 하는데 결정적인 용기를 주었다. 나는 설교 속에서 다른 철학자들이나 신학자들의 말을 인용하지 않는다. 성경에서 성경으로 이동할 뿐이다"라고 확신에 찬 증언을 한 것도[122] 마틴 로이드 존스의 영향을 받았기 때문이다. 철저히 성경 본문에 입각해 "하나님 중심의 설교, 개혁주의 신학에 입각한 설교, 성령님께 전적으로 의지한 설교"를 한 마틴 로이드 존스와 '성경에서 성경으로'를 강조하며, '성경 본문을 중심으로 한 설교'를 중시하며, "모든 설교자들이 연구해야 할 설교가 강해 설교라고 생각한다"며[123] 철저한 '성령 목회자'로서 강해 설교를 사명으로 생각한 하용조 목사에게서 우리는 설교에 대한 두 사람의 유사한 사상을 발견하게 된다.

하용조 목사가 데니스 레인 목사에게서 받은 강해 설교의 영향은 보다 구체적이다. 그는 "설교에 눈을 뜨게 해 주신 분은 데니스 레인 목사님"이라고 분명히 언급하고 있다.[124] 그의 강해 설교에서 말씀의 위력을 깨닫게 되었으며, 설교에 눈을 떴다고 고백했다. 30년 동안 큐티를 하면서 강해 설교를 개척한 데니스 레인 목사는 똑같은 본문을 가지고도 항상 다른 설교를 한다고 하용조 목사는 증언한다. 그 이유는 말씀에 대한 묵상 훈련에 있다고 한다. 그래서 하용조 목사는 '설교의 깊이는 묵상의 깊이'라는 의미 있는 명언을 우리에게 남겼다.[125]

하용조 목사가 데니스 레인 목사에게서 많은 영향을 받은 단적인 증거가 온누리교회의 역사에 나타나 있다. 그는 생전에 데니스 레인 목사를 여섯 번이나 교회에 초청해 강해 설교 세미나를 개최했다.[126] 이는 하용조 목사 자신을 위한 훈련이기도 했지만, 성도들로 하여금 강해 설교에 눈을 뜨고 그 진수를 맛보도록 하기 위함이었다. 하용조 목사는 그러나 "나는 데니스 레인 목사님 식으로 설교하지는 않는다"고 했다. 그분에게서 강해 설교의 골격과 뼈대를 배워 자신의 방법과 스타일대로, 성경을 성경대로 설교한다고 밝혔다.[127]

이처럼 하용조 목사에게 강해 설교의 눈을 뜨게 해 준 세계적 강해 설교자 데니스 레인 목사의 《지구촌에 살기》(로뎀 역간), 《데니스 레인 강해설교》(두란노 역간), 《선교사와 선교단체》(두란노 역간), 《태초의 하나님》(두란노 역간) 등 여러 저서가 우리말로 번역되었다.

하용조 목사는 짐 그레이엄 목사에게서 경배와 찬양에 대해 많은 도전을 받았다. 평소 '하나님이 기뻐 받으시는 참된 예배란 어떤 것일까?' 하는 문제를 두고 고민하며 기도해 온 그는 그 예배의 모습을 영국에서 목도하게 된다. 동양적인 오랜 인습에 젖어 있던 하용조 목사가 영국에서 체험한 예배는 그의 표현대로 '충격적인 예배'였다. 우리는 하용조 목사가 경배와 찬양을 온누리교회에 도입하게 된 연유를 그가 영국에서 짐 그레이엄 목사와 교유하며 1년간 그가 시무하는 교회에 출석한 데서 찾게 된다. 온 성도들이 어린아이처럼 기뻐하고 즐거워하는 가운데 하나님을 경배하고 찬양하며 성찬식을 거행하는 모습에서 감동을 넘어 충격을 받은 그는 '한국에 돌아가 교회를 하면 이런 성만찬을 해야지' 하고 다짐하게 된다. "영국에서 내가 경험한 이 모든 것은 진정한 예배였다. '여호와의 영광이 하나님의 전에 가득함이

었더라'(대하 5:14)는 말씀을 나는 그때 경험했다"고 고백한다.[128]

하용조 목사에게 참된 예배의 모델을 보여 준 목사가 짐 그레이엄이다. 평소 '성도는 참된 예배자가 되어야 한다' 그리고 '교회 부흥의 길은 예배에 있다'는 목회철학을 가지고 있던 하용조 목사는 1985년 교회 창립 후 머잖아 경배와 찬양을 도입하고, 온누리교회 개척 6년 만에 짐 그레이엄 목사를 한국에 초청했다.[129] 그 후 하용조 목사는 무려 여섯 차례나 짐 그레이엄 목사를 초청, 경배와 찬양에 대한 세미나를 개최해 자신이 섬기는 온누리교회뿐 아니라 한국 교회 예배 회복을 위해 봉사하게 된다.[130]

하용조 목사: 종교 개혁 500주년에 세계 교회 개혁자들과 함께
• • •

2017년은 종교 개혁 500주년이 되는 해였다. 1517년 10월 31일, 마틴 루터가 당시 부패한 가톨릭교회를 향해 개혁을 요구하는 '95개조 논제'(Ninety-five Theses)를 비텐베르크 성문교회 정문에 붙인 것이 교회 개혁의 도화선이 되었다. 종교 개혁 500주년을 맞아 국내외 주요 교단과 신학계에서 학술 세미나 등 다양한 기념행사를 개최했다. 세계 유일의 기독교 일간지인 〈국민일보〉에서도 종교 개혁 500주년을 기념하는 특별 기획을 세우고 '종교개혁, 영성의 현장을 가다'라는 제목으로 1년 2개월 동안 세계 교회 주요 개혁자 50여 명을 선정, 개혁의 현장을 찾아 그들이 남긴 영성의 흔적과 헌신의 발자취를 더듬었다.[131]

〈국민일보〉로부터 이 특집 기획을 의뢰받은 필자는 종교 개혁의 현장을 주요 권역별로 나누어 다섯 명의 리포터와 함께 마틴 루터, 존 칼빈, 멜란히톤(Philipp Melanchthon), 츠빙글리(Ulrich Zwingli), 에라스무스(Desiderius Erasmus), 존 웨슬리, 존 위클리프(John Wycliffe), 크랜머(Thomas Cranmer), 존 낙스(John Knox), 존 오웬(John Owen), 리처드 백스터(Richard Baxter), 존 버니언, 조지 휘트필드(George Whitefield), 조지 뮐러(George Muller), 로버트 토마스(Robert J. Thomas), 조나단 에드워즈(Jonathan Edwards), 무디(Dwight Lyman Moody), 알렌(Horace Newton Allen), 언더우드, 아펜젤러, 그레이엄 리(Graham Lee), 빌리 그레이엄, 빌 브라이트 그리고 한국 교회에서는 길선주 목사, 주기철 목사, 손양원 목사, 한경직 목사, 김준곤 목사, 대천덕 신부, 옥한흠 목사, 강원용 목사, 이중표 목사, 하용조 목사를 선정하고, 신학자 및 주석가로는 박형용 박사, 김재준 박사, 이종성 박사, 박윤선 박사, 김응조 박사, 이상근 박사 그리고 교회로는 세계 최대의 교세를 이룬 여의도순복음교회, 새벽기도로 세계 교회를 깨운 명성교회 등을 선정, 리뷰했다.

이 일을 위해 다섯 명의 목회자와 신학자가 개혁의 현장을 직접 답사해 한국 교회에 리포트하는 방식으로 진행했다. 자비량으로 이 역사적인 일에 봉사한 리포터는 박용규 교수(총신대학교 역사학)가 미주 지역을, 주도홍 교수(백석대학교 역사학)가 독일을, 고성삼 목사(사랑의교회 선교총괄)가 영국을, 서대천 목사(홀리씨즈교회, SDC 인터내셔널 스쿨)가 영국과 프랑스, 스위스와 네덜란드를 답사했다. 그리고 김성영 교수(전 성결대학교 총장)는 한국을 맡았다.

온누리교회 하용조 목사를 종교 개혁 500주년 한국 교회 개혁 목회자로 리뷰한 필자는 '사도행전적 초대교회를 꿈꾸다'라는 제하에 다음과 같은 전문(前文)을 제기했다.[132]

종교개혁은 16세기에 갑자기 일어난 사건이 아니다. 신약시대에 이미 예수님이 '성전 대청소 사건'(요 2:13-22)을 통해 부패한 성전 개혁의 모범을 보이셨고 교회를 새롭게 세우시기 위해 자신을 내어 주셨다. 종교개혁은 그리스도의 피로 사신 초대교회로 돌아가는 운동이자 땅 끝까지 교회를 확산하는 성령운동이다. 하용조 목사(1946-2011)는 '성령목회'로 사도행전적 교회를 꿈꾸며 이 땅의 교회 갱신을 위해 자신을 관제(灌祭)로 주님께 드렸다.

이처럼 필자가 하용조 목사의 일생을 교회의 갱신을 위해, 교회의 개혁을 위해 헌신한 목회자로 보는 것은 바로 그의 목회가 시종일관 사도행전적인 초대교회 정신을 견지했기 때문이다. 앞에서도 지적했지만, 초대교회 사도들보다 더 순교적 각오로 교회를 개혁한 종들이 달리 있을 것인가. 교회를 세우라 하신 예수님의 언명에 따라 성령님의 역사에 순종해 유대교의 혹독한 박해 속에서 주님의 몸 된 교회를 세운 것이다. 하용조 목사가 '바로 그 교회'로 돌아가자고 외치며 종생토록 몸부림친 그 정신, 그 실천 자체를 개혁 사상이고 개척 정신이며, 갱신의 몸부림이라고 보는 것이다. 이는 '성경으로 돌아가자'는 근원운동이고, '오직 예수님'만을 증언한 복음 운동이었다.

하용조 목사의 목회에서 개혁 사상을 본다는 필자의 견해에 평생 복음의 동지이자 믿음의 형제로 살아온 홍정길 목사는 "교회가 마땅히 해야 할 일을 하지 않기 때문에 개혁이라는 말이 필요한 것"이라는 의미 있는 말로, 평생 남이 가지 않고 남이 하지 않은 일을 하느라 육신을 망가뜨린 하용조 목사는 그런 점에서 생래적인 개척자요, 개혁자였다고 생각한다고 말했다. 역시 복음의 동지요, 형제인 이동원 목사는 필자의 견해에 대해, "하 목사가 개혁자라면 지극히 평화적인 개혁자이며 겸손한 개혁자"라고 단서를 붙였다. 개혁이라는 말이 갖고 있는 전투적이고 도전적인 이미지는 결코 그에게 어울리지 않는다는 걱정에서 깊은 형제의 우애를 발견했다.

그렇다. 하용조 목사는 그 아픈 육신을 부둥켜안고 남이 가지 않은 길을 걸어간 개척자였다. 우리가 당연히 해야 할 일을 하지 않으니 원망도 하지 않고 조용히 씩 웃으며 교회를 새롭게 한 개혁자였다. 그러기에 그는 종교 개혁 500주년의 반열에 서 있는 자랑스러운 우리의 리포머(reformer)인 것이다.

하용조 목사의 목회철학을 이어 가는 이재훈 목사의 '3닻 5돛'

• • •

하용조 목사가 주님의 부르심을 받은 후 그 빈자리를 채운 이재훈 목사는 온누리교회의 Acts29 비전을 이어 가는 새 출발의 자리인 정책포럼에서 자신이 실천할 목회 방향으로 '3닻 5돛'을 제시했다. 참고로 이재훈 목사는 2011년 8월 2일 하용조 목사 소천으로 온누리교회가 제2기 담임 목사를 청빙하는 과정에 1) 교회의 능력은 성령님이시며, 2) 교회는 멈출 수 없는 하나님의 운동력이며, 3) 교회는 복음을 증거하기 위해 존재하며, 4) 교회는 하나님 나라의 개척자라는 목회 비전과 함께 자신의 목회철학으로 1) Mission(선교 사역), 2) Matrix(협력 사역), 3) Mercy(긍휼 사역), 4) Mosaic(모자이크 공동체 사역), 5) Multi-site(파송하는 교회), 이른바 '5M'을 제시한 바 있다. 그리고 담임 목사로 취임한 후 2014년 온누리교회 정책포럼에서 '3닻 5돛'의 실천적 목회철학을 밝힌 것이다. 그러니까 이재훈 목사의 목회철학은 전임자 하용조 목사의 다섯 가지 목회철학을 기초로, 자신의 청빙 과정에서 제시한 위의 '5M'을 심화, 발전시킨 것이라고 할 것이다. 이로써 하용조 목사의 목회철학과 그의 사상은 후임자에 의해 더욱 발전되고 있다.

이재훈 목사는 정책포럼에서 '하나님의 꿈은 새것처럼 좋은 교회'(Good as a new Church)가 아니라 '오래된 것처럼 좋은 교회'(Good as an old Church)라는 금언으로 자신이 전임자가 남긴 목회의 훌륭한 발자취를 잘 이어 갈 것을 시사했다. 그는 "오늘날 교회의 문제는 충분히 전통적이지 못하다는 데 있습니다. 의외로 전통의 많은 부분들을 무시하는 것입니다. 우리는 참된 새로움으로 바꿀 수 있어야 합니다"라는 말로 온고지신(溫故知新)의 지혜로운 자세를 보였다.[133] 그러면서 그는 "온누리교회가 포기하지 말아야 할 3가지를 요약하고, 많은 도전과 어려움이 있더라도 앞으로 나아가야 할 도전 5가지를 요약해 보았습니다. 이를 비유로 들어서 설명한다면 3개의 닻(Anchor)과 5개의 돛(Sail)이 필요하다고 표현할 수 있습니다"라고 말했다.

▌3개의 닻

말하자면 풍랑이 일고 물결에 휩쓸릴 때 배를 든든히 붙잡아 주는 닻처럼 교회에는 3개의 닻이 필요하며, 목적을 향해 바람의 방향을 잡아주고 바람을 이용해서 배가 나아가도록 하는 돛처럼 교회에는 5개의 돛이 필요하다는 것이다. 그것을 이재훈 목사는 이렇게 제시한다.[134]

온누리교회가 포기하지 말아야 할 전통 중 첫 번째는 성령님께서 이끌어가시는 '선교의 영성'입니다. 하용조 목사님을 통해 선교의 영성을 체험했지만, 온누리교회는 성령님이 운행하시고 주관하시는 교회입니다. 우발적인 것처럼 보이는 계획되지 않은 일들로 인해 온누리교회의 역사가 많이 바뀌었습니다. 그것은 한 마디로 성령님께서 이끌어주신 것이라고 할 수 있습니다 … 지금도 온누리교회에는 많은 선교사들이 헌신하고 있고, 그 어느 교회보다 선교헌금이 많은 교회입니다. 이것은 지구상에 없을 정도로 놀라운 일입니다 … 선교에 대한 성도들의 마음 깊숙한 곳에 성령님께서 주시는 선교의 영성이 흐르고 있다는 것입니다.

두 번째 전통은 '자유롭고 창의적으로 변화'를 추구하는 영성입니다. 제가 감사한 것은 장로님들과 다른 분들의 조언 중 "목사님께서 가진 비전과 철학대로 조금 더 끌고 갔으면 좋겠다"라고 하는 내용에 대한 도전을 받은 것입니다. 이것은 온누리교회 안에서 자유롭고 창의적으로 새로운 변화를 얼마든지 수용할 수 있다는 것이고, 창의적인 변화가 문화 속에 들어가 있다는 것이며, 변화를 두려워하지 않는 것이 우리의 소중한 전통이라고 볼 수 있다는 것입니다.

세 번째 전통은 어떤 문제, 어떤 일이 있더라도 '겸손과 존중'으로 하나가 되었다는 것입니다. 하용조 목사님께서는 하나 됨이란 각자의 소리와 각 공동체의 각 캠퍼스들이 각자의 목소리와 주장을 내세우는 것이 아니라 서로 존중하면서 하나 되는 것이라고 하셨습니다 … 하나님께서 우리에게 요구하시는 인격, 성품의 한도 내에서 서로의 차이를 하나로 만들어 가는 영성, 이것이 우리의 소중한 전통이라 생각합니다.

▌ 5개의 돛

이어서 이재훈 목사는 5개의 돛에 대해 말하고 있다.[135] 돛(Sail)은 멋있는 장식이 아니라, 압력과 긴장, 스트레스의 바람을 맞아 배를 앞으로 나아가게 하는 역할을 한다고 했다. 그는, 교회는 돛단배와 같은 존재라는 의미 있는 말을 한다. 그러면서 교회는 도전이 있어야 하고, 긴장이 있어야 하고, 모험이 있어야 하고, 거룩하고 정결한 스트레스와 부담감이 끊임없이 있어야 한다고 말한다. 교회 안에 이것이 없을 때 거룩한 도전이 상실되면서 돛은 내려오고, 이것은 결국 장식품이 되고 만다는 것이다. 성령님이 바람을 일으켜 교회로 하여금 돛을 올리고 나아가게 하신다. 한국 교회를 향한 비판과 기대의 바람을 향해 돛을 높이 세우고 앞으로 나아가야 한다면서 그는 5개의 돛을 제시했다.[136]

첫 번째는 선교사역에 있어서 지금까지 선교사 개인 중심의 팀 사역의 선교사역을 해왔습니다. 미전도 종족, 종족별, 지역별로 사역을 진행해 왔는데 아직까지도 개별적 선교사 중심의 사역이 더 많습니다. 종족별, 지역별, 중장기 계획을 수립하고 … 선교 사역에 필요한 내용을 발굴해 나가는 선교사역으로 바뀌어야 합니다.

두 번째는 대형교회를 넘어선 조직적, 유기적 멀티사이트 공동체를 만들어 가는 것입니다. 이는 하용조 목사님과 함께 시도한 것입니다. 한국적 상황에서 멀티사이트 공동체를 만들어 갈 때, 미국적 멀티사이트 교회들의 사례가 긍정적 모델이 될 것입니다 … 한국 교회는 전반적으로 쇠퇴하고 문을 닫는 교회들이 생겨나고 있습니다. 중요한 이유 중 하나는 목회자 개인 중심으로 교회가 개척된다는 것입니다 … 교회가 비전을 통해 개척한 캠퍼스, 목회자 개인에게 의존되는 시스템이 아니라 시스템 중심, 프로그램 중심, 성도 중심의 교회를 형성하는 것입니다 … 교회가 교회를 개척한, 교회가 없는 지역에 교회를 개척하는 운동을 해야 한다고 생각합니다.

　세 번째로 지역교회 교단을 넘어서는 한국 교단과 차세대 선교입니다. 차세대 사역은 교육이라는 단어를 선교로 바꿔야 합니다 … 다음 세대를 위해 복음을 전하는 일은 해외 선교에 투자하는 것만큼 전심을 다해서 차세대 선교에 과감하게 나서야 한다고 생각합니다.

　네 번째로 사회선교를 넘어서 통일을 주도하는 교회입니다. 독일에서 통일을 주제로 포럼을 했는데 목사님들 마음속에 가진 결론은 통일은 정치가 하는 것이 아닌 영적인 사역이고, 하나님 나라에 가치관이 있는 사람만 할 수 있으며 교회가 주도하는 만큼 통일을 바라볼 수 있다는 것입니다 … 그러므로 통일은 교회의 주도적 사역이 되어야 합니다. 수년간 통일을 준비하고, 통일을 주도하는 중보를 통해 영적 중심지가 되어 통일을 일으킨 독일이 통일의 영적인 상징이 되었던 것처럼, 훗날 역사에서 한반도의 통일에 온누리교회가 중요한 역할이 되어야 합니다.

　다섯 번째로 성도님들이 교회에 헌신하고, 하나님 나라를 확장하는 데 있어서 일터에서 세상을 넘어서야 한다는 것을 도전해야 할 마지막 가치로 정했습니다.

　앞에서 이재훈 목사가 제시한 실천적 목회철학 '3닻 5돛'은 그가 말한 대로 전임자 하용조 목사의 목회철학을 기초로 그것을 승계하고 발전시켜 나가는 방향으로 설정되었음을 알 수 있다. 이재훈 목사는 교회 청빙위원회로부터 온누리교회 제2기 담임 목사로 청빙이 확정된 2011년 9월 24일 〈온누리신문〉과의 인터뷰에서도 "사도행전적 교회를 계속 세워가겠습니다"라는 취지로 확정 소감을 밝힌 바 있다.[137] 〈온누리신문〉편집국장 장선철 장로와의 인터뷰에서 이재훈 목사는 "하 목사님은 대학시절부터 저의 영적 스승이셨습니다. 제가 하 목사님으로부터 받은 대표적인 영향은 성령사역과 창의적인 목회입니다"라고 하면서 "성령이 인도하시고 평신도가 능동적으로 사역하는 온누리교회의 비전은 지속적으로 더욱 활성화되어야 합니다"라고 말했다. 이는 후임 담임 목사로서의 목회철학을 전임 하용조 목사가 닦아 놓은 터 위에서 발전시켜 나가겠다는 의지를 밝힌 것이다.

그가 제시한 '3닻'은 하용조 목사가 추구한 성령 목회와 평신도 리더십을 활성화한 창의적 사역과 전임자가 만 25년간 실천해 온 목회의 전통을 이어 가겠다는 방향타를 보인 것이라고 할 것이다. 그리고 '5돛' 역시 하용조 목사의 5대 목회철학과 자신이 청빙 과정에서 제시한 '5M'을 보다 구체적으로 심화시킨 것이라고 하겠다. 특히 이재훈 목사가 제시한 '5돛'의 하나인 '교회 주도의 통일' 실천은 전임자에게서 두드러지게 찾아볼 수 없는 특징적인 목회 비전으로서, 한국 교회에서 그 비중과 영향이 큰 온누리교회가 마땅히 감당해야 할 미래 지향적인 사명이다.

온누리교회의 '사도행전 29장'(Acts29)은 계속 기록되고 있다
• • •

모세의 시대를 마감하고 여호수아의 시대를 여신 하나님께서 하용조 목사의 시대를 마감하고 이재훈 목사를 세워 온누리교회의 새로운 시대를 여셨다. 모세로부터 여호수아로 이어지는 이스라엘의 영적 리더십 승계가 모범이었듯이, 하용조 목사에서 이재훈 목사로 이어지는 온누리교회의 리더십 승계 또한 한국 교회와 세상에 모범을 보였다. 목회권을 이어받는 제도적 승계도 아름다웠지만, 무엇보다도 전임자의 목회철학을 후임자가 승계해서 발전시켜 나가는 모습은 너무나 감동적인 것이었다. 이재훈 목사는 하용조 목사의 시대를 마감하고 온누리교회의 제2기를 시작하면서 제1기를 이끌어 온 하용조 목사의 목회철학을 토대로 자신의 목회 비전을 제시했다.[138] 이른바 '3닻 5돛'이라는 목회철학이다. 이러한 발전적 변화의 과정을 이해하기 위해서는 온누리교회가 기록한 사료에 의존하는 것이 가장 정확할 것이다. 여기 그 역사적 전환점의 기록을 인용한다.[139] 이 기록은 온누리교회 제1기를 이끌어 온 하용조 목사의 목회철학을 요약하면서 제2기를 이끌어 갈 이재훈 목사의 목회철학을 담고 있어 하용조 목사의 목회 사상 이해에도 도움을 주고 있다.

> 온누리교회의 목회철학은 말씀과 성령으로 충만한 공동체를 소망하며 '사도행전적 바로 그 교회'를 목표로 세우고 시작되었다. 이러한 목회철학에 따라 선포된 공동체의 성격은 성경적 공동체였으며, 그것은 예배공동체요, 성령공동체요, 선교공동체였다. 이러한 공동체를 세우고자 하는 열망은 온누리교회를 '성령이 움직이시는 교회', '평신도들이 능동적으로 사역하는 교회', '비전이 이끌어가는 교회'라는 이상적인 교회의 목표를 향해 나아가게 했다. '말씀과 성령'으로 충만한 '예배와 성령과 선교 공동체'는 '국내와 해외의 선교'로, '지역사회 및 대한민국을 향한 사회참여'로 그 영향력을 퍼뜨려 나가게 되었다.
>
>   이러한 역동적 공동체로 성장해온 온누리교회는 5가지 목회철학의 뼈대를 말할 수 있게 되었다. 이는 '성경중심의 교회', '복음중심의 교회',

'선교중심의 교회', '긍휼을 베푸는 교회', '그리스도의 문화를 심는 교회'로 하나님께서 주신 사명을 감당하는 것이었다.

이러한 5가지 목회철학의 뼈대를 중심으로 실천하며 성장해온 온누리교회는 2003년 이후 Acts29 비전을 선포하며 더욱 성숙된 모습으로 세상을 향해 나아가게 되었다. 'Acts29 비전'은 사도행전(Acts)이 28장까지 기록되어 있지만, 이 시대에도 사도행전은 계속 쓰여져야 한다는 소망을 담아 이 시대의 성도들이 사도행전 29장을 계속 써가야 한다는 하나님의 비전을 담고 있다. 다시 말해 Acts29 비전은 온누리교회가 모든 교회들과 함께 사도행전 29장을 기록하기 원한다는 온누리교회의 비전이다. 또한 Acts29 비전은 '흩어지는 교회의 비전'으로서 '사도행전적 바로 그 교회'를 다시 세워감으로 온 누리에 복음을 전하는 온누리교회의 비전이다.

제2기를 맞이한 온누리교회는 하용조 목사님께서 선포하신 Acts29의 비전을 함께하며 새로운 한 걸음을 시작했다. 2대 담임목사로 세워진 이재훈 목사는 2014년 온누리 정책 포럼 행사에서 5가지 목회철학을 기초로, 한 걸음 더 전진한 모습의 '3닻 5돛'의 실천적 목회철학을 제시했다.

여기서 우리가 주목할 것은, 온누리교회는 개척자이자 제1기 담임인 하용조 목사의 목회철학, 즉 '성경 중심의 교회', '복음 중심의 교회', '선교 중심의 교회', '긍휼을 베푸는 교회', '그리스도의 문화를 심는 교회', 이 다섯 가지의 목회철학을 기초로 제2기 담임인 이재훈 목사의 한 걸음 더 발전적인 목회철학, 즉 '3닻 5돛'이라는 실천적 목회 비전을 제시했다는 점이다. 전임자의 목회철학을 후임자가 배턴을 이어받아 미래를 향해 달려가는 발전적인 모습이다.

필자는 평전을 마무리하면서, 하용조 목사가 온누리교회 개척을 앞두고 오랫동안 기도하면서 가졌던 영적 고민을 다시 떠올린다. 즉, '과연 사도행전적인 바로 그 교회가 오늘에도 가능한가?'에 대한 고뇌와 기도와 묵상 말이다. 결과적으로 하용조 목사는 예수님이 언명하시고 성령님이 세우신 사도행전의 바로 그 교회는 오늘도 가능하다는 기도의 응답으로 온누리교회를 시작했다. '바로 그 교회'가 가능해서가 아니라, 이 시대에 반드시 필요하고 하나님이 원하신다는 믿음의 확신과 사명감으로 시작한 것이다. 그러므로 오늘의 온누리교회는 21세기 구원의 방주인 동시에 초대교회 시대의 사도행전의 바로 그 교회 이상을 실현하는 모델로서의 교회인 것이다. 하나님은 교회의 연속성이자 영속성을 온누리교회를 통해 우리에게 보여 주고 계신다.

하용조 목사는 온누리교회를 통해 이 사명을, 이 꿈과 환상을 감당하기 위해 65년의 생애를 주님의 몸 된 교회를 위해 아낌없이 바쳤다. 예수님이 피로써 세우신 교회를 위해 그분의 진실한 종 하용조 목사는 온몸으로 사도행전 29장을 쓰다가 주님께로 갔다. 분명 그가 쓴 편지는 미완의 진행형이다. 남아 있는 우리더러 채우라고 기도와 땀과 눈물과 고난의 여백을 남겨 놓았다. "그리스도의 남은 고난을 그의 몸 된 교회를 위하여 내 육체에 채우노라"(골 1:24)고 고백한 사도 바울처럼.

우리의 죄와 질고를 지고 영문 밖으로 나아가신 예수님을 따라간 하용조 목사를 머잖아 만나기 위해 이제 우리도 주님을 따라 영문 밖으로 나아가자. 마지막 순간까지 목메어 복음을 외치다가 예수님을 따라 변화산에 오른 하용조 목사처럼, 우리도 교회에서, 삶의 자리에서, 저잣거리에서 복음을 전하며 사도행전 29장을 기록하다가 다시 오실 주님을 만나뵈옵자. 우리 앞서 간 하용조 목사를 그날에 만나리라.

1. 필립 샤프, 《사도적 기독교》, 교회사 전집, 1, p. 5 참조.
2. 참고로, 하용조 목사의 형 하용삼도 목사가 되었으며, 동생 하용인(스데반)은 음악을 전공한 선교사로 온누리교회 개척 초기에 음악 사역을 담당했다.
3. 브리태니커편집위원회, '강서학살사건', 《브리태니커》, (서울: 한국브리태니커회사, 1992), 1, p. 235.
4. 문성모, 《하용조 목사 이야기》, p. 17.
5. 위의 책, p. 18.
6. 하용조, 《사도행전적 교회를 꿈꾼다》, pp. 31-32.
7. 위의 책, p. 32.
8. 위의 책, p. 28.
9. 필립 샤프, 《스위스 종교개혁》, 교회사 전집, 8, p. 276.
10. 하용조, 《사도행전적 교회를 꿈꾼다》, p. 28.
11. 위의 책, p. 28.
12. 위의 책, pp. 28-29.
13. 위의 책, p. 32.
14. 위의 책, p. 32.
15. 위의 책, p. 33.
16. 참고로, 쉐마는 '너희는 들으라'라는 말로 시작되는 신명기 6장 4절의 서두로, 유대인들의 신앙고백이 된 말씀이다. 원래 쉐마는 4절이었으나 후에 5-9절까지 포함하게 되었다고 한다. 이후 신명기 11장 13-21절과 민수기 15장 37-41절도 제2, 제3의 쉐마로 일컬어지게 되었다. 선민 이스라엘 백성은 아침저녁으로 이 쉐마를 암송하는 의식을 행함으로 선민임을 확인하는 표식으로 삼았다.
17. 하용조, 《사도행전적 교회를 꿈꾼다》, p. 34. 이 인용문에 나오는 영아원은 당시 하용조 목사의 선친 하대희 장로가 거리를 헤매는 전쟁고아들을 거두어 보호한 일종의 고아원으로서, 25년 동안 유지해 오면서 250여 명의 고아들에게 음식과 잠자리를 제공해 주었다고 한다. 온누리교회 편, 《온누리행전 30년》, p. 113 참조.
18. 하용조, 위의 책, pp. 34-35.
19. 위의 책, p. 35.
20. 위의 책, p. 93.
21. 위의 책, p. 35.
22. 위의 책, pp. 35-36.
23. 위의 책, p. 36. 필자는 이처럼 숙연한 고백을 한 하용조 목사의 심정을 헤아려, 이 인용문을 경어체로 바꿔 표현했음을 밝힌다.
24. 위의 책, p. 37.
25. 위의 책, p. 27.

26. 하용조, 《하용조 목사의 큐티하면 행복해집니다》, p. 6.

27. 하용조, 《사도행전적 교회를 꿈꾼다》, p. 37.

28. 위의 책, p. 38.

29. 위의 책, p. 38.

30. 하용조, 《하용조 목사의 큐티하면 행복해집니다》, pp. 10-12.

31. 위의 책, p. 11.

32. 위의 책, pp. 11-12.

33. 하용조, 《사도행전적 교회를 꿈꾼다》, p. 50.

34. 위의 책, p. 51.

35. 위의 책, p. 51.

36. 하용조, 《하용조 목사의 큐티하면 행복해집니다》, p. 13.

37. 하용조, 《사도행전적 교회를 꿈꾼다》, p. 63.

38. 위의 책, p. 66.

39. 위의 책, p. 71.

40. 위의 책, p. 71.

41. 위의 책, pp. 68-69. 가령 연예인들은 저마다 스포트라이트를 받는 사람들이기 때문에 목회자를 예우할 줄 모르고, 심지어 관록 있는 연예인이 출석하면 차량의 문도 전도사가 직접 열어 주는 경우가 있었다고 한다. 그는 그때를 이렇게 회상했다. "내가 설교할 때도 물 한 컵 떠다 주는 사람이 없었다. 교회를 청소하는 사람도 없었다. 혼자서 교회 청소하고, 예배 끝나고 성도들이 돌아갈 때는 택시까지 잡아 줘야 했다. 정말 종도 그런 종이 없었다. 그런데도 그분들과 하는 목회가 그렇게도 신나고 재미있었다. 하지만 3년 정도 지내고 나니까 내 입에서 자꾸 이런 말이 나왔다. '해도 해도 너무한다.' … 그랬더니 하나님이 내 마음속에 이런 응답을 주셨다. '언제는 안 그랬냐?'"

42. 참고로, 하용조 목사의 목회철학에서 중요한 자리를 차지하고 있는 문화의 이해와 문화의 도구를 목회에 효과적으로 활용하는 방법론은 20대 시절, 신학교 재학 시절부터 경험한 연예인교회에서 얻은 것임을 간과해서는 안 될 것이다. 여기에 대한 내용은 '제10장 문화 사역과 문서 운동'에서 살펴보았으니 참고하기 바란다.

43. 하용조, 《사도행전적 교회를 꿈꾼다》, pp. 69-70.

44. 존 칼빈, 《구약성경 주석 3》, 칼빈 성경주석, 출애굽기 13장과 민수기 9장 주석 참조.

45. 필립 샤프, 《스위스 종교개혁》, 교회사 전집, 8, p. 294.

46. 하용조, 《사도행전적 교회를 꿈꾼다》, p. 72.

47. 위의 책, pp.73-95. 이 책에서 하용조 목사는 건강의 악화로 연예인교회를 사임하고 1981년 영국으로 출발해 귀국할 때까지 영국에서의 훈련 기간을 향후 새로운 목회를 위한 제1차 목회 밑그림을 그린 시기로, 1985년 10월 온누리교회를 개척해 6년간의 사역으로 교회가 크게 부흥했으나 또다시 악화된 육신의 지병으로 안식년을 얻어 1991년 하와이에서 요양한

기간을 제2차 목회 밑그림을 그린 시기라고 기록하고 있다. 이렇게 볼 때, 하용조 목사의 목회에 대한 구상은 하루아침에 이루어진 것이 아니라, 무려 10년에 걸쳐 구상하고 다듬어지고 완성된 것이라고 하겠다. 제1차 밑그림을 통해서는 그의 '강해 설교'와 '새로운 예배' 그리고 본격적인 '두란노 사역을 통한 문화 목회'가 구체화되었다면, 제2차 밑그림을 통해서는 '성령 목회'가 구체화되었다고 할 수 있다. 그런데 이러한 1, 2차 목회의 밑그림은 그가 예수님을 만난 이후부터 꿈꾼 '사도행전적 바로 그 교회'를 전제하고 있음에 유의해야 한다.

48. 위의 책, pp. 73-76.
49. 위의 책, p. 73.
50. 위의 책, p. 74.
51. 위의 책, p. 75.
52. 위의 책, p. 75.
53. 위의 책, p. 76.
54. 위의 책, p. 76.
55. 위의 책, p. 76. 1913년 C. T. 스터드에 의해 세워진 WEC에 대한 내력은 《사도행전적 교회를 꿈꾼다》 PART 4. '선교' 편을 참고하기 바란다.
56. 위의 책, p. 77.
57. 하용조, 《나는 선교에 목숨을 걸었다》, pp. 12, 26.
58. 하용조, 《사도행전적 교회를 꿈꾼다》, p. 78.
59. 위의 책, p. 80.
60. 위의 책, p. 81.
61. 앞에서도 언급했지만, 하용조 목사가 두란노서원을 설립한 것은 1980년 12월이다. 온누리교회를 창립한 1985년보다 5년 앞서 세워졌다.
62. 하용조, 《사도행전적 교회를 꿈꾼다》, p. 85.
63. 아래에 소개하는 몇몇 사례는 하용조 목사가 영국에서 유학하며 여러 가지 영적 체험을 한 가운데, 특히 몇몇 유명 교회를 통해 충격을 받은 새로운 예배에 대한 간증이다. 《사도행전적 교회를 꿈꾼다》, pp. 85-90 참조.
64. 위의 책, p. 89.
65. 위의 책, pp. 71-72.
66. 위의 책, pp. 82-90 참조.
67. 온누리교회 편, 《온누리행전 30년》, p. 127.
68. 위의 책, p. 127
69. 위의 책, p. 130.
70. 하용조, 《사도행전적 교회를 꿈꾼다》, p. 91.
71. 위의 책, p. 90.
72. 위의 책, p. 91.
73. 위의 책, pp. 91-93.

74. 위의 책, pp. 93-94.

75. 위의 책, p. 94.

76. 위의 책, p. 94.

77. 온누리교회 편,《온누리행전 30년》, pp. 125-361.

78. 하용조,《사도행전적 교회를 꿈꾼다》, pp. 94-95.

79. 온누리교회 편,《온누리행전 30년》, pp. 291-293.

80. 위의 책, p. 80.

81. "하용조 목사 천국 가는 길… 애도 물결", <온누리신문>(2011. 8. 7.), 2면.

82. 온누리교회 편,《온누리행전 30년》, p. 81.

83. <온누리신문>(2011. 8. 7.), 5, 16, 17, 19면.

84. 위의 신문, 19면.

85. 위의 신문, 19면.

86. 위의 신문, 19면.

87. 위의 신문, 20면.

88. 위의 신문, 20면.

89. 온누리교회 편,《온누리행전 30년》, p. 54; 위의 신문, 20면.

90. 위의 신문, 20면.

91. 위의 신문, 20면.

92. 위의 신문, 20면.

93. 위의 신문, 23면.

94. 이어령,《딸에게 보내는 굿나잇 키스》, pp. 250-251. 하용조 목사 소천 당시 조시를 바칠 기회를 갖지 못한 이어령 선생은 소천 1주기에 이 시를 바쳤다. 이 시는 그의 사랑하는 딸 이민아 목사를 추억하면서 쓴 상기 도서에 수록되었는데, 이 책에서 저자는 하용조 목사가 암 투병을 하는 딸을 위해 기도해 준 사연을 이렇게 기록하고 있다. "네가 암으로 마치 사형 선고를 받은 사형수처럼 이 땅에 돌아왔을 때 너를 병의 사슬로부터 자유롭게 한 사람이 바로 하 목사님이었잖니. 우리가 찾아가자 목사님은 그날 저녁 일정을 모두 취소하고, 너를 위해 정말 지극한 기도를 하셨잖아. 본인이 너보다 더한 병을 앓고 계셨는데도 너를 구원해달라고 말이지. 그때 나는 일본에서 하 목사님께 세례를 받았기 때문에 처음 목사님을 만났을 때와는 전혀 다른 마음이었어. 우리는 하 목사님과 함께 경건한 기도를 올렸지."

95. 온누리교회 편,《온누리행전 30년》, p. 39.

96. 위의 책, p. 30.

97. 자끄 엘륄, 박동열 역,《세상 속의 그리스도인》(서울: 대장간, 2010), p. 75.

98. 온누리교회 편,《온누리행전 30년》, pp. 25-27. 온누리교회 제2대 담임 목사 취임 예배에 대한 기술은《온누리행전 30년》에서 발췌했다.

99. 위의 책, p. 26.

100. 홍정길, "사명의 사람", <온누리신문>(2011. 10. 30.), 2면.

101. 어거스틴,《고백록》, p. 207.

102. 네이버 검색창 참조.

103. 하용조, 《사도행전적 교회를 꿈꾼다》, p. 54.

104. 위의 책, p. 54.

105. 위의 책, p. 37.

106. 위의 책, p. 37.

107. 위의 책, p. 58.

108. 위의 책, p. 59.

109. 하용조, 《하용조 목사의 큐티하면 행복해집니다》, p. 16. 하용조 목사는 큐티를 처음 접하게 된 것은 대학 시절 CCC에서였으며, 그 뒤 결혼을 하고 아내(이형기 사모)가 다니던 뉴질랜드 바이블칼리지 학장 제임스 닥터 스튜어트가 한국을 방문했을 때 그와 함께 새벽마다 성경을 읽으며 큐티를 하게 되었다고 밝히고 있다. 본격적인 큐티는 1981년부터 영국에서 훈련을 받으면서 복음주의자들이 아침마다 하는 경건생활에서 큐티하는 모습을 보고 자신도 성경 묵상을 겸한 큐티 생활을 하게 되었다고 한다. 신앙생활에서, 특히 성경 공부와 설교 준비에 있어서 큐티의 중요성을 깊이 체험한 그는 귀국해서 1985년 <빛과 소금>을 창간, 2년 후 큐티 전문 잡지 <생명의 삶>을 만들어 한국 교회 목회자와 성도들에게 보급하기 시작했다.

110. 하용조, 《사도행전적 교회를 꿈꾼다》, p. 55.

111. 위의 책, p. 55.

112. 위의 책, pp. 57-58.

113. 위의 책, p. 60.

114. 위의 책, pp. 60-61.

115. 위의 책, p. 81.

116. 엄밀히 말하면, 하용조 목사가 두란노서원을 세운 것은 1980년 12월로, 온누리교회 창립보다 5년 앞선다. 그러니까 그는 연예인교회 경험 이후 두란노서원을 통한 파라처치 운동의 기반을 마련한 후 온누리교회를 창립해 처치 운동을 전개한 것이라고 할 수 있다. 두란노서원이 본격적인 활동을 전개한 것은 1985년 5월, 하용조 목사가 영국에서 귀국해 온누리교회를 개척한 이후다.

117. 하용조, 《사도행전적 교회를 꿈꾼다》, p. 81.

118. 위의 책, p. 82.

119. 위의 책, p. 227.

120. 스티븐 로슨, 《마틴 로이드존스의 설교를 만나다》, p. 143.

121. 위의 책, p. 137.

122. 하용조, 《사도행전적 교회를 꿈꾼다》, pp. 75-76.

123. 위의 책, p. 229.

124. 위의 책, p. 74.

125. 위의 책, p. 224.

126. 온누리교회 연표 참조. 참고로, 온누리교회는 1988년(2.1-5), 1989년(2.13-17), 1991년(1.28-

2.1), 1992년(1.27-31), 1993년(2.16-18), 1995년(9.18-20), 이렇게 여섯 차례에 걸쳐 데니스 레인 목사 초청 세미나를 개최했다. 이는 짐 그레이엄 목사와 함께 가장 많은 초청을 받은 강사로 기록된다.

127. 하용조, 《사도행전적 교회를 꿈꾼다》, p. 74.
128. 위의 책, p. 89.
129. 위의 책, p. 177.
130. 온누리교회 연표에 의하면, 1990년(5.28-31), 1992년(4.6-10), 1994년(6.27-29), 1996년 (6.3-5), 1997년(6.9-12), 2000년(5.22-24) 등 여섯 번이나 짐 그레이엄 목사를 초청해 예배 관련 세미나를 개최했다.
131. "종교개혁 영성의 현장을 가다", <국민일보>(2016. 5. 1-2017. 10. 5); 김성영 외 4인 공저, 《종교개혁 길 위를 걷다》(서울: 두란노, 2017).
132. 김성영, "사도행전적 초대교회를 꿈꾸다", 《종교개혁 길 위를 걷다》, p. 340.
133. 위의 책, p. 54.
134. 위의 책, p. 55.
135. 위의 책, p. 57.
136. 위의 책, p. 58.
137. 이재훈, "사도행전적 교회 계속 세워가는 영혼의 지휘자 되겠습니다.", <온누리신문>(2011. 9. 25.), 2면.
138. 온누리교회 편, 《온누리행전 30년》, p. 53.
139. 위의 책, pp. 52-53.

에필로그

그리운 목사님

목사님, 당신의 발걸음을 따라 먼 길을 다녀왔습니다.

예수님의 사람은 기도하는 사람이고 말씀을 듣는 사람이라고 합니다.

예수님의 사람은 믿음에 살고 사랑에 살고 소망에 사는 사람이라고 합니다.

예수님의 사람은 환상을 보는 사람이고 영음을 듣는 사람이라고 합니다.

예수님의 사람은 이웃과 더불어 살고 성령님을 따라 사는 사람이라고 합니다.

예수님의 사람은 예수님으로 살고 예수님으로 죽는 사람이라고 합니다.

저도 어려서 예수님을 만나 교회 생활을 하면서, 저를 키워 주신 목자들로부터 수없이 들어 온 설교입니다. 심비에 새겨놓은 가르침입니다.

그래서 저도 그렇게 살아야지 하고 나름 애쓰며 지금 여기까지 왔습니다.

그런데 목사님, 제가 그렇게 살지 못한 것을 인생의 해거름에 알게 되었습니다.

천성으로 이어진 발자취를 더듬으며 10년 만에 당신을 다시 만난 탓입니다.

당신을 다시 만나고 보니 제가 살아온 인생이 부끄럽습니다.

진실하지 못했습니다. 치열하지 못했습니다. 사랑하지 못했습니다.

복음 전하는 일에 게으르고 나태했습니다. 성령님 음성에 귀가 어두웠습니다.

예수님을 위해 살지 못했고, 이웃을 위해 살지도 못했습니다.

그런데 목사님, 당신은 어찌 그토록 복음을 위해 치열하게 살 수 있었습니까.

어찌 그토록 교회를 위해 살 수 있었으며 성도를 위해 살 수 있었습니까.

그 아픈 몸을 가지고 어찌 그토록 쉬지 않고 일할 수 있었습니까.

육체의 가시로 주어진 예수님의 흔적을 어찌 그토록 사랑할 수 있었습니까.

어찌 마지막까지 강단을 지키며 말씀을 전하다가 주님을 맞이할 수 있었습니까.

영으로 하는 소원입니다. 가 버린 시간을 되돌릴 수는 없어도

남은 시간이라도 당신처럼 살고 싶습니다. 예수님을 사랑하는 일에 말입니다.

복음을 증언하는 일에 말입니다. 당신처럼 이웃을 돌보는 일에 말입니다.

당신이 본 환상을 보고, 당신이 순종한 성령님을 만나는 일에 말입니다.

마실을 가듯, 홀연히 우리 곁을 떠난 당신을 그리워하는 순(旬)의 시간에

하용조 목사님, 당신을 사랑하는 모든 사람들이 그랬으면 좋겠습니다.

세계와 국가와 민족이 역사상 가장 어려운 시대를 당한 이때에

온누리교회와 한국 교회 목회자들과 성도들이 그랬으면 좋겠습니다.

저녁이 없는 아침의 천국으로, '감사의 저녁'에 '행복한 아침'을 찾아간 목사님,

예수님 품에서 영원한 소년의 미소 지으며 편히 쉬고 행복하십시오.

두고 가신 조국과 교회와 성도 위한 기도 시간 잊지 마시고요.

하용조 목사의 헌신으로 영광 받으신 하나님 앞에 이 졸작을 놓으며,

붓을 들게 해 주신 온누리교회 이재훈 담임 목사님과

성도님들에게 감사드립니다.

2021년 7월

김성영

부록

∎
∎

하용조 목사 연보(Chronological Record)
하용조 목사 저서 목록(List of Works)
온누리교회 연혁(History of Onnuri Church)
두란노서원 연혁(History of Tyrannus)
화보로 보는 발자취(Pictorial Record)

하용조 목사 연보(Chronological Record)

1946년 9월 20일	평안남도 강서군 수산면 신정리 561번지에서 아버지 하대희 장로와 어머니 김선일 권사의 3남 3녀 중 셋째로 출생하다.
1951년 1월 4일	한국전쟁 중 1.4후퇴 때 부모와 함께 평안남도 진남포에서 출발해 한반도 남쪽의 목포로 피난하다.
	목포 피난 시절 부친이 길거리에서 방황하는 고아들을 자주 집으로 데리고 와, 이를 계기로 부모님이 고아원을 시작해 25년 동안 고아를 양육하다.
1953년 3월 2일	목포초등학교를 졸업하다.
1962년 2월	목포중학교를 졸업하다.
1964년 2월	대광고등학교를 졸업하다.
3월	건국대학교 축산가공학과에 입학하다.
1965년	한국대학생선교회(CCC)에서 신앙 훈련을 받고 1972년까지 7년간 학생 리더와 전임 간사로 봉사하다.
1966년 8월 4일	경기도 입석에서 CCC 여름수련회 중 거듭남의 은혜를 체험하다.
1972년 2월	건국대학교 축산가공학과를 졸업하다.
3월	장로회신학대학교에 입학하다.
	마포교회 전도사로 부임하다.
1974년 6월	마포교회 전도사 사역을 마치다.
1975년 2월	장로회신학대학교를 졸업하다.
1976년 5월	대한예수교장로회(통합) 목포노회에서 목사 안수를 받다.
	연예인교회를 개척하다. 당시 영화배우, 코미디언, 가수 등의 연예인들과 함께 시작한 성경 공부가 발전해서 한국 최초의 연예인교회가 되다.
1978년 7월 17일	한경직 목사의 주례로 이형기 사모와 결혼하다.
1980년	연예인교회를 사임하다.
12월	두란노서원을 설립하다.
1981년 7월	영국 런던 바이블칼리지에 입학하다.
1982년 6월	영국 런던 바이블칼리지를 수료하다.
7월	영국 WEC 국제선교센터에서 훈련을 시작하다.
9월	영국 WEC 국제선교센터 훈련을 수료하다.
1983년 3월	영국 런던 인스티튜트에 입학하다.

1984년 2월	영국 런던 인스티튜트를 수료하다.
1985년 5월	열두 가정과 함께 성경 공부를 시작하다. 이 성경 공부 모임이 온누리교회의 모체가 되다.
10월 6일	온누리교회를 창립하다.
10월 27일	새로운 예배 처소에서 첫 예배를 드리다.
1986년 2월 23일	새 성전 건축 기공 예배를 드리다.
10월 12일	수요 큐티 예배를 시작하다.
11월 9일	일대일 양육 지도자 훈련을 시작하다.
1987년 7월 19일	새 성전 입당 예배를 드리다.
1990년 10월 7일	온누리교회 창립 5주년 기념 성회를 열다.
1991년	건강상 안식년을 맞아 하와이에서 요양하다.
1992년	안식년을 마치고 귀국, '성령 목회'를 선포하다.
6월 15-17일	오순절 성령 집회 '성령이여 임하소서'를 열다.
1995년 3월 21일	제27회 국가조찬기도회에서 '영적 예배를 드리십시오'(갈 5:13; 대하 7:11-22) 제하의 설교를 하다.
10월 8일	온누리교회 창립 10주년 기념 주일을 지키다.
11월	한동대학교 이사장에 추대되다.
1997년 5월	아버지학교를 개교하다.
1998년 5월	미국 바이올라대학교에서 명예 문학박사 학위를 받다.
1999년 1월 12일	어머니학교를 개교하다.
8월	사단법인 온누리복지재단을 설립, 초대 대표 이사에 추대되다.
9월	미국 바이올라대학교 이사로 추대되다.
12월	학교법인 신동아학원 이사장에 추대되다.
	전주대학교 이사장에 추대되다.
2000년 10월	온누리인터넷방송국을 개국하다.
10월 8일	온누리교회 창립 15주년 기념 예배를 드리다.
2001년 11월	장애인 공동 생활 가정인 '기쁨의집'과 '소망의집'을 만들다.
2002년 2월	미국 트리니티대학교(Trinity University)에서 명예 신학박사 학위를 받다.
4월	시립용산노인종합복지관을 개관하다.
11월	군포시 청소년 쉼터 '하나로'를 개관하다.
2004년 2월	한동대학교 이사에 추대되다.
2005년 2월 28일	햇불트리니티신학대학원대학교 총장에 취임하다.

3월 29일	CGNTV 설립 및 개국하여 이사장에 취임하다.
8월	시립동부노인전문요양센터를 개관하다.
10월	한국교회사학회 주최, '한국교회 10대 설교가'에 선정되다.
10월 9일	온누리교회 창립 20주년 기념 예배를 드리다.
2006년 4월 27일	명지대학교에서 명예 철학박사 학위를 받다.
5월	온누리노인요양센터를 개관하다.
2007년 3월 29일	일본 선교를 위한 '러브소나타', 오키나와에서 첫 집회를 갖다.
10월 10일	숭실대학교에서 명예 기독교학박사 학위를 받다.
2011년 7월 31일	온누리교회 제1부 예배(서빙고) 및 제3부(양재) 예배에서 마지막 설교('변화산에서 생긴 일'[막 9:2-13])를 하다.
8월 2일	향년 65세로 하나님의 부르심을 받다.
	이형기 사모와의 슬하에 1남 1녀를 두다.
	(아들 하성석, 딸 하성지)
8월 4일	온누리교회장으로 천국 환송 예배를 드리다.
10월 27일	온누리교회 창립자이자 제1대 담임 하용조 목사의 후임으로 제2대 담임 이재훈 목사가 취임하다.

하용조 목사 저서 목록(List of Works)

▌단행본

《감사의 저녁》

《광야의 삶은 축복이다》

《그날의 대화》

《기도하면 행복해집니다》

《나는 선교에 목숨을 걸었다》

《나의 사랑하는 여러분에게》

《나의 하루》

《매일 아침 청소년을 위한 365》(공저)

《목숨을 건 일본 사랑, 러브소나타》

《믿음은 기다림으로 완성됩니다》

《사도행전적 교회를 꿈꾼다》

《사랑의 교향곡》

《사랑하는 가족에게》

《사랑하는 그대에게》

《설교 준비에 도움을 주는 설교 사전》

《세상을 변화시키는 비전과 리더십》

《십자가의 임재 안에》

《어린이를 위한 기도하면 행복해집니다》

《예수님의 7블레싱》

《예수님의 7터치》

《인격적인 성령님》

《인생의 가장 행복한 순간 하나님의 프러포즈》

《정신 차리고 삽시다》

《주님과 함께하는 나의 하루》

《초점》

《큐티와 목회의 실제》(공저)

《하용조 목사의 큐티하면 행복해집니다》

《한 사람을 찾습니다》

《행복의 시작 예수 그리스도》

《행복한 아침》

《힘은 있을 때 조심해야 합니다》

❙ 강해 설교집

[창세기](전 5권)

《아담아 네가 어디 있느냐》

《무지개가 구름 사이에 있으리라》

《너는 복의 근원이 될지라》

《다시는 야곱이라 부르지 말라》

《꿈의 사람 믿음의 사람 요셉》

[느헤미야](전 1권)

《기도로 돌파하라》

[이사야](전 1권)

《내 백성을 위로하리라》

[마태복음](전 5권)

《예수, 사람으로 오신 하나님의 아들》

《복음, 산상에서 전한 천상의 삶》

《제자, 복음의 그물을 던지는 어부들》

《십자가, 하늘 문을 연 천국 열쇠》

《부활, 죽음을 딛고 피어난 영원의 꽃》

[요한복음](전 5권)

《예수님은 생명입니다》

《예수님은 능력입니다》

《예수님은 사랑입니다》

《예수님은 기쁨입니다》

《예수님은 승리입니다》

[사도행전](전 3권)

《성령 받은 사람들》

《변화 받은 사람들》

《세상을 바꾼 사람들》

[로마서](전 2권)

《로마서의 축복》

《로마서의 비전》

[에베소서](전 1권)

《하나 됨의 열망》

[히브리서](전 1권)

《예수님만 바라보면 행복해집니다》

[요한일서 강해](전 1권)

《예수님과의 사귐》

[마가복음 강해](전 1권) - 이재훈 목사 공저로 유작(遺作)

《순전한 복음》(공저)

온누리교회 연혁(History of Onnuri Church)

1984년 10월		한남동 한국기독교선교원에서 12가정 제자 훈련 시작
1985년 6월 23일		구역 성경 공부 모임 시작
	10월 6일	온누리교회 창립 예배(한국기독교선교원, 가건물), 협동장로 및 서리집사 임명
	12월	새신자 교육 시작
	12월 29일	세례식(첫 세례식 추정)
1986년 2월		큐티 훈련 시작
	2월 23일	교회 건축 기공 예배
	4월 20일	장로 장립 예배
	5월	남·여선교회 탄생
	5월 18일	국외 선교 작정 헌금, 국외 선교위원회 헌신 예배
	9월	일대일 양육 리더 훈련 시작, 주일 성경 공부에 큐티와 일대일 포함
	10월 5일	창립 1주년 기념 예배
1987년 2월		매월 마지막 주일 구제봉사주일로 정함
	4월 26일	권사, 안수집사 임직 예배
	7월 19일	서빙고 온누리교회 입당 예배
	12월 24일	중고등부 연합 제1회 문학의밤 '온사랑의밤'
1988년 7월 17일		영어 예배 시작(창립)
	9월 10일	교회학교 교사 양성 교육(교사대학) 개설
	10월 23-26일	온누리 가을 전도대회 '하나님이 세상을 이처럼 사랑하사'
1989년 3월 5일		해외 선교 헌금 작정
	9월	평신도를 위한 선교 강좌 시작
	10월 14일	창립 4주년 기념 재한 일본인 초청 온누리 챔버 오케스트라 연주회
	11월 6일	일본인을 위한 한글 강좌 시작
1990년 2월		선교교육관 부지 매입 위한 헌금 작정
	6월 9일	일본 어린이들에게 성경을 가르치는 토요 학교 개교(파푸스, 푸치파푸스 전신)
	10월 7일	창립 5주년 기념주일, 일본어 예배 시작(창립)
	10월 8-10일	온누리교회 창립 5주년 기념 전도대회
	11월 19일	연말연시를 위한 40일 특별새벽기도회 시작
1991년 3월 3일		군포 선교센터 하나로 개원

8월 22-23일	한국창조과학회 국제 심포지엄
10월 2-15일	온누리교회 창립 6주년 기념사진 및 자료 전시회
1992년 4월-5월	가정의 달 특집, 선교사 가정에 선물 및 편지 보내기 운동
5월 12일-6월 30일	신혼부부학교 개설
5월 22-23일	순장목양대회
6월 15-17일	오순절 성령 집회 '성령이여 임하소서'
9월 28-30일	영적 전쟁을 위한 성령 집회 '하나님의 전신갑주를 입으라'
12월 18일	미전도 종족을 위한 선교 세미나 '잃어버린 족속을 향한 하나님의 전략'
1993년 3월 29일	BEE 프로그램 오리엔테이션
4월 3일	하나님의가정훈련학교(1기) 시작
6월 14-16일	오순절 성령 강림 집회 '생명의 성령으로'
9월 20-22일	영적 전쟁을 위한 성령 집회 '하나님의 강한 군사'
12월 20-22일	성탄절 전도 집회 '한 성도, 한 생명'
1994년 1월 9일	누리사랑부 창립 예배
1월 23일	주일예배 동시통역 시작(2부, 4부)
3월 23일	제1기 모세대학(60세 이상 노인) 시작
4월 5일	〈온누리신문〉 창간
6월 12일	오와타신덴 그리스도교회 창립 예배(야치요 온누리교회 전신)
7월 3일	2천/1만 비전 선포(2010년까지 2천 명 선교사 파송, 1만 명 사역자)
7월 9일	BEE Korea 창립 예배
8월 28일	예수향기회 사역 시작(효창공원, 걸식 노인 대상)
10월 2일	예수향기회 창립 예배
12월 18일	세계선교교육센터 기공 예배
1995년 1월 8일	누리사랑부 1주년 기념 예배
3월 21일	제27회 국가조찬기도회에서 하용조 목사 설교
5월 9일	번동코이노니아 개원 예배
5월 17-25일	세계선교대회
7월 17일	2천/1만 헌신자 제1기 훈련 시작
12월 11일	한동대학교 후원의 밤
1996년 **표어: 거룩과 순결**	
1월 14일	중국어 예배 시작
3월 11일-4월 2일	제1기 전도학교 시작

4월 30일	세계 인터넷 선교학회 창립
5월 5일	주일예배 일본어 통역 시작(2부 예배), 미얀마어 예배 시작
5월 12일	온누리미션 미얀마어 예배 시작
6월 3-5일	성령 집회 '성령이여 오시옵소서'
6월 8일	온누리 2천/1만 훈련원 개원 예배(경기도 용인군 추계리 239-5) (OWMC: 온누리세계선교센터 전신)
9월 8일	교회 인터넷 홈페이지 개설, 1996 온누리 선교대회(8개 미전도 종족 입양)
10월 22일	대련 온누리교회 창립
10월 30일	야치요 온누리교회 창립
11월 24-26일	성령 집회 '성령을 사모하십시오'
12월 29일	등록 교인 1만 명 돌파(11,357명)

1997년 표어: 순종과 헌신

1월 11일	첫 열린예배 '위대한 출발'
2월 24-25일	어린이 성령 집회 '좋은 친구 성령님' 개최, 온누리교회학교 명칭 '꿈이자라는 땅'으로 제정
3월 12일-6월 7일	하용조 목사 안식년
7월 6일	온누리미션 우르두어 예배(파키스탄어예배 전신) 시작
7월 7-9일	가정사역축제
7월 20일	세계선교교육센터 입당 예배, 온누리 선교대회(6개 종족 입양)
11월 3-8일	1997 온누리 사역축제(OMC)
12월 7일	몽골어 예배 시작

1998년 표어: 회개와 부흥

1월 5-7일	남성들을 위한 영적 대각성 집회
2월 17일	화요성령집회 시작
3월 8일	열린나눔장터 개장
4월 19일	온누리 도서관 개관
6월 28일-7월 1일	온누리 가족행복잔치
8월	비전헌금주일 시작(매월 둘째 주일)
8월 10-15일	비전과 리더십축제(10개국 3,523명 참석)
10월 30일	꿈이자라는땅 뮤지컬 팀 창단 공연
11월 2-7일	예수 공동체 축제
12월 19일-1월 6일	예수 공동체 축제

1999년 표어: 변화와 성숙

1월 12일	제1기 어머니학교 개강
2월 21일	한마음코이노니아 창립 예배
2월 25일-10월 21일	온누리 예수제자학교
3월 5일	온누리상담실 로뎀의집 개관
4월 4일	단동 온누리교회 창립
5월	장애우 음악교실 개설(사랑챔버 전신)
5월 30일-6월 2일	'99 가정공동체 축제'
7월 25일	양재 햇불성전 확장 예배(양재 온누리교회 창립)
8월 23일	온누리복지재단 설립 허가
9월 17일	번동코이노니아 작업장 개관
9월 30일	등록 교인 2만 명 돌파
10월 10일	창립 14주년 기념주일 '비전 2천 선교대회'(16개 미전도 종족 입양 확정)

2000년 표어: 새 하늘과 새 땅

1월	《온누리행전 14년》 발간(교회 태동-1999년)
1월 7일	고(故) 박모세 선교사 천국 환송 예배(2천/1만 비전 첫 순교자)
4월 23일	오사카 온누리교회 창립 예배
5월 7일	누리미션 러시아어 예배 시작
5월 14일	온누리인터넷TV 시험 방송 시작
10월 6-13일	온누리TV 개국 기념 OMC '디지털 세상, 불멸의 교회'

2001년 표어: 새로운 환상을 보게 하소서

2월 19-22일	2001 기도축제 '하늘 문을 여소서'
3월 19-24일	2001 성령축제 '성령을 부으소서'
4월 7일	동경 온누리교회 창립 예배, 동경 두란노서원 개원
5월 28-30일	온누리QT축제
9월 2일	의료 선교 팀 교회 의무실 개원
10월 5-7일	창립 16주년 기념 OMC '2천/1만 비전대회'
10월 27일	우에다 온누리교회 창립 예배
11월 6일	한마음치유공동체 창립 예배
12월 17-19일	40대 남성을 위한 맞춤전도집회 '비상구'

2002년 표어: 건강한 세상을 꿈꾸는 교회

1월 14-17일	파워워십캠프 '2002 PASSION'

3월 1일	'3.1절 집회'(잠실체육관)
4월 1일	시립용산노인종합복지관 개관 예배(온누리복지재단 수탁)
4월 15-17일	60대 남성을 위한 맞춤전도집회 '앙코르'
5월 13-15일	온누리 가정사역축제(OFC: Onnuri Family Celebration)
7월 8-10일	50대 남성을 위한 맞춤전도집회 '브라보'
8월 4일	등록 교인 3만 명 돌파
11월 11-13일	2002 온누리 여성사역축제(OWMC: Onnuri Woman Ministry Celebration)
12월 9-11일	30대 남성을 위한 맞춤전도집회 '챔피언'
12월 15일	부천 온누리교회 창립 예배

2003년 표어: 거룩한 리더십을 세우는 교회

1월 5일	1만순장 프로그램 시작
1월 18일	로스앤젤레스 온누리교회 창립
3월 17-19일	44-55세 여성을 위한 맞춤전도집회 '4455 드라마 클라이맥스'
3월 30일	'Acts29' 비전 발표
4월 20일	포틀랜드 온누리교회 첫 예배
5월 7일	보스턴 온누리교회 첫 예배
6월 11일	요코하마 온누리교회 창립 예배
6월 15일	예수사랑부(19세 이상 장애인) 창립 예배
6월 16-18일	55-66세 여성을 위한 전도집회 '5566 드라마 해바라기'
7월 6일	수원 온누리교회 창립 예배
8월 10일	얼바인 온누리교회 창립 예배
9월 7일	대전 온누리교회 창립 예배
9월 31일-10월 1일	33-44세 여성을 위한 맞춤전도집회 '3344 드라마 프러포즈'
10월 5일	창립 18주년 기념주일, 온누리TV 위성 방송 시작
11월 26-28일	2003 온누리 전도축제 '체인지업'
12월 5일	이라크 한인교회 창립 예배
12월 21일	밴쿠버 온누리교회 첫 예배

2004년 표어: 꿈꾸는 교회, 춤추는 교회

3월 1-4일	2030 청년을 위한 맞춤전도집회 'Just for U'(J4U)
4월 3-5일	2004 에스라 청년말씀집회연합예배(상암 월드컵경기장)
5월 30일	포틀랜드 온누리교회 창립 예배
6월 26일	온누리TV 24시간 방송 시작

6월 27일	노스시카고, 웨스트시카고 온누리교회(정식 예배 시작)
7월 5-7일	의사들을 위한 맞춤전도집회 'Love Touch'
8월	상해 온누리교회 첫 예배
9월 1-3일	온누리 리더십축제 '플러그 인'
11월 7일	남양주 온누리교회 창립
11월 27일	괌 온누리교회 창립

2005년 표어: 온 세상을 위한 교회

1월	시드니 온누리교회(비전교회 시작)
3월 29일	CGNTV 개국 감사 예배(서빙고 온누리교회 본당)
3월 30일-4월 1일	2005 온누리예배축제 '어노인팅'
4월 25-27일	IT인을 위한 맞춤전도집회 '하이터치'(High Touch)
5월 24-26일	온누리 여성축제 '이브에서 마리아로'(eve 2mary)
5월 26일	탈북자종합회관 개관 예배(양재 성경빌딩 6층)
7월 3일	앵커리지 온누리교회 창립
7월 31일	샌디에이고 온누리교회(첫 개척 예배)
8월 8-10일	창립 20주년 일환 '예루살렘 평화행진 2005'(온누리 교회 1,320명 참석)
9월 12일	온누리의료선교센터(OMMC: Onnuri Medical Mission Center) 발족
10월 9일	창립 20주년 기념예배(알로에마임)
10월 12-14일	2005 온누리 리더십축제 '업그레이드'
11월 4일	IN2 온누리교회(맨해튼, 뉴저지 동시 개척)
11월 8-10일	제1회 온누리회복축제 '레인보우'
12월 5-7일	금융인 맞춤전도집회 'A+'
12월 29일	안산M센터 개원 예배

2006년 표어: 온 세상을 향한 교회

2월 5일	네이퍼빌 온누리교회 개척
4월 16일	부활절 연합 예배(잠실 올림픽주경기장)
4월 19-21일	2006 온누리축제 어노인팅 'The Fire'
4월 30일	인천 온누리교회 창립
5월 4일	장춘 온누리교회 창립
6월 7-9일	2006 온누리 여성축제 '마리아행전'
6월 10일	장애인 위한 맞춤전도집회 '원더풀 라이프'(Wonderful Life)
8월 6일	온누리긴급재난구호팀 → 온누리재난구호팀(LAMP ONNURI, Lamp On)으로

개명

9월 4-6일	간호사 맞춤전도집회 '러브O2'
10월 11-13일	온누리 리더십 축제 '끝없는 도전'
11월 8-10일	제2회 온누리회복축제 '아름다운 선택'
11월 30일	나고야 온누리교회 창립

2007년 표어: 세상에 희망을 주는 교회

2월 23일	CCF(Christian CEO Forum) 출범
2월 26일	사모 블레싱(Blessing)
3월 18일	온누리 CEO 커뮤니티(OCC공동체) 출범
3월 29일	일본 문화전도집회 '러브소나타'(Love Sonata) 오키나와
3월 30일	러브소나타 후쿠오카
4월 8일	1,000번째 선교사 파송
4월 18-20일	온누리 성령축제 '더 파이어(The Fire) 2007'
5월 3-4일	러브소나타 오사카
5월 7-9일	온누리 가정사역축제
5월 8-9일	60세 이상 부모님을 위한 맞춤전도집회 '내 생애 가장 귀한 선물'
7월 23-24일	러브소나타 동경
10월 15-19일	위가코리아 세계여성리더십선교대회(WOGA 2007)
10월 31일-11월 1일	러브소나타 삿포로
11월 15-17일	2007 온누리 리더십축제 '위대한 열정, 위대한 국가'
11월 22-23일	러브소나타 센다이
11월 28-30일	2007 온누리 회복축제 '아름다운 선택'

2008년 표어: 세상에 평화를 심는 교회

2월 24일	건대 온누리교회 창립 예배
3월 3일	청도 온누리교회 창립
4월 16-18일	온누리 성령축제 '더 파이어'(The Fire)
4월 22-23일	러브소나타 히로시마
5월 12일	가정축제 'Friends'(프렌즈)
5월 15일	나고야 온누리교회 창립 예배
6월 19-20일	러브소나타 대만
7월 28-29일	러브소나타 요코하마
8월 30일	온누리 리더십 목양대회

9월 24-25일	러브소나타 아오모리
11월 4-5일	러브소나타 나가사키
11월 9일	장애인 맞춤전도집회 '원더풀 라이프'
11월 19-21일	온누리 회복축제 '비상'(飛上)
12월 13일	기러기 아빠 맞춤전도집회 '슈퍼맨이 된 아빠'
12월 14일	CCF, CEO를 위한 맞춤전도집회 'The(더) 멋진 당신'

2009년 표어: 화해와 일치

2월 10일	서빙고 권사회 정식 출범(첫 월례 예배)
4월 14-15일	러브소나타 고베
7월 8-9일	일본 기독교 선교 150주년 기념대회(하용조 목사 메인 설교)
9월 21일	클래식 음악인 맞춤전도집회 'The Classic'
11월 1일	〈온누리신문〉 미주판 창간
11월 24-25일	러브소나타 나고야
12월 5일	기러기 아빠 맞춤전도집회 '슈퍼맨이 된 아빠2'

2010년 표어: 말씀과 성령

1월 24-2월 4일	Lamp On, 아이티 지진긴급구호팀 파견
2월 23-25일	온누리 사역축제(OMC) '창조와 성령'(성령축제)
3월 7일	온라인 목양, 양육 시스템 아이케어(i-care), 아이스쿨(i-school) 도입
5월 28일	온누리세계선교센터 기공 예배, 'Acts29비전빌리지'로 명칭 변경
6월 24-25일	2010 여성기도부흥운동 마리아행전 'Remember'(리멤버)
6월 26일	Acts29비전빌리지 개원 감사 예배(용인시 양지면 추계리)
8월	아이스쿨(iSchool, 양육스쿨 홍보 홈페이지) 시작
8월 30-31일	러브소나타 아사히카와
10월 4-5일	창립 25주년 선교축제
10월 6-8일	온누리 리더십축제 '더 멋진 세상'
10월 10일	창립 25주년 특별감사예배(상암 월드컵경기장)
11월 10-11일	러브소나타 니가타
11월 16일	교토 온누리교회 창립
11월 23-24일	블레싱 캄보디아
12월 22일	NGO 더멋진세상 창립총회

2011년 표어: 주여, 나를 보내소서

2월 22-24일	러브소나타 캄보디아, 제9기 목회사관학교

3월 11-12일	2011 온누리 성령부흥집회, 리더십 목양대회
5월 12-13일	러브소나타 태국 (방콕)
5월 16일	남편초청 전도집회 '아내의 프러포즈'
6월 3일	아부다비 온누리교회 창립
6월 22일	장로은퇴예배 (첫 은퇴식, 68명 은퇴)
6월 25일	'카운트다운 잠실집회' 및 2011 아웃리치 발대식 (잠실 실내체육관)
7월 11-15일	한민족재외동포세계선교대회 '디아스포라' (기독교선교횃불재단 주최)
8월 2일	하용조 목사 소천 (향년 65세)
8월 21일	베트남 온누리교회 창립
9월 24일	공동의회 투표, 이재훈 담임 목사 선출
9월 25일	온누리M미션 캄보디아어 예배 시작 (창립)
10월 12-13일	창립 26주년 기념 부흥집회 '최고의 사랑'
10월 24일	외식산업인 맞춤전도집회 '위대한 식탁'
10월 27일	이재훈 담임 목사 위임 예배 (제2기 온누리교회 시작)
11월 15-16일	러브소나타 나가노

2012년 표어: 함께 즐거워하고 함께 울라

4월 25-26일	러브소나타 다카마쓰
4월 26일	환경미화원 초청 블레싱 '아름다운 손길'
4월 29일	산타모니카 온누리교회 창립 예배
5월 6일	뉴저지 온누리교회 창립 예배
5월 22-25일	나라와 민족을 위한 여성기도부흥운동 마리아행전 'The Cry'
6월 15일	양지 온누리교회 창립 (캠퍼스 교회로 승인)
8월 8-11일	전국대학청년수련회 'The One' (전주대)
9월 19-21일	온누리 회복축제 '고통의 선물'
10월 7일	창립 27주년 기념주일
	온누리장로합창단 창단 예배
11월 14-15일	러브소나타 가고시마

2013년 표어: 먼저 그의 나라와 의를 구하라

5월 15-16일	러브소나타 오키나와
5월 17일	중국인 유학생 전도집회 '차이스타'(CHISTA) 개최
6월 3일	65세 이상 부모 초청 맞춤전도집회 '행복드림(Dream) 콘서트'
9월 11-13일	온누리 회복축제 '왕의 임재'

10월 9-11일	온누리 부흥축제 '절대제자'
11월 13-14일	러브소나타 군마
11월 25일	신혼부부 위한 맞춤전도집회 '커플 LOOK'

2014년 표어: 은혜와 진리

1월	사회선교부 신설
5월 14-15일	러브소나타 시모노세키
5월 18일	〈온누리신문〉 1,000호 발행
5월 19일	65세 이상 부모 초청 맞춤전도집회 '행복드림(Dream) 콘서트'
6월 25-27일	나라와 민족을 위한 여성기도부흥운동 마리아행전 '거룩과 순결'
7월 7-11일	제2회 햇불한민족디아스포라 세계선교대회
10월 7-9일	온누리 부흥축제 '주의 날개로 덮으소서'
11월 13-14일	러브소나타 오비히로

2015년 표어: 낮은 곳, 더 낮은 곳으로

1월 11일	프랑스어 예배 시작(창립)
3월 10일	안산M센터 신축 기공 예배
4월 8-9일	러브소나타 교토
5월 18일	65세 이상 부모 초청 맞춤전도집회 '행복드림(Dream) 콘서트'
6월 23-25일	여성기도부흥운동 마리아행전 '하나님의 소원'
6월 26-28일	대학청년 예배선교 콘퍼런스 '카운트다운'
7월 29일	하용조 목사 기념관 및 채플 준공 감사 예배(Acts29 비전빌리지)
9월 9-12일	회복축제 'The 기쁨'
10월 2-11일	온누리 선교 30주년 선교대회
10월 4일-9일	'온누리교회 창립 30주년 기념축제'
10월 9일	창립 30주년 Celebration과 '울어라 한반도여' 집회(임진각)
10월 28-29일	러브소나타 오이타
11월 22일	사회선교부 '엔젤트리' 시작, 사연 접수
12월 14일 -2016년 1월 23일	작은예수 40일 새벽기도회(송구영신 새벽기도회 새 이름)
12월 21일	믿지 않는 40-50대 남편 위한 맞춤전도집회 'Begin Again'

2016년 표어: 예수님을 바로 보여 주는 사람들

3월 29일	1회 장로아카데미 개강
4월 4일	러브소나타 집회 10주년 감사 및 동경대회 설명회(도쿄)

5월	가정사역본부 '저출산대책포럼' 발족
5월 18-19일	러브소나타 오카야마
5월 23일	65세 이상 부모 초청 맞춤전도집회 '행복드림 콘서트'
5월 26-28일	창조신앙교육 축제
5월 29일	온누리M센터 헌당 예배(경기도 안산시 단원구 신천로8)
6월 22-24일	여성기도부흥운동 마리아행전 '예수님처럼'
8월 19-21일	제1회 온누리 탈북민 연합수련회
9월 14-16일	온누리M미션, 제1회 러스타 개최(러시아 언어권 유학생 부흥연합집회)
10월 5-8일	남성부흥집회 요셉행전 '묵상하는 목수들'
11월 22-23일	러브소나타 오사카
11월 28일	50대 동기동창을 위한 맞춤전도집회 '버킷리스트'

2017년 표어: 돌이키면 살아나리라

2월 4일	화성M센터 개관 예배
2월 27일	한동대학교 기숙사 '하용조관' 개관 준공 예배 및 헌명식
3월	차세대사역본부 '가스펠 프로젝트' 시작
	어린이 일대일 제자양육 시작
4월 26-28일	2017 회복축제 '은혜의 만찬'
5월 22일	65세 이상 부모 초청 맞춤전도집회 '행복드림 콘서트'
5월 29-30일	존 파이퍼 목사 초청 '디자이어링 갓(Desiring God) 콘퍼런스'
6월 22-24일	여성기도부흥운동 마리아행전 'SENT 보냄 받은 자'
7월 3일	온사랑합창단, 제5회 전국발달장애인합창대회 대상
7월 19-25일	일본 규슈(후쿠오카) 수해 지역 긴급 구호 팀 파견
7월 25-26일	러브소나타 동경(러브소나타 10주년)
9월 11일-10월 21일	나라와 민족을 위한 40일 릴레이 금식기도
10월 24-26일	2017 나라와 민족을 위한 부흥집회 'ReFORM'
11월 6일	한국로잔위원회 주최 '종교개혁 500주년 기념 선교 세미나'
11월 11일	해맞이 거북이 마라톤 대회(온누리교회, 산마루교회)
11월 19일	온누리교회 성도 산마루교회 파송식
11월 20일	40대를 위한 맞춤전도집회 '두 번째 스무 살'

2018년 표어: 그리스도께서 내 안에, 내가 그리스도 안에

3월 4-7일	팀 켈러 목사 초청 '2018 센터처치 콘퍼런스'
5월 14일	60세 이상 부모 초청 맞춤전도집회 '행복드림 콘서트'

5월 25일	인천 온누리교회 착공 감사 예배 및 착공식
5월 30-31일	러브소나타 삿포로
6월 27-29일	여성기도부흥운동 마리아행전 '사랑의 힘'
9월 2일	스페인어 예배 시작(창립)
9월 16일	2,000번째 선교사 파송
9월 19일	온누리청소년센터(군포하나로남자중장기청소년쉼터) 준공 감사 예배 및 기념식
10월 24-26일	온누리 부흥축제 '바른 성공'
11월 7일	제주 Acts29훈련센터 기공 예배(제주 드림교회)
11월 13-14일	러브소나타 후쿠오카

2019년 표어: 성령의 바람 불게 하소서

1월 11-13일	대학부 리더십콘퍼런스 '성령의 바람따라 Go!'
4월 3-5일	회복축제 '관계의 기쁨'
4월 9일	의사들을 위한 맞춤전도집회 'Love Touch Concert'
5월 15-16일	러브소나타 시즈오카
5월 20일	60세 이상 부모초청 맞춤전도집회 '행복드림 콘서트'
6월 12-14일	여성기도부흥운동 마리아행전 '거룩한 목마름'
10월 16-19일	온누리 부흥축제 '인생의 의미'
10월 25일	동빙고 근린공원 착공 예배 및 착공식
11월 6-7일	러브소나타 구마모토
12월 18일	온누리 사랑챔버, 모스틀리 필하모닉 오케스트라 '희망콘서트'(예술의전당)

2020년 표어: 온 맘 다해 하나님만 사랑하라

2월 12일	한국 교회 목회자들의 나라를 위한 기도 모임 '말씀과 순명' 기도회(양재 온누리교회)
2월 26일-4월 10일	차세대 사순절 성경 쓰기
3월 4일-5월 1일	나라와 교회를 위한 9시 기도 '이 땅을 고치소서'(오후 9시, 유튜브)
3월 30일-4월 30일	나라와 교회를 위한 릴레이 기도(전 캠퍼스)
4월 12일	부활주일, 드라이브인(Drive-in) 예배 시작(양재동 현주차장, 6월 28일 종료)
4월 25일	토요주일예배 시작
5월 2일-10일	차세대사역본부 드라이브 스루 심방
6월 15일	대한예수교장로회 통합총회 주관 '코로나19 이후 한국 교회 대토론회'
6월 24-26일	6.25전쟁 70주년 기념 마리아행전 '소망의 힘'(각 캠퍼스 본당)
7월 5일-9월 27일	온누리 공동체 성경 필사 '에스라 프로젝트'

7월 6일, 9일	온누리 미래준비 세미나 '뉴노멀, THE NEXT?'
8월 12일	위장된 차별금지법 반대와 철회를 위한 '한국교회기도회 출범식 및 기도회'
9월 25일	온라인 부모 맞춤전도집회 '행복드림 콘서트' (유튜브 업로드)
10월 11일	일본어 예배부 창립 30주년 기념 예배
11월 26일	아브라함 카이퍼 서거 백주년 기념 학술포럼 (기독교학술원, 온누리교회)
12월 14일 -2021년 1월 2일	코로나 국난 극복을 위한 세 이레 기도회 '평안하라 강건하라'

2021년 표어: 소망의 복음을 굳게 잡으라

2월 15일	CGNTV 기독 OTT '퐁당' 출시
3월 16-18일	러브소나타 영상 한일 합동 기도회 '함께 부르는 소망의 노래'
3월 22-27일	한국 교회 사순절 회개기도회 '내가 주님을 못 박았습니다'
4월 2일	영종도 온누리교회 착공 감사 예배
4월 12일-6월 4일	미얀마 회복을 위한 40일 중보기도 'Pray for Myanmar' (유튜브 채널)
5월 11일	온누리 온라인커뮤니티 (Onnuri Online Community) 개설
7월 7일	인천 온누리교회 입당 감사 예배
8월 2일	하용조 목사 소천 10주기 추모예배

두란노서원 연혁(History of Tyrannus)

1980년	12월	두란노서원 설립
1981년	11월	데니스 레인 강해 설교 세미나 개최(한국 최초 강해 설교 세미나, 현 바이블 칼리지)
1982년	3월	결혼과 가정 상담 세미나 개최(한국 최초 가정 사역 세미나)
	5월	단행본 《사랑과 행복으로의 초대》 출간
1984년	4월	게리 콜린스 박사 크리스천 카운슬링 세미나 개최
1985년	4월	LA 두란노서원 개원, 〈빛과 소금〉 창간
	5월	〈빛과 소금〉 부록으로 〈생명의 양식〉 창간
1987년	6월	로버트 콜만 박사 제자 훈련과 전도 세미나 개최
	11월	〈생명의 삶〉 창간 (〈빛과 소금〉 부록에서 독립)
1988년	2월	〈빛과 소금〉 미주판 창간
	10월	두란노 결혼예비학교 개설
	12월	《일대일 제자양육 성경공부》 출간
1989년	4월	〈예수님이 좋아요〉 창간
	7월	〈목회와 신학〉 창간
1992년	2월	두란노해외선교회(TIM) 창립
	8월	〈새벽나라〉, 〈그 말씀〉 창간
	9월	〈생명의 삶〉 영어판 〈Living Life〉 창간
1993년	2월	동서울 지점 개점
	9월	〈생명의 삶〉 대만판 〈活潑的生命〉 창간
	10월	공보처 주관 제2회 우수 잡지 〈빛과 소금〉 선정
1994년	1월	부산 두란노서원 개원
	6월	격주간지 〈목회시사정보〉 창간
	12월	(사)두란노서원 설립 허가(문화체육부)
1995년	8월	〈생명의 삶〉 일본어판 〈リビングライフ〉 창간
	10월	두란노아버지학교 개설
1998년	1월	서빙고 지점(서빙고 온누리교회) 개점
1999년	6월	일본 두란노서원 개원
2001년	4월	양재 지점(양재 온누리교회) 개점
	6월	'두란노닷컴' 오픈

	10월	인터넷 쇼핑몰 '두란노몰' 오픈
2003년	6월	천만큐티운동본부 발족
	4월	분당 지점(지구촌교회 분당 성전) 개점
	7월	부산 지점(해운대점) 개점
	11월	2003 문화관광부 우수 잡지 〈목회와 신학〉 수상
		《두란노 기독교 상담 시리즈》(전 30권) 완간
2004년	10월	제21회 한국기독교출판문화상 최우수상 《갈대상자》(김영애) 수상
	12월	《우리말성경》 출간
2005년	7월	창립 25주년 존 맥스웰 리더십 콘퍼런스 개최
	12월	수지 지점 개점
2007년	5월	《긍정의힘》 100만 부 판매
	9월	노원 지점(순복음노원교회) 개점
2008년	6월	대만 두란노서원 개원
2009년	12월	〈생명의 삶〉 스페인어판 〈Tiempo con Dios〉 창간(페루 외 남미 11개국)
2010년	1월	상해 두란노서원 개원, 전자책 《행복한 아침》(하용조) 출간
	12월	창립 30주년 '두란노문학상'(1억 원 고료) 공모
2011년	2월	《우리말성경》 모바일 앱 론칭, 《두란노 기독교고전총서》(전 20권) 완간
	6월	〈생명의 삶〉 모바일 앱 론칭
	8월	설립자 하용조 목사 소천
		이형기 원장 취임
		〈생명의 삶〉 인도네시아어판 창간
	9월	〈생명의 삶〉 러시아어판 창간
	10월	〈생명의 삶〉 파키스탄어판 창간
		책의 날 기념 문화체육관광부 장관 표창(설립자 故 하용조 목사)
2012년	10월	동안 지점(동안교회) 개점
	12월	문화체육관광부 우수교양도서 《내 눈에는 희망만 보였다》(강영우) 선정
2014년	11월	부산 수영로 지점(수영로교회) 개점
2015년	1월	창립 35주년 기념행사 '사랑의 연탄 나눔'
	3월	제31회 한국기독교출판문화상 최우수상 《팀 켈러의 일과 영성》 수상
2016년	1월	〈예수님이 좋아요〉 영어판 〈I ♥ Jesus〉 창간
	11월	성경 공부 교재 시리즈 《가스펠프로젝트》 출간, 두란노 Gift Card 론칭
2018년	1월	유아, 유치부 큐티지 〈예수님이랑 나랑〉 창간

		2018년도 문화체육관광부 우수콘텐츠잡지 〈빛과 소금〉 선정
2019년	**1월**	2019년도 문화체육관광부 우수콘텐츠잡지 〈빛과 소금〉 선정(2년 연속)
	8월	파주 물류센터 이전 감사 예배(최신 물류 시스템 적용)
2020년	**12월**	창립 40주년 감사 예배
2021년	**3월**	2021년 납본 유공자 문화체육부 장관 표창 수상
	4월	성경 공부 교재 시리즈 《가스펠프로젝트》 완간(전 연령, 총 221권)
	7월	송도 지점(인천 온누리교회) 개점
		《하용조 강해서 전집》 출간(전 24권)
	8월	현재 단행본 4,000여 종 출간, 잡지 14종 발행, 직영 서점 총 10개 보유

화보로 보는 발자취
Pictorial Record

그러므로 너희는 가서
모든 민족을 제자로 삼아
아버지와 아들과 성령의 이름으로
세례를 베풀고 _ 마 28:19

▲ 어린 시절 가족사진
▶ 학창 시절

▲ 청년 시절
▶ 장로회신학대학원에서

▲ CCC 선교단체 활동

▲ 마포교회 전도사 시절

▶ 장로회신학대학원 졸업

▲ 하용조, 이형기 결혼

주님의 심장을 뜨겁게 뜨겁게 사랑하게 하소서
주님, 가난하게 살아도 좋습니다. 무명의 혼에서
아무 명예도 권세도 자랑도 칭찬 반응도 없이
살아도 좋습니다
나는 사랑하지 않고는 살수 없게 해주소서
주님을 이야기 하고 그 피를 전하지 않고는 살지
못하게 하소서
일생을 내 없은 주님을 노래 하렵니다

일생을 주님을 생각하며 신을 신고, 삽을 키겠습니다.
나의 시간과 시간들은 주님께 사랑을 고백하는 시간
으로, 나의 몸짓과 말과 행동은 쉬우리에게 주님의 모습
으로 축복 해주서 주의, 바울처럼, 베드로 처럼 살다
죽게 해 주시옵소서, 주님의 마지막 날을 준비 하며
외치다 죽게 해 주시옵소서.

▲ 20대 하용조 목사의 친필 고백, 《나의 하루》 중에서

▶ 연예인교회 사역

내가 너희에게 분부한 모든 것을
가르쳐 지키게 하라
볼지어다 내가 세상 끝날까지
너희와 항상 함께 있으리라
하시니라 _ 마 28:20

▼ 초기 온누리교회 성도들 1986. 9. 14

◆ 온누리교회 목사 위임 예배(1987년 4월 26일)

◆ 가족과 함께

▲ 온누리교회 예배당 기공식 현장
◀ 새롭게 지어져 가는 온누리교회
　예배당
▶ 머릿돌

▲ 두란노서원

▶ 복음주의 4인방,
옥한흠, 홍정길, 하용조, 이동원 목사

◀ WEC 선교회 이재환 선교사와 함께

▲ BEE KOREA(창립 예배)

◀ 김사무엘 선교사

▼ 한동대학교(1996년)

하나님의 말씀은
흥왕하여 더하더라 _ 행 12:24

▶ 하나님의가정훈련학교
◀ 온누리교회 성령집회

◆ 서빙고 온누리교회 전경

▲ 두란노 아버지학교
◀ 데니스 레인 목사

◆ 온누리교회 성령집회

▲ 아프가니스탄에서

▼ 목회사관학교(2002년)

◆ 온누리교회 창립 기념

온누리교회 창립 22주년 기념 케익컷팅식

▲ 평창 수해 긴급 구호 현장(2006년)

▲ 김준곤 목사, 주선애 교수

▶ 한동대학교 김영길 총장
▼ CGNTV 개국 기념 예배(2005년 3월 29일)

▲ 뉴저지초대교회 위임예배

▼ 부교역자들과 함께

이와 같이
주의 말씀이 힘이 있어
흥왕하여 세력을 얻으니라 _ 행 19:20

▼ 예루살렘 평화대행진 갈릴리집회(2005년)

▲ The 멋진 당신
▶ 가정 사역

하나님을 찬미하며
또 온 백성에게 칭송을 받으니
주께서 구원받는 사람을 날마다
더하게 하시니라 _ 행 2:47

◀ 태안 원유 유출
복구 활동(2007년)

▲ 러브소나타(2007년)
► 이어령 교수 세례
　(러브소나타)

▼ 러브소나타 한일 리더십
　포럼

◆ 온누리교회 25주년 창립 기념 예배

그들이 사도의
가르침을 받아
서로 교제하고
떡을 떼며
오로지 기도하기를
힘쓰니라 _ 행 2:42

◀ 닉 부이치치와 함께

내 은혜가 네게 족하도다

이는 내 능력이 약한 데서 온전하여짐이라

_ 고후 12:9

▼ 주치의 이철 장로와 함께

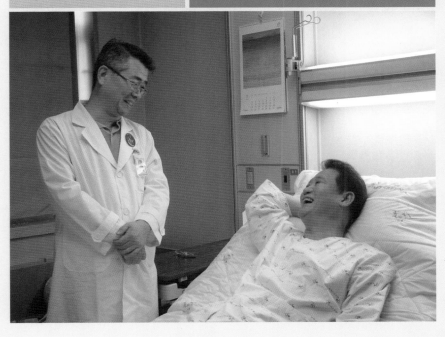

바울이 그들을 떠나 제자들을 따로 세우고
두란노 서원에서 날마다 강론하니라 _ 행 19:9

◆ 두란노서원 30주년 기념(2010년 12월)

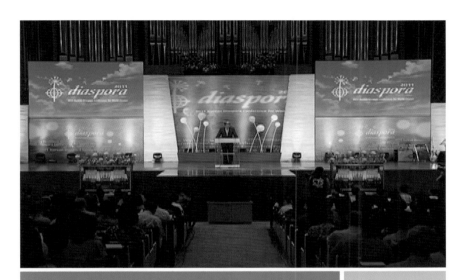

◆ 디아스포라(2011년 7월)

하나님의 나라를 전파하며
주 예수 그리스도에 관한 모든 것을
담대하게 거침없이 가르치더라

_ 행 28:31

나는 선한 싸움을 싸우고
나의 달려갈 길을 마치고 믿음을 지켰으니
이제 후로는 나를 위하여 의의 면류관이 예비되었으므로
주 곧 의로우신 재판장이 그 날에 내게 주실 것이며
내게만 아니라 주의 나타나심을 사모하는
모든 자에게도니라

_ 딤후 4:7-8